当代大学生心理健康教育理论与实践教程

王殿春　冯梅梅　陈盈盈　主　编

中国纺织出版社

图书在版编目（CIP）数据

当代大学生心理健康教育理论与实践教程 / 王殿春，冯梅梅，陈盈盈主编．--北京：中国纺织出版社，2019．1

ISBN 978-7-5180-3888-6

Ⅰ．①当… Ⅱ．①王… ②冯…③陈… Ⅲ．①大学生－心理健康－健康教育－高等学校－教材 Ⅳ．①G444

中国版本图书馆 CIP 数据核字（2017）第 188861 号

责任编辑：汤　浩　　责任印制：储志伟

中国纺织出版社出版发行

地址：北京市朝阳区百子湾东里 A407 号楼　邮政编码：100124

销售电话：010－67004422　传真：010－87155801

http：//www. c-textilep. com

E-mail：faxing@e-textilep. com

中国纺织出版社天猫旗舰店

官方微博 http：//www. weibo. com/2119887771

北京虎彩文化传播有限公司印制　各地新华书店经销

2019 年 1 月第 1 版第 1 次印刷

开本：787×1092　1/16　印张：24. 375

字数：380 千字　定价：99. 00 元

前　言

崇高的理想、健全的人格、和谐的人际关系，坚持不懈的努力，稳定的情绪、乐观的人生态度，爱岗敬业、遵纪守法，维护社会公德，是一个人心理健康的重要标志。随着我国现代化工业的发展，经济飞速提升，科学技术进步，竞争不断加剧，生活和工作节奏大大加快，各种心理和社会的紧张刺激越来越多，对人们身心健康造成的威胁和危害也越来越大。

和谐社会构建，需要更多和谐的个体。在迅速变化着的时代，所有青年人都不可避免地要面对充满矛盾的人生，每个人都注定会产生许多心理的困扰。消极的人等待风向改变，积极的人调整风帆勇往直前；自卑的人害怕厄运，自信的人面对挑战斗志昂扬；被动的人接受已有结论，主动的人积极寻求自我创新。因此，认清客观形势，确立人生目标，肩负民族振兴使命，认真刻苦学习，脚踏实地实践，培养良好人格，增进心理健康，使自己的生命充满希望和活力，成为每个大学生必须面对的人生挑战。

大学生是十分宝贵的人才资源，是民族的希望，是祖国的未来。加强和改进大学生心理健康教育，提高大学生整体心理健康素质，不仅关系到个体的学习、生活与成长，也关系到人才培养的质量，关系到社会发展的总体进程。让每个学生身心健康、人格健全，学会做人做事，具备愉快工作、幸福生活的能力，不仅是素质教育追求的目标，也是全社会和每个家庭希望实现的目标，是“以人为本”教育工作方针的具体体现，也是学生工作、思想政治教育的应有之义。

在大学阶段，大学生正面临生理和心理方面的巨大变化，处于人生发展的第二次心理“断乳期”，在学习压力下迷茫、在自我认识中彷徨、在人际关系中无助、在恋爱纠结中困惑等问题不时发生。同时，大学生面临的环境日益纷繁复杂，对社会矛盾的理解越来越多元，对经济、就业等社会压力的感受越来越直接，对网络新媒体的依赖越来越强烈，健康心理素质的养成受到更多的影响和干扰。价值取向迷茫、道德认知困惑、人际交往困难、团队意识薄弱、承受挫折能力和心理调适能力较差等，成为大学生群体较为普遍的心理特征，并引发各种各样不同程度的心理问题，严重的甚至伤害自己和他人。如何引导大学生形成良好的心理素质和健全的人格，提高明辨是非、承受挫折的能力，已经成为广大高校教育工作者面临的一个工作重点和难点。

大学生心理健康教育是一项系统工程，渗透在大学教育整个过程中。其中开设心理健康教育课程，普及心理健康知识，教给大学生心理调适的方法是最重要的途径之一。心理健康课是针对学生共同的成长课题给予指导，例如：增强学生的自信心、自我表达能力、沟通能力、情绪管理能力、时间支配能力、人际关系能力等。同时兼顾心理问题的识别、预防和治疗。本书的结构具有新颖性和内在的逻辑关系，包括三个层次：第一，心理健康基础知识。第二，心理健康表现领域。根据大学生心理健康调查研究的发现，将常见心理问题表现的领域归纳为就业、休闲活动、认识自我、学习、人际交往、情绪管理、恋爱、理解家庭、压力应对、珍爱生命、审美鉴赏、网络接触。第三，心理问题咨询、预防与干预。从维护心理健康的角度出发，阐述了心理问题的识别、预防和矫治的方法，尤其强调珍爱生命的意义，以及遇到困扰和压力时有效的解决途径。

该书以教育部《普通高等学校学生心理健康教育课程教学基本要求》为标准，立足本校大学生心理健康教育教学工作的实践，结合大学生的心理特征、发展需要和认知规律，既有通行理论、前沿理论的介绍与运用，又有教学方法。调试技能的总结和分享，旨在帮助大学生掌握并应用心理健康知识，培养自我认识能力、人际沟通能力、自我调节能力，提高心理素质，促进全面发展。由衷地希望本书能够成为大学生良好心理素质养成和健全人格培养的良师益友，能够帮助他们应对大学生活乃至未来人生发展的各种挑战，收获美满幸福的人生。

本书由王殿春、冯梅梅、陈盈盈任主编，江玉石、姜海、单珊、牛临虹、王昭任副主编，编写分工如下：

王殿春（黑龙江大学）第二章、第四章、第六章、第十九章；

冯梅梅（沈阳药科大学）第一章、第十七章；

陈盈盈（牡丹江医学院）第七章、第十一章、第十四章；

江玉石（辽宁科技学院）第五章、第十五章、第十八章；

姜海（辽宁对外经贸学院）第三章、第十六章；

单珊（哈尔滨学院）第十二章、第十三章；

牛临虹（长治医学院）第八章、第九章、第十章；

王昭（大连医科大学）第二十章；

最后由王殿春、冯梅梅、陈盈盈进行串编、统稿与定稿。

虽然编者以极大的工作热情参与并完成本书的编写，但毕竟时间紧、任务重，水平有限，错误与疏漏在所难免。广大教师和学生在使用教材过程中如发现问题，敬请及时批评指正，以便我们修订改正。也请对存在的不足予以谅解。

编　者

2017 年 3 月

目　　录

第一章　绪　论

第一节　心理健康概述

一、健康的概念

谈到健康，传统上人们只知道或只关注生理健康，这种对健康的理解一直是人们的主导观念。其实，人体是一个复杂的系统，健康和疾病是由多种因素而不是由单一的因素引起的。而现在，人们已普遍把心理健康归入“健康”的范畴。例如《现代汉语词典》中的“健康”定义为“（人体）发育良好，机理正常，有健全的心理和社会适应能力”。恩格尔（Engl）1977 年发表了一篇著名论文，提出健康和疾病是生物、心理和环境社会因素交互作用的，即健康和疾病的生物心理社会模型（biopsychosocial）。之后，1989 年世界卫生组织（WHO）将其在宪章中的健康定义进一步修改为“健康不仅是身体没有缺陷和疾病，而是身体上、心理上和社会适应上的完好状态”。可见，健康和疾病是个体的生物因素、心理因素和环境社会因素交互作用的结果。如图 1-1。

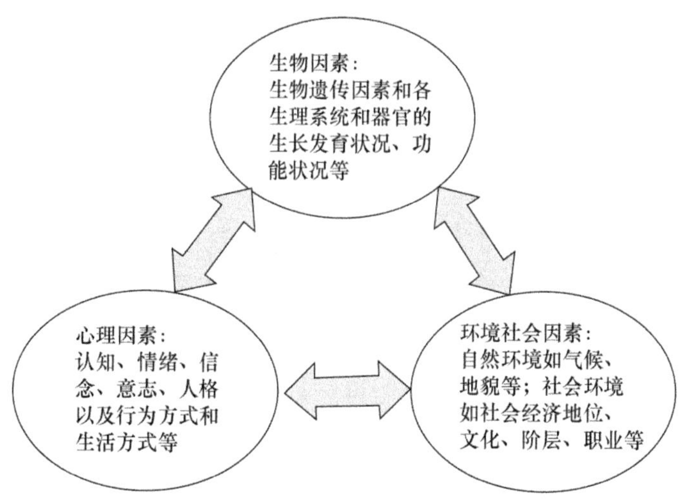

图 1-1　健康和疾病的生物心理社会模型

健康和疾病是一个连续体，彼此交叉重叠。健康和疾病位于连续体的两个端点，不同个体或同一个体在不同时期的健康状况，都处于这个连续体上的特定范围内。也有学者把这个连续体分为健康状态、病理状态和亚健康状态即诱病状态。健康状态和病理状态处于连续体的两端，而亚健康状态居于两者之间。所谓亚健康状态是指个体身心处于疾病与健康之间的一种健康低质状态。当亚健康状态的诱病因素积累到一定程度，便会转化为疾病；相反，如果保健措施得力就会转化为健康。因此，或生病或健康，个人的主观能动性是起作用的。心理因素不仅是健

康和疾病的可能后果，也可能是导致健康和疾病的原因。

二、心理健康的概念

（一）心理健康的标准

早在1946年，第三届国际心理卫生大会指出，心理健康是指“身体、智力、情绪十分协调；适应环境，在人际交往中能彼此谦让；有幸福感；在工作和职业中能充分发挥自己的能力，过有效率的生活”。之后，国内外许多学者从各自关注的不同角度，论述了心理健康的标准。对于什么是心理健康的标准，至今没有一个统一的、公认的说法。综合各家的见解，可以将心理健康的标准归纳为以下几点：

1. 智力正常，认知完整

智力是人的观察力、记忆力、思维力、想象力和专业操作能力的综合，它是人正常生活最基本的心理条件，也是心理健康的主要指标。一般认为智商低于70分以下为智力落后，智商在80分以上是心理健康的起码条件。心理健康的人能与现实保持良好的接触，能对环境做出客观的观察，进行有效地适应，而不是歪曲现实环境。心理不健康的人却往往对现实缺乏完整的认知，杯弓蛇影，心神不宁。

2. 积极的自我观念

心理健康的人能够体验到自己的存在价值。他们了解自己的长处与短处，并对此有适当的自我评价，不过分自我炫耀，也不过于自我责备；即使对自己有不满意的地方，也不妨碍其感受自己较好的一面；他们悦纳自己，同时也觉得自己能为他人所接纳。心理不健康的人，则缺乏自知之明，或者自高自大，目空一切；或者只看到自己的缺点，对自己总是不满意，由于理想自我太高，与客观现实相距甚远，因而总是自责、自怨、自卑。例如有人会对自己说：“我不如期望中漂亮，我真是一无是处。”心理健康的人则会告诉自己说：“我虽然不如理想中漂亮，但我仍有不少优点，我是快乐的。”再有，心理健康的人既有遵循社会行为规范的愿望，也不会过分压抑自己，能实在而坦然地看待自己。另外，一个人自己眼中的“我”和别人眼中的“我”是否一致也是一个重要因素，两者愈趋于一致，显示心理愈健康；若不一致，则容易造成心理困扰。总之，一个心理健康的人由于有积极的自我观念，“理想自我”与“现实自我”，“应该自我”与“实际自我”，“镜像自我”与“真实自我”之间通常是协调一致的；即使有矛盾，也不会对其心理健康构成威胁，反而有可能促进自我的发展。

3. 悦纳他人，人际关系和谐

心理健康的人悦纳自我，也乐于与人交往，既能悦纳自我也能悦纳他人，认可他人存在的重要性和作用，因而也能为他人和集体所接受，人际关系融洽。朋友可以满足个人的安全与归属的需要，满足爱与被爱的需要；朋友能替自己分忧解愁，有助于心理健康。在人际交往中，一个心理健康的人对待他人，尊重、信任、赞美、喜悦等正面态度总是多于仇恨、猜疑、嫉妒、厌恶等负面态度；他们不一定有许多朋友，但一定是有一些与之亲近的朋友。良好的人际关系既反映出一个人的社交能力和“宜人性”的特质，同时也是心理健康的标准之一。因为他在与人交往时感到舒服自在，感到安全可靠。一个心理健康的人，其个人思想、目标、行动能融入社会要求和习俗，能重视团体需要，并能有效调控为他人所不容的欲望。

4. 面对并接受现实

每一个人都是从过去经现在走向未来的。心理健康的人能够面对现实、接受现实，而不会沉湎于过去或陷入不切实际的幻想之中。他既能吸取过去经验，也能正视现在、规划将来；既能重视现在，也能权衡过去、现在与未来的关系，预见即将来临的问题和困难，并事先设法加以解决。而心理不健康的人往往以幻想代替现实，没有足够的勇气去接受现实的挑战，常常抱怨自己生不逢时或责备环境不公而怨天尤人，对未来十分悲观。当然，心理健康的人也会遭遇挫折，也有面对失败的时候，但他们对失败的经验能持开放的态度；既不会否认或推诿，也不会因此而否定自己，而能将其视为自身经验的一部分，坦然面对，从容应付。

5. 能调节情绪，心境良好

心理健康的人能恰当地协调自己的情绪，其心情以喜悦、愉快、乐观、满意等积极的情绪状态为主，虽然也会有沮丧、愤怒、悲伤、恐惧等消极的情绪状态，但不会长久持续。他的情绪表达是适度的，控制恰如其分，不会太过或不及；情绪如果不加以控制或过分压抑都有损于心理健康。心理健康的人当然不是没有七情六欲，重要的是他在情绪方面能恰当地估量并表现得合乎情境。疏解消极情绪对心理健康尤为重要，如果不加以调控，经常以消极的情绪和态度看待人生，不仅情绪上会愈加郁闷和沮丧，而且会感到压力越来越多、越来越重，身心不堪重负。因此，心理健康的人，心境通常是开朗的、乐观的。

6. 热爱生活，乐于学习和工作

心理健康的人珍惜和热爱生活，并享受人生的乐趣，而不会视生活为负担。他乐于学习，积极工作，在学习和工作中施展才能，并从学习和工作成绩中得到满足和激励。对学习和工作的投入，能使人获得成就感并提高自我价值感，有益于心理健康。乐于学习和工作，既反映出一个人的学习和工作能力，同时也是心理健康的一个重要指标。一个心理健康的人，是热爱生活、乐于学习、勤于工作的人。

7. 人格完整独立

人格是个体的才智、情绪、愿望、价值观和习惯行为方式的有机整合。心理健康的人能够有效地处理各种能量，使之不产生对立和冲突，保持人格完整、协调、和谐；当产生心理压力和欲求不能满足时，其统一的人生态度使自我保持相对稳定性，不依附或者盲从于他人，能果断地决定自己的发展方向。随着人生阅历的丰富和生活的磨炼，心理健康的人，其人格会更加完善。

（二）心理健康是一个动态的过程

一个人的心理是健康的或是不健康的，很难做出非此即彼的、简单而明确的界定，因为心理健康本身是一个动态的过程：它可能因个体自身的发展而变化，也可能因个体所处环境的不同而不同。这样，就有大量的所谓“亚健康”状态存在。就一般人群而言，据学界一般的看法，真正称得上心理健康的只占10%～15%，真正有心理问题或心理不健康者只占5%～10%，而八成左右的人都处在亚健康状态。从个体心理的发展来看，心理健康也是一个动态的过程，既存在由健康向不健康转化的可能，也存在由不健康向健康转化的可能。

第二节 人生轨迹与心理健康

心理健康在人生发展的各个阶段都有其重要的意义和作用，我们只有了解和掌握人生各个阶段所面临的不同心理问题，才能使我们的人生过得健康、精彩和有意义。

本节从个体的婴幼儿期、童年期、青春期（或青少年期）和成年期四个人生阶段入手，探讨个体在不同时期所存在的心理健康问题，帮助我们健康成长。

一、婴幼儿期的心理健康

婴幼儿期是指从个体出生到6岁这一时期。在个体心理的发展历程中，婴幼儿期占有非常重要的地位。

（一）影响婴幼儿心理健康发展的因素

开展婴幼儿心理健康教育，维护和促进婴幼儿心理健康是我们面临的现实而紧迫的问题。近些年来，大量的研究调查表明婴幼儿的心理健康状况令人担忧，心理健康问题多发并存在普遍性，婴幼儿的心理健康问题越来越受到人们的关注，做好婴幼儿心理健康教育，使婴幼儿心理健康成长成为我们的重要任务。在婴幼儿身心发展的过程中，影响心理健康的因素很多，主要有生理、心理和社会三个方面。在此，我们就从这三个方面对婴幼儿的心理健康进行分析，为建立和完善婴幼儿的心理健康教育机制提供一个依据。

1. 生理因素

影响婴幼儿心理健康的生理因素主要有遗传因素、病菌或病毒感染、大脑损伤等。

（1）遗传因素

遗传因素就是指从自己父母的遗传基因中获得的生物特征。它是心理发展的自然条件和必要的物质前提。它在心理发展上的作用是：一方面通过素质影响能力和智力的发展；另一方面通过气质类型的因素影响儿童的情绪和性格的发展。

人的许多心理行为受遗传的影响，如性格内向或外向，行为退缩或攻击，情绪焦虑或抑郁等。家长了解和掌握了这一点，就可以有的放矢地进行因材施教，发扬遗传素质中的优势，促使儿童心理发展水平的提高。

（2）病菌或病毒感染

临床研究表明，由于病菌或病毒感染中枢神经系统的组织结构而导致的心理障碍或精神失常，可以阻抑心理的发展，造成智力迟滞或痴呆，因疾病造成的身体不适可使孩子情绪和行为问题增多，容易形成被动、退缩、任性等心理健康问题。

（3）大脑损伤

大脑损伤是影响婴幼儿心理健康发展和造成心理障碍的重要原因之一。婴幼儿大脑功能发育不完善或有缺陷，如出生时大脑缺氧、窒息或受到意外碰撞造成较严重的脑外伤，传染性疾病或体温过高时导致婴幼儿的脑细胞受损，影响其智力的正常发育，引起婴幼儿的适应性不良，直接影响婴幼儿情绪和行为的稳定性、对周围环境的反应方式和对自己的控制能力，使其心理发育迟滞、智力低下、学习困难、情绪障碍等。

2. 心理因素

影响婴幼儿心理健康的心理因素主要有气质和性格、需要和动机、情绪、自我意识等。

(1) 气质和性格

气质是由人的生理素质或身体特点反映出来的人格特征，是人格形成的原始材料之一。性格是指表现在人对现实的态度和相应的行为方式中的比较稳定的、具有核心意义的个性心理特征，是一种与社会相关最密切的人格特征，在性格中包含有许多社会道德含义。总之，气质与性格都是个体比较稳定的心理特征。美国学者托马斯（A. Thomas）等人从养育的角度并根据儿童的九个特点将儿童的气质分成三种类型。

①“容易护理的”儿童：这类型儿童的饮食、睡眠习惯和大小便都遵循一定的节律，并且他们喜欢探究新事物，对环境的变化很容易适应。

②“困难的”儿童：这类型儿童的活动没有节律，对新环境非常难以适应，遇到新奇的事物或人容易产生退缩行为，心境很消极，容易表现出异乎寻常的紧张反应，如大哭、大叫、大闹时脸会变色。

③“慢慢活跃起来的”儿童：这种类型儿童的生活节律多变，在其初遇新事物或者陌生人时往往会有退缩行为产生，对环境的适应较慢，心境时常带有否定性。

每个儿童最初的气质类型各不相同，不同气质类型的婴幼儿其行为反应都有很大差异。海德对婴幼儿攻击性行为的研究发现，困难型婴儿更容易发展成自身的攻击性行为模式。2～2.5岁的婴幼儿在他的行动中就可以表现出攻击性行为，这种差异就源自于婴幼儿的气质差异。另一项研究也表明，在6个月、13个月、24个月时的“难带婴儿”，到了3岁时就具有更高的焦虑、活动过度和敌意。性格是个性的核心，是对客观现实表现出的比较稳定的情绪以及与之相适应的习惯、行为方式，也是婴幼儿最明显、最主要的心理特征。如惧怕行为、沉默不语、缺乏主动性等常常是性格胆小、拘谨的婴幼儿，而攻击性行为、爱发脾气等容易发生在性格外向、暴躁的婴幼儿身上。

(2) 需要和动机

动机是在需要的基础上产生的，它是促使人们产生行为的直接原因。

当幼儿的需要和动机在现实生活中不可能得到或不能全部得到满足时，他们就有可能产生动机冲突。一般来说，每个儿童都会产生动机冲突，这是不可避免的，它是干扰幼儿心理正常发展的重要因素。年龄越小，幼儿对食物、水、睡眠、衣着和运动等低层次的生理需要就越迫切并且十分的敏感。当环境不能及时提供条件以满足他们的这些需求时，他们就会处在消极和紧张的情绪状态之中，当他们无法克服这种消极情绪和紧张状态时，幼儿就会体验到挫折，幼儿受到挫折以后，便会发生行为上的一些变化。由于幼儿心理发展还不成熟，因而在各项活动中都会表现出自制力差、控制力弱，加之他们还不具备很强的认知能力，所以在某些情境中就会采取欺骗、违反纪律的错误方式满足其自身需要，或采取逃避现实、回避矛盾的态度对待挫折，或遇到心理冲突时不知所措，这样幼儿就很容易出现心理健康问题。

(3) 情绪

情绪是指个体被激起的一种状态，是人体生存和社会适应的内在动力，主要反映了客观现实与人的需要之间的直接关系。研究表明，情绪会影响人的心理健康，并且是导致个体心理异常和心理障碍的主要中介环节。

积极情绪会使人心境愉快、安定，精力充沛、身体舒适；消极情绪则使人心境焦虑、压抑，身体衰弱、精力涣散。幼儿心理的紧张状态和平衡失调往往与他们的消极情绪联系在一起。消极情绪中的焦虑和恐惧对幼儿心理健康的影响比较大，常常会使幼儿产生一些问题行为。恐惧常与焦虑联系在一起，是婴幼儿时期常有的情绪体验。许多婴幼儿不仅仅对某些特殊事物感到恐惧，而且常常惧怕多种事物，如动物、陌生人、被丢失、死亡等。在处于恐惧的状态下，幼儿会出现一系列的生理变化，生理功能方面的紊乱会影响幼儿机体上的健康状况和认识水平，使其出现心理健康问题。

（4）自我意识

自我意识是个性的一个组成部分，是衡量个性成熟水平的标志，是整合、统一个性各个部分的核心力量，也是推动个性发展的重要因素，对人的心理活动和行为起着调节作用。幼儿的行为适应环境的基本条件之一是正确地认识自我，同时它对幼儿人格的发展和行为的适应性起着重要的影响作用。幼儿是不能对自我进行有效评价的，他们对自己的评价往往来自于别人的评价和态度、自己的生活体验以及与别人的比较。不适当的自我认识会影响他们的自我评价。研究指出，幼儿时常以自己的情绪体验作为自我评价的依据，较多的儿童表现出过高地评价自己。

因此，具备良好的自我认识和自我评价能力，同时又善于在各种冲突和挫折情境中做出正确的调节，把握自己的认知活动、情感态度和动作行为，才能逐渐形成良好的个性特征，维持心理的健康。

3. 社会环境因素

随着幼儿年龄的增长，他们经历了由简单到复杂的社会环境。这些变化或有益于他们的心理健康，或给其正常的心理发展带来不良影响。

（1）生活环境

在当今社会中，人们通常是处于紧张状态下的，心理上的种种冲突、压力和焦虑不断地增加。社会价值观的多元化对幼儿的心理影响是潜移默化且不可低估的。

调查显示，高层住宅中的儿童至少有40％的人减少了户外活动，长期生活在单元楼房内的儿童，更容易形成脆弱、孤僻、暴躁等不良性格。电视在现代家庭中已成为儿童日常生活的重要伙伴。电视看得过多，与小伙伴之间交往的机会和能力也随之减少，婴幼儿人际交往能力普遍较差，以自我为中心几乎成了通病。观看的电视节目若无人指导，不加选择，也有可能使孩子学到侵犯性行为。有研究表明，暴力节目看得多的儿童变得更有攻击性。随着时代的发展，计算机、网络等先进事物与幼儿的生活日益密切，儿童与各种社会传媒的接触，直接影响了儿童道德观念和行为的形成，对其身心发展产生重要影响。

（2）家庭

家庭结构及功能、家长的受教育程度和教育能力以及对幼儿的期望水平、教育方法和教养态度、双亲的职业及社会经济地位、家庭的物质条件和氛围、生活习惯和兴趣爱好等，都与幼儿的心理健康有密切关系，最终影响他们的行为和人格。

我国独生子女家庭里，亲子关系普遍存在“子女为重”的特点。溺爱型的家庭教养方式占了越来越大的比例。父母一味地从物质上、行动上满足孩子的需要，最后使孩子欲求过多，没有习得必要的道德规范和行为准则，容易产生自私、依赖、蛮横、任性、退缩、孤独、以自我为中心等心理健康问题和不良品质。家长为了能实现自己“望子成龙”“盼女成凤”的高期望，对孩子进行高强度的教育，要求过严，惯于横向攀比，教育方式简单和粗暴，造成了幼儿沉重的精神负担，最后容易产生自卑、退缩、冷漠、无所适从等不良倾向。

离异家庭的不断增多已经成为当代社会日益严重的问题。幼儿从小在身体与精神上不能得到双亲的爱抚与关怀，往往会出现心理健康问题。离异家庭幼儿是一个非常特殊的群体，在行为上存在共性，如孤独、自卑、任性、胆怯等，存在着较严重的撒谎、多动、讲脏话、自虐等一系列的行为偏差问题。国内外许多研究表明，离异家庭儿童在智力、同伴关系、亲子关系、情绪障碍、自我控制和问题行为方面，与完整家庭儿童相比都存在着显著的差异。

(3) 幼儿园

幼儿园是幼儿接触的第一个社会教育机构，是促进幼儿身心健康发展最理想的场所，但在教育实践中，相当多的幼儿园教育观念陈旧，幼儿园教育态度和教育方法缺乏科学性，这是导致幼儿心理健康问题产生的重要原因。

①师幼关系：师幼关系直接影响幼儿行为和心理的健康发展，其中教师的教育思想和态度、教学方法和个性特征直接影响教师对幼儿的教学。心理学家对幼儿教师心理健康状况的调查分析表明：“强迫症状”“敏感”“焦虑”“恐怖”“偏执”是当前幼儿教师存在的主要心理问题。许多幼儿的心理问题又恰恰来自于教师不适当的教育态度和行为。

②同伴关系：同伴关系作为幼儿亲社会行为发展的基本途径，是幼儿心理健康发展的又一重要因素。大量的研究结果表明，良好的同伴关系是心理健康的必要前提。健康的同伴关系应该是互助互爱、和睦相处，这样幼儿就会学会积极乐观的生活，与人分享其快乐，有益于形成和发展积极的自我概念，学会与别人友好相处，养成合作性行为，为幼儿今后适应社会生活打下良好基础。相反，如果幼儿期有不良的同伴关系，如相互攻击、猜疑、排斥、攀比或远离群体、孤独自处，甚至剥夺与同伴交往的机会，则容易产生独占、攻击、粗暴或胆怯、孤独、不合群等行为，会严重阻碍其身心和社会性发展，在未来社会适应中会出现很多问题，难以成为一个心理正常的人。目前研究还发现，幼儿同伴交往的方式分为积极行为和消极行为两种类型：积极行为包括友好、帮助、分享、合作、同情、谦让，受欢迎幼儿表现出较多的积极、友好行为和很少的消极行为；消极行为包括打人、说难听话、抢占玩具、招惹别人、吵闹、引起冲突等，被拒绝幼儿表现出较多的消极、不友好行为，积极友好行为则很少。可见，为幼儿提供同伴的共同活动，创设一个良好的同伴集体，形成好的同伴关系，促进其亲社会性行为正常发展是非常重要的。

在幼儿心理发展过程中，生物因素、心理因素和社会因素相互影响、相互制约。生物因素是基本因素，社会因素通过心理因素来实现，它们错综复杂地交织在一起，对幼儿的心理健康产生影响。因此，在对幼儿进行心理健康教育时，必须充分考虑各种因素的作用，采取合理有效的措施促使幼儿心理健康地发展。

(二) 婴幼儿心理健康教育对策

1. 婴幼儿教育要遵循的原则

(1) 发展性原则

我们要以发展的观点来看待幼儿的心理及其问题，这样实施心理健康教育时才能准确无误。

首先，心理健康教育模式的主要任务是发展幼儿良好的品质；其次，在实施心理健康教育模式时应充分考虑到，幼儿有些心理问题只是暂时的或是某一阶段的特殊情况，伴随幼儿年龄的增长，这些问题会自然减轻甚至消失。

（2）非价值性评价原则

在对幼儿实施心理健康教育时，会涉及对幼儿心理健康现状的评价问题。有时对幼儿实施一些心理测量、诊断是必要的，但应特别慎重，因为运用不当，反而会影响幼儿心理的健康发展。

（3）主体性原则

幼儿也有他们自己的尊严、意志及人格，任何轻视他们人格的言行，都可能引起他们的反感甚至对抗。因此应尊重幼儿，引导他们主动参与到心理健康教育活动中来。

（4）协同性原则

在实施心理健康教育的过程中，一方面应重视幼儿行为、情感、意志、个性等的协同发展，对已出现心理障碍的幼儿还应特别注意养成性教育和补偿性教育的协同进行；另一方面应注意与游戏、体育、音乐、美术等活动的结合，相互渗透。

（5）游戏性原则

幼儿的社会实践活动形式主要是游戏、学习和劳动三种。而游戏是最适合幼儿年龄特点的活动形式。在游戏中融入心理健康教育的内容，可以使幼儿比较容易地接受所学知识，在完成游戏的过程中，也锻炼了他们的意志品质。

（6）成功性原则

在进行幼儿心理健康教育时，针对幼儿的主动注意时间较短这一特征，教师应让幼儿有成功的快乐体验，以使他们能较长时间专注于活动。这就要求我们在实施心理健康教育时，应考虑到幼儿的年龄特征和个体差异，针对不同情况采用不同的教育方式，做到因材施教。

2. 养成性教育模式

对幼儿实施心理健康教育，不仅有益于形成健康的心理，而且对他们未来的发展都将产生很大的影响。在幼儿时期实施的心理健康教育，由于受幼儿理解、认识等方面能力的限制，在操作上主要是培养他们形成良好的行为、生活习惯，形成一种有益于心理健康的心理定式或反射，包括个性心理品质、情绪情感、社会适应等方面，即采用养成性教育模式。

从养成性教育模式来看，可对婴幼儿采用下面五种教育方式。

（1）情境教育

让幼儿在不同的社会情境中以表演的形式做出有效的行为对策。这种方式能帮助幼儿认识在日常生活中可能遇到的问题，并做出合乎社会规范的行为反应，提高幼儿辨别是非、经受挫折的能力。

（2）家园同步教育

幼儿的家庭与托幼机构密切配合，对幼儿的心理健康实施同步的教育，但具体方法可有所不同。例如，某幼儿园某次心理健康教育的主题是“分享与合作”，教育的方法可能是通过游戏进行，那么，在家里也应同时进行这一主题的教育，但方法可以是与父母分享食物，与邻居小朋友合作游戏等。家园同步教育，往往比单方面实施教育的效果更好。

(3) 典型教育

通过给幼儿一个典型的形象让他们模仿，从无意到有意，从自发到自觉地去学习典型的行为，久而久之，就会养成与典型一致的行为习惯。幼儿多直观思维，模仿力强，这种教育往往能取得较好的效果。

(4) 行为练习

让幼儿对已学习过的行为及技能进行反复的练习，加深幼儿对这些行为及技能的理解和掌握，从而形成稳定的行为习惯。

(5) 讲授教育

具体而形象地向幼儿讲解有关心理健康的一些粗浅知识，提高幼儿对维护自身心理健康的认识水平，改善幼儿对心理健康的态度。但这样做，要注意形式多样、生动，内容贴切、适宜。此外，尝试教育、愉快教育、成功教育、母爱教育等均可有选择性地加以采用。

3. 补偿性教育模式

由于家庭、托幼机构等的教育缺陷以及幼儿心理发展滞后等方面的原因，我国幼儿心理问题的发生率呈上升的趋势。不少幼儿表现出行为偏异、情绪障碍及人格方面的缺陷。对于这些已经出现了心理障碍的幼儿，除了应加大养成性教育的力度之外，还应积极采取心理保健措施以及心理咨询、治疗技术，对他们的心理障碍实施有效干预。这种在幼儿时期使用的补偿性教育模式不仅重要，而且比等幼儿长大成人之后再进行干预效果要好得多。

从补偿性教育模式来看，可对婴幼儿采用下面两种方式。

(1) 行为问题矫治

运用奖罚的原则，改变或消除儿童的不良行为或症状，并教给其顺应社会的良好行为。这类方法简单易行，不要求寻找行为问题的根源或提高认知水平，在认知发展水平比较低的幼儿身上运用，大多能收到明显的效果。

(2) 通过游戏矫治

为幼儿设立一个特别的游戏室（角），通过游戏让幼儿自发地、自然地将自己的心理感授与问题充分表现出来，并获得情绪上的松弛，最终认识自我、学会自我控制。个体性的游戏矫治对解决由幼儿本身的情绪而导致的问题比较有效，而集体性的游戏矫治对解决由社会适应困难引起的问题较为有效。

二、童年期的心理健康

童年期是指儿童 6～12 岁这个时期。由于儿童期与小学阶段相对应，因此，童年期也称作学龄初期。

童年期在人生发展的历程中是值得留恋的一段时光。在这段时期，他们带着纯真，带着幻想，在迷人的校园里学习、交往、游乐、锻炼，就像那胸前飘扬的红领巾一样，充满着生机，显示出希望。然而，在童年期也存在着恐惧、焦虑、忧愁和悲伤。所以，面对儿童存在的种种心理健康问题，需要老师与家长给予精心的指导和教育。

（一）童年期常见的心理健康问题

1. 品行问题

品行问题是指以经常性说谎、偷窃、攻击行为、逃学为特征的行为问题，具有反复、持续出现的特点。这类儿童具有学校生活适应困难状态，严重时可发展为品行障碍。此类问题男童多见，高发于所谓“第二反抗期”（9～12、13 岁）。较严重的品行障碍还表现为斗殴、纵火、家庭暴力、离家出走、赌博、性攻击等。儿童品行不良除与其自身的心理品质问题有关外，教育不当、家庭和社会环境不良是重要原因。其中，父母责任角色不当、溺爱、家庭不睦、父母分居或离异、无视孩子教育等是较直接的影响因素。因此，父母的榜样作用和适当的教育方式在减少和预防儿童品行问题上有着极为重要的作用。家长和老师不应鄙视或放任不管有问题的儿童，家庭和学校应密切联系与配合，采取积极可行的教育措施，尽早引导他们改掉不良品行。

2. 情绪问题

情绪问题往往是学龄期儿童行为异常的主要原因之一。他们的学习、交往、个性发展等都会因不良情绪而受到消极影响。童年期产生情绪问题的原因是多种多样的，较突出的有学习压力过大、生活太紧张、父母期望过高、人际关系紧张、个性中的消极特征较多等。

（1）过度焦虑

过度焦虑是由于个体担心不能达到目标或不能克服障碍，使自尊心与自信心受挫，增加失败感和内疚感，从而形成紧张不安并带有恐惧的情绪状态。过度焦虑的儿童往往敏感、多虑、缺乏自信、害怕失败，他们平时比较温顺老实、守纪律和自我控制、学习认真，但总担心学习不好，自我意识不良。严重时还会出现睡眠不佳、夜惊、食欲不振、心跳出汗、尿频、便秘等症状。由此可引发过度退缩或暴怒、恐惧、拒绝上学等。过度焦虑还会影响到儿童的行为、智力及人格等多方面。

这种情况，必须注意改善儿童所处的环境和教育方式，改变对儿童的不合理要求，消除引发儿童焦虑的刺激因素，必要时可进行心理咨询与辅导。

（2）强迫行为

强迫行为的特点主要是重复出现缺乏现实意义的、不合理的观念、意向或行为，常导致焦虑、自责和忧郁。表现为强迫思维、强迫疑虑、强迫性穷思竭虑、强迫计数、强迫洗涤、强迫性仪式动作等。实质性的强迫症在童年期不多见，多属于一过性行为表现，会随着年龄的增长自然消失。

强迫行为严重时需要心理咨询和心理治疗。同时应注意培养儿童良好的性格品质，鼓励他们多参加各种形式的集体活动，另外父母应积极合作，参与矫治。

（3）恐惧

个体往往因某种情境的出现或参与某项活动时，产生过分强烈的或持续出现的紧张、恐惧和回避反应。童年期常见的恐惧反应可分为三类：一是身体受伤害的恐惧，如受伤、死亡、鬼怪、被诱拐、陌生人等；二是对自然事件的恐惧，如洪水、地震、电闪雷鸣、黑暗、动物等；三是社交恐惧，如与父母分离、上学、见陌生人等。一定程度的恐惧感在儿童中是普遍存在的。若这种恐惧感达到不可理喻的程度，或对某种刺激产生特别强烈的、不合理的、无法控制的恐惧，则通常是患了恐惧症。小学生常见的恐惧症为学校恐惧症，女孩多见，多发生在新入学时。发作时还伴有明显的躯体症状。

为防止儿童产生过度恐惧，要注意培养儿童乐观、开朗、坚定的性格。不溺爱子女，应适当进行挫折教育。教师应注意教育的方式方法，使儿童不至于对学习、学校产生过度的焦虑和恐惧。

3. 顽固性不良习惯

顽固性不良习惯主要是指有些儿童在不良环境条件下，或精神及躯体不适时出现的某些刻板的、不良的习惯性动作或行为。其表现形式多样，但无特殊精神异常。

（1）抽动症

它是指同一组随意肌肉快速、突然、频繁、不自主、无目的地抽动，如眨眼、耸肩、擤鼻等，以头部、面部最为常见。频率随情绪紧张而增加，注意分散时减轻，入睡时消失。常见的心理因素为突然惊吓或慢性焦虑；常见的躯体因素为上呼吸道感染、扁桃体炎、鼻炎及其他急性病。防治在于消除原因，减缓心理压力，避免过度兴奋活动和紧张疲劳，进行韵律性体操训练，严重者有必要进行行为治疗。

（2）吮吸手指和咬指甲

一般儿童生下数月就有吮指现象，1～2 岁时最为频繁，至学龄期时基本消失，仅个别儿童仍遗留此习惯。咬指甲多发生在 4 岁以后，6 岁时达到高峰，以后逐渐减少，个别的可持续至成年期。儿童吮指大都是在感到无聊或想睡觉的松弛状态下出现的，而咬指甲则多发生在紧张性刺激时，这可能是用无意识的动作来掩饰或消缓紧张焦虑的结果。防治在于不要经常刻意提醒或注意其动作，也没必要加以训斥，应想办法分散其注意力，消除紧张性因素，经常让儿童手里做些其他事情也有利于减轻症状。

（3）遗尿

遗尿主要是指儿童 5 岁以后反复发生、不适宜、不自主的排尿，而又无明显的器质性病因。本症在儿童中发病率约 10%，男孩多见，有些可持续至成年期。清醒时虽有尿意但因不能控制而尿裤子，或在睡眠中经常性尿床。遗尿具有遗传性，也可因强烈的刺激、心理和社会紧张因素导致。遗尿的儿童还往往伴有情绪问题、睡行症或多动性障碍等。防治措施应了解原因，给予相应的治疗；消除紧张因素，训练并掌握排尿规律，给予支持和指导，而不应训斥或羞辱，还可辅以行为疗法和药物治疗。

（4）口吃

口吃又称结巴，是较常见于 2～5 岁儿童的一种表现为言语节律异常的语言障碍。此症多见于男孩，口吃若持续至 10 岁以后，多转为永久性口吃。发生口吃有多种原因，如突然惊恐、心理压力、模仿、歧视、强制性改变左利手（左撇子）等。有些父母对小儿学话过于急躁，做过多的矫正，或逼迫儿童讲话等也可导致口吃。口吃若持续日久会使患儿出现孤僻、退缩、自卑、羞怯等性格特征。口吃的矫治，主要在于消除环境不良因素，给予其心理支持，帮助树立自信心，不讥笑不训斥，并培养其从容不迫的发言习惯，严重者可进行语言矫治训练。

（5）多动症

多动性障碍又称多动症或注意缺陷多动性障碍，是一种常见于儿童的行为异常综合征。特征是智力正常的儿童，具有与年龄不相符的注意力集中困难、行为冲动和活动过多的特点，因而导致学习困难、学习成绩低和社会适应力差。此症多见于男孩，起病于学龄前，发病率为 3%～10%。此症认为存在异质性病因和脑功能轻微障碍，未经干预矫治者亦可发展为品行障碍。目前治疗主要应用中枢兴奋剂（如哌甲酯、苯异妥因等）、感觉统合治疗以及治疗教育等方法。

4. 儿童虐待

儿童虐待是人类社会普遍存在的现象。虐待儿童是家庭暴力中最严重的行为，因为受害者

是没有自我保护能力的未成年人。儿童虐待狭义上是指父母或其他监护人故意而非偶然地对儿童施以暴力或故意而非偶然的失职而给儿童造成的损害、伤害或死亡的行为。广义上亦可理解为对儿童施以的任何伤害行为。

国际儿童福利联合会对儿童虐待所作分类为：

①家庭成员忽视或虐待儿童；

②有关机构忽视或虐待儿童；

③家庭以外的剥削（童工、卖淫等）；

④其他虐待方式。

其中家庭成员忽视或虐待又分为躯体虐待、忽视、性虐待和心理情感虐待。虐待可造成儿童身体与精神两方面的损害，甚至会贯穿儿童以后整个生活过程。身体损害主要表现为打伤、刺伤、烧伤、烫伤、骨折、内脏损伤、软组织撕裂、压迫性出血、少女怀孕等。这些损伤直接影响儿童的身体发育和精神发育。受虐待儿童的精神损害主要表现为自卑、抑郁、悲观失望、敌意、反社会行为、精神失常以及自杀等。儿童虐待现象有的来自家庭内部，多发生在夫妻关系恶劣的家庭；有的则来自家庭外部一些心理不健全的人群。目前的防范措施包括宣传教育、社会干预、家庭功能训练以及立法和执法干预等，其中立法和执法是最重要的干预措施。

（二）儿童心理健康教育对策

1. 转变教育观念

转变多年形成的传统教育理念，让学生德、智、体、美、劳全面发展，成为我们的教育中实实在在的行动，而不只是一纸空谈。长期以来，学校教师与学生家长，普遍认为学生只有上大学才会有出路，而且是唯一的出路。这样就导致我国从小学教育开始就只重视学生考分，而不顾及学生个性、人格的健康成长。为了使学生取得高分数，家长不顾孩子的身体健康，不让孩子有一时的休闲，将学生的课程安排的满满的，无休止地给学生补习各种文化课，使孩子插在书堆里，四体不勤，导致他们性格冷漠自私，只追求考试的名次，一旦考试失利，便哭闹不休，经不起挫折的考验。所以现代教育必须改革，由应试教育转向素质教育，树立学生全面发展的培养理念，培养少年儿童热爱生活积极乐观的人生态度。

2. 优化校园心理环境，加强心理辅导

少年儿童生理和心理的发展变化极快，随之他们的困惑也越来越多，他们希望得到老师或家长、同学的指点，同时他们也努力通过阅读各种报刊、图书来进行自我指点。从某种意义上讲，少年儿童心理素质的内化发展是以集体心理为中介进行的。所以，学校应该重视校园心理健康的环境建设，在学校里开展各种有意义的活动，让每位少年儿童都能自由健康的交往，从而建立和谐的人际关系，发挥、完善少年儿童的自主性、创造性，着重培养少年儿童的自我管理能力。对于他们遇到的心理困惑，学校和社会各方面都有责任来关心他们，运用心理辅导的方式使他们学会自我调节的方法，指导他们正确面对社会现实，处理好师生关系、父（母）子（女）关系、同学关系，培养乐观的进取心，树立正确的价值观、人生观和世界观。

3. 创设轻松、自由的家庭气氛

家庭是少年儿童心理成长的港湾。研究证明，民主、和谐的家庭气氛能促进少年儿童健康人格的形成，相反，专制、不和谐的家庭气氛或单亲家庭，可能会给孩子带来很多的压力，致

使他们形成扭曲的人格。所以作为家长，应该给子女创设一个轻松、愉快的家庭气氛，使他们在爱的家庭气氛影响下，身心得到健康的发展。

三、青春期的心理健康

青春期（或青少年期）一般指 12～18 岁这段时期。初中阶段（11、12～14、15 岁）被称为少年期。高中阶段（14、15～17、18 岁）被称为青年初期。处于这两个阶段的青少年正值青春发育时期，故又被称为青春发育期。

青春期是一个人从童年走向成熟的过渡时期。在这一过渡阶段中，个体经历着青春发育期的生理巨变，也经受着心理发展的种种困惑、矛盾和挑战。在这一关键人生道路的转折时期，每一个青少年都以旺盛的精力吸取着智慧、思考着人生、寻求着友谊、追求着爱情。就让我们沿着青春的足迹，去探索青少年成长的奥秘，去寻觅青少年心理保健的途径。

（一）青春期生理和心理发展的特点

1. 青少年生理发展的特点

青春期是生理发育的高峰期，身体和生理机能都发生了急速的变化，身高、体重、肩宽、胸围都发生了非常明显的变化。

身高的快速增长是这个时期身体变化最明显的特征。据统计，在青少年发育期内，平均每年长高 6～10 厘米。女孩在 12 岁时成长发育最快，男孩在 14 岁时才迅速发育。当然也存在着差异，主要由先天遗传、环境条件多因素造成。

体重主要反映在肌肉的发展、骨骼的增长以及内脏器官的增长等。女孩在 12～13 岁，平均每年增加 4.5 千克左右；男孩在 14 岁左右，每年要增长 5.5 千克。进入发育期后，头和面部也发生了微妙的变化，以前较低的额部发际逐渐向头顶部及两鬓后移，嘴巴变宽，原来单薄的嘴唇也开始丰满了；头部的骨骼增长速度有些缓慢，幼儿期那种头大身小的特征逐渐有所改变。

另外一个重要特征——“性”的发育和成熟，标志着人体生理发育的完成。第二性征是指身体形态的性别特征，女孩主要表现在乳房隆起、体毛出现，骨盆变宽和臀部变大等，男孩主要表现在长出胡须、喉结突出和嗓音低沉、体毛明显等。

在性的机能上也趋于成熟，性腺的发育成熟使女孩出现了月经，男孩发生遗精。近些年有关学者的相关研究表明，青春发育期有提前并加速发展的现象，这种具有时代性的加速发展现象是受当代经济和科学技术高度发展、现代文明的普及以及全球气候条件的变化等多种因素影响所致的。

2. 青少年心理发展的特点

（1）智力方面发展显著

青少年期由于个体大脑机能的不断完善，生活空间的不断扩大，各种社会实践活动的不断增加，其认知能力得到了长足的发展。这个时期他们的感觉与知觉的灵敏度、记忆力、思维能力都得到了加强，抽象逻辑思维能力在思维中逐步占据了主导地位，随着他们的思维独立性、批判性、创造性能力的逐步提高，一般的逻辑思维开始向辩证思维转化，利用理论思维来处理问题的方式开始频繁使用，在此基础上个体分析、综合、抽象、概括、推理、判断事物的关系和内在联系的能力得到了提高。青年人已经开始用批判的眼光来看待周围的事物，有独到的见解，喜欢质疑和争论。这时，他们会开始思考人生和世界，提出许多有关“人生目的”“人生意义”“生活理想”等一系列问题。

（2）自我意识增强

自我意识是对自己身心活动的觉察，即自己对自己的认识，具体包括认识自己的生理状况（如身高、体重、体态等）、心理特征（如兴趣、能力、气质、性格等）以及自己与他人的关系（如自己与周围人们相处的关系，自己在集体中的位置与作用等）。

在相当长的一段时间内，大多数青少年并没有形成关于自己的稳固形象，也就是说，他们的自我意识还不够稳定。在对自己做出自我评价时，往往会出现两种极端：一种是时常过分夸大自己的能力，突出其优点，对自我评价过高，导致沾沾自喜甚至居高自傲、盛气凌人的心理；另一种是由于对事物识别能力不足，看问题时往往片面主观，加上心理的易损性，一旦遇到暂时的挫折和失败往往会怯懦自卑、灰心丧气、抑郁不振甚至自暴自弃，评价别人时也常带有片面性、情绪性和波动性。

（3）性意识的觉醒与发展

所谓性意识，一般指个体对性差别、性身份、性别角色和性冲动在心理觉察层次上的反映。青少年性意识是一个持续发展的过程，这个过程大致可以分为三个阶段：

①疏远异性阶段：在青春期初期，由于生理上急剧变化和性别发育差异，青少年往往对性的问题感到害羞、腼腆、不安和反感。在心理上和行为上表现出不愿接近异性、彼此疏远、男女界限分明、喜欢与同性伙伴亲密相处等情况。

②接近异性阶段：随着年龄的增加，个体的生理、心理都得到了进一步成熟，青年男女之间会产生一种情感的吸引且相互怀有好感，对异性表示出关心，萌发出彼此接触的要求和愿望，开始喜欢一起学习、参加各种活动和交往，但这是将异性作为一般朋友，还不属于恋爱。这个阶段的性意识带有朦胧的向往特点。

③恋爱阶段：随着年龄的增长，生理上的进一步成熟及社会生活的全面影响，青年男女之间开始萌生爱情。他们仅把特定的异性视为自己交往的对象，持续地交往，相互爱慕，进入恋爱。这个阶段的爱情多为内心隐蔽的爱情，多以精神内容为主，重视纯洁的感情。

（4）情感的发展与现实的矛盾

青年在情感发展过程中表现出来的丰富的心理特点并非孤立存在的，它们错综复杂地交织在一起，构成了影响青年心理发展的各种矛盾。下面就这一时期产生的几个主要矛盾作一些简单的分析。

①闭锁性与强烈交往需要的矛盾：青年期的个体自尊心强，思想情感、个人秘密不愿轻易向他人吐露，如果长辈不能正确对待，他们极易造成心理上的闭锁性。这种闭锁性导致了他们与父母、师长及交往熟悉的人之间产生了距离，由于感到缺乏可以倾诉衷肠的知心人，便会产生一种难以名状的孤独感。这种状态与随着生活空间的扩大而出现的强烈的交往需要，构成了一对难以排解的矛盾。

②独立性与依赖性的矛盾：一方面，尤其是自认为已经成人的青年，强烈要求自作主张，竭力摆脱家长的管束，在思想言行各方面都表现出极大的独立性，表现出心理“断乳”愿望。另一方面，他们对父母、成人及长辈又存在较多的依赖性。因为青年阅历还不够丰富，面对陌生或复杂的环境时往往缺乏信心、难做决断。同时，在经济上大多还依靠父母，对家庭的依赖

惯性仍然存在，青年要摆脱这种影响并非易事，报考大学、选择就业甚至择偶都要听从父母的意见。

③求知欲强与识别力低的矛盾：青年有极强的求知欲，这有利于增长知识，但由于识别能力低，往往瑕瑜不分。这一矛盾在青年心理发展的过程中表现尤为突出，必须正视这一问题并给予适当引导。

④情感与理智的矛盾：青年情感丰富，情绪不够稳定，往往容易感情用事。虽然他们也懂得一些世故道理，但不善于处理情感与理智之间的关系，常常不能坚持正确的认识和理智的控制而成为情感的俘虏，事后往往苦恼不已。

⑤理想与现实的矛盾：青年多朝气蓬勃，富于幻想，胸怀远大的理想与信念，对未来充满美好的向往。然而他们往往又是急躁的理想主义者，对现实生活中可能遇到的困难和阻力估计不足，以致在升学、就业、恋爱等问题上遭受挫折，或一旦困惑于现实生活中某些不正之风，又容易引起激烈的情绪波动，出现沉重的挫折感，有的甚至悲观失望。

⑥性意识的发展与道德规范的矛盾：到了青年时期，个体身体发育几近成人，尤其是性机能的成熟。随着第二性征的出现，男子日益壮美，女子日渐丰满。性意识的觉醒使之产生了对异性的爱慕，并且这种爱慕会越来越强烈。于是，男女交友、恋爱、婚姻等问题自然出现。这个时期的男女交往有一个特点，就是极其敏感、容易冲动，常表现为激情，而他们此时思想尚未成熟，意志力薄弱，强大的生理冲击力有时会使他们做出违反道德规范的行为，给身心健康带来严重的后果。所以这个时期应特别注意将性科学知识教育与伦理道德教育结合起来，使他们的性意识发展走上健康的道路。

（二）青春期常见的心理问题

青春期是一个从幼稚走向成熟的过渡期，是一个朝气蓬勃、充满活力的时期，是一个开始由家庭更多地迈进社会的时期，同时也是一个变化巨大，面临多种危机的时期。据专家估计，我国目前初中生心理不健康的约为15％，高中生约为19％。在心理咨询中，青少年期常见的心理问题大致表现下面五个方面。

1. 心理障碍

青少年心理问题中较常见、较严重的要数青少年抑郁症了，因为由其导致的自杀会给家庭带来不可估量的伤害和损失。如果学生在一段时间内体验到心情不愉快、高兴不起来、烦闷；对平时感兴趣的事情变得乏味；思考能力下降、脑子变钝了、注意力难集中、记忆减退；学习失去了动力、人变“懒”了甚至厌学；对成绩下降变得无所谓或对什么都无所谓；失眠、全身乏力、食欲不振甚至感到活着没意义、产生轻生的念头……这时应及早求教于专科医生，以防疾病的进一步的发展和不良后果的发生。

对人恐惧症也是青春期常见的心理疾病，表现为见到异性表情不自然、感到脸红、怕跟人目光对视或怕被别人目光注视，控制不住用“余光”看人或控制不住目光看对方的敏感部位，觉得别人能看出她（他）的表情变化和窘态，能洞察到他内心的想法等。于是避开他人，不和别人交往。虽然内心非常焦急痛苦，但往往因症状难于启齿而不敢就医，通常要到进入社会工作之后，感到实在无法忍受才寻求治疗，而此时已病发多年。强迫症也存在类似的情况。

2. 产生性烦恼和性困惑

性烦恼的产生是由于性意识觉醒之后青少年的生理需求与社会行为规范的矛盾所致。性困

惑的由来是青少年对自身性发育、性成熟的生理变化产生神奇感及探索心理，但由于社会伦理道德的约束和对性教育的神秘化，常会导致青少年的心理冲突。他们常认为“性是不好的”“对异性长辈出现性幻想是可耻的”“手淫对身体是有害的”等，出现对性的消极评价和过度的性压抑。通过对各种神经质症的深入研究，我们有理由相信，由错误的性观念而引起对手淫、性幻想等严厉的自我惩罚（心理的或生理的）是导致产生神经质症状的重要心理因素之一，尤其是严重的自卑感、对人恐惧症等症状。男孩对手淫、遗精、性梦的错误认识，女孩对月经、性幻想、自己体像的消极认知和评价，偷看黄色视频、早恋及过早性行为等是青少年期较为突出的心理行为问题。改变对性的态度应该是人生心理修养的一个重要内容。净化社会风气，学校积极开展心理健康教育（包括性心理教育），组织各种有益于中学生心理健康的丰富多彩的活动，培养高尚情操以及改变家长的传统观念，给予孩子早期健康的性教育等，对中学生的性心理健康发展非常重要，必要时应接受专业心理咨询，不要耽误孩子。

3. 学习方面压力

对于不少青少年而言，他们唯一的任务就是读书。中学生学习负担过重，常给他们带来沉重的心理压力，因为学习压力而陷入痛苦的青少年屡见不鲜。这其中不乏重点学校成绩优秀的学生，他们的思想压力常来源于他们对学习现状的不满和不恰当的比较，不能接受现状，过分注重结果而体会不到学习的兴趣，整个社会、学校都在比较的氛围中，要学生真正做到放弃比较，接纳自己的确不易。考试焦虑、厌学及学习过程中的注意力、记忆力问题等是青少年及家长比较关心的问题。这些情况在期中、期末、中考、高考、周围环境发生重大变化（如父母关系发生突变等）时更为集中和突出。有些青少年承受不了这些心理压力，有时会表现出异乎寻常的反抗情绪形成家庭暴力，有极个别甚至消极自杀。现在全社会都在呼吁给中小学生减压，希望情况会有所好转。

4. 人际交往的压力

随着年龄的增长，独立意识的增强，青少年与社会的交往越来越广泛，他们渴望独立的愿望日益变得强烈，社会交往、发展亲密的伙伴关系是青少年的一种精神需要。因人际关系压力而烦恼的年轻人通常表现为自卑、过分注意他人评价、容易受到伤害、虚荣心强、怕丢面子等。一方面他们要求独立，希望能够摆脱依赖父母的生活，渴望走出家庭，建立伙伴关系；另一方面又缺乏信心，害怕挫折。尤其是那些性格内向、心理承受能力较弱而自尊心又极强的青少年，很容易在集体中感到压抑和孤独，并被这种心理阴影笼罩而不能自拔。家长、教师或心理工作者应帮助青少年改变一些不恰当的认知和态度，引导青少年客观分析自己的现状，学会接纳自己，允许自己有缺点、有失败，不要过分苛求自己，也不要对外界寄托过多、过高的期望，在行动和实践中增强信心。

5. 沾染不良习惯和不良嗜好

青春期虽然心身发展较快，但此时他们的思想尚未成熟，对社会的认识能力、辨别是非能力、自我控制能力不强，同时青少年好奇心及模仿性强，很容易受同伴或不良社会风气的影响，养成不良习惯或沾染不良嗜好。现在有不少青少年沉迷于网络游戏而不能自拔，严重危害了青少年的身心健康，部分青少年因交友不慎甚至走上吸毒、偷窃等违法犯罪之路。另外，具有行为问题（如反社会行为、家庭暴力、出走、自杀等）的青少年，通常遭到过太多的批评、指责，他们对成年人几乎都充满敌意和不信任，往往较难纠正。如何正确引导青少年是家庭、学校和社会的共同责任。

（三）青少年心理问题的矫正

1. 青少年品行障碍的自我调适

（1）提高自我认识

青少年品行障碍的产生，往往与错误的认识有联系。比如，认为赌博只是玩玩，或者以为有些大人也在赌钱，我们为什么不能玩呢？再比如，有少年偷窃者说，自己只是小偷小摸，又是拿家里和同学的东西，何必大惊小怪呢？这些都是糊涂的认识。错误的认识不但促使各种不良行为的产生，而且为不良行为的存在找到了理由或借口，使得不良行为继续下去，越陷越深。因此，有品行障碍的青少年应该调整自己的认识，改变对某些问题的错误认识，树立新的正确的认识。

具体地说，可以听听其他人对各种不良行为的看法，了解一下周围人对自己的不良行为是怎样评价的。人们的认识与自己的认识是否不一致？为什么不一致？从中应当悟出自己认识的不正确以及错在哪里。要重视他人评价的意义，因为对某些行为和活动的评价是具有一致性、经常性的，所以可以通过他人的评价来认识自己。

（2）摆脱孤独感

孤独感是在日常人际关系中产生的一种寂寞、冷落和被遗弃的内心体验，这是一种具有消极性的情绪，对青少年的行为发展有不利影响。有的心理学家说过，孤独的痛苦只有自我体会。的确如此，孤独的苦涩滋味，只有饱受其苦的人才能了解和体会，谁都不愿自己变成一个心灵备受啃啮的孤独者。

青少年品行障碍与孤独感是有联系的。国外的某些研究表明，孤独感与酒精依赖、吸烟、吸毒、赌博、自杀等问题行为有密切联系。我们生活中的经验也显示，一些青少年正是为了排遣孤独而沾染上吸烟、迷恋游戏机、打麻将、不正当性行为等不良品行的。因此，采取自我矫正措施摆脱孤独感，对于预防和遏制青少年品行障碍来说是有现实意义的。在家庭、学校中，青少年怎么会变得孤独呢？应当说，心理上的自卑感、自我封闭、自我禁锢是主要的内部原因。所以，走出孤独处境的关键措施是要依靠自己的力量，开放自己，使自己容易与人接近和交往。同时不要向空虚屈服，要认识自身存在的价值，学会主宰自己的人生方向。

（3）控制发怒

愤怒是人类的基本情绪之一，常常是在个体的愿望不能实现或行动持续受到挫折时产生的。愤怒是有程度轻重之分的，从不满、气恼、气愤直到大怒、暴怒、狂怒等。愤怒是一种否定性情绪，虽说既有积极作用又有消极作用，但在日常生活中时常对他人发怒则是有损团结的，并且不利于身体健康，具有明显的消极作用。心理学研究表明，愤怒往往会导致攻击性行为，特别是在强烈的愤怒时，主体不能意识到自己行为的意义和后果，失去意志控制力，易造成严重的社会危害，暴怒之下伤害人甚至杀人等就成了激情犯罪了。

青少年容易在感到自尊心受挫的情况下发怒，以致与他人发生冲突而实施攻击行为，因而，通过制止发怒可以预防和遏制攻击行为的发生。青少年制怒可采用下列措施：

①主动回避：这是一种消极退让的方法，尽可能避开易引起发怒的刺激物（包括人、物、事等）。例如，有的中学生说："我一看到某某心里就不高兴，跟他合不来，他惹我发火，我就

要揍他了。”那么，就可以尽量不接触他，跟其他的同学或朋友多交往。

②注意转移：当面临易激怒的情景时应立即转移注意力，去注意另外的有兴趣、有意义的事物，这样就再不会发怒了。有的青少年被人挫伤了自尊心，如果老是想着这件事，就易产生报复攻击的心理；如果主动地把注意力转移到自己感兴趣、积极的活动上去，把不愉快的事丢在脑后，时间一长，过去的事就淡化了，想起来就心平气和了，就会妥善处理。

③主动发泄：为了消除怒气，个体主动把有关的事情向信得过的人倾诉出来。少年学生碰上了委屈，感到十分不满，千万不要积怒于心头，可以找父母、老师或知心朋友吐露甚至哭诉一番，在他人的同情和安慰下，心中的怒气会渐渐消除。此外，还可以通过写日记、写信、打电话等方式把自己的心情释放出来，得以息怒。

④意识控制法：个体通过自我意识的调节作用来制止发怒。青少年面临冲突情景时容易发怒，特别是在对方先有错的情形下，自己就会怒气更大，这时应保持清醒的意识，不能头脑发热，要提醒自己：不能发火，千万不能发火。在这种情景下，自己内心可以默念数字，默念老师对自己教导过的话，情绪就放松了，行为就理智了，冲动的行为就不易发生了。

（4）正确对待错误，提高自信心

有品行障碍的青少年往往有落后的一面，有缺点、错误甚至受过学校处分。因此，对他们来说，首先有一个怎样对待错误的问题。这实际上是一种特殊的自我评价，要勇于承认错误，畏惧错误就是毁灭进步。任何一个人都难免犯错误，特别是在青少年发展时期，很容易沾染上不良行为，但这点错误不会也不该毁掉自己的一生。所以，有品行障碍的青少年要正视自己的错误，有自责心，有羞耻心，像脸上脏了要自己动手洗脸一样，严肃地作自我批评。

（5）榜样学习法

榜样的力量是无穷的。树立先进榜样是青少年品行障碍自我矫正的一种重要方法。活生生的榜样，直观、具体、形象，标志着进步的方向，能在日常生活中对青少年产生潜移默化的积极影响。

现代学习心理学理论认为，儿童可以模仿攻击行为也可以模仿利他行为。青少年具有较强的模仿倾向，模仿榜样对青少年形成良好行为模式和消除不良行为模式都具有重要的意义。

青少年要矫正品行障碍，就应该在自己的周围，选择熟悉的先进榜样来进行学习。心理学研究显示，模仿和学习的榜样，与自身越相似，学习的效果就越好。因此，有品行障碍的学生，应选择自己班上或校内的好同学为榜样，这样对照比较起来，既亲切又生动，容易模仿学习。同时，也可选择过去有过不良行为、现已表现良好的进步学生为榜样，学习这种榜样，更容易产生共鸣，激励自己的自信心。在对榜样进行学习的过程中，不但要模仿，而且要联系自己的实际，对照自己的认识，反复明确为什么学、学什么和怎样学的问题。

（6）矫正不良习惯

每个人都有自己的习惯，同时都处于一系列的习惯的控制之中。事实上，习惯无时无刻不伴随着每个人。它们逐渐由意识控制而转向自动化，自动化了的习惯影响着人们的各种活动。与青少年品行障碍有关的是不良习惯，不良习惯是有害的。例如，小时候拿母亲皮包里的钱去买零食吃、把同学的小玩具拿回家中据为己有等，到了初中长成少年了，如仍不改掉坏习惯，到商店里去偷东西，那就是偷窃行为。再继续下去，必然会触犯刑律，成为犯罪分子。青少年品行障碍如暴力攻击行为、偷窃、说谎、迷恋网络游戏、吸烟、吸毒和不正当性行为等，多次反复出现后容易形成不良习惯，如不及时矫正的话，可能会毁了他们的一生。

对有品行障碍的青少年来说，首先要明白习惯是可以改变的，自己身上的某些不良习惯也是可以矫正的。下面介绍有关的几种矫正方法。

①替代性反应法：选择一个适当的行为来替代自己某种坏习惯，直到坏习惯消除。某些心理学的实验表明，这种方法可以有效地阻止某一坏习惯的出现。例如，某位学生每看到一件喜欢的东西就要抢到手里，等到不喜欢了就扔掉。在临床心理学家的办公室里，该学生看到一把小刀，随手拿过来玩了一会就一下扔掉了。这位心理学家又让他小心地捡起小刀，放在手里，然后问该学生：小刀的颜色、形状、原料、轻重、型号、用途等是什么？然后又让他把小刀放回原处。学生的父母也可以像心理学家一样，按此法做几次。这样学生以后就不乱拿、乱扔东西了，而是喜欢仔细地观察各种事物了。

要使用这种方法，先要了解自己的坏习惯，接着再适当选择一种行为作为替代。例如，抽烟的少年，想抽烟时就大声朗诵或读英语，烟就没法吸了；为了从淫秽文化中解脱出来，可选择打球、游泳、学音乐，绘画等有益文体活动来替代；想赌牌的时候，可以找一个同学来下棋，既替代了赌博行为又获得了高尚娱乐的情趣。青少年在自我矫正过程中，要进行自我监督，做好记录，每星期检查一次，当新行为能替代不良行为时，应自己表扬或奖励自己。

②切断诱因法：由于各种坏习惯都是在诱因影响下产生的，因而破除诱因就可能矫正某一种不良习惯。例如，中学生赌博，总是这么几个人在一起才玩赌的，那么有赌博习惯的少年在想赌的时候，就应特地选择与反对赌博的同学或伙伴在一起，这样就赌不起来了。少年吸烟者也常常是群体吸烟，几个人一起就烟雾腾腾。为了戒烟，吸烟少年应与反对吸烟的同学在一起，远离其他吸烟者，这样的环境压力不利于吸烟。坚持下去，是可以改掉吸烟习惯的。

③中断改变刺激法：当引发某一习惯的刺激发生中断或者改变，不良习惯自然就会逐渐消失了。这个方法要求具有一定的自觉性和意志力。例如，要改掉自己考试作弊的习惯，一方面要努力学习和认真复习，另一方面可以征得老师同意，与表现好的班干部或同学等坐在一起，中断有利于作弊的环境，以此来消除作弊行为。又如，为了改掉暴力殴打他人的行为，可以向过去被欺负过的小同学作检讨，赔礼道歉，接受他的批评；同时，也可以在实际生活中进行利他活动，来滋润自己的心灵。

④自我教育法：国外有一种心理剧疗法，是指通过扮演某一角色，主体可以体会角色的情感与思想，从而改变自己以前的不良习惯。青少年为了矫正自己的品行障碍，可以运用心理剧方法进行自我教育。在心理剧中可以扮演家庭的一个成员、一个老朋友、一个陌生人或一位老师。剧情内容可以是一般性的，涉及日常生活的各种纠纷，也可以是与自己的情况相似的。在表演时，青少年扮演的角色与生活中的自己不一样，因而可以体验角色的各种感情，有利于揭示青少年内心深处的症结，达到发泄或控制自己的情感，并学会模仿一种正确的行为方式的效果。

有的青少年与父母关系处理不好，时常与父母发生争吵，对父母有成见。针对这种情况，父母可以与子女一起表演心理剧，事前设计一些情节，在剧中让青少年把自己的缺点尽情表现出来，演出后共同讨论。这样做可以使青少年的敌对情绪缓和下来并逐渐减少。当然，这种自我矫正方法需要懂心理学的老师给予一定指导，同时也要有同学或其他人的配合。

2. 青少年人生观的培养

人生观是人们对人生目的和意义的根本看法和态度，处在心理结构的最高层次，它不仅影响人的认识、情感、意志、个性等，而且还是人行为的最高调节者。青少年只有树立正确的人生观，生活有一定的目的，前进有一定的方向，才不会沉湎于身边的琐事中，才能正确客观地反映周围事物，正确对待生活中的矛盾，防止心理失常，矫正不良心理，促进心理健康。

大量的实践证明，心理疾病的产生是由于个体不能全面认识自己，不能接受现实中的自我导致的。要保持心理健康就要全面认识自己，对自己的心理特点有个全面的了解，把自己摆到适当的位置，既不要狂妄自大也不要妄自菲薄，要不卑不亢地对自己做出恰如其分、适宜的评估。不仅要全面认识自己，而且还要做到心平气和地承认自己的不足和差距，勇敢承认现实中的自我。个人的容貌、体型、生理上的缺陷，父母的职业，所处的社会阶层、身世地位等，个人是无法选择的，甚至是无法改变的，每个人必须接受现实中的自我，扬长避短，然后创造理想的自我。

3. 青少年的用脑卫生

心理是脑的机能，脑是心理的器官，要使青少年心理健康，必须进行适当的脑力劳动训练，给予合理的营养和睡眠。

青少年的神经系统特别是大脑，和其他器官一样，必须经劳动锻炼才能得到全面充分的发展。青少年的学习生活是典型的脑力劳动，这种脑力劳动必须遵循脑的生理学和卫生学的规律。首先，教育学生生活要有规律，一切活动都要有节律地进行，这样能量消耗最少且效率最高。其次，在学习过程中有一定的作业量和难度，注意力要高度集中，提高学习效率。注意改进学习方法，训练大脑的灵活性，充分挖掘大脑的潜力。再次，脑力训练应当适度，如果负担过重，要求过高，过度紧张，使精神系统高度兴奋，就会引起大脑过度疲劳，阻碍青少年神经系统正常健康发育。

要使青少年的神经系统正常发育，必须有足够的营养，如蛋白质、脂肪类、糖类、矿物质、维生素、水等。多吃含维生素 B 的食物可防止神经炎疾病，多吃含卵磷脂的食物有利于记忆。禁止饮用含有酒精的饮料，因为酒精对神经活动有不良影响并成为产生各种神经疾病的根源。青少年吸烟也极其有害，烟内所含的尼古丁能引起头痛、呕吐等症状，影响青少年健康成长。

青少年每天应保证睡眠 8～9 小时，睡眠充足能够保证神经系统、感觉器官和各种肌肉系统充分休息，精力充沛，有利于心理健康。睡眠不足就会引起神经系统疲倦，身体抵抗力下降，不仅学习效率低而且也影响心理健康。

4. 青少年正确的异性交往

男女生的交往不仅是正常的而且是必要的，有益于青少年身心健康成长。心理学的研究和实际观察发现：青春期交往范围广泛，既有同性知己，又有异性朋友的人，比那些少有朋友，或只有同性朋友的人的个性发展更完善，情绪波动小，情感丰富，自制力较强，心理健康水平较高，容易形成积极乐观、开朗豁达的性格。

拘谨与畏缩会妨碍青少年男女之间的交往，但过分热情、随便或骄矜、轻浮同样不可取。那么，青少年在异性交往时应注意什么呢？

首先，注意交往方式。青少年男女以集体交往为宜。课堂上的讨论发言，课后的议论说笑，课外的游戏活动等为大家创造了异性交往的机会。使一些性格内向、不善交际的同学免除了独自面对异性的羞涩和困窘；而一些喜欢交际的同学又能满足与人交往的需要，每个人都融入了浓浓的集体气氛中。在集体中的异性交往，每个人所面对的是一群异性同学，他们各有所长，或幽默健谈，或聪明善良，或乐观大度，或稳重干练……使我们在吸收众人优点的同时，开阔了眼界和心胸，避免了只盯住某一位异性而发展“一对一”的恋爱关系。集体交往，家长放心，老师支持。集体交往的形式各种各样，如兴趣小组、科技小组、学习小组等。集体活动也是丰富多彩的，如娱乐、游戏、竞赛、旅行、小发明、小制作等。

其次，要把握交往的尺度。对方约你一同参加某项活动，如听音乐、看电影、观画展、逛书市，这是正常的、公开场合的两性交往，完全可以大大方方地赴约。女孩子应端庄、坦荡、不使对方产生误解和非分之想；男孩子要沉稳庄重、尊重对方。假如两人互有好感，相处愉快，约会的次数会增多，每次约会的时间会延长，直到两人难分难舍，恨不得每时每刻都和对方在一起。这时一定要注意适可而止，不能占用对方太多的时间，不能因为两人的约会使一方或双方无法集中精力学习，无暇与家人、同学、亲友相聚。这时必须有所节制，减少单独在一起的次数、时间，见面时多谈谈学习上的事情，使双方的感情降温。为防患于未然，对于抱着谈情说爱为目的的约会，最好婉言谢绝，让对方明白你的心思，放弃对你的追求。但要注意方式，不可伤害对方的自尊心。对于纠缠不休甚至威逼恐吓的人，要请家长、老师、同学、朋友们帮助处理。只有把握与异性交往的尺度，诚恳对人，热情大方，自尊自重，才能处理好与异性的关系，以自身良好的修养和人品赢得异性的尊重和友情。

四、成年期的心理健康

成年期一般是指年满 18 岁以后的时期。通常我们将成年期分为：成年前期，18～40 岁；成年后期，40～60 岁。

成年期意味着完全成熟，也意味着收获的到来，现代人把成年期誉为“黄金的年代”“钻石的年代”，这些都道出了成年期在人的一生中所占有的重要地位。下面我们将对成年期心理健康的内容进行探讨。

（一）成年期个体发展与变化

成年期主要完成的生活任务是“成家立业”，即组建家庭、养育子女，干出一番事业。他们肩头背负着复杂的社会责任，组成社会的中坚力量，他们是社会物质和精神财富生产的主力军。

1. 认知的发展

成人的认知活动在个体前阶段的发展基础之上蓬勃发展。著名心理学家皮亚杰所谓的形式运算思维在这个时期更加完善和协调。但个体掌握新知识、新观点、新思想是一个终身的过程，人的学习是终身的。

在整个成年期最具争议的问题集中在人的认知能力是否逐步下降。有的研究指出非但没有下降反而有所提高了。对于成年后期的个体来讲，他们的言语、推理、判断等能力均不会下降，并且知识经验还在不断积累，稳步上升。但是，他们的快速反应和短时记忆的能力则从 50 岁以后有所下降。还有研究表明，成年后期的人在学习及记忆能力的某些方面只有轻微的下降，在学习新知识、组织新知识方面差一些，从长时记忆中提取信息的能力明显不如以前。一般来说，再认比再现要相对容易，研究也证明了这一观点，成年后期个体在再认上年龄差异不大，而在要求从长时记忆中提取信息上则年龄差异显著。

创造性是人们在事业上取得成就的重要因素。心理学研究指出，创造性与年龄之间的关系不可一概而论，不同的方面情况是不一样的。在数学和物理学方面，20～30 岁的人较易取得成就，如牛顿 28 岁发明微积分，爱因斯坦 26 岁发明相对论，伽利略 26 岁提出自由落体理论。而在历史和哲学方面，一般则在较晚的年龄阶段才会取得成就。

2. 人格发展

关于成年人的人格发展，在西方，E. 埃里克森的理论具有较大的影响。他的人格发展阶段论包括有序的八个心理社会阶段。在每一个阶段，如果个体能适应社会提出的要求，那么自我的特定能力便得到发展。与成年期有关的是其中的两个阶段，即亲密感对孤独感和繁殖感对停滞感。亲密感对孤独感主要表现于成年前期，关爱他人、强烈的自我认同感和献身精神都能导致建立亲密感，否则可产生孤独感。成年后期主要体验到的是繁殖感与停滞感，深切关怀下一代成长的感情，如果处理好工作和两代人之间的关系，就有助于建立繁殖感，否则可产生停滞感。

一些研究表明，人格的特点不全是随年龄变化的。性别和年代差异似乎比年龄变化更重要。

3. 道德发展

科尔伯格的道德发展阶段论在这方面具有较广泛的影响。他把道德发展分为三种水平六个阶段。其中，他所提出的第二水平（习俗水平）与成年初期有关。个体意识到共同的感情、意见和期望，遵守待人接物的规范并进一步形成了体系，但概括的道德观尚未出现，体系与社会观分离，只有规则和角色作用体系；第三水平（后习俗水平）则在 25 岁以后才有重大发展，个体有了抽象概括的原则，并与社会观和法律观结合起来。人的道德发展的总趋势是从简单的是非观向个人与社会的抽象权利义务观发展。

道德发展既受个体认知、人格、社会化诸因素的影响，反过来也影响这些因素。成年期的心理发展与其他时期相比，更多地受社会文化因素的影响。因此，个体在不同社会文化条件下往往表现出更多的不同，而且在许多方面差异很大。

（二）成年期的心理健康

成年期的心理健康指个人或群体的心身健康和人格健全。它不单单只有益于成人，还能对儿童及青少年心理发展起到良好的影响，并为个体愉快、安详地度过老年期打下基础。社会发展与科学进步制约着我们给予成年期的心理特征与心理健康问题的关注程度。20 世纪之前，在许多国家里有大量的未成年人被迫就业、谋生。由于医药卫生条件低劣、战争频繁，人类的平均寿命不超过 45 岁，因而很少有人过问成年期的心理卫生问题。随着现代科学技术和社会文明的发展，许多与优生、优育、心身健康、人格健全密切相关的学科蓬勃发展起来，关注成年人的心理特点和心理卫生的相关研究逐步受到重视。美国心理学家 E. B. 赫洛克在综合前人研究成果的基础上，于 1953 年编著《发展心理学》一书，其中用 1/3 的篇幅专门论述“成人心理学”，在心理学界和社会上均产生了较大的影响。

1. 成年前期的心理健康

成年前期又称成熟期，这个阶段的个体开始告别青年期，逐步开始适应新的生活方式，开始肩负新的社会责任。个体在不断解决生活中出现的新问题的情况下，渐渐胜任了成人角色，取得了成人地位，渐渐进入到一个相对稳定的时期。这一阶段一般持续 10 年左右。高中或技校毕业便就业的人，在 20 岁前就开始适应成人的角色；而一些在 25～30 岁才结束学业的人往往推迟完成成熟期面临的任务。人们在这一阶段面临的主要任务是由结束学业到就职立业、由恋爱结婚到养育后代、由接受父母的养育和社会的照顾转向赡养父母和为社会服务等，所以他们会经常处于精神紧张的状态。为维护这一阶段的身心健康，我们要训练这一阶段的个体勇于适应各种职业，求得较高效率和成就；在家庭中要让他们适应自己地位的变化，承担应尽的义务，尽自己该尽的责任；学会正确处理复杂的人际关系；在繁重的任务面前，既要培养自身坚韧的耐受力，又要学会劳逸结合、消除紧张情绪。成熟期的身心健康将对个体形成健全人格、更好地适应环境、顺利地进入中年期产生积极的影响。

2. 成年后期的心理健康

成年后期在人生中所占时间的比例最大。美国学者 W. B. 彼得金 1932 年所著的《人生四十才开始》一书，从机体健康状况、心理发展水平及事业建树成就等多方面论述了成年后期，打破了“40 岁乃人生终点”的陈旧观念，掀起社会各界对中年期进行科学研究和重新认识的一个高潮。随着人类平均寿命的增加，中年期人口占总人口的比例不断上升，中年期是在原有成就的基础上继续获取新成就的阶段。实验研究表明，中年人从事各种事业的有效创造率没有太大变化。有人统计分析了公元 600～1960 年 1243 位科学家的 1911 项重大发明创造，结果表明他们最有成果的年龄都在 35～45 岁。

成年后期的心理特征和心理健康要求主要集中在下面四点。

（1）人格特征和行为方式基本定型

成年人的就业与成家两项任务处于稳定之后，其特有的行为模式和生活习惯也逐渐固定下来，人格特征基本已经定型，社会态度、意识倾向、价值取向等也不容易再变化。在他们稳定的生活环境和心理状态形成的基础上，集中精力获取个人事业上的成功已成为这个阶段的首要任务，不断接受新事物、活跃思想、防止心理僵化也是处于这阶段的个体必须关注的。

（2）责任重、操心多、压力大

中年人承担一定工作任务后，总想在自己单位取得一定的成绩并建立同事之间和谐的人际关系；在家里又要尽敬老育幼的责任。因此对于中年人来说，合理用脑、从容处事、养成良好的生活习惯和方式是很重要的。

（3）努力维持心身平衡

中年人到 40 岁以后，在体态和容貌上老化得越来越明显，这往往给一些爱美的中年人特别是女性带来心理上的压力。因此，这个阶段的中年人在自身心理健康方面应重视维持其身心平衡，加强日常体育锻炼，注意调节情绪，摆脱不良的负性情绪影响。

（4）生命转折的心理准备

人在进入老年期之后，生活会发生很大的变化，如配偶丧亡、子女离家、年老退休以及家庭和社会地位的改变等，这些变化会严重影响他们的心身健康，让他们产生紧张感、失落感、孤独感和恐惧感。所以，老年期的个体对此要有充分的心理准备，以免出现适应困难，引起个体精神上紧张最后导致各种病症产生。

3. 更年期心理健康

更年期是成年期结束进入老年的一个转折阶段。在此阶段，由于人的大脑功能在某些方面开始衰退，体内分泌系统的功能特别是性激素的下降，导致身体与心理状态明显变化。一般来说，女性在更年期可能出现的病症较男性的明显。更年期人们能否出现明显身心变化或能否适应这些变化取决于多种因素。如不同的身心素质和人格特征；对年龄变化的客观规律有无科学的认识以及心理准备，早年适应生活的训练以及生活经历；生活事件与人际关系的多少与好坏等，都会影响更年期的反应。因此，积极开展心理卫生工作，如及时提供心理咨询，适当地调整生活环境和人际关系，经常给予亲切的关怀和帮助等，将有利于帮助成年人顺利地度过更年期。

第三节　大学生与心理健康

一、心理与心理健康

（一）心理的内涵

恩格斯曾把人的心理比喻为地球上最美丽的花朵，苏轼也曾这样形容人的心理：“江海不足以喻其深，山谷不足以配其险，浮云不足以比其变。”可见人的心理是多么神秘奇特、复杂多变。自古以来就有“人心难测，海水难量”之说，首先这是因为人的心理具有隐蔽性，“画虎画皮难画骨，知人知面不知心。”其次，人的心理具有复杂性，有些人的言与行不一致，表象与本质不相同。有的“大奸似忠”，有的“大诈似信”；有的“大智若愚”，有的“大巧若拙”；有的“大辩若讷”，有的“大勇若怯”。最后，我们可以借助仪器观察粒子世界的微妙，可以借助航天飞船在月球漫步，但对于人的心理，我们不能用手术刀把它解剖开来，借助显微镜观察它的结构。心理的这些特点，给我们了解、分析人的心理带来一定困难，可谓“管中难窥全豹，雾中难睹真景”。但人的心理又是可以推测的，心理支配行为，又通过行为表现出来。例如，人高兴时哈哈大笑，悲伤时痛哭流涕，害羞时脸色通红，愤怒时紧握拳头，悲恸时捶胸顿足，痛恨时咬牙切齿等。我们可以通过外部行为推测其内部心理过程。

心理活动尽管是人人具有并为大家所熟悉的，但是对它的实质却有各种说法。例如，有人把心理看成是虚无缥缈的、至高无上的灵魂活动的结果；有人庸俗地认为人脑产生心理如同肝脏分泌胆汁一样；有人认为心脏是心理活动的器官，理由是人的情绪平静时心脏跳动正常、情绪激动时心脏跳动加快。以上种种观点都是不正确的。科学的观点是：心理是脑的机能，即任何心理活动都产生于脑，所有心理活动都是脑的高级机能的表现；心理是客观现实的主观反映，即所有心理活动的内容都来源于外界，是客观事物在脑中的主观反映。

1. 心理是脑的机能、脑是心理活动的器官

心理活动是脑的机能，这是人们长期探索的结果。在古代，人们曾把心脏看作心理的器官，认为心理是心脏的机能。如荀子说“心居中虚，以治五官”“心卧则梦”；亚里士多德也认为精神位于心脏，而脑不过是一个“冷却”的装置。由于受传统观念影响，人们日常用语中，凡是与心理活动有关的词都含有“心”字，如“思”“恨”“意志”等。古人把心脏与心理联系起来，是企图找出心理活动的物质器官，但这是不符合事实的。

现代科学以无可置辩的事实证明：心理活动是脑的机能，脑是心理活动的器官。心理现象是随着神经系统的产生而出现，又是随着神经系统的不断发展和不断完善，才由初级不断发展到高级的。无机物和植物没有心理活动，没有神经系统的动物也没有心理，只有有了神经系统的动物才有心理活动。无脊椎动物的神经系统非常简单，像环节动物只有一条简单的神经索，它们只具有感觉的心理现象，只能认识事物的个别属性；脊椎动物有了脊髓和大脑，它们有了知觉的心理现象，能够对事物外部的整体加以认识；灵长类动物，像猩猩、猴子，大脑有了相当高度的发展，它们能够认识事物的外部联系，有了思维的萌芽，但是还不能认识到事物的本质和事物之间的内部联系。只有人类才有思维，有意识，人的心理是心理发展的最高阶段，因为人的大脑是最复杂的物质，是神经系统发展的最高产物。所以，从心理现象的产生和发展的过程，也说明了心理是神经系统，特别是大脑活动的结果。脑是心理活动的器官，人们获得这一正确的认识经历了几千年。现在，这一论断得到了人们生活的经验、临床的事实，以及从心理发生和发展过程，脑解剖、生理研究所获得的大量资料的证明。

2. 心理是客观现实的反映

健全的大脑给心理现象的产生提供了物质基础，但是，大脑只是从事心理活动的器官，有反映外界事物产生心理的机能，心理并不是它自身所固有的。心理现象是客观事物作用于人的感觉器官，通过大脑活动而产生的，所以客观现实是心理的源泉和内容。离开客观现实来考察人的心理，心理就变成了无源之水、无本之木。对人来说，客观现实既包括自然界，也包括人类社会，还包括人类自己。20 世纪 20 年代印度发现的两个狼孩——让狼叼走养大的孩子，他们有健全的人的大脑，但是他们脱离了人类社会，是在狼群里长大的，他们只具有狼的本性，而不具备人的心理。所以，心理也是社会的产物，离开了人类社会，即使有人的大脑，也不能自发地产生人的心理。

心理的反映不是镜子似的机械的反映，而是能动的反映。因为通过心理活动不仅能认识事物的外部现象，还能认识到事物的本质和事物之间的内在联系，并用这种认识来指导人的实践活动，改造客观世界。心理是大脑活动的结果，却不是大脑活动的产品，因为心理是一种主观印象，这种主观印象可以是事物的形象，也可以是概念，甚至可以是体验，它是主观的，而不是物质的。从这个角度来说，应该把心理和物质对立起来，不能混淆，否则便会犯唯心主义或庸俗唯物主义的错误。

3. 人的心理是人脑对客观现实的能动反映

人脑对于客观现实的反映，不是像照镜子、拍照片那样机械、被动，而是积极能动的。个人过去已有的知识经验、个性特点、当前的心理状态等，都在反映事物中起着重要的作用，使反映带有个人的特点。因此，我们常常可以看到：不同的人，或同一个人，在不同时期和不同条件下，对同一事物的反映是不同的。如，欣赏同一首乐曲，缺少音乐修养的人与具有一定音乐素质的人，其感受是大不一样的；同是对一株浓荫蔽日的大树，植物学家和艺术大师对它的评价也是不同的。这是知识经验参与到反映中的缘故。

人的心理是人脑对客观现实积极的能动的反映，还表现在人在实践中是有目的、有意识地支配和调节自己的行动，能动地反作用于客观现实、改造现实。列宁说过："人的意识不仅反映客观世界，并且创造客观世界。"

（二）心理健康的内涵

心理健康是研究人的心理健康的形成、发展、变化的规律，以及如何维护和增进心理健康

的科学。

1. 心理健康的概念

对于疾病产生的原因，人们的共识是首先考虑生理因素，但随着时代的发展、生活节奏的加快，来自工作、家庭、社会等方面压力的加大及一些不恰当生活方式的影响，导致疾病的发生掺入了许多心理因素。

所谓心理健康是指在身体、智能及情感上与他人的心理健康不相矛盾的范围内，将个人心境发展成最佳的状态。

心理学家英格里士（H. B. English）指出：心理健康是指一种持续的心理状态，当事人在各种情况下都能做出良好的适应，具有生命的活力并能充分发挥其身心潜能，是一种积极的、丰富的体验。

也有学者将心理健康定义为个体的各种心理状态（如一般适应能力、人格的健全状况等）保持正常或良好水平，且自我内部（如自我意识、自我控制、自我体验等）及自我与环境之间保持和谐一致的良好状态。

还有观点认为：心理健康就是指一种高效而满意的持续的心理状态。心理健康是人的基本心理活动协调一致的过程，即认识、情感、意志、行为和人格完整协调，能顺应社会，与社会保持同步的过程。

结合各家观点，我们认为：心理健康是个体能够随内外环境的变化保持心理在正常范围内波动的一种状态。

2. 心理健康的特点

（1）动态性

心理健康的状态是动态的变化过程。个体在遇到积极事件时心理状态就会较为激进，而在遇到消极事件时则会很低落。另外，随着个体的成长、经验的积累、环境的改变，心理健康状况也会有所改变。尤其是个体在发展中遇到的一些困惑，可能在很长一段时间内都会影响到个体的心理状态，这并不能说明个体在该时期的心理是不健康的，如在青春期的叛逆心理等，并非心理不健康。

（2）整体协调性

心理不健康是指一种持续的不良状态，偶尔出现的不健康心理或不健康行为并不能表明个体心理不健康，它同时受到情景因素的影响。比如，平时性格开朗的人，最近郁郁寡欢，不愿与他人接触，可能是刚刚失恋所致，而并非心理不健康。人的心理健康具有整体协调性，与人们所处的时代、环境、年龄、文化背景等因素有关，所以不能仅仅以一种行为或者一种短暂的状态来判断自己或他人心理是否健康。

（3）无明显界限性

如果把心理健康与不健康比作白色与黑色，那么白色与黑色的交叠部分是灰色，即过渡阶段。良好的心理健康状态到严重的心理疾病之间是一个渐进的连续体，异常心理与正常心理，变态心理与常态心理之间没有绝对的界限。

（4）可逆性

心理健康或不健康都属于正常心理的范畴，并未进入或发展到病理状态。心理健康与不健康状态之间可以互相转化。当出现不健康状态时，可通过适当的调节而变得健康；同样，良好、协调的心理状态如果不注意保健，也可能出现不良或不协调的心理。

二、心理健康的标准

（一）确立科学的健康观

1. 健康的科学定义

心理健康是完整健康概念的组成部分。人类对健康概念的认识是随着社会的发展以及人类自身认识的深化而不断丰富的。在生产力低下的时期，人类只关注如何适应和征服自然，维护自身的生存。其后，随着生产力水平的提高，人类开始关心身体健康，防病治病的医学科学应运而生。历史发展到现代，人类对健康的认识又发生了飞跃，不再局限于生理机能的正常、衰弱与疾病的减少。1948 年，联合国世界卫生组织（WHO）成立时，在其宪章中开宗明义地指出：健康不仅仅是没有疾病，而且是身体上、心理上和社会上的完好状态或完全安宁。这是对健康全面、科学、完整、系统的定义。这种对健康的理解就意味着衡量一个人是否健康，必须从生理、心理、社会、行为等因素分析，不仅看他有没有器质性或功能性异常，还要看他有没有主观不适感，有没有社会公认的不健康行为。

2. 健康的具体标准

为了加深人们对健康的认识，世界卫生组织还规定了健康的 10 条标准：

①有足够充沛的精力，能从容不迫地应付日常生活和工作压力，而不感到过分紧张。

②态度积极，乐于承担责任，不论事情大小都不挑剔。

③善于休息，睡眠良好。

④能适应外界环境的各种变化，应变能力强。

⑤能够抵抗一般性的感冒和传染病。

⑥体重得当，身体均匀，站立时，头、肩、臂的位置协调。

⑦反应敏锐，眼睛明亮，眼睑不发炎。

⑧牙齿清洁、无空洞、无痛感、无出血现象，齿龈颜色正常。

⑨头发有光泽、无头屑。

⑩肌肉和皮肤富有弹性，走路轻松匀称。

从这 10 条健康标志可以看出，健康包括身体健康和心理健康两个方面，相辅相成，缺一不可。严格地说，没有一种病是纯粹身体方面的，也没有一种病是纯粹心理方面的。因此，我们在考虑自身的健康和疾病时，要注意身心两个方面的反应。

3. 健康观的演变

长期以来，人们对健康的传统认识存在着许多片面性。比如，一谈起健康就认为是医学的事，只注重生理健康而忽视心理健康。所以在日常生活中往往只注重锻炼身体，而不重视培养健康的心理；一有头痛脑热就往医院跑，而有了严重心理疾患却自觉不自觉地掩盖。这种片面的健康观已经带来了许多不良后果。据美国的统计资料，每 4 个人中有 1 人在其一生中将因心理方面的原因而引起生理方面的疾病；每 12 个人中就有 1 个人将因心理方面的疾病而住院。美国全国的医院病床中，几乎有一半是被心理疾病患者所占住。世界卫生组织根据在世界范围内的调查推测，全球目前约有 3.4 亿抑郁障碍的患者，而且这个数字还在不断地上升。心理卫生问题在人群中大量存在，严重地影响着人们的健康。事实证明了古罗马哲学家西塞罗的论断：心理的疾病比起生理的疾病为数更多，危害更烈。

（二）心理健康及界定原则

一个人的心理怎样才算健康，以什么作为心理健康的标志，这是一个非常复杂的问题。

1. 心理健康的标志

所谓心理健康，是指在身体、智能以及情感上与他人的心理健康不相矛盾的范围内，将个人心境发展成最佳的状态。

世界心理卫生联合会明确提出了心理健康的标志：

①身体、智力、情绪十分调和；

②适应环境、人际关系中彼此能谦让；

③有幸福感；

④在工作和职业中，能充分发挥自己的能力，过高效率的生活。

心理学家英格里士指出，心理健康是指一种持续的心理状态，当事人在那种情况下，能做出良好的适应，具有生命的活力，而能充分发挥其身心潜能。

综上所述，我们可以从广义和狭义两种角度来定义心理健康。从广义上讲，心理健康是指一种高效而满意的、持续的心理状态；从狭义上讲，心理健康是指人的基本心理活动的过程内容完整、协调一致，即认识、情感、意志、行为、人格完整和协调，能顺应社会，与社会保持同步。

2. 心理健康的等级

心理健康与生理健康是健康概念不可分割的部分，但是心理健康的标准并不像生理健康那样具体、精确、绝对。因为心理现象是主观精神现象，它的度量很难有一个固定而清晰的界限。根据中外心理健康专家们的研究，可将人的心理健康水平大致分为3个等级：

（1）一般常态心理者

表现为心情经常愉快，适应能力强，善于与别人相处，能较好地完成同龄人发展水平应做的活动，具有调节情绪的能力。

（2）轻度失调心理者

表现出不具有同龄人所应有的愉快，和他人相处略感困难，生活自理有些吃力。若主动调节或通过专业人员帮助，可恢复常态。

（3）严重病态心理者

表现为严重的适应失调，不能维持正常的生活、工作。如不及时治疗将会恶化，可能成为精神病患者。

3. 界定心理健康标准时应遵循的基本原则

界定心理健康与否应遵循3条基本原则：

①心理活动与外部环境是否具有同一性，即一个人的所思所想、所作所为是否正确地反映外部世界，有无明显的差异。

②心理过程是否具有完整性和协调性，即人在心理活动中认识、情感、意志三个过程内容是否完整，是否协调一致。

③个性心理特征是否具有相对稳定性，即人的个性心理特征在没有重大的外部环境改变的前提下，人的气质、性格、能力等个性特征相对稳定，行为表现出一贯性。

由此可见，在具体界定心理健康标准时，一般应该从环境适应能力、挫折耐受能力、情绪调控能力、社会交往能力、自我意识水平等方面提出明确的标准。

三、大学生心理发展特点

大学生作为一个特殊的群体，在其心理发展和心理健康问题上有着自己的鲜明特色。我国大学生的入学年龄在 18 岁左右，经过 4 至 5 年的大学学习，毕业都在 22 岁左右。这一时期正处于青春期的后期与成年初期阶段，处在这一阶段的大学生，其生理发展有些方面虽然还继续有所增长，但基本上已经成熟。但就其心理发展来说，却还未达到真正成熟的水平，处于从不成熟到逐渐成熟、迅速向成人过渡的急剧变化时期。此阶段，他们自我意识增强，但由于阅历浅，社会经验不足，独立生活能力不强，对自己缺乏正确全面的认识，因而很容易受到社会上各种思潮的冲击，很容易产生各种各样的心理矛盾和问题。因此，正确认识自身的心理发展特点，正确评价自身的心理健康状况，是大学生心理保健的前提和基础。

大学生心理发展的总体表现为：正在迅速走向成熟，而又未完全成熟。这一特点决定了大学生心理发展对其心理健康具有两方面的影响，其中那些成熟方面表现出积极作用，从而促进心理健康；而那些没有达到真正成熟的方面就有可能表现出消极作用，从而对心理健康起负面的影响。也就是说，大学生的心理发展有两面性，某些本来属于积极的特点，当他们不考虑当时的客观条件或情境时，或发挥作用超过一定限度时，会呈现出某些消极甚至是有害的作用。这就要求我们必须认真研究大学生的心理发展特点，尽可能地扬长避短，促进大学生的健康成长。

（一）精力充沛，朝气蓬勃，心态积极，但自控力不足

由于大学生在身体成长与生理机能上正处于发育的高峰时期，其旺盛的体力和生机就为充分发挥其心理活动力提供了条件；加上进大学本身是通过高考竞争获胜的结果，心理上本身具有一种成功感，因此绝大多数大学生觉得浑身有使不完的劲，同时也在从事各项活动中体验到自己所具有的青春活力，从而深信自己的巨大能量，感到没有任何力量可以阻挠他们不断前进。即使遇到困难和不利的条件，他们往往也能以积极心态看问题，用正确心理和信念支持自己努力拼搏，力求冲破障碍夺取胜利。从某种角度来看，所有这些正是身体生理机能成熟所提供的力量在心理上的反映。也就是说，生理机能的旺盛发展促进了积极心态的形成。

精力充沛、心态积极本是大学生心理发展的积极方面，但由于自控力还没有得到相应发展，如果不考虑现实的情境和具体的条件，不用在正确的活动上，就会表现为发泄过剩的心理能量和生理能量的现象，有时甚至会造成巨大危害。诸如球场闹事之类的过激行为，就是这种过剩心理能量不正确宣泄的典型表现之一。

（二）认识能力高度发展，智力水平空前提高，但认识问题易走极端

我国心理学的一些研究表明，高中毕业生其智力已初步接近成熟。进入高校后，其智力水平迅速提高。具体表现在：

①由于学习的知识越来越多，涉及面越来越广，因而大学生能经常系统地思考事物之间的

联系，能够从具体走向抽象、从经验走向理论，具备了初步演绎归纳能力，能够在一定程度上推断和预测未来。

②由于广泛地接触一果多因和一因多果的现象，他们越来越明确一切事物都依条件而变化的规律，从而使辩证思维有了很大发展。

③由于接触到的理论、学说、知识越来越多，加上大学阶段受到更多自由思考和表达独立见解的鼓励，所以大学生思维独立性和批判性显著增强。

④大学教育促进了复合思维和发散思维的结合，加上青年人丰富活跃的想象，大学生的创造性思维相当发达，有不少大学生在校期间就有所发明或在理论上有所建树。

大学生心理发展的这一特点本来是积极的，但在一定条件下，也容易向消极方面转化。比如，思考问题好走极端，下结论有时显得主观、片面、狭隘；由于抽象、逻辑思维高度发展，他们易于脱离现实、轻视实践和经验；由于独立思考和批判能力提高而导致怀疑精神增强，有可能导致否定一切和对现实不满，甚至产生悲观厌世情绪；由于自觉见多识广，容易产生自以为是心理，目空一切、谁也瞧不起。

（三）感情丰富、反应强烈而又不稳定

大学生的情绪、情感、情操（统称感情）与他们的需要和价值观有着紧密联系。中小学生情绪的变化主要来自外部刺激，而大学生的情绪变化主要源于内部需要的结构变化和价值观的不平衡、不稳定。大学生的需要结构和价值观既有其实际的一面，又有其过于理想的一面。

如果仅从大学生需要结构和价值观的特点来看，他们这种追求理想、追求完美、感情丰富的特点是非常可取的。但这种过分理想化的追求，再加上自身存在的现实生活经验不足和情绪不稳、容易偏激的特点，易产生一些极端情绪：一方面，当自己的需要和愿望得到满足时，便欢呼雀跃、手舞足蹈，甚至因此而盲目狂热、冲动；当现实生活与自己的理想存在一定差距，需要和愿望得不到满足时便愤世嫉俗或悲观失望。另一方面，强烈的参与社会生活的愿望和社会经验不足也往往使他们陷入不知所措的境地。因此，大学生的行为和表现往往具有较大的不稳定性和冲动性，耐受挫折的能力相对较弱。

（四）自我意识增强，自我认知易出偏差

“自我”就是个体对自己的认识，包括自己的特点、能力、外貌，以及各种各样的表现等。事实上，我们每个人都以一种独特的方式看待自己。自我意识在个体身上表现为紧密相连而又相对独立的认知、情感和意志三种形式。属于认知方面的有自我感觉、自我观察、自我分析和自我评价；属于情感方面的有自谦、自尊、自信、自爱；属于意志方面的有自制、自我调节、自我激励等。心理学上常把个人对自己的期望或理想称作“理想自我”。

大学生脱离家庭踏入大学，生活空间扩大，独立感和成人感迅速增强，自尊心、自信心、荣誉感等自我意识进一步发展。随着社会交往的扩大和深化，他们往往从更多、更深的角度认识自己，逐步学会运用社会尺度观察、分析和评价自己。然而大学生的自我意识发展尚不完善，对自己尚未形成稳定的自我评价。总的来看，由于他们的高度自尊心和自信心以及对理想的追求，往往使他们对理想自我的标准定得太高，这就造成“理想自我”与实际的自我或别人的评价存在一定的差距。

理想自我与现实自我之间的差异，对个体的成长和发展具有两面性。一定程度的差异可以促进个体的发展，但如果对理想自我的要求太高，反而容易丧失信心，出现各种各样的问题。美国心理学家罗杰斯通过研究发现，理想自我与现实自我的过分失调就是产生精神病等心理障碍的主要原因。国内大学心理学工作者的研究也表明，大学生理想自我与现实自我的差距越大，在测评中其抑郁方面的得分越高。

综上所述，从个体发展的角度来看，大学生正处于青春期后期到成人的转变，这一发展特点决定了大学生活将是个人逐渐走向成熟和独立的重要阶段。这一阶段的发展状况如何，将直接影响大学生走向社会以后的适应问题。心理学的研究表明，从青少年向成人转变是一个相当艰巨、充满危机的时期。除了生理上的发育成熟与科学文化知识及技能的积累提高以外，大学生在发展过程中，一个重要方面就是完善自己的心理发展，塑造完美个性。这一任务主要取决于两方面：学校、社会与家庭的教育培养和大学生的自我完善。因此，每个大学生应针对自己的心理发展特点，有意识地扬长避短，尽可能地发展积极的一面，最大限度地抑制消极的一面，使自己的心理健康地发展。

四、大学生心理健康的标准

从个体心理发展的角度看，大学生正处在青年中期向成人的转变。几乎所有的心理学家都承认，从青少年向成人的转变是一个相当艰巨并且充满危机的时期。大学生，特别是大学新生，由于独立性的不完全，对家长有较大的依赖；对社会了解有限，过于理想化，环境突变难以适应；对自我的认识摇摆不定而难以定位等，从而在心理上显露出一系列的矛盾与冲突。准确界定大学生心理健康标准对于引导大学生提高心理健康水平意义重大。

根据处于青年中期的大学生具有的心理特征、大学生特定社会角色的要求以及心理健康学的基本理论，大学生心理健康的标准可以概括为 7 条：

（一）能保持较浓厚的学习兴趣和求知欲望

智力正常是人一切活动的最基本的心理条件，而大学生一般智力都比较优秀。学习是大学生活的主要内容，心理健康的学生珍惜学习机会，求知欲望强烈，能克服学习中的困难，学习成绩稳定，能保持一定的学习效率，从学习中体验满足与快乐。

（二）能保持正确的自我意识和自我接纳

自我意识是人格的核心，指人对自己以及自己与周围世界关系的认识和体验。人贵有自知之明。心理健康的学生了解自己，接受自己，自我评价客观，既不妄自尊大而做力所不能及的工作，也不妄自菲薄而甘愿放弃可能发展的一切机会。自信乐观，生活目标与理想切合实际，不苛求自己，能扬长避短。

（三）能协调与控制情绪，保持良好的心境

情绪影响人的健康，影响人的工作效率，影响人际关系。心理健康的学生能经常保持愉快、开朗、乐观、满足的心境，对生活和未来充满希望。虽然也有悲、忧、哀、愁等消极体验，但能主动调节；同时能适度表达和控制情绪，做到喜不狂、忧不绝、胜不骄、败不馁。

（四）能保持和谐的人际关系，乐于交往

人际关系状况最能体现和反映人的心理健康状况。心理健康的学生乐于与他人交往，能用

尊重、信任、友爱、宽容、理解的态度与人相处，能分享、接受和给予爱和友谊，与集体保持协调的关系，能与他人同心协力，合作共事，乐于助人。

（五）能保持完整、统一的人格品质

人格指人的整体精神面貌。人格完整指人格构成要素的气质、能力、性格和理想、信念、人生观等各方面平衡发展。心理健康的学生，他们的所思、所做、所言能够协调一致，具有积极进取的人生观，并以此为中心把自己的需要、愿望、目标和行为统一起来。

（六）能保持良好的环境适应能力

环境适应能力包括正确认识环境以及处理个人和环境的关系。心理健康的学生在环境改变时能面对现实，对环境做出客观的认识和评价，使个人行为符合新环境的要求；能和社会保持良好的接触，对社会现状有清晰的认识，能及时修正自己的需要和愿望，使自己的思想、行为与社会协调一致。

（七）心理行为符合年龄特征

在人的生命发展的不同年龄阶段，都有相应的心理行为表现。心理健康的人，他们的认识、情感、言行、举止都符合他所处的年龄段。心理健康的大学生应该是精力充沛、勤学好问、反应敏捷、喜欢探索。过于老成、过于幼稚、过于依赖都是心理不健康的表现。

五、正确理解和运用心理健康的标准

正确理解大学生心理健康的标准，准确运用大学生心理健康标准应注意以下几个问题：

（一）心理不健康不等于有不健康的心理和行为

心理不健康与有不健康的心理和行为表现不能画等号。心理不健康是指一种持续的不良状态。偶尔出现一些不健康的心理和行为并不等于心理不健康，更不等于已患心理疾病。因此，不能仅从一时一事而简单地给自己或他人下心理不健康的结论。

（二）心理健康与不健康是一种连续状态

心理健康与不健康不是泾渭分明的对立面，而是一种连续状态。从良好的心理健康状态到严重的心理疾病之间有一个广阔的过渡带。在许多情况下，异常心理与正常心理、变态心理与常态心理之间没有绝对的界限，只是程度的差异。

（三）心理健康的状态是动态变化的过程

心理健康的状态不是固定不变的，而是动态变化的过程。随着人的成长，经验的积累，环境的改变，心理健康状况也会有所改变。

（四）心理健康的标准是一种理想尺度

心理健康的标准是一种理想尺度，它不仅为我们提供了衡量健康的标准，而且为我们指明了提高心理健康水平的努力方向。每一个人在自己现有的基础上作不同程度的努力，都可以追求心理发展的更高层次，不断发挥自身的潜能。

（五）满足大学生心理健康的基本标准

大学生心理健康的基本标准是能够有效地进行工作、学习和生活。如果正常的工作、学习、生活难以维持，应该及时调整。

大学生作为社会生活中一个高学历的群体，总体上看，是心理健康的群体之一，大多数大学生的心理是健康的。但任何事情都是一分为二的。正是由于大学生属于高智商和思维活跃型的群体。他们争强好胜，追求完善，思想活跃，但其心理发展尚未成熟，心理素质比较脆弱，在学习竞争、择业竞争、恋爱苦恼、经济条件限制、人际关系难处、家长期望值过高以及因社会变革加快而带来的多方面压力冲击下，造成了大学生强烈的忧患意识，心理负荷过重，致使相当部分的大学生存在着不同程度的心理问题。

六、大学生心理问题的发生趋势及其特点

随着社会转型、科技发展速度的加快，人们的生活节奏也在加速，学习、工作、生活的竞争日趋激烈，很多人因此而出现种种心理问题。在这样的背景下，大学生的心理健康问题也出现一些新的变化。一是心理问题的发生率呈逐年上升趋势。万素英等选择了国内 12 所不同层次的高校，开展了大学生心理健康状况调查。调查显示：大学生认为自己心理健康的占 60%，认为自己存在不同程度心理障碍的达 36.5%，反映出大学生中心理问题发生率相当高。综合有关高校近年来的调查，新世纪大学生的心理健康状况是：虽然大学生群体中大部分人心理是比较健康的，但也确有不少人存在心理问题，其中有一般心理困扰如恋爱、学习、交往问题的约占 35%，具有一定程度心理问题的约占 28%，有中等程度以上心理问题的约占 15%，真正严重的约占 5%，患精神疾病的不到 1‰，因心理障碍而休、退学的占休、退学总人数的 54%左右。二是心理问题出现了一些新的特点。如大学生常见心理问题以往主要表现在学业、人际关系、恋爱情感、求职择业等几个方面，但近年来除了继续保留这种趋势外，还明显出现了一些新的特点：

（一）自杀率上升

大学生自杀近年来有明显上升趋势。据有关方面统计，大学生自杀率目前达到万分之二以上，已超过社会平均水平。这反映了一些大学生对生命不珍视，同时心理脆弱，经受不住挫折，缺乏危机应对办法。在大学生中开展生命教育和危机调适教育是心理健康教育的新课题。

（二）网络依赖问题严重

不少大学生有网络依赖问题。有关研究发现，60%的大学生网络活动正常，主要集中在发邮件、学习、查资料等方面。但也有不少人对网络严重依赖，一天上网六七个小时或更长时间，主要用于玩游戏、聊天以及网恋等，这势必影响作息与健康，减少对学习的投入和与同学的交往，不利于大学生健康成长。有不少大学生因“网瘾”而不得不辍学。

（三）职业生涯发展问题凸显

大学扩招使更多的青年获得接受高等教育的机会，但也产生了大学生就业难的问题，不少大学生担心毕业即失业，出现空前的盲目考研热、考证热，高位低就使大学生自我价值感受到冲击。考上大学就是为有更好的未来，而上了大学又感到未来渺茫，因就业压力而导致焦虑、失眠的大学生不在少数。

（四）性引发的心理问题增多

随着社会开放，人们对性开放和接纳程度有所提高。对中、日、韩三国青年价值观比较研

究发现，在对性问题的态度上三国青年没什么差别，对性行为的包容者高达89%。对性问题更包容预示发生婚前性行为的可能性提高。实际生活中，大学生婚前性行为的发生确实增多，因婚前性行为而导致的心理问题也随之增多。

（五）贫困生心理问题较普遍

专家研究发现贫困生心理问题比非贫困生多，因他们需要承受的压力更多一些。经济压力会带来不良心理反应，如自卑、自我封闭、孤僻等。

（六）极端事件增加

近年来大学生中发生极端事件的屡见不鲜。如震惊全国的大学生马加爵杀人案、清华大学生刘海洋用硫酸泼洒狗熊事件等，都充分反映了一些大学生的心理极端扭曲。

七、大学生心理问题产生的原因

大学生心理问题一方面与他们自身所处的心理发展阶段有关，另一方面与他们所处的社会环境相关。各种生理因素、心理因素、社会因素交织在一起，容易造成大学生心理发展失衡，导致各种心理疾病。主要有客观和主观两方面的原因。

（一）客观方面

1. 生物遗传因素

近十年医学遗传流行病研究表明：重型心理障碍如精神分裂症、情感障碍等，与遗传的关系较密切；而轻型心理障碍如神经症，则与遗传的关联度较小。有研究表明，心理障碍随着年龄的增加，遗传因素的影响呈下降的趋势，环境因素的影响呈上升趋势。大学生的年龄处于青春期后期，因此遗传因素和环境因素的影响都处于比较重要的位置。

2. 早期经历

精神分析学派创始人弗洛伊德通过长期研究和精神病临床治疗中发现，心理障碍与早期经历有关。不良的早期经历留在个体心里的痛苦记忆，将对个体后来的生活产生重大影响，并有可能引发心理疾病，如有些同学童年或者少年期受过重大精神创伤，未向家人或朋友提及而一直压抑在心里。进入大学后，可能由于自由时间较多或者面临了新的难以解决的困难，从而使被压抑在心底的创伤又浮现出来，折磨着个体。

3. 环境变迁因素

生活环境的变迁对刚入学的大学生是一个不小的挑战。这种变化的主要方面是要独立生活，应对一切生活琐事。几个同学共住一个寝室，彼此的生活习惯、作息安排及语言隔阂都需要去面对和适应。心理学研究表明：个体所处环境的巨大变迁也会使个体产生心理应激。具有良好心理的同学，很快就能适应新的环境，并与同学、老师建立起良好的人际关系。而心理承受力、适应力差的同学却较难适应，从而出现心理问题。例如，某大学一男生考入离家很远的外省学校，该生自幼受到家长无微不至的关怀和照顾，就连交往的同学、朋友也是家长“考察”之后确定的。进入大学后，该生面对新的环境无所适从，不会与他人相处，最终只和同省来的两个同学交往，不参加各类课外活动，大学生活单调而乏味。全新的角色要求大学生重新评价自己与他人，要完成重新设计自我的过程。在适应过程中，一个基本的特点是大学生在新的环境中希望自己更优秀。对于刚刚经历巨大环境变迁的大学生来讲，不仅存在一个适应外部环境的问题，同时更重要的是他们也面临一个如何自我调适的过程。总的来看，无论是对学习和生活环境的适应，还是对人际关系和自我地位变化的适应，都会极大地影响到大学生们当时的心理健康状况。

4. 重要因素的丧失

人际关系主要是指与家人、朋友特别是异性（恋人）的关系。一旦这些关系丧失或出现问题，不仅会影响到大学生的情绪、学习和生活，也可能会极大地影响到他们对自己的看法。尤其是在失恋以后，这种影响表现得更加突出。

荣誉的丧失现在已经发展成为一个非常广泛的问题，特别是高校实行奖学金制度以后，很多学生都自认为可以获得奖学金但又没有得到，或者因为其他原因影响了他们的名声甚至以后的发展前途，如考试不及格、作弊等。

自尊的丧失、荣誉的丧失和重要人际关系的丧失有一定的关系，但在很大程度上与自我重新确认有关。伴随着自尊丧失，自卑和抑郁接踵而来。这种丧失对大学生的影响是非常大的。

主体性是指人作为主体的规定性，是“主体在对客体进行认识和改造的对象性活动中所表现出来的人的特性”（如积极性、主动性、自觉性、创造性等）。当代大学生主体性是否健全发展，关系到大学生的成长和成才。因为当代大学生主体性的丧失不仅会引起依赖感较强、盲目性较大、迷茫与困惑并存、从众行为突出、功利主义严重、学习被动与沉迷于网络等一系列表现，而且还会引起学生对学习和生活失去兴趣，严重的话还会引起抑郁等心理问题。

5. 冲突与选择

在相对比较稳定的大学生活中，大学生仍面临着各种各样的冲突与选择，主要包括以下几个方面，即专业学习与社会工作的冲突，所学专业与自己兴趣的冲突，学习、社会工作与恋爱之间的冲突，考研与找工作之间的冲突及在将来的计划中不同目标的冲突等。对有些人来讲，这些冲突的影响可能会很小，而对有些人来讲，这些冲突的影响可能会很大。当他们面临的冲突对他们的影响较大时（如关系到工作的性质和前途时），要做出选择可能就比较困难了。

面对冲突而难以做出选择往往是由于对冲突的性质认识不清以及对自我的认识不清造成的。其实，大学生活中需要做出的选择并不是单选题，而是有很多答案的多选题。只要想出折中的办法就可以很好地解决。

6. 家庭环境因素

家庭的影响主要包括家庭的氛围、父母的教养态度、家庭结构及家庭经济状况四个方面。在人的成长过程中，家庭的影响是非常重要，如民主、平等而非命令、居高临下的，开明而非专制的，潜移默化而非一味娇宠的教养态度与教育方法有利于个体心理的健康发展；家庭结构的变化，如单亲家庭、重新组合家庭等因素对正在读书的大学生的心理也有一定的影响；家庭经济困难特别是家庭贫困的学生更易产生心理不适感。因此家庭环境所带来的学生心理问题，其影响是深远而长久的。

7. 社会因素

社会因素包括社会制度、伦理道德观念、教育方式、经济状况、科学技术水平、社会阶级阶层、传统习俗等方面。

我国大学生的心理健康问题与中国社会文化背景、民族心理特征有着紧密的联系。中国传统文化强调“喜怒不形于色”，强调人对自己情感的抑制和对情绪的控制。在中国，人际关系十分重要，所以人与人之间存在着较强的人际依赖和人际制约，也就由此产生许多无处诉说的郁闷，从而深化了情感危机。非常严重的是，也许是传统文化的影响，人们常常把心理疾病与道德问题等同起来，所以大多数人忌讳心理疾病。

随着社会的发展，大学生所面临的压力与挑战越来越多。社会对大学生的期望值越来越高，社会岗位对人才要求也越来越高，所以大学生要长期承受较高的学业压力。虽然国家出台了很多政策，如绿色通道、助学贷款、奖助学金，在一定程度上暂时缓解了学生的经济压力，但贫困家庭的大学生还是要承受学费的压力，可能诱发较多的心理问题。

随着社会的发展，竞争的残酷日益加剧，一些学生不能正确认识某些社会丑恶现象，观点偏颇或过激，把积极的一面归功于自己的努力，把个人的不幸归责于社会，陷入心理学上的“归责理论”而不能自拔。

8. 网络影响

大学生是一个充满青春活力的群体，他们有着活跃的思维，有着鲜明的个性，他们害怕寂寞，渴望交友，希望能够得到别人的理解，但矛盾的是有些人又不愿主动与同学交往，在这样的心理状态下，网络的出现满足了他们渴望交流的内心需求，有的学生沉溺于网络世界，上网时精神亢奋，下网后烦躁不安（陷入“网络病”），有的宁可荒废学业也要和网络为伴，还有的甚至受到网络不良信息的影响而误入歧途。

（二）主观方面

1. 道德因素

世界卫生组织近来把道德纳入健康范畴，把道德作为健康的一部分。巴西著名医学家马丁斯研究发现，品德端正、心态淡泊、为人正直、心地善良、胸怀坦荡则会心理平衡，有助于身心健康。相反，有违于社会道德准则胡作非为，则会导致心情紧张、恐惧等不良心理，有损健康。马丁斯的结论同样适合于大学生。一个道德水准低下，处处伤害他人的人，他自己最先受到伤害。因为这样的人很难有一个平静愉快的心境，他总是处于在紧张易怒的状态，很难把自己的心理调整到健康状态。

2. 价值取向

人生的价值取向可分为两种不同类型，一类是个人主义的价值取向，以个人利益为出发点，以追求满足个人需要为目的；另一类是利他主义的价值取向，活着为了追求一个目标，在追求目标和实现目标的奋斗中，为他人、为社会做出贡献。如果一个大学生只以个人为中心，以私欲为目的，必然表现为狭隘闭塞、难有良好的人际关系，个人愿望不满足的痛苦经常困扰着他，焦虑不安会经常与其相伴，难以达到健康稳定的心理平衡状态。而具有利他主义的价值取向的人，心胸开阔，积极进取而充满活力，以学习为乐趣。这种优秀的人格品质决定他处处能有良好的人际关系，有益于获得健康的心理。

3. 冲突与矛盾

新生物质生活的依赖性与精神生活的独立意识发生着矛盾；日益增强的自主自立意识以及主观愿望上的自主自立与客观条件上的可能性及能力之间发生着矛盾。这两方面的原因使那些适应新环境能力不强的新大学生很容易产生以下心理问题。

（1）自我陶醉与盲目自满

历经千辛万苦而考取了大学，受到老师表扬，亲友夸奖，看到同学羡慕，父母满意，部分学生在这种自我陶醉中渐渐松懈了斗志，同时也厌倦了高中生活的枯燥。由于惯性，他们认为自己是中学的尖子生，大学里成绩也不会差，从而放松了对自己的要求，盲目自满。

（2）失望与失宠感

有的学生入学前把大学生活想的过于理想和神秘，入学后经历了大学生活，感到理想与现实差距很大，从而产生失望感；有的学生曾是中学的尖子生，是家庭与学校的宠儿，进入大学一下子不受重视了，就会产生失宠感。

（3）松气情绪与歇脚心理

20世纪八九十年代的大学毕业生国家包分配，现在是市场经济双向选择，可是有的同学仍然认为考上大学就是端上了铁饭碗，不再积极上进。长期拼搏的目标已经达到，心理上得到了满足，生理上也希望得到休整，而且进入大学后奋斗目标一下子变得模糊，再加上适应能力不强，竞争的气势也有所减弱，便产生了“松口气，歇歇脚”的心理，再也鼓不起奋斗的勇气了。

（4）畏首畏尾

因为环境发生了巨大的变化，一些学生瞻前顾后畏缩不前，不参加社会实践活动，不光顾运动场，整日除了学习之外没有其他安排，生活单一，有碍个性发展。

大学生的心理健康问题不仅关系到大学生个人的生活、学习、工作和身心健康成长，也关系到中华民族素质的提高，关系到社会的发展与未来，理应引起全社会的重视。作为为社会培养身心健康、全面发展的专业人才的高等学校，采取积极措施，对大学生进行心理健康方面的指导与帮助，是优化大学生心理素质，增进大学生心理健康的重要途径。

八、我国大学生心理健康教育现状

我国大学生心理健康教育经过二十多年的发展历程，取得了可喜的成绩。

首先，大学生心理健康和心理健康教育逐渐取得了社会各界的关注、支持与重视。如中共中央、国家教育部下发了一系列文件，明确指出：“针对新形势下青少年成长的特点，加强学生的心理健康教育”“加强和改进大学生心理健康教育是新形势下全面贯彻党的教育方针、推进素质教育的重要举措”；社会舆论和媒体对大学生心理健康问题的关注和披露也从另外一个方面促进了教育工作者对大学生心理健康的重视，推动着大学生心理健康教育的发展。

其次，各高校纷纷建立了大学生心理咨询和心理健康教育相关机构，并积极开展多种形式的心理健康教育活动，心理健康教育的工作效果得以明显提升。如江光荣老师评论所言：“近几年我国大学生心理健康教育工作效果有明显提升，比早些年好，早些年许多工作只是形式上的。在近几年的发展中，特别是危机干预工作做得很有效。由于大学生自杀问题引起全社会的关注，一些高校在这方面做了许多确实有效的措施。”大学生心理健康教育工作的开展为大学生提供了寻求专业帮助的有效渠道。

最后，心理健康的观念逐渐被大学生普遍接受。在我国传统观念中，健康就是身体没病，所谓“心理问题”就是精神病或神经病。这种观念在大学生群体中也长期存在，许多同学拒绝承认自己出现心理方面的问题，更不愿去心理咨询机构寻求帮助。随着近年来心理健康教育宣传普及工作力度的加大，大学生对健康的内涵、对维护心理健康的重要性有了全面的认识，日

益关注自己内心的和谐与丰富，并主动寻求老师的帮助与咨询。对此，雷伍明老师谈到，“人们对心理健康教育和心理咨询的态度、观念有很大转变。过去认为，只有心理障碍的人才需要心理健康教育，现在则认为人人都需要心理健康教育。过去，谈到心理咨询，很多人的直接反应就是心理变态，而现在辅导员、班主任、学生等都认为进行心理健康教育很有必要。”

由于心理咨询在我国的引入及大学生心理健康教育开展为时不久，许多工作还处在摸索和积累经验的初级发展阶段，因此除上述工作成效外，当前我国大学生心理健康教育还存在许多不足，这些不足是我们寻求大学生心理健康教育进一步发展的现实依据。

（一）学校领导对心理健康教育的认识和重视程度有待进一步提高

随着大学生心理健康问题日益突出及国家相关政策文件的系列颁布，高校对大学生心理健康教育的认识和重视程度不断加强。但仍有一些学校领导对新形势下高校开展心理健康教育的重要性和必要性认识不足，特别是当前高校普遍面临扩大招生和提高教育教学质量双重压力的背景下，一些学校领导认为心理健康教育工作可有可无，实施心理健康教育与否并不影响学校工作的正常运转，只是为了回应国家政策文件和应付上级工作检查而成立心理健康教育机构，往往是说起来重要做起来次要，没有把心理健康教育工作纳入学校整体教育体系中，没有正规编制和活动经费，更缺乏科学的指导和全面发展的规划，使大学生心理健康教育工作长期停留在表面甚至流于形式。

（二）心理健康教育地区差异大、各高校发展不平衡

我国大学生心理健康教育起始于20世纪50年代中期，就全国而言，当前发展水平极不平衡，悬殊较大。总体来看，沿海地区、大中城市、经济发达地区发展速度快、专业水平较高，如在我国上海、北京、武汉等地已进行了20多年的研究与实践，积累了丰富的经验，取得了很好的成效，但在我国还有许多地区心理健康教育工作才刚刚起步，甚至在一些边远地区对此还很陌生，违背心理健康教育工作原则和规范的行为事件经常发生。就同一地区而言，由于各高校重视程度不一样，发展也不平衡。在重视程度高的学校，心理健康教育机构的设置、资金的投入、人员的培训、发展的策略都有科学的规划和明确的指导，心理健康教育专业水平一般较高，发展较快。而在一些不受重视的学校，资金无保障、培训无计划、发展无规划、机构无地位，心理健康教育被视为应付检查的“摆设”，一些学校甚至将其等同于一般性谈心活动，安排退休教职工或其他无相关知识、技能和经验的人员值班和开展，使心理咨询及心理健康教育的专业性、科学性受到质疑和漠视，心理健康教育工作难以持续开展。以大学生心理健康教育发展水平较高的北京地区为例，各高校发展不平衡是北京地区大学生心理健康教育存在的主要问题之一：一是机构设置不平衡，许多高校没有建立心理素质教育和咨询专门机构，没有专门办公场所；二是经费投入不平衡，许多高校在心理素质教育工作方面没有经费投入，在有经费投入的学校中，数额也远不能满足大学生心理素质教育工作的需要；三是工作开展不平衡，如一些学校已经建立了比较完善的心理素质教育教学体系和心理疾病预防、危机干预机制，但还有不少学校尚在起步阶段甚至还没有起步。

（三）咨询效果不理想，专业化水平不高，队伍发展前景不明朗

心理咨询效果不理想是目前我国高校大学生心理健康教育存在的一大问题，其原因主要在于咨询工作专业化水平欠缺。心理健康教育尤其是心理咨询工作是一项专业性、技术性很强的

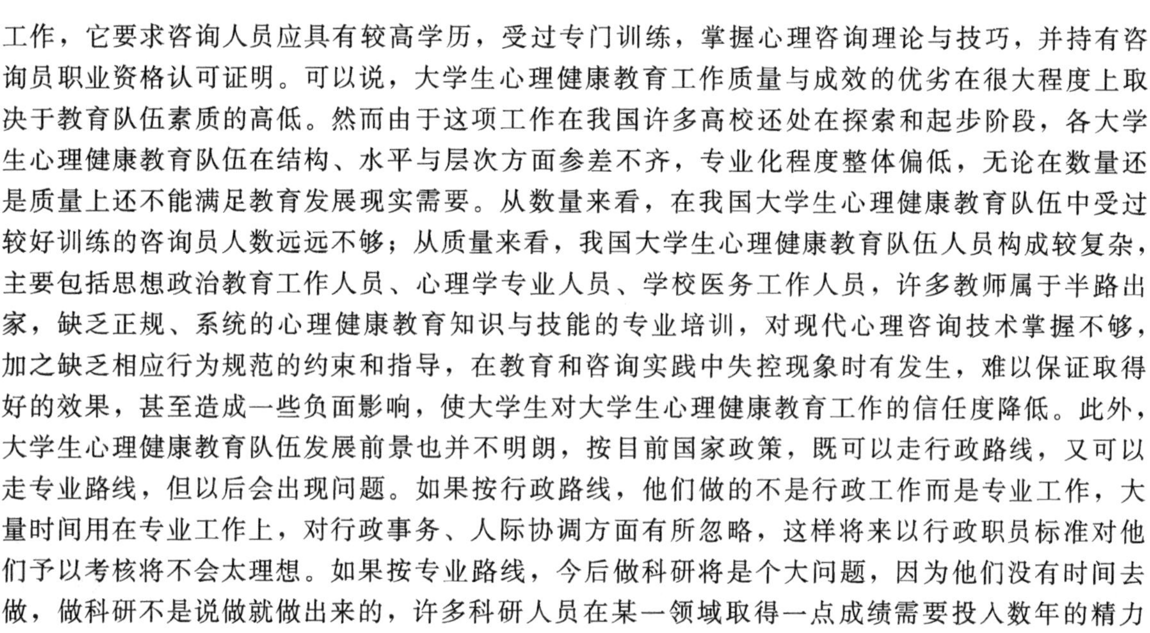

工作，它要求咨询人员应具有较高学历，受过专门训练，掌握心理咨询理论与技巧，并持有咨询员职业资格认可证明。可以说，大学生心理健康教育工作质量与成效的优劣在很大程度上取决于教育队伍素质的高低。然而由于这项工作在我国许多高校还处在探索和起步阶段，各大学生心理健康教育队伍在结构、水平与层次方面参差不齐，专业化程度整体偏低，无论在数量还是质量上还不能满足教育发展现实需要。从数量来看，在我国大学生心理健康教育队伍中受过较好训练的咨询员人数远远不够；从质量来看，我国大学生心理健康教育队伍人员构成较复杂，主要包括思想政治教育工作人员、心理学专业人员、学校医务工作人员，许多教师属于半路出家，缺乏正规、系统的心理健康教育知识与技能的专业培训，对现代心理咨询技术掌握不够，加之缺乏相应行为规范的约束和指导，在教育和咨询实践中失控现象时有发生，难以保证取得好的效果，甚至造成一些负面影响，使大学生对大学生心理健康教育工作的信任度降低。此外，大学生心理健康教育队伍发展前景也并不明朗，按目前国家政策，既可以走行政路线，又可以走专业路线，但以后会出现问题。如果按行政路线，他们做的不是行政工作而是专业工作，大量时间用在专业工作上，对行政事务、人际协调方面有所忽略，这样将来以行政职员标准对他们予以考核将不会太理想。如果按专业路线，今后做科研将是个大问题，因为他们没有时间去做，做科研不是说做就做出来的，许多科研人员在某一领域取得一点成绩需要投入数年的精力和时间，而他们大量的时间在做咨询工作，不可能有太多的时间来从事科研。所以将来他们的职业发展道路没有太大保障，存在一定的问题。

（四）心理健康教育重障碍性心理咨询，轻发展性心理能力的培养

鉴于我国大学生心理健康教育主要教育对象的特殊性及其所承担的教育职能，对于大学生心理健康教育的价值取向，目前理论界比较一致的观点是坚持和侧重发展性心理健康教育的发展取向，然而就目前我国大学生心理健康教育工作实践而言，仍普遍存在着注重对大学生障碍性心理问题的咨询与帮助，而忽视了对大学生发展性心理能力的积极关注与主动培养。

由于我国大学生心理健康教育起始于国外心理咨询的引入，在其发展初期主要侧重于学生障碍性心理问题的预防、减少和解决，致使人们对大学生心理健康教育的内涵缺乏全面了解，不是从教育的立场而是从治疗的角度来看待这项工作的意义，把心理健康教育等同于心理咨询和心理治疗。在教育实践中，不少高校将心理健康教育工作的重点放在对个别学生的心理咨询和治疗上，把解决学生的心理问题、排除心理障碍或危机干预作为主要的出发点，忽视了对学生心理健康素质的培养及心理潜能的开发与指导，使绝大多数学生心理发展的需要得不到满足，大学生心理健康教育所应当履行的教育职能不同程度地受到冷落与搁置。即便个别学生的心理问题得到了解决，但由于多数学生的心理健康维护受到忽视，新的问题仍然不断出现。

同时，这种以障碍性心理健康教育为主的工作模式还会给人们留下凡是“心理咨询的人都有心理疾病”的错误印象，使得一些大学生在出现心理困惑时不敢不想不愿及时求助与咨询，束缚和影响了大学生心理健康教育的作用发挥与价值展现。“目前高校心理咨询较多地局限于障碍性咨询，这与心理咨询员缺乏，心理障碍患者的现实问题更突出、更迫切，以及我们对心理咨询理解的狭隘化有关。大学生心理健康教育的根本意义应在于促进人的心身健康、人格发展而不仅仅只是免于心理疾病。这与学校教育的目标是一致的。”

（五）心理健康教育单一化倾向显著

大学生心理健康教育单一化倾向可以从两个方面来理解：一方面，心理健康教育形式相对单一。在我国许多高校，心理健康教育的主要形式就是开展心理咨询，把对学生进行心理测量，开展心理咨询，心理治疗当成心理健康教育的全部或重点。鉴于西方心理咨询“主动求询”原则，我国高校心理咨询普遍采取被动等待的工作形式，缺乏应有的主动性。然而，从大学生心理发展特点来看，独立性和闭锁性是青年大学生显著的心理特征，由于闭锁性心理特征的存在及对心理咨询的认识的偏差，许多同学在生活和学习中遇到心理困惑和烦恼，往往选择向朋友倾诉而不愿意到心理咨询部门寻求老师的帮助。进入高年级后，随着独立意识的增强，大学生往往选择独立面对和解决自己的各种问题，因而失去心理求助的主动性。因此，单一的心理咨询形式难以满足大学生心理发展的现实需要。

而且，即使一些院校开展了少量的心理健康教育讲座，建立学生心理健康教育社团，开设心理健康教育课程，举办一定的职业辅导活动，也往往因为种种原因而流于形式。如许多高校学生社团由于缺乏必要的专业指导和支持，缺少一定的活动资金，加之一些学生对心理咨询的好奇心逐渐消失，从而陷入虎头蛇尾或名存实亡的境地；而心理健康教育课程主要以选修课形式在高校开设，在课时设置、内容选择、学生数量、学校重视等方面难以得到有效的保障；所谓的职业辅导也只是以提供就业信息为主，与职业辅导的内涵相差甚远。同时，这种少量的、不定期的、仅限于个别学校的单一形式也远远不能满足大学生心理健康教育的本质要求。形式在一定程度上限制了内容，不同的心理健康教育形式往往蕴含着不同的教育内容和教育目的，各种形式互补互利，忽略教育形式的多样与丰富将在很大程度上限制我国大学生心理健康教育的效果及发展。

另一方面，从资源利用来看，大学生心理健康教育缺乏校内、校际及高校与社会的沟通与交流。大学生心理健康教育是一项系统工程，既需要学校各部门人员的积极配合参与，也需要各院校间的联合与互助，还需要寻求社会力量的支持和关注。而目前我国高校大学生心理健康教育多为孤军奋战，学校内部缺乏全员育人意识，认为心理健康教育就是心理健康教育中心的任务，是心理健康教育专兼职人员的职责，心理健康教育中心和院系之间相互配合不够，缺乏有效沟通，部分信息不能及时反馈，两者之间缺乏有效的衔接；除在特定会议场合的少量交流外，各院校一般各自为政，缺乏相互协助及资源共享的意识及实践。大学生心理健康教育是一项在探索中前进的新事物，它需要各高校之间相互学习，相互切磋，取长补短、对一些共性的问题共同探索解决之路，实现资源共享，及时发现、纠正和避免心理健康教育过程中出现的一些误区和偏差；就社会而言，虽然社会各界对大学生心理健康及教育问题予以了关注与重视，但如何充分利用社会资源，实现大学生心理健康教育与社会力量的结合也是当前面临的重要课题。

（六）理论研究本土化不足

我国大学生心理健康教育是从心理咨询做起的，心理健康教育的内容包涵心理咨询，但它不仅仅是心理咨询，也不同于心理治疗。在大学生心理健康教育理论研究方面主要包括两大方面：一为心理咨询相关理论研究；二为心理健康教育相关理论研究。在心理咨询理论研究方面，由于我国高校心理咨询为舶来品，而西方心理咨询理论流派纷呈，源远流长，在理论研究方面引领世界潮流。因此，在我国高校心理咨询理论研究方面盗版现象严重，本土化研究不足。

鉴于西方心理咨询理论研究的先进与前沿，借鉴与引用实属必要，但任何一种理论与方法都有其特定的时代背景，产生于特定的人群和问题中，试图用一种理论来解释错综复杂的心理现象是不现实的，而希望直接引用产生于西方人文背景中的心理咨询理论来解决当代中国大学生的问题也是不科学的。任何一种理论方法都始终处在不断变化之中，时代在变、对象在变、问题在变、国情在变，借鉴的目的在于更好地创新和运用，实现对西方咨询理论的本土化创新是当前理论研究的难点所在。在心理健康教育理论研究方面，由于我国大学生心理健康教育起步晚，发展还很不成熟，在理论研究方面较薄弱，虽然许多专家学者对我国大学生心理健康教育发展现状、经验不足、发展趋势，大学生心理健康教育的目标、功能、内容、师资、教育模式，大学生心理健康教育与思想政治教育的融合与共进等方面进行了深入探讨和研究，取得了丰硕的成果，对我国大学生心理健康教育的运行及发展起着重要的指导作用，但相对于整体研究而言，力量依然薄弱。

到目前为止，学术界还没有建立起清晰、科学、规范的大学生心理健康教育理论体系，对大学生心理健康教育的内涵外延还存在不同理解，对如何操作大学生心理健康教育运行模式，如何提高大学生心理健康教育工作效果，如何开展大学生心理健康的干预和援助工作还没有形成一套完整的科学的运行体系。对此，姚本先教授在其《我国学校心理健康教育：现状、问题、展望》一文中指出：我国学校心理健康教育还面临多方面的研究困境。在理论性研究方面表现为：有特色的研究少，高水平的研究少，系列化的研究少，争鸣类的研究少，发展层面的研究少，服务性的研究少等；在实践性研究方面表现：研究对象不具代表性，研究结果不具公正性，分析不具准确性，研究变量失控性，数据统计随意性等。理论研究和教育实践相脱节，导致对学校心理健康教育活动缺乏有效指导。总体上，学校心理健康教育的科学研究水准不高，低水平的简单重复现象严重，缺乏系统的理论体系。

九、加强大学生心理健康教育的意义

健康的心理是一个人全面发展必须具备的条件和基础。加强对大学生心理素质的教育与培养，全面提高人才素质已成为高等学校所面临的迫切任务。

（一）健康的心理是顺利完成学业的基本条件

大学学习是一项艰苦的脑力劳动，需要消耗大量的生理和心理能量。健康的心理使学生在学习时能全神贯注、记忆清晰、联想丰富、思维敏捷，使整个智力活动处于兴奋活跃状态，从而有助于提高学习效率。否则，即便强迫自己坐在教室学习，也只能是心猿意马，不能集中精力，学习效率不佳。久而久之，会因效率低下而否定自己，失去学习的信心，更甚者可能会放纵自己，最终对学习失去兴趣。

（二）心理健康教育可以更好地开发学生的潜能

教育可以开发受教育者的潜能。而心理健康教育是其他教育开发潜能的基础和前提，只有具备良好的心理素质，潜能才能被充分开发。良好的心理素质可以通过提高受教育者的适应能力、意志力、自信心等，帮助主体在更高的层次上认识自我，从而实现角色转换，增强对环境的适应能力，最终使潜能得到充分发展。

有些心理学家的研究结果证实：每个人都会在某种程度上具有创造的天性，但只有保持健康心理的人才会把创造性表现出来。心理不正常者，包括情绪低落者、焦虑者等，往往无法发挥出自己正常的水平，甚至无法专心学习和工作。

（三）心理健康教育可以提高学生的综合素质

学生综合素质的提高，在很大程度上要受到心理素质的影响。学生各种素质的形成，要以心理素质为中介，创造意识、自主人格、竞争能力、适应能力的形成和发展要以心理素质为先导。教育提供给学生的文化知识，只有通过个体的选择、内化，才能渗透到个体的人格特质中，使其走向成熟。这个过程也是个体的心理素质水平不断提高的过程。在复杂多变的社会环境中，保持良好的心理适应状况是抗拒诱惑、承受挫折、实现自我调节的关键。从这个意义上可以说，大学生综合素质的强弱，主要取决于他们心理素质的高低，取决于学校心理健康教育的成功与否。

21 世纪是一个思想文化激荡、价值观念多元、新闻舆论冲击、社会瞬息万变的世纪、面对如此纷繁复杂的世界，未来人才的心理承受能力必然将经受严峻的考验。我们要不断加强对大学生的适应性、承受力、调控力、意志力、思维力、创造力及自信心等心理素质的教育与培养，使他们做好战胜各种困难挫折的心理准备，更新观念，突破时空，超越自我，走向成熟，迎接挑战。

十、心理健康教育的措施

（一）心理健康教育的形式

1. 善用课堂资源

以课堂讲授为主，系统地开设心理健康教育课程或相关课程，或者定期举办讲座，系统传授心理健康知识，如“新生心理适应”“心理卫生与健康”“心理健康与咨询”“大学生心理健康”等课程。专题讲座可以根据学生共有的心理问题，选择适当时机举办，如新生进校时的“从中学到大学的新生心理适应”；考试期间的“考试焦虑及其消解”；毕业生离校前的“走上社会必需的心理准备”等。这类讲座对象明确，针对性强，一般较受大学生的欢迎。

2. 善用校园媒介

通过校内传播手段普及心理健康知识。充分利用校刊、板报、广播、学生组织的交流刊物，宣传心理健康的知识，介绍维护心理健康的方法。也可以编辑一些专用的小册子，扩大心理健康教育的影响，提高大学生心理保健的意识，增长心理健康的知识，如北京师范大学、中国人民大学的心理咨询中心每月出版一期心理健康小报，直接发到每一个学生宿舍。

3. 善用师资力量

对教职员工进行心理健康知识教育很重要。严格地讲，教师的心理是否健康影响面更大：一方面，它直接影响教师本人的工作、生活与健康；另一方面，它直接影响到学生。若教师人格不健全，情绪不稳定，喜怒无常，必然会影响人格尚未定型的学生。因此，可以说教师的人格和心理健康状况，甚至比他的专业知识更为重要。学校应通过讲座、讨论、宣传材料等方式，注重提高教师的心理健康水平，以便为学生成长提供良好的软环境。同时，也交给教师一些识别学生心理问题的知识与方法，可以做到及时发现、及时干预。

4. 开展心理咨询

心理咨询是一种专业性很强的助人工作。它是心理咨询师运用心理学的知识、理论和技术，通过与求询者的交谈、协商、指导过程，帮助求询者达到自助目的的工作。心理咨询提供了一种与日常生活的其他关系不同的一种特殊关系，在这种关系中，咨询员的技巧及其所创造的气氛使来访者逐步学会以更加积极的方法对待自己和他人。心理咨询与一般的开导、劝慰、帮助有明显的区别。心理咨询可以使人们从一个不同的角度去看待自己和社会，用新的方式去体验和表达他们的思想情感，并产生出全新的思维方式。对于那些心理行为属于正常范围的人，咨询所提供的新经验可以使他们排除成长道路上的障碍，更好地发挥个人的才干；对于那些有心理障碍的人，咨询可以帮助他们改变不适应社会的思维和行为方式，学会新的适应环境的方式。大学生心理咨询常见的服务形式有个别面询、电话咨询、网络咨询和团体咨询。

（二）建立三级心理健康保健网

1. 心理卫生的三级预防

传统的心理卫生“三级预防”思想着眼于防病、治病，其目标是使人们不病、少病或病了能迅速治愈。具体而言，初级预防：向人们提供心理卫生的知识，以防止和减少心理疾病的发生；二级预防：尽早发现心理疾病患者并提供心理和医学的干预，同时也包括设法缩短病人的病程和降低复发率；三级预防：防止住院病人的心理异常转为慢性，使他们尽快回到社会生产和独立自主的生活中去，同时对慢性病人设法减轻其精神残疾的程度，适当地提高他们的社会适应能力。

2. 大学生心理健康的三级功能

现代的心理卫生学本质上是为了促进人的心身健康和发展，提高人的适应能力和生活质量，因为传统的“防治心理疾病”的观念已经转变为现代的“增进心理健康和发展”的观念。

（1）心理健康的初级功能

防治心理疾病。当代大学生正处在变革的社会背景之下，又恰逢不稳定的年龄阶段，因而构成了矛盾的心理现实。当大学生面临的冲突过大，持续时间过长，又得不到外界帮助时，就可能引发一系列生理和心理的反应，严重的会导致各种心理疾病，甚至引起自杀或他伤。初级功能指及时发现大学生的心理问题，并采取相应干预措施，给以矫正和治疗。

（2）心理健康的中级功能

完善心理调节。当代大学生在学习、交友、恋爱、择业等一系列生活事件中常会遇到挫折，由此而产生心理困扰。由于大学生心理发展尚未成熟，自我调节能力尚不完善，挫折引发的情绪波动常常十分强烈，从而影响大学生的正常生活和健康成长。中级功能就是指导大学生深化对自己、他人和社会的了解，掌握自我调节的方法，提高挫折承受力，增进社会适应。

（3）心理健康的高级功能

发展、健全个体和社会。当代大学生由于自身存在的某些弱点和局限，常常会影响适应与发展，阻碍潜力的发挥。高级功能就是帮助大学生认清自己的潜力，保持良好的心境和健康的生活方式，全面而充分地发展自己，使自己拥有成功的人生。

3. 心理保健的三级网络

大学生心理健康工作必须有一定的制度和组织保证，必须形成全校师生人人关心心理健康的共识。近年来，许多高校积极努力，逐步建立了三级心理保健网。

（1）班级保健网

由心理健康教育工作者在学生中通过各种途径普及心理卫生知识，培训一批心理卫生骨干，如宿舍心理联络员、班级心理委员、心理健康社团骨干。他们生活在学生中，宣传心理健康，及时发现同学中出现的心理问题，并介绍、推荐有困扰的学生去寻求专业帮助。

（2）系级保健网

对院、系与学生关系密切的人员，如辅导员、班主任、学生部的工作人员等，进行心理健康专题培训，使他们初步了解大学生心理健康的状况，学会区分思想问题与心理问题，并具有解决一般心理问题的能力，使学生能够得到及时的帮助。如果遇到难题，知道转介到专业机构。

（3）校级保健网

以学校心理健康教育机构为主，如学生心理咨询中心、学生事务处等，培训专业人员，以帮助那些有比较严重的心理困扰的学生，并通过心理健康普查，了解学生心理健康状况，有针对性地、有计划地提出切实可行的心理健康教育措施。

第二章　当代大学生心理健康教育的基础

第一节　生理基础

一、心理与行为的生物基础

随着大学生在生理发展方面逐步定型，一些学生对自己的体型和仪表非常敏感，他们可能因为不能正确看待自己的生理特点而出现心理困扰。心理的产生，确有其生物基础。现在大多数神经科学家都承认，心理事件可能与脑内神经冲动的种种形式相关。心理的产生离不开物质基础，心理不是凭空产生之物，所以我们谈到心理现象、心理健康以及进行心理健康教育都离不开对心理的生理基础的探讨。

(一) 认知活动的生理基础

1. 注意

注意是心理活动对一定对象的选择和集中。注意的选择需要边缘叶和大脑额叶的参与，还与海马以及与之联系的尾状核有关。临床研究表明，这些组织损伤，患者的选择性注意产生严重障碍。例如，中心线附近深部肿瘤的患者并不表现出认识、动作、言语或形式逻辑过程的明显障碍，但心理过程的选择性却遭到破坏；患者高度分心，很快中断主动的有目的的行动。注意的另一特性为警觉。人要想把注意力集中到精神生活的某些方面，必须处于警觉状态。警觉是与警戒或唤醒紧密相连的一种注意形式，指注意在一定对象上的强度特征，网状激活系统功能在此起了重要作用。此外，其他脑区可能也参与了注意的警觉功能。如对脑损伤患者注意维持和警觉功能的探讨发现，脑损伤患者存在注意维持和警觉功能受损；而由于患者脑损伤部位涉及多个脑区，损伤程度相近者病变部位并不一致，说明参与注意维持与警觉功能调节的脑区并不局限于某一部位。

总之，注意和多个脑区相联系，它既不是某一脑区的特性，也不是全部脑区的功能。它是通过一系列脑区的神经网络活动来实现的。

2. 感知

感觉是人们对客观事物个别属性的反映，知觉则是对其各种属性的综合反映。感知是个体认识世界的第一步。人的各种感觉器官将所感受到的感觉刺激，通过感觉冲动沿着神经通路将信息以物理化学的方式传到大脑皮层相应区域，从而使人对周围环境的存在有感知、有认识。

感觉信息首先被传递到大脑相应的初级感觉区，此时引起简单粗糙的感觉，如手脚发麻、针刺感或看到闪光、火星或听到“沙沙”“嗞嗞”等声音。初级感觉区破坏，则大脑无法形成感觉，发生“视而不见”“听而不闻”等现象。

感觉信息的进一步加工是在初级感觉区附近的感觉联络区。只有在这里，信息才升华到具体“成形”的感知。如果初级感觉区保留，而感觉联络区有损害，则患者能感受到，但不具体，

不“成形”，因而也就不能理解。如枕叶初级视觉中枢完好，而相邻视觉联络区受损，则患者虽然并不失明，但看不懂。

对感觉联络区产生的“成形”感觉，大脑进一步进行综合，并与经验对照比较，最后产生有声有色有情的复合感知。这就是感觉总联络区的功能。感觉总联络区（感觉联络区的联络区）位于颞上回后部和角回前部。当感觉总联络区受到刺激时，可产生复杂的幻觉，如童年情景在眼前重现，亲友谈话片断或乐曲旋律的重新体验等。这种旧境“重现”“重演”，有声有色，栩栩如生，甚至包括当时的感情色彩、思维反应都丝毫不变地一起伴随出现。所以通过感觉总联络区，人产生的知觉才是完整的、丰富的。

大脑某些区域受损伤后，往往出现知觉障碍。如任何一侧顶叶损伤会引起左右分辨障碍：患者不能命名或指出自身或对方身体的左右侧；右侧脑损伤患者往往出现空间关系障碍：患者在观察两者之间或自己与两个或两个以上物体之间的空间关系和距离上均表现出困难。

3. 记忆

记忆和其他心理活动一样，有其生理基础。近年来，认知心理学和神经生理学进一步结合，促进了对记忆系统本质的探索。尤其是随着科学技术的发展，研究人员可以对大脑进行无损伤的结构和功能成像（如脑电图、正电子断层扫描等），并将这些方法广泛应用于对人类认知活动的研究，在记忆研究领域，取得了一系列令人鼓舞的成就。具体来说，这些研究成果主要表现在以下两方面。

一是进一步明确了与记忆有关的脑区位置。如前额叶皮质是工作记忆的一个重要脑区。前额皮质损伤的病人工作记忆表现出明显障碍，只有利用近期的资料才能在执行某一任务时做出正确的决定。如果前额叶内神经通路的功能出现障碍，脑会把外部世界感觉为一系列不连续的事件；患者的行为只受即刻刺激所左右，脑内当时的信息和以往存贮的信息对行为失去了指导作用。而边缘系统与间脑则与陈述性记忆有关。近年来，海马在记忆中的作用进一步得到确认。许多实验表明，大范围的双侧海马损失会出现对近期事实记忆的能力丧失，但远期记忆力不受影响；而以近期记忆力下降，最终导致自理能力丧失为特征的老年痴呆症患者，最典型的病理变化就是海马结构萎缩。这说明，海马在记忆中的作用是巩固新学习得的联系，然后将这种联系的产物——对事物、事件和规则的记忆，收集、贮存在大脑皮质的另一些区域。

二是探索了神经递质、核酸和蛋白质与学习记忆之间的密切联系。中枢胆碱能突触的功能与短期（或近期）记忆有关。当给动物注射 M 胆碱受体的拮抗剂时能够抑制记忆的获得，注射小剂量的东莨菪碱（东莨菪碱能够封闭乙酰胆碱受体，因而是一种抗胆碱药物）也可以降低正常人的近期记忆力，且大剂量甚至可以引起意识消失。所以在有些临床实践中，东莨菪碱常被用来帮助产妇分娩，但使用这种药物后产妇往往不能回忆分娩时的情况。γ 氨基丁酸（GABA）是中枢神经系统内重要的抑制性递质，它对学习记忆也有重要的调节作用。γ—氨基丁酸局部注射于相关的大脑皮层运动区或感觉区可暂时地抑制条件反射的出现。在训练后注射 GABA 的拮抗剂对记忆保持有增强作用，而注射 GABA 的激动剂则使记忆保持遭到损坏。对训练后的小鼠进行测定，发现其脑内核酸含量、前庭核蛋白合成量、海马和视皮质合成蛋白量均显著增加。这说明，核酸和蛋白质是学习和记忆的必要物质基础。

4. 思维

思维的神经学基础非常复杂。即便是一个极其简单的前角运动细胞也约有 10000 多个突触，

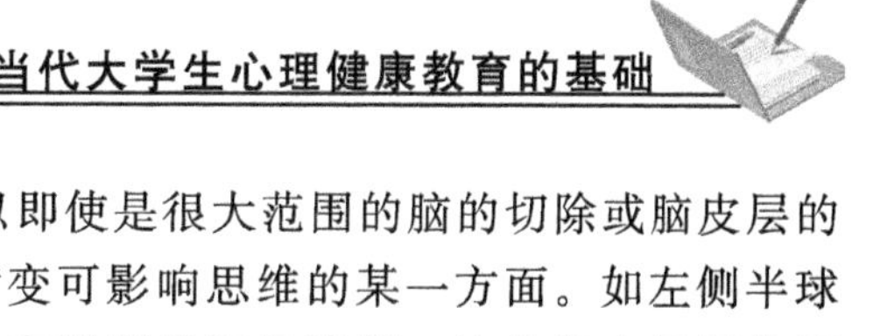

一个大脑皮层神经细胞的突触可以多达300000个。所以即使是很大范围的脑的切除或脑皮层的破坏也不会使思维活动完全丧失，但大脑某一局部的病变可影响思维的某一方面。如左侧半球颞上回后部是司管词句记忆的．这一部分的损伤会导致言语听觉记忆障碍。这种病人记不住用口语表达的问题，因而连很简单的口算题都很难解决。如果算题以书面方式呈现，情况稍微好些；但是由于在解决问题时仍然需要中间的言语环节，所以，病人要完成解题的整个推理过程非常困难。又如，左侧项一枕区系统的损伤会引起同时性综合能力的严重破坏。病人虽能记住算题，并主动尝试解题的方法，但由于不能理解逻辑—语法结构（如不能理解“甲的苹果是乙的两倍”或“甲的苹果比乙多两个”等基本的逻辑条件），因而仍不能解答算题。要完成复杂的思维活动，离不开多个脑区的协同作用。如罗劲的研究发现顿悟过程激活了包括额叶、颞叶、扣带前回以及海马在内的广泛脑区。具体表现为海马与新异而有效的联系的形成有关，问题表征方式的有效转换依赖于一个“非语言的”视觉空间信息加工网络，而思维定式的打破与转移则依赖于扣带前回与左腹侧额叶。

言语思维活动是人与动物的主要差异，所以对思维的脑机制问题，难以利用动物模型进行实验研究。思维的脑机制的研究在过去进展得非常缓慢，它与生理心理学的其他研究领域如学习、记忆相比还显得十分幼稚，有待进一步发展。

（二）情绪活动的生理基础

1. 情绪的脑结构基础

众多研究表明，边缘系统在情绪的发生中起重要作用。如刺激杏仁核可产生恐惧感觉，杏仁核受损伤后的病人对恐惧、愤怒等识别有困难，这些表明杏仁核参与了负性情绪的加工。近来有研究认为海马在情绪行为的背景调节中起关键作用，海马损伤的个体会在不适当的背景中表现出情绪行为，且海马损伤的体积与特质焦虑等负性情绪呈正相关。临床发现，切除扣带前回的病人失去了恐惧情绪，在社会活动中变得冷漠无情。说明扣带前回可能对负性情绪的评价起主要作用。还有人用尖端埋藏在下丘脑的电极对未麻醉的动物进行逐点刺激，发现动物有两类行为反应：一是斗争，如发怒的模式（怒吼、发“嘶嘶”声、耳朵后倒、竖毛等）；二是逃避，如恐惧的模式（扩瞳，头左右转动，最后逃走）。刺激动物的下丘脑时，动物也出现愤怒和恐惧行为。因此，下丘脑被认为是支配愤怒和恐惧的中枢。

2. 中枢神经介质与情绪的关系

具体表现为，愉快时肾上腺素排出最高，不愉快时稍低，安静时最低。当看风景片时，尿中肾上腺素（EP）和去甲肾上腺素（NE）的排出量均降低；看攻击性影片和戏剧片时，EP排出量增加，NE无变化，而看恐怖片时EP和NE排出均增加。在适当的情绪压抑条件下，个体血液和尿中的EP都比无威胁条件下明显提高，并且可以稳定在相当高的水平。看来人的情绪压抑与血液和尿中EP水平增高有关。此外，5—羟色胺在调节人的情绪方面也起重要作用：人体内5—羟色胺水平越低，其攻击性越强。

（三）人格特征的生理基础

人格是个人所特有的思维、情感和行为模式，它表征着一个人独立于他人、区别于他人的特性总和。人格特征的发展不仅受到环境的影响，也受到遗传因素的重要影响，阐明人格遗传的生物学基础对于认识人格的形成和发展、正常人格的培养和异常人格的干预非常重要。有关人格的生理基础的证据主要表现在三个方面。

1. 人格特征的行为遗传学基础

双生子研究表明在许多人格特征上同卵双生子的一致性相关比异卵双生子更高（平均相关系数分别为 0.50 和 0.30），而且即便是分开抚养的双胞胎也具有相当相似的行为模式。有关收养的研究表明，虽然收养子出生后不久就和他们的养父母生活在一起，但他们之间的相似性却极低。另一方面，尽管他们和他们的生父母分开了，在他们之间仍有中等程度的相关，同时收养子与其亲生兄弟姐妹之间也比跟他们有收养关系的兄弟姐妹之间有更多的相似。这些数据再次说明了遗传在人格特质中扮演着重要的角色。随着五因素模型的出现，研究者开始追寻这五个维度是否受遗传基因的影响，也基本上得到了肯定的答案。

2. 人格特征的脑结构基础

临床证据表明，脑的局部受伤会导致人格和行为的改变。如扣带前回损伤的病人表现出维持社会关系能力和在社会背景中做出有用决定能力的损害。而且，这个区域的早期损害表现出毕生社会习俗适应能力低下。还有研究发现，外倾型被试比内倾型被试在积极图片的作用下激活了更多的脑区，包括额区、扣带前回和杏仁核，而内倾型的被试对积极图片刺激没有显著的激活。

3. 人格特征的神经化学基础

一项关于青年抑郁症病人的研究发现，与正常人相比，抑郁症病人在扣带前回处的谷氨酸（Glx）比正常人低 19%，说明情绪障碍与该脑区神经化学成分的异常有关。另一研究考察了内、外倾正常个体脑内四种神经化学物质（Cho，mI，α－Glx，NAA）的浓度在扣带前回的差异。结果发现，内倾者在扣带前回的三种神经化学物质的水平（Cho，α－Glx 与 mI）显著高于外倾者。这一结果给出了扣带前回与人格特质有关的新证据，并在一定程度上说明内倾者的唤醒水平高于外倾者，为人格的心理生物理论提供了神经化学方面的依据。

静态的脑结构和个别的神经化学物质并不足以说明人格特征的个体差异，人格和大脑的生理过程紧密相连，需要从系统的角度加以解释。因此不少人格研究者提出了人格发生的生物学理论，并据此探讨人格的生理机制。如巴甫洛夫学派认为，神经系统的类型特点是人格的生物学基础。人格特征与个体的大脑皮质细胞群配置特点以及细胞层结构的个体特点有关。而艾森克和朱克曼则认为，个体人格和行为表现上的不同是由大脑皮质的上行网状激活系统（ARAS）决定的。艾森克认为，内倾者的 ARAS 的觉醒水平天生就比外倾者高，因此当同样强度的客观刺激作用于内倾者和外倾者时，内倾者所体验到的强度就比外倾者要强。同时，由于内倾者具有更高的激活基线，所以为达到某一先定的非觉醒水平，内倾者就会比外倾者需要更多的抑制药物。例如给予同样数量的酒精，外倾者会比内倾者醉得更深。朱克曼分析了感觉寻求差异的生理基础。他发现当个体感受到的刺激强度不同时，其脑电活动会发生变化。一些人（高感觉寻求者）随着刺激增强，脑电波升高；另一些人（低感觉寻求者）则随着刺激增强，表现出脑电波反应的降低。这就意味着高感觉寻求者对刺激是开放的，他们更好奇、更活跃、更具有探索性，并且获取新刺激更快；而低感觉寻求者则对过强的刺激有较强的防御机制，力图保护自己以免受到过多的刺激。这两种方式各有优缺点。高感觉寻求者在竞争等过度刺激情况下能表现得更好；但他们可能在需要不能满足时表现出反社会倾向，甚至是躁狂行为。低感觉寻求者对生活中的各种环境更能适应，但当事情变得太过强烈时，他们也许会产生心理封闭。

克洛宁格强调神经递质在人格特征中的作用，认为一元胺神经递质是人格特征的基础。三种重要的神经递质分别对应三种人格特质：多巴胺——新奇寻求、血清素——伤害避免、去甲肾上腺素——奖赏依赖。低水平的多巴胺、血清素、去甲肾上腺素分别导致了新奇寻求、伤害避免、奖赏依赖。根据克洛宁格的解释，人们追求新奇、激动和刺激是对低水平多巴胺的一种补偿行为。血清素与伤害避免、去甲肾上腺素与奖赏依赖的关系也是这样。克洛宁格的理论也有助于解释酒精依赖症等精神病性行为。她认为，造成酒精依赖的原因是多方面的，有的是通过饮酒产生新奇寻求的快感来补偿低水平的多巴胺，有的则是为了缓解伤害带来的持续压力和焦虑。

总的来说，人格的生理机制非常复杂，神经活动类型、激素、脑内神经化学物质都可能构成人格的生理机制。同时，遗传和环境在人格形成中的交互作用也异常复杂，是生物基础决定了人格的形成与发展，还是人类行为的改变也会引起生理基础的改变目前还没有定论。

（四）社会行为的生物基础

1. 人际吸引

拉什顿等认为基因相似性影响人际吸引。拉什顿对一些夫妇进行血检验，发现具有性卷入的夫妇的基因标记有50%是一样的，而若把这些人随机配对（而不是让他们自己选择伴侣），他们则只共有43%的基因标记，差异非常显著。进一步的研究还发现，那些有孩子的夫妇共有52%的基因标记，没有孩子的夫妇仅共有44%。这说明人们也许更容易被那些与自己有相似基因的人吸引，并发生性卷入。

当然，这种吸引影响也并不只限于两性之间。在日常生活中，人们往往倾向于同那些与自己相似的人建立友谊。拉什顿对彼此是亲密朋友的配对男性进行重复研究（所有这些人都是异性恋者，所以这些友谊没有性的成分），发现配对朋友的基因标记有54%的共同之处，而随机配对的人仅有48%的共同之处。这再次表明了基因相似性在一定程度上导致了人际吸引。那人们是如何识别基因相似的呢这很难说。一种可能性为人们常常被与自己具有相同面孔和体型的人所吸引。也就是说，那些跟你相似的人看起来就像一家人，因此就吸引你了。

另一种可能性是基因相似性是通过气味传播实现的。因而，也许在你还没有意识到的时候，你已经通过细微的生理线索识别出了那些与你相似的人。显然，人类的伙伴选择不是随机的，人们往往根据各种特征来选择伙伴。在通常情况下，与自我的相似性是影响伙伴选择的重要特征。

2. 攻击行为

攻击是一种常见的社会行为。尽管攻击行为和多种因素有关（如家庭熏陶、社会环境以及自然气候等），但不少研究表明，攻击行为也受到生物神经基础的影响。这方面的证据表现在：

首先，遗传学的研究表明异卵双生子在攻击分数上未达到显著相关，而同卵双生子在攻击分数上有相当显著的相关。

其次，在神经结构上，通过动物、患者和正常人的研究发现，与攻击行为相关的脑区主要是颞叶、前额叶皮质和下丘脑等。颞叶功能障碍可能是人暴力攻击行为产生的基础。雷恩等作脑MRI检查显示，暴力行为个体（已被诊断为反社会人格障碍者）前额叶灰质体积较正常人小。在脑外伤病人中，前额叶损伤者有攻击行为，表现为易激惹、易怒、冲动攻击；刺激人类和猴子的眶额和前额叶皮质腹外侧能抑制愤怒和攻击行为。另有对动物的研究则表明，大脑最古老、最原始的部位——下丘脑（或下视丘）与暴力行为有关。

再次，攻击行为也与激素有关。对男性罪犯的研究表明，睾丸激素高的犯人比睾丸激素低的犯人更多地违反监狱的规定，并在监狱里更具有控制性；且高浓度的血浆睾酮与攻击行为的增加密切相关；在对女犯和年轻男性的研究中也有同样的结果。对于非犯罪人群，也发现睾丸激素高的人更可能袭击他人、有大量的伙伴、滥用酒精和其他药物。在成长过程中，他们更可能与父母、老师、同学有矛盾；在谈话中，睾丸激素高的人比低的人更不友好，在与对方的注视中，他们表达了更多的控制信息；低睾丸激素的社团成员对人友好且经常微笑，而高睾丸激素的社团成员则更粗鲁.

最后，多种神经递质如5－羟色胺、去甲肾上腺素、多巴胺等对攻击行为也有调节作用。如有研究发现，脑脊液中低水平的5－HIAA（神经递质5－羟色胺的终端代谢产物）与纵火等带有明显冲动性的暴力性犯罪相关，克鲁齐对29例青少年破坏性行为障碍的研究也发现脑脊液的5－HIAA含量与青少年自我报告的针对他人的攻击行为和情绪数量呈负相关。索德斯特罗姆报告，22例攻击行为指向外的暴力性犯罪人也表现为脑脊液中5－HIAA降低、HVA（高香草酸，即儿茶酚胺、多巴胺和尿香草扁桃酸VMA的终端代谢产物）升高。

由上可知，不同的神经解剖结构和脑区、神经递质系统、激素以及遗传因素与攻击行为之间都存在相关。但攻击行为是生理—心理—社会—物理因素相互作用的结果。如前提到，刺激下丘脑会引起动物的攻击行为。但就高等哺乳动物来说，这种本能的攻击行为是受大脑皮质控制，受经验影响的。例如，在群居的猴子中有一种支配性的等级制度：一两只雄猴为首领，而其他猴子则处于各级水平的从属地位。猴王的下丘脑受到电刺激时，它会袭击下属的雄猴，但不袭击雌猴。下级猴受到同样的刺激时，则会退缩，表现出顺从的行为。因此，并不是刺激下丘脑就会自动地引发猴的攻击行为；相反，猴在做出反应时，会考虑到环境及过去的经验。人类也是如此，其攻击行为也有生理基础、神经机制，并受到大脑皮质的控制，与心理、社会因素密切相关。

总之可以说，任何心理与行为表现都有其神经生理基础和生物遗传性表现。

二、心理障碍的生理机制

（一）关于神经症

1. 行为遗传学研究

大量的双生子研究和家系研究都表明，遗传与焦虑、抑郁、强迫等神经症的发病有一定的联系。以焦虑症为例，对人类家谱的调查发现，广泛性焦虑患者一级亲属发病危险性显著高于对照组。根据双生子调查，同卵双生子的同病率为50%，焦虑素质为65%；而在异卵双生子中，同病率仅为4%，焦虑素质仅为13%，两者有明显差异。动物研究也发现，新生的小狗有的胆大，有的胆小，也说明焦虑、恐惧情绪与遗传因素可能有关。但也有人观察到同卵双生子中具有焦虑素质的人，由于不同的生活条件和精神因素，发病的多少和程度也不一样。因此，可以将焦虑症理解为环境和遗传因素共同作用的产物。具有焦虑症遗传或体质因素的人，具有更大的易损伤性，在较小的精神紧张刺激下也易发病。

2. 神经生理学研究

来自神经解剖、神经生理以及近期神经心理和功能成像等的相关研究证据揭示了脑功能障碍和神经症的关系。如强迫症病人眶额皮层（OFC）、扣带前回皮层（ACC）的过度激活可能会导致错误识别功能和对行为结果预期的情绪与动机评价的增高；背外侧前额皮层（DLPFC）的活动减弱损害了对信息加工的认知整合能力。以上这些皮层信号在控制行为活动程序的尾状核进行整合。而强迫症病人的强迫性观念和行为很可能由这些结构相关的神经网络中一个或多个环节的功能障碍所致。

巴甫洛夫学派则根据高级神经活动类型特点和实验性神经症的研究资料，提出基本神经过程、兴奋和抑制过程的过度紧张导致高级神经活动的功能紊乱而产生神经症。如神经类型属于弱型或强而不均衡型的人，较容易产生神经症。以癔症病人为例：癔症病人的神经活动，尤其第二信号系统的活动是弱的，所以它调节控制的第一信号系统和皮质下系统的活动就相对地增强。由于第一信号系统的机能与具体形象的感知有关，皮质下部位与情绪活动有关。所以癔症病人往往表现为情感强烈鲜明，形象性思维突出，且具有生动、丰富的幻想。在强烈的精神因素影响下，癔症病人大脑皮质进入抑制状态，而皮质下出现脱抑制，所以在临床上可见情感暴发及痉挛发作现象。如果大脑皮质的抑制过程向皮质以下部位扩散，可产生深度抑制状态，以至“不动”，形成癔症性木僵。而由于大脑皮质容易产生诱导抑制，所以那些与病人意识中占主要地位的概念相矛盾的外界刺激就被抑制，而在意识中占主要地位的那些概念，因受到情感的强化而特别强烈，这样就出现意识范围缩小的癔症性病理表现。同时，癔症病人的皮质机能较弱，原来的兴奋灶也较弱，因此旧的兴奋灶容易被新的当前的刺激所抑制，故当前只有新的刺激所产生的兴奋灶在活动。由此也可解释癔症病人的易受暗示性。

3. 生物化学研究

某些内分泌或代谢方面的异常可能也与神经症的发病有联系。如下丘脑—垂体—肾上腺皮质轴功能亢进和脑内单胺能神经递质系统功能异常可能与抑郁的发生有关；强迫症患者脑内乙酰胆碱、去甲肾上腺素的活动显著降低，5—羟色胺活动显著升高，说明脑内神经递质乙酰胆碱、去甲肾上腺素、5—羟色胺可能参与了强迫症的发病。焦虑症病人往往存在血内皮质醇含量的升高：有焦虑症状的病人，皮质醇含量较恢复期高25%；精神病患者处于焦虑和抑郁状态时，皮质醇含量增高50%。如果静脉注射皮质醇，使血浆皮质醇含量很快上升，则发现受试者并不很快出现焦虑，但对焦虑的倾向加强。这说明焦虑可能是由于皮质类固醇增多而引起神经化学变化所造成的。另一种焦虑症的生化解释认为血浆皮质类固醇含量上升，可反馈性地使生物胺去甲肾上腺素和5—羟色胺更新加速，其中特别是5—羟色胺机能活动过盛，这可能与焦虑的发生有关。研究苯丙二氮杂草类药物抗焦虑作用的神经生化机理，也发现药物的抗焦虑作用与抑制脑内去甲肾上腺素、5—羟色胺的更新特别是5—羟色胺的更新率有关。

近年来，有关细胞因子与抑郁的关系也日益受到关注。细胞因子是免疫细胞分泌的生物活性蛋白，它们充当细胞之间的信息传递者，不仅协调免疫反应，而且参与神经化学和神经内分泌调节过程，已被看成神经调质。有研究发现抑郁症常有炎性分子的增高，说明抑郁症的发生可能与免疫激活导致细胞因子分泌增多有关。其机制被解释为细胞因子通过作用于大脑，造成单胺类神经递质、下丘脑—垂体—肾上腺皮质轴及神经可塑性改变，从而引起抑郁症的发生。

（二）关于人格障碍

对人格障碍生理基础的研究表明，人格障碍受到遗传因素的影响。目前已经筛选出多巴胺受体基因、5－羟色胺基因及单胺氧化酶A（MAOA）基因等与人格障碍的发生有一定的关系。尽管所得的研究结果尚不完全一致，但为今后的研究指明了方向，为人格及人格障碍的基因定位研究打下了基础。

另外，人格发育不全，也制约于脑的唤醒水平低下，边缘脑功能低下和外周自主神经系统的机能不足。在注射肾上腺素后，人格障碍者血压的收缩压上升、心率增加更显著。同时，在安静状态下，人格障碍者的皮肤电低于对照组；而在进行某项操作活动时，人格障碍组皮肤电活动增加得不明显；操作活动结束后，人格障碍组的皮肤电活动下降得比安静时的水平还低；重复刺激时，人格障碍组的皮肤电反应适应得较快。这说明人格障碍的自主神经系统功能低下。

但人格障碍的成因是很复杂的，包括生理、心理以及社会文化的因素。有人从发展病理心理学的角度提出“代际—脑—经验模型”来解释边缘性人格障碍的病理机制，认为人格障碍患者往往具有上代基因遗传所决定的易感素质（如情绪和冲动行为失调的神经生物易感性等）；同时，儿童大脑发育过程的重要时期中出现的长期不良经验，如身体、性或心理的虐待，会带来儿童脑神经生化系统和结构的不良改变，尤其是下丘脑—垂体—肾上腺皮质、自主神经系统（ANS）和边缘系统的改变，从而增加了边缘性人格障碍及其众多共病的易患性；上述两方面的因素交互作用，逐渐形成人格障碍的脑神经生物学基础，在与特定不良刺激的交互作用下发展为特定人格障碍。该观点虽然是针对边缘性人格障碍的独特性提出，但为我们理解其他人格障碍的病理机制提供了一个思路。

（三）关于精神分裂症

1. 遗传学研究

遗传在精神疾病的发生中占有重要位置。如家系研究发现，精神分裂症患者亲属中的患病率显著高于一般人群；并且血缘愈近亲属患病愈多。对双生子的研究也表明，精神分裂症同卵双生子的同病率比异卵双生子的同病率高出许多。在寄养子研究中，将父母均精神健康的子女与精神分裂症父母寄养出去的子女在长大后进行对比，后者子女中精神分裂症的患病率明显升高。另一些研究发现精神分裂症遗传组患者的脑电地形图（BEAM）异常率明显高于非遗传组，同时，精神分裂症病人与家属患病者的血缘关系越近，脑电地形图异常率越高；病程越长，脑电地形图异常率也有增高趋势。脑电地形图改变以轻—中度异常为主，表现为额、颞臼、d频域功率增高，频域功率的改变（枕区功率的增高或减弱和额区、右额区功率的增高）及p频域功率的普遍减弱。

可见，遗传因素在精神分裂症中的作用已逐步得到证实。近年来，随着现代分子遗传学的发展，有关的研究已发现，至少有17个染色体区域上的遗传标记与分裂症有关。但由于这些研究重复性较差，至今尚未发现导致精神分裂症的主要的、特异性的易感基因，至于各基因的致病机制以及致病风险就更复杂了。

2. 脑形态学改变的观点

70多年前瑞士精神病学家布鲁纳创立精神分裂症的疾病诊断标准时，因未能发现它的脑病理形态学基础，而将之确定为脑机能性疾病。直到计算机断层扫描技术（CT）和功能核磁共振

(fMRI) 等技术广泛应用以后，才逐渐积累了一些科学事实，说明精神分裂症患者的脑结构变化与其发病之间的确存在关联。

首先是脑室大小的变化，这被公认为精神分裂症患者中最肯定的结构异常。温伯格等研究发现慢性精神分裂症病人的侧脑室比正常人大两倍之多，但这些病人的脑脊液压力正常，说明脑室扩大并不是由于脑压增高所致，而是由于脑萎缩所造成的。

史蒂文斯对某医院长期住院的精神分裂症病人和非精神分裂症病人死后进行脑组织检查，结果发现精神分裂症病人脑内神经细胞明显丧失，许多脑结构为胶质细胞所占据。这些脑结构改变与病人生前的行为障碍有一定关系，如孤独、退缩、情感淡漠等与脑室周围边缘系统结构、下丘脑的损伤有关；言语贫乏和言语思维障碍与苍白球和边缘系统损伤有关；刻板行为与下丘脑和海马损伤有关等。

另外，由于前额叶异常能影响工作记忆，从而导致行为组织的混乱以及执行功能、概念思维和记忆形成的认知功能损害，因而额叶异常被认为是精神分裂症主要症状出现的根源。在临床中，的确观察到精神分裂症患者的整个额叶的灰质容量和白质容量更少，或者说额叶灰质密度下降。这一结果提示精神分裂症的大脑结构异常与患者早期神经发育异常有关，从而为早期发现精神分裂症提供了脑结构异常证据。

相关的研究也集中在颞叶上。颞叶的功能主要与记忆、情绪控制等有关。不少研究发现，精神分裂症患者往往存在颞叶体积缩小，灰质密度偏小以及形状上的异常（如海马头部的内凹畸）；进一步证实了精神分裂症存在神经病理性改变。而且颞叶的缩小甚至发生在儿童期发病的精神分裂症患者中，这也为神经发育的异常学说提供了佐证。

应该说，这些研究发现尚未被大量研究所重复。人类认识活动的异常必然伴有脑结构或物质代谢的障碍，越是高级复杂的认识活动，其脑机制越复杂。

3. 多巴胺假说

这种假没认为精神病（阳性）症状反映了体内的多巴胺（一种神经介质）过多。当多巴胺过多时，神经系统的某个特定部分的传导就会太快。随着传递的信息过多，相应的交流就会受到干扰。这个假设虽是推测出来的，但也被一些治疗精神分裂症的生物化学研究所支持。

精神药理学研究发现，正常人服用一些药物，如苯丙酪氨酸、左旋多巴和利他灵等（动物实验证明，这些药物能引起脑内多巴胺类神经物质功能增强），如果药物剂量足够大或服用多次，可引起幻觉、妄想等类似精神分裂症的阳性症状。已经缓解的精神分裂症病人服用这些药可导致疾病复发，症状不明显的精神分裂症病人服用这些药可使病情迅速恶化。一些使精神分裂症症状消除的药物也表现出降低了大脑中可使用的多巴胺水平的特性。很显然，这些药物消除精神分裂症的疗效和它们阻止大脑使用多巴胺的能力是相关的。这些发现再次表明精神疾病是生理性的。

近来，脑源性神经营养因子（brain derived neurotrophic factor，BDNF）在精神分裂症的发病机制中所起的作用越来越受到关注。它是一类蛋白质因子，可影响神经元的存活、生长及可塑性等，在中枢神经系统功能的产生和维持中发挥重要作用。有研究发现，脑源性神经营养因子与海马皮质神经元、胆碱酯能神经元、黑质多巴胺能神经元及5－羟色胺能神经元的可塑性密切相关，而这些神经元都在神经精神疾病的发生发展中起着重要作用。另外，有关精神分裂症的临床治疗也发现，抗精神病药物的疗效与脑内的脑源性神经营养因子水平有关。这说明，脑源性神经营养因子可能影响精神分裂症的发病。但它究竟是中介因素还是独立因素，目前还不是十分明确。

总的来说，虽然生物因素影响精神分裂症的发病，但社会、心理及环境因素对精神分裂症的发生同样也有着不可忽视的作用。因此，对精神分裂症的病因及发病机制的阐明，需要总结多学科的研究成果，进行综合分析。

三、大学生的生理特点与心理健康教育

（一）大学生的生理发展特点

大学生从入学到毕业约在18—22岁左右，处于青年中期，其生理特点也随年龄增长而发生很大的变化，处于从身体发展的第二次快速生长期进入稳定生长期的阶段。我国大学生生理发展的特点表现在四个方面。

一是体格迅速发育，突出表现为体重和身高的增加，骨化逐渐完成，肌纤维变粗，横向发展。肌肉中的水分逐渐减少，蛋白质、脂肪、糖和无机物含量逐渐增多。肌肉的横断面、肌肉重量和肌肉力量都明显增加，接近成人水平。身体形态日趋稳定，男生变得喉结突出、声带加宽、发音低沉、肩部增宽，胸部前后扁平、须毛丛生、显得壮实。女生乳房突出、声带变长、嗓音尖细、臀部增大、肢体柔而丰满。

二是内脏机能迅速增加，主要表现为：

①肺活量增加。有资料表明，青年中期呼吸频率每分钟约16次左右，男女大学生平均肺活量分别是4124±552ml和2871±390ml；

②心脏容量和动脉血管口径的比例加大。大学生心脏重量约为300～400g，心脏容积达到240～250ml，心跳频率每分钟65～75次，血液量占体重的7%～8%，每搏输出血液量约为60ml。对绝大多数男女生来说，心脏系统可以承受各项激烈的体育锻炼活动。

三是神经系统趋于健全，其主要表现为脑神经纤维的长度和厚度均在增加。据有关测验表明，脑的重量女青年在20岁左右时、男青年在20～24岁时达到最重。此时，脑神经活动兴奋和抑制趋向平衡，但兴奋性仍然很高。

四是性机能成熟。大学生体内各种激素的分泌开始进入活跃状态，生殖器官及性功能迅速成熟，性意识逐步增强，更加明确地意识到两性的差异，对异性产生关注、吸引和爱慕的情感。

（二）大学生生理发展对心理的影响

1. 身体发展的影响

大学生身体发育达到高峰后逐步定型，这对其心理产生了一些特殊影响。例如，由于遗传基因，有的男学生身体不高，经常焦虑，似乎身高与“男子汉”的称号相关。有的女学生常因体胖、脚大而忧虑，不愿意参加体育锻炼。由此产生自卑、忧虑、苦闷的心理，影响其自我概念以及人际交往和学习生活。又如，一些有身体机能发育缺陷和慢性疾病的大学生，依赖性强、自理能力差；而周围人际关系（包括家族成员、教师和同学）也倾向于对其产生过分照顾或嫌弃两种态度，结果往往酿成病态人格。

2. 生理机能的影响

处于青年期的大学生，其生理机能已达到健全程度，体力在迅速增加，精力十分旺盛，他

们对于各种活动都会表现出强烈的好奇和兴趣，并跃跃欲试，以显示和释放自己的能量。但由于大学生的主要任务是学习，其学习占用了大量的时间，因此大学生很难做到随心所欲；同时，大学生的成人感促使其外在表现要矜持、稳重，这可能也会使他们处于压抑之中。

3. 神经系统发展的影响

神经系统是人体发育最早、最快，成熟最早的系统。大学生正处在脑细胞建立联系的上升期，经过教学训练，特别是专业学习，皮层细胞活动量迅速增加，脑回深化，联络神经纤维开始充分发挥作用，使大脑接受信息、传递信息、综合信息的能力大大提高，并趋于成熟的水平。这一切为大学生思维的高度发展奠定了物质基础。所以大学时期是智力水平增高、记忆功能增强、抽象思维获得重大发展、分析综合能力明显提高的时期。

4. 性生理发展的影响

由于性激素分泌旺盛，往往会通过反馈增强性的兴奋性，而此时大脑皮层的调节功能还不能完全与此相适应。这种不平衡状态往往影响大学生的情绪，使大学生比较容易冲动，甚至出现不理智的行为。

（三）大学生生理特点与心理健康维护

1. 正确认识自己，了解并接受自己的生理特点

自我认识包括个体对自己的生理状况、心理特征以及自己与他人关系的认识。其中，对生理状况的认识包括自己的身高、体重、容貌、性别及体型特征和神经系统类型等方面。随着大学生在生理发展方面逐步定型，一些学生对自己的体型和仪表特征非常敏感，不能正确看待自己的生理特点而出现了一些心理困扰。对这部分学生，要特别注意引导其学会认可、接受、悦纳现在的“我”。如因个子矮而感到自卑的同学要认识到人体个子的高矮是由种族、遗传、健康状况、营养条件、地理环境等决定的，纯属自然的差别，无可非议，在评价一个人的因素中，智能、情操、品格因素更重要，起主要作用。在生活中逐步学会综合个人的智能、情操和人格特点，进行自我评价。另外，个子矮的同学要注意不要去选择容易让自己遭受挫折的活动（如打篮球），而可以参与其他替代活动（如打乒乓球），使自己能经常感受到成功的喜悦，树立自信心。这正如大象擅长拔树，猴子擅长爬树一样，如果让大象来爬树，猴子去拔树，那么二者可能都会因为失败而倍感沮丧。

2. 了解心理的生理基础，采取合理方式提高学习效率

（1）根据神经活动类型制定学习策略

有些同学由于不能正确认识自己的神经类型特点而不能很好地发挥学习潜能，致使学习效果不佳。按照巴甫洛夫学派的观点，神经类型可划分为四种基本类型，即兴奋型、灵活型、安静型与弱型。不同的类型分别在大脑神经细胞经受长时间强有力的兴奋或抑制的能力、兴奋过程或抑制过程强度上的平衡性，以及兴奋过程和抑制过程相互交替的容易程度或速度三个方面存在差异。具有兴奋型和灵活型特点的学生在学习时常常表现为精力充沛，紧张的学习和工作之后只需要短时间的休息就能恢复精力；能够一下子关心很多事物；对新教材特别感兴趣并充满学习热情，但在复习旧教材时，明显地表现出缺乏兴趣。而弱型的学生在经过一段时间学习后，很容易感到疲劳；对简单的作业，都要沉思和准备；在学习新教材时常常感到困难和疲劳，但在复习旧教材时，思维具有惊人的准确性和明晰性。从记忆的效率来看，神经系统强型的人识记数量多且识记难度大的材料时效果较好；神经系统弱型的人对大量有意义的文章，记忆效果较好。在动觉记忆方面，对于不复杂的任务（如再现切线几何图形的长度），弱型的人比强型的人记忆要好；而在复杂情景（再认迷津结构）中，强型的人比弱型的人记忆要好。

大学生应根据自身神经类型的特点及由此决定的个性行为特点，扬长避短，探求适合自己的学习方法和策略，以最大限度地提高学习效率。

（2）合理饮食，提供必要的养分

从前面的讨论可知，中枢胆碱能系统影响学习记忆。有研究发现，老年人记忆力的减退与其脑组织中乙酰胆碱含量的减少有关，如果老年人吃富含胆碱的食品，可明显防止记忆减退。另一研究中，给怀孕的大鼠喂食胆碱，结果产生了拥有“超级大脑”的仔鼠，其大脑内神经连接更多，学习能力和记忆能力更强，在智力测验（迷宫测试）中，记忆力显著优于普通大鼠的后代。这似乎说明，我们可以通过补充体内的乙酰胆碱水平来保持适当的记忆能力。大学生面临繁重的学习任务，为了保持较好的学习记忆状态，可在日常饮食中，摄入富含胆碱的蛋、鱼、肉、大豆等食物，以提供必要的养分，保持充沛的学习精力。

（3）选择安静的学习环境

噪声对学习的负面影响已得到不少研究的支持。如有研究发现，噪声使生长发育期大鼠的海马区（GABA）合成减少，使得神经元突触抑制效应减弱，长时程增强（LTP）诱导和维持受损，从而使其学习记忆能力下降。另有研究发现，低水平的潜伏抑制作用有利于创造性思维的产生。所以在实践中备受推崇的“头脑风暴”并非是创造性思维产生的有效方法，因为他人在场以及噪音和压力的存在导致大脑皮层激活水平的增加，从而抑制了创造性思维的产生。所以，在安排学习计划的时候，大学生应考虑到学习环境的因素。

3. 多参加体育锻炼，保持积极情绪

情绪是客观刺激物影响大脑皮质活动的结果。在情绪活动中机体所发生的外在表现和内在变化是与神经系统多种水平的机能联系着的，是大脑皮层和皮层下中枢协同活动的结果。通过体育运动，如跑步、疾走、游泳，打羽毛球、排球、篮球，踢足球，骑脚踏车，登山等能加强心搏，促进血液循环及消化系统的新陈代谢，使大脑得到充分的氧气和营养物质，能使大脑皮层的兴奋和抑制恢复平静，从而达到改善不佳心情的目的。

同时，经常参加户外运动，接受阳光的照射，可改善脑内5－羟色胺的输送程度，避免因5－羟色胺缺乏而出现情绪低落、紧张易怒以及抑郁症状，从而有效地改善情绪。

第二节　人格基础

一、人格与健全人格

无论是在日常生活中，还是在诸多学科领域，“人格”都是一个常用词汇，但其含义往往不同。比如说“侮辱人格”，这主要是从法律的角度陈述人身侵犯；而说“某某人格卑鄙，某某人格高尚”，这主要是从道德或伦理的角度对人的评价；一些化妆品的广告上说“增进你的人格”，是指经过化妆后使你的外表更吸引人。与这些不同，心理学中所谓的人格，大体相当于我们平常所说的性格。心理学对人格的研究颇为丰富，人格与心理健康之间的关系也一直受到重视。

临床心理学的大量研究发现，同样的压力、打击等精神刺激发生在不同人格特征的个体身上时，他们的表现、程度、结果却各不相同。也就是说，人格是通过一个人对压力事件的反应而对心理健康产生影响的。

（一）人格及其特征

人格是从英文“personality”翻译过来的，该词源于拉丁文的“persona”，原意是指希腊罗马时代戏剧演员在舞台上扮演角色时所戴的假面具，它用来表现剧中人物的身份和性格。在我国京剧当中也有大花脸、小花脸等各种脸谱，表现各种性格和角色。例如：在京剧脸谱中，红脸代表忠义，白脸代表奸佞，黑脸代表刚强……心理学沿用其含义，把一个人在人生舞台上扮演角色时表现出来的种种行为和心理活动都看作是人格的表现。其含义是指一个人表现于外的给人以印象性的特点和生活中所扮演的角色以及与此角色相应的个人品质、声誉和尊严等。综合各家的定义，可以认为，人格是个体在行为上的内部倾向，它表现为个体适应环境时在能力、气质、性格、需要、动机、价值观和体质等方面的整合，是具有动力一致性和连续性的自我，是个体在社会化过程中形成的给人以特色的身心组织。概括来看，人格具有整体性、稳定性、独特性和社会性等四个基本特征。

1. 人格的整体性

人格的整体性是指人格虽然有多种成分和特质，如能力、气质、性格、需要、动机、态度、价值观等，但在一个现实的人身上，它们并不是孤立存在的，而是错综复杂的；它们相互联系、交互作用组成一个有机的整体。正常人的行动并不是某一特定成分（如性格或能力）运作的结果，而是各个成分密切联系、协调一致所进行的活动。人格的整体性表现在人格的内在统一性上，人格的统一性是人格健康的标志，一个失去了人格内在统一性的人，他的行为就会经常由几种相互抵触的动机支配，是一种人格分裂的现象，会形成“二重人格”或“多重人格”。

2. 人格的稳定性

人格的稳定性是指个体的人格特征具有跨时间的持续性和跨情境的一致性。个人的行为中偶然表现出来的心理特征和心理倾向不能表征一个人的人格。如：一个内向寡言的大学生，他平时严肃认真，不苟言笑，但经过精心准备和多次练习，也可以在某次晚会的节目中表现得活泼开朗。在这里，他的人格特征是内向严肃，而活泼开朗则不是他的人格特征。人格的稳定性源于孕育期，经历出生、婴儿期、童年期、青少年期、成人期以至老年期。随着年龄的增长，儿童时代的人格特征往往变得日益巩固。由于人格的稳定性，我们可以通过人格特征的描述来推论个人整个一生的人格状况。

人格具有稳定性并不意味着人格是一成不变的，人格也具有可塑性。它随着现实环境的变化也会发生某些变化。正在形成中的儿童的人格还不稳定，容易受到环境影响而发生变化。成年人的人格比较稳定，但对个人具有决定性影响的环境因素和机体因素也有可能改变个人的人格，如移民异地、严重疾病、严重挫折等有可能影响某些人格特征的变化，如自我观念、价值观、信仰等。这在现实生活中是常常可以见到的。

3. 人格的独特性

人格的独特性是指人与人之间的心理和行为是各不相同的。也就是说，人的人格是由某些与别人共同的或相似的特征，以及完全不同的特征错综复杂地交织在一起构成的，具有独特性。

由于人格结构组成的多样性，使每个人的人格都有自己的特点。正所谓“人心不同，各如其面”。在日常生活中，我们随时随地都可以观察到各具个性的大学生个体，他们各自的能力、气质、性格、动机和价值观等都不尽相同。当然人与人之间在人格上也有共同性，人格是共同性和差异性的统一。

当然，人格的独特性并不排除人们之间在心理和行为上的共同性。同一民族、同一阶级、同一群体的人们具有相似的人格特征。例如，许多研究表明，不论是大陆的华人还是新加坡、我国台湾等地的华人，都有很多相同的人格特征。虽然人格心理学家也研究人的共同性，但他们更重视的是人的独特性。

4. 人格的社会性

人格的社会性是指由于社会化把人这样的动物变成社会的成员，人格是社会的人所特有的。社会化是个人在与他人的交往中掌握社会经验和行为规范，获得自我的过程。通过社会化，个人获得了价值观、自我观念等人格特征。人格既是社会化的对象，也是社会化的结果。如果婴儿的社会接触被剥夺，就不可能成长为真正的人。例如，1920 年印度一位牧师辛格在狼窝里发现了两个小女孩，她们从小被狼叼走，在狼群中长大，像狼一样生活。她们被救出来以后，小的约 2 岁，很快死去了。大的约 8 岁，经过辛格的悉心照料和教育，她两年学会了站立，四年学会了 6 个单词，六年学会直立行走，并能讲出 40 个单词，到 17 岁临死时，她仅仅具有相当于正常儿童 4 岁时的心理发展水平。

人格的社会性并不排除人格的生物性，人格也受个体的生物性的制约。人格是在个体的遗传和生物性的基础上形成的。人的自然的生物性不能预定人格的发展方向，然而它却构成人格形成的基础，影响着人格发展的方向和方式，影响着某些人格特征形成的难易。

（二）人格的心理结构

心理学中的人格，包含了人格心理特征与人格倾向性两方面。人格的心理特征是一个人经常地、稳定地表现出来的心理特点，表现在人们活动效率和活动风格方面的差异。

人格倾向是一个人对现实的态度，对认识活动的对象的趋向和选择，主要包括需要、动机、兴趣、理想、信念。可以将人格的结构用图 2-1 来表示。

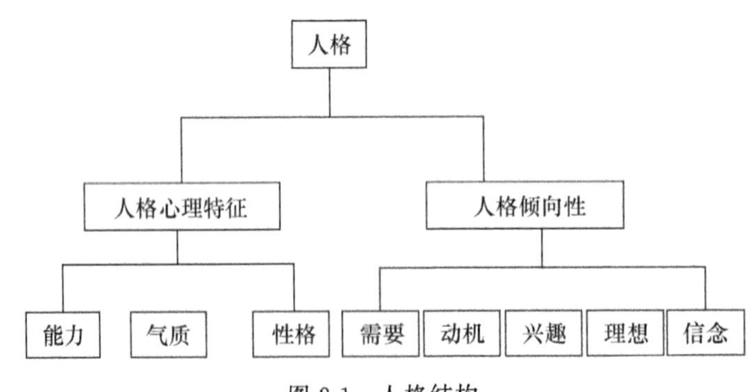

图 2-1　人格结构

下面我们分析一下人格结构中各元素的具体内容。

1. 能力

能力是指人们成功完成某种活动所必须具备的人格心理特征，是成功完成某种活动的必要

条件。能力和活动联系在一起，掌握活动的速度和成果的质量被认为是能力的两种标志。

能力可以分为许多种类，按照能力的倾向性可以分为一般能力和特殊能力。一般能力是指完成一般的活动所共同要求的能力，如观察力、思维力、记忆力等，是一般人所共有的最基本的能力，我们经常提到的智力就是指一般能力。特殊能力是指完成某项专门活动所必需的能力，如数学能力、音乐能力、写作能力等。在活动中，一般能力和特殊能力将协同发挥作用，如在学唱一首歌曲时，注意力、记忆力等一般能力与音乐感知能力和音乐情感能力等协同作用，才能学会一首歌曲。

能力可以划分为认知能力、操作能力和社交能力。认知能力是学习、研究、理解、概括和分析的能力，是人们成功地完成活动最重要的心理条件。操作能力是操纵、制作和运动的能力，是在操作技能的基础上发展起来的。社交能力是完成社交活动所需要的能力，如组织管理能力、语言感染能力等。

2. 气质

气质是个人心理活动稳定的动力特征。心理活动的动力特征主要是指心理过程的速度和稳定性（如知觉的速度、思维的灵活程度、注意力集中时间的长短）、心理过程的强度（如情绪的强弱、意志努力的程度）和心理活动的指向性（有人倾向外界事物，有人倾向内心世界）等方面的特点。心理学家对气质有多种分类方法。目前，使用得比较多的是由古希腊著名医生希波克拉底的“四液说”沿袭下来的气质分类，即多血质、胆汁质、黏液质和抑郁质。

3. 性格

“性格”是英语单词“character”的译名，在我国心理学界，有时将“personality”也译成“性格”（或“人格”“个性”）。“character”应该包含在“personality”之下，为了便于理解，我们沿用大多数中国心理学工作者的习惯，将“character”译成“性格”，将“personality”译成“人格”。因此，性格是人格概念中的一部分。

性格的心理学定义为一个人在现实的稳定态度和习惯化了的行为方式中所表现出来的人格心理特征。

性格是最能表征一个人的人格差异的，是人格中最有代表性的部分，心理学家对性格进行研究和分析，逐渐形成了不同的理论。有些心理学家通过对性格进行分类来进行研究和分析，形成性格的类型理论，如德国心理学家克雷奇默根据人的体格类型将性格划分为矮胖型、瘦长型、强壮型等，认为不同体型的人具有不同的性格特征；瑞士心理学家荣格根据里比多（来自本能的力量称为里比多）的倾向性和人的心理活动的基本机能，将性格分为外倾向思维型、外倾向情感型等 8 种类型；美国著名的职业指导专家霍兰德将性格与职业匹配，划分了 6 种性格类型（社会型、现实型、文艺型等）。这些理论在当代大学生的职业辅导中具有积极的指导作用。

此外还有一些心理学家将性格用人的各种特质来说明。如美国心理学家卡特尔通过因素分析法得到了 16 个性格的根源特质：乐群性、聪慧性、稳定性、恃强性、有恒性等，并据此编制了著名的卡特尔 16 种人格因素问卷，这份问卷至今仍在全世界通用，我国高校也常常采用这份问卷来了解当代大学生的性格特征。

4. 需要

需要是人脑对生理和社会需求的反映。需要是个人的心理活动与行为的基本动力，在人的活动、心理过程和个性中起着重要的作用。心理学家彼得罗夫斯基等指出：“需要是积极性的源泉，生物的共同特征是它的积极性。这种积极性能保证维持与周围世界的最有意义的联系……需要是生物的一种状态，它表现出生物对其具体的生存条件的依赖，而这种依赖是引起这些条件的积极性。”波果斯洛夫斯基等认为：“需要——这是被人感受到的一定的生活和发展条件的必需性。需要反映有机体内部环境或外部生活条件的稳定的要求……需要激发人的积极性……需要是人的思想活动的基本动力。”

5. 动机

动机是为了实现一定的目的而行动的原因。人从事任何活动都有一定的原因，这个原因就是人的行为动机。引起人的行为动机需要两个重要条件，即内在条件是人的各种需要，外在条件是能够满足个体需要的外部刺激。动机和需要是紧密相连的，没有需要就不能产生动机，只有当需要达到一定程度，并且有能满足需要的外部条件存在时，动机才能产生。

6. 兴趣

兴趣是个体积极探究事物的认识倾向，兴趣使人对有趣的事物给予优先注意，积极地探索，并且带有情绪色彩和向往心情。

人的兴趣是在需要的基础上，在活动中发生发展起来的。需要的对象也就是兴趣的对象。瑞士心理学家皮亚杰指出：“兴趣，实际上就是需要的延伸，它表现出对象与需要之间的关系，因为我们之所以对一个对象发生兴趣，是由于它能满足我们的需要。”可见兴趣与需要是紧密相连的。

7. 理想、信念与世界观

理想是个人对未来有可能实现的奋斗目标的向往和追求。理想是个人动机系统的一部分，是由家庭教育、学校教育和社会环境的影响形成和发展起来的，一旦形成，就成为鼓舞个人前进的巨大动力。

信念是坚信某种观点的正确性，并支配自己行动的个性倾向。信念是关于自然界和社会的某些原理、见解、意见和知识，一旦形成便具有稳定性。信念使个人的性格稳定而明确，具有主动性和积极性。如热爱教育事业的人，愿意在教学上刻苦钻研，对待学生呕心沥血而不图回报。信念是人类具有巨大力量的动机。

世界观是信念的体系，是个人对整个世界的根本看法。世界观是个性倾向性的最高层次，是人行为的最高调节器，制约着个人的整个心理面貌。世界观是由认识、观点、信念和理想相互作用形成的，反过来又影响个人的认识、观点、信念和理想的形成。理想、信念和世界观有机地联系着，受社会历史条件的制约，而且在阶级社会中具有阶级性。

（三）健全人格的思想

健全人格是生物进化所赋予的人的本性在充分发挥时所能达到的境界，是人类应该追求的价值目标。具有健全人格的人是心理健康者，他们能有意识地控制自己的生活，掌握自己的命运；他们能意识到自己的优点和弱点、善与恶，并且容忍和认可它们，他们不是生活在过去之中，而是坚定地立足于现在，并注意到未来的目标和任务。健全人格和正常人格是不同的。仅仅摆脱心理疾病的正常人格是迈向健全人格的第一步，但远非全部，健全人格显然高于正常人格。健全人格具有一种在结构上和动力上向崇高人性发展的特征，健全人格表现出人格的完整性、统一性、稳定性等特点，健全人格是人格特征的完美结合。

自从20世纪50年代以来，西方很重视研究人的潜能。这给心理学领域带来又一次重大变革，并因此越来越重视对健全人格等方面的研究。很多心理学家根据他们的临床经验，运用心理测验等方法，对高健康水平的人进行了研究，提出了不少健全人格的模式。

（1）马斯洛的“自我实现者”模型

美国人本主义心理学家马斯洛强调人的自我实现。他认为，自我实现是一种过程而非结果。马斯洛研究了那些能够充分发挥自己才能，全力以赴地工作，并把工作做得最出色的人。根据自己的长期观察，马斯洛概括出自我实现者具有以下特征：良好的现实知觉；对自己、他人和现实表现出高度的接纳；有自发性和率真；以问题为中心；有独处的需要；高度的自主性，不受环境和文化的支配；高品位的鉴赏力；对普通生活的新鲜感；常常有高峰体验；能与他人建立持久深厚的友谊；具有民主的性格结构；强烈的道德感和独立的善恶判断能力；善意的幽默感；富有创造性；不受现实文化规范的束缚。

（2）奥尔波特的“成熟者”模型

美国心理学家奥尔波特认为，健康人是在理性和有意识的水平上活动，对激励他们活动的力量完全是能够意识到的，是可以控制的。他认为健康人的视线应该指向当前和未来的事件，而不是指向童年的事件。他把心理健康水平高的人称为“成熟者”，根据多年在哈佛大学的研究，奥尔波特从“成熟者”身上归纳出七个特点：具有持续的自我扩展能力，人际关系融洽，情绪上有安全感并能自我接纳，具有客观感知现实的能力，有客观认识自我的能力，以问题为中心并发展出问题解决技术，具备统一的人生哲学。

（3）罗杰斯的“功能充分发挥者”模型

美国人本主义心理学家罗杰斯是人格现象学理论的最著名代表人物。他认为，人类的基本动机是实现自我的成长与发展，人性是美好的并且具有无限发展的潜能。罗杰斯强调，健全人格不应理解为人的状态，而是过程或趋势。罗杰斯把“功能充分发挥者”的优秀特征概括为五个方面：他们的社会经验都能进入意识领域，对一切经验持开放态度；协调的自我；以自己的内在评价机制来评价经验；自我关注；乐意给他人以无条件的关怀，能与其他人高度协调。

（4）弗洛姆的“创发者”模型

心理学家弗洛姆有着当代西方哲学、社会学、人类学、史学和神学等方面的广博知识。他既批评地接受弗洛伊德的精神分析学说，又受到精神分析社会文化学派新理论的影响。他认为每个人都有充分利用自己潜能成长和发展的固有倾向，由于社会本身的压抑和不合理，很多人未能达到心理健康的状态，病态的社会产生了病态的人格。他强调社会变革在产生大量健康者或“创发者”方面的重要性。弗洛姆认为“创发者”有四个方面的特征：创发性爱情，这是一种自由、平等的关系，相爱的双方都可以保持他们的个性；创发性思维，创发性的爱会使人意识到与被爱者有密切关系，意识到关怀被爱者；有真正的幸福体验，即身心健康，个体各种潜能得到实现的状态；以良心为定向系统，“创发者”有一种特殊的良心，弗洛姆称其为“人本主义良心”，它引导人们实现个性的充分发展和表现，并使人获得幸福感。

（5）凯利的“有效构想者”模型

美国心理学家凯利在大量的临床实践中发现，通过改变人看问题的角度可以有效地改变其心情。凯利认为，个体的人格就是他的构想系统，而一个构想系统就是一套用来解释并预测世

界的特定的认知方式。人格健康的人就是具有有效人格构想的人，这类人在建立构想系统的过程中具有建设性。具有有效构想的人有三项特征：有广阔的视野，对经验持开放态度；注重变化，不断寻求对世界的新理解；对自身的构想进行建设性选择和调节。

（6）皮尔斯的“立足现实者”模型

美国心理学家皮尔斯认为，健康的人生活在眼前、当下，即此时此地。也就是说，人格健全的人应该是充分地理解并坚定地立足于自己的现实情境。皮尔斯认为，立足于现实的人具有下列七项人格特征：生活在此时此地；了解并接纳自己的现状与特点；能够坦率地表达自己；不干预别人的生活；能够与自我和世界保持密切的联系；生活不受外在环境的影响；不以幸福为人生的目标。

此外，科恩研究了“理想的自我”，指出健全人格的五种特征：高效能、有创造性、内在的平静、密切的关系和超脱。黑斯通过追踪研究和跨文化研究，提出了健全成长和发展模型的五个维度：符号化、非自我中心化、整合、稳定性、自主。杰拉德也提出了对健全人格的看法：对新思想、对人具有开放态度；关心自己、他人和世界；整合吸收否定性经验的能力；创造力；做生产性工作的能力；爱的能力。

根据国内外的研究，可以从三个方面概括健全人格者的特点：一是内部心理和谐发展。人格健全的人，他们的需要和动机、兴趣和爱好、智慧和才能、人生观和价值观、理想和信念、性格和气质都朝着健康的方向发展。他们的内心协调一致，言行统一，能正确认识和评价自己的所作所为是否符合客观需求，是否符合社会道德准则，能及时调整个体与外部世界的关系。一个人如果失去他的人格统一性，就会出现认识扭曲、情绪变态、行为失控等问题。二是能够正确处理人际关系，发展友谊。人格健全的人，在人际交往当中显示出自尊和他尊、理解和信任、同情和人道等优良品质。友谊使人开朗、热情和坦诚，而缺乏友谊的人，在情绪上往往有很大困扰，轻则产生恐惧、焦虑、孤独的感觉，重则产生多疑、嫉妒、敌对、攻击的心态和行为。三是能够把自己的智慧和能力有效地运用到能获得成功的工作和事业上。人格健全的人，他们在学习、工作中能被强烈的创造动机和热情所推动，从而使他们勇于创造，有所革新，有所建树。他们的成功，往往又为他们带来满足和愉悦，并形成新的兴趣和动机，使他们的生活更充实。

（四）健全人格与心理健康

健全人格是心理健康的基础也是心理健康的良好表现。人格特点会影响一个人对待事情、对待他人的观念和态度。我们在日常生活当中常常会见到两类人。一类人面对困难和挫折总是试图逃避、畏缩不前，对批评非常敏感，很容易受到伤害；他们总是显得灰心丧气，觉得生活中只有痛苦和失败，对前途也是悲观失望。而另一类人则不同，他们在面对困难时总是勇敢地迎接挑战，把战胜困难当作提高自己的途径；即使结果很不理想，他们也坦然地面对现实，对前途充满信心，对生活充满希望。我们也可以看到，有些人对别人处处提防，敏感多疑，要么时时以自我为中心，要么对人尖酸刻薄；而另一些人则对他人热情大方，胸怀坦荡，与别人相处融洽。人格健全者能正确地待人处事，不仅使自己身心愉悦，很好地完成各项事务，而且能让别人生活得更愉快。但是一些人格不健全者就很容易导致心理健康方面的问题。

大量研究表明，各种精神疾病特别是神经官能症患者往往都有相应的特殊人格特征。例如，

强迫性人格的特征为谨小慎微、求全求美、自我克制、优柔寡断、墨守成规、拘谨呆板、敏感多疑、心胸狭窄、事事容易后悔、责任心过重、过分苛求自己等，容易导致强迫性神经症。再如，与癔症相联系的人格特征则为易受暗示、情感多变、易激动、好幻想、自我中心、爱自我表现等。与精神分裂症相联系的人格特征是依赖性强、胆小、犹豫、孤僻、敏感、好幻想、内向等。

二、人格类型与心身健康

人格与健康的关系已经成为当今时代的一个主要问题。据美国《科学》杂志报道，威胁现代人生命的重要疾病，多数是没有传染性的。目前死亡率最高的是心脏病、癌症、车祸、意外事故、脑动脉疾病和自杀等。可以说，人类死亡和疾病的危害主要来自个人自身的行为和生活方式。许多研究表明，人格类型与健康有密切关系。

（一）A 型人格类型与冠心病

A 型人格，也叫 A 型行为模式，即易患冠心病的人格类型，是指个性急躁、求成心切、善进取、好争胜的一种性格。A 型人格的概念本来并不带有好或坏的判断，它之所以成为心理学研究的问题，主要是由于 A 型人格与易患心脏病的关系。

这种人格特征与心脏疾病具有某种联系最初是由两个心脏病学家在临床观察的基础上提出来的。事实上，最早的一些观察是由一个秘书做出的，他注意到很多病人在候诊时显得很不耐烦。后来由两个心脏病学家接着观察，发现许多患心脏病的年轻人都有某种并发的行为上的特征，如争强好胜、时间紧迫感强、具有攻击性等。临床访谈观察到的这一模式，通过结构性访谈进一步测定出了个体在这些方面的差异。

A 型人格的人的心理与行为主要特征是：

①时间观念特别强，对时间有紧迫感，常常感到时间不够用并因此产生压力；

②长期的亢奋状态，常常同时思考或做两件事情，总是设法把工作日程安排得满满的，每天大部分时间都处于紧张状态；

③雄心勃勃，竞争性强，追求成就，有较强的事业心，力求达到更高标准，勇于承担责任；

④遇到挫折变得具有敌意和攻击性，对他人怀有戒心，缺乏耐心和容忍力。

与之相对应的 B 型人格的主要特征是：悠闲自得，不爱紧张，一般无时间紧迫感，不喜欢争强好胜，有耐心，能容忍等。

以前，许多科学家论证了 A 型人格是诱发心脏病的重要因素。例如，根据美国全国心、肺和血液研究所的调查，具有 A 型心理特征的人患心脏病的比率高达 98%以上。但是，进入 20 世纪 80 年代以后，陆续出现了相反的研究结果，例如，有研究发现，A 型人格的人得冠心病的死亡率反而低于 B 型性格。现在的研究认为，A 型人格不是一个整体，而是一个多维度的结构，其中的某些因素与冠心病有联系，被认为是导致冠心病的有毒元素，如“忙碌—投入因子”“强烈追求因子”“敌意”和“个人知觉到缺乏控制力”等。

A 型人格者的注意具有很强的抗干扰性，甚至在飞机上也能安心写作，并能很好地完成。由于忽视边缘刺激包括忽视自己身体的不适，他们往往会延误对自己疾病的觉察。甚至当医生建议其适当休息以消除疲劳时，他们都可能很少照办。这样，长年累月集中注意于工作的觉醒

水平，导致心血管系统的过度紧张，因而可能危及生命。

通过专门的训练，A 型行为模式可以在一定程度上得到矫正。有研究者帮助 1000 多名至少有过一次心脏病发作的病人改变他们的 A 型行为模式。例如，为了降低他们的时间紧迫感，要求他们练习排队，并借此机会考虑那些在正常情况下他们没有时间去想的事情或观察别人的谈话；学习在不对别人发脾气的情况下表达自己的意见；改变某些具体的行为方式（如不匆匆忙忙吃饭或说话等）；重新评估一些基本信念，设法使家庭和工作环境不那样充满压力。经过四年半的时间，结果发现这些病人心脏病复发率几乎只有那些没有学过如何改变生活方式的对照组被试的一半。

（二）C 型人格类型与癌症

C 型人格，即癌症倾向性格。在日常生活中，我们常常会遇到一些不如意或者是不公正的事情，很多人会由此而抱怨、发泄等。C 型人格的人的心理和行为的特征是：很难公开表达自己的情绪，谨言慎行，常常自责，极怕失败；患病不肯求医，对人有戒心，没有很密切的人际关系；认命，生活无意义、无价值、无乐趣；和家人有很深的隔膜，有心事不向人倾诉，情绪不安时找不到倾诉的对象。也可以这样说，要是对某些错误做出惩罚时，C 型人格者往往是惩罚自己，而不是惩罚别人。

许多研究都证实了 C 型人格是导致癌症倾向的性格因素，虽然一些结论尚有待于进一步研究，但某些结论有比较一致的看法，例如，研究认为对愤怒的压抑、抑郁与癌症的发生和导致治疗失败有直接的联系等。对于 C 型人格导致癌症的原因，学术界的看法认为：C 型人格会严重妨碍体内的免疫功能，使这种功能不能充分发挥抗癌的作用，致使癌细胞扩散。

癌症的发生和恶化是心理、社会、生物因素复杂的相互作用的结果。易罹患癌症的心理社会因素主要有：

①抑郁，指一种忧愁、悲伤、颓丧、消沉等多种负面情绪综合而成的心理状态；

②无助感，是一种对压力情境的认知障碍并伴有抑郁的情绪状态；

③丧失社会支持，主要是指丧失对自己关系重大的人，包括生活中早期的亲人和最亲近的人；

④低负面和高正面情感的消极影响；

⑤不表达情绪，主要是不表达负面情绪，特别是不表达愤怒情绪。

C 型人格的研究提示我们，要注意培养自己乐观开朗的性格，多一些幽默感。更重要的是要合理地调节自己的情绪，不能经常压抑负性情绪，而应该把自己的烦恼、愤怒、苦闷等以适当的方式发泄出来。自我表露的有关研究也表明，适当的自我表露（如匿名写出大学生自己曾经有过的不安或创伤性经历）有助于维护个体的心身健康。早期的一项研究发现，要求大学新生连续三个晚上用一定时间写出他们面临离开家庭远离父母、适应大学生活方式时的问题和情绪，这些学生在以后的几个月中去健康中心就诊的次数，要比其他学生更少。

（三）内控观与外控观

在日常生活中可以看到，有的人相信任何事情都由自己控制，将成功归因于自己的努力，把失败归因于自己的疏忽。这种个人命运由自己控制的信念，称为内控观。内控观者具有强烈的自觉控制感。另有人相信任何事情都由外界控制，将成功归因于幸运，把失败归因于外界影

响。这种个人命运受外因控制的信念，称为外控观。外控观者缺乏自觉控制感。

（四）乐观主义与悲观主义

乐观主义被定义为一种认为生活中通常发生好的事情而不是坏的事情的信念。它是抵抗压力、维护健康的一个重要人格变量。乐观的人对生活有积极的期望，能使自己更好地应对压力，从而以更为健康的方式享受生活。虽然我们有时乐观有时悲观，但是一个人乐观或悲观的程度是比较稳定的，因此研究者将其看作是一种人格变量。乐观主义者比悲观主义者有一些明显的优势，乐观主义者往往给自己设置更高的目标，并相信自己能够达到那些目标。乐观主义者体验到更多的积极情感，报告较低的压力水平和较少的心身症状。乐观与身心健康的关系已经得到大量研究的证实。

国外的一项追踪研究根据一组男性被试多年以前的日记，确定他们在25岁时的乐观或悲观的程度。调查的结果发现，被确定为乐观主义者的被试在45—60岁间的健康状况要比悲观主义者更好。另一项研究考察了海湾战争期间，以色列海法市的居民对于该市遭受飞毛腿导弹袭击的威胁所体验到的压力。研究结果发现，该地区居民中，乐观主义者比悲观主义者更少体验到焦虑和抑郁。

还有很多临床研究发现，乐观者在手术后恢复的情况要比悲观者更好。此外，研究人员在考查学生对大学生活的适应情况中发现，对生活持乐观态度的大学一年级学生往往积极应对问题并寻求社会支持；而悲观的学生更多地假装问题不存在，或者只要有可能就回避去解决这些问题。因此乐观的大学新生在适应大学第一年时明显要比那些悲观的学生更容易。

为什么乐观的人格特点有助于人们更好地应对生命中的危机和挑战呢？这主要是由于乐观主义者和悲观主义者运用了不同的策略来应对他们遇到的问题。乐观主义者更多地使用问题解决、恰当的情绪应对等积极的应对策略；而悲观主义者在面临问题时更多地采用自我分心、情绪化或行为退缩等消极的应对策略。例如，被诊断为晚期癌症或艾滋病，乐观的人接受事件的发生，放弃长远目标的追求，根据现实重新安排生活，乐观地、建设性地使用余下的时间；而悲观者宿命地、消极悲观地顺从死亡的来临，后者确实死亡得更快。培养大学生对生活的乐观态度，不仅有利于维护他们的身心健康，而且有助于大学生积极看待人生，走向成功。

三、大学生的人格发展特点与评测

（一）大学生人格的形成与特点

1. 人格的形成与发展

在人格的形成与发展问题上，心理学界曾经有两种极端的观点，一种是遗传决定论，另一种是环境决定论。现在，一般都认为人格是遗传与环境因素相互作用的结果，其中遗传因素是人格形成的自然基础和发展的潜在因素，遗传为人格发展提供可能性或遗传潜势。在遗传与环境的相互作用过程中，环境，特别是教育把这种可能性转化为现实性。因此，环境因素在性格的形成和发展中起决定作用。

（1）遗传因素对人格的影响

研究性格形成中遗传因素和环境因素的作用，经常采用双生子研究法。洛延等人发现同卵双生子较异卵双生子的性格近似得多；戈特沙尔德等人发现脑干支配的个性特征主要受遗传因

素的影响，而皮质特别是前脑机能所表现的人格特征（近似于思维和知觉机能），主要受生活、历史的教育和教养以及周围环境条件的影响。

北京师范大学林崇德教授的研究表明，在对社会、集体和他人的态度方面、对自己的态度方面以及在性格的情绪方面，同卵双生子与异卵双生子的差异是显著的，而在性格的意志特征、品德等方面，则不存在显著差异。由此可见，遗传因素对性格特征的各个方面的影响程度是不同的。

（2）自然环境对人格的影响

早在胎儿时期，胎儿生活的胎内环境——孕妇的营养、情绪、健康状况等均对胎儿的发育产生重大影响。而在出生之后，地理和气候条件对个性发展也有一定影响。我国北方姑娘和南方姑娘的性格特征有明显的差别。

（3）社会环境对人格的影响

社会环境在性格形成和发展中起着决定性的作用，它包括家庭、学校、社会实践等方面。

家庭被称为“制造人类性格的工厂”。家庭的结构对儿童的人格发展有着重要影响。大家庭中长期形成的家风、家规等自然地传给下一代，有助于他们形成良好的性格特征，但可能存在隔代溺爱，使孩子形成以自我为中心等不良性格特征。核心家庭的父母可能缺乏教育孩子的经验，也缺少教养和爱抚孩子的时间，从而影响其人格的健康发展。破裂家庭会对孩子的性格带来不良影响。父母死亡或离婚家庭的孩子得不到家庭的温暖和正常的教育，容易形成悲观、孤僻等不良性格特征，行为问题较多。

学校教育对人的性格的形成与发展也具有重要意义。学生在学校里形成了良好的性格，就能顺利地走向社会、适应社会生活，反之，则会发生各种问题。

课堂教学不仅让学生接受系统的科学知识，而且通过学习可以发展学生的坚持性、自制力、主动性、独立性等良好的性格特征，在接受系统的科学知识的过程中，形成科学的世界观。

班级集体的学习和生活使学生习惯于系统地和有目的地学习，得到克服困难的锻炼，并且品尝到集体生活的乐趣。集体生活有利于培养学生的合群、组织性、纪律性、自制、利他、勇敢、顽强等优良的性格特征，也有利于克服孤独、自私等不良的性格特征。

教师对学生的性格发展也具有重要的影响作用。教师在学校中的言行会潜移默化地影响学生性格的发展。学生的年龄越小，受教师的影响越大。

社会实践对性格发展也产生重要影响。当代大学生走上工作岗位后，职业的要求对性格发展也有重要作用。人长期地从事某种特定的职业，社会要求他反复地扮演某种角色，进行和自己职业相应的活动，从而他会相应地形成不同的性格特征。

2. 大学生的人格特点

大学生在大学生活中逐渐适应其社会角色，不断扩大人际交往的范围，适应激烈的学习竞争，他们的人格发展也因此受到影响。许燕等人对京港两地大学生的传统人格特征和现代人格特征进行了调查研究，结果表明，当代大学生的人格特征正在由传统性向现代性转变。北京大学生，尤其是女生的现代人格表现得更为突出，她们更乐于接受新观念；而香港大学生在转变中则相对表现得较为保守，尤其是香港的女生，仍然较为传统。

许燕对当代大学生核心人格结构进行了研究，得出了构成大学生核心人格结构的七个因素：

①敢为性，体现了大学生在思想与行为层面的进取开拓精神和积极向上的心态；

②宜人性，反映在人际交往领域中大学生的人格特征；

③道德感，大学生自我完善的品质，正性特征表现在正直、爱国、奉献、大公无私，负性特征表现在自私自利、见利忘义；

④开放性，体现了大学生的聪明才智以及朝气活力的人格特征；

⑤责任感，对大学生的学习与未来职业有重要作用的人格特征；

⑥务实性，体现了大学生社会适应的人格特点；

⑦情绪性，是涉及大学生心理健康的人格特征。这七个人格因素在大学生不同的生活领域发挥着各自的功能。

（二）大学生人格特征评测

日常生活中，我们经常说“某同学内向、冷淡，某同学外向、热情，某同学攻击性强，对人充满敌意，某同学善良真诚”。这些评价都是围绕着人格来说的。那么，怎样才能比较全面、准确地了解一个人的人格呢？

1. 行为主义学派

行为主义认为，不管有多少人格特点，都可通过外显的行为观察到，所以，了解一个人人格特征的最常用、最直接、最简单易行的方法是观察法。

在日常交往中可以从以下几个方面进行观察。

（1）从面部表情观察

人格的原意是指演员在舞台上的面具。一个人的面部表情最能反映一个人的心理特性。我们可以通过面部表情所提供的信息，去分析人格特点。

笑是最常见的一种表情，有微笑、大笑、苦笑、假笑、讪笑、傻笑、讥笑、捧腹大笑、皮笑肉不笑、哈哈笑、嘻嘻笑等。如果我们观察到，其中某一种笑的方式已成为某个人的习惯动作，我们便可以从他的笑中了解他的人格特征。比如，一个人做错了事还要笑，那么，他的笑绝对不是内心愉快的笑，他可能是眯着眼、咧着嘴、歪着脖子，以似笑非笑来掩饰自己的窘迫感，我们可以了解他可能是一个自尊心很强的人。

眼睛是心灵的窗户，最富于表情。托尔斯泰把人的眼睛区分为狡猾的、炯炯有神的、明朗的、忧郁的、冷淡的、无生气的等。我们可以通过观察一个人的眼神来了解他人格的某些特征。

（2）从体态观察

在生活中，我们往往把装模作样、故作姿态的人视为矫揉造作的人；把摇头晃脑、昂首挺胸、大模大样的人视为傲慢的人；把卑躬屈膝、脸上堆满奴颜婢膝笑容的人视为典型的谄媚者；把躬身俯首、力求向别人请教的人视为谦虚的人。

（3）从言语中体味

一个人说话的多少、用什么方式说话、言语的风格如何、说话的内容真诚与否，都可以表现人的人格特征。言为心声，我们可以从一个人语音的高低、语速的快慢、语气及其谈话的内容了解一个人的人格特点。

2. 物质论及精神分析学派

精神分析学派提醒我们，除了外显的行为之外，人格还有一些东西我们看不见。要想更全面、更准确地了解一个人的人格，还需进行心理测量。常用的人格测量有人格问卷测验和人格投射测验两类。

（1）人格问卷测验

人格问卷测验是测量人格特点的一种纸笔测验方法，用于初试者自己作答，所以又称自陈量表。这种量表多采用客观测验的形式，设计出一系列陈述句或问题，要求初试者做出是否符合自己情况的报告。人格测量量表很多，较有名的、较常用的有：明尼苏达多相人格量表（MMPI）；卡特尔16种人格因素量表（16PF）；爱德华人格爱好量表（EPPS）；艾森克人格问卷（EPQ）；杰克逊人格问卷（JPI）等。

（2）人格投射测验

投射测验是指初试提供一些未经组织的刺激情境，让被试在不受限制的情况下，自由地表现出他的反应，分析反应的结果，以此来推断他的人格结构。投射测验主要探讨个体内在隐蔽的行为或潜意识的、深层的态度，冲动与动机，有主题统觉测验（TAT）、罗夏墨迹测验（RIT）、画人测验、语句完成测验。

上述所讲到的人格问卷测验和人格投射测验都是科学的标准化的心理测量，是被控制使用的。有需要的同学可向有关部门提出申请，进行测试。

注意：不要把杂志或网络上的趣味心理测验与科学的人格测验混为一谈。科学的人格测验是经过标准化的，有一定的信度与效度，有标准化的试卷，标准化的指导语，以及标准化的记分。科学的人格测验，是严格控制使用的，正规的心理测验试卷应由专业人员保管，测试题不得外传，以保证其可靠性，所以根本不会在大众媒体上曝光。一些趣味心理测验只注重趣味性，并没有经过科学的标准化，也不能保证测量的信度和效度，对所测结果的解释，因没有专业人员指导，故不能用来推测一个人的人格，只能作为一种消遣游戏，切不可误把某些心理游戏当作科学的人格测量。

四、大学生人格障碍调试与心理健康教育

（一）人格障碍的特征和类型

人格障碍是一种介于精神病和正常人格之间的心理现象和行为类型。这些行为模式的发展常没有明确的起讫时间，发展缓慢。

虽然在大学生人群中真正人格障碍的人并不多，但存在不良人格倾向的人却不少，他们是人格障碍的易感人群，应该引起警惕。

1. 各类人格障碍的共同点

人格障碍通常开始于童年、青少年时期，并一直持续至成年，甚至持续终生。人格障碍关键在于预防，而不是治疗，因为治疗的效果一般不太理想。其表现如下：

①人格障碍者一般都能正确处理自己的日常工作和生活，能理解自己行为的后果，也能理解社会对自己行为后果的评价标准。但由于这种人缺乏自制力，尽管经常同周围人发生冲突，并处处碰壁，却很难从错误中吸取教训。因此，难以适应工作和社会环境。

②人格障碍者一般来说意识是清醒的，认识能力也保持完整。这种人是在没有意识障碍、智力活动无明显缺损的情况下，出现行为活动、情感等方面的明显障碍。这种人中的大多数都有求医的愿望，希望治好自己的“病”。

③人格障碍者在智力水平、思维水平和创造力等方面并不低，有的还超过常人，但由于人格异常，妨碍了他们的意志活动破坏了其行为的目的性和统一性。

④人格障碍与一般疾病不同，它没有起病标志和病程变动。因此，人格障碍不能作为真正的精神病。

⑤人格障碍者常把自己所遇到的任何困难都归咎于命运或别人的过错，认为自己对别人无任何责任。

⑥人格障碍的行为问题程度各有不同。轻者完全过着正常人的生活，只有与他亲密接近的人（亲属或同事）才会领教他的怪癖，觉得他无事生非，难以相处；严重者事事都违抗社会习俗且积极表现于外，使自己很难适应正常的社会生活。

2. 人格障碍的类型

根据不同的表现特点和轻重程度，美国《精神障碍诊断和统计手册》DSM—Ⅳ将人格障碍分为多种类型，包括依赖型人格障碍、表演型人格障碍、自恋型人格障碍、反社会型人格障碍、强迫型人格障碍、被动攻击型人格障碍、回避型人格障碍、分离型人格障碍、边缘型人格障碍、偏执型人格障碍和分裂型人格障碍。

（1）依赖型人格障碍

其主要特征是极度地依赖他人。他们虽然有较好的工作能力，但由于缺乏自信，自觉难以独立，不时地需要别人的帮助。他们不果断，也缺乏判断力，总是依靠别人为自己做出决策或指出方向。

（2）表演型人格障碍

又称癔症型人格障碍，这种人具有浓厚而强烈的情绪反应，行为特点是自吹自擂、装腔作势；喜欢引起他人的注意和关心，爱虚荣，喜欢有兴奋的事情发生，常把自己的感觉和情感加以夸张，从而加深他人对自己的印象；善变、爱挑逗；要求于人多，内心真情少；自我中心，依赖性强，常需别人的保证与支持；有时也善于玩弄或威胁他人。

（3）自恋型人格障碍

其主要特点是：过分地自我关心、自我中心和自夸自尊；常幻想自己了不起、有才学、有美貌；期待别人的欣赏，总希望有人特别对待自己，不能接受别人的建议和批评；以极端的眼光看人，不是说得很好，就是一无是处。很难理解别人的苦处和难处。

（4）反社会型人格障碍，又称精神病态和社会病态

其主要特征是：时常做出不符合社会要求的行为；妨碍公众，不负责任；经常违法乱纪，行为冲动，缺乏羞耻心和自责感；犯错误后，没有后悔之意，也不能从中吸取经验教训，常把一些责任归罪他人。这是文献报告较多的一种人格障碍类型。

（5）强迫型人格障碍

其主要特征是强烈的自制和自我束缚。他们过分注意自己的行为是否正确、举止是否适当，因此表现特别死板、缺乏灵活性。过多的清规戒律，极度地墨守成规，他们对任何事情都谨小慎微，顾虑多端，怕犯错误。他们还要求别人根据他的思想方式和习惯行事，妨碍他人的自由。

（6）被动攻击型人格障碍

其主要特征是以被动的方式表现其强烈的攻击倾向。表面上唯唯诺诺，背地里不予合作。例如，故意晚到，故意不回电话和回信，故意拆台使工作无法进行。顽固执拗，不听调动，拖

延时间，暗地破坏和阻挠。他们的仇视情感与攻击倾向十分强烈，但又不敢直接表露于外。他们虽然牢骚满腹，但心理又很依赖权威。

(7) 回避型人格障碍

其主要特征是：心理自卑、行为退缩；面对挑战采取逃避态度或不能应付；想与人来往，又怕被人拒绝、嫌弃；想得到别人的关心与体贴，又害羞不敢亲近。与分裂型人格障碍不同，他们并不安于孤独或欣赏自己的孤独，不与人来往并非出于自己的心愿。他们被迫应用众多的心理防御机制。

(8) 分裂型人格障碍

其主要特点是：行为怪癖而偏执，为人孤独而隐退；对人对事缺乏起码的温和与柔肠：明显的社会化障碍，几乎没有朋友，没有社会往来，对别人给他的批评或鼓励毫无感觉；强烈的自我向性思维，但一般还能认知现实；繁多的白日梦幻想，但一般与实际不脱节。他们在表达攻击和仇恨上显得无力；在面对紧张和遇到灾难时，又是超然的、满不在乎的。

(9) 边缘型人格障碍

以反复无常的心境变更和行为不稳定为主要特点。他们的挫折阈很低，时而大发脾气．或郁闷而感到空虚，时而恢复正常。他们常做出一些冲动性的、无法预料的破坏行为，如偷窃、赌博、施行暴力、乱花钱等。他们的不少行为犹如精神病急性发作状态，边缘型名称也由此而来。

(10) 偏执型人格障碍

其主要特点是：极度的感觉过敏，思想、行为固执死板，坚持毫无根据的怀疑；对别人特别嫉妒，而又非常羡慕；对自己过分关心，且又无端夸张自己的重要性；把由于自己的错误或不慎产生的后果归咎于他人，且从来不信任别人的动机和意愿，认为别人存心不良。这种性格的人在家不能和睦，在外不能与朋友、同事很好相处，别人只能对他敬而远之。

(11) 分裂样人格障碍

其主要特点是：观念、思考、知觉、言谈和行为多有各种奇异的表现。他们的观念离奇，具有魔术式思考、众多的迷信禁忌、玄幻的想象、荒唐的推理、意料不到的异端层出不穷等行为。由于这些特点，他们有时会被人看作为现世“奇人”。

以上分类可视为三大人格障碍群。第一群以行为怪癖、奇异为特点，包括偏执型、分裂型、分裂样型人格障碍；第二群以情感强烈、不稳定为特点，包括戏剧化型、自恋型、反社会型、边缘型人格障碍；第三群以紧张、退缩为特点，包括回避型、依赖型、强迫型、被动攻击型人格障碍。

(二) 人格障碍的自我矫正方法

人格障碍的矫正虽然有一定的难度，但也不是什么“不治之症”。在临床实践中发现，有相当一部分人格障碍者，在精神科医生和心理学家的指导下，通过自身的努力，在可能的限度内，人格障碍的矫正取得了令人满意的效果。

下面简要介绍几种人格障碍自我矫正的方法。

1. 反向观念法

人格障碍者大多伴随有认识歪曲现象，反向观念法即是改造认识歪曲的一种有效方法。反

向观念法是指自己主动与自己原有的不良自我观念唱反调，原来是以自我为中心，现在则应逐渐放弃自我中心，学习设身处地为他人着想；原来爱走极端，现在则学习多方位考察问题；原来喜欢超规则化，现在则应偶尔放松一下，学习无规则地自由行事。采用反向观念法克服缺点的要点是：先对自己的错误观念进行分析，然后提出相反的改进意见，在生活中努力按新观念办事。这种自我分析可以定期进行，几天一次或一星期一次，也可以在心情不好或遭挫折之时进行。认识上的错误往往被内化为无意识的层次，通过上述自我分析，就可把无意识层次上升到有意识的自觉层次，这有助于发现和改进自己的不良人格状态。

2. 习惯纠正法

人格障碍者的许多行为已成为一种习惯，破除这些不良的习惯有利于人格障碍的矫正。以依赖型人格为例，实施这种方法有以下三个要点。一是清查自己的行为中有哪些事是习惯地依赖别人去做的，哪些事是自主决定的，你可以每天做记录，记录一个星期。二是将自主意识很强的事归纳在一起，如果做了，则当做一件值得庆贺的事，以后遇到同类情况应坚持做；如果没做，以后遇到同类情况则应要求自己去做。而对自我意识差、没有按自己意愿去做的事，自己提出改进的办法，并在以后的行动中逐步实施。例如，在制订某项计划时，你听从了朋友的意见，但你对这些意见并不欣赏，便应把自己不欣赏的理由说出来。这样，在计划中便渗透了你自己的意见，随着你的意见的增多，你便能从依赖别人意见逐步转为完全自主决定。三是找一个你信赖的人做监督者，并与监督者订立双边协议，当你有良好表现时，予以奖励；当你违约时，予以惩罚。

3. 行为禁止法

对于人格障碍者的许多不良行为，可以采取该法。例如，当一个偏执型人格障碍的人对一件事忍无可忍而将要发作时，对自己默念如下指令："我必须克制住自己的反击行为，我至少要忍10分钟。我的反击行为是过分的，在这10分钟内，让我当即分析一下有什么非理性观念在作怪。"采取这种方法后不久，你就会发现，每次你认为怒不可遏的事，只要忍上几分钟，用理性观念加以分析，怒气便会随之消减。不少你认定极具威胁的事，在忍耐了几分钟后，你会发现灾难并未降临，不过是自己的一种无谓担忧罢了。

4. 情绪调整法

人格障碍者多伴有情绪障碍。例如，表演型人格的情绪表达太过分，旁人无法接受。采用此法首先要做到的便是向你的亲朋好友做一番调查，听听他们对你的看法。对他人提出的看法，你应持全盘接受的态度，千万不要反驳，然后你扪心自问一下，上述情绪表现哪些是有意识的，哪些是无意识的；哪些是别人喜欢的，哪些是别人讨厌的。对别人讨厌的坚决予以改进，对别人喜欢的则再表现。

强度上力求适中，对无意识的表现，你将其写下来，放在醒目处，不时地自我提醒。此外，请你的好友在关键时刻提醒一下，或在事后对自己的表现作一评价，然后从中体会自己情绪表达的过火之处。这样坚持下去，你的情绪表达就会越来越得体和自然了。

（三）大学生中常见的人格缺陷及其调适

人格缺陷是介于正常人格与人格障碍之间的一种人格状态，是一种人格发展的不良倾向，或是说某种轻度的人格障碍。大学生在人格发展中常见的缺陷主要有：自卑、懒惰、拖拉、粗心、鲁莽、怯懦、急躁、悲观、孤僻、多疑、抑郁、狭隘、冷漠、被动、骄傲、虚荣、焦虑、以自我为中心、敌对、冲动、脆弱等。这些人格缺陷不仅影响大学生的各种活动效率，妨碍大学生正常的人际关系，同时还会给大学生蒙上一层消极、阴暗的色彩。下面将一些常见人格缺陷的特点及调适方法介绍如下。

1. 自卑及其调适

自卑感是对自己不满、鄙视、否定的情感。进入大学后，相当一部分大学生会发现"山外有山"，特别是那些在中学时只知埋头学习的大学生，他们发现在学习成绩之外还需社交、文体等多方面的才能，面对自己的某些不足陷入怀疑自己、否定自己的认知偏差中，产生自卑心理。

自卑心理严重的大学生，并不一定是具有某些缺陷与短处，而是不能正确认识自己，悦纳自己，自惭形秽，总喜欢拿自己的短处与别人的长处相比，习惯于把自己放在低人一等的位置。

自卑的调适方法：

①客观准确地认识自己，悦纳自己；

②调整比较对象；

③降低比较标准。

多与自己作纵向比较而不是一味地与人作横向比较；常以"人比人，气死人""尺有所短寸有所长"提醒自己；主动进行自信心磨炼，将目标定得切合实际些，多积累成功的愉悦体验，这样自卑感就会悄然而退。

2. 懒惰及其调适

大学生本应是充满朝气和活力、开拓进取的群体，但事实并不总是如此。部分大学生表现得懒懒散散、疲疲沓沓、得过且过、做一天和尚撞一天钟，缺乏进取精神。懒惰是不少大学生为之感到苦恼又难以克服的一种人格发展缺陷，是意志活动无力的表现。大学校园内曾经流行着这样的打油诗："人生本该 HAPPY，何必整天 STUDY，只要考试 PASS，拿到文凭 GO-AWAY"，就是这些大学生的真实写照。

处于懒惰状态的大学生也常以此感到内疚、自责、后悔，但又觉得无力自拔，心有余而力不足，其主要原因是：想得多而做得少，缺乏毅力。

懒惰的调适方法：

①充分认识懒惰的危害性，确立一个坚定而有价值的理想；

②振作精神立即行动，从日常小事做起，并努力做到不给自己找借口，不原谅自己的偷懒，力争今日事今日毕；

③多与人交往，多关心外部世界，多参加有益身心的社会活动。

3. 拖拉及其调适

拖拉是指可以完成的事而不及时完成，今天推明天，明天推后天，正是："春天不是读书天，夏日炎炎正好眠，秋多蚊虫冬又冷，一心收拾待明年。"

拖拉的原因：一是试图逃避困难的事，二是目标不明确，三是惰性作用。

拖拉的结果是：耽误时间，降低学习、工作效率，导致心理压力，引起焦虑，应该做的事没完成，干别的事也难以安心，常常贻误时机。拖延与懒散的生活，会使你的生活处于阴暗面之中。

拖拉的调适方法：

①承认拖拉是一种无益的生活方式；

②找到自己拖拉的原因，下决心改变，并立即付诸行动，“行万里路始于踏出第一步”；

③科学安排时间，将要做的事按轻重缓急排序，并明确完成的具体时间；

④直接面对不愉快的事，要敢于做不合心意或者需要花大力气的工作，必须完成的事，与其拖着、欠着，还不如及早动手干，完成后会有一种如释重负的感觉，会有一种欣喜感、满足感、成就感，而拖拖拉拉只会带来疲惫、松垮及焦虑。

4. 怯懦及其调适

怯懦主要表现为缺乏勇气和信心，害怕可能面临的困难和挫折，在挫折、困难面前常常知难而退，甚至不战而败。有些大学生由于胆怯，不敢与人讲话，不敢出头露面，也不敢表明自己的态度，甚至不敢向老师提问题。有些大学生由于软弱不敢冒风险，不敢担重任，不敢与坏人坏事做斗争，不敢坚持自己正确的观点。但越是这样回避矛盾、躲避失败，越是容易体验到强烈的挫折感。

“只能成功，不能失败”的非理性信念是造成大学生产生怯懦心理的认知因素。

在挑战与机遇并存的现代社会，怯懦者会失去很多成功的机会，并可能成为落伍者。积极迎接挑战，争做生活的强者才是明智的选择。

改变怯懦的最好办法是要敢于抓住机遇，积极锻炼，不怕失败，不怕丢面子，不怕担子重，多给自己鼓励和加压，在生活的词典中去掉“不敢”二字。

5. 嫉妒及其调适

莎士比亚把嫉妒比做“绿眼妖魔”。培根认为：“嫉妒是最卑劣、最堕落的情欲，是魔鬼的本来特质。魔鬼被叫作那个在夜间在麦子中种植稗子的嫉妒者。”嫉妒的痛苦和危害主要属于那些心胸狭隘者。看到他人成功了，就生气；看见他人强过自己，就四处散布谣言，诋毁他人；发现几个人亲如家人时，就千方百计地挑拨离间。嫉妒就是这样在给自己带来极大痛苦的同时，也妨碍着他人的生活。

嫉妒心理是由于欲望不能满足而产生的一种挫折心理。在充满竞争的现代社会，嫉妒更应被看成是一种扭曲了的上进心，同学们只要能控制嫉妒心理，不让它转化为嫉妒行为，它就不会那么丑恶；相反，有嫉妒心的同学知耻而后勇，还可使嫉妒得到升华。

嫉妒的调适方法：

①克服狭隘，对待他人要宽容。受功利主义影响，当代大学生中的“狭隘”现象有增无减。心胸狭隘的人容易产生嫉妒心理，因此，必须改变这种性格，胸怀宽广，坦诚待人，才能净化心灵，避免沾染嫉妒之病。

②认识自我，调节优劣对比。当我们嫉妒某人时，总是因为他人在某些方面的优势吸引了自己，而自己在此方面恰好处于劣势。如果一个人不能正确估价自己，不能客观地评价别人，那么，他就很容易产生嫉妒心理。只有正确认识自己，才能正确认识他人。当认识到别人的成功源于其努力，别人的成功并非是对自己利益的侵占，别人的成功也不等于自己的失败，此时，嫉妒感也就消失了。正如歌德所言，比海洋更广阔的是天空，比天空更广阔的是心灵。

6. 抑郁及其调适

抑郁是一种感到无力应付外界压力而产生的消极情绪，常伴有厌恶、痛苦、羞愧、自卑等情绪体验。抑郁人皆有之，对于大多数人来说，抑郁只是偶尔出现，时过境迁，很快会消失。但那些性格内向，多疑多虑，不爱交际，生活中遭遇意外挫折的人更容易长期处于抑郁状态，甚至导致抑郁症。

抑郁的主要表现是：情绪低落，郁郁寡欢，闷闷不乐，思维迟缓，兴趣丧失，缺乏活力，反应迟钝，干什么都打不起精神，体验不到快乐。抑郁在低年级大学生中更为普遍。所谓的“周末综合征”在很大程度上即是抑郁。

抑郁的调适方法：

①正确地评价自己，看清自己的长处，建立自尊，增强自信；

②调整认知方式，建立理性认知，不把事物看成非黑即白；

③扩大人际交往，多与人沟通，多交朋友。如果抑郁情绪较严重，应寻求心理咨询帮助。

7. 急躁及其调适

急躁表现为碰到不称心的事情马上激动不安；做事缺乏充分准备，没准备好就盲目行动急于达到目的；缺乏耐心、细心、恒心。性情急躁之人说话办事快、竞争意识强、容易冲动、心情常常处于紧张状态。有部分大学生什么都想学，而且想短时间内学会，生怕比别人落后而急于求成，但实际效果常常达不到期望的目标，从而泄气，发怒，既影响自己的健康和效率，又妨碍人际关系。

急躁的调适方法：

①思先于行。要加强自我涵养，自觉地养成冷静沉着的习惯。在学习、生活中，对非原则性问题，尽量避免与人发生矛盾以至激化，把精力用到积极思考之中。

②改变行为。细心、认真行事，吃饭时间不得少于 20 分钟，细嚼慢咽；说话控制语速，想好了再说，不随意打断别人谈话。当你有了自信，认识到自己给他人带来的益处，相信自己会与周围的同学友好相处时，就不会再怀疑别人。

③“心底无私天地宽”。自私总与猜疑相伴，所谓“疑人者，人未必皆诈，己则先诈矣”。私欲越重，猜疑心理也越强。无私就无畏，坦坦荡荡地做人，和同学朋友坦诚相处，别人如何看自己，不必过分在意，相信“日久天长见人心”。

总之，要克服摆脱猜疑的心理主要是自己做人要正，“人正不怕影子斜”；对他人宽厚为怀，即使被别人误会也不必去计较；充分驾驭好“语言”这个工具，出现了误会或彼此不信任、猜疑时，通过沟通思想、说明情况而彼此谅解。

8. 焦虑及其调适

焦虑是个体主观上预料将会有某种不良后果产生或模糊的威胁出现时的一种不安感，并伴有忧虑、烦恼、害怕、紧张等情绪体验。在这个紧张刺激不断增多、竞争不断增强的社会里，每个人都可能处于一定的焦虑状态。适度的焦虑对于保持生命活力是必要的，这里所说的焦虑主要是指不适当的高度焦虑。

被焦虑困扰的大学生常表现出烦躁不安、思维受阻、行动不灵活、身体不舒服等症状。

大学生焦虑主要集中在考试和人际关系两个方面。大学生的考试焦虑与自信心缺乏、对考试结果过于担忧及认知障碍等有关，大学生对人际关系的焦虑与缺乏自信、交往技能差（或自认为差）、自尊心过强等密切相关。

焦虑是今天到明天的一段空白。焦虑的调适方法：

①应增强自信，相信车到山前必有路，总会有办法的；

②要立即行动，无所谓的担忧正是焦虑之本质，当机立断，积极行动，不怕困难，磨炼意志，凡事尽最大的努力，把注意力从担心失败转移到积极行动、争取成功上来。

9. 自我中心及其调适

随着自我意识的发展，大学生越来越感到自己内心世界的千变万化、独一无二，他们越来越多地把关注的重心投向自我，尤其是那些有较强自信心、自尊心、优越感、独立感的学生更加容易出现自我中心倾向。当这种倾向与一些不健康的思想意识（如个人主义、自私自利思想）和心理特征（如过强的自尊心、唯我独尊等）结合时，就会表现出过分的、扭曲的自我中心。过多自我中心的人往往以自我为核心，想问题、做事情，从“我”出发，不能设身处地进行客观思考，颐指气使，盛气凌人，不允许别人批评，“老虎屁股摸不得”。这种人往往见好就上，见困难就让，有错误就推，总认为对的是自己、错的是别人，因而他们常常不能赢得他人的好感和信任，人际关系大多不和谐。

自我中心的调适方法：

①树立健康的人生观，自觉地将自己和他人、集体结合起来，走出自己的小天地；

②恰当地评价自己，既不低估也不高估，既不妄自菲薄也不自高自大；

③尊重他人，只有尊重和信任他人才能获得友谊；

④设身处地地从他人的角度思考问题，将心比心，真诚地关爱他人。

（四）大学生健全人格的培养

千学万学，学做人。健康的人格就是一个要努力做到因满足于个人生活而保持21世纪的大学生是充满朝气、充满活力的新生代，如何注重大学生健康的、积极的人格发展呢？

1. 了解自己人格类型的特点

人格的培养和塑造，其最终目的是改正缺点，吸收优点，不断完善自我。因此，应清楚地了解自己的人格，并采用扬长避短的原则，发扬自身良好品质之长，而对自己人格中的缺点或不足则要努力克服，逐步形成健全人格。

就气质的特点来看，气质类型本身没有好坏之分，每一种气质都有积极的方面和消极的方面。比如，胆汁质的人容易发出迅速有力的动作，形成勇敢、爽朗等积极品质，但也容易形成拖沓等消极品质。多血质的人容易形成活泼、机敏、爱交际、富有同情心等品质，但也容易形成轻浮、精力分散、注意力不稳定、忽冷忽热等消极品质；抑郁质的人具有做事小心，感情细腻等积极品质，但也容易表现出耐受力差、胆小怕事、不爱交际、孤僻、怯懦、多疑等消极品质。因此，大学生在了解自己的气质类型和特点的基础上，应努力使自己向积极方面发展。

正确地悦纳自己。悦纳自己必先了解自己，有自知之明，对自己的各方面有一个客观、全面的评价。在此基础上学会接受自己，对自己不提出苛刻、非分的期望和要求，对自己的生活目标和理想也能切合实际，因而对自己总是满意的。同时努力发挥和发展自己的优势、潜能，即使对于自己无法弥补的缺陷，也能泰然处之。总之，要使“理想自我”和“现实自我”尽可能靠近，进而愉快地接受现实中的“我”。青年人都有强烈的自尊感，而真正的自尊，并非是祈求获得一个社会普遍赞许的形象，而是对自己本来就有的人格、个性和能力的尊重。

在这个问题上，特别要注意防止过分追求完美的倾向。过分追求完美常常表现在两个方面：

一是对自己提出过高要求，离开了自己的实际情况，从而使自己的“完美期望”受到挫折，增加了适应的困难；二是对自己苛求，希望自己完美无缺，对自己“不完美”的地方过分看重，甚至把人人都会出现的、人人都会遇到的问题看成是自己“不完美”的表现，从而影响了自己的情绪和自信心。应该承认，每个人都希望自己是完美的，也不同程度地追求完美，这是人类健康向上的本能力量。但在追求完美的过程中如果对自己要求过分严格。不允许自己有一点“不完美”的表现，就很容易带来适应的障碍。从心理学的角度来说，一个良好的、可接受的自我形象，是维护人格健康的因素之一。

2. 学会自我教育

健全人格自我塑造的一个很重要的途径就是帮助大学生学会自我教育，因为自我教育是其他教育和环境影响的内化和深化，是人格形成中由被动变为主动的过程。其主要内容和方法包括了以下几个方面。

（1）学会反省

在自我教育的过程中，大学生要学会自我反省，即经常地反省自己的思想和言行。孔子曾讲过：“见贤思齐；见不贤，而内自省也。”意思是说，看到一些好的行为或好的榜样，就要马上学习，塑造同样好的性格；看到不好的行为或事情，要反省自己是否有同样的缺点和不足。在自我反省过程中，也不要自我贬低，既要善于发现自己的长处，也要敢于承认自己的短处。

（2）培养自我调控能力

大学生的主体意识表现为强烈的内在的心理需求与外部行为方面的主动性。自我调节是指通过主动按照自己的实际情况与社会的要求对自己的活动进行有意识、有目的的调控。自我调节体现了大学生的自觉性、自信心和主体意识，它能激发大学生的内在潜能，充分调动其主观能动性，使其自身的成长与社会要求相适应，从而获得最佳的成长环境。在自我调节的具体过程中，大学生应从自己的实际情况出发，在学习、活动、性格发展等实践方面，不断学会自己教育自己，自己管理自己，从而增强自我调控能力。

学习自我控制，还要对环境的影响保持自己相对的独立性。不论对人对事都应该有自己的主见，按照自己的信念去行动，而不是随大流，别人怎么看，我也怎么看，别人怎么做，我也跟着去做。特别应该提出的是，在当前社会变迁、价值多元化、各种思潮的涌现以及各种生活方式竞相呈现在人们面前的时代，大学生应接受环境中积极的影响，经受住各种不良诱惑，提高自己抗拒不良诱惑的能力。只有如此，才能使自己的观念、价值观等不受干扰，使自己的个性健康发展。

（3）保持良好的心境

在自我教育中，要学会保持自己良好的心境。在日常的学习生活中，应主动培养生活的情趣，合理调节自己的情绪，保持积极、乐观的心境。一般而言，一个人偶尔会心情不好，不至于影响其性格。但若经常地生气、发脾气，为一点小事也大动肝火，那就容易形成暴躁易怒、神经过敏、冲动、沮丧的性格特征。因为大学生要乐观地去对待生活，丰富愉快的生活体验，培养幽默感。即使是遇到困难和挫折时，也要从积极的一面去思考问题。即使身处逆境，也不要埋怨生不逢时，不要怪罪别人没有照顾自己，而应学会正视现实，敢于面对挑战，采取积极、进取的态度去适应环境。

（4）积极的自我观念

自我观念理论是心理学家罗杰斯提出来的。按照罗杰斯的观点，一个具有完善功能的人能够与自己内部情感和冲动保持和谐，且根据自己的生活经验形成了一种对外部的开放态度，并相信自己的直觉，逐步形成一个恰当的、积极的“自我形象”。罗杰斯说，好的人生，是一种过程，而不是一种状态；它是一个方向，而不是一个终点。

自我观念是指个人从经验中对自己一切的知觉、了解、感受，包括对“我是谁?”“我是什么样的人?”等问题的可能答案。这些答案汇集起来，就形成了个人的自我观念。自我观念的形成，是直接性经验和评价性经验综合影响的结果。直接性经验指个体自身与他人、与外界事物接触时的感受；评价性经验是别人对其行为的评价。二者是否一致，对自我观念的形成，起关键性的影响。比如4岁的小孩偶然在墙壁上用彩笔画图，这是直接经验，可能使他自己觉得满足又得意；但是母亲发现后说那是“坏孩子做的事”，他由此又得到了评价性经验。这二者不一致，会使儿童自我观念的形成发生困难。假如他不是画在墙壁上，而是在哥哥剩余的画纸上，母亲发现后大加表扬，在此情景下，儿童的直接经验和评价经验二者一致，将会形成积极的自我观念，即“我喜欢绘画，我好能干，我是好孩子”。

另外，个体根据直接性经验和评价性经验形成自我观念时，对别人怀有一种强烈的寻求积极关注的心理倾向，希望别人以积极的态度支持自己。当个体来自本身的直接性经验获得别人的积极关注时，自我观念易形成，且能获得继续健康的成长。积极关注分无条件积极关注和有条件积极关注。

自我观念是一种“调节变量”，它在人的心理活动中起着认知、过滤、行为启动、生活目标设立等作用。而且社会心理学家指出，正确的自我观念是心理健康的重要条件，一个人心目中的自我是怎样的，他的生活就是什么样的。一个人的自我观念决定着他的整个生存方式。正确的自我观念是实事求是地正视现实中的自我，树起理想的旗帜作为自己的奋斗目标，为实现自我的愿望而不懈地努力。当你想象自己是一个失败型的人时，那么尽管你有良好的愿望、顽强的意志力，甚至于时机也完全对你有益，你还是会不断地寻找各种环境、各种理由来证实自己失败。就拿一个因几次数学考试不及格的孩子来说，就因为他把自己想象成一个没有数学天分的人，在学习中，他会处处找到自己不适合学习数学的例子，这样就致使他的数学成绩一直是很不理想。而当你想象自己是一个成功型的人时，你也会很自然地发现，自己很多时候都是生活中的成功者，并且可以从其中找出各种各样的理由去自圆其说，证明我是一个成功者。在教学中，我们可以发现某位学生起先可能并不出色，但他从不言败，总是从容不迫，他总有一天会证明自己是一个成功者。由此可见，积极的自我观念是至关重要的，它会直接或间接地影响到某件事的结果，甚至于人一生的命运。

所以我们要促进个体个性化，培养完美的自我观念，认识自我、悦纳自我、延伸自我、创造自我。在充分获得美感的享受中，健全自己的人格，培养积极的自我观念。

3. 积极参与社会实践，培养良好习惯

人的任何目标都要通过实践才能达到。大学生正处在自我意识的高度发展阶段，内心都希望独立自主，希望参与学校活动和社会实践。只有亲身参与各种社会实践活动，大学生才能加深社会认同和理解，真正增强自己的社会责任感。此外，社会是个大舞台，每个人最终都要在这一舞台上扮演自己的角色，只有到社会生活中去锻炼，才能把握好自己的角色行为，形成自己独特的人格。因此，大学生在完成好自己学业的首要前提下，应积极参与学校组织的社会学习实践和科研活动，尽快地适应未来的社会角色。

另外，健全的人格体现在良好的行为方式中。心理学研究证明，良好习惯的形成有助于改变人格的内在品质和结构。因此，健全人格塑造的另一重要途径就是培养良好的习惯。首先要确定合理的目标榜样模式，因为榜样的力量是无穷的。在实际操作中，可模仿现实生活中具有良好个性的人，取其精华作为自己的目标或榜样，从点滴小事做起，锲而不舍，经过长期艰辛的锻炼，终能实现自己确定的健全人格的目标。

第三节　文化基础

一、文化的心理学意义

大学生刚进校常常很迷茫，特别是一些受传统应试教育影响很深的贫困大学生，似乎更难适应大学素质教育模式。现实中甚嚣尘上的实用主义与金钱至上的观点也对周某的心理健康产生了一些负面的影响。人的心理与行为是遗传和环境交互作用的结果。环境因素中，最重要的是文化的影响。不同的生态环境塑造了不同的文化，而不同的文化又以其独特的社会化模式影响着个体的心理。因此，从某种角度说，文化由人创造，但又时刻作用于人的心理。

（一）文化的内涵

文化作为社会学、人类学、民族学等许多学科研究的重要内容有着非常丰富的内涵。古今中外的学者都对其做过多种解释。在中国，“文化”一词最早见于西汉刘向的《说苑》一书：“凡武之兴，为不服也，文化不改，然后加诛。”这里的“文化”有文治教化之意。在西方，首先对文化做出界定的是泰勒。他在《原始文化》一书中认为，文化是“包括知识、信仰、民俗、道德、法律、习俗以及作为一个社会成员的人所习得的其他一切能力和习惯的复合体”。至今，这仍是一个经典性的定义。克罗伯和克拉克洪曾提出另一种定义：文化包括各种通过符号来习得和传播的、外显或内隐的行为模式，它们构成了人类群体的独特成就，其中包括体现在人工制品方面的成就。文化的本质核心中包括传统观念（如历史衍生和选择的观念），尤其是其附带的价值观。这种定义源于文化研究的人类学方法，它强调传统和人为因素，但相对而言缺乏对文化领域内部自我结构的关注。戈德伯格和维拉弗在对文化的理解中则将自我考虑进去，倾向于把文化看作“一个源于文化特征（如一般仪式、信仰、价值、规范和法律）的共有意义系统，它为它的成员提供了一个观察和构建现实的普通透镜”。他们也将这个定义扩展到与群体成员感和身份感相联系的文化观念。这些观念关注性别、阶级、民族、性行为和年龄。我国社会心理学家沙莲香在考察了人类学和社会学的文化定义后，从文化的恒常性出发，提出“所谓文化是凝聚在有关民族的世世代代的人身上和全部财富中的生活方式之总体，因而是形成民族性格的东西”。

可见，文化的概念可从不同的角度来理解。一般而言，我们把文化理解为“人类在社会历史活动过程中所创造的物质财富和精神财富的总和”。从广义来看，它指人类社会的全部遗产，囊括社会生活的全部领域；狭义的文化则指观念形态的文化，仅限于人类的精神创造及其成果。

可以从不同的角度对文化进行分类，从文化的内容来看，一般而言，文化包括三种类型：

①物质文化，即从简单的衣食住行的生活用品，到现代的计算机、宇宙飞船等所表现出来的文化，通常称为文化财富。

②精神文化，是通过人们的精神活动和精神产品所表现出来的文化，包括符号、语言、学问、哲学、宗教、艺术等。

③制度或行为文化，是通过人们共同奠定的社会规范和行为所表现出的文化，如价值观、规范、社会习俗、法律、道德等。

这三种文化紧密联系就构成社会文化或文化传统这个系统。从文化的表现形式来看，可以把世界文化分为集体主义文化和个体主义文化，这是最经常提到的一种分类法。还可以分为高语境文化和低语境文化。前者是指在这种文化中人们十分注意交流的非言语形式且假定在交往中存有一种共同的知识语境或历史背景。如在中国、日本和中东的一些国家，人们十分注意非言语信号（诸如姿态、交谈距离等），表达事情往往隐晦而不直接。后者是指在这种文化中人们强调直接的言语交流，不认为存在共有的知识和历史背景。如在欧洲和美国的大部分地区，人们对言语的注意比对非言语信号的注意要多得多，往往直接陈述事情而不拐弯抹角。这种分类其实从某个方面反映了文化对人心理的影响。

（二）文化对人的心理和行为的影响

文化对人心理的影响是全方位的，不仅人格、情感和社会心理深受文化的影响，而且文化也会对知觉、记忆、思维等基本心理过程产生作用。最早注意到文化对人的心理和行为的影响并进行系统研究的是文化人类学者。美国文化人类学家本尼迪克特认为人的行为是由文化决定的，每个人的每一种个人兴趣都是由他所处的文明的丰厚的传统积淀所培养的。她的调查发现，不同的文化类型造就了不同的人格。如新墨西哥州的祖尼印第安人属日神型人，他们节制、中和，热衷礼仪以及缺乏个性，而温哥华岛上的夸库特耳人则属酒神型人，他们偏爱个人竞争，自我炫耀，粗暴、富于攻击性，为追求优越性而不择手段。

美国另一位文化人类学家米德通过对南太平洋岛屿上的萨摩亚人（Samoa）的调查发现，萨摩亚人的青春期并不像西方文明社会中的青少年那样充满动荡不安的“危险”，不仅没有表现出易于冲动，富于反叛，对权威充满怀疑的特点，相反，那里的女孩度过的是一个毫无生活情趣的、安静而无骚动的青春期。由于没有父母的约束，没有因性的困惑而产生的闷闷不乐，因此丝毫没有西方社会所见到的那种紧张、抗争和过失。在萨摩亚人的社会中，青春期本身没有被社会所重视，社会的态度或期待也没有发生变化，因而在孩子的情感生活中也毫无重要性可言。米德还通过对三个原始部落的性别与气质的现场调查，进一步指出了性别与气质同样是文化的产物。她调查了新几内亚三个彼此相邻但文化类型不同的原始部落，结果发现那里的性别差异与西方社会不同，而且三个部落之间也有差异。如阿拉佩什人无论男女都十分温和，憎恶暴力和自私，自我观念淡薄，攻击性低；蒙杜古马人的男女则都冷漠、残酷、自私，带有强烈的攻击性；德昌布利人的男女角色恰恰相反，女人在经济生活中占统治和支配地位，而男子则缺乏责任心、图慕虚荣、多愁善感、依赖性极强。这些证据都有力地说明了文化对人的心理和行为的塑造和影响。

与文化人类学家的研究不同的是，心理学家的研究更多地关注现实文明社会中的人，而非野蛮和未开化部族人群的心理特征。心理学的不少研究专注于现代文明社会中个人主义和集体主义文化之间的差别。这种文化差异显著地影响着人们的心理特征和行为表现。如在社会心理方面，集体主义社会中的人比个体主义社会中的人具有更高的从众率，集体主义者不仅表现出更多的顺从和从众行为，且他们认为从众是很有价值的。在东亚集体主义文化背景中的被试较少出现社会惰化现象，而事实上他们在团体中表现得更加努力。对群体规范的研究发现，强调个体主义的群体规范，往往使得个体之间的差异提高而群体之间的差异降低；而提倡集体主义的群体规范，则导致群体之间的差异提高，个体之间的差异降低。对九个国家的男女大学生的研究发现，在阅读有关一个男教授对女大学生进行性骚扰的材料时，来自个体主义国家的被试通常比那些来自集体主义国家的被试更倾向于评判该教授的性骚扰是一种犯罪行为。

在情绪和情感心理方面，与个体主义文化相比，集体主义文化中的人的情感更多地基于对社会价值的评估，并随相应的社会价值的变化而变化；其情绪和情感表现更多地反映现实情况而非个体真正的内心世界。微笑作为一种可传递情感或情绪的非言语信号，往往蕴涵着许多文化的特定含义。东方文化圈的日本人的微笑甚至比美国人还要多，但其过多的微笑是为了掩饰生气、尴尬以及其他消极情感，在日本文化中这些情感的直接展露常常被认为是粗野和不妥当的。

自我的文化差异多年来一直是心理学研究的热点。在个体主义的西方文化中，自我被看作一种人格特质的集成，是个体内在固有的本质，这是一种独立的自我观；而在集体主义的东方文化里，自我和他人的边界具有渗透性和转换性，即自我被理解为与他人相互依赖且会随情境而改变，这是一种相互依赖的自我观。在一项对日本人和美国人的比较研究中，美国人报告说他们在不同的情境中自我的改变只有5%～10%，而日本人则报告说有90%～99%的改变。在采用“20问法”（即回答20个“我是谁”）的跨文化研究中发现，集体主义文化中的人典型地按照家庭或国家回答，而在个体主义文化中的人则倾向于按人格特质或职业回答。最近的一项研究发现，集体主义文化中的人比个体主义文化中的人对自己更为了解，特别是对道德和利他情景中自己的行为表现有着更为精确的自我预言。

在集体主义文化中，人们的自我认同与他们在群体中的成员资格紧密地联系在一起，人们倾向于按照与他人的关系、自身所承担的社会职责以及社会规范来看待自己。如在中国、日本、韩国等东方国家以及拉丁美洲国家，人们十分强调家庭的凝聚性、群体的相互依赖和配合，重视父母与孩子或兄弟姐妹之间的关系。在个体主义文化中，人们的自我认同与自身的独特性紧密地联系在一起，人们更多地强调自身的态度、意见、技能以及个人目标等。如在美国等一些国家，人们十分注重独立性和自主性，重视夫妻关系而非亲子关系。集体主义文化中的母亲比个体主义文化中的母亲更认可父母权威，而这种权威主义并不影响父母对孩子的积极看法和感情，也不会导致孩子自尊的降低；而在个体主义文化中，母亲的权威主义往往与母亲对孩子的消极情感和认知联系在一起。

集体主义和个体主义文化对自我概念有中等的影响，但在归因和认知方式上的影响则很显著。尼斯比特等的研究就发现东亚人更倾向于整体思维，关注客体的整个领域并以因果关系来解释，相对来说较少使用分类和形式逻辑；而西方人更倾向于分析思维，首先关注客体和它从属的类别，并且应用形式逻辑之类的规则来予以解释。

丘奇总结了集体主义文化与个体主义文化的主要不同之处：

①集体主义文化中的人们在预测他人的行为时更多地聚焦于行为的背景而不是内部过程；

②集体主义文化中人们的行为较少具有情境一致性；

③在集体主义文化中，规范和角色要求比态度更能预测人的行为。不过，即使是同一个国家的内部，不同区域、不同民族之间由于存在亚文化的差别，心理也会有些不同。

正因为个人的心理和行为在很大程度上被某一既定的文化所影响，不同文化中人们之间存在显著差异，所以我们在考虑人的心理的发生、发展和心理健康的问题的时候，也不能脱离对文化因素的考虑。

二、文化差异与心理健康

（一）文化差异与心理健康观念

自20世纪初心理卫生运动兴起以来，有关心理健康或心理卫生的定义，就是一个持续争论的问题。究其原因，除了不同学者所持的立场、学科训练背景和价值观不同之外，另一个重要的原因在于文化背景的差异。生活在不同文化中的人，由于特定的文化的影响，其看问题的角度、思维方法、情感体验、行为模式都浸润着所在文化的特点。人们总觉得本文化群体的生活方式是理所当然的，而对于别的文化可能不习惯、不适应、不理解，甚至觉得荒谬和野蛮。凡是符合所在文化的行为，通常被认为是正常行为，反之，则被认为是异常。譬如在一种文化中被看作是过度依赖或过度自我中心主义的行为，在另一种文化中可能是良好行为；又如癔症性意识分离状态是神经症的典型症状，在许多原始民族中就通常被认为是巫师、祭司所应该具备的正常行为。

从中世纪起，基督教教会就掌管了西方的精神和社会领域，医学则被贬黜到了只配考虑生理疾患的地步，这使得医学被迫只能专注于治疗个体的躯体疾病，而不能过问精神疾患。笛卡儿身心二元论以及后来的近代欧洲哲学认为存在精神和肉体两个本原，并且二者是独立存在的，这实际上使教会的健康观得到了强化。在工业革命时期，科学主义的影响使医学关心技术的进步胜于关心人和社会的和谐发展。长期以来西方医学以生物医学模式为基础，强调通过科学和实证的方法获取知识，以便具有客观性。因此，西方医学一直致力于揭示疾病的病因、诊断和治疗上的普遍真理。

正是在这样的文化背景之下，西方的现代心理健康观念具有其自身的显著特点。例如，把肉体和心灵看作是彼此独立的部分，强调疾病中身体的首要性，心理健康长期不受重视；心理健康服务受生物医学模式的影响很大，重视治疗，轻视预防，重视疾病产生与治疗的生理因素，忽视心理社会因素；医学技术不断精湛和发达，且带有个人主义色彩，以至于现代西方心理健康的主要标准是个体情绪的快乐，而对心理健康的道德方面重视不够，忽视个体精神的需要，尤其是对人生意义的追求。

与西方文化相对的东方文化，尤其是以儒道互补为主体构架的中国传统文化，强调人与自然的和谐、人与社会的和谐、人与人之间的和谐以及人自身的身心和谐，表现出一种“静态”的特征。儒家所强调的“和为贵”集中体现了这种和谐的思想。孟子所说的“天时不如地利，地利不如人和”则强调了和谐的人际关系在社会生活中的重要作用。可以认为，中国传统文化中体现的心理健康标准，可以用一个“和”字来概括。同时，中国传统文化又是一种伦理道德文化，强调道德伦理训条对人们精神心理的熏陶和行为的规范，并以此作为治国的根本，且道德始终被放在比法律、才干、功名、利益更重要的地位，即所谓“太上有立德，其次有立功，其次有立言”，以至孔子的弟子颜回无一寸功劳与才干，却能因其道德高尚而获得“亚圣”之称号，得到历代统治者、士人和百姓的推崇。

这些文化特征极大地影响着中国人的心理健康观念，使得中国的传统心理健康观具有众多独特之处，其具体表现为四个方面：

①主张身心兼顾、养心为主的心理健康观，即认为人的生理与心理是相互依赖、相辅相成的，既要保养身体，又要保养精神，二者缺一不可，但在二者的关系中，突出养心的首要作用。

②主张动静结合、以静为主的心理健康观，即注重通过以静制躁、精神内守来保持人的心理的恬淡平和状态，同时也强调适当的运动对心理保健的重要性。

③主张防治兼顾、以防为主的心理健康观，强调既要注意疾病的治疗，也要注意防患于未然，但更为强调未病先治，预防为主，以提高对心理疾病的免疫力。

④主张心德合一、以德养心的心理健康观，即主张心理健康和道德修养有机地结合在一起，并强调通过道德修为来促进心理健康。我国传统的这种心理健康观具有辩证性、整体性、系统性的特点，有其合理性，但也忽视了对心理疾病产生的生理因素及科学机理的探讨。此外，因偏重道德境界的完善，而忽视日常情绪的技术性调适，甚至把日常情绪冲突视为“小人”之举，因而日常心理卫生并没有受到足够的重视。

（二）文化差异与心理异常

精神病学家对于文化和心理疾病之间的关系发生兴趣可以追溯到19世纪末，他们发现在一些原始民族中，精神障碍的表现与在一般文明社会中所见的颇有不同。首先，在患病率与临床症状上二者有明显的差异。其次，在原始民族中可以发现一些独特的精神障碍，如马来人中的“行凶狂”和“拉塔病”，它们不见于一般文明社会。最后，有关评定正常行为和异常行为的标准，原始民族与一般文明社会常有不同。近年来，比较文化精神病学已不仅局限于对原始社会或少数民族中的精神障碍与一般文明社会中的精神障碍作对比，同时也在不同的文明社会之间作对比。譬如对东方国家和西方国家之间的精神障碍的对比；对移民和难民中精神障碍特征的研究等。这些对不同文化环境中的精神障碍的研究，以及关于不同人群对待精神疾病和病人的态度、病因的解释、就医模式、临床症状、治疗方式和疗效等问题的研究，都有助于我们进一步认识精神疾病，探讨文化和精神障碍的关系，以及发展适当的预防和治疗措施。

1. 文化差异与心理异常的分布

许多研究表明，在精神疾病的总患病率方面，城市比乡村、发达国家比发展中国家、高文明程度的民族比原始民族要高，各社会内部也随着时代的变迁患病率有增高的趋势。的确，文明程度越高，生活节奏加快，紧张情绪增强，心理异常的比例也就会随之增加。无论是早期人类学家的研究，还是现代跨文化精神病学的研究都支持这一观点。如米德的研究中，萨摩亚青少年无忧无虑，而现代欧美青少年则充满了紧张、焦虑和不安。有文献表明，从1982年到1993年，我国心理疾病的总患病率从12.69‰上升到13.47‰，病人总数达到1600万。其中，精神分裂症从1982年的5.69‰上升到1993的6.55‰。根据新的疾病分类和诊断系统，最近的流行病学调查显示中国的精神抑郁发病率为10‰～15‰，与发达国家的发病率相似。究其原因，可能

是因为改革开放以来，我国社会发生了急剧的变化，从农业社会迅速进入到工业化社会，急速的工业化带来紧张状态，导致更多心理问题的产生。

人们在长期的研究中意识到，现代精神或心理异常的增加原因与文化的发展息息相关，心理异常的比率在不同的文化背景中往往有不同的分布。那些聚居或生活于社会发展程度较高、文化较发达地区的居民，其患病率往往比地处偏僻、文化单一、社会发展程度较低地区的居民要高。广东精神病学工作者在对粤北山区瑶族社会文化与精神卫生的考察中发现，瑶族 6 岁以上精神病和精神发育迟缓的患病状况，总患病率为万分之 56.6，现患病率为万分之 49.3，两者均低于全国 12 个地区的汉族抽样调查的结果。在他们另一项对粤北山区、海南岛五指山区的汉、瑶、黎三个民族的精神疾病的研究中，也发现瑶、黎两民族在总患病率和现患病率上均低于汉族。某些少数民族患病率低于汉族的原因可能与其社会文化背景有关。例如，瑶、黎二民族均聚居山区，仍保留着古老的传统文化和习俗，加之他们具有勤劳勇敢、质朴厚道、待人平等的民族性格等，这样就大大减少了诸如家庭矛盾、离婚、失恋、人际不和、经济意外损失、工作不称心等社会心理因素的刺激。

文化环境不只是影响心理异常的总患病率，也影响心理异常各病种的分布。早在 20 世纪初，有人就发现在爪哇地区躁郁症少见，而急性精神状态却是新几内亚及马来人中最为多见的病种。就是在文明社会中，不同的民族、国家或地区，其心理异常的病种情况也不同。国内的一项调查发现，与汉族比较，少数民族因饮酒导致的精神障碍较高。例如，基诺族饮酒情况及其相关精神卫生问题严重，酒精依赖综合征和使用酒精所致的精神病性障碍的患病率高，接近国内报道的最高水平；与既往情况比较，近 20 多年来基诺族的饮酒情况及其相关精神卫生问题明显恶化。基诺族的饮酒行为及相应产生的精神问题显然与其文化传统有关，而近年饮酒情况及其相关精神卫生问题的恶化则与其经济发展而导致的社会压力增加有关。研究表明，压力和酒精摄入量之间存在一定的关系，人们饮用酒精是为了缓解紧张状态。此外，心理健康问题的类型也和文化适应程度有关，西化程度低的人更多地表现出与文化有关的症状，而西化程度高的人表现出更多的西方心理问题类型。上述研究进一步说明了各种心理异常及其病种的出现和各地区、各民族社会文化背景间的密切关系。

2. 文化差异与心理异常的症状表现

心理是人脑对客观现实的反映，而异常心理则是人脑对客观现实的歪曲反映。所以，客观现实既可以是正常心理的源泉，也可以是异常心理的源泉。精神病的临床研究表明，幻觉的内容无论怎样古怪离奇，都是病人曾经感知过、经历过的事物；同样，妄想作为一种歪曲的观念，不管怎样荒唐，也都是病人曾经体验过、思考过的，并且与特定的社会文化相关联。有人对苗、汉精神分裂症病人妄想内容的研究发现，苗族组中被害妄想的内容包括被招魂、被施法术、被投毒和被“放蛊”等；物理影响妄想的内容是认为受到宗教道具木鼓的控制、受怪气和神的法力控制。汉族组中被害妄想的主要内容是认为自己或亲人受诬陷或受某人某政治集团的迫害和监视、被剥夺了某些能力和权利；物理影响妄想的内容主要为受无线电波、电视机、激光、微波、遥控装置和雷达等控制。汉族组患者的被害妄想和物理影响妄想的内容具有现实性和复杂性，明显反映着现代科技发展和现代社会生活的时代特征；而苗族组患者的两种妄想的内容较为原始和简单，明显地反映出苗族文化习俗和宗教信仰的特征。可见，社会文化背景的差异，对妄想的形成和内容有着重要的影响。

文化不仅制约着心理异常的表现内容，而且还影响心理异常的表现方式。斯库勒和考迪尔将日、美两国的精神分裂症病人加以比较，发现其症状的外在表现颇有不同。日本病人较常对其家庭成员进行攻击，而美国病人则较多出现幻觉、思维怪异和迷茫感。我国青少年恐惧症患者中有较多人患对人恐惧症，而英国青少年恐惧症患者多患场所恐惧症。据钟友彬观察，我国患对人恐惧症的青少年恐人症状的内容多与“性”有关。例如，怕别人看出来自己有“想恋爱”或“欲接吻、拥抱”的念头，并从别人面部表情和举动中断定别人认为自己“色迷”“欲勾引人”等。这自然和我们的文化密切相关。

3. 文化差异与心理异常的解释

无论是在古代的东方还是西方，对于心理异常现象大都从神秘主义或超自然的角度进行解释，最多提到的是鬼神附体。但在具体的解释过程中却存在文化差异。例如，古代埃及人、早期的希伯来人和希腊人把鬼神分为“好的”和“坏的”，采用何种神灵来解释人的异常行为，取决于那些有症状的人们的具体表现。如果症状表现为宗教的或神秘的、重要的角色，则被认为是“好”神灵附体；但通常的情况并非如此，则被认为是“坏”鬼神附体。而在我国古代民间，一般是把鬼神做了明确的区分的，即鬼是坏的，神是好的，一旦有人出现心理和行为异常，往往被认为是魔鬼附体，而非神仙，即便病人自称是王母娘娘下凡；而神仙附体者，往往被当作能治病的巫师来看待，而不认为是心理异常者。

当然，在古代的东西方，也有从非神秘的角度来理解心理异常现象的，即从人的躯体或心理的因素进行解释，这种解释同样带有文化的特色。如古希腊医生认为心理异常是体液异常导致的，提出了体液病理学说；到了18世纪，西方医学把异常心理现象直接归因于生物学因素，提出了生物精神病学；到了19世纪末，弗洛伊德创立心理分析之后，心因性解释逐渐成为一个真正的研究领域。我国中医则认为心理异常是阴阳失调造成的，并把生理因素与心理因素联系起来，即所谓“肝在志为怒，心在志为喜，脾在志为思，肺在志为忧，肾在志为恐”；儒家认为心理问题是因人的生物性欲望和成德之间存在矛盾冲突，而使道德信念不能实现造成的（即欲望与德行的冲突）；佛家和道家则认为是因人的欲望太多而导致了痛苦、焦虑、恐惧等诸多心理问题。

在现代社会，有关异常心理现象的解释仍然受各自国家传统文化的影响。例如，穆拉图的研究发现，在孟加拉国以及印度部分地区，人们非常相信命运和宇宙的力量，而加拿大人更相信是个人原因引起的，并且能控制疾病。他们在研究中还发现，埃塞俄比亚人认为心理疾病是由宇宙和超自然的力量引起的，许多文化中的人们仍然强调健康和疾病是非人力控制的精神力量引起的。

4. 文化差异与心理异常的对待及治疗

不同文化背景的人们，对心理异常有不同的理解和看法，因此，对其态度和处理方法以及求助行为甚至心理治疗方式也有所不同。一般而言，文化较为发达、文明程度较高的社会都把心理异常者视为病人，并给予较好的治疗和照顾。但在另一些文化群体中，因受宗教、迷信、愚昧观念影响，人们往往把心理异常看作是魔鬼附体的表现，因此在态度上，对病人是蔑视、歧视并予以虐待；在处理上，或者放任不管，或者采取饥饿、毒打、火烧、水淹等残酷手段。当然，也有人认为心理异常是与鬼神沟通的表现，是它们的“代言人”，因而把心理异常者奉若神明。这两种情况多出自文化程度较低、文化较落后的社会当中。

文化差异也影响了个体对待自身心理问题的方式，如在中国在内的东方文化国家中，由于传统伦理文化的标签作用，对心理疾病有普遍的、突出的羞耻感，因而往往把心理问题躯体化（如视为神经衰弱）或否认自己存在心理疾病；而在西方国家，人们一般能坦然面对心理问题，并积极寻求专业人士的帮助或治疗。最近一项研究发现，在进行心理治疗时，亚裔和拉美裔美国人不论是否把自己描述为需要依赖家庭支持，均比美国白人更可能与家庭成员待在一起，并从中接受支持。这是因为集体主义文化背景的人比个体主义文化背景的人与家庭或家族成员之间有着更为紧密的纽带联系，大多数人在广泛的家庭网络中成长起来，并一直生活在其中，对家庭有着很强的依赖感和归属感，不像个体主义文化那样强调独立的自我。

在心理治疗方法上，同样存在着浓厚的文化影响。例如，中国文化有“缘分”和“报应”的思想。“缘分”不仅可以说明希望的结果，也可以解释不希望的结果，如“孽缘”。它降低了个人的能控性，降低了个人的责任，使人以顺应的态度来面对一切。这样“缘”就具有了心理调节的作用。“报应”思想有传统的善恶报应也有佛教的因果报应。“报应”思想对于化解个人不能控制的事件结果是有效的。假如一个人受到别人伤害，如果按照一般的反应，他应当反抗，这样他自然会产生应激性的心理反应，导致紧张的心理状态。如果反抗没有效果的话，会因挫折而导致更大的心理冲突。但是如果他认为有报应，过错方将来必然受到报应，他就会感到释然，接受所遇到的困境，心理冲突也就得到了解决。因此，从某种程度来看，中国文化本身就有心理治疗的功能。许多国家和民族的民间文化，如某种宗教仪式或巫术也都具有心理治疗的作用。例如，我国基诺族人的禳垜鬼仪式能够使得一些精神病人的病情得以缓解，包括精神分裂症。由于基诺族人有浓厚的万物有灵的信仰，因而，这种禳垜鬼仪式中的戏剧性的“仪式行为”往往能够产生最大效果。这实际上已成为一种心理疗法，而且是适应基诺族社会文化背景的一种比较有效的治疗方法。在现代众多的心理疗法中，日本学者森田正马创立的森田疗法不同于西方的心理治疗方法，而有着明显的东方文化特色。森田疗法在治疗上强调“顺应自然”和“为所当为”的原则，这两个原则其实反映了道家文化和儒家文化的思想。

三、大学生的文化特点与心理健康教育

（一）影响大学生心理健康的文化因素

1. 中国传统文化的影响

中国传统文化是以儒家文化为主流，包括道家和佛家文化在内的各种文化实体和文化意识。传统文化对我们的影响是深远的，我们的思维方式、行为实践、价值态度、情感体验等各方面无不受到传统文化的熏陶。传统文化并不仅仅意味着“过去存在过的一切”，它是一种动态的观念之流和价值取向，其更深层含义在于：传统文化是肇始于过去、融透于现在、直达未来的一种意识趋势和存在，是业已积淀于人们心理并深刻规范、支配人们思想、行为的东西。中国传统文化对于大学生的心理健康和心理素质起着潜移默化的影响。

（1）积极影响

首先，中国传统文化有助于大学生形成和谐的人际关系。现代心理学把良好的人际关系作为衡量个体心理健康的重要标准之一。儒家提出的“己欲立而立人，己欲达而达人”以及“己所不欲，勿施于人”的“忠恕之道”，反映了儒学强调在人际交往中的理解和换位思考。孔子则

提出“仁者爱人”的主张，把“爱人”作为正确处理人际关系的主要手段和最高道德原则。这种主张以尊重、友爱、宽容、理解、同情的原则与他人和平相处的思想，有助于形成一种和谐的人际关系氛围。

其次，儒家文化有助于大学生形成积极进取的精神和不怕困难挫折的心理素质。儒家文化是一种积极入世的文化，以“修身齐家治国平天下”为人生纲目，同时提出“见贤思齐焉，见不贤而内自省”，要求人们看见贤人不是自暴自弃而是应向他学习，努力赶上；看见不贤的人不是以骄傲自居而是自我反省，检查自己有没有与他类似的毛病，以便及时纠正。可见，儒家对待自身的态度包含着积极进取的精神。孟子说：“故天将降大任于斯人也，必先苦其心志，劳其筋骨，饿其体肤，空乏其身，行拂乱其所为，所以动心忍性，曾益其所不能。”又说：“富贵不能淫，贫贱不能移，威武不能屈。”儒家这种困而弥坚、挫而愈勇、自强不息的精神是当代大学生完善心理素质、走向心理成熟的瑰宝。

最后，中国传统文化有助于大学生调节心理，保持心理平衡。在中国传统文化中，有许多内容对大学生保持心理平衡、维护心理健康有着积极的作用。如儒家的“中庸”，墨家的“兼爱”“非攻”，道家的“自然”“无为”，佛家的“缘”“报应”和“命定”等。许多民间保健术，如坐禅、气功以及其他放松入静的技巧，都体现了这种思想。它们不求改变人的认知、情感和行为，也不求改变环境，而是让人通过自我暗示，排除杂念，放松入静，达到消除焦虑、烦恼、恐惧等不良心境的作用。中国古代的《续名医类案》中就记载了这样一个案例：有一名官员，由京城调到边远地区任职，十余年不得返还。因此，他又急又恼，遂成心疾，每次发作，如狂如痴；不发病时，精神不振。有人告诉他真空寺有老僧，不用敷药，能治心疾。官员便前去拜访。老僧说：相公之病，起于烦恼，生于妄想。禅家之人，不患妄想之生，唯患斩断妄想太迟。如果不是过分地追求，怎会产生烦恼。于是，老僧让官员独居一室，扫空万缘，静坐月余，心疾全消。像这些思想和方法经过“推陈出新”“古为今用”的加工改造，吸收其精华，是有助于大学生的心理健康的。

（2）消极影响

中国传统文化中也含有可能妨碍心理健康，导致心理疾患的缺陷，主要表现在以下几个方面。

首先，中国传统文化具有社会取向性特点。一项对中、日、美三国国民的社会规范的比较研究发现，中国人的价值取向侧重于公共承诺、人情、社会责任和合群性。这种社会价值取向对于和谐人际关系的形成具有促进作用，但同时对人们的心理健康也有不利影响。即对群体意识和社会责任的强调，导致“重集体，轻个体”，推崇个人服从于整体，淹没于整体，容易形成“非个性化”的自我结构，从而造成大学生人格上的依赖性、求同性以及自我的萎缩，甚至产生自卑自怜、自轻自贱的意识。现实生活中，一些大学生独立性差、适应力低，都可以从中国传统文化的这种特点中找到根源。

其次，中国传统文化强调“慎独”“自省”，具有明显的自律性、内倾性和封闭性。这种文化特点极易造成个人对自己心理和行为的压抑。在面临心理问题时，人们习惯于靠自身的力量来化解自己内心的矛盾，而不愿意向他人求助。在遇到挫折和不如意时，亦不愿意谈论自己的情感，更多的是压抑自己内心的痛苦。对于就业竞争激烈、学业任务繁重的当代大学生来说，采用这种处理心理问题的方式无形中会加重自身的心理负担，容易产生适应不良等各种心理

障碍。

最后，中国传统文化讲究伦理道德，中国人在社会规范上是以伦理道德为主的内控性规范。这种社会规范和要求使得人们普遍从心理上追求德行的完善，往往把心理疾病与道德品质联系在一起，认为心理有问题就是道德品质有问题。这就造成了中国人要么把心理问题躯体化，即倾向于以描述身体不适的方式来陈述自己的心理问题；要么讳疾忌医，极力掩盖或否认自己存在心理问题。正是抱着这样的心态，当代大学生们即使心理出现了问题也羞于在大庭广众下走进学校所设立的心理咨询室。再者，中国传统文化讲究“五伦”关系，特别强调权威与服从，要求人们尊卑有别、长幼有序、谦恭有礼。这种对权威的顺从和依赖心理一方面不利于大学生独立个性的养成；另一方面，也使得大学生在寻求心理帮助时，过分依赖于咨询师的指导和帮助，而不能通过挖掘自身的潜力来克服心理障碍，这将不利于大学生的自我成长。

面对中国传统文化对大学生心理健康影响的双重性，我们要对它进行全面的审视、剖析、筛选，批判性地继承和创造性地转化，发扬光大正面影响，降低或剔除消极影响。有调查表明，80％的大学生认为传统文化是不容忽视的，其中40％的人认为传统文化对当前中国社会的意义很重要，39％的人认为存在一些作用，而仅有1％的人认为传统文化的意义可有可无；有近90％的青年学生表示完全同意和基本同意“富贵不能淫，贫贱不能移，威武不能屈”的气节。可以预见，中国传统文化对当代大学生的心理健康将发挥越来越大的正面影响，而对当代大学生心理健康的负面影响必然呈相对减少的趋势。

2. 现代文化的影响

现代文化是指包括当代中西方流行的关于社会价值观念、行为方式及生活方式的总和。其外延可以包含文学、艺术、宗教、哲学、法律、经济、政治及人类意向、观念、情绪等。改革开放30年，现代文化对大学生的影响可以分为三个时期。第一个时期是20世纪80年代，主要表现为现代西方文化思潮和中国“伤痕文学”的影响。西方的哲学著作，如萨特、尼采等人的著作，成了大学生阅读的畅销书。同时，中国作家创作的反映“文革”时期生活的作品也成为大学生阅读兴趣的中心。整个20世纪80年代在大学校园都弥漫着一股读书的热潮。第二个时期是20世纪90年代，这是一个充满着商业气息的时代，商业文化对大学生的心理和行为产生了极大的影响，下海和经商成了大学生经常挂在嘴边的语言。20世纪80年代的读书热已退去，纯粹的文学作品和无实用价值的哲学著作已没有多少人问津，取而代之的是经商热和出国热，反映人际关系、成功秘诀、名人传记及具有实用意义的作品成了大学生阅读的时尚。这一时期的港台文化，主要是港台文学和港台影视也对大学生产生了很大的影响。第三个时期是21世纪以来，主要表现为网络文化对大学生的影响。这是一种集网上购物、网络聊天与交友、网络游戏、网络文学、网上视频、网络信息、网络事件及评论、电子图书、博客等诸多形式为一体的新型文化。随着大学校园网的建立，网络配备到图书馆、教室和学生宿舍，大学生可以随时随地自由上网，他们很大部分的学习和生活活动都可以通过网络实现，网络文化对大学生产生了深刻和全方位的影响。此外，这一时期的“打工文学”“都市文学”和“美女文学”对大学生的思想和行为也有一定影响。

总之，30年的改革开放所形成的现代文化意识对中国大学生心理结构的内容、行为和应对方式产生了巨大而深刻的影响，使大学生的思想行为出现了许多新的动向，表现出纷繁复杂的思想观念和行为方式，也在一定程度上影响了大学生的心理健康。这种影响既有积极的一面，

也有消极的一面。

（1）积极影响

积极作用主要表现为三点。

①个人主体意识增强：当代大学生不盲从权威，不一味顺从和依赖老师和家长，能够根据自身的特点寻找各种可以发挥个人才能的机会，并依靠自身的力量解决问题，具有较强的独立性、自主性和批判性。

②具有外向性和开放性的特点：改革开放后成长起来的大学生，与其父辈的自我压抑、封闭内向的性格相比，更外向、开朗，更具有强烈的开放意识，表现出对新事物的浓厚兴趣和接受能力。

③竞争意识增强：在现代文化熏陶和市场经济洗礼下的当代大学生，具有很强的竞争意识，他们一般不喜欢循规蹈矩、按部就班的工作，喜欢承担富有挑战性的任务；他们做事不退避、忍让，而是当仁不让，希望通过与他人竞争来展现自身的能力和才干。

（2）消极影响

现代文化对大学生的心理健康也产生了一些负面的影响。主要表现为：

①个人主义和自我主义膨胀：在现代西方文化思潮的影响下，当代大学生在主体意识迅速增长的同时，个人主义和自我主义也随之膨胀，一些大学生盲目夸大和崇拜自我，把自我的实现和“一切为自己”当成人生的唯一目标，在反对偶像、权威的同时又把自我当成了新的偶像和唯一权威。据对某大学的问卷调查表明，大学生中信奉个人主义者占41%，为其他各类人生价值观选择之首，而对集体主义的选择却只占9%。奉行个人主义和自我主义的结果是产生对集体的冷漠情绪，导致离群、孤独、人际冲突等心理问题。

②实用主义流行：与个人主义相伴随的是实用主义的流行，实用主义被庸俗理解为是否实惠，是否对自己有利、有用，实用原则成了部分大学生的主要价值趋向和行为准则，其结果是导致一些大学生产生了心浮气躁、空虚焦虑、易冲动等不良心理。

③拜金主义和享乐主义：改革开放后，随着人们物质生活水平的提高及受西方文化思潮的影响，拜金主义和享乐主义在中国滋长。特别是20世纪90年代以来，在少部分大学生心目中，衡量一个人的价值标准，已经不再是其实际水平的高低和对社会贡献的大小，而是他拥有钱财的多少，金钱成了能力和社会地位的唯一标志。因此，辍学经商、校内从商，傍大款，学习、做事追求短平快，在一批大学生中成为风行的时尚和追求的热点，从而导致恶性竞争、目标缺失、好逸恶劳、失落等心理问题的出现。其次，现代文化意识中的享乐主义观念，也使小部分大学生一味追求享乐文化。这些极易导致性错乱、偏执、空虚、颓废等心理问题的产生。

此外，网络文化的盛行，使得部分大学生沉迷于网络，导致性格孤僻、人际淡漠、社交障碍等，产生了网络文化下所特有的一些心理和行为问题，如网络成瘾、网恋等。

3. 家庭文化环境的影响

良好的家庭文化环境对个体的心理健康有积极的影响，而不良的家庭文化环境则不利于个体的心理健康和良好心理品质的形成。我们的研究发现，大学生的自强意识与亲密型、成功型、知识型的家庭环境之间存在显著或十分显著的正相关。在家庭文化环境中父母的期望是一个重要的变量。父母对孩子的期望既可以成为孩子成长的动力，也可以成为压力而影响孩子的心理健康。国内一项对父母期望与中学生自身期望的比较研究发现，两者都把涉及学习的各种项目排列在各自具体期望项目的最顶端，这也是包括大学生在内的相当一部分青少年学生存在诸如厌学、考试焦虑等学习心理问题的重要原因。另一项对父母期望、教师期望和青少年自身期望的比较研究表明，与其他两类群体对青少年的期望相比，在父母的期望内容中最不重视青少年的人格发展，且对青少年的道德发展和独立性也强调得最少。这与当代大学生道德意识薄弱不无关系。

父母的文化程度及其相应的社会阶层归属是家庭文化环境中的另一个重要变量。父母文化程度高，其家庭的社会、经济地位一般也相对较高，属于较高的社会阶层；反之，社会阶层归属相对较低。有相当多的研究表明，贫困大学生的心理健康水平显著低于非贫困大学生，而绝大部分的贫困大学生都来源于较低社会阶层和文化程度的家庭，如偏远山区的农民家庭和城市下岗工人家庭。这类家庭文化环境对大学生的心理造成了较大的压力，容易使其产生自卑、忧郁、离群等不良心理。

（二）大学生心理健康教育的文化思考

前面提到，中国传统文化上的一些缺陷易于导致某些心理疾患，但这并没有相应地导致人们对心理咨询和治疗的强烈需求。不管是人们对心理健康的认识，还是心理健康概念的提出以及心理咨询工作的开展，西方国家都比中国大陆要早得多。直到现在，在中国，心理咨询与治疗工作的进展，仍然缓慢而艰难，这有其深刻的文化原因。事实上，无论是心理健康教育的价值取向和心理保健的基本策略方面，还是心理问题类型、精神疾患的临床表现、对待心理问题的态度、求助行为与心理保健与治疗方式等具体方面，不同文化区域和文化群体的人们，以及不同文化个体间，都存在不同程度的差异。

在大学生心理健康教育中，一方面，应合理地借鉴欧美心理健康的理论与制度。由于历史的原因，心理健康事业在我国长期未受到应有的重视，至今较为落后。借鉴发达国家心理健康的理论与制度，尤其是其中跨文化适应性强的技术，显然是十分必要的。另一方面，在引进的过程中，必须考察其文化适应性，切实促进心理健康教育事业的本土化。因为它主要是在美国兴起和发展的产物，其理论基础存在文化局限。例如，美国主流社会心理学各领域充斥着美国白人社会占统治地位的三个核心文化主题，即个人主义、理性主义和自由主义，而社会心理学的研究反过来又强化了这些核心文化价值。有心理学史研究者甚至指出，西方心理学的大多数问题只有在西方历史的、地理的、经济的、军事的和科学的背景范围内才是有意义的问题。显然，以这种成果为基础的心理咨询运用于非欧美白人群体时，若不注意文化方面的调适，极易造成偏差。因此，大学生心理健康教育的建设要切实针对我国大学生心理健康教育实际存在的问题，充分挖掘、整理和弘扬我国在心理健康教育方面的优秀传统和历史智慧，运用合理的研究方法，建构自己的理论和技术。此外，在进行大学生心理健康教育时，既要考虑传统文化与现代文化的影响，又要考虑传统文化与现代文化相冲突对大学生心理健康的影响，只有在继承我国优秀传统文化的基础上吸收现代文化或西方文化中有关心理健康教育的先进理论和技术，才能促进我国大学生心理健康教育的健康发展。

第三章　当代大学生心理健康教育的基本分析理论

第一节　精神分析理论

在所有个别心理辅导理论中，精神分析理论是历史最悠久、影响最深刻的一个理论流派。其创始人是奥地利心理学家西格蒙德·弗洛伊德（Sigmund Freud）。

一、精神分析的主要理论

（一）人格结构理论

弗洛伊德把人格分为本我、自我、超我三个部分。本我是人格构造中最基础的一个层面，是以生物本能的合流为驱动力。依照生物的基本法则，即“快乐原则”行事，如性欲、食欲。比如一个人在百货商店看见心仪的商品，会有一种本能的冲动，不顾一切地想占有它，把自己需要的商品放进自己的腰包，这种念头就是“本我”。

“自我”是自己可以意识到的“我”的一部分，在人格结构中处于核心地位。它是根据“现实原则”行事，其主要机能是感受现实，处理“本我”之欲望，以与现实相适应。如上例，“本我”产生一种强烈的占有商品的欲望，但“自我”告诉主体，现实社会是商品社会，你想占有此商品就要付款，这就避免了“本我”那种不顾一切占有商品的欲望可能带来的麻烦，即被人家当作小偷抓起来。“自我”精神活动的一部分在潜意识中进行，大部分在意识领域进行。“自我”除了在机能上包括知觉、记忆、情绪、动作、思维等精神活动外，最重要的是可以区别出自己与他人、主观与客观、现实与理想的差别，能与现实世界相适应，并进行交流和沟通。因此，“自我”总是相当实际地进行逻辑思维，满足个体需求。

“超我”在人格结构中处在最上层，奉行的是“道德原则”，主要关注行为的好坏与是非。“超我”的功能是对“本我”与“自我”进行约束，压制“本我”的冲动，怂恿“自我”以道德性目标来替代现实性目标，力求达到完美境界。曾子的“吾日三省吾身”即是“超我”充分表现的典范。

“本我”“自我”“超我”必须和谐发展。“本我”的主要功能是力求保护自己；“超我”的作用是在社会规范的原则下，控制与监督自己的行为；“自我”一方面要正确处理“本我”的欲望，另一方面又要符合“超我”的标准，充当“本我”与“超我”两者的协调者。当“本我”或“超我”任何一方占优势，而对另一方进行统治时，人很可能就会出现异常行为或身心疾病。

（二）潜意识理论

弗洛伊德把人的心理结构划分为三个层面：意识、前意识和潜意识（无意识）。意识是表层结构，是人自己能意识到的精神活动，代表理智与道德。前意识是介于意识与潜意识之间的一个中间层次，它好像一个门卫，检查潜意识的本能欲望，不让它侵入到意识中来，它有时也可

能通过回忆将潜意识召回到意识中。潜意识是深层精神活动，发源于生物本能的需要，以本能冲动和生物欲望表现出来。弗氏认为，人的许多精神创伤压抑在潜意识中，它是一种“情结”，病人自己感觉不到，这个“情结”正是精神病的根源。如能通过精神分析，使潜意识中的“情结”被意识化，病人对此有所领悟，病症即随之消失。

（三）泛性论

弗洛伊德认为，人的一切行为、动机与性欲相联系。他把性本能的驱动力称作“力必多”。他认为人一生下来就有性欲。出生至一岁半为口欲期，人饿了就要吃，渴了就要喝，困了就要睡，而一切欲望的满足与人际关系的重心均在口部，故称之为口欲期。一岁半至三岁为肛门期，这一阶段儿童的生活重心及人际关系重心由口欲转至排泄，即训练控制括约肌，故称之为肛门期。三岁至六岁为性征期。此时孩子已注意两性区别，对异性父母抱有好感，对同性父母具有排斥倾向，有“恋父”“恋母”情结。弗氏认为，性欲本能尤其是幼儿期的性心理活动在神经症的致病原因中起着一种“不平凡的巨大作用”，这就是性诱惑神经症的病因说。他断定，幼年心理创伤与性有关。弗氏的性的概念内涵相当广泛，人的心理活动的各个方面均与性有关。因此，弗洛伊德关于性的学说又称“泛性论”。弗氏认为，精神病患者的性发展在某一个阶段受到破坏，发生了创伤性事件，若能通过精神分析，让病人自觉地重新经历一次该创伤性事件，使“自我”能控制“本我”和“超我”的要求，正常的性发展就会重新开始，而神经质行为即会消失。

（四）梦的理论

弗洛伊德于1900年出版了《梦的解析》一书。他认为，人在潜意识中的“本我”可在梦中表现，构成了梦境，但在梦中，“自我”和“超我”的心理检查机制仍在起作用。因此，“本我”就不能赤裸裸地表现自己，因而本能欲望就采取曲折隐晦、象征的方法表现出来。梦有隐梦与显梦之别，显梦是表面情节，其内容可以回忆起来。

隐梦要通过显梦将其本能欲望表现出来，这种表现的方式有四种：

1. 凝缩

即几种隐义以一种象征出现。

2. 换位

被压抑的欲望被调换成不重要的观念。

3. 润饰

醒后将颠倒错乱的梦境加以条理化，将本能欲望掩饰起来。

4. 戏剧化

将欲望表现为生动的具体形象。

弗氏认为，梦中往往包含着精神病产生的原因的重要线索。释梦是精神分析治疗的一种方法。

（五）心理防御理论

人们在日常生活中经常会遇到各种不如意的事件，会遇到各种挫折，由此而产生心理冲突，心理失去平衡，如不及时调整，就有可能产生心理疾病。弗洛伊德认为，人有一种内在的自我调节的能力，用以对付那些使人感到烦恼焦虑的威胁和危险，使自己的心理保持平衡，这就是

心理防卫机制。心理防卫机制主要存在于潜意识层面，一般来说并不为“自我”所意识。心理防卫机制有积极作用与消极作用之分。人们习惯于运用哪些不同的心理防卫机制，就会形成各自不同的个性心理。

心理防卫机制主要有以下几种：

1. 补偿

个体的某些心理需求未得到满足，或者是失去了，就会从其他方面去弥补，这就是心理补偿。人在生理上常有补偿。例如，一个双眼失明的人，他的听觉、触觉、嗅觉会比一般人强得多。人在心理上也会有补偿。如，现在有些父母没能进大学，就特别希望子女能考上大学，替自己实现年轻时未实现的心愿，弥补自己的缺憾。

2. 压抑

压抑有两种相互关联的含义：第一，把痛苦或可耻的经验从意识中强行逐出；第二，把为社会习俗、伦理道德、法律等所不容许的冲动和欲望传达至意识领域。例如，一个怕被人误解为小偷的人，未经主人的同意不会乱拿主人的物品。压抑的作用对人格的正常发展是不可缺少的，它压制“本我”对“自我”的冲击，以免做出有损“自我”的出格之事。然而，过分的压抑有损生理健康。如一个害怕性冲动的人可能导致阳痿、性冷淡。

3. 否认

人在遭受到重大心理打击时，为了免受这种打击所带来的巨大痛苦，往往采取否认的心理防卫机制。例如，年富力强的儿子因车祸死了，母亲得知这个消息的第一个反应是“不可能！你们搞错了。”这种否认只是一时起缓冲作用，时间一长，当事者还得面对事实。

4. 转移

个体在被激怒或感到受欺压时，往往想报复，但慑于地位与社会规范的压力，不能将自己痛苦的情绪向对方发泄，就选择适当时间、适当地点、适当人选，把这种情绪发泄出来。例如，父亲在单位里受了领导的批评，回家看到儿子作业做得慢，就借故打了他一下，儿子莫名其妙地挨了打，骤生委屈，敢怒不敢言，待父亲离开后，就狠狠地踢身边的小狗。

5. 升华

人的某种良好愿望不能实现，或遭受很大的挫折，在这种情况下，就会把自己的精力转移到对文学、艺术等方面的追求，以期能取得成就，成为一个高尚的人。司马迁受了宫刑，蒙受极大的痛苦与耻辱，但他并不气馁，专心致志地著史，成为一代史学家。

6. 合理化

当人的某些动机以及行为与社会规范或道德标准不相符合，或自己所追求的目标不能实现，或者某件事遭到失败，为了避免这些挫败给自己带来心理上的伤害，当事人会经常给自己寻找合理的理由或借口，进行自我安慰，这种情况称合理化。合理化通常有两种情形：

其一，“酸葡萄”心理。伊索寓言中有这么一个故事：一只狐狸在葡萄架下走过，看见上面挂着香甜的葡萄，它跳了好几下，摘不到葡萄，气愤地说：“这葡萄是酸的，送给我也不要。让馋嘴的乌鸦去吃吧！”

其二，“甜柠檬”心理。这种心理强调凡是自己的东西总是好的，这就可以避免自己因为某些缺陷或不足所引起的不愉快和痛苦。如有的学生学习成绩不好，他会说：我其实很聪明，只是不想得好成绩，我要得好成绩还不是易如反掌。

合理化的心理防卫机制可以暂时缓解痛苦与不快。但这种方法不能多用，多用了就可能丧失上进心。例如，学习成绩不好总是找理由来安慰自己，这样就不可能在挫折中寻找前进的动力。

7. 投射

当一个人有某种不良行为、不良习惯、不良意念时，往往会指责别人也有这些不良的东西，把这种不良行为、不良习惯、不良意念归因到别人身上，以减轻心理上的压力，这种情况叫作投射。例如，某同学上课讲话，老师批评他，他会说："老师，上课讲话的人多呢，你为什么光批评我？"

8. 反向作用

人有不少的原始冲动和欲望，有些是现实社会所不允许的，所以要把它压抑到潜意识中去。这些冲动与欲望虽然被压抑在潜意识中，但常常要冒出来，人为了防止这些冲动与欲望冒出来，就要刻意阻止它们，这就是反向作用。如有甲对乙非常憎恨，希望乙早日死去，但在表面上甲对乙很友好，乙还以为他们是一对好朋友呢。此种心理防卫是一种强烈压抑内在冲动与欲望的行为。具有这种心理防卫的人，其心理能量大多消耗在歪曲事实、欺骗与虚伪之中。

9. 退化

人长大以后，本应该运用成人的方式和态度去处理事情，但是在某些特殊场合，为了避免某些失望和挫折，重新运用孩童时代的方式和态度去应付，这就是退化。例如，妻子对丈夫撒娇，老人与孩子一起做游戏。

10. 白日梦

有些美好的愿望在现实生活中难以实现，人就通过幻想来满足自己的某些心理欲望，从而达到自我陶醉的境界。这种心理活动就称白日梦。白日梦多见于青少年。它的特征是以当事者为主角，是有情节的，以最终给当事者以良好的心理感觉而告终。白日梦一般有三种类型：

其一，英雄型。当事者做了常人难以做成的事情，他成功了。如在战斗中与敌人孤军周旋，取得了胜利，成为威震全国的大英雄。

其二，磨难型。当事者经过种种磨难，最终获得事业上的成功。如被坏人陷害，在监狱里受尽了严刑拷打及种种折磨，最后得到平反，重获自由与清白。

其三，豪华型。在人间享受荣华富贵，如出入有小轿车，住大宾馆，吃山珍海味，周游世界。白日梦偶尔做做尚无害处，若做多了，特别是在上课时做白日梦，则会影响听课质量。

11. 分离

在日常生活中可以看到，有一种人的行为会出现矛盾与不协调，他们在同一时期，或在不同的场合会有完全相反的行为出现。他们是把意识分离为二，采用分离的心理防卫机制。如有的学生在学校里参加劳动非常主动、积极，而在家里却非常懒散，什么事也不肯做。这并不是说这些学生是两面派，只是他们采用了分离这种心理防卫机制。

12. 解脱

人在生活中难免会犯错误，有过失，特别是当这些错误与过失牵连到别人，使别人受到损害时，人就更会产生自责与不安，倘若能够采用象征性的行为与措施来抵消已经发生了的损害，则可以使当事者减轻心理不安，这种行为方式称为解脱。

比如，一个学生在玩耍时不小心使同学跌倒而骨折住院治疗，他会主动承认错误，承担医

药费并到医院去看望他，帮他补习功课，这种情况就是解脱。

二、精神分析理论的得与失

弗洛伊德所建立的精神分析学说对世界的社会思潮产生了巨大的冲击，对人性、自然、社会都有着重大的影响。对弗洛伊德的理论也颇有争议，有的学者把弗洛伊德与马克思相提并论，试图将他的理论与马克思主义思想合并，但也有的称他的理论为唯心论，各种评价、观点莫衷一是。

（一）精神分析在理论上对人类的主要贡献

精神分析理论是继哥白尼的天体论、达尔文的进化论以后的重大理论。弗洛伊德自称，在他研究精神分析以前，人类经历了两次重大的打击：一次是哥白尼的日心说，摧毁了地心说；另一次是达尔文的进化论，摧毁了世界是彼此孤立的、静止不变的观点。弗洛伊德吸取了这两位科学家及当时科学研究的成果来发展自己的理论。如达尔文的生物进化论认为人是从动物长期进化而来的，人与动物没有绝对的鸿沟，那么属于动物的本能冲动也同样会在人的生理、心理中发挥作用。弗洛伊德把能量守恒定律应用到对人的心理分析过程中去，他把人看成是一个能量系统，一个服从物理和化学规律的动态系统。他认为研究人的心理活动与个性，就是研究这个动态系统、能量系统的结构及其变化规律。弗洛伊德把人格分成“本我”“自我”与“超我”三个相互关联的系统，这三个系统的能量来自“本我”，称为“里比多”。本能具有来源、目的、对象的功能，心理能量在这三个系统的转移中构成了个性发展变化的动态过程。他在后期研究中发现，能量守恒和转换的动力规律不仅适用于人的躯体，还同样适用于人格。他在这个研究基础上创立了动力心理学，这是弗洛伊德的伟大贡献，也是现代科学最伟大的研究成果之一。

精神分析理论对当今的心理辅导有深刻的影响。弗洛伊德把传统心理学所不重视的无意识作为心理分析理论的核心来研究人的心理，提出了人格的心理结构与层次，开辟了一条好的研究道路，扩大了心理研究的领域，促进了人类对自身精神世界的认识，是对心理学的重大发展。弗洛伊德对于人格结构的研究，对焦虑产生及其自我防御机制的分析在今天依然充满智慧和启迪；而关于心理健康连续谱的观念，不仅鼓舞了存在心理障碍的人，有助于人们消除对心理疾病患者的偏见甚至歧视，而且对处于正常状态的人也有所警示，同时也为人们提供了建设性解决心理问题的思路。精神分析理论对人类心理结构的剖析，使人们加深了对心灵世界的了解；在临床治疗中，弗洛伊德的心理疗法至今还有一定的实用价值与疗效。

（二）精神分析的局限性

弗洛伊德的泛性论在当时人们对性采取压抑态度的情况下分析、解释心理疾长的原因是有一定的现实意义的，可勉强分析、解释一些心理疾病，但随着社会的不断进步，性封闭、性压抑大为改观，泛性论就显得越来越站不住脚了。过分强调性本能则使人变成了生物性欲求的奴隶，抹杀了人的社会性本质特征，忽略了社会环境对人类心理发展的重要作用；而对潜意识的过分夸大，认为它支配着人的全部活动和整个社会，否认意识在心理活动中的主导作用，则使其陷入非理性主义的错误。

第二节　行为主义理论

行为主义又称“行为心理学”，20世纪初发源于美国。它是当代心理学的一个重要派别。将行为主义运用到心理治疗、个别心理辅导，则是最近之事。

行为主义是在传统的实验心理学派的基础上发展起来的一种心理学派别。实验心理学的主要传统是研究意识，研究意识的手段是内省。行为主义则强调实验原则，既反对意识的概念，又否认内省的意义。

一、行为主义的主要理论

（一）行为主义的学习理论

行为主义学派认为，个人的人格是学习得来的，是个人与环境互动的结果。学习可以分为三种模式：古典条件作用、操作条件作用、模仿学习。

1. 古典条件作用

古典条件作用是俄国生物学家巴甫洛夫发现的，尔后在心理学中被广泛应用，以解释人类的学习行为。

古典制约（巴甫洛夫制约，又译经典条件反射）的学习程序如下：将一个原来不会引发个体产生某种反应的条件刺激伴随着另一个能够引发反应的非条件刺激多次出现后，最终能使条件刺激与该种反应之间建立起新的联系，从而能单独引发该种反应。例如，有一个实验，婴儿听到大的声音（无条件刺激）会害怕（非条件反射），但是出现一只白鼠（条件刺激）时，婴儿并不感到害怕，此时将白鼠与大声音配对，即先出现白鼠，后出现大声音，经过多次反复后，婴儿见到白鼠亦会害怕（条件反射）。

2. 操作条件作用

持操作条件作用的观点者认为，大部分人类行为是随机发生的，因而关键问题是影响行为的环境是什么。人们认为，如果由个人自发的某种行为所导致的结果可以使个人得到满足，则该行为的再现性即会增多，亦会养成习惯。如儿童吮手指的习惯，就是他们在无意中吮了手指而感到满足的结果。

3. 模仿学习

模仿学习是指人的许多行为是由观察者注意他人的行为学习得来的。模仿学习在学习理论中占有相当重要的地位。每一个人都是儿童观察学习的对象，儿童的模仿性特强，但鉴别能力差，不能区分好的行为与不良行为，故而有一个好的风气特别重要。在个别心理辅导中，上述三种学习模式可综合运用。

（二）行为主义的人格理论

行为主义者认为，一个人的人格是通过与其所处环境的互动取得的。人生来无好坏之分，人性是中性的，好像一张白纸，完全依赖于与环境的互动。大部分行为主义者都承认人的某些行为可能是天赋的特性与环境互动的结果。因为天赋的特性无法控制，所以要把注意力放在可以控制的事物上。

人类的行为是由个人为自己建立的目标决定的，有时可能会受到环境的影响，但人的行为总是导向目标的。

个体与环境的互动会引发一套动机或需求的网络，以引导其行为。这些动机或需求可能是非常特殊的，如需求母爱；也可能是很一般的，如需求良好的人际关系。

个体与环境互动的过程受学习规律的支配，因此，人格是学习的产物。个体在与环境的互动中，某些行为被增强，某些行为被减弱或消除，很多增强是自我增强。应当看到，随着个体的成熟，自我增强显得越来越重要。如一个学生的作文被语文老师当作范文在全班朗读，学生对此感到极大的满足，这件事就导致自我增强，学生就会对写作文感兴趣，以致成为他的自觉行为。虽然人格形成的历程大部分依赖个体在环境中的发展，但当前行为学家们也注意到有机体内在状况对个体的影响。

（三）黑箱理论

行为主义者认为他们所研究的是可观察和可测量的行为，以及引起这些行为的外部刺激。他们把人看作是一个黑箱子，黑箱子里的东西是不可捉摸、不可测量的，因而也是不可知的，这不是他们研究的对象。他们只关注进入黑箱子的是什么，从黑箱子里出来的是什么。行为主义者认为，他们可以知道、可以把握的是外部的刺激与该刺激所带来的反应。用公式表示为："S—R"。S代表刺激，R代表反应。根据这个理论，行为主义对心理问题的解释均是在如何操纵和改变刺激上下功夫。

（四）斯金纳的操作性条件反射实验

操作性条件反射实验是把一只饿了的老鼠放入斯金纳的实验箱内，允许它在箱内自由探索。老鼠由于饥饿而寻找食物，但不知食物在何处，在箱内到处乱窜，偶然按了一下能得到食物的杠杆，于是一个食物小球就进入食盘。经过多次强化，即按压杠杆就能得到食物，条件反射形成了。在这个实验中，老鼠操纵环境（按压杠杆）的行为是获取食物的工具，故这种条件反射又称"工具性条件反射"或"工具性学习"。斯金纳的研究得出的规律，称为"习得律"。斯金纳又以人为被试进行实验，以语言、声音或手势作为强化物。

行为主义学家的著名实验还有很多，如巴甫洛夫的经典条件反射、桑代克的操作条件反射、班杜拉条件反射等。

条件反射理论对于我们了解学习过程及某些心理障碍有一定的帮助，但人的行为与心理要比动物复杂得多，人类所处的社会环境也比动物复杂得多，因而不能简单地用动物实验来解释人类的行为与心理。

在对人进行心理辅导时，要充分考虑患者的社会生活环境及心理需求，如情感、认知、意志、动机及主观体验等社会性特质。

二、行为主义理论的得与失

（一）行为主义对个别心理辅导的贡献

行为主义在理论与技术上已经形成了一个比较完整的系统，可以进行科学实验。这一学派的理论和技术还可以在实践中不断发展。

行为主义治疗家通过不断地研究，将已知的理论与技术运用于心理辅导，将心理辅导引入

科学的范畴。

行为主义的治疗目标明确，这种目标不是抽象的，而是具体的，治疗的针对性强。

行为主义已经发展出许多治疗技术，治疗时间短，见效快，相比其他学派的治疗，可以节省许多时间。

（二）行为主义的不足

行为主义只注重行为与外显的刺激，将其简单化为一个公式 B—f（s），即行为是刺激的函数，而忽视个体的动机、意志、感受等内心感觉，这是行为主义一个极大的弱点。

过分注重症状，忽略当事者与心理辅导员的人性本质和个性心理特点，这对治疗效果会有一定影响。行为主义对解除个体浅层次的心理问题有显著效果，而对深层次的复杂的心理问题，例如人生意义的探索、自我实现等效果欠佳。从行为主义理论整体来看，它奉行的是环境决定论，过分夸大了环境因素的作用而忽视了人的主体性。行为主义的许多理论观点是在严格的实验控制下取得的，对特定环境下也许是正确的，但在复杂的现实环境中其可信度值得考虑。

第三节 人本主义理论

20 世纪初，精神分析与行为主义心理学在美国盛行。弗洛伊德的精神分析学派认为，人的行为主要受性欲本能的制约，强调无意识对人的行为的作用。行为主义者则认为，人的行为与动物一样，是受外界刺激的制约，强调外界条件对人的重大影响。

以马斯洛为代表的人本主义心理学家，既反对精神分析的理论，也不赞同行为主义心理学的理论。

一、人本主义的主要理论

（一）自我实现理论

弋尔茨坦的机体潜能理论认为，凡是有机体都存在以有助于维持和增强机体的方式发展自身的内在倾向——潜能。人不仅有生理潜能，还有心理潜能，自我实现就是充分发挥个体自身的潜能。马斯洛把弋尔茨坦的理论与自己的需要学说结合起来，提出了以自我实现为最高层次的需要层次理论。

马斯洛认为，人的行为的内驱力不是性本能，而是需要。需要可分为两大类七个层次，呈金字塔形。

两个类别是：其一，缺失需要。这种需要可引起匮乏性动机，这是人与动物所共有的。这种需要一旦得到满足，紧张就消除，兴奋就降低，动机便失去。其二，生长需要。这种需要可产生生长动机，为人所特有。这是一种超越了生存满足之后，人发自内心的渴求发展和实现自身潜能的需要。有了这种需要，才能真正进入心理的自由状态，体现人的本质和价值。这类需要的满足会使人产生深刻的内在的幸福感、丰富感和喜悦感，称为“顶峰体验”。

七个层次为：最基础的是生理需要，依次向上是安全需要、归属需要、尊重需要、认识需要、审美需要，最高层为自我实现。人在满足高层次需要前，必须部分满足低一层次的需要，否则，高层次需要就不会成为现实的需要，而只是一种潜在的需要。

马斯洛非常重视自我实现，他认为，自我实现的人是世界上最有价值的人，是人类的典范。自我实现的过程就是人类发现自我、实现自我的过程，也是发展现有的或潜在能力的过程。

马斯洛认为，自我实现的人具有以下一些特征：

①具有接受自己、他人和自然的能力；

②洞察现实，保持知觉与现实的和谐关系；

③建立深厚、融洽的人与人之间的关系；

④不以自我为中心，而是以问题为中心；

⑤不断更新自己的鉴赏观念；

⑥有创造性；

⑦有自主性；

⑧民主型的性格结构；

⑨返璞归真；

⑩顶峰体验；

⑪不受文化和环境的束缚；

⑫具有同情和爱的情感；

⑬具有善意的幽默感；

⑭具有辨别善与恶、手段和目的的能力；

⑮有超然独立、离群独处的需要。

马斯洛的人性论是“人本善”。他认为，人类具有真、善、美、正义、欢乐等内在的本性，具有共同的价值观和道德标准。他还认为，达到自我实现境界的关键在于改善人的“自知”或自我意识，使人认识到自我的内在潜能或价值。人本主义心理学就是要促进人类的自我实现。

（二）心理治疗中的非指导性原理

罗杰斯在1938年提出了“非指导性治疗”，向过去的心理治疗理论提出了挑战。过去的心理治疗是以治疗者为中心，治疗方案的设计、步骤、方法及整个治疗过程均由治疗者决定，患者只是被动地接受治疗，处在服从与被支配的地位。罗杰斯提出，这种地位不利于发挥患者在治疗中的作用，应该让患者在治疗中处于中心位置，因为每一个当事人都有一定的潜质，是积极的，有可能达到“自我实现”的最高境界。在整个治疗过程中，当事者是主人，治疗者不应该分析当事人说的话，而应该提供一面“镜子”，让当事者自审其话，让当事者在“镜子”中“看见”和“听见”自己，然后采取改善的行动。治疗者绝不改变当事者所说的内容，但会协助当事者作澄清与整理工作。当事者为治疗者所完全接纳，在毫无压力的情况下，自由自在地表达自己的感受，然后进一步了解自己，采取积极的行动改变自己。

罗杰斯认为，辅导过程中必须有良好的人际关系，只有拥有良好的人际关系，当事者才能充分运用自己的资源发掘潜能。他强调，如果辅导者能满足当事者的高层次心理需求——真诚、尊重、神入（理解），再加上当事人是愿意被帮助的，又能体会到辅导者的真诚、对自己无条件地尊重以及正确地神入，当事者的心理就会产生有意义的改变，就会有进步。这种进步不仅限于辅导室内，还会延伸到日常生活中去。

1. 真诚

在人际关系中，真诚是很重要的。辅导者是真心诚意地帮助当事人，是当事者一个实实在

在的朋友。他坦诚相待，没有任何伪装，不为自己戴上假面具，而是以一个真正的自己与当事人相处，表里如一，在辅导过程中，愿意与当事者分享快乐与烦恼，甚至一旦产生某种独特的感受时，也能直截了当地告诉当事者。

2. 尊重

罗杰斯强调，尊重当事者是无条件的，这个无条件有两层意思：其一，辅导者很珍视当事者，在辅导过程中，不断地给对方一种温暖和关心；其二，辅导者对当事者无条件地接纳，无占有欲地重视。事实上，辅导者在辅导过程中往往会发现当事者的问题是咎由自取、明知故犯，且当事人有时还会表现出某种不配合，在这种情况下，辅导者会产生一种对当事者的不满或不耐烦情绪，倘若这种情绪表露出来，辅导者与当事者就会情绪对立，辅导就会中断，所以辅导中应务必防止这种情况出现。辅导者要学会控制自己的情绪，要清楚地知道自己接纳的是当事者，而不是当事者的行为与思想；要深信当事者是一个独特的、有价值的人，有一定的潜质，相信他有能力从自身的潜在资源中开发出促进自己健康成长的能力，最终认识到自己是有能力对自己的生命负责的。

3. 神入

罗杰斯认为，辅导者“体会当事者的内心世界，有如自己的内心世界一般，却永远不能失掉‘假如’这个素质——这就是神入”。

神入是整个治疗过程最重要的部分，如果失去了这个神入，整个辅导过程就会中断，毫无效果。要达到正确的神入，辅导者首先要放下自己主观的参照标准，设身处地地从当事者的角度来感受事物，将心比心。

二、人本主义理论的得与失

（一）人本主义的主要贡献

对人采取乐观主义态度，强调人是可以塑造的，是有潜在能力可挖掘的，可以引导人自我实现；重视人的尊严与价值，以人为本。罗杰斯认为，每个人均有一种内在本然的实现趋向，这种实现趋向给人提供了强大的生存动力，促使个人探索、学习知识，并致力于追求更能充分发挥潜能、让自己更满意的生活方式。

在心理辅导中以当事者为中心，当事者应为自己的问题负责；十分重视辅导者与当事者的关系，认为关系比技术更重要。辅导者以朋友的身份而不是以权威者的面貌出现在当事者面前；辅导中强调关注当事者的情绪和情感。既不探究来访者的潜意识领域，也不企图改变来访者的行为反应，而是激发来访者主体内在的潜能进行自我理解，改变自我和对他人的看法，产生自我指导行为。这一切对心理教育事业都具有独特的意义。

马斯洛将理想的心理状态称为自我实现，健康人格理论是马斯洛“自我实现者”的健康人格的具体表现：能准确地知觉现实并保持适意的关系，能接纳自然、自我和他人，有独处和自立的能力，有自己的信念和人生目标，能对许多人生经验保持着常有常新的愉快体验，拥有改善了的人际关系，具有很强的道德感等。马斯洛的健康人格理论常被引做衡量人们心理健康的标准，但这些经典的标准并非仅仅只是孤立的特征，它们往往蕴含着丰富而深厚的健康观念及教育内容。如具有很强的道德感就把理想的心理健康状态与伦理道德规范紧密联系起来。在马斯洛看来，心理健康的人在追求自己目标的过程中必然遵循一定的道德原则和伦理规范，反对为了目标而不择手段，坚持以正当的方式追求自己的理想和价值。其实，道德感有很重要的心理保健功能，人是社会的存在，人在社会生活中逐渐具备了强大的良知系统，当人按道德准则行事时，他的自尊、归属的需要就会得到满足，并伴有幸福感的体验。为了避免人们对自我实现的片面理解，马斯洛专门指出，自我实现者并不是完美无缺的人，而只是比其他人更接近完善而已。这样，对于自我实现的健康追求就更加真实具体与可求。另外，马斯洛的“自我实现理论”反对弗洛伊德和行为主义的“人兽不分”，反对贬低人的价值，强调尊重人、关心人，重视研究人的内在价值，是有其积极意义和合理之处的。

（二）人本主义的不足

过分强调情绪与情感，忽视理性、认知、智慧对人的行为的影响；不重视诊断、心理测试和资料的收集；过分强调辅导者对当事者的问题抱中立态度，不进行指导，这一点在实际辅导中是非常难以运用的；所谓非指导性原则容易被误解为只要聆听神人即可收效的简单化倾向。

马斯洛的人本主义心理学也是有其局限性和错误性的。首先，马斯洛把人的需要归结为人的生物本性，认为需要是本能的、先天的，是由人类遗传因素决定的。这就在反对传统心理学研究中的生物还原论和机械还原论中，自身却又陷入了人的自然本性的还原论中去了，从而忽视了社会生活条件对先天潜能的制约作用。而且他过分强调人的内在价值，强调以自我为中心，抽象地、孤立地谈“人的价值”，忽视了人的社会本质。这是不符合马克思主义观点的。其次，马斯洛把人的需要的发展排列成“金字塔形”，即需要越发展越狭窄，这是错误的。我们知道，人的需要是人脑对社会或自己本身的要求的反映。随着社会生产的发展，人的需要应该是愈来愈丰富和广阔，而绝不会像“金字塔形”愈来愈狭窄。再次，马斯洛的需要层次理论只强调需要的纵向的满足，而忽视了横向的发展，只注意了一个人各种需要之间存在的纵向联系，忽视了一个人在同一时间内往往存在多种需要，并且这些需要之间又会相互矛盾，导致动机斗争的。

第四节　理性情绪治疗分析理论

理性情绪治疗理论的创始人为艾利斯（Ellis）。艾利斯最早崇尚古典精神分析主义，曾接受精神分析主义的训练。后来他在工作实践中对精神分析理论产生怀疑，便在治疗中采用其他理论。1955 年，他完全脱离精神分析理论。1959 年起，他在美国纽约成立了“合理生活学会”，后改名为“理性心理治疗学会”。他将自己的构思发展成一整套完整的理论——理性情绪治疗的理论。这种理论目前仍在继续发展。

一、理性情绪治疗的主要理论

（一）理性情绪治疗的人性论

艾利斯强调人的价值观，他认为人在出生时就兼有两种思想：理性思想与非理性思想。理性思想使人珍惜自己的生命，认为生命是可贵的，要学习，要乐于与人沟通，要有爱的享受，在爱中成长，迈向自我实现的目标；非理性思想是一种不合逻辑的思维，特点是自卑固执，好胜冲动，对自己要求完美无缺，不断重复错误，耐挫力差。一个人选择前者就能健康地成长发

展，选择后者就会在情绪上感到困惑，产生许多烦恼，无法正常生活。

艾利斯否认弗洛伊德关于人类早期经验对人的重大影响，否认弗氏的人完全受生物性因素支配的观点，否认人是受性本能的支配。艾利斯学派认为，人不应该放弃自己的奋斗，因为人具有巨大的、未经探明的潜力，相信人一生下来就有一种特别的倾向，只要努力坚持自己的愿望，这种愿望就一定能实现。艾利斯学派认为，非理性思想者在自己的一些愿望没有实现时就谴责自己、埋怨他人，严重的还会伤害自己与他人。

对于人类的思想、情绪、行为三者的关系，理性情绪治疗者有自己独特的看法。艾利斯认为，这三者是同时出现的：当人感受时，他们同时思想和行动；当人行动时，他们同时思想和感受；当人们思想时，他们同时行动和感受。

艾氏认为，要了解人为什么有自我挫败行为，首先要了解人是如何感受、思想和行为的，人的感受、思想和行为不是一成不变，而是可以改变的。人是有能力改变自己的思想、行为与感受的。人有能力重新评价自己的价值系统，从而改变自己的旧观念，产生新的观念，最后导致新的良好的行为。人并非是过去经验的一成不变的受害者，人可以挑战自我挫败行为。

（二）理性情绪治疗的目标理论

理性情绪治疗很注重改变当事人不适当的价值观。艾氏认为，理性情绪治疗的目的是要尽量减少当事人自我毁灭的潜在倾向，进而协助他形成一个较实际、较开阔和合理的人生哲学。换言之，艾氏认为辅导者要改变当事者不切实际的想法，使当事者认识到对自己不能要求太高，不要追求完美无缺；对他人要讲究宽容，能够容纳别人，包括容纳他人的缺点。总之，对人对己要尽量做到进行合理的思维，这样就可以减少许多心理冲突，减少自我毁灭的潜在倾向。

理性治疗学派认为，人基本上是理性的动物，人的情感、行为受理念的支配，如果人进行合理的思维，他就会保持健康的心态；如果人有了不合理的思想，就会产生许多不愉快甚至痛苦的情感。因此，辅导者在对有心理困惑的当事人进行辅导时，要设法以理性的观念代替非理性的观念，以合理的想法代替不合理的想法，使当事者摆脱不合逻辑的错误想法的干扰，从痛苦中解脱出来。

如何改变当事者不合理的观念呢？艾利斯认为最有效的方法是改造当事者的人生哲学，向他们说明，之所以产生心理困惑是由于自己的人生哲学有问题，对事情的看法不正确、不合理，违背了逻辑。辅导者要运用质疑、挑选、提问、辩论、鼓励、设难等方法来改变当事者不合理的想法。

（三）理性情绪治疗的 ABC 理论

理性情绪治疗学派不同意行为主义的“S—R”刺激—反应理论，而认同“S—O—R”理论，认为在刺激（S）与行为反应（R）之间存在一个有机体“O”，它干扰 S 与 R 的关系。因此，理性情绪治疗就将“S—O—R”改造成 ABC 理论。A—S，B=O，C—R。A 代表一个事件，可以是一个客观事实或某个人的态度与行动；B 代表人的信念，即对 A 的看法；C 是结果，此结果受 B 的影响，B 的想法合理与否，影响结果 C。如果是合理的，就不会产生心理问题；如果是不合理的，就会产生心理问题，严重的还会导致心理疾病。用公式表示为 A—B－－C。这个公式说明：人发生心理问题的关键在于 B，即人对 A 的信念，A 是所发生的事件，是不可改变的，而人们对所发生的事件往往有不同的看法，归纳起来无非是合理的与不合理的两类，不合理的信念会造成不良后果。在一般人眼里，某人有不良情绪（C）好像是由于（A）造成的，例如，一个学生情绪低落，是由于没有考取重点中学，用公式表示：A—C。这种看法其实是错误的。正确的看法是，这个学生情绪低落不是由于没考取重点中学，而是对没考取重点中学这件事的看法不合理，他认为自己没有考取重点中学是没出息，自己的前途完了，要被人家看不起了。此例正符合理性情绪治疗的 ABC 理论。

辅导者的责任是设法改变当事者不合理的信念，从而使当事者有一个好的结果。具体步骤如下：

①找出不合理信念。辅导者通过聆听，帮助当事人找到导致其心理困惑的不合理信念。

②验证不合理信念。辅导者要求当事人为自己的不合理信念辩护，从而证实辅导者对当事者不合理信念的推测。

③挑战不合理信念。辅导者对当事者的不合理信念提出挑战，帮助他认识到他的信念是不合理的，是不符合逻辑的，是非理性的。

④改变不合理信念。辅导者帮助当事者转化其不合理的信念，由合理的信念代替不合理的信念。

(四) 艾利斯提出的 11 条不合理信念

人的不合理信念对人的心理伤害很大，许多心理问题，包括神经症，都是由不合理信念造成的。那么哪些不合理的信念对人的心理伤害最大呢？艾利斯通过自己的临床经验总结出 11 条不合理信念，现介绍分析如下：

1. 每个人绝对要取得周围的人，尤其是生活中每一位重要人物的喜爱和赞许

这一信念是不现实的，也是不可能做到的。为了实现这一不合理的信念，当事者克制自己，想方设法取悦他人，可是仍然不能达到目的，于是感到失望、沮丧，感到受到伤害。

2. 个人是否有价值，取决于他是否全能，是否在人生的每个环节都有所或就

“金无足赤，人无完人”，这是真理，要做到全能只能是幼稚的幻想，现实生活中是没有的。一个人一定要追求这一目标，其结果只会是失败。这是自寻烦恼，自找麻烦，最后使自己陷入痛苦的泥潭。

3. 世界上有些人很邪恶，很可憎，是坏人，应严厉谴责和惩罚他们

人不是生活在真空中，不可能不犯错误，错误有大小、性质的不同，不能不分青红皂白地一网打尽，要根据错误的情况区别对待，不能都认为是邪恶，都要严惩，也能将他们推到对立面，这样就会树敌过多。树敌过多，对人对己对社会均无益。

4. 当事情不如己意的时候，感到实在可怕和可悲

世界上没有事事如意的人，人总是有些事如意，有些事不如意，遇不如意就感到可怕、悲惨，好像大难临头，那就生活得太累了，长此以往，你的神经肯定受不了。

5. 要面对人生中的艰难和责任，实在不容易，倒不如逃避来得省事

人生活在世界上，总要面临艰难，只有克服了艰难险阻，才能使自己的生活向前跨一大步；如果面临艰难就采取逃避态度，那么一生将一事无成，而且逃避是逃避不了的，当自己逃避不了的时候，心理的承受能力就差了，就有可能陷入心理困境。人生活在世上，在享受权利的时候总要相应地承担责任，不承担责任，就有可能被剥夺权利，就要受到社会的谴责，此时就有

可能增加自身的心理压力，容易产生心理问题。

6. 人的不愉快是外界因素造成的，所以人实在是无法控制自己的痛苦和困惑

外界因素并不直接对人造成伤害，能伤害自己的是自己对外界事物的不正确的看法、不正确的理念，能伤害自己的还是自己，人完全有能力控制自己，使自己适应外界的环境。人对社会的适应能力是心理健康的一个重要标准。认为自己不能控制自己的，就容易落入不能适应社会的陷阱。

7. 对于危险的和可怕的事物，人应该非常关心，要不断关注和思考，而且还要随时留意它可能再发生

一个头脑清醒的人，对危险的事物要关注，以便在危险发生的时候可以避免危险或者将危险降到最低程度。但如果过分担忧危险事物的发生，未免显得庸人自扰。随着社会的进步，现代化程度的提高，某些情况下，危险性的确只会增加不会减少。例如，过去人们的交通工具是独轮车，现在是火车、飞机，其危险性肯定大于独轮车，可难道为了减少危险就不坐火车，不乘飞机吗？过分担心危险事情的发生是无济于事的，只能增加自己的心理压力。应该看到，随着社会的进步，人类的总体抗危险能力在不断提高。不过话要说回来，危险真的轮到自己头上，只能随机应变。

8. 一个人的过往经历往往决定了现今的行为，而且这是永远不可能改变的

一个人的过去经历是历史，这是无法改变的。过去的事会对现今的人生产生影响，但是这种影响完全是可以改变的，关键在于自己要不要改变，如果自己有强烈的愿望想改变自己，总可以找到机会改变的，因为人是有主观能动性的。反过来，如果自己认为不可改变，也就不会发挥主观能动性，自认倒霉，这是一种极其消极的人生哲学。

9. 一个人总要依赖他人，同时也需要一个比自己强而有力的人来让自己依附

人生活在社会中需要相互帮助、相互关心，但是社会中的每一个人都是独立的人，有好多事情要自己独立处理，只有在生活上、经济上尚未独立的儿童才必须依赖家长。成年以后，个人的独立性越来越大，不可能事事依赖别人，有这种观念的人是没有长大的孩子，在社会中是很难生存的。

10. 一个人要关心他人的问题，为他人的问题悲伤难过

关心他人，为别人的问题而感到难过悲伤，分担别人的痛苦，这是一种美德，应该加以肯定。但是，过分地为别人的痛苦而悲哀，就会伤害了自己，对别人也无积极意义。

11. 人生中的每个问题总会有一个精确的答案，若得不到答案，就会痛苦

人生的问题是非常广泛的，无所不包，人不可能都找得到答案。如果因为不能找到答案而感到痛苦，那么痛苦的事就太多了，就会经常处在痛苦之中，生活的乐趣就没有了或者很少了，生活质量就太差了。

二、理性情绪治疗理论的得与失

（一）理性情绪治疗理论的主要贡献

理性情绪治疗认为人的情绪受信念支配，有其科学性。这一理论受到实践的检验，在临床应用上取得了科学的验证。

理性情绪治疗很主动，很直接地干预当事者的不合理信念，用挑战、质疑等方法改变不合理的信念，抓住了心理治疗的关键。

理性情绪治疗所采用的方法十分多样，有角色扮演、幽默、操作式制约、行为训练、建议、家庭作业、支持等方法，容易使当事者接受治疗，并容易矫正心理问题。

（二）理性情绪治疗理论的不足

理性情绪治疗强调的是改变不合理的信念，这有其局限性，一些智能弱、认知水平较低的当事者不易接受这种改变非理性信念的治疗。在具体实施的过程中，教导者需要避免我们文化中的另一种倾向："好为人师"。这种权威意识可能会在教师辅导中以某些形式表现出来，对辅导效果产生不良的影响。

理性和非理性的观念有时比较难区分，因为要受到个人的人生哲学、社会文化背景、时代烙印等方面的影响。如果辅导者缺乏训练，是很难掌握的。一旦将理性与非理性颠倒过来，那后果不堪设想。

第四章　当代大学生心理健康素质优化的意义

第一节　大学生的心理素质

一、大学生的心理危机：现状与后果

自 1964 年著名心理学家 G. Caplan 首次提出心理危机的概念以来，国内外关于心理危机对大学生的影响的研究已经取得了丰硕成果。

（一）心理危机的内涵

目前关于心理危机的定义比较权威的是 G. Caplan 的理论，他认为每个人都在努力保持一种内心的稳定状态，保持自身与环境的平衡和协调，当重大问题或变化发生使个体感到难以解决、难以把握时，平衡就会被打破，正常的生活将受到干扰，内心的紧张不断积累，继而出现无所适从甚至思维和行为的紊乱，进入一种失衡状态，就会出现暂时的心理困扰。这种暂时性的心理失衡状态就是心理危机。生活中发生任何变化都会带来相应的生活方式的改变，如果个体不能及时调整自己去应付这种变化，就容易发生心理危机。

（二）危机事件

G. Caplan 认为，产生心理危机的原因在于“他遇到了对他的生活足以产生影响的事件”，而正是由于这些事件才让人产生了心理危机，所以这些事件就被看作危机事件。危机事件是指对一个社会系统的基本价值和行为准则架构构成严重威胁，并且在时间压力和不确定性极高的情况下必须对其做出关键决策的事件。危机事件可以是突发性的公共危机事件，如非典、H1N1、瘟疫、地震、战争等；也可以是个人内在的冲突，如失恋、失业、丧失亲人、人际关系紧张等。而这些危机事件能否使一个人产生心理危机不仅仅取决于事件的本身，更重要的是还取决于个人对危机事件的认识及其认知水平的高低。也就是说个体对危机事件的反应是不一样的，危机事件给个体带来的影响也是不一样的。比如，对待人际关系，有的人发现自己在这方面存在缺点，他能够正确地看待自己，并积极地采取相应的措施弥补自己的不足，主动适应周围的环境。经过他的努力，交际困难不仅没有给他造成多大的心理负担，反而使其交际能力得到了提高；而有的人采取消极的态度去对待，久而久之会在自卑以及逃避中慢慢消沉下去，“危机事件”就会对他产生严重的影响。

二、心理危机的类别

根据 G. Caplan 和 Burgess 的危机种类划分，结合大学生在成长过程中所遇到的危机事件，大学生心理危机大体可以分为三类：

（一）成长性危机

成长性危机是指大学生从某一个阶段转入下一个阶段时，原有的行为不足以完成新课题，

不断变化的阶段需要他不断进行调整，如从高中升入大学，生活、学习、人际关系等都会发生改变。每一次成长性危机的成功解决都是大学生朝着成熟和完善迈步的阶梯。

（二）境遇性危机

境遇性危机是指突如其来的、无法预料的和难以控制的心理危机。区别境遇性心理危机和其他心理危机的关键在于，引发大学生心理危机的重大生活事件是大学生本人无法预料和难以控制的，如父母离婚、经济来源突然中断、非典暴发、亲人逝世等。

（三）存在性危机

存在性危机是指大学生因为人生的存在性问题而产生的心理危机。这些作为人的存在的特征决定了人的一生中所必须面对的存在问题：它们是死亡、自由、有限、孤独和自我认同的问题。实际上，个体在大学阶段前和在大学阶段后都在不断地追问和探索存在性问题，但大学生因为年龄和身心的特点对存在性问题的思考特别集中。存在性心理危机的成功解决对大学生的人生观、价值观和世界观的正确树立有着重大影响。

大学生心理危机表现出一定层次性。《中国青年报》的一份调查结果显示，14%的大学生存在抑郁症状，17%的大学生存在焦虑症状，12%的大学生存在敌对情绪。其中，“一年级集中表现为对新生活的适应问题，兼有学习问题、专业问题、人际交往问题；二年级出现的问题依次为人际交往、学习与事业、情感与恋爱；三年级集中在自我发展与能力培养、人际交往、情感与恋爱问题；四年级则以择业问题为多数，兼有恋爱问题、未来发展和能力培养问题等。而和城镇大学生相比，农村大学生的心理问题要更多一些。”上述调查显示，大学生心理问题的诱因主要集中在学习、交往和感情三个方面，但这三个方面对于不同年级的学生造成的心理压力是有差别的。类似的调查还显示，除了年级差异导致的分层外，大学生心理问题的层次性还表现在性别、学科、成绩和经济状况方面的差异。

三、心理危机产生的原因

国外学者 Humphrey 认为心理危机源来自个体、家庭和老师三个方面；国内学者认为心理危机来源于六个方面，即人际关系、学习、受惩罚、亲友与财产丧失、健康以及适应问题。学者们大都认为大学时期是一个人身心迅速发展的黄金时期，因而造就了大学生这样一个特殊的群体。他们内心相对比较复杂，一方面由于心理、生理发育的渐进性和持续性导致他们心理和行为很大程度上保持着原有的特色；另一方面，由于生活和学习环境的改变，他们的生活方式、思维结构和价值体系势必发生转型和重构，并日益呈现出鲜明的个性特征。但是，之前的学校、家庭教育只重视学生的学习能力的培养，而对学生的生活能力、人际交往能力、心理素质的关注不足，他们的心理发展相对滞后于生理的发展，在理智、情感、道德等方面达到相应的水平。他们远离亲人和家乡，生活在陌生的环境中，需要学会独立地去面对很多问题，而他们较为简单的人生阅历不足以面对在大学里所遇到的诸如学习、情感、人际关系等多方面的重要问题。而任何一件事情都可能对他的思想和行为造成影响，都有可能使其心理发生暂时的不平衡，都有可能成为发生心理危机的诱因。

四、心理危机的结局

由危机事件引起的心理危机所产生的情绪失衡状态并不是持续终生的。绝大多数学者认为，

人的心理危机状态大约要持续4～6周，在这段时期里，由于处理危机的手段不同，个体先前经历危机的体验不同，个体人格特质的不同，当事人的结局也不相同。危机事件对大学生来说可能是一个危险，也可能是一个机会。它对大学生的生活、工作和身心造成的影响一般有四种结局：

（一）增强心理素质

危机事件将激发大学生去解决困难，若方法得当，不仅能顺利度过危机，而且将通过应对危机学会处理困境的新方法，并总结经验和教训，使身心健康水平得到提高，心理素质得到增强，这是最佳的结局。

（二）留下心理阴影

虽然度过了危机，但将留下心理创伤，特别是对成长中的大学生而言，会使他形成一种偏见，留下痛点，影响今后对社会的适应，当遇到同样的事情时将采取消极的态度，比如大学生失恋之后如果留下阴影，会对爱产生怀疑，不利于当事者日后的生活。

（三）诱发心理障碍

当事人将缺少应对危机的办法，表现在心理恐慌、无助，出现心理障碍，陷于神经质或精神病，以后任何的生活变故都会诱发当事人的心理危机，其心理承受能力明显降低，心理健康程度严重下降。

（四）出现心理崩溃

当事人未能渡过危机，心理承受不了，出现心理崩溃，出现自伤自毁甚至自杀的行为。

第二节　大学生心理素质的优化

一、心理素质（含大学生心理素质）及其结构探讨

（一）国内关于心理素质的研究

心理素质及其教育于20世纪80年代中期开始受到我国心理学界的关注，通过30余年的研究，现已成为教育心理学研究的重要领域，积累了大量关于心理素质及其教育的研究资料。已有研究表明，心理素质是学生素质结构的重要组成部分，心理素质教育在整个素质教育里占据核心地位，是全面发展教育的重要内容和归宿。随着我国高校心理健康教育的推进，我国心理素质及其教育研究中涉及大学生心理素质及其教育的研究资料日趋丰富。研究大学生心理素质及其教育是高校实施素质教育的客观要求，也是促进大学生心理健康发展的现实需要。

文献中关于心理素质概念的描述很多，但严格定义的却较少。研究者在界定心理素质概念的基础上，或从理论分析的角度，或采用实证分析的方法，对心理素质的结构成分进行了探索，以下是几种具有代表性的观点：

钱含芬认为，心理素质是由心理能力素质（智力因素）、心理动力素质（人格因素）、身心潜能素质3个亚系统构成的交互作用、动态同构的自组织系统。

肖汉仕认为，心理素质是一个人的性格品质、心理能力、心理动力、心理健康状况及心因

性行为的水平或质量的综合体现。

刘华山认为，心理素质是个性心理品质在人的生活实践中的综合表现，其结构包括7个方面：正确的人生态度、积极的自我概念、敬业与责任感、关爱与合作精神、智慧与创造力、实践与生存力、耐挫与坚持力。

张大均认为，心理素质是以生理条件为基础的，将外在获得的刺激内化成稳定的、基本的、内隐的，具有基础、衍生和发展功能的，并与人的适应行为和创造行为密切联系的心理品质，包括认知品质、个性品质和适应能力3个基本维度、9大因素、22种成分。

燕国材认为，心理素质是一系列稳定心理特点的综合，由智力素质和非智力素质构成。

李虹认为，心理素质是在自然素质的基础上通过社会化的过程而形成的综合心理能力和质量，由知、情、意、行4个因素组成。

此外，有些研究者还专门探讨了大学生的心理素质概念和结构。

如：周冶金认为，大学生心理素质是在生理素质的基础上，通过后天环境和教育的作用形成并发展起来的，与大学生的学习、学术研究和生活实践密切联系的心理品质的综合表现。

许燕认为，高师学生心理素质由社会适应素质、自我完善素质、职业性格素质、能力素质、人际管理素质、再生素质6种素质构成。

王滔认为，大学生心理素质由认知特性、个性、适应性3个维度、10个因素、26种成分构成。

张焰认为，大学生心理素质包括基础性心理素质、实践性心理素质和综合性心理素质3个主要层面。

罗品超认为，大学生心理素质指在先天生理特性的基础上，大学生在社会适应过程中所形成的与大学生的学习和生活实践密切联系的心理过程、个性心理方面的稳定的特征，它由性格特征素质、认知能力素质、人际管理素质、职业能力素质、心理动力素质、学习心理素质、自我意识7个因素构成。

尽管研究者对心理素质概念和结构成分的分析存在着差异，但概括起来也有一些共同之处。

首先，心理素质概念具有以下几层含义：

①整体性。心理素质是心理品质的综合，有的认为是静态组合，有的认为是动态整合。

②结构性。心理素质是按一定心理规则建构起来的组织结构。

③基本性。心理素质是人内化了的、稳定和基本的心理品质。

④差异性。心理素质反映人的各个方面、各个层次心理特征的个别差异。

⑤交互性。心理素质是先天和后天交互作用的结果。

其次，心理素质结构具有以下几个特点：

①多成分。心理素质由多种心理成分构成，既有认知成分，也有非认知成分；既有心理能力成分，也有心理健康和社会适应成分；既有情感和动力成分，也有自我成分；

②多层次。心理素质由各个层次的心理成分构成，既有特质层次，也有行为习惯层次；既有品质层次，也有潜质层次。

③结构与功能匹配。心理素质作为内隐的心理结构，也外显地展现在个体的心理健康功能、社会适应功能和创造发展功能的发挥过程中。

（二）国外关于心理素质的研究

国外学者所关注的与心理素质概念相近或有关联的概念大致可以分为两大类：与自我有关的因素；与人格有关的因素。关于自我和人格两个概念之间的关系，有一些学者把自我看成人格的构成部分，甚至是人格的核心，如果这样看，则所有的心理素质都可归为人格因素了。下文将把自我与人格分开处理。

1. 自我

西方最早比较系统地研究自我概念的心理学家是詹姆士。詹姆士开创了从两个角度研究自我的传统，一个是自我的结构内容，另一个是自我的功能。从心理素质概念来看，这两个角度都与之有关。

Shavelson 等人 1976 年提出自我概念多维度层次理论模型。该模型认为，完整的自我概念的结构应该具有 6 个特性：有组织性、多维性、稳定性、发展性、可评价性和可区分性。这一模型将青少年的自我概念分成学业自我概念和非学业自我概念。学业自我概念依学科来分，非学业自我概念则分为社会、情感和身体三个方面。20 世纪 80 年代以后，Marsh 及其同事以 Shavelson 等人的自我概念理论模型为指导编制了比较完整的自我描述问卷（SDQ）。与 Shavelson 的自我概念多维度层次理论模型可以相提并论的是 20 世纪 80 年代由 Harter 提出的颇有影响的多维度阶段自我模型。她认为，随着年龄的增长，自我概念的成分要素在不断地增加，要评价个体的自我概念水平，须考虑其心理发展的年龄特征。

有关自我的心理功能的研究，相对而言薄弱一些。艾勃斯登认为，自我有三个基本功能：同化经验资料，维持适意的快乐/痛苦平衡，获得乐观的自尊。其中最引起我们关注的是自我作为内在的、对新经验进行加工的结构的功能（即艾氏所谓同化经验的功能）。在日常生活中，个体会不断获得各种各样的感性经验，这些经验资料须经过个体的认知加工才会产生相应的感受和行为反应，自我提供了一些加工的图式或维度，从而决定着后继的情绪和行为反应。

研究者就一些较具体的自我维度与心理健康的关系进行了研究，所有这些研究都一致表明：个体的自我概念跟其心理健康有密切的关联。例如，Erdolahti 用自我形象问卷和儿童抑郁量表测量了 1054 名平均年龄为 14.5 岁，来自美国不同社会阶层的青少年，结果显示，自我形象得分与抑郁得分高度相关，即青少年自我形象上存在问题越多，则出现的抑郁症状越多。女孩的自我形象得分对抑郁症状预测效果良好。又如，不少研究发现，身体意象作为自我形象的一个方面，对青少年的心理健康有特殊意义。《当代心理学》杂志的调查显示：十几到二十几岁的青少年最担心的是自己的外表。同时还发现，身体意象与他们的自尊、生活满意度、孤独感、抑郁及社会接纳等有关。悦纳自己外表的人感觉更幸福，适应性更强。

2. 人格因素

人格可以包括非常宽泛的内容，这里仅涉及几种与心理健康素质关联较大的人格因素，包括气质、控制定位和归因风格、应对风格、依恋关系类型。

（1）气质

气质是个体幼年开始就表现出来的一种一贯性的行为反应风格。与心理健康有关，并且得到较多研究的是困难性气质，这种气质与适应困难有关。虽然在困难性气质的概念上还有争议，但多数研究显示这种不适应性气质特征与儿童、青少年情感障碍和问题行为有关。凯根等提出抑制型和非抑制型儿童的概念，他认为，抑制型儿童的动作是有监控的、抑制的、温和有礼的；而非抑制型儿童是自由的、精力充沛和自发的。前者在面对不熟悉的人、环境或挑战时更容易焦虑，凯根把它称为“陌生焦虑”。抑制型儿童在青少年期和成年后，处在新环境里感到不舒服时，他们会表现出社交退缩。

（2）控制定位和归因风格

控制定位是个体认为发生在自己或别人身上的事情是否可控的个人信念。归因是指一个人对一个特定事件的原因的解释。

研究发现，儿童对其成功结果的解释方式不同，心理成效不同。一些人采用自我控制取向。他们把成功归于能力，把失败归于外在因素（考试太难，问题模棱两可）或不稳定性因素（只要努力，就能做得更好）。这些儿童能保持自信，维持自尊，会继续追求成功。与此相反，另一些儿童采用习得性无助取向，他们总是把成功归于不稳定的和外在的因素（努力、运气）。他们不能在成功中体会到自豪和自尊。但他们却喜欢把失败归于稳定的、内在的因素（低能力），从而降低他们的成功期待和在困难面前的坚持性。他们放弃继续尝试和努力，表现出无助和抑郁。Burger 对大学生研究发现，外控的大学生比内控的大学生有更多的自杀念头。

研究者发现，随着个人经验的增加，每个人都逐渐发展出一种独特的归因风格，在面对特定事件时倾向于按自己的“风格”做出归因，这种归因风格应该是心理素质的组成部分。

（3）应对风格

应对是指个体处在困难情境、面对压力时保护自己并设法满足需要的行动。研究表明，儿童在很早就学会了一些特定的应对方式，随着儿童的成长，原有的应对方式不断地精炼和强化，逐渐形成了一个人独特的应对风格。已形成的应对风格有一定的稳定性，当个体面临新的应激情境时，他倾向于用已经有的应对策略做出反应。例如，已有研究表明：面对压力时，有的个体倾向于以情绪反应为主，有的却以问题解决为主，这是两种明显不同的应对风格。而问题解决取向的应对更有利于心理健康。

（4）依恋关系类型

英国精神病学家 Bowlby 于 1969 年提出依恋的概念。依恋行为是个体获得或者保持与另一确定的且被认为能更有效地应付环境的个体进行密切联系的行为。Ainsworth 在著名的“陌生情境”中发现婴儿可大致分为三种类型：安全型、焦虑—回避型和焦虑—矛盾型。不同依恋类型的依恋儿童具有不同的行为方式和人际关系。安全型依恋的儿童更具有社会竞争能力和社会技能，更容易接触新鲜的事物和人。

按照客体关系理论，早期依恋经验深刻地影响着个体的人格发展。不同依恋类型其实就是某些人格类型的雏形，依恋理论的一个重要概念是“工作模型”，是指在孩子生命的头几年里，由依恋类型而来慢慢形成的一些关于自己和关于依恋对象的一些内化的结构，这个模型一旦形成，它就以内化的机制的形式调节着孩子的思想、感受和行为，尤其是跟父母和别的类似关系的人的互动行为。显然，依恋类型和工作模型概念，跟一个人的心理健康行为有密切的关联，它们是跟心理素质概念在同一层面的概念。

我们认为，心理素质是以个体的生理条件和已有知识经验为基础，将外在获得的刺激内化成稳定的、基本的、衍生的并与人的适应行为和创造行为密切联系的心理品质。这种表述体现了心理素质形成的生理、心理和外部条件，概括了心理素质的稳定性、基本性、衍生性和整合

性等基本特征，表明了心理素质是一个复杂、同构的自组织系统。

二、大学生心理素质优化的必要性与可能性

（一）大学生心理素质优化

大学生心理素质优化是指大学生通过接受心理健康的理论知识、团体实践和心理文化的影响，达成心理结构和心理品质的良好状态。

（二）大学生心理素质优化的必要性

“大学生是特殊的群体，他们内心世界相对复杂，有更高的心理境界和心理需求。大学生正处于心理发展阶段的转变时期，社会转型时期各种价值观的冲击等均可能使他们处于行为和情绪的混乱状态，这使得大学生成为心理危机的高发群体。”“一方面是心理呵护的渴求，另一方面面对的是生存焦虑、生活重压、学业紧张、就业恐惧的这一相反环境。”大学生的心理优化更具迫切性。

1. 生存焦虑

人际冷漠、诚信危机；法治不健全、坑蒙拐骗时有发生；人文精神失落……构成了孩子们无法想象或有悖于他们想象的生存空间。环境污染、资源匮乏、人口膨胀、大自然报复、“黑洞”、土地沙化、自然灾害频频；恐怖主义、美国“九一一”事件、伊拉克战争、利比亚动荡；癌症、艾滋病、疯牛病、SARS……处处充满陷阱，生存环境危机四伏。大学生在刚刚告别人生阶梯第一层迈向第二层，用好奇、怀疑、惊恐的目光审视这一切时，得到的是更加的不解和惊恐。

2. 生活重压

和父辈比较，他们是幸福的一代又是不幸的一代。父辈虽然是饿着肚皮长大的，但精神上是放松的，没有什么课外练习和家庭作业，每天都是放学—回家游戏。虽然没有高科技玩具，但顺应儿童本性地玩水、玩沙、过家家、捉迷藏……玩得是日落月偏西。而他们这一代物质生活无忧无虑，可以说要什么有什么，可以做到“衣来伸手饭来张口”，然而，却是“精神苦囚犯”。

（1）家庭的压力

中学时代始，他们就开始承担父母、祖辈全部期望与梦想。父母成功的经验、失败的教训都要堆放于他们幼小的肩上。成功“苦”作舟的经验需要继承；未圆梦的苦涩需要他们予以“补偿”——圆父母未圆之梦。人的全面发展是人性之本。父母子女是血亲，虽有遗传但毕竟不是“克隆”，子女们有自己的个性、爱好兴趣，但他们却失去了“自我”。生活的“主体”严重错位，幻想的长大后的生活图景与现实大相径庭。

（2）网络的挤压

网络虚拟的“真实”世界与真实世界的“虚拟”反差巨大。长期的网络生活会带来情感自我迷失。青年处在情感体验的高峰期，或喜或悲，或乐或愁，或爱或恨都有强烈的表现，青年正是在这大起大落情感的不断调整过程中逐渐完成其社会化的。“也就是说，青年的成长过程需要这种大起大落情感的表露，需要自我情感与社会发生冲突的机会与场所的存在。真实情感的表露与交流是建立在人与人之间的，而今被人机关系所取代，长期人机对话，使大学生逐渐形

成了对网络的依赖心理，不愿接受他人情感的表露，变得沉默寡言；网络锁住了他们的身心，使他们忘了交友，忘了多彩的现实生活。”

（3）人际关系不适

独生子女大学生交往需要迫切，原因在于：一是情感补偿性所致，没有兄弟姐妹的情感体验，希望通过交往获得情感补偿；二是因为父母呵护过多，缺乏生活锻炼，独立性差，具有强烈的依赖心理。可是，大家都是“小王子”、“小公主”，习惯以自我为中心，缺乏社会责任感，都只希望别人顺从自己，照顾自己，不懂或很少意识到为他人着想，缺乏交往经验。这是一把双刃剑，一面是强烈的渴求，另一面是经验的匮乏，形成强烈反差，一时无所适从。

（4）大众文化无所适从

世俗化使得“人性”“人情”受到关照，然而，理性的损伤是一大缺憾。随着市场经济的发展，道德出现滑坡，大众文化日趋庸俗化，快餐文化、综艺时尚、宫廷戏、调情的“美女作家”风靡；审美观念：感官刺激；审美风格：“酷”；审美价值：本能张扬，典型表现是“图书馆尴尬再尴尬”，阳春白雪无人问津，全是支离破碎的“拳头＋枕头式的作品”。缺少历史感和现实感，缺少真切的生命体验和人生况味，那些如痴如醉的青少年“偶像剧迷”们，何处去寻觅自己的社会身份和脚踏实地的人生之路？“酷”不顾及什么伟大的神明，标榜活得自由洒脱，体现的是价值选择多种多样。然而，青年价值观并不是天然合理的，也包含一些和主流文化、主导价值观格格不入的东西。大学生价值观主要来自于书本、影视情节，但瞬息万变的大众文化、媒体不断刷新和改写着他们的价值观。

3. 学业紧张

面对“万般皆下品，唯有读书高”的旧观念，人才竞争激烈的新现实，大学是自救的唯一出路。高考扩招，舒缓了孩子们的神经。可一回头人们猛然发觉，真正的竞争在“中考”！中考失败了，何谈“高考”？谁不知素质教育的科学性与重要性？然而，哪个父母愿意拿自己的孩子的前途做试验？哪个学校敢拿自己的饭碗开玩笑？于是，出现了国家减负、学校应付、家长加负的怪现象。素质教育不完善、评估机制不配套，结果反而加重了学生的课业负担。作为应试胜利者的大学生，因为其惯性思维，一时难以适应高校的学习方法、教育方法。毕业就等于失业的呼声以及沉重的就业压力让大学生难以承受却又无所适从。

这些问题如果不能得到及时、有效的指导和解决，不但影响学习效率，造成人际关系不协调，严重时还会引起心理疾病等后果，给学生的成长和家庭、学校、社会带来极大的损害和不稳定性影响。目前，国内各高校的心理咨询和心理健康教育发展迅猛，心理健康课已经成为我国大学生的必修课程，大学生又是心理危机的常发者，所以有必要在心理健康教育中增添关于心理危机的内容。有效地开展大学生心理健康教育工作，对大学生心理危机的产生根源及预防策略进行探索和研究是非常有必要的。

（三）大学生心理素质优化的可能性

心理素质在人的整个素质系统中起着基础与支架的作用，它不仅为生理素质与社会素质的发展提供保证，而且也直接渗透在其他素质之中。心理素质的优劣影响和制约着人的全面素质的发展，大学生的心理发展正处于青年中期，正在走向成熟但又未真正成熟，具有一定可塑性。同时，大学生对自身发展有较高的期望，对于培养良好的心理素质具有自觉性和主动性。因此，

大学生心理素质的优化不仅必要，而且可能。

1. 大学生心理的已有发展水平为实施大学生心理素质教育奠定了心理基础

大学生的情感、兴趣、性格、能力、智力、世界观、价值观、人生观、自我意识、社会性需要等各方面心理都较中小学时期有了较大程度的发展，其中，特别是大学生自我意识的发展水平为大学生的心理素质教育奠定了重要的心理基础。自我意识是一种多维度、多层次的心理活动系统。自我意识表现为个体对自己的思想认识、情感行为、个性特征和人际关系等各方面的认知、感受、评价和调控。

大学生自我意识的发展主要表现在：

①大学生能在一定范围内反映自身的心理状态、心理特点和心理品质，能把握自己的需要、愿望和动机，能较为客观地认识自己的内心矛盾和情感冲突，能认清自己心理上的某些缺陷；

②大学生能在一定范围内认识和把握他人的心理状态、心理特点和心理品质，能认识和理解他人的心理矛盾；

③大学生能客观地认识到社会和家庭对其心理素质方面的要求，也能在一定程度上反映自己已有的心理素质状态与社会的客观要求之间的差距，显然，大学生的自我意识水平为大学生的心理素质教育提供了重要的心理保证。

2. 大学生心理的可塑性较高是实施大学生心理素质教育的基础

大学生处在人生发展的青年中期和青年晚期，正在逐渐完成向成人期的过渡。从其心理的发展看，大学生的观念、态度、能力、情感、性格、意识等虽有一定程度的发展，但都尚未完全定型或成熟，所以，尚可以加以塑造。而另一方面，大学生心理的各个方面在大学时期是逐渐步入定型、成熟的关键阶段，因此必须加以塑造。所以，抓住大学生心理演化或转变的这一契机，对大学生实施心理素质教育，把大学生心理的发展纳入健康的发展轨道，培养大学生良好的心理素质是完全可能的。

3. 大学生具有较强烈的心理调整愿望是实施大学生心理素质教育的动力

首先，由于大学生处于人生问题较多的年龄阶段，他们除了遇到较多的学习问题、生活问题之外，还遇到诸如性、恋爱、就业等多方面的问题，这些问题为大学生带来了较其他年龄个体更多的心理矛盾和情感冲突，所以，大学生了解自身的心理状态并采取措施调整自身心理状态的愿望较强烈。其次，由于大学生处在青春期阶段，其心理发展的一项很重要的任务是要完成从半依赖、半独立、半成熟的状态向独立和成熟的状态的过渡，他们往往想表现出如阿德勒所言的“独立性、和成人平等、男子气概或女人作风等”，大学生的这种强烈的成人感要求是大学生心理调整愿望较强烈的重要因素之一。此外，由于大学阶段不仅是为大学生步入社会走上工作岗位进行知识和技能准备的阶段，而且也是为其未来的工作和生活进行心理准备的阶段，大学生的这种特殊的学习方式也决定了大学生心理调整的愿望往往是强烈的。

4. 高校环境为实施大学生心理素质教育提供了最佳平台

如果说大学生心理的已有发展水平、心理可塑性较高和心理调整的愿望较强烈等心理特点是其心理素质教育的必备内部心理条件的话，那么高等学校所具有的独特的环境条件则为大学生的心理素质教育提供了最佳的外部结合点。这是因为：

①高等学校具有的不同于中小学校的独特的文化、科学、艺术和学术等氛围对大学生良好的心理素质的形成和发展具有潜移默化的熏陶作用；

②高等学校丰富的图书资料为大学生的心理素质教育提供了丰富的营养源泉；

③大学生与同学和老师较多的接触、交流机会对大学生心理素质的改善起着极为重要的作用；

④大学生不再以考试和升学为中心目标的学习活动方式为大学生提供了学习和培养良好心理素质的时机。

通过以上分析可以看到，对大学生实施心理素质教育既具备了必要的内部心理条件，又具备了必要的外部环境条件，所以说，对大学生实施心理素质教育是完全可能的。

关于心理素质优化的研究，国内学者冯有明提出在部队进行思想、心理育人模式的实证研究；樊富珉提出应该进行心理素质的优化研究，培养全面发展人才；纪宏对高师院校大学生心理素质进行了调查并提出自杀危机干预；王文弛、孔燕等对大学生心理素质提高进行了许多有益的理论探讨；陈国海提出心理训练是提高大学生心理素质的有效途径；但是在大学教育实践中，心理素质优化的标准、心理素质优化的有效途径和方法，尚缺乏科学的系统的实证研究，尚没有建立一套科学、有效的心理素质优化模式。

我们认为，大学生心理素质的提高与相关心理知识的学习、心理调节技能的获得和校园心理文化的影响是分不开的。

三、大学生心理健康教育是心理素质优化的核心路径

大学生心理素质教育问题的研究始终是一个热点。概括起来，现有研究集中在两个方面：其一是理论探讨，主要研究大学生心理素质教育的模式和原则、内容和目标、措施和方法等基本理论问题；其二是实验研究，主要验证大学生心理素质教育的有效性，探索心理素质教育的实际训练方法。比较而言，理论探讨强调研究的系统性和逻辑性，而实验研究强调研究的技术性和操作性。

（一）大学生心理素质教育的理论探讨

1. 关于模式和原则

王平总结探索出“三三六六一体化”的大学生心理素质教育模式，即建立三维组织机构，形成三元咨询队伍，做到六个结合，达到六个目标，从而实现大学生心理素质教育的一体化。王建中提出“3×3+1”的大学生心理素质培养模式，即营造1个良好的心理素质培养环境，确立3条心理素质培养主渠道（心理健康教育的课堂教学、学生政工干部工作、心理健康教育机构活动），针对大学期间3个不同阶段（大一阶段、大二和大三阶段、大四阶段）的心理特征，有目标、有步骤地进行培养。徐俊川认为，当代大学生心理素质教育应坚持“两结合”原则（心理素质教育与21世纪社会发展和社会主义现代化建设对人才的需求紧密结合、与当代大学生个体心理发展规律和特点紧密结合），注意“两为主”原则（心理素质教育应以学生为主体、以提高学生的非智力心理素质为主），贯彻系统原则。

2. 关于内容和目标

冉武红认为，培养大学生健全心理素质的主要内容有：快速适应新环境的能力，坚强的意志，稳定、乐观豁达的情绪和情感，建立和谐人际关系的知识和技能，正确、客观、全面的自我评价，健康的性心理。沈小碚认为，高师生心理素质教育目标体系的构建有6个方面的基本

内容：智能开发、非智力因素的培养、环境适应教育、人际关系和谐教育、健康人格的教育、维护心理健康的教育。

3. 关于措施和方法

樊富珉从教育实践中总结出大学生心理素质教育的措施：开设心理学课程，系统传授心理学知识；设置心理教育机构，开展心理咨询服务；开展新生心理健康调查，做到心理问题早期发现与预防；培训师生心理卫生骨干，增强全员心理健康意识。岳晓东提出大学生心理素质发展之隐性课程大纲的概念，认为个人的主观能动性对人格发展起着主导作用，大学生需要通过对具体生活事件的不断认识和妥善处理来逐步实现心理素质的完善，这种隐性课程大纲的实施方法可以是有意识的自学活动、对各种生活事件的领悟学习和广泛的社会生活实践。

（二）大学生心理素质教育的实验研究

1. 关于心理素质教育的有效性

樊富珉等设计了15节课程的心理素质培养教育计划，采用讲座、活动、行为训练、角色扮演、讨论等形式，对大学生进行了为期一学年的心理素质教育活动，经实验班和对照班的比较分析，证实心理素质教育对改进和提高大学生心理健康确实有效，并提出了理论与实践相结合的心理素质培养方法。刘晓明采用自然实验法，选取自我认识、认知、情绪、个性等基本心理品质和学习、交往两项主导活动作为课程的重点内容，对实验班开设一学期的大学生心理素质教育课，实验结果验证了心理素质教育对大学生的智力发展有积极影响，对大学生的非智力因素有直接的促进作用。

2. 关于心理素质教育的训练方法

马颖生、刘宁通过实验考察了艺术体操和健美操对大学生心理素质的影响，结果证实在艺术体操课和健美操专项课中渗透心理训练，能增强大学生的自信心，发展其个性心理特征，有效地促进大学生身心的全面发展，是培养大学生心理素质的有效途径。林少真、陈华、洪鸿等采用团体心理辅导的方法对大学生心理素质进行教育干预，经实验组和对照组在干预前后的差异比较，发现团体心理辅导能够促进大学生某些人格品质的发展，有助于大学生改善人际关系、解决心理困扰、降低焦虑水平、增强适应能力，证实团体心理辅导对于优化心理素质有积极作用，是培养大学生健全心理素质的一种有效方法。

从理论探讨到实验研究都把心理健康教育作为大学生心理素质优化的核心路径。

第三节　心理健康教育及其功能与原则

一、心理健康教育的含义

大学生心理健康教育是指教育者根据大学生生理、心理发展的特点，运用心理学等多种学科的理论与技术，对大学生进行心理健康知识与技能的教育与训练辅导，培养大学生良好的心理素质，促进大学生身心全面和谐发展和整体素质提高的教育活动，是学校素质教育的重要组成部分，对大学生身心健康成长和发展、思想品德的教育以及社会主义精神文明建设都具有重要的意义。

二、当前心理健康教育中的认识误区

目前，人们对心理健康教育的目标和功能还存在一些认识误区，结果人为地窄化了学校心理健康教育的基本目标，弱化了心理健康教育的基本功能。若不及时澄清，我国方兴未艾的心理健康教育就难以发挥其应有的作用。

（一）德育途径论

该观点把学校心理健康教育视为德育的一种途径。诚然，学生道德品质的形成与某些心理发展水平密切相关，但心理问题与道德问题，无论从问题的特质、内容，还是从产生根源上看都不是一类问题。青少年儿童的心理问题主要是其发展中伴随的个人问题，较少直接涉及与社会规范关联的道德问题。从功能看，心理健康教育应促进整个素质教育目标的实现，其中包括德育目标的实现，但心理健康教育不应只看作是实现德育目标的途径，它是素质教育的有机组成部分。

（二）心理障碍矫正论

这种观点认为，学校心理健康教育的目标和作用就是消除学生的心理障碍、心理冲突等心理问题。不错，心理问题的消除是心理健康教育的功能之一，学校心理健康教育应该面向全体学生，其主要目标是指导学生积极适应，促进学生心理健康发展。因此，学校心理健康教育不只是针对少数有心理问题学生的防范性教育，而应是针对全体学生的发展性教育。

（三）人格补救论

认为学校心理健康教育是对人格有缺陷学生的一种心理补救，目标是使这类学生形成完善的人格。人格作为人的心理素质的重要组成部分，心理健康教育有促进学生人格完善之功能，但学校心理健康教育不应只针对少数有人格缺失的学生，而应促进全体学生人格的完善。同时，促进学生人格的完善也只是学校心理健康教育的目标之一，它的总目标是全面提高学生的整体心理素质。

三、心理健康教育的基本功能

（一）促进和维护大学生心理健康和健全的人格

大学生心理健康教育的首要功能应是促进和维护学生的心理健康。大学生心理健康教育应运用现代心理科学，尤其是健康心理学的理论和方法，针对大学生学习、生活、交往中出现的各种心理问题，采取科学有效的干预措施，消除大学生的心理障碍或矛盾，使其心态平和、情绪稳定、积极进取、思维灵活，从而成为一个心理健康的人。心理疾病的发生，有一个从量变到质变的过程。重视心理健康，就应注意防止和消除产生心理疾病的各种因素，以防止病变的发生和发展。人的心理疾病，大多数是在成长过程中受到各种社会因素的影响而逐渐积累形成的。如果发现有了心理病变的苗头，就应及时采取适当措施，使它在量变过程中得到以终止和消失；如果确实患了心理疾病，应极早积极地治疗，使之尽快恢复健康。心理健康教育的另一个基本目标是帮助大学生形成健全的人格。

（二）促进大学生智力和能力的发展、提高学习效率和适应能力

实践表明，心理健康的人经常处于轻松、愉快、乐观的心态下。这种心态可以使人记忆力

增强，观察力提高，并能充分发挥个人潜能进行高效率的学习，实现智力的充分发展。此外，心理和行为是不可分的，良好行为习惯总是受良好的心理素质支配，同时良好行为习惯的养成又可内化并积淀为良好的心理素质。人的心理素质一经形成，在相应情境中就会产生情景性条件反应，表现出与之匹配的行为，进而形成并表现为一定的适应能力。大学生心理健康教育可以根据大学生心理与行为中出现的问题采取科学有效的教育方式，帮助其养成良好的行为习惯，提高其社会适应能力。在人际交往中，心理健康的人能够适应多变的环境，融洽人际关系，博采众长，保持心理平衡，从而创造出更大、更多的智力成果。

（三）促进大学生提高德行修养，培养良好品德

把心理健康教育仅仅看作德育的途径是不恰当的，把学生心理问题当成道德问题更是常识性错误，但心理健康教育对学生良好品德形成的促进作用是不容忽视的。个体良好品德的形成不但与学生的理想、信念有密切关系，而且与其社会道德认识、情感、态度和行为评价等心理因素紧密联系。心理健康教育从学生具体心理需要入手，强调针对性、主体性和自我内化体验等思路和方法可以迁移到品德教育之中，能提高学校德育的效果，有利于学生良好品德的形成。没有健全的人格就不可能有高尚的品德，如热爱集体、公正无私、正义感、同情心等。因此，大学生心里健康教育必须注重培养学生的思想品德，帮助其树立正确的价值观、人生观、世界观，完善其人格结构，提高其心理健康水平。

（四）促进和增进大学生的身体健康，培养和发展学生的主体性

心理原因越来越成为影响人体健康的重要因素，许多身体病变都是因心性的，也就是说学生经常出现的失眠、头痛、焦虑甚至感冒、发烧、拉肚子等身体疾病的症状都可以找到心理方面的原因。

因此，对大学生进行心理健康教育，使学生掌握心理健康的正确观念和知识，可以促进学生身体素质的发展和提高，增强其抵抗疾病的能力。同时，心理健康教育应坚持以人为本，强调尊重、理解、信任学生，使学生感受到自身的存在与价值、优点与缺点、长处与短处、现实与未来，能更有针对性地确立人生目标，选择自己的成才道路，找准自己的位置，在学会处理与社会、他人的关系中完善自我，促使其人格升华和完善。遵循心理健康教育的规律，要充分发挥心理健康教育独特的教育功能，还需在实际的教学、咨询、辅导中制定或选择一系列科学实用的教育实施策略，使心理健康教育实现具体化、最优化和现实化。

四、心理健康教育的原则

（一）尊重原则

在心理健康教育过程中，教师必须尊重学生的主体地位。首先，要尊重学生的隐私。人的心理活动有其隐蔽性的一面，就是学生也常常有保留秘密的愿望，他们希望通过心理健康教育来解决心中藏而不露的一些心理问题。因此，作为教师，要尊重维护学生的权益，保守其个人隐秘，绝不利用对方来牟取自身的个人利益。其次，要注意运用自己的情绪情感去感染学生，以情动情。要学会用真情代替厌恶，用热情代替冷漠，用关心、安慰去减轻学生心里苦闷和心理负担，缓解学生紧张的心理状态，使之能自由地、尽情地表达其矛盾的心理和压抑的情感。最后，要善于变换角色，设身处地为学生的处境和心理着想，深入学生内心深处，了解学生所

思所忧，以心换心。

总之，要真诚、平等、友好地对待学生，不要歧视他们、排斥他们，使师生之间建立相互信任、理解、尊重与合作的良好关系，从而形成积极的心理氛围。

（二）教育原则

近年来，一些传统的认识受到新观念的挑战，而学生的世界观、人生观和价值观有待进一步提高和完善，还没有能力解决认识的矛盾。教师通过心理健康教育活动，启发学生暴露思想矛盾，然后循循善诱，使学生在新旧意识形成的冲突中成为正确思想的主人。教师在心理健康教育过程中，要善于帮助学生看清事实，辨清是非，指导他们自己去做出是非判断和行为抉择，使他们学会辨别真善美与假恶丑。同时，要针对学生的具体情况提出积极的分析意见，鼓励其以积极进取的精神，树立正确的世界观、人生观和价值观。对一些不良的问题行为，如傲慢、报复等要做出耐心细致的教育工作，必要时可做出相应的处理，并通过行政手段，让其做出深刻的自我批评和改正的保证。

（三）差异性原则

差异性原则是指学校心理健康教育要关注和重视学生的个别差异，根据不同学生的不同需要，开展形式多样、针对性强的心理健康教育活动，以提高学生的心理健康水平。人是有差异的，青年学生也不例外，他们具有自己的个性特点，拥有不同的社会背景、家庭环境、生活经验和价值观念。学校心理健康教育不是要消除这些特点与差异，相反是要使学生的差异性、独特性最合适而完美地展示出来，也可以说，这是学校心理健康教育的精髓所在。强调差异性，也就是要求心理健康教育同学校教育教学工作一样，因材施教，有的放矢，重视个别差异，根据学生心理发展特点和身心发展规律，有针对性地实施教育，使每个学生的心理健康水平得到提高，最终实现全体学生心理素质的提升。贯彻差异性原则，首先要了解学生的个别差异，如年龄差异、性别差异、学习差异、思想差异和心理差异等；其次要区别对待不同学生，灵活采用不同方法、手段和技术，充分考虑学生的年龄特征和个性特征等，具体运用心理健康教育的原理和方法；最后要认真做好个案研究，积累资料，总结提炼，增强个别教育的实效。

（四）针对性原则

在心理健康教育过程中，教师对不同的对象及不同的心理问题、心理疾病应采用不同的方法。如：在心理咨询过程中，对患有恐惧症的学生，应采用系统脱敏法治疗，这种方法是应用经典条件反射原理，逐步使正常反应加强，不正常反应消失，从而达到行为矫正的目的。让学生分步接触会引起敏感反应的事物，由反应程度轻的逐步过渡到反应程度重的，使之逐渐习惯，进而消除其敏感性。对同性恋者或其他变态的同学，应采用厌恶疗法，即应用处罚的方法来消除他们的不良心理行为。对具有懒惰心理的学生，要帮助其树立正确的人生观、世界观，或帮助他们制定切合实际的奋斗目标，使他们的情感、意志受到目标的控制；或引导他们从先进人物、先进事迹中汲取动力，唤起他们的进取意识。对存在表现心理的学生应创造条件，使他们有施展所长、取得成绩的天地，用他们身上的积极因素促进其消极因素的转化。

（五）及时性原则

有些心理问题产生于一时一事，从时间角度上讲是短期的心理问题，从程度上讲是一般问

题。如果不及时进行心理指导，预防调治，就很可能由短期心理问题发展成长期的心理障碍，由一般的心理问题发展成为严重的心理障碍，甚至是心理疾病。这就要求从事心理健康教育工作的教师，要善于观察学生的一举一动，密切注意学生的各种不正常言行，及时发现学生的心理问题，及时给予疏导、解决，减少心理疾病的发生，提高学生的心理健康水平。

（六）客观性原则

一是要依据客观现实，不添油加醋，不夸大缩小，不歪曲事实，不向学生强加任何主观猜测，针对青年学生在学习、生活、交往、就业等过程中的矛盾冲突所引起的种种心理问题，以及由此而产生的对社会中的人与事的不满言行、错误观点甚至敌对情绪与态度，教育者不应随便附和他们的观点和思想情感，而应该实事求是地分析。二是要顺应青年学生身心发展的特点和规律，对青年学生心理状况进行动态分析。不仅要看到青年学生心理的现状，而且要了解他们心理的过去，预见他们心理的发展趋势，从青年学生心理发展的全过程中去把握他们心理的特点及其发展变化的规律性，不断研究新情况、新问题，增强工作的前瞻性，从而更有实效地进行心理健康教育。

（七）整体性原则

一是指在心理健康教育过程中，教育者要运用系统论的观点指导教育工作，注意学生活动的有机联系和整体性，对学生的心理问题作全面考察和系统分析，防止和克服教育工作中的片面性；二是心理健康教育要面向所有学生，全体学生都是心理健康教育的对象和参与者，学校的一切教育特别是心理健康教育的设施、计划、组织活动，都要着眼于全体学生的发展，考虑到绝大多数学生的共同需要和普遍存在的问题。

第五章　当代大学生心理健康问题的差异

第一节　年级差异

由于在校学习时间、需要解决的具体任务、社会经验、独立自主能力等方面的不同，大学生心理健康状况存在很大的年级差异。

一、低年级阶段心理问题

低年级（大一）大学生刚进入大学，面临的首要挑战就是适应全新的大学生活。大学里全新的学习内容、与中学不同的教学风格与教学方法、新的生活环境、新的人际关系等，让大学生经常处于紧张、焦虑状态。很多不能及时调整学习方式、生活自理能力较弱、社交能力较差的学生不能积极地适应大学生活，形成一定的自卑、孤独、焦虑以至于恐惧心理等环境适应性障碍，影响了他们的心理健康。

二、中年级阶段心理问题

中年级（大二、大三）大学生已经基本适应了大学生活。在这个阶段面临的主要困惑是专业、情感和大学规划问题。随着专业课程逐渐增多，难度加大，一些学生不愿意花时间花精力投入学习，导致学习成绩越来越不理想，继而更加缺乏学习热情，对整个大学生活也开始缺乏热情；一些学生不能适应大学的教学方式，不能改进自己的学习方法，导致虽付出努力但学习成绩却不理想，从而自信心降低，并产生焦虑情绪。随着性生理、性心理发育、性亲近期的到来，恋爱成为大学阶段客观存在的问题，能否正确处理恋爱与学习、生活的关系影响到大学生的整体发展。

有很多学生因为失恋导致了长期的抑郁和焦虑情绪。对大学阶段是否有合理的规划也影响着大学生的心理状况。目标明确、规划合理的大学生往往会觉得大学生活非常的充实、丰富多彩；而规划不清晰的大学生，往往缺乏生活目标和奋斗的方向，常常觉得大学生活没有意义，对未来很迷茫，甚至有混日子、混文凭的想法，这类学生容易产生压抑、郁闷、焦虑的负面情绪。

三、高年级阶段心理问题

高年级（大四）大学生在就业、升学、情感等方面的压力超过低年级。就业形势的严峻、考研竞争的激烈让很多大学生出现迷茫、紧张、焦虑、恐惧的情绪。考研的失败、求职过程中的屡次受挫也容易让大学生产生无助和自卑的心理。一些毕业生缺乏个人职业规划和生涯规划，不知道自己将要做什么，自己能够做什么。从而产生了彷徨无助和紧张焦虑的情绪。另外，与老师、同学及朋友即将分离也使大学生容易产生依恋不舍的悲伤情绪。还有部分大学生因为就

业、读研的原因与恋人分开，从而产生了痛苦、焦虑的情绪。一些没谈恋爱的同学也可能存在焦虑情绪，因为毕业后进入社会就成了大龄青年。

针对以上问题，心理健康教育要根据学生在不同年级的心理特点，分阶段对学生进行专题健康教育。大学新生刚刚步入新的环境，建议要先从生活方式、学习方法与适应能力教育人手，鼓励新生多参加集体活动，建立良好的人际关系，提高自我管理能力。针对中年级学生进行职业规划和生涯规划教育；开展情感系列讲座以及青春期性保健知识类讲座，普及医学科普知识，教授学生正确处理好恋爱与生活、学习的关系，树立正确的婚恋观；加强意志锻炼，加强各种技能的学习和锻炼，使其毕业时能够适应社会需求。针对高年级学生，开展考研及就业方面的指导，明确奋斗目标，引导其选择适合的职业，明晰职业与专业的关系、职业与爱好的关系、正确看待和处理各种社会现象以及正确认识自我和社会，等等，完成从一个学生到一个社会人的转变。同时，在毕业前夕，要引导毕业生对大学满怀感恩，对未来满怀憧憬，快快乐乐、平平安安地毕业。

第二节　性别差异

男性和女性之间本身就存在心理特点的性别差异，两者在心理健康问题倾向方面也存在不同。有学者采用 SCI—90 心理健康问卷对不同性别大学生进行研究，调查发现，有心理问题倾向的男生在躯体化、敌对、偏执和精神病性方面的得分明显高于女生，多刚强、自信，情绪易暴躁，易对抗、攻击。女生一般胆小、怯懦、多虑、敏感、感情脆弱、情绪易波动，所以在人际敏感、抑郁、焦虑、恐怖等几项高于男生。

一、女大学生常见心理健康问题与归因

大部分的调查研究都显示，女大学生的心理问题比男大学生更加明显。社会的发展推动着女性社会地位的提高，而这在很大程度上取决于女性受教育的程度。随着高等教育的发展，越来越多的女性进入了高等学府，高校中的女生人数比例也逐年增长。社会的发展、观念的转换及数量的增加使得女大学生心理健康问题日渐成为教育工作者的关注焦点。当前我国在校女大学生年龄一般都在 20 岁左右，相当于青春中期，这也是心理发展开始走向成熟的重要阶段，是个体心理变化最剧烈的时期，面临着很多成长中的困惑。

（一）女大学生常见心理问题

女大学生的心理问题主要体现在以下几方面：

1. 自主学习能力缺乏

一些女大学生学习的自制能力和约束能力较差，学习的积极性和主动性不强。甚至有的女生把主动性、独立性、竞争意识、事业心看成是男性化的品质，以至于产生“学得好不如嫁得好”的观念。一些女生学习积极性较高，刻苦上进，但因缺乏灵活的学习方法和没有掌握学习规律，对大学的学习仍习惯于采用原先的学习方式，造成成绩不理想，从而产生了学习焦虑和自卑心理。

2. 人际交往能力欠缺

人际关系是影响女大学生心理健康的一个重要因素。在大学阶段，个体独立地步入了准社

会群体的交际圈，大学生们开始尝试人际交往，并试图发展这方面的能力，为将来进入成人社会作准备。但是女大学生特有的焦虑、敏感、多疑等个性弱点直接影响到她们与同学的交往。有的女生因为人际交往技巧和经验的缺乏、性格内向或人际交往认知偏差，很少甚至不与同学、异性、辅导员及任课教师交往，在学生中处于被排斥和受冷落的地位，导致产生苦闷、压抑、紧张、焦虑的不良心境。

3. 情感调节能力不足

由于女性的弱势和从属地位，女大学生在情感中更易受到伤害。女生更容易把所有精力都投入到爱情中，甚至放弃了自己的学业和个人的独立与尊严。一旦感情受到挫折，便容易陷入苦闷和自卑，对身心造成压力和伤害，更严重的还会形成自闭、自暴自弃。

4. 就业竞争能力较弱

大学生的就业竞争日益加剧，面临着严峻的就业形势，女大学生就业难的问题也更加突出。女性在社会结构中属于弱势群体，传统观念对女性大学生存在的歧视和不公正待遇也会使她们产生心理障碍。女生自身的特点决定了她们更容易将这些压力逐步叠加，日积月累便容易导致抑郁等负面情绪。

（二）女大学生常见心理问题的原因分析

1. 个性原因

女大学生作为大学生中的一个特殊群体，除了具有大学生的共性特征外，还有其特殊的心理特征。与男生相比较，女生在情绪、自信心、依赖性心理、身体状况等方面较容易出现问题。许多调查表明，女大学生在智力上并不弱于男大学生，但在心理素质上的某些不足却直接影响了女大学生的发展与成才。女大学生在成才过程中比男大学生更易受到各种干扰，而其自身弱点又使她们抗干扰能力比较差。

她们的敏感性和情绪的易波动性使得她们更在意外界的议论与评价，更容易被别人的意见所左右，容易改变初衷、束缚自己、动摇决心。女大学生在意志品质方面的某些不足，如支持性、果断性、自制力较弱，使得女大学生的成就动机容易发生动摇，在事业追求上缺乏坚定信念与执着精神。诸多性别特点使女生比男生更易受到各种不良因素的干扰，影响到她们的心理健康。

2. 社会原因

当代女大学生普遍追求自主自立，推崇个性解放与自由发展，希望通过个人努力实现自己的目标和人生价值。但由于经济和社会发展水平的制约，传统文化中残存的男女不平等的观念，影响了女大学生的发展，女大学生比男大学生面临着更加复杂的社会环境和挑战，承受着更多的压力。虽然在高等教育中性别歧视已经基本消失，但每当毕业生求职时，女生面临的障碍远比男生多，女大学生往往受到用人单位的性别歧视。社会性别歧视给女生造成巨大的就业压力，导致其产生自卑失落、渺茫无助的心理失衡感，并进而成为其心理疾病的一个诱因。

二、男大学生常见心理健康问题与归因

（一）男大学生常见的心理问题

相对于女大学生，男大学生的心理问题主要反映在以下方面：

1. 综合压力更大

从社会现状分析，男性在事业方面的追求和对家庭所肩负的责任，使得社会和家庭对于男性更加寄予厚望，对男性的评价标准也更为严格，导致男大学生的综合压力会更大。进入社会后能否顺利地成家立业、事业上能否取得满意的成就、家庭是否美满幸福等，都会使男大学生内心存在一些焦虑和担心。

2. 调节能力缺乏

在成长过程中，男大学生和女大学生一样会遇到很多压力和挫折，但男大学生往往不愿意像女大学生那样以哭等方式主动宣泄出负面的情感，不愿意积极寻找各方面的支持以获得帮助，这就导致很多男大学生在遇到压力时不能及时调节、缓解，而是更加压抑，导致问题更加严重。

（二）男大学生常见的心理问题的原因分析

1. 个体原因

个体的成长经历在很大程度上影响着行为模式。男性从一出生，就被社会赋予为“坚强”的角色，他们在内心里也往往要求自己更加勇敢、独立。当遇到困难时，他们往往不允许自己展现出柔弱无助的一面，会尽力压抑住内心的负面情绪。而这种应对方式也常被社会视为“坚强”的表现，从而使这种行为模式继续被强化。

2. 社会原因

相比较于男性，女性往往被视为弱势群体，因此容易获得社会各方面更多的关注和支持。社会支持可以对个体起到缓解压力的保护作用，所以获得的社会支持越多，其心理健康状况越好，反之则相反。在获得支持和对支持的利用方面男生都低于女生，因而在缓解、调节压力方面途径更加匮乏。

针对男女生不同的心理特点和心理健康问题，心理健康教育工作要区别对待，有的放矢。作为人类的不同个体，男女两性存在着差异，但其也各有所长，且具互补之势。从智力上来说，男女两性的总体水平并没有太大区别，但各具特色：男性大多立体感较强，抽象思维敏捷，善于逻辑推理，但心思粗犷，缺乏表达能力；女生则多擅长形象思维，善于想象，语言表达能力强，思维缜密，善于交际，但抽象逻辑思维较弱。从非智力因素方面来说，男性具有责任感，独立意识强，具有坚定的意志，开阔的胸襟，但本身携带暴力倾向，表现冷酷，缺乏同情心；女性则心灵手巧，善解人意，富于爱心，但往往对男性过分依赖，缺乏独立性。对于男大学生，要多举办就业方面的培训和讲座，多为他们提供实现自我价值、展现自身才华的机会，增强他们对未来的信心；对于女大学生，要多给予关怀，培养她们的集体意识和主人翁意识，使其在学校中感受到温暖感和归属感。

在自我教育方面，女大学生在成长过程中也要不断克服在性别角色社会化的过程中形成的消极观念和社会偏见的影响，克服自身的障碍与弱点，尤其要注重自身良好心理品质的培养，培养良好的自我认知能力，培养善于协调与控制情绪、保持良好心境的能力以及培养良好的适应能力。

第三节　家庭差异

个体的成长经历和家庭环境对其人格特征、心理特点等各方面都会产生巨大影响，不同家

庭背景的大学生其心理健康水平存在差异。这里所探讨的家庭因素主要是经济困难、单亲和留守家庭。

一、经济困难大学生常见心理健康问题

（一）经济困难大学生常见心理问题的表现

经济拮据，生活贫困，再加之学习、人际关系、就业等方面的挑战和竞争压力，严重影响了经济困难大学生的心理健康，甚至影响到良好人格特征的形成，造成某些经济困难大学生忽略了对正确人生观的追求，甚至自暴自弃乃至堕落、犯罪。经济困难大学生的心理问题已经是一个不容回避的社会现实问题，其问题主要体现在：

1. 自我悦纳低

与非经济困难大学生相比，经济困难大学生自我悦纳程度往往比较低。他们对自我的评价常常不满意，自信心很低，不能肯定自己的能力，遇到事情时往往比较悲观，自尊心很脆弱，有自卑心理。

2. 人际关系敏感

进入大学后，一些经济困难大学生感觉自己在许多方面与其他同学差距悬殊，常常过于关注自己的贫困，在与人交往中过于敏感，自惭形秽，行为上表现出不合群，心理上表现出有很强的孤独感，严重者甚至自我封闭，由此导致了缺乏良好的人际关系。

3. 情绪压抑

文化价值观的碰撞、冲突，生活水平的反差，就业的困扰，人际交往需要的不能满足等打破了内心的平衡，使得经济困难大学生常常感到紧张、茫然、混乱、孤独寂寞、情绪低落，甚至出现过度持久的焦虑和抑郁。

（二）经济困难大学生心理问题的原因分析

1. 经济生活贫困

经济困难大学生心理问题的源头是经济贫困。一方面，由于家境贫寒，父母亲为了孩子能够上大学几乎倾尽了家庭所有积蓄，有的甚至负债累累。家境的贫寒和父母的期望使他们感觉到自己承受着改变家庭命运的巨大责任，往往使其产生很大的压力。另一方面，在学校里有很多家境富裕的同学，他们的日常消费与经济困难大学生形成了鲜明的对比，而且大学一般位于城市，更容易引发物质消费欲望，经济困难大学生往往很容易产生自卑感和不平衡感。

2. 文化教育落后

不少经济困难大学生来自经济不发达的农村，与城市相比，文化环境和教育条件相对落后。许多地方的农村，特别是边远山区，因为缺乏教师和设施，素质教育在这些地方的学校中往往很难实施，很多中小学音乐、美术、体育课都不能充分开设，外语、计算机等课程的学习条件也较差，因而导致学生综合素质不全面，个性得不到充分发展。进入大学后，他们面对各种文体娱乐活动无法参与，或者即使参加了表现也很不理想，从而导致了强烈的自卑感和失落感。

3. 学习动机狭隘

家境贫寒，经济困难的大学生从小就奋斗自强。他们往往学习十分刻苦，成绩优秀，家长们引以为豪，老师和同学们也大加赞赏，这些都满足了贫困生自尊的需要。进大学后，他们仍

将学习成绩作为证明自己的主要手段，渴望通过学习获得他人的尊重和赞许。但是，大学阶段的教学方式和学习方法与中学有很大的不同，需要较强的自学能力。经济困难大学生由于原先文化教育较落后，知识面较窄，外语和计算机基础往往较差，缺乏灵活应用知识的能力，导致学习成绩不尽如人意，由原先的鹤立鸡群转换成默默无闻的普通角色，于是变得自卑、焦虑、敏感、脆弱、封闭。

针对经济困难大学生的心理健康教育，建议根据他们的不同情况采取不同的教育方式。对于奋发自强却未取得理想成绩的经济困难大学生，应注重智商和情商的全面开发，加强成就教育，提高其成就动机；对于自卑、焦虑情绪强烈的经济困难大学生，要进行自信心训练和学习方法训练，使其树立合理认知，并及时提供支持与援助；对自暴自弃的经济困难大学生，要进行人生观教育，积极改变其不合理信念，引导其正确认识贫困，悦纳自我，克服自卑，完善自我人格，重塑健康的自我概念，促进自我意识的健康发展，积极地投入到学习与生活中去。

二、单亲大学生常见心理健康问题

（一）单亲大学生常见心理问题的表现

有研究者调查发现，来自单亲家庭的大学生的心理缺陷主要表现在情感、人格以及行为等方面：

1. 情感负性

著名心理学家林崇德教授曾运用情绪投射测验研究了来自完好家庭和离异家庭的子女的乐观、悲观情绪，结果显示“来自完好家庭的子女的情绪情感比较乐观，而离异家庭子女情绪低落，受压抑、烦躁冷漠、好孤独”。

2. 人格缺陷

个体的人格发展与家庭结构有着密切的关系。一个家庭父亲、母亲和子女形成“三角关系”，在单亲家庭中，父母一方的离去会使“三角关系”失去平衡，或父爱缺失或母爱缺位，从而对子女人格发展产生重大负面影响。

3. 行为问题

陈会昌等关于《离异家庭子女的社会性发展特点》的研究发现：“离异家庭子女在问题行为方面与完好家庭子女有巨大差异”，特别是在品德类的行为特征中，如撒谎或欺骗，做错事不感到羞愧，喜欢吹牛等项目上差异显著。

（二）单亲大学生心理问题的原因分析

一个人的成长离不开家庭环境、社会环境和自我认识这三个方面。单亲大学生心理问题的出现也和这三个方面密切相关。

1. 家庭环境

家庭常被视为人类性格的加工厂，它塑造了人们不同的人格特征。虽然家庭是社会的细胞，但它对家庭成员的健康成长却起到了至关重要的作用。影响孩子成长的家庭因素主要有亲子关系、家庭气氛和父母的教养态度。

心理学研究表明，在温暖、和谐、充满爱的家庭成长的人具有健全人格和积极乐观的人生态度。反之，在亲情淡薄、缺少爱的家庭成长的人容易形成不良的人格特征和消极的人生态度。

对于单亲家庭大学生来说，一方面，家庭结构的巨变，父爱或母爱的缺失，使他们容易产生一种被抛弃感，这种抛弃感直接影响到了单亲家庭大学生对自己和家庭的正确认识，随之而来出现了一些心理问题。

另一方面，家长教育方式不当也是单亲家庭大学生出现心理问题的一个重要原因。有的家长因个人情感生活的不如意，将生活中的不满和愤恨转化为一种观念加诸子女身上，这种有意无意的影响会使孩子形成错误的观念，产生怀疑、否定别人的心理和行为。有的家长对孩子过度宠爱，认为子女的抚养权争来不易，因此对孩子百般迁就、姑息，造成其任性、无责任感、专横和胆大妄为、问题行为较多。

有的家长由于要单独抚养孩子，因精神压力、经济压力、工作压力较大等种种原因，而无暇或无心顾及子女的学习和生活，忽视对孩子的教育，视子女为包袱，百般嫌弃，甚至虐待，这样的孩子往往出现自卑感强、抑郁、自尊心下降、敌意、怨恨、人际交往困难和退缩等意识行为。这些错误的教育方式直接影响了家长对子女的正确教育和引导，在一定程度上破坏了孩子正常的情感、情绪生活，造成了孩子身心的不良发展。

此外，由于缺乏与父母正常、必要的沟通，单亲家庭大学生的心理压力在一定程度上得不到及时、有效地缓解，这也直接促成了他们心理问题的出现。

2. 社会环境

一方面，社会对离婚现象存在一定的偏见，周围人的议论，媒体有意无意地评论，都会使他们产生强烈的反应，他们往往认为父母的离婚是见不得人的，是对自己的一种羞辱，唯恐他人谈起。另一方面，社会对单亲家庭子女问题的片面夸大也给他们的成长造成很大的心理压力。

3. 自我认识

单亲家庭大学生不良心理问题的形成与学生本人心理品质有着直接的关系。

常言道：在人的一生中总会遇到这样或那样的心理困惑，这对于每个人来说都是不可避免的。由于个体心理素质的差异、心理压力承受水平的不同，有人就容易产生心理障碍，有人却丝毫没有。一项调查分析表明，凡是有心理问题的大学生，绝大多数人的性格都是属于内向不稳定型的，属于黏液质或抑郁质，即他们的心理有一定的易损伤性和对生活事件的易感受性。其性格缺陷表现为：内向、心胸狭窄、神经质、多愁善感、自卑感重，适应环境变化的能力较弱，活动范围相对狭小。因此，个体心理素质的强弱，也是导致心理问题是否出现的内在因素之一。

在实际生活中，单亲孩子心理发展不一定必然反常，而双亲孩子人格心理成长状况也不一定必然正常。但是由于家庭结构的不健全，子女往往会失去与父母中的一方进行交流的可能，相对而言只能获取部分关爱，与正常家庭的子女相比较，其心灵会蒙上一层阴影，很容易产生敏感、自卑心理。同时，父母亲某一方的离去，导致其某一方的情感缺失，使其人格发展受到一定程度的影响，易形成压抑、孤僻的个性。

单亲孩子有时会得到更多的同情和关注，长辈往往对其更加呵护和容忍，这也容易造成单亲孩子形成以自我为中心的性格特征，导致一些问题化的行为。

针对单亲大学生，建议在日常生活学习中强化他们的交往意识，引发他们的交往需要，指导他们对待别人充满热情和亲和力，克服交往障碍，努力建立良好的人际关系。同时引导他们努力克服由于成长经历造成的人格缺陷，向健全人格的生活模式迈进，逐渐摒弃一些不理智的

想法和行为，消除自卑、敏感、敌意、冷漠、孤僻的心理，学习并获得爱别人的能力和被别人爱的能力，学会乐观、豁达、理智地看待事物和处理事情。

三、留守大学生常见心理健康问题

（一）留守大学生常见心理问题的表现

具有留守经历的大学生的心理问题主要体现在以下几个方面：

1. 自卑感强烈

相对于那些与父母生活在一起的孩子，有留守经历大学生在早年成长过程中很难充分享受到父母完整的关爱。留守儿童的父母长期与子女分离，没能从精神和情感上给予子女较多的理解和关爱。由于长期缺乏父爱和母爱，留守儿童有种被抛弃感，不敢和别人交往，不敢参加活动，长期地封闭自己，形成了较强的自卑心理。

2. 人际交往闭锁

有留守经历大学生在少儿时期亲子关系比较疏远，他们往往从小未能在家里获得适当的人际交往能力的培养，情感的缺失又易导致性格的孤僻，因而在学校与同伴群体的交往中，较为自卑、敏感，常常缺乏充分的安全感和信任感，很难融入同伴群体当中，人际交往十分闭锁。

3. 自我防御方式消极

过多使用消极的自我防御方式，容易产生更多的负性情绪体验，并且形成很多不良的问题解决方式，长此以往导致个体脱离现实，陷入更大的困境。有留守经历的大学生常常使用一些压抑、投射、否定、退缩等消极的自我防御方式，使得他们由自卑、自闭倾向引发焦虑、抑郁、恐惧等不良情绪体验，严重影响了心理健康。

4. 心理发展相对滞后

具有留守经历的大学生由于其特殊的成长经历，他们成长历程中的很多心理发展任务都未能完成好。所以这些学生面对自己来到大学后的发展任务，例如职业发展规划问题、学业发展问题、恋爱问题等，常常表现出不自信、迟疑、犹豫不决等特点，与同龄人相比其心理发展水平较低，从而产生了更多的内心冲突。

（二）留守大学生心理问题的原因分析

1. 留守经历导致情感缺失

长时间的亲情缺失、监护缺失，对留守儿童不论是在学习成绩上，还是在心理和人格的成长上都会产生不良影响。长期与父母分离，使得留守儿童的许多生理与心理需要没能得到满足，缺少与父母深层的心理沟通和交流，易产生自卑、沉默、悲观、孤僻等消极情绪。

2. 现实环境引发心理自卑

具有留守经历的大学生进入大学后，与城市学生相比较，他们在成长环境、家庭背景、生活阅历、个人素质、综合能力等方面都存在极大的差别。面对中国城乡发展的不平衡，以及对城市现代化生活环境的适应问题，都给他们造成很大的心理压力，往往会引发强烈的自卑心理。

因此，要引导有留守经历的大学生正确认识、评价自己的生活经历，理解父母亲的无奈与辛苦，学会接受和感恩。要让他们明白过去都成为历史，在心理健康教育中，应该更加珍惜现在的学习机会，精心规划自己的大学生活，为未来的幸福生活而努力奋斗。

四、独生子女大学生常见心理健康问题

（一）独生子女大学生常见心理问题的表现

1. 心理承受能力弱

据调查表明：独生子女大学生出现心理问题的比例比其他同学要高。如：独生子女对“遇到矛盾时，你怎样对待”这个问题的回答，选择“回避”的占53.12%，选择“正视并妥善解决”的占11.14%；而非独生子女选择“回避”的占37.11%，选择“正视并妥善解决”的占38.15%。独生子女选择回避的比非独生子女要高得多，可见，独生子女大学生的心理承受能力比非独生子女大学生要弱得多。独生子女大学生受到家长的加倍呵护，患的是“四二一综合征”（“四”指独生子女父母的父母，“二”指独生子女的父母，“一”指独生子女），他们从小就形成了强烈的自我中心意识，总希望别人服从自己，很少为他人着想。大学里面群英荟萃，一次的不如意便情绪低落，对一切失去了兴趣。别人的一个动作、一句话他们都特别敏感，都会引起他们情绪的波动，这种不稳定的情绪对他们的健康成长影响很大。

2. 自尊心过强，脆弱

独生子女在家庭中的特殊地位，使他们在成长过程中过于一帆风顺，往往丧失了独立自主精神、自立能力，形成一种“优势心理”，只看到自己的优点，形成了自我评价较高、自我意识较强的心理特征，看不到自己的弱点，盲目陶醉极甚。一旦变换了环境，才猛然发现在学习、社交等方面比自己强的大有人在，而且差距相当大，遂产生一种自负、自卑、忧郁相互交织的复杂心理。

3. 渴望友谊但人际关系处理不当

独生子女大学生的个性一般都比较开朗，和陌生人熟悉快，但要进一步增进友谊则比较困难。这是因为他们在交往中以自我为中心，自我防卫和自我保护心理较强。这些缺点又特别明显地表现在和同学的相处中：不懂得谦让，有些自私。他们的自私不仅表现在物质上的吝啬，而且表现在情感和心理上。由于情感上的片面自私心理作祟，独生子女大学生不能形成稳固的、良好的人际关系环境。另一方面，他们在交友中夹杂了较多的娱乐成分，能一起玩、互相壮胆的就是好朋友，而这种友谊只会拉其后腿。近年来对退学的独生子女大学生的调查表明：80%是因为沉迷于游戏和娱乐而退学的。

（二）独生子女大学生常见心理问题的原因分析

独生子女较之非独生子女由于成长环境和经历的不同，形成了具有自身特点的心理品质和行为倾向。

1. 家庭因素

改革开放以来，人们的精神及物质生活得到极大丰富。正是这一切，使这一代青年学生存在着生活期望值高、爱面子等弱点，缺乏艰苦朴素、吃苦耐劳的精神，加上从小养成的过分依赖心理，使其在生活上缺乏自主性和独立性。另外核心家庭的教育特点和主干家庭的“隔代抚养”，致使家庭教育失去一定规范。

家庭教育的失衡，使一些独生子女产生了一种强烈的优越感。当他们把这种角色认知延伸到社会当中去，就会表现出自负、清高、自私的精神。独生子女的绝大部分时间都是在家中度

过，他们很少有机会与同辈交往，很少有机会发现和锻炼自己的能力，很少能独立地探索，这样的生长环境很容易导致独生子女学生性格内向，思想不外露，交际能力差，独力能力不强等。

2. 学校教育因素

长期以来，我国实行的是应试教育，独生子女大学生凭借良好的学习条件和较高的智力水平考上了高等学府，是未来社会的栋梁。然而很明显，许多高校在教育思想上过多注重了智力素质，强调分数，忽视了非智力素质。有许多学生“时时感到一种压力和竞争感”。他们除了完成繁重的学业之外还要应付繁多的考试。在这种情况下，有些独生子女大学生出现了厌恶生活、恐惧学习等心理问题，而这种状况又因碍于面子或没有意识而不去心理咨询机构及时治疗，从而影响了他们健康人格的形成。另外，学生的课余时间明显增多，但学校娱乐场所、自身活动技能的缺乏和娱乐形式的单调，加上“三点一线”式的校园生活，使得独生子女大学生没有足够的文化活动参与。所以，许多人觉得大学生活并不像想象的那样丰富多彩，而是单调的。因此，传统化教育培养出来的独生子女大学生，在现实的碰撞下，容易导致不同程度的心理问题。

3. 社会因素

社会价值取向、道德观念及舆论导向等都影响到个人的心理活动和状态。随着我国社会主义改革不断深入，特别是高校毕业生就业制度改革实行学生“自主择业”后，给大学生们创造了新的发展机遇，同时也是对他们的考验。社会生活对进入社会领域的大学生的思想及能力等各方面提出了越来越高的要求，大学生必须具备真才实学和创新意识，踏实地在具体工作中做出成绩，他们的价值才能得到社会的承认。现代社会要求大学生要把握一切有利的机会来充分表现自己的才能，对此，学生们会感到在学校期间学习知识、培养能力的紧迫性，处理不好就会产生紧张、焦虑的情绪。有不少学生担心自己难以适应而患得患失，这样的心态会对他们的学习、生活产生严重影响。社会利益分配所产生的差距、社会上的不正之风等，也会对大学生产生影响，对一些心理承受力较差的同学来说，就可能引起心理问题。在存在问题的同时，独生子女大学生普遍具有较亲密的亲子关系和积极的家庭教育。他们成长环境宽松，自我满足感强，心理压力小，表现出较好的身心素质。

有研究者在调查中发现，独生子女的自我悦纳度远高于非独生子女，他们的个性得到充分的张扬，在专业选择、学业成就上能更多地体现出自己的爱好与意向等。在兴趣广度、竞争意识和注重现实等方面优于非独生子女。

在心理健康教育中，要针对两类群体的不同特点进行区别教育，提高非独生子女大学生的自信心，发扬其具有吃苦耐劳、独立自主能力的优势；注重在社会实践中对独生子女大学生进行心理素质的培养和锻炼，提高独生子女大学生承受挫折的能力，加强独生子女大学生的责任心教育和人生观、价值观教育。

第四节　院校差异

目前，高等院校主要分为一般本科院校、专科院校和独立学院。对于一般本科院校大学生的心理健康问题已有非常多的研究和探讨，因此本书侧重于探讨专科院校和独立学院大学生的心理健康问题。

一、专科大学生的心理健康问题

（一）专科大学生常见的心理健康问题

以下心理问题，在很多本科大学生身上也有不同程度的体现，但普遍发生在专科大学生这一群体中。

1. 自卑

易产生挫折感，自卑是指一种觉得自己低人一等的惭愧、羞怯、畏缩甚至灰心的复杂情感，主要表现为对周围环境缺乏安全感，胆小怕事，缺乏勇气和毅力等。一方面由于高考失利未考上本科，专科大学生有很强的失落感和挫败感，从而自信心降低，对自己的能力产生怀疑；另一方面与本科生相比较，觉得自己的学历较低，可能会过低地评估自己，由此产生强烈的自卑感。同时，他们又正处于青年时期，也有积极向上、渴望成功的愿望，但有时急于求成、脱离实际，当遇到困难导致愿望不能得到实现时，较容易产生挫折心理。如对人生的思考、对学业的担忧、爱情的烦恼、社交的障碍、就业的无着落等均可能导致自卑和挫折感的产生。

2. 逆反，缺乏责任意识

部分专科大学生在遭受挫折后，倾向于把原因更多地归结到学校、社会和家庭，产生不信任的逆反心理，甚至用对立的态度来对待周围的一切。越是家庭、学校、社会提倡或要求做的事情，一些专科大学生也就越反对；相反，越是家庭、学校、社会不主张甚至禁止做的事情，越是要去做，以致纪律松散，家庭、集体和社会责任感欠缺。比如，学校有着既定的学习目标及行为规范，然而并非所有的学生对于这些制度、仪式、规范完全遵从，某些学生充其量只是部分接受，甚至有的学生公开拒绝并做出相应的逆反行为。

3. 焦虑，难以迎接挑战

专科大学生刚入校时，很多都心怀憧憬，希望在三年的学习中，扎实地学好理论知识和操作技能，取得各类职业技能证书，获取学习优秀奖学金。最终，通过自己的努力早日成才，考取专升本或在社会上谋求到理想的工作。然而，在学习的过程中，部分学生逐渐感到，由于以前基础差，学习比较吃力，无法达到自己预定的目标。此外，专科大学生对社会竞争激烈和就业困难的实际问题也有所耳闻，在理想与现实的冲突中，部分学生产生了学习与就业的焦虑及恐惧感。

4. 困惑，陷入交友困境

成双入对、牵手相随已构成了大学校园的一道风景，与异性交往也已成了专科大学生学习之余不可或缺的内容。由于心理的不完全成熟，部分专科大学生与异性交往时，有的为了排除孤独和寂寞，有的为了得到呵护与关爱，有的则是顺从大潮流。这种寂寞期恋爱、痛苦期恋爱、攀比性恋爱，一般都容易导致学生在实际生活中出现与异性交往困难、陷入单相思而苦恼、因为失恋而痛苦、陷于多角关系而不能自拔等一系列心理问题。

5. 自弃，不能悦纳自我

由于专科大学生自身教育层次处在专科教育水平，与本科教育水平有一定的差距，加之当今社会一些用人单位观念陈旧，片面追求高学历，使得专科大学生就业形势更加严峻，导致对未来失去希望，从而不愿努力，自暴自弃。

（二）专科大学生常见心理问题的原因分析

引发专科大学生心理健康问题的因素是多方面的，既有外界的客观因素，也有自身的主观因素。归纳起来，主要包括以下几个方面：

1. 社会对专科教育认同度仍不高

尽管国家在大力发展高等教育，并且专科教育也是高等教育的一部分，但是，当前人们对专科教育的认识还不够深入。在一些人的眼中仍然属于“另类”教育，有人认为“普通高等教育是高层次教育，专科教育是低层次教育”，甚至有人认为“上大专学不到本领，和上中专差不多，本科生都找不到工作，专科学生就业没有出路”，等等。种种对专科教育的错误认识，使得很多学生不愿意进专科院校学习，已就读专科院校的学生，多数是因为考分不高而做出的无奈选择。他们在很多场合下都不愿意提及自己是专科院校的学生，容易产生低人一等的自卑心理。

2. 家庭对子女成长的客观影响仍存在

子女是家庭的细胞，家庭的看法会潜移默化地影响到每个子女。有的家长认为子女考上专科院校很没面子，认为专科生毕业后社会地位较低，容易使学生感到读专科低人一等，由此产生自卑感。有的家长对子女过分呵护、娇惯、溺爱，对其行为放任，很可能使他们产生承受能力脆弱、依赖性强、以自我为中心等问题。此外，部分家庭不和睦的学生，则容易受到家庭内部矛盾的影响，出现烦躁、抑郁、苦恼等消极心理。

3. 个人因素的影响

专科院校的学生，生理已基本成熟，他们的心理发展迅速走向成熟，而又未真正完全成熟。因缺乏各方面的阅历，部分学生对自我的认识模糊，自我评价不恰当；也有部分学生存在对社会持怀疑、矛盾的认知倾向。学生在碰到问题、困难和挫折时，往往无法用正确的方式方法来应对，很容易产生不良心理状态。特别是在学习方面，专科学生基础相对较差，一旦学习压力增大，容易导致认知偏差，无法适应新的要求，丧失学习兴趣，产生厌学心理，放松自我要求等，在学业上出现令人失望的事情。

（三）专科大学生常见心理健康问题的一般应对策略

在不同的职业领域中，专科生与本科生各具优势，相比之下专科生具有技能和应用能力的优势。国家十二五规划要大力扶植、发展职业技术院校，而发展高等职业教育也是高等教育走向大众化的必然选择，是我国经济发展的迫切需要。在就业市场上，我国技能型人才严重短缺。心理健康教育要引导专科大学生进行客观的自我定位与合理的自我期望，在面对激烈的竞争压力时，能够充分发挥自己的优势。同时，要引导专科大学生在日常生活学习中努力完善自己的人格，进行合理的学业规划、职业规划和生涯规划，积极地对待生活与学习，重视专业技能的培养与提高，同时注重全面发展，努力成为综合型人才，为未来的竞争做好充分的准备。

1. 帮助学生正确理解专科教育的地位与作用

社会的进步不仅要有一流的基础科学水平，更要有先进的技术科学和工艺技术，而专科教育正是适应这一需求，为社会培养应用型、岗位型、技能型的高级专门人才。目前专科教育已开始实行“双证制”，通过学习，专科学生将既具有必要的理论知识，又具备基本的职业技能。这必将提高专科毕业生综合素质，其就业前景和发展前景将会越来越好。

2. 帮助学生客观地认识自我

要鼓励学生通过观察、分析、评价自己，了解自己的优点与长处、缺点与不足，充分发挥优势，不断地提升自我。根据客观现实条件来调整个人需要和心理期望，避免由于自己的期望过高或过低造成心理上的焦虑不安或松懈，使他们能正确认识自己，悦纳自己，抛弃自卑与失落情绪，恢复自信，发展自我，从而树立正确的人生观、价值观，积极、乐观地面对现实社会。

3. 引导学生重新确立人生目标

要帮助学生在自我认识的基础上，根据个人的能力、志向、兴趣重新确立自己的人生目标。在奋斗目标的指引下，分清轻重缓急，把有限的时间、精力投入到自己的目标上，实现自我管理、自我激励，不断充实生活，提高效率，积累知识与经验，将来的发展就会有更多的机会。

二、独立学院大学生的心理健康问题

（一）独立学院大学生常见的心理健康问题

独立学院大学生心理状况总体上是积极健康的，从心理问题的性质和程度上看，他们的心理问题都是一些适应不良或情绪困扰。根据一些研究者的调查，独立学院大学生的心理问题主要体现在以下几方面：

1. 自卑与自傲

独立学院的学生因社会评价、自身评价等方面因素的影响产生了自卑感，认为自己在本科院校中是“三本”大学生，自己的社会地位和竞争能力可能不如“一本”“二本”大学生，这种错误的想法和观念使得他们对未来的发展产生了茫然、无助、紧张、焦虑的情绪。

优越的家庭生活背景是骄傲的资本。独立学院的学生多为独生子女且家境好。独立学院的招生也是定位在经济条件好、成绩不理想、愿意接受高等教育的学生。他们多是娇生惯养的王子、公主，出手大方，贪图物质享受，责任心差。独立学院大学生在调查中回答“不算学费，你每个月的平均费用是多少”的问题时，吉首大学张家界学院有30%以上的学生选择“1000元或以上”，安徽师范大学皖江学院有51.25%学生选择“1000元或以上”和“800左右”；另外，自幼家庭环境优越，中学时投入学习的精力相对少一些，有精力和能力培养自己其他方面的素质，如唱歌、跳舞等，大多多才多艺，是校园活动的生力军。

2. 压抑与狂妄

独立学院一般都是一本或二本院校依托自身条件建立的院校。独立学院的大学生享受着一本或二本院校的师资力量，但同时要付出比一本、二本大学生更高的成本，觉得给父母增添了很大的经济压力和负担，容易产生自责、内疚的心理，继而导致压抑、焦虑。同在屋檐下，骄傲的一本同学让自己自惭形秽，有种被轻视、被边缘化的遗弃感、歧视感压抑胸中，难以释怀。

压抑情绪亟待释放。他们普遍追求权利最大化，淡忘的是义务。家长因为投入了高额学费，便以投资人自居。受父母影响，大学生也认为自己是消费者，就是“上帝”，学院员工都是服务员，稍有不顺即要主张权利。常常抱怨学院不公平，自己得到不公正待遇。强烈要求与母体学校资源共享，而不顾人才模式和培养目标的不同，要求教授、硕导和博导讲课，实现教材统一、课程统一，当统一试卷考核结果不理想或挂科时，再次找校长主张自己的权利：“为什么没有照顾到一本与三本的差异性?”甚至丑化自己的学校，通过贬低学校以抬高自己，却忘了丑化学校就是自我贬损。

3. 自强与脆弱

曾经的失败、现实的压力以及强烈的自尊，也会让他们振奋、自强、自信，奋起直追，以新的成绩雪耻。有了较合理的目标又有了自强的动力之源，自信心倍增。可因为基础太差，困难重重，再加上意志薄弱，部分学生遇到挫折便逃避，逃避中又丢失了目标。中学学习不理想的最大后果是不会学习、学习能力差、学习方法缺失；到了大学想学习且愿意努力，可成绩不佳，严重挫伤了他们的学习积极性、学习兴趣和自信心。自卑—厌学—再自卑—再厌学……恶性循环，部分学生在自卑中荒废学业。另外，由于心理素质差，外表浮躁，内心脆弱，很多大学生听得进表扬，但听不进批评，特别是当着同学面的批评更是接受不了，心理承受能力很差。

（二）独立学院大学生常见心理问题的原因分析

1. 内部因素

对于大多数独立学院的学生而言，虽然他们进入了本科院校，但对很多人来说高考都是一次失败的经历。面对一考定终生的现实，因一次高考发挥失常，未能考入理想的大学而进入独立学院就读，很容易产生较强的自卑和焦虑心理。特殊的环境：与一本、二本学生同在屋檐下（同处一所大学），身份（待遇）却不同；优越的家庭环境。特殊的经历：高考的挫折体验；学习基础差的现实；“被分不够钱来凑，金钱弥合了自己分数的鸿沟”偏见的误读等，怕别人看不起。这些造成了他们独特的心理问题。此外，学习目标不明确，自我约束能力欠缺等当代大学生普遍的心理特征在独立学院学生身上也有较为明显的体现。

2. 外部因素

对于独立学院的学生而言，从其踏入校门开始，对“三本”的不正确的社会评价就伴随着他们的大学生活，一方面，进入大学生活的他们希望有一个全新的开始；另一方面，对“三本”不正确的社会评价——人们普遍不了解这一新生事物，错误的认知带来了错误的评价，又让他们内心体验着复杂的情感，或内疚，或羞愧，或愤懑。收费问题和社会认同度问题，给许多学生造成了一定的压力。独立学院是一种新的办学模式，许多条件尚在不断完善与发展中，目前的环境使学生们对各种问题非常敏感，对自己的前途感到茫然，这是造成学生高焦虑状态的主要原因。

（三）独立学院学生常见心理健康问题的一般应对策略

如何针对独立学院学生的心理特点加强心理健康教育，为国家培养合格人才，是独立学院所有教育工作者的历史使命。独立学院要在不断改善办学条件、优化办学环境、整合教育资源的同时，结合学生思想心理特点，有针对性地做好思想政治工作。为此，我们应该遵循以下教育规律。

1. 主体间性律

根据哲学主体间性原则，“德育不是主体对客体的改造和征服，而是自我主体与对象主体间的自由交往，和谐共存。在德育活动中，教育者不是把自己的意志强加于世界，而是把社会生活由客体变成主体，即把现实的人变成德育对象，并与之共同生活；德育接受也不是对原则规范固有意义的认知或改造，而是对象主体能动的吸收、内化。”在主体间性视阈里，德育不是孤立的个体活动，而是主体间共同的活动。那么德育情感、德育经验如何沟通？如何达成共识？

秘密就在于德育是主体间性活动。德育活动中的自我不是孤立的个体，而是共在的自我。自我必然与他人进行经验的交流、沟通，从而形成某种共识。这种共识（共同的理想或规范）成为自我的理解，参与当下的德育活动；对于德育的理解不仅源于自我意识，也受到他人的影响。独立学院应张扬民主、平等意识，重建师生关系，即变知识、经验、道德等的授受关系为朋友式的讨论关系和社会角色间的交往关系。教师知识上是可以信任的学者、学习上是可信赖的导师、生活上是可依靠的朋友、人生历程中是可依赖的向导。教师只是把自己的生活经验和人生阅历的体会与学生一起分享。

“以主体间性原则为指导，教师将越来越成为一个顾问、一个合作者、一个交换意见的参与者，一个帮助发现问题、解决问题的人，而不是提供现成真理的人。”

2. 共情导航律

根据心理学共情理论我们知道，共情是走进学生心灵、构建平等交流平台进而进行导航的可靠路径。共情理论的核心内涵是，如果教师能够真实地存在，在教育关系中对对象主体真诚以待，不戴面具，在当下开放地与他自身流动的情感和态度成为一体，那么他就可以促进对象主体的变化。这需要教师真正愿意体验对象主体此刻的任何一种情感——恐惧、困扰、痛苦、骄傲、愤怒、憎恨、爱恋、勇气或者敬畏。这意味着，教师以一种尊重的方式关心对象主体。即以一种完全的而不是有条件的方式来欣赏对象主体。它意味着让自己积极的情感涌流出来，无所保留，无所评价，就是“无条件积极关注”。我们知道，有关的研究已经显示，如果教师越多地体验到这种态度，教育成功的可能性就越大。共情才能读懂学生，才能使教育有的放矢。当然，认同不是同流，而是为了使教育主体走进对象主体的心灵深处，或者说，是为了让学生允许我们走进他们的心灵、聆听他们心灵深处的声音。我们得到他们的认同为的是获得话语权之后对他们进行人生导航，以及对他们的价值观、人生观进行匡正。

3. 人性抚慰律

有些同学对因没有考入自己理想的大学而进入独立学院愤愤不平，总认为自己考的学校档次低，感到失落、难过，对自己的能力产生怀疑，非常在乎别人的看法，怕被视为花钱买分数，担心被人看不起。这是错误的认知所致，为此，我们要让学生明白，独立学院本质不是有钱就能上的学校，它是指实施本科以上学历教育的普通高等学校与国家机构以外的社会组织或者个人合作，利用非国家财政性经费举办的实施本科学历教育的高等学校。独立学院是我国高等教育以新机制、新模式办学的一种全新的高等教育办学模式，进而帮助学生正确评价自我、悦纳自我，使其学会自我调适。要让其学会从多方面、多途径了解自我，使其认识到不仅要了解别人对自己的评价，也要了解自己的能力，但不能把自我了解局限在个人的小圈子里，而必须把自己放到范围广大的领域中多方面、多途径去了解。还要学会从社会生活经验中去了解自我。要积极参加各种社会实践活动，在实践中增加对自我的了解。不仅要客观认识自我、了解自我，而且要愉快地接受自我，只有悦纳自我，才能正视现实、取得心理平衡，减少心理冲突。悦纳自我的途径有：

①学习热爱生活。缤纷的世界、五彩的生活是愉快的源泉。

②慎重选择朋友。尽量和那些道德高尚、心情良好，站在人生光明面的人交往。

③向成功的失败者学习。爱迪生的老师称他为劣等生，韩信曾受胯下之辱，陈景润曾是不合格教师。实际上，这些人的成功都是由于他们坚持不懈地努力所致。伟大的枪手与渺小的枪

手之间主要的差别就在于伟大的枪手只是一位愿意继续练习的渺小的枪手而已。

④适应集体生活。改进你心性最好、最有效、最快的方法就是设法加入一个有目的的组织。

⑤要避免用唯一的标准来衡量自己，以免引起不必要的自卑和自我拒绝。

⑥要选择适当的抱负水平。抱负即目标，具有动机作用。

4. 学习涅槃律

根据学生性格、爱好、兴趣和职业意向，帮助他们规划自己的人生，设立科学目标、寻求学习动力。同时，更新学习方法，树立自主学习的理念、全面学习的理念、创新学习的理念、终身学习的理念。从而激发学习兴趣，提升学习能力。

下面从两个方面谈学习兴趣的培养：

(1) 发展求知需要

兴趣和需要有着密切的关系。兴趣就是需要的延伸。我们之所以对于一个对象发生兴趣，是由于它能满足我们的需要。对于学习兴趣来说，其发展的基础主要是求知需要。因此，用以发展学生求知需要的一切手段，也就自然成为培养学生学习兴趣的基本措施。教师要善于利用独立学院大学生功利化观念，把学科知识、理论体系与学生人生规划、职业设计、就业创业挂钩，以激发其兴趣。

(2) 创造胜任和成功的条件

从事某学科学习所必需的胜任力不足（基础不好），是学生缺乏对该学科兴趣的主要原因。兴趣是促成学习成功的原因，而学习成功也是促成兴趣的原因，它们是一种相互影响，互为因果的复杂关系。而且，在事实上，往往是学习的某些或某次成功促成学生最初的学习兴趣的萌发，并在这种萌发的兴趣的推动下，进一步取得学习成功，从而增强学习兴趣，形成良性循环，成功—兴趣—更大成功—更浓厚兴趣……。与此相反，学习上的某些或某次失败，也会抑制学生最初的学习兴趣的萌发，并进一步影响学习，导致学习兴趣的完全缺乏，形成恶性循环，失败—缺少兴趣—更大失败—更缺乏兴趣……对学习活动的成功经历，以及由这种成功经历所产生的胜任感，往往是上述良性循环的最初的触发点。要使学生对某学科产生兴趣，就应该尽可能为学生在该学科学习中创设成功的机会，使他有切实的胜任感。这对在学习上有一定困难，学习成绩较差的独立学院大学生来说，具有特别重要的意义。

5. 学院认同律

“对独立学院的称呼非常敏感，在介绍自己时也往往只说母体校名，不愿提独立学院。感觉上的平庸和失意使心理失衡，自卑和焦虑代替了原有的自豪和优越，表现出情绪上的不稳定。”我们知道，学生首先接受的是学校，然后才是学校的教育。爱校教育十分重要。因为独立学院有综合1生大学的牌子、师资、优良的办学传统、深厚的文化底蕴等有形无形资源作依托。“独立学院人才的培养，要紧密结合地方经济建设和现阶段市场对人才的需求状况，积极创新人才培养模式，以就业为导向，增强学生的就业竞争能力，着重从具有永恒价值的基础能力、具有职业特点的技能和具有发展价值的拓展能力考虑人才培养的目标定位。”这就是我们独立学院的独特优势，其优势还表现在填补人才空缺：我们知道，一般本科院校注重理论底蕴，而对于实践能力重视不够，制约了人才质量的提高；职业技术类院校，注重实践，对于理论基础重视不够。独立学院应运而生，既注重理论修养又注重实践锻炼。随着人才市场日趋理性化，普通本科院校毕业生动手能力差的不足日益暴露出来，职业技术学院大学生上手快，但缺少理论储备，发展后劲不足。独立学院学生理论基础比职业技术类院校学生深厚，发展潜力大，同时动手实践能力又比普通本科生强，将是受社会欢迎的人才。所有学院工作人员都要树立一切为了学生、为了学生的一切的理念，真诚帮助我们的学生，给他们以家的感觉，培养其归属感，同时进行环境审美化、校园文化高雅化建设，提炼学院核心价值观，培育学院精神，强化大学生“我是××独立学院人”的意识和“我爱××学院”的情感。

第六章　当代大学生心理健康教育中危机的察觉与干预

第一节　危机及其理论

危机伴随着人生发展的各个阶段，谁也不能避免危机。青年人一般会遇到恋爱和学业等方面的危机，中年人一般会遇到职务升降和社会关系等方面的危机，而老年人则会出现以精神和身体疾病为主的危机。随着时代的发展，生活节奏的加快，各种新生事物的不断出现，社会环境的急剧变化，人们的物质生活和精神生活受到巨大的冲击。那些天性脆弱、心理承受能力较差的人，在巨大的压力面前，就可能出现认知扭曲、情感混乱、行为怪异、意志薄弱甚至自杀等情况。危机的含义丰富，不同的学科领域对此有不同的认识，本章介绍的危机是指心理危机。本章将要介绍危机的一般理论，大学生的危机表现，以及危机干预的技术，最后还将特别讨论与自杀相关的问题。

一、危机及其特征

危机（crisis）是指转折点，即在事件过程中的任何一个曲折变化点。转折点既可以是事情的突然改进，也可能是突然变坏。在医学上常被用来描述疾病的转折点，也常被用来特指个体生活或社会事件的正常进程突然中断，这时必须对个体的行为方式和思维方式加以重新评估。这种日常活动的正常基础的丧失就是危机这一术语的主要含义，并且得到了广泛的应用。例如某人正经受一次心理危机，是指在他的日常生活中突然发生了背离常态的事件，比如汶川大地震、印度洋海啸这些难以预见又突然发生的事件。危机是对不可控制事件的认识，它有着自己的发展进程。危机具有两面性，它包含着危险和机遇两层含义。如果危机严重威胁到一个人的日常生活和其家庭的其他成员，而个体又无法找到合适的解决办法，就有可能导致个体精神崩溃甚至自杀，这种危机是危险的；但是如果一个人在危机阶段及时得到适当有效的治疗性干预，往往不仅会防止危机的进一步发展，而且可以帮助个体学到新的应对技巧，从而使个体心理恢复平衡。米斯科维斯认为危机是个体因为在物质和社会文化等方面发生重大改变而导致的心理长时间失去平衡的一种状态。

关于危机的理解还有很多。卡普兰首次对危机进行了系统研究。他认为，当一个人面临困难情境，而他先前的处理危机的方式和惯常的支持系统不足以应对眼前的处境，即他必须面对的困难情境超过了他的能力时，这个人就会产生暂时的心理困扰，这种暂时性的心理失衡状态就是危机。危机解决不当有可能导致认知、情感和行为方面的失调。吉利兰和詹姆斯认为危机是一种认识，当事人认为个人的能力和应付机制无法解决困难，导致危机不能得到缓解而产生的情感、认知和行为方面的功能失调。翟书涛认为危机的概念有三个要素：存在应激，来自外界或内部，一般为急性应激，也可以是潜隐性的；引起急性情绪扰乱（焦虑、抑郁、烦躁），认知改变（例如注意、记忆等改变），躯体不适（失眠、头昏、腰酸背痛）和行为改变（早晨不锻炼身体，生活常规改变），但这些均不符合任何精神疾病的诊断标准；其时当事人用寻常解决问题的手段暂时不能应付。这个定义对危机对个人产生的影响作了具体概括。

现实生活中的危机涉及很多方面。帕里（Parry）提出了定义危机的几大特征，分别是：一种关键的压力事件或长期的压力情境；个体的悲伤经历；存在损失、危险和羞辱；有一种无法控制的感觉；事件的发生是预料之外的；日常工作遭到破坏；未来的不确定性；紧张持续时间过长（大约2h6个星期）。翟书涛认为心理危机具有以下特点：重大的心理应激，产生急性情绪扰乱（紧张、焦虑和抑郁），认知改变（注意力集中困难、记忆减退），躯体不适（失眠、头晕、头痛、腰部不适以及不思进食）和行为改变（这些症状均不符合任何精神疾病的诊断标准）；当事人无法用寻常方法并应用已有的能力和资源来解决当前出现的特殊问题。吉利兰和詹姆斯认为危机的特征是：危险与机遇并存，有复杂的状况，存在成长和变化的机缘，缺乏万全的或快速的解决办法，有选择的必要性，普遍性与特殊性共存。

二、危机历程与觉察

危机的发生不是突然的，而是一个动态发展的过程，在危机的不同阶段，个体会有不同的心理和行为表现。卡普兰在他的危机理论中描述了危机反应的演变过程，他认为，处于危机中的个体要经历四个阶段。

第一阶段，当一个人感受到自己的生活突然或即将出现变化时，其内心的基本平衡被打破了，表现为警觉性提高，开始体验到紧张。为了达到新的平衡，他试图用自己以前在压力下习惯采取的策略做出反应。处于这一阶段的个体多半不会向他人求助，有时还会讨厌别人对自己处理问题的策略指手画脚。

第二阶段，经过前一阶段的努力和尝试，个体发现自己习惯的解决问题的方法未能奏效，焦虑程度开始增加。为了找到新的解决办法，个体开始试图采取尝试错误的办法来解决问题。在这个阶段中，当事人开始有了求助的动机，不过这时的求助行为只是他尝试错误的一种方式。需要指出的是，高度情绪紧张多少会妨碍当事人冷静地思考，也会影响其采取有效的行动。

第三阶段，如果经过尝试错误未能有效地解决问题，个体内心的紧张程度持续增加，并想方设法地寻求和尝试新异的解决办法。在这一阶段中，个体的求助动机最强，常常不顾一切，不分时间、地点、场合和对象发出求助信号，甚至尝试自己过去认为荒唐的方式，比如一向不迷信的人去占卜。此时个体也最容易受到别人的暗示和影响。在这个阶段，当事人会采取一些异乎寻常的无效行动宣泄紧张的情绪，比如无规律的饮食起居、酗酒、无目的的游荡等，这些行为不仅不能有效地解决问题，反而会损害个体的身心健康，增加紧张程度和挫折感，并降低当事人的自我评价。

第四阶段，如果当事人经过前三个阶段仍未有效地解决问题，他很容易产生习惯性的无助。个体会对自己失去希望和信心，甚至对整个的生命意义产生怀疑和动摇。

一般来说，危机的发展要经历以下五个时期。

（一）前危机期

个体处于平衡状态，能够应付日常生活的应激事件。但个体可能会遭遇应激强度很大的事

件，个体运用解决问题的常规技术不足以摆脱困境，在这种情况下个体就开始产生不安感。

（二）冲击期

高强度生活事件发生前的几个小时，表现为不合理思维，焦虑、惊恐，个别人出现意识不清。在这个时期，个体会将情境视为一种威胁，也可能视为一种丧失或挑战。如果在这个时期问题无法得到解决，紧张还会继续加重。

（三）危机期

冲击期的表现持续下来，表现为不能解决面临的困难，退缩，否认问题的存在，将其合理化，或者形成不适当的投射。在这个时期，个体的紧张和焦虑达到难以忍受的程度，处于一种渴求解脱的状态。一般说来，危机期的个体会感到巨大的痛苦，有强烈的求助愿望，容易接受别人的帮助。

（四）适应期

用积极的办法接受现实，成功地解决问题，焦虑减轻，自我评价上升，社会功能恢复。处于适应期的个体在自身或外界的帮助下采取了一些方式来应对危机，并取得了一定的干预效果，个体能逐渐地适应社会生活。

（五）危机后期

有些人变得更成熟，获得更多的积极应对技巧；有些人则出现人格改变或表现出敌意、抑郁、滥用酒精药物和食物、神经症、精神病或慢性躯体不适，甚至有可能自杀。

三、危机的有关理论

（一）基本危机理论

林德曼提出基本危机理论，他认为悲哀的行为是正常的、暂时的，并且可通过短期危机干预技术进行治疗。

而这种“正常”的悲哀行为反应包括：

①总是想起死去的亲人；

②认同于死去的亲人；

③表现出内疚和敌意；

④日常生活出现某种程度的紊乱；

⑤某些躯体症状的叙述。

林德曼反对把求助者所表现的危机反应当作异常或病态进行治疗的观点。在基本危机理论中，林德曼主要关心的是悲哀反应的即时解决，在对创伤进行危机干预时，采用了平衡/失衡模式。

这一模式分为如下的四个时期：

①紊乱的平衡；

②短期治疗或悲哀反应起作用；

③求助者试图解决问题或产生悲哀反应；

④恢复平衡情况。

（二）扩展危机理论

随着危机理论和干预实践的发展，人们越来越认识到，在发展、社会、心理、环境和情境的共同作用下，任何人都可能出现暂时的病理症状。但基本危机理论没有适当地考虑使一个事件成为危机的社会、环境和境遇因素，却将个体自身的素质因素作为危机的唯一或主要因素，这显然是不够的。例如，人们遭遇印度洋海啸、汶川大地震等突如其来的自然灾害时，一般都会表现出无助和恐慌。扩展危机理论就是在这种基础上建立起来的，这一理论主要是从心理分析理论、一般系统理论、适应理论和人际关系理论中汲取了有用的成分。

心理分析理论的基本观点是：通过获得进入个体无意识思想和过去情绪经历的路径，可以理解伴随危机的不平衡状态。关于为什么一个事件发展成为危机，心理分析理论假设某些儿童早期的固着可以作为主要的解释。在受到危机情况影响时，这个理论可以帮助求助者理解其行为的动力和原因。

系统理论主要基于人与人、人与事件之间的相互关系和相互影响，而不怎么强调处于危机中的个体的内部反应。系统论的基本概念可以类比为“对一个生态系统，所有的要素都相互关联。而且在任何相互关联水平上的变化都会导致整个系统的改变”。贝尔金进一步指出，该理论“涉及一个情绪系统、一个沟通系统及一个需要满足系统”，所有属于系统的成员都对别人产生影响，也被别人所影响。

适应理论认为，适应不良行为、消极的思想和损害性的防御机制对个体的危机起维持的作用。该理论假设，当适应不良行为改变为适应性行为时，危机就会消退。

打开功能适应不良链意味着变化直到产生适应性行为、促进积极的思想以及构筑防御机制以帮助求助者克服因危机而导致的无能，并向积极的功能模式发展。在危机干预工作者的帮助下，求助者能够学会将旧的、懦弱的行为变化为新的、自强的行为。这样的新行为可以直接在危机条件下起作用，最终导致危机的成功解决或强化解决危机的努力。

人际关系理论的要点是：如果人们相信自己，相信别人，并且具有自我实现和战胜危机的信心，那么个人的危机就不会持续很长的时间。

如果人们将自我评价的权力让给别人，他们就会依赖于别人才能获得信心。因此一个人的控制权的丧失与他的危机会持续相等的时间。人际关系理论的最终目的即在于将自我评价的权力交回到自己的手中。这样做会使人心中获得对自己命运的控制，重新获得能力以应付危机境遇。

（三）应用危机理论

布拉默提出，应用危机理论包括发展性危机、境遇性危机和存在性危机三个方面。发展性危机是指在个体正常成长和发展过程中，急剧的变化或转变所导致的异常反应。例如，小孩出生、大学毕业、中年生活改变或退休都可能导致发展性危机。发展性危机被认为是正常的，但是，所有的人和所有的发展性危机都是独特的，因此必须以独特的方式进行评价和处理。境遇性危机是指出现了罕见或超常事件，且个人无法预测和控制时出现的危机，如交通意外、被绑架、被强奸、罢工和失业、突然的疾病和死亡都可以导致境遇性危机。区分境遇性危机和其他危机的关键在于它是随机的、突然的、震撼性的、强烈的和灾难性的。存在性危机是指伴随着重要的人生问题，如关于人生目的、责任、独立性、自由和承诺等出现的内部冲突和焦虑。存

在性危机可以是基于现实的，如一个40岁的人从未做过什么有意义的事，从未对自己所从事的专业或所在的组织产生过独特的影响；也可以是基于后悔的，如一个50岁的人从未结过婚，从未离开过父母，从没有过独立的生活，而到现在却永远丧失了机会；也可以是基于一种压倒性的、持续的感觉，如一个60岁的人觉得自己的生活是毫无意义的，这种空虚无法用有意义的东西来填补。

第二节　大学生的心理危机

大学生是一个独特的群体，他们既是天之骄子，又承受着很重的心理压力。如果这些压力没有有效的方法来应对，就有可能导致比较严重的心理问题。社会各界对大学生面临的危机越来越关注。《教育部、卫生部、共青团中央关于进一步加强和改进大学生心理健康教育意见》中明确提出要“努力构建和完善大学生心理问题高危人群预警机制。高校要认真开展大学生心理健康状况摸排工作，积极做好心理问题高危人群的预防和干预工作，要特别注意防止因严重心理障碍引发自杀或伤害他人事件发生，做到心理问题及早发现、及时预防、有效干预。要建立咨询教师值班制、异常情况及时报告制，建立从学生骨干、辅导员、班主任到院系、部门、学校的快速危机反应机制，建立从心理健康教育机构到校医院、专业精神卫生机构的快速危机干预通道”。因此，对大学生危机进行研究和干预显得非常重要。

一、大学生危机的特点

社会正在经历着转型，大学生也面临着前所未有的严峻挑战，他们在心理和生理上都承受着巨大压力。由于大学生这个群体具有特殊性，他们的文化水平较高，心理发展水平正好处在埃里克森所谓的“自我同一性/角色混乱”的时期，这是人生全程最重要的阶段。他们这一时期遇到的心理危机的特征既有普遍性，也有特殊性。一般来说，大学生心理危机的特点主要表现在八方面。

（一）对他们造成了损失

危机对个体而言是有害的事件，会给大学生造成心理上或物质上的损失。

（二）症状复杂

危机是个体的生活环境、家庭教养、朋友交往等关系相互交织的综合反映，不遵循一般的因果关系的规律。因此，危机是复杂的。

（三）自己感到无法控制，且没有迅速解决的办法

对于处于危机中的大学生而言，基本上会感觉到自己无法控制自己的情感和周围的环境，也找不到迅速解决的方法。任何企图寻找迅速解决问题的想法，都会适得其反，最终反而导致危机的加深。

（四）具有不确定性，且伴随着日常常规的改变

危机使人们常常感觉到事件的结果不能确定，并感觉到危机给日常生活带来了明显的变化。

（五）具有普遍存在性

危机是一种正常的生活经历，而非疾病或病理过程，没有人能够幸免，成长中的大学生也

不例外。想稳妥、冷静地处理所有危机不太容易，但是通过努力，把握机会、设定目标、形成计划，去处理问题还是能够做到的。

（六）处于危机中的个体，其防御机制削弱

危机时期，个体的认知、情感和意志资源都受到了限制，面临危机的个体的防御机制将会受到影响。

（七）危险与机遇并存

对于正处在危机中的大学生来说，危机意味着危险，又蕴藏着机遇。其危险在于它可能导致个体严重的病态，包括自杀和杀人；机会在于它带来的痛苦会迫使当事人寻求帮助，危机的解决会导致积极的和建设性的结果，如增强应付能力、改变消极的自我否定、减少功能失调的行为。大学生在寻求帮助的过程中，能够使个体获得成长和自我实现，最终走向成熟。

（八）具有时代性

当代大学生的心理危机，反映了时代、社会对大学生的要求和期望，个人对理想的追求，表现为成为通才型的人才、身体健康、心理承受能力强、完成学业、胜任职业、继续深造、实现理想等压力下的冲突和矛盾，不是孤立的。

二、大学生常见的危机

（一）成长危机

一方面，大学生已经进入青年中期，正处于生理发育的基本成熟和部分心理发展相对滞后的特殊时期，人生观和世界观逐渐形成，心理状态不稳定，容易受到外界的各种影响而产生心理危机；另一方面，大学生性生理已经基本成熟，性意识增强，渴望异性的友谊和爱情，但由于大学生性心理还没有完全成熟，生活经验缺乏，常会产生一些不正当的行为，给身心带来严重影响。

（二）人际关系危机

和谐的人际关系既是大学生心理健康一个组成部分，也是大学生获得心理健康的重要途径。他们的人际交往危机主要是指在校大学生在与他人相处和交往的过程中表现出的不适、自闭、逃避、自恋、自负，以及难以调和与他人关系的不良心理状态和行为表现。一方面，从中学到大学，大学生面临着一种全新的人际关系，在中学时代，他们或许能够凭借出色的成绩赢得同学和老师的青睐。但在大学，成绩好不一定就能获得好的人际关系。好人缘需要一定的技巧，同时还要懂得在出现矛盾时怎么来解决。另一方面，大学的同学来自五湖四海，其家庭背景、生活方式、价值观、性格、兴趣爱好可能会千差万别，这些差异会不可避免地带来摩擦和冲突，如果得不到及时的解决，就会产生人际关系上的危机，给大学生的心理健康带来严重影响。

（三）就业危机

近几年来，由于社会竞争的加剧，高校扩招，就业市场的不景气，大学生找工作或找比较理想的工作越来越困难，一些同学表现出严重的危机感，同时一些同学为了缓解就业带来的压力，不断给自己施压，长期处于紧张状态。一部分大学生看不到自己的前途在哪里，特别是那些学习成绩不好、能力又不出众的学生，就业就像一座大山压在他们的身上。他们努力增强自

己日后的就业实力，给自己设置一些不合实际的目标，花费大量的财力和时间来学习热门实用的课程，使自己处于长期的紧张状态和高负荷压力下，一旦失败就会体验到严重的挫折感和失败感。

（四）学业与经济危机

对大学生来说，学习是首要任务，也是主要的活动方式。大学生的学习压力相当一部分来自于所学专业非所爱，这使他们长期处于冲突与痛苦之中；课程负担过重，学习方法有问题，精神长期过度紧张也会带来压力；另外还有参加各类证书考试及考研所带来的应试压力等等。精神长期处于高度紧张的状态下，极可能导致大学生出现强迫、焦虑甚至是精神分裂等心理疾病。生活的压力主要在于学生不善于独立生活和为人处世，还有生活贫困所造成的心理压力。

目前，我国高校在校生中约有20%是贫困生，而这其中5%～7%是特困生。他们中有些人虚荣心太强，经不起贫困带来的精神压力，总觉得穷是没面子的事，不敢面对贫困，与同学相处敏感而自卑，采取逃避、自闭的做法，有的同学甚至发展成自闭症、抑郁症而不得不退学。

（五）情感危机

当前，大学生对情感方面的问题能否正确认识与处理，已直接影响到大学生的心理健康。情感危机是指一个人在感情中遭到突然的打击，使他无法控制和驱使自己的感情，从而严重地干扰他的正常思维和对事物的判断处理能力，甚至使工作学习无法进行。在极度的悲痛、恐惧、紧张、抑郁、焦虑、烦躁下，极易导致精神崩溃，引起自杀和做出莽撞的事来。在大学生中最常见的情感危机莫过于失恋，这是诱发大学生心理问题的重要因素，恋爱失败往往导致大学生心理变异，有的人因此而走向极端，甚至造成悲剧。

三、大学生危机发生后的反应

危机发生后，个体会在躯体、认知、情绪、行为等方方面面发生种种变化。在躯体方面，会产生疲劳、失眠、头痛、做噩梦、容易惊吓等。在认知方面，在危机状态时注意力集中于急性悲痛之中，并导致知觉和记忆的改变。在情绪方面，常出现害怕、焦虑、忧郁、伤心、悲伤、易怒、绝望、否认与不安等情绪。在行为方面，当事人不能完成职业功能，不能专心学习和从事家务活动；与人隔绝，回避人或采取不寻常努力以使自己不孤单，变得令人生厌或具有黏着性；与社会联系遭到破坏，当事人感到与人脱离或相距甚远，可能发生对自己、对周围的破坏行为并以此作为解决问题的最后努力；拒绝他人帮忙，认为接受支持是自己软弱无力的表现，其行为和思维、情感是不一致的；还会出现一些平时不多见的行为。

从过程来看，个体在危机发生后可能出现一系列的反应。

（一）事后震惊

事后震惊是指危机过后，经历危机的人可能产生的一种潜在反应。表现和特征是：周期性或持续性的颤抖，长期心烦意乱或心不在焉，极端不安和精神恍惚，精神错乱。

（二）责难

责怪自己和责怪他人。

（三）内疚和焦虑

面临危机的个体可能因为害怕、恐怖和忧虑而感到不知所措。他们告诉咨询员紧张的情绪将引起他们突然发作或者衰变，他们的精力过剩，从而导致他们以一种坐立不安的方式行动，这在日常生活的坐、站、步行中可以得到证明。他们借助于抽烟、喝酒、吃饭、祈祷、打电话、吃药、同那些能够帮助自己的人交谈等途径来减少焦虑，能伴随着焦虑反应的共同的心理症状有过多地出汗、头痛、心悸、胸痛、战栗、换气过多、头晕眼花。焦虑使他们不时地在思索、幻想、睡梦、噩梦和演讲中反复体验创伤，一般正常的问题夸大了，并被设想得特别严重，似乎是不可克服的，日常的家庭杂务变成了主要的障碍物，需要相当完善的计划才能完成。

（四）抑郁

人们在面临危机时往往表现得很抑郁，特别是在很极端的时候，人们会极度悲伤、痛心或绝望。在这种情况下的个体在认知上会表现得很无助，他们会认为面对如此的情境，无论采用什么方法和手段都没有用，无论谁也无法摆脱这种情况。

（五）逃避和专注

有假装适应的反应，是所有心理危机的反应中最敏感的。这些人表面上都好像很成功地驾驭了创伤和压力，但事实上他们似乎驾驭得太好了，以至于故作轻松。假装适应的反应是一种由抑制、自我克制等综合构成而支撑起来的相当脆弱的防御方法。假装适应的人很少主动寻求帮助。

（六）休克

人们可能被创伤事件弄得不知所措，他们感到麻木和茫然，而留给他们自己的仅仅是“这并没有真正发生在我身上”的感觉。这会在他们的外表上表现出来，经常眼神呆滞，说话时比恍惚惚，难以集中注意力，走路僵硬，并且很容易受到暗示的影响。一些人由于突发事件而引起的压力反应是对他人或自己进行攻击，总觉得能够发泄满腔的怒火和重新获得自尊的唯一途径就是毁灭那个他们认为伤害了自己的人；另一些人则可能是自我毁灭式的，例如疯狂地驾驶、酗酒，直到神志不清为止。

（七）寻求改变

危机中的个体虽然对事件的不确定感到很难受，处理问题的能力受到了限制，但个体也不会坐以待毙，他也想获得别人的帮助，寻求摆脱困境，只不过常常采用一些不当的方式来处理问题。

第三节　大学生的心理危机干预

危机干预是对处于困境和挫折中的个体予以关怀和支持，使之恢复心理平衡的过程。主要针对心理适应陷入危机状态者，给予适时救援，助其度过危机，然后再从长计议，并且视情况轻重转介有关机构接受治疗。国内的一些医疗单位设置的“生命热线”和一些社区服务机构成立的各种“自助组织”都属于危机干预的范畴，目的是为陷入危机的个体和群体提供及时的危机调适。虽然干预危机的方法多种多样，但大体可以归为两大类：一类是情绪干预，一类是问题干预。当然，这只是一种概念上的简单区分，目的是便于我们理解各种应对反应。在现实中调整情绪和直接解决危机很可能同时进行。而且，没有一种策略对所有问题都有效。例如，有证据表明，问题中心的处理策略在解决职业危机时比解决家庭危机更加有效，即使这个结论也不适用于所有个体。危机干预可以从个体自己和寻求帮助开始。

心理危机干预不同于一般的心理咨询和治疗，是一种特殊的心理咨询服务，一种在紧急情况下的短程心理治疗，它不求根治，只是在短时间内帮助对方渡过难关，以解决问题为目的，不涉及来访者的人格矫治。与普通心理咨询和治疗相比较，突出的特点是帮助的及时性、迅速性，其有效的行动是立见成败的关键。

一、危机干预的模式

（一）平衡模式

平衡模式认为，危机状态下的当事人通常处于一种心理情绪失衡状态，他们原有的应对机制和解决问题的方法不能满足他们当前的需要。因此危机干预的工作重点应放在稳定当事人情绪上面，使他们重新获得危机前的平衡状态。

（二）心理社会转变模式

心理社会转变模式认为人是先天遗传和后天环境的共同产物。通过测定与危机有关的内部和外部困难，帮助求助者选择替代他们现有行为、态度和使用环境资源的办法，从而帮助求助者将适当的内部的应付方式、社会支持和环境资源结合起来，最终获得对自己生活的自主控制权。心理社会模式最适合于已经稳定下来的求助者。

（三）认知模式

认知模式认为，危机导致心理伤害的主要原因在于，当事人对危机事件的境遇进行了错误思维，而不在于事件本身或与事件有关的事实。该模式要求危机干预工作者帮助当事人认识到存在于自己认知中的非理性和自我否定的成分，重新获得思维中的理性和自我肯定成分，从而使当事人能够实现对危机的控制。认知模式比较适合于那些心理危机状态基本稳定下来、逐渐接近危机前心理平衡状态的当事人。

二、危机干预的自我支持技术

处于危机中的当事人，注意力明显不集中，可能会忽略一些明显的事情，包括对自身可利用的资源的忽略。自我支持技术的目的在于从自身的角度出发来解决危机，调整情绪，使自身的功能水平恢复到危机前。

（一）寻求滋养性的环境，搜集充分的信息

改变境况的第一步就是要充分了解问题之所在。虽然个体在危机中会陷于莫名其妙的恐惧和不知所措的境地，不知道发生了什么事，也不知道将可能发生什么事，但可以肯定的是，那些过去有类似经历的人能够从其经验中得到帮助。人们还可以向有经验的人和处理危机的专家请教，或者从有关书籍中寻找解决问题的办法。环境对人的心情会有很大的影响，处于危机中的个体一般对周围所处的环境把握不住。

（二）积极调整情绪

危机的出现显然会使人们极度地紧张和沮丧。调整情绪的中心环节，就是要培养承受这些

痛苦的感受能力。通过调整情绪，将使诸如焦虑导致恐慌、沮丧导致失望等情绪的恶性循环得到控制。当危机超出我们的控制以及我们无力改变外部事物时，把握自己的情绪尤为重要。此时，将注意力集中在努力调整自己的情绪上，将会取得很好的效果，尽管这样做在同样的情境下不一定有同样的效果。

情绪调整法包括抑制、分散等回避痛苦的方法。抑制在一定程度上是自动的过程。不过，我们也可以有意识地控制它，譬如提醒自己“别想它了，想点别的吧”；分散则是指不断地做事，集中注意力于当前的工作而不去关注那些痛苦感受。分散活动的主要目的是回避痛苦的现实。分散活动只是为了分散痛苦，而不是解决特定问题。抑制法和分散法有其明确的适用范围特别是在危机的早期阶段。接受自己的情感，对个体而言是一种必要的体验，也是可以承受的。当然，为了延缓痛苦，稍后可以再次使用分散法。但此时，个体需要的是体验失落的凄凉。

向别人诉说自己的情感、往事和痛苦的思绪能使悲伤变得可以忍受。这种一般性的治疗人类疾病的方法是相当有效的。人类是最具社会性的动物，当遇到痛苦，把感受告诉一位同情你的人将大有裨益。在大多数危机中，需要一遍又一遍地诉说痛苦，以便使开展心理调适工作所需要的信息被个体充分吸收。由于每一次的述说相当于痛苦的再体验，因此，逐渐地人们会变得不那么恐惧。重要的不是给危机受害者提供建议或分担痛苦，而是在他们体验极度恐惧和紧张时和他们待在一起。这意味着我们可以帮助他人控制情绪，但不要刻意地减弱、伪装情绪或竭力地劝说。

个体使强烈的、痛苦的情感变得可以忍受的一条普通而有效的途径就是“自我对话”。无论何时何地人们通过和自己对话，对所发生的事情、对他们自己的感受进行“实况转播”。通常，这种自我对话不是刻意而为的，而是在无意识中进行的，虽然人们可以学会关注它，并为它所揭示的内容感到惊奇。在危机中，当情感系统被激发，通常自我对话将变得更为自觉，人们通过和自己谈话来调节情绪问题。比如，通过对自己说安慰或平静心态的话来调节焦虑，通过有意识地提醒自己注意事物积极的一面来缓解沮丧情绪。这就像一个关切而又理智的成人试图劝慰一个“悲伤的孩子”一样。良性的“自我对话”在帮助人们超越所有不能忍受的痛苦时非常有用，运用它不会让人感到彻底的崩溃和失控。而且痛苦的感觉越强烈，努力说服自己的自觉性也就越高，人们有时甚至大声地独白或把所发生的事情写下来。这种自我对话很像一种内心的对话。不要采用这些消极的想法：“我过不了这一关。这太可怕了，我快疯了。”“我太孤独了，没有人帮助我、理解我。”可以调节沮丧情绪的积极的想法应该这样：“我能够解决这个问题，先不管它。”“我以前也曾遇到过困难的情境，并且最终克服了困难。”“不会再发生更可怕的事情。”“这些感觉的确可怕，但它们不会对我造成伤害。”“只需面对今天，而不必担心未来。”“这种感觉不会持续太长的时间，会好起来的。”“别人遇到了更严重的危机，但他们都渡过了难关。”“我曾经战胜过这种困难，看看它给我带来了什么好的经验。”这类“自我对话”的目的是直接解决灾难性想法。它为危机受害者建立积极的经验，为对人对己的依赖感打通了道路，也减少了人们承受压力时所耗费的心理资源。

（三）建立良好的人际关系

孤立无援的个体很希望能够得到别人的帮助。在危机期间和危机过后，个体都需要与周围的人保持这种良好的人际关系，不一定是要求他们提供强烈的情感支持，而是与他们保持日常

的联系，共同分享经验，共同面对事物。这有助于遭受危机的个体重新适应社会，还可以分散他们的注意力，使得他们不再为消极紧张情绪所困扰。这种良好的关系可以表现为与自己的朋友一起散步、听音乐或是静静地坐一会儿。在危机中能否得到这种帮助，很大程度上取决于已有的社会网络的种类和人的性格特征。有些人平易近人，非常合群。有些人比较内向和害羞，在与别人交往时心存疑虑，并且伴随着紧张和不安。有社会性焦虑的人常常对人际关系比较强调，他们对别人缺乏兴趣，在与他人交往时总在想该说些什么，却忘了最基本的倾听原则。这些困难都会妨碍友谊的建立。从心理学的角度来说，每个人在与朋友的交往动机中都包含着肯定自我的成分，人们在交往中倾向于选择能肯定其自我感的人。

（四）面对现实，正视危机

在危机前期，人们习惯于采取积极的态度来应对危机，利用一切可以利用的资源来避免危机带来的损害；但到了危机的中后期，当个体积极应对危机的策略失败，个体感到绝望的时候，他们就会消极地逃避现实，采取退缩的策略来应对危机，他们不愿意承认现实情境，常常歪曲现实情境，以此来避免危机带来的损失。面对现实，正视危机，有利于个体激发自身潜在的力量，动员一切资源来寻求危机的解决办法。

（五）暂时避免作重大的决定

处于危机中的个体处理问题的能力比平时要低，由于个体受到问题和情感的双重困扰，搜集信息和处理信息的能力受到一定的限制。也就是说，这时个体对面临的问题不会进行深入的分析，掌握的信息量又太少，无法做出正确的决策，个体虽然在这时很想摆脱危机，努力去寻求一切解决问题的办法，但危机的无法控制往往使得个体无功而返，甚至造成更大的伤害。

在危机时期，避免作重大的决定，有利于个体的自我保护，以免再次受到伤害。

三、危机干预的专业协助

（一）认知干预

自 1960 年以来，临床心理学领域出现了从认知途径对人的心理问题进行干预的研究，并相继形成了若干认知改变的技术。这些技术的共同点是，都认为认知是客观事件或外部刺激与个体情感和行为的中介因素，都认为认知是客观事件或外部刺激造成个体情感和行为心理问题的重要原因，因此要解决心理问题就必须以个体的认知主要是认知方面的偏差和失调为干预的对象和切入口。前面一些章节介绍的艾利斯的合理情绪疗法和贝克的认知疗法都是其中很有影响的代表。

（二）行为干预

行为干预的目的是实现特定行为的改变，降低或者消除个体在危机中的一些不良行为，培养或提高个体一些良好的行为，从而提高个体对危机的免疫能力（实现特定行为的改变）。主要包括三类技术：

1. 降低不良行为发生的频率

主要采取的手段是实施负强化。如果某一行为是由于得到了正强化的刺激而发生的话，那么采用负性刺激就将逐渐减少（弱）甚至消除该行为。暂停正强化、过矫正、橡皮圈拉弹等是

这类行为干预技术常用的方法。

2. 提高良好行为发生的频率

正强化是将令人愉快的、喜爱的事物或事件偶尔于特定的目标行为，达到提高该行为发生率目的的一种行为干预方法。正强化的原理是，在特定情境中，如果一个人的某种行为之后伴随的是使他自己感到满意的结果，那么以后他面临相似情境时更有可能去再次表现出这一行为。这里，感到满意的结果就是使行为实施者能产生愉快、积极情感体验的强化刺激物。这样的强化刺激物可以是物质的，也可以是精神的。

3. 行为塑造

这要持续地逐一强化更为接近目标行为的行为，同时消退先前的较为违背目标行为的行为，使目标行为得以形成。

三、自杀干预

（一）自杀及其原因

自杀是个体有意识地采取各种手段自愿结束自己生命的异常行为。它是一种复杂现象，并且导致了很多的社会问题。从心理学角度分析，自杀者多数是由于生活中遭遇困境而产生激烈的内心冲突，陷入危机状态不能自拔，难以承受或心理异常而产生自毁行为。据世界卫生组织统计，全球每20秒就有一个人自杀。据推算，我国每年约有28.7万人自杀死亡，至少有2000万人自杀未遂。自杀死亡占全部死亡人数的3.6%，是第五位最重要的死亡原因。造成15～34岁年龄组死亡的前三位死因分别是：自杀、交通事故、恶性肿瘤。近年来，我国高校学生自杀问题越来越突出，并已成为高校学生非正常死亡的重要原因，引起社会和媒体的广泛关注。高校学生自杀不仅给个人及其家庭造成巨大损失，而且也给国家和社会带来了不良影响：从个人的角度看，高校学生自杀是对生命的自我毁灭，是一个没有改正机会的错误行为；从家庭的角度看，自杀行为对家人和周围的人造成巨大的影响，严重破坏家庭幸福并影响生活质量；从学校角度看，发生学生自杀事件，学校不仅花费大量的人力、物力、财力做好善后工作，而且影响学校正常的教学和生活秩序，影响学校的稳定；从社会的角度看，处理自杀事件不仅要消耗大量有限的医疗卫生资源，而且也影响社会的稳定。

导致自杀的原因很复杂，与环境和个人等诸多因素有关。国内对青少年的企图自杀所做的研究显示，自杀诱因以人际间的冲突为首，特别是亲子间或男女感情的冲突。自杀者大半无精神疾病，其诊断多为适应障碍症，由此可见生活压力事件在诱发自杀上扮演了重要的角色。

很多学者对自杀的原因都有所探究。弗洛伊德的心理动力论认为自杀是由一个人经历强大的心理刺激时激发的内部冲突所导致，是罪恶感和侵略感转向自身的结果。迪尔凯姆的社会学理论认为压力与影响是自杀行为的主要决定因素。行为主义学派认为，自杀是因为个体的积极行为失去了强化来源。卫小将和武杰还提出心理安全阀理论、软控制衰弱论、自我认同危机说等几种高校学生自杀原因的理论假说。一般而言，人们选择自杀主要源于以下因素。

生活压力过大，缺乏社会控制。随着生活节奏的加快，人们面临的压力越来越多，也越来越大。沮丧、抑郁、痛苦、失望、自卑等负面情绪会不断地积压在人们的身体里。这样的负面情绪如果压抑太久，日积月累，没有释放的渠道，不能找到适当的社会支持来疏解这样的压力，结果人们的身体和心理便不能承受，最终走上自杀的道路。再加上我国当前正处于社会转型时期，一些有积极意义的传统道德观念被打破，但新的观念、新的道德规范尚未确立。在这种新旧交替的过程中，社会控制减弱，个体的人身自由度相对增强，尤其是在社会转型中，市场经济对个体自由价值的推崇，一定意义上造成了大学生自杀率的上升。

身体和心理疾病。疾病是自杀的一个很重要的原因，包括身体上的和心理上的。一些身体上的疾病或伤残不可能治好，对病人造成的折磨是难以忍受的。不堪病痛大致可分为两类：一是难以忍受痛苦，如某些癌症的晚期；二是由于治疗需要过高的费用，不想拖累亲友。不管是哪一种，患者都希望能早点结束病痛的折磨，自杀无疑是一个最好的选择。另外，心理疾病造成的自杀是很常见的。特别是一些持续的不良情绪，如抑郁症、忧郁症、精神分裂症、药物依赖等，都易于导致自杀。

情绪和情感危机。情绪和情感危机往往是应激性的反应，会让人产生冲动、想不开，甚至一意孤行。恶劣情绪的累积也常导致心理失衡的发生。在一连串自认为的打击之下，人会逐渐丧失信心，有时对自己都会产生怀疑，自暴自弃。特别是孤独或因种种原因远离自己想做的事情的时候。巨大的情感创伤会改变一个人的世界观和价值观（至少是在短时间内），让人觉得活着没有意思，患得患失。一些过于注重得失的人，在巨大损失发生以后，不能接受，会有任何东西都离他而去的错觉，甚至失去活下去的勇气。

自我价值危机。自我价值危机是指对自我价值产生错误、扭曲的认识。有两种情况：一种是自己难以得到别人的关注，自我评价失衡，对自己产生怀疑，自我认同感随之下降直至心理容忍度达到饱和进而完全崩溃，最终选择自杀。他们往往会选择一种“轰轰烈烈”的死亡方式（比如跳楼），以显示他们既然不能生得顶天立地，也要死得轰轰烈烈。另一种是对于人生意义和价值的理解都比较模糊，对于死亡的理解更是不够全面。他们大多把自杀看作是摆脱现实不如意的一种手段，或者是把死亡看作到另一个世界追求理想的途径，更有甚者是把自杀当作一种勇士行为。而这样荒谬的想法在时下的各种传媒、影视和网络中得到美化和强化，无疑增大了自杀的可能性。

（二）自杀人群的基本特征

自杀人群有一些具体的特征。施奈德曼（Shneidman）总结了自杀者存在的六项共同特征。

①境遇特征：“自杀这种常见的刺激是不能忍受的心理痛苦”“自杀这种常见的刺激是心理需求遇到挫折”。

②意动特征：“通常的自杀目的是为了寻求解决问题的办法”“通常的自杀目的是为了中断意识”。

③情感特征：“自杀常见的情感特征是绝望无助”“对自杀的内在态度通常是矛盾的”。

④认知特征：“通常对自杀的认识态度是压缩的”。

⑤人际关系特征：“自杀的人际关系特征是想要与别人交流”“自杀的通常行动是寻找出路”。

⑥连续性特征：“通常自杀的连续性特征是终身的应付方式”。

这六点对于澄清自杀做出了实质性的贡献。想自杀的人一般会表现出与常人不一样的认知和行为，即存在一些预示自杀的征兆。

①情绪反常。持续的焦虑与愤怒，过度的罪恶感和羞耻感，痛恨自己，害怕失控，害怕疯狂，担心伤害自己和别人，极度悲伤等。

②人格改变。更退缩、厌倦、冷漠、犹豫不决，或者更为喧闹、多话、外向。

③行为改变。自杀者往往表现出与平常不一样的行为，毫无原因地请人吃饭、送人钱财、归还物品等，有时表现出无法专心。

④时常谈论生死问题。谈论或撰写有关死亡或毁灭的情节，对死亡的话题感兴趣。

⑤探望亲友。无缘无故地去探望自己的好友。

⑥写遗书。

⑦与家庭、社会隔绝，孤立自己。

⑧饮食、睡眠习惯改变。睡太多或失眠，有时候会很早醒来，没有胃口，体重减轻或吃得过量。

（三）自杀干预措施

自杀干预也叫自杀管理，是针对诱发自杀的种种因素，采取不同的干预策略，对自杀进行干预的最终目的是预防自杀。个体有自杀倾向或行为，常是一种沟通的信息，他们内心是矛盾的。如果防范处理得当，可以避免悲剧的发生。自杀的干预主要在预防，预防自杀可分为三级，即一级预防、二级预防和三级预防。一级预防：主要是指预防个体自杀倾向的发展。一级预防的主要措施有管理好农药、毒药、危险药品和其他危险物品，监控有自杀可能的高危人群，积极治疗自杀高危人群的精神疾病或躯体疾病，广泛宣传心理卫生知识，提高人群应付困难的技巧。二级预防：主要是指对处于自杀边缘的个体进行危机干预。通过心理热线咨询或面对面咨询服务帮助有轻生念头的人摆脱困境，打消自杀念头。三级预防：主要是指采取措施预防曾经有过自杀未遂的人再次发生自杀。下面介绍一些具体的干预策略。

1. 提高心理素质

心理素质差是导致自杀的最直接的内在动因。可以通过个体和社会共同的努力来提高。首先，个人应积极主动地培养自身的素质，社会也要有相应的机构来提供这种服务，配合学校的心理健康教育，从而加强学校、家庭、社会和个体的这种联系。个体心理素质的提高可以通过阅读有关心理健康的书籍，接受心理健康教育，向专业人士进行咨询，掌握一些调控心理的方法和技巧并且在生活中加以运用。

心理素质的培养要特别注意挫折容忍力和情绪调控能力的培养。一方面，从知识上掌握挫折的各种应付方式和情绪的各种调控技术。另一方面，在实际生活中有意识地加以运用，甚至可以主动地给自己创造一些挫折的环境，培养自己的容忍力和调控能力。

2. 设置危机干预机构，普及有关自杀预防的知识

如建立危机干预中心、自杀预防中心、生命热线、希望热线，使处于危机之中的人知道有求助的机构。许多高校设置的热线心理咨询电话，能有效地为处于危机状态的人提供及时的帮助。自杀者在自杀前犹豫不决、万分痛苦时打了电话，咨询员立刻介入，采取紧急对策，可以有效地避免自杀行为的发生。

普及的知识应该包括自杀倾向者的表现和危害、自杀者的心理、自杀的预防机构等等，这样做好自杀的早期发现和预测，并采取有效措施及时预防自杀。

3. 消除自杀行为发生的根源

消除自杀根源是指要控制好自杀的手段，不能让想自杀的人轻易就能掌握自杀的手段。对自杀的高危地点也要进行防范。例如，世界卫生组织认为最有效的预防自杀的五大步骤之一就是控制药物。对可以用来自杀的工具要进行严格的管理。

4. 在心理健康教育中增加自杀预防知识宣传

首先要对大学生进行宣传，正确引导他们认识社会、适应社会，热爱生活、钟爱生命，提高面对挫折的应对能力与康复能力，增强遇挫不气馁以及重新开始的勇气和自信，学会以积极乐观的生活态度面对困境。其次还要对学生工作干部、班级辅导员、教师进行宣传，使他们了解什么是心理危机，大学生哪些方面的问题容易出现心理危机，哪类个性特点的学生容易出现心理危机，哪些言语和行为表现可能是自杀的前兆，对出现自杀预兆的学生如何干预及处理，怎样救助他们并教会他们自救。从许多高校的情况来看，这种宣传是十分必要的，因为自杀言行的表露多是由同学或学生管理干部发现并及时干预和挽救的。

5. 自杀干预的若干要点

在进行自杀干预时，以下各点需要特别注意：

①要有生命关怀的觉悟和高度的警觉心。任何人谈及对生命有厌恶感时，都应予以注意，将其视为一种求救的信号。即使有些人习惯将“寻死”挂在嘴边或以死亡来威胁别人，也不要忽略他真会自杀的可能性。要认真对待口头的自杀威胁，不要以为他们只是开玩笑，或者认为他们不会真的如此做。

②对于有重大丧失的个体，要适时地给予关心、共情及安慰。对于有自杀征兆的个体，要经常向其表达并让其了解到你的关切。想自杀的个体常会有情绪低潮及行为退缩的征兆，对个体多一点关心，可以提早发现。

③发现个体有自杀的征兆时，要相信自己的判断，宁可反应过度，也不要麻木不仁，以免追悔莫及。至于在辅导室或从周记录、信函中注意到青少年有自杀倾向时，宜积极面谈建立信任关系。

④自杀问题的处置，往往需要家庭的参与。应该积极寻求专业人士的帮助，不要有“家丑不可外扬”的心态。

⑤如果个体处在危机阶段，要随时陪在个体身边，并切实找出个体想自杀的原因。

⑥出于安全考虑，把可能的自杀工具拿走。

⑦那种“基于保密的原则，不能把青少年有自杀的想法告诉他的父母”的观念是错误的。当保密会危及至一个人的生命安全时，保密性就被置于第二位。也就是说，当你所辅导的对象可能伤害自己或别人时，不论从法律的角度还是人道的立场，你都有通知相关人员的义务。

第七章　当代大学生就业与心理健康

第一节　大学生就业的心理问题

一、大学生就业心理和职业生涯规划

大学生的就业心理就是指大学生在考虑就业问题、为获得职业作准备及在寻求职业的过程中产生的各种心理现象。就业是大学生活中的重要内容，也是大学生的主要活动之一，多数大学生从进入大学起就开始考虑自己的前途问题，并为未来的就业作准备。概而言之，就业心理也就是“如何规划自己的职业生涯和大学生涯”的心理现象。

舒伯（Super）比较了工作、职业与生涯的不同：工作（job）是在某一行业中的具体职位，是有目的、有结果、需要投入时间和精力并持续一定时间的活动。生涯（career）则是个人一生中所经历的一系列职业与角色的总称，即个人终身发展的历程。职业生涯规划是指以生涯发展为着眼点，学习在面对各种抉择情境时界定问题、设立目标、收集并运用资料，通过恰当的规划实现个体的全面最优发展。职业（occupation）是介于“工作”和“生涯”之间的概念，是一系列的工作。

大学生科学地进行职业生涯规划意义重大。在校大学生的毕业定位，即毕业后的选择是继续学习，就业，还是自主创业？不同的目标就要有不同的要求和准备。如“直接就业”需要学业成绩、社会工作能力和职业意识等方面的准备；“继续深造”需要外语语言能力、专业知识和科研能力等方面的准备；“个人创业”需要资金、技术、人才、经验和市场等方面的准备。就业心理也与大学生的其他心理特点（如人格、需要、学习心理等）有着密切的联系，大学生学习心理中的“辅修热”、课外活动中的“打工热”等等都或多或少地与未来的就业准备有关。

因此大学生的就业心理是以就业为大学生涯目标，在其他心理的共同作用下形成的，它的产生、变化与发展过程是很复杂的。自我探索、探索工作世界、职业决策、确定目标、求职行动是职业生涯规划的五个基本步骤，这五个方面的心理现象共同构成了大学生的就业心理。

二、影响大学生就业的因素

（一）客观因素

1. 就业压力大，供需矛盾突显

我国大学生就业与市场需求的供需矛盾将长期存在。所谓的供需矛盾并不是指我国的大学生太多了，而主要是指大学生的层次和专业结构与市场要求的矛盾，以及大学生的职业期望与市场供给的矛盾等。经济发展对人才需求的变化、用人单位的“人才高消费”、专业之间的不平衡（冷门与热门、长线与短线）、地区之间的不平衡（偏远地区招不到人、经济发达地区人才拥挤）、性别之间的不平衡（女大学生就业难）等将成为供需矛盾的主要体现。

2. 就业市场化，但就业市场不完善

新中国成立以来我国大学生就业经历了完全计划型的统包统配模式、计划体制下的用人单位与学校供需见面模式，到目前政府引导下的用人单位与毕业生自主型双向选择模式成为当前大学生就业的主流与方向。“自主择业”制度的推出，彻底打破了政府对高校毕业生就业实行统包统配的局面，大学生就业市场化的趋势越来越明显。

但大学生就业制度的改革、就业市场的建设与完善不是一朝一夕的事情。目前的就业市场还存在不少问题，如就业渠道不畅。

据调查，大学毕业生反映最多的问题就是对就业的信息不了解或了解很少；信息网站缺乏全面、具体的信息，很多就业信息迟缓，影响毕业生就业；某些单位以办人才交流会谋利、以高校为基础的就业市场建设缺乏、就业市场与协议缺乏权威性、就业公平性不够、大型的毕业生招聘会签约率不高等等。因此，毕业生呼吁的学校、政府人事和教育主管部门多联系企业和用人单位、多提供就业信息等问题迫在眉睫，亟须解决。

3. 学校缺乏适当的生涯指导

中国教育中一个重要的缺失，就是从小到大缺少对学生进行职业生涯发展与规划的教育，大学也不例外。有关于大学生的调查显示，在问及“学校是否提供职业生涯规划方面的课程或讲座”的时候，13.68%的同学回答有，49.47%的同学回答无专门的课程但偶尔有讲座，还有36.84%的同学回答什么都没有；在问及“学校就业网站中是否有足够的职业生涯规划方面的知识”时，只有14.29%的同学认为已经足够，有48.57%的同学认为学校就业网站中几乎没有职业生涯规划方面的知识，还有37.14%的同学认为学校就业网站中有一些职业生涯规划方面的知识，但无法满足需要。从舒伯的生涯发展五阶段理论的第一、二阶段来看，我国学校在中小学教育中的生涯辅导的内容是贫乏的，大学阶段的职业指导也是因为大学生就业成了问题才开始在各高校做些宣传和讲座。事实上，我们离“职业生涯发展与规划”的理念还相差甚远。因此，大学生在求职择业过程乃至人生发展中必然出现迷茫。

4. 舒伯的生涯发展理论

舒伯根据自己“生涯发展形态研究”的结果，参照布勒（bueller）的分类，也将生涯发展阶段划分为成长、试探、决定、保持与衰退五个阶段，其中有三个阶段与金斯伯格的分类相近，只是年龄与内容稍有不同舒伯增加了就业以及退休阶段的生涯发展，具体分述如下。

（1）成长阶段，属于认知阶段

由出生至14岁，该阶段孩童开始发展自我概念，开始以各种不同的方式来表达自己的需要，且经过对现实世界不断地尝试，修饰他自己的角色。

这个阶段发展的任务是：发展自我形象，发展对工作世界的正确态度，并了解工作的意义。

这个阶段共包括三个时期：

一是幻想期（4岁至10岁），它以“需要”为主要考虑因素，在这个时期幻想中的角色扮演很重要。

二是兴趣期（11岁至12岁），它以“喜好”为主要考虑因素，喜好是个体抱负与活动的主要决定因素。

三是能力期（13岁至14岁）：它以“能力”为主要考虑因素，能力逐渐具有重要作用。

(2) 探索阶段，属于学习打基础阶段

由15岁至24岁，该阶段的青少年，通过学校的活动、社团休闲活动、打零工等机会，对自我能力及角色、职业作了一番探索，因此选择职业时有较大弹性。

这个阶段发展的任务是：使职业偏好逐渐具体化、特定化并实现职业偏好。这阶段共包括三个时期：

一是试探期（15岁至17岁），考虑需要、兴趣、能力及机会，作暂时的决定，并在幻想、讨论、课业及工作中加以尝试。

二是过渡期（18岁至21岁），进入就业市场或专业训练，更重视现实，并力图实现自我观念，将一般性的选择转为特定的选择。

三是试验并稍作承诺期（22岁至24岁），生涯初步确定并试验其成为长期职业生活的可能性，若不适合则可能再经历上述各时期以确定方向。

(3) 建立阶段，属于选择、安置阶段

由25岁至44岁，由于经过上一阶段的尝试，不合适者会谋求变迁或作其他探索，因此该阶段较能确定在整个事业生涯中属于自己的“位子”，并在31岁至40岁，开始考虑如何保住这个“位子”，并固定下来。

这个阶段发展的任务是统整、稳固并求上进。

这个阶段又可细分为两个时期：

一是试验—承诺稳定期（25岁至30岁），个体寻求安定，也可能因生活或工作上若干变动而尚未感到满意。

二是建立期（31岁至44岁），个体致力于工作上的稳固，大部分人处于最具创意时期，由于资深往往业绩优良。

(4) 维持阶段，属于升迁和专精阶段

由45岁至65岁，这一阶段的劳动者长期在某一职业上工作，在该领域已经占有一席之地，一般达到常言所说的“功成名就”的境界，已经不再考虑变换职业，只力求保住这一位子，维持已经取得的成就和社会地位。此阶段的重点是维持家庭和工作间的和谐关系，传承工作经验，寻求接替人选。

(5) 衰退阶段，属于退休阶段

65岁以上，由于生理及心理机能日渐衰退，个体不得不面对现实从积极参与到隐退。这一阶段往往注重发展新的角色，寻求不同方式以替代和满足需求。

值得一提的是：舒伯以年龄为依据，对职业生涯阶段进行了划分，但现实中职业生涯是个持续的过程，各阶段的时间并没有一个明确的界定或界限，其经历时间的长短常因个人条件的差异及其外在环境的不同而有所不同，有长有短，也有快有慢，有时还有可能出现阶段性的反复。

(二) 心理因素

1. 就业心理准备不足

许多大学生虽然很重视就业问题，但对就业的自我准备，特别是心理准备不足。某重点大学关于大学生的调查显示，大部分学生没有规划，对未来发展没有规划的学生占62.2%；有规

划的占37.8%，其中有明确设计的仅占4.9%。有调查发现，较熟悉职业生涯规划的仅占27%。以上情况就容易导致一部分大学毕业生，在业务能力上表现为专长较为欠缺；在面临职业选择时就表现为职业成熟度不高，将求职理想化，缺乏自我认识能力，缺乏求职技巧，缺乏获取职业消息的能力与决策能力；在就业人格特点上表现为缺乏自信心或过于自负、就业挫折承受力不强、进取精神不够等问题。就业心理准备上的不足使大学生在遇到实际的就业问题、接触到用人单位、感受到求职竞争的激烈时会产生种种心理健康问题。

2. 就业心理矛盾多

面对市场化的就业方式，许多大学生在就业过程中会产生许多心理矛盾。首先是职业期望与现实条件的矛盾。有研究发现，大学生的理想职业与现实职业选择有很大不同。近几年来大学生的就业期望居高不下，但是现实的就业市场常常不能提供大学生所要求的工作，因此大学生在就业的过程中常常会感受到现实的残酷。其次是不同择业机会选择的矛盾。就业市场化的条件下，许多同学会遇到各种不同的单位，面对这些单位大学生们也会遇到选择的焦虑与矛盾，因为遇到的用人单位有先有后，有的单位可以立即签约，有的单位要试用后才能决定是否签约，有的很诚恳、急切，有的态度不冷不热。再次是学习与找工作的矛盾。大学毕业生在找工作中会花费大量的时间，有的单位还会要求试用，因此学习与求职之间常常也存在矛盾。最后是公平竞争与利用社会关系的矛盾。许多大学生都希望有一个公平的就业竞争环境，但是在求职中使用拉关系、走后门、跑“路子”、请客、送礼等不公平的手段在大学毕业生中早已不是什么新鲜事了。社会关系在求职成功中会发挥重要作用。因此，不公平竞争的问题成为大学生求职困扰的重要方面，特别是那些来自农村的自身条件较好的同学对此更是怨声载道。

3. 人格发展不健全

人格健全与否是保障大学生就业心理健康的重要因素，拥有健全人格的大学生可以顺利解决在就业中遇到的心理问题，保持健康的就业心态。不健全的人格容易导致心理困扰的出现，特别是在就业中遇到挫折的时候，一些大学生所存在的挫折耐受力低、缺乏自信、过于敏感、社会适应能力差、人际交往障碍、虚荣、贪图享受等人格缺陷是导致他们产生就业心理问题的重要原因。

三、当代大学生就业心理的基本特点

大学生的就业心里很复杂，不同类型、学校、年级、性别的大学生的就业心理也会表现出不同的特点。

（一）自我探索方面

自我探索的内容主要包括大学生的职业需要、动机、兴趣、价值观、人格等。总体现象是：

1. 多元化与一致性

不同的择业标准都得到大学生的一定认可与宽容，价值标准的多元化突显。同时，不同类型的大学生总体择业观念差异不大。

2. 务实性

大学生把“地位”“声望”等东西看得比较淡，更重视个人发展、经济收入等实际的功利化的因素。

3. 变化性

重视经济收入、个人发展是近几年来大学生的主要就业心理倾向。但是，目前大学生对稳定、福利好的工作又开始重视起来。

然而，以上三个方面具体到大学生就业个体，由于各自在自我探索方面还做得不够好，还没有真正做到所谓“知己”，也有客观方面的原因，尤其是“职业生涯规划”的理念还没有真正普及，从而容易导致大学毕业生在就业过程中的从众心理。

（二）探索工作世界

主要表现为大学生对外围环境认识的或缺。生活中，有不少大学生，他们对家庭的希望、社会的需求、组织的需求、国家政策以及社会经济的发展等情况没有较多的了解，这些也是制约大学生职业生涯规划的主要因素之一。大学生业务能力的获得是一个长期的过程，主要是通过学习、训练与实践得来，而且一旦形成则比较稳定，它与人的智商、动手能力等心理因素密切相关。因此大学毕业生对自己将从事什么职业和岗位探索和思考得太少，没有积极地做好业务能力的准备，导致许多学生求职过程中的盲目性和成功率不高的状况。

（三）职业决策

职业决策是指个体一生中必然要面临的重要决策，是指个体对自己将要从事的职业做出的选择。有效的职业决策不仅有益于个体，而且有益于整个社会。目前，大学生职业决策中还是存在不少问题的。

首先，大学毕业生的就业期望值过高、择业观落后。一方面是高等教育的大众化；另一方面是一些大学生的思想意识里仍然保留着“天之骄子”的优越感，对理想职业的选择要求是待遇好、工资高、地位好等条件，盲目攀比的现象较为严重，有不少毕业生及家长仍然停留在“就业定终身”的传统就业观念上，总想去所谓的正规单位、正式单位工作，导致毕业生选择职业的面很窄，从而增加了求职的失败率和困难。

其次，职业决策中的诚信问题。有些学生为了获得一个好的工作岗位，在简历中添加虚假的信息，一味抬高自己，迷惑用人单位。还有的大学毕业生在和用人单位签约后另攀高枝，等找到更好的工作岗位再与原来的单位毁约等。这些现象使用人单位对毕业生的诚信产生怀疑，进而制约大学生就业时的职业选择。

（四）目标的确定

一部分大学生习惯了老师、父母为自己安排的一切。不过，一方面，这个时代发展太快，我们的父母和老师已经来不及教我们太多。另一方面，什么都可以是别人的，但职业目标一定要是自己的，要由自己树立和确定，而不能由别人代劳。然而，目标缺失是大学生的集体无意识陷入“六不”状态：不知道自己喜欢什么，也不知道自己不喜欢什么；不知道自己想做什么，也不知道自己不想做什么；不知道自己能做什么，也不知道自己不能做什么。

（五）求职行动

尽管就大学生的就业过程而言，前面的四个因素很重要，但毕竟它们还仅属于认知的部分，就业最终要落实在求职的行动上。但是，很多大学生往往忽视前四个环节的行动和准备，以为就业就是制作简历、撰写求职信、投递材料、接受面试、签约等，真正面临就业则表现得毫无

准备、惊慌失措。一般来说，如果大学生能清醒地认识自己的心理特点，并对自己心理特点及自己对职业的要求进行合理而科学的匹配，做出职业选择，并采取可行的措施去获得职业，那么其职业成熟度，即与求职密切相关的职业心理能力与活动的发展水平就高。

第二节 大学生的就业与心理健康的关系

一、应激与大学生就业

大多数人谈到应激时，通常是指来自我们周围所感受到的压力。比如，有调查显示，75%的大学生认为压力主要来自于社会就业。即学生们谈到的应激是因为考试成绩太差，或者毕业生就业难等问题；父母们谈到应激是因为要养家糊口而带来的经济负担等等。不难看出“压力”是可以代替“应激”这个概念的，应激的原意是指压力、张力作用于物体而使物体产生张力或破坏物体的形状。这种术语的变化表明应激这个概念戴着多层面具。

关于应激的概念，首推加拿大病理生理学家塞里提出的“应激学说”。继塞里之后，不少学者对应激的研究不再局限于应激的生理方面，而是更多地关注应激对机体心理机能和健康及疾病的影响。对引起机体应激的刺激也不局限于生物刺激，而是扩展到生物、心理、社会刺激。现代应激观念强调环境刺激对人的生存有威胁、挑战的社会性、心理性或生物性，反应则是生理、心理或行为两个方面，应激刺激和应激反应主要是心理的。因此，现代应激理论将应激过程分为四个部分：输入、中介、反应、应对。

心理学将心理应激定义为：个体在觉察需求与满足需求的能力不平衡时倾向于通过整体心理和生理反应表现出来的多因素作用的适应过程。该定义强调应激时个体对环境威胁和挑战的一种适应和应对“过程”，其结果可以是适应的和不适应的；应激源（生活事件）可以是生物的、心理的、社会的和文化的；应激反应可以是生理的、心理的和行为的；应激过程受到个体多种内外因素的影响；认知评价在应激作用的过程中始终起关键性的作用。

就业作为大学生的一个重要的生活事件（应激源），不同个体的大学生其应激反应是各不相同的。清华大学的调查显示，个人前途（就业）已成为大学生心理压力中最大的因素，而且压力有随年级增高而上升的趋势，一年级的学生也有71.1%的人感到了压力。对工科大学生的调查也发现就业压力是三类心理压力源之一，专业方向的压力也有随年级增高而上升的趋势。有资料显示，心理咨询专科门诊人数增加，其中学生患抑郁症的人数呈增长之势，因就业压力过大而造成心理焦虑、失眠、情绪低落甚至自杀等情况。

大学毕业生“就业综合征”明显增多，具体反映在情绪、自我认识和人际交往等几个方面。另外，就业人格缺陷也是一些大学毕业生心理不健康的表现。

二、大学毕业生“就业综合征”

（一）情绪表现

1. 焦虑

据研究，各年级学生都存在相对较高的就业焦虑，而且农村学生的焦虑水平高于城市学生，女生高于男生。毕业前夕，不少大学生的心理问题表现为过度焦虑。这种焦虑，使大学生毕业时精神上负担沉重、紧张烦躁、心神不宁、萎靡不振；学习上得过且过、穷于应付、反应迟钝；生活中意志消沉、长吁短叹、食不甘味、寝不安席。有些学生在屡遭挫折之后，甚至产生了恐惧感，一提择业就紧张。焦虑心理的一种特殊表现就是急躁。急躁时，缺乏自我控制，过于急躁，会导致事倍功半甚至事与愿违。大学生在择业中的这种急躁心理，常使他们忧心忡忡、烦躁不安、心理紧张、无所适从。

2. 冷漠

冷漠是遇到挫折后的一种消极心理反应，是逃避现实、缺乏斗志的表现。一些大学生在择业中因受到挫折而感到无能为力、失去信心时，会出现不思进取、情绪低落、沮丧失落、意志麻木等反应。他们自认为看破红尘、心灰意冷，决定听天由命，任凭发落。冷漠心理的一种特殊表现是逃避，他们对前途失去信心，不再想主动争取择业机会，认为去什么单位都无所谓，这种心理与就业竞争机制和社会环境不相适应。

3. 问题行为

毕业前一些大学生在激烈的就业竞争中因某些主体需要不能满足受到强度较大的挫折，加之平日缺乏应有的品德与个性修养，可能发生各种各样的问题行为。常见的有故意旷课、夜归、喝酒、起哄、闹事、损坏东西、打架对抗、进行不良交往、行为怪异、过度消费等，严重时还可能导致严重违纪与违法行为的出现。

4. 抑郁消沉

毕业前的大学生由于心理应激水平高、心理冲突强度大、挫折体验多，加之一部分大学生人格上本来就不十分健全，容易导致某些躯体化症状，如头痛、头昏、血压不正常、消化紊乱、背痛、肌肉酸痛、口干、心慌、尿频、饮食障碍或睡眠障碍等，对前途悲观失望。一些大学生在择业中受到挫折后会感到无能为力、失去信心，表现为失落抑郁、不思进取、情绪低落、意志消沉，他们常常会放弃一切积极的求职努力，听天由命。严重时还会对外界的环境也漠然置之，减少人际交往，对一切都无所谓，进而导致抑郁症。

大学生行为与生理反应的失常通常是比较严重的就业心理失常的表现，出现这些问题时要及时进行心理调节或寻求心理咨询专家的帮助。

（二）自我认知缺失

1. 自卑

一些大学生在求职中常会产生自卑心理，对自己评价偏低。他们总是以为自己的水平比别人低，单位要求很高自己肯定达不到，自己能力不行等等，因而产生忧郁、悲观、孤僻的心理。

过度自卑，还会产生精神不振、消极厌世、沮丧、失望、孤寂、脆弱等心理现象，久而久之还可能导致自卑型问题人格发生。就业中的自卑一般产生于以下一些情况：首先，一些冷门专业的学生看到就业市场需要自己专业的单位少、待遇差或在求职中遭冷遇，就容易悲观失望；其次，一些性格比较内向、不善言辞的大学生看到其他应聘者口若悬河，自己什么也说不出来时也会自惭形秽；再次，一些在校成绩与表现一般的大学生看到别人的自荐书上奖励、证书、成果一大堆，自己什么也没有，也容易自我贬低；最后，一些女大学生在就业时遭受用人单位的歧视后也会自怨自艾。总之，自卑的大学生不敢正视现实，对自己的长处估计不够，怀疑自

己的能力，不善于发现适合自己的职业岗位，在对自己的抱怨、贬低中失去了求职的勇气。

2. 孤傲

在求职择业中，一部分大学生对自己估价过高，自认为高人一等，非常傲气。他们或认为自己学习了很多的知识，各方面条件也不错，不会没有好的归宿，哪个单位录用了自己是其荣幸；或认为现实太落后，英雄无用武之地。他们好高骛远，期望值过高，看不上这单位，瞧不起那种职业，横挑鼻子竖挑眼，没有自己满意的。孤傲心理是缺乏客观的自我分析和自我评价的表现，对就业市场、职业生活缺乏了解，一切都凭自己的主观想象。如有的大学生自以为经过大学几年的学习和锻炼已经满腹经纶，任何工作到手中都可以出色完成，在求职中自觉高人一等、自命不凡、四处吹嘘，一旦出现变故则容易陷入自卑、自责，一蹶不振。

（三）人际交往困难

1. 缺乏人际沟通技能

大学生渴望交往，希望能与周围的人包括用人单位建立起和谐融洽的人际关系。但由于多方面的原因，他们往往不能做到这一点，体验不到择业成功的快乐。有些大学生缺乏基本的人际交往能力，有的在求职过程中不会察言观色，不懂得照顾别人的感受，不懂人际交往的礼貌礼仪等，为此他们很苦恼并渴望改变这种状况，但又找不到有效的方法。

2. 怯懦

有些大学生在求职择业过程中过于怯懦，在面试官面前不是面红耳赤，就是语无伦次，把早已准备好的“台词”、腹稿，忘得一干二净。有的谨小慎微，生怕一句话说错、一个问题答不好会影响自己在用人单位代表心目中的形象，以致不敢放开说话，没有办法把自己的特点和优势表现出来。这些同学渴望公平竞争，但在机遇到来时却手忙脚乱，未能充分发挥自己的才能。怯懦心理多见于一些女生和性格内向的大学生。

三、与就业有关的人格缺陷

（一）自我同一性混乱

有许多大学生尚未达成自我同一性，对自己的职业目标、需要、价值观及自身特点等没有明确的认识。在就业时不能正视自己的能力、素质和择业的客观环境，不能对自己有一个客观、清醒、全面的评价。因此在职业选择时常常是茫然、犹豫不决、反复无常、见异思迁、躁动不安，不能主动、独立地获取职业消息、筛选目标、规划职业生涯，也不能解决就业中的问题，做出正确的决策。自我同一性混乱在就业中的两个突出表现就是盲目从众与依赖。

盲目从众是指在求职中不考虑自己的兴趣、专业等特点，盲目听从或跟随别人的意见以及盲目寻求热门职业的现象。持有这种心理的毕业生往往脱离自己的实际状况，跟在别人的后面走，如在就业市场中哪个摊位前人多他们就往哪里去，别人说什么工作好他们就寻求什么样的工作，而全然不顾自己的能力和现状，不会扬长避短。

依赖是指在就业中不愿承担责任，缺乏独立意识，没有个人独立的决策能力，没有进取精神，只是依赖父母或老师、学校，甚至只等职业送上门而不去积极争取。一些毕业生自己不去找工作，只等着父母和亲朋好友出面四处奔波，到处找关系、托人情，甚至还怀恋过去那种统包统分的制度，希望学校解决就业问题。当别人为自己找的工作不合心意时就大发脾气，抱怨父母或学校。还有不少毕业生由家长陪着参加供需见面会，职业的好坏完全由父母决定，缺乏自主择业的能力。

（二）就业挫折承受力差

不少大学生在求职时只想成功，一旦遭受挫折就会像泄了气的皮球，一蹶不振，陷入苦闷、焦虑、失望的情绪之中不能自拔。他们对求职中的挫折既缺乏估计也缺乏承受能力，不能很好地调节自己的心态，也不会通过总结求职中的经验教训来获得下一次的成功。

自主择业给大学生提供了就业的自由及通过竞争获得理想职业的机会。应该说这也是大多数大学生所期望与认可的。但当大学生真正面对激烈的竞争时，有许多人表现出缺乏信心和勇气，求职时战战兢兢、顾虑重重、畏首畏尾，不敢大胆自荐。结果是有压力没勇气，不能真正向用人单位展现自己的竞争实力，错过机会，在竞争中陷入了不战自败的境地。特别是一些冷门专业，或者学习成绩不佳、没有“关系”的同学就更容易出现不敢竞争、不敢尝试的问题。

害怕竞争的保守心理一方面与大学生缺乏社会实践锻炼有关，另一方面更与许多大学生害怕失败，不敢面对就业挫折有关，如一些大学生在就业中只找那些把握性大的职业，而对竞争强的工作就不敢问津，害怕求职失败遭受打击。

（三）偏执心理

大学生就业中的偏执心理有不同的表现。首先是追求公平的偏执。大学生要求公平的竞争环境，对一些不良的社会风气感到气愤是正常的，但有一些大学生表现为对公平的过分偏执，将自己求职中的一切问题都归结于就业市场不公平，以致给自己的整个求职过程都笼罩上了心理阴影。

其次是高择业标准的偏执。大多大学生对求职都有过高的期望，不过多数大学生都能通过在就业市场的体验，客观地认识和接受当前的就业现状并调整自己的择业标准，但仍有部分大学生固执己见，偏执地坚持自己原来的择业标准，甚至宁愿不就业也不改变。

最后是对专业对口的偏执。一些大学生在就业时过分追求专业对口，不顾社会需要，无视专业的伸缩性、适应性，只要是与专业有一定出入的工作就不问津，只要不能从事本专业工作就不签约。这样就人为地减少了自己就业的机会。

第三节 大学生就业的心理健康教育对策

一、转变就业观念，充分认识职业价值

（一）转变就业观念

1. 要改变一次就业的观念

一次就业定终身的事，不仅在社会主义市场经济条件下难以做到，就是在计划经济体制下也不可能完全做到。随着社会对人才要求的更新和提高，人才资源总是在不断地交换和流动中得到优化配置、有效利用。科学技术的突飞猛进和知识的快速更替，用人制度的改革和人才市场的建立，必将使失业和就业成为今后大学毕业生一生中经常遇到的事情。因此，每个大学生都要有多次就业的思想准备。大学毕业生不要因为第一次择业不够理想就丧失信心。要抱定豁

达乐观的择业态度，坚信“天生我材必有用”“西方不亮东方亮”，逐步树立多次择业的观念。通过反复比较，经过自身的不断努力，在实践中寻找适合自己的工作岗位。

2. 要改变一步到位的观念

在就业市场上用人的单位招不到人、大量的毕业生无处去的“错位”现象普遍存在，这是因为大学生的就业期望普遍较高的缘故。因此，要顺利就业就必须首先根据自己的实际情况和就业形势，调整自己的就业期望值。调整就业期望值不是对单位没有选择，而是要树立长远的职业发展的观念，放弃“一步到位”的观念。在当前获得一个理想职业的时机还不成熟时，应采取“先就业，再择业，再创业”的办法。也就说在择业时不要求全责备、期望太高，可以先选择一个职业，不断提高自己的社会生存能力、增加工作经验，然后再凭借自己的努力，通过正当的职业流动，来逐步实现自我价值。许多大学生不愿意去经济落后的地区工作，可是随着西部大开发的进行，西部地区将成为经济发展的热点，将给大学生们提供更多的发展机会，因此抢先到这样的地区去工作可能会更适合自己的职业发展，更有可能取得事业的成功。

（二）充分认识职业价值

传统观念认为人们工作就是为了满足生存需要，但是对于现代社会的人来说，职业对个体的意义已经远不是如此简单，职业可以满足人们从低层次到高层次的多方面的需要。如有研究对职业价值结构进行了初步研究，发现了交往、义利、挑战、环境、权力、成就、创造、求新、归属、责任、自认等 11 个类别的因子。因此，职业的价值是丰富的，我们要充分认识到职业对个体发展、社会进步所起到的重要作用。

在择业时，毕业生不能只考虑工作的经济收入、工作条件、工作地点等因素，更要考虑职业对自我一生发展的影响与作用，应看重职业能否帮助实现自我价值。因此，要在考察社会需要的基础上，树立重自我职业发展、才能发挥、事业成功的职业价值观。对于那些虽然现在工作条件不怎么样，但发展空间大，能让自己充分发挥作用的单位要优先考虑；对于那些现在经济发展水平不太高，但发展潜力大、创业机会多的工作地点也要重视。

总之，盲目到一些表面上看来不错，但不适合自己，自己的才能不能得到有效发挥的单位去工作是不会令自己满意的。与其将来后海，不如现在就改变自己，建立适应我国当前市场经济发展、人才需求规律的合理的职业价值观，以指导自己正确择业。

二、大学生就业心理的自我调适

（一）认识与悦纳职业自我，主动捕捉机遇

大学生就业中的许多心理困扰都与大学生不能正确认识和悦纳职业自我有关，因此正确地认识自我的职业心理特点并悦纳自我是调节就业心理的重要途径，并可以帮助自己找到适合自己的职业方向。你要知道自己喜欢什么样的职业、需要什么样的职业、自己的择业标准以及依自己目前的能力能干什么样的工作，这样才能知道什么样的工作更适合自己。一些大学生通过亲身的求职活动后就会发现自己的能力与水平并不像自己以前想象的那么高，并容易出现各种失望、悲观、不满情绪。因此在认识自我特点后还要悦纳自我，对自我当前存在的问题不能一味抱怨，也没有必要自卑，因为自己当前的特点是客观现实的，在毕业期间要有大的改变是不可能的，因此要承认自己的现状，学会扬长避短。另外要用发展的观点来看待自己，要知道有

些缺点并不可怕，可以先就业然后在工作岗位上不断发展自己。

大学生就业中的机遇因素也是非常重要的，因此了解并悦纳了自我特点以后还要学会抓住属于自己的机遇，这样才能保证以后的求职能顺利。要抓住机遇首先必须多收集有关的职业信息，多参加一些招聘会，并根据已定的择业标准进行选择。需要注意的是，机遇并不是对任何人都适用的。一个工作的好与坏是相对的，对别人合适的，对自己不一定合适，因此一定不能盲从，要时时记住，只有合适自己的才是最好的。最后要注意机遇的时效性，在发现就业机会时要主动出击，不能犹豫，也不要害怕失败，应有敢试敢闯的精神。

（二）坦然面对就业挫折，提高心理承受力

面对市场竞争、就业压力，大学生的求职总会遇到许多困难、挫折甚至是委屈，如有些专业“热门”，有些则“冷门”，女大学生找工作容易受到性别歧视等等。面对这些问题仅抱怨是没有用的，更重要的是调整自我心态，提高自己对各种突发事件的心理承受能力。其实，就业的过程也是大学生重新认识自我、认识社会，并主动调整自我适应社会的过程。可以说，如果能通过求职而增强自我心理调节与承受能力，对大学生今后的职业生活都是非常有用的。

在求职中遇到挫折要用冷静和坦然的态度对待之，客观地分析自己失败的原因，进行正确的归因。

首先，在就业市场化、需求形势不佳、就业竞争激烈的条件下，出现求职失败常常是在所难免的，不能期望自己每次求职都能成功，要对可能出现的求职挫折有充分的心理准备。同时，应把就业看作一个很好的认识社会、认识职业生活、适应社会的机会，应通过求职活动来发展自己，促进自我成熟，因此“不以成败论英雄”。

其次，自己求职失败并不一定就是因为自己的能力不行。出现求职失败有许多原因，可能是因为选择求职单位的方向不对，也可能是因为自己的价值观与单位的企业文化不符合，还有可能是其他一些偶然因素造成的。

总之，要正确分析自己失败的原因，调整自己的求职策略，学会安慰自己，以便在下次的求职中获得成功。

（三）调整就业心态，促进人格完善

在求职时自己或身边的同学出现一些不健康的心态是正常的，没有必要过度担心、害怕有心理障碍。当然对于这些不良心态也要学会主动调适，必要时还可以寻求有关心理学专家的帮助。进行自我心理调适的方法有很多，可以进行积极的自我心理暗示，鼓励自己、相信自己，帮助自己渡过难关；可以向朋友、老师倾诉，寻求他们的安慰与支持；还可以通过体育锻炼、听音乐、郊游等方式转移自己的注意力，排解心中的烦闷，放松自己的心情。

通过对自己在就业时出现的种种不良心态的分析，可以发现平时不容易发现的一些人格缺陷。应该说这些人格缺陷是产生这种就业心理问题的根本原因，如果现在不能很好地完善自己的人格，那么这些问题还会在今后的工作、生活中继续带来困扰。因此有时问题其实是暴露得越早越好，同时也不必为自己所存在的人格缺陷而懊恼，因为很少有人是绝对人格健全的，关键是要在发现自己问题的基础上，积极改变自己、发展自己，使自己的人格更加成熟，使自己将来的人生道路更顺利。

三、促进大学生就业心理健康

毕业生不健康的就业心理是在大学生活中不断积累而形成的，只对毕业生进行教育不仅使教育工作变得繁重、困难，而且很难解决一些本来可以预防的心理问题。因此大学生的就业心理健康教育应该成为大学生心理健康教育的重要组成部分，并体现在日常的心理健康教育中。

（一）贯彻职业生涯发展与规划理念，提高职业素质

首先，要通过介绍就业形势、职业生活特点、我国经济发展特点、当前就业市场特点等内容，帮助大学生认识社会、认识职业，开阔他们的视野，让他们从一进校就能对未来的就业问题有一个清醒的认识，对职业的价值、意义有一个正确的认识，并能根据有关要求，不断提高自己的业务能力和心理素质。

其次，要让大学生正确认识职业与专业的关系，帮助大学生跳出专业一定要对口的误区；鼓励大学生学习多种知识，发展各种职业技能，以成为职业适应范围广的复合型人才。

最后，要帮助大学生进行职业生涯规划，从一生的职业发展角度来看待当前的学习与就业准备；帮助大学生制定有关的学习与社会实践计划，以使他们的就业准备能未雨绸缪、有的放矢。如做好大学四年的有序安排：一年级（试探期），转变和适应；参加各项社会和学校的活动；了解自己的特点、价值观、兴趣。二年级（定向期），考虑清楚未来是否深造或就业，了解相关要求；对与自己意向相关的能力和素质作深入的准备；通过学校规定的英语和计算机等级考试；有选择地辅修其他专业的知识充实自己。三年级（发展期），根据自己的发展进行具体项目的准备。四年级（实现期），完成计划后积极地面对就业问题；积极获得信息、了解国家政策、利用大学提供的各种平台；准备就业的资料和参加就业招聘。

总之，应帮助大学生从更多更广的角度来认识职业与就业问题，以形成正确的就业心理，并激励他们不断地提高自己的职业素质。

（二）进行技能与方法指导，坚持助人自助原则

在就业与求职中还有许多技能与方法是需要大学生学习的，因此还应加强这方面的教育。有关的技能与方法主要有如何获取职业信息、怎样了解就业政策、如何进行职业生涯规划、怎样了解职业自我特点、如何进行就业决策以及公关礼仪、求职技巧、面试艺术、制作自荐书、建网页等。但大学生的就业心理健康教育不应该也不可能包办包揽，而应该通过有关技能与方法的指导，帮助大学生提高自己的就业能力和社会适应能力，使他们自立，让他们学会自主地去获取信息、分析与解决问题、应对就业中的困难与挫折、做出职业选择。有关技能与方法的指导目的主要是帮助大学生形成积极的择业态度，使他们善于准确地认识自我、理智地分析职业状况、积极地进行职业生涯规划，并学会进行职业选择的基本方法。这样大学生们就能自己去获得较为理想的职业，从而拥有较好的职业发展前途。

（三）开展职业心理教育，体现时代性与层次性的原则

在就业心理健康教育中必须包含职业心理的知识，让大学生了解有关职业兴趣、职业能力、职业价值观、职业道德、职业成熟度、职业发展、职业生涯、职业设计等方面的基本知识与方法。

在大学生的职业心理教育中应体现时代性的特点，如在进行职业价值观、职业道德的教育

中既要强调社会需要也要重视个人发展，既要强调“干一行，爱一行”，也要鼓励正常的职业流动。在强调“热爱专业”的同时也要鼓励大学生发展非本专业的专长，提高就业的选择能力；在强调应认真履行就业合同，不把工作单位当“跳板”的同时也要教会大学生具有职业发展的意识。这样就业心理教育才能有效，才能让大学生接受。

就业心理健康教育还要重视区分层次，对不同年级、不同层次的大学生应有不同的指导。如对低年级学生要注意帮助他们形成正确的专业心理，对高年级学生则要注意提高他们的职业成熟度。

（四）开展职业心理咨询与测量，体现发展性原则

就业心理咨询就是要为大学生的就业提供心理学的帮助与辅导，主要包括心理测量、就业心理困扰辅导等方面，以提高大学生的职业成熟度与心理承受能力，帮助大学生准确地认识自我、调适自我，克服不健康的就业心态。有关职业的心理测验主要集中在以能力为中心的测验和以人格为中心的测验两个方面。以能力为中心的测验主要包括一般职业能力测验与职业性向测验即特殊职业能力倾向测验。一般职业能力是指从事多数职业都需要的基本能力。一般能力测验中比较有名的是由美国劳工部编制的“一般能力倾向成套测验”（DAT）。职业性向测验主要是根据某种职业所需的基本能力而编制的单项特殊能力测验，如机械性测验、文书性测验、律师性测验等。以人格为中心的测验主要包括职业兴趣、性格、气质、价值观等测验。在这方面国外已经编制了大量的量表，其中著名的有斯一坎职业兴趣测验、库德职业兴趣量表、霍兰德的职业偏好量表和自我职业选择量表以及塞普尔编制的工作观量表等。

在进行就业心理咨询与测量时应注意咨询的目的不只是帮助大学生排解当前的烦恼，顺利找到一个工作，更要帮助大学生们认识自我、发展自我。通过认识自我在就业过程中的不良心理状况，引导他们发现自身存在的人格缺陷，并帮助他们寻找发展健全人格的方法。

第八章　当代大学生休闲活动与心理健康

第一节　大学生休闲活动的心理问题

一、休闲活动及其功能

（一）什么是休闲活动

人类时间资源的利用可以分为三个基本成分：劳动时间，休闲时间和生理生活时间。传统意义上的劳动时间是指人为谋生而付出劳动所消耗的时间。生理生活时间是指人类自身生产和再生产所需的时间，包括睡眠、生活以及生儿育女所需的时间。休闲时间是除劳动时间和生理生活时间之外的可自由支配的时间，也有人称为自由时间或闲暇时间。劳动时间创造的社会财富保证人们能够生存；生理生活时间保证人类能够恢复精力、体力及繁衍。人类劳动是为了生存，但生存不仅仅是为了劳动。休闲时间能满足人们较高的精神追求，是人成为“人的过程”。随着生产力的发展和生产效率的提高，劳动时间和生理生活时间在逐步缩短，相对而言，休闲时间在不断增加。对休闲时间的利用程度和利用方式是衡量人们生活质量的重要标准。

现在，人们对休闲存在不同的理解：有研究把休闲理解为工作之外的自由时间；也有人把休闲定义为一种有意义的活动；还有人认为休闲是一种存在方式，是通过特定的活动去发掘生活的意义，而不能简单地理解为寻求快乐；再还有就是把休闲当作一种心态，它使人无拘无束、自由、随心所欲地从事某种活动，心态平和地感受生命的快乐、幸福和价值等等。

一般而言，休闲是指人们在从事自己心意的、有益于身心健康的、有意义的活动中，体验到的从容、快乐、成就和幸福的心理状态。在休闲状态中，人们体验到的是自由，而不是外界压力；体验到的是快乐，而不是压抑；体验到的是自身的价值，而不是人性的异化。从一定程度上来说，休闲是一种理想的生存状态。要获得休闲的体验，人们需要从事一定的活动。休闲活动能产生休闲体验，但不是任何休闲活动都能产生休闲体验的。

一般认为，人们所从事的休闲活动需要满足三个条件：一是自愿选择的活动，即休闲是人们从事自己喜欢的活动。这时，人的心理、行为处于一种轻松、自由的状态。二是能得到自由与愉悦的心理体验。休闲是一种自主从容、宁静幽雅、随心而动的精神状态，它虽以物质活动为基础，但主要是以丰富自己的精神生活为目的，追求精神的满足。三是有益身心健康、追求生活意义的活动。因此，休闲可以在工作、学习和生活等活动中体验到，当然，也可以在闲暇时间里体验到。由于在闲暇时间里人们更能体验到自由意志，因此通常误以为只有闲暇时间里从事的休闲活动才是休闲。

（二）休闲活动的功能

休闲活动是人们生活的重要组成部分，它不仅可以使人们从劳动产生的生理和心理疲倦中恢复体力、活力和心理平衡，而且更重要的是休闲活动本身会影响到人们的生活质量，且为人们提供了发展现有劳动知识和技能以外所有潜能的无限空间。从社会层面来说，人们的休闲活动带动了休闲产业，对拉动经济发展也起着重要的作用。这里，我们主要从个体层面来分析休闲的功能。

1. 休闲活动的放松功能

对个体来说，首先必须生存，然后才能发展。为了生存，人们必须去工作。工作除了是一个重要的压力源，还具有一定程度的强迫性，故体力的消耗和精神的疲惫是与劳动过程结伴而生的。因此，人们完成相应的工作任务以后，就要寻找生理和心理上放松的渠道，形成工作之外特殊的社会活动方式，这种活动方式就是休闲活动。如果没有休闲活动，就不可能有真正意义上的生理和心理疲劳的恢复，从这一点出发，放松就可能是休闲活动的最基本和最必要的功能。放松有积极与消极之分。积极的放松是从事自己喜欢的活动，通过适度的活动，体验到愉悦，从而使困乏的身体和疲惫的精神得到恢复，压力得以释放，是对生活的一种享受。消极放松只是简单的休息、睡眠，虽然可以在一定程度上恢复体力，但精神上的疲惫和厌倦不能得到有效解除。

现代社会工作节奏加快，竞争加剧，人们内心的压力也随之加大，许多人往往因长期积累的生理和心理压力得不到缓解和松弛，造成体力下降、精力衰竭，工作效率降低、生活情绪低落，体验不到生活乐趣，最终危害人的精神健康，摧毁人的意志，导致悲观厌世的惨剧发生。

2. 休闲活动的娱乐功能

娱乐是一种体验，也是一种以调节自身生理和心理平衡为目的的活动。人们利用休闲时间，通过参与经常性的娱乐活动，达到保持心情愉快、强身健体的目的。从事谋生的工作，人是被动的，甚至受到压抑；从事放松的娱乐活动，人是主动的，追求的是参与性，体验的是愉悦和满足。娱乐过程是人性自然流露的过程，表现的是人们对现实的一种短暂的忘却，追求的是人们对未来的一种热切的渴望，其实际的含义往往隐喻了人们对焦虑、失望和烦扰的现实世界的一种回避和超越。

从构词上来看，娱乐（recreation）可以理解为“再造”（re-creation），即一种对工作和劳动过程造成的身心磨损与老化的修复与治疗过程，使之恢复、复原、回到原初的或理想的状态。

3. 休闲活动的发展功能

发展功能是休闲活动功能中的最高阶段，也是人们在休闲时间内寻求自我发展的最重要的手段和最终的目的。所谓休闲的发展功能，概括地讲，就是通过一系列的休闲活动，导致人们素质的提高、个性的张扬和人格的完善。

在人的一生中，有很多梦想是难以实现的，一个人也不可能在工作中发挥出所有的潜力，哪怕是一项自己十分喜欢的工作。客观地说，从事任何一项工作只能是部分地发展了人们某些方面的才能，同时也或多或少地限制了其他方面才能的发展。因此，人们希望在工作之余进行

某种程度的补偿，以实现隐藏在内心深处的一种模糊却又十分强烈的愿望。从休闲的本质意义上讲，应该积极鼓励和充分肯定职业以外各种休闲活动带给人们的自我发展。一些具有创造性、想象力和发展空间的休闲活动，经常使人们在活动过程中，不仅得到快乐的满足，而且还获得激活梦想的快慰与感受创造的冲动。

二、当代大学生休闲活动的基本特点

（一）休闲时间充裕

休闲时间是休闲活动的时间基础，没有休闲时间，就不会有休闲活动。同样，休闲时间是大学生休闲活动的前提条件。它既表现为节假日，也更多地表现为每天工作、学习之余归自己自由支配的课余时间。与中学生整天上课、老师跟班监管相比，大学生自由支配的时间增多，体现出休闲时间充裕这一特点。有调查表明，大学生每天可供个人支配的闲暇时间占有状况为：4 小时以上的有 34.7%，3 小时左右的有 30.7%，1～2 小时的为 24.2%，基本没有闲暇时间的仅占 9.7%。另有调查表明，大学生在校期间非“SR 休日”拥有的日闲暇时间为 3.29 小时，“双休日”拥有的日闲暇时间为 7.77 小时。最为突出的是大学生有近 3 个月的寒暑假期，不仅时间长，而且是连续的时间。

（二）休闲活动中经济支付能力较低

休闲能力就是人们创造和享受休闲的能力。概括地说，它主要受两方面因素的制约——主观和客观两个方面。影响休闲活动的主观因素包括：个体的休闲知识、休闲技能、休闲经验、休闲价值观、休闲体验和休闲效益等休闲元素。客观方面因素包括：个体闲暇时间的多少、经济收入的多少及支出结构、身心机能状态、休闲资源等方面。

相对于其他人群，大学生在影响休闲活动的主观因素方面有较多优势。客观因素方面，在休闲时间、身体状态方面也有优势。从上面这些因素看，相对于其他人群来说，大学生潜在的休闲活动是非常多的。影响大学生休闲活动的主要因素是经济收入，大学生经济没有独立，许多休闲活动需要较大的经济投入，这在一定程度上影响了大学生休闲活动的广度和深度。特别是近年来，高校各种体育娱乐场所、各种社团，均实行收费制度，严重地影响了大学生休闲活动的开展。

（三）休闲活动过度和剥夺同时存在

部分学生进入大学后，放松了对自己的要求，生活没有目标，人生缺乏规划，整天歌舞升平，热衷于各种社会活动、应酬活动，唯独不愿意花时间和精力在学习上。此为一种极端。另一种极端是休闲活动的剥夺现象。部分大学生课程很多，学业压力很大，有限的课余时间都被无休止的练习、复习以及各类培训班所填满，休而不闲。还有一部分大学生由于经济条件、休闲能力及其他因素的影响，休闲活动也很少。

（四）休闲活动以积极为主，但层次等级较低

人们在闲暇时间里从事的休闲活动种类繁多，五花八门，良莠不齐。戈比（Godbey）把休闲活动分为几个不同层次，见表 8-1。

表 8-1　人类休闲活动的层次

实现方式	参与程度	休闲活动	身份
提升教育	创造性参与	各类创造活动	创造者、艺术家、作家、发明家
	积极参与	实际从事着、表演者、仿效者（音乐家、演员、艺术工作者、舞者、运动员等）	赞助者、表演者、追随者
	精神性参与（投入感情的参与）	经由欣赏而受到感动，心灵得以升华（欣赏音乐、艺术、大自然等）	欣赏者、感受者
	逃避单调	观看或被动接受娱乐性节目、化解生活的烦闷，较缺乏积极性的参与（观看电影、电视、运动竞赛）	观看者
基准线		消磨时间	解闷者
堕落		不知节制、过量从事有损或有害自我的活动（过度放纵、暴饮暴食、赌博、游荡）	放纵者
	行为偏差	从事反社会行为（蓄意损害财产、伤害他人、破坏公物）	
	犯罪	暴力行为（谋杀、强暴、抢劫）	不良行为者

如此看来，大学生的休闲活动绝大部分位于基准线以上，位于基准线以下的休闲活动较少，但精神性参与及以上的休闲活动不多。据调查，大学生课外活动取向为：

①体育锻炼 15.3%；

②校系活动和工作 3.4%；

③聊天、社交 17.6%；

④课业学习 19.6%；

⑤阅读课外书刊、报纸 17.1%；

⑥看电影、电视、录像 5.3%；

⑦勤工助学 3.8%；

⑧打电子游戏 3.8%；

⑨棋牌活动 4.0%；

⑩睡懒觉 5.7%；

⑪无所事事 3.0%；

⑫其他 1.2%。

但也有相当一些人仍然把色情、赌博、胡吃海喝、“拼命”游玩等当成了休闲的“时尚”。

（五）休闲活动和学习活动很难区分开

工作和休闲活动相对独立，学习和休闲活动虽然都是大学生的基本生活，但它们实际上是很难截然分开的。从本源上讲，休闲与教育密不可分。休闲活动层次等级的提升离不开学习。正是通过学习活动，人们才获得休闲能力，才能感受美、欣赏美和创造美。正是由于休闲人们才感受到快乐，传递着快乐和创造着快乐。学习活动也是重要的高级休闲活动之一，在学习过

程中同样能体验休闲。当前，由于工作竞争的压力延伸到学校，学校一切运作都是围绕着帮助学生“将来如何工作”进行的，或者说将教育等同于职业训练了。在这种价值取向指引下，教育的过程与内容都没有休闲教育的存在空间。但以后，随着改革的深入，通过高等教育而获得工作技能的人不但将有更好的人生前景，还会通过教育获得休闲能力，从而能够感受到更多的快乐和幸福。

三、休闲活动的类别

休闲活动多种多样，划分的标准也各不相同，但概括起来，人们日常从事的休闲活动大致可分为六大类。

（一）消遣娱乐类

主要指人们在家或家附近的活动中心或娱乐场所参加的各种纯粹的休闲娱乐活动。这类活动主要包括三种：

1. 文化娱乐活动

指歌、舞、影、视和上网、电脑游戏等。

1. 吧式消费

指除到网吧以外的酒吧、陶吧、书吧、水吧等吧类场所进行休闲活动。

2. 逛街、购物和闲聊

指不单纯为购买生活必需品而逛街、逛商场等，以及除熟人偶然碰面招呼之外的各种闲聊。

（二）怡情养身类

主要指用闲暇时间尝试进行绘画、书法、摄影、篆刻、园艺、烹调、插花等具有一定创作和创造内涵的休闲活动，以满足自己的业余兴趣爱好和完善自身素质、发展自我潜能的需要，并按照自己的主观愿望，进行一定程度吧的创作和实验，这类活动主要包括：

1. 养花草宠物

指养花种草，喂养虫、鱼、鸟、兽等家庭宠物。

2. 业余爱好

指琴、棋、书、画、茶、酒、牌、摄影、收藏等。

3. 美容装饰

指个人的美容美发、剪裁制衣和家庭居住环境装饰等。

（三）体育健身类

主要指通过经常性地参加各种体育健身活动，以实现强健体魄，提高身体素质的目的。这类活动主要包括：

1. 娱乐体育

娱乐体育指为追求生活乐趣而进行的轻松愉快、能够体验文化享受的体育活动。

在娱乐体育活动中，有两个关键词：一是游戏（play），二是爽快（now）。

游戏的本质属性就是“玩”，通过玩，体验运动中的各种刺激（如新奇、变化、晕眩、表现等），并从刺激中获得快感（如冲浪时，人穿梭于浪花间所获得的快感）。而爽快是一种良好的感觉体验，一般指在注意力高度集中于某项活动时产生的陶醉感。如人们专注于观看或进行比

赛时所产生的淋漓尽致的感觉。无论是“玩”的快感还是“爽”的陶醉感，都会给人的生活增添乐趣，从而提高生活质量。

2. 社交体育

社交体育指为改善人际关系、增进社会交往而进行的体育交流活动。

在交际体育活动中，有两个关键词：一是互动，二是合作。

所谓互动就是指双向交流。社交体育的特点之一就是活动中有较多的人际交往机会，人们利用这些机会进行交流，达到融洽感情、增进友谊等效果。如交谊舞，就是典型的社交体育活动。

在马斯洛的需求层次学说中，人的归属感、尊重与被尊重、爱与被爱等社会需求必须在社会活动中获得，社交体育为人际交往提供了良好的条件。

所谓合作，是指互相帮助，协同完成某项任务。人们在合作过程中易与对方产生良好的感觉，逐渐形成稳定的伙伴关系。如在门球活动中，人们必须通过配合才能完成战术行动，这对建立互相信任、共同情感等具有积极的意义。

3. 自然体育

自然体育指人们为了亲近、回归自然而进行的与自然亲密接触的体育活动。

在自然体育活动中，有两个关键词：一是生态，二是环保。

所谓生态，是指人与自然的平等、和谐，即人类是生物物种之一，生态链的一个环节。在自然体育活动中，人们不是要去征服自然，而是回归自然。因此，自然体育是在充分尊重自然的条件下进行的。比如，定向运动就是一种通过体育运动了解自然环境的方法。而环境保护指的是在体育活动过程中尽可能减少对大自然的损害，同时尽最大可能地保护环境。有些项目如滑雪，虽然是一种野外体育，但因其设施建设对自然环境有一定的破坏作用，一般不将其列入自然体育范畴。

4. 极限体育

极限体育是指人们为了自我实现而进行的挑战人体极限能力的体育活动。

在极限体育活动中，有两个关键词：一是克服，二是克制。

所谓克服，是指极限体育活动是通过不断克服困难来挑战自我的。在克服一个困难后，提升目标水平或寻找新的困难，进行另一次克服，直至实现理想目标。比如北京体育大学教师张健，在横渡琼州海峡后，又挑战英吉利海峡并获得成功，这就是一个典型的克服例子。所谓克制，是指在挑战极限的过程中，挑战者要尽量克制自己去涉险，要通过充分准备和谨慎小心来保证挑战的成功或人身安全。极限体育并非冒险体育，反对鲁莽行事以逞匹夫之勇。

（四）旅游观光类

主要指人们利用节假日和带薪假期在市郊或外省市乃至境外进行的旅游观光、休闲度假、野外露营，以及各种形式的娱乐旅游活动。这类活动包括：

①长时间的异地旅游、欣赏和体会异地自然风光、名胜古迹、民俗风情等；

②短时间或周末近距离的游乐度假，如到城市绿地、公园、广场或近郊的园林、古镇、田野等游玩。

（五）社会活动类

主要指人们利用工作和家务活动之余，同外界进行公共或私人性质的各种交流。这类活动

主要包括：

1. 私人社交活动

如朋友聚会、婚礼、生日派对、乔迁贺喜等。

2. 公共节庆活动

如参加民族传统节日庆典、地方特色文化节、宗教活动等。

3. 社会公益活动

如参加咨询、帮困、志愿者行动及其他各种公益性的社会服务活动，拓展自己作为社会公民应尽的社会义务的意识，提高自己的社会文明境界，增强自身的社会责任感。

(六) 教育发展类

主要指通过参观教育型休闲场所，得到各种启示或获得某些感受教育，以及参加非功利性的技术培训，从而达到陶冶情操这样的自我教育目的。这类活动主要包括：

1. 参观访问活动

参观博物馆、纪念馆、科技馆、民俗馆、名人故居、烈士陵园等富有教育意义的场所。

2. 休闲体育活动

如上图书馆、自修或参加社区学校的学习，以提高个人素质和文化修养。

第二节　大学生休闲活动与心理健康的关系

一、大学生休闲活动对心理健康的促进作用

休闲是一种有别于劳动状态和其他负责任活动的一种生存状态，是人的生存整体的一个组成部分。在某种意义上说，它与马斯洛需要“五层次理论”中的高级需要理念相一致。休闲中的休闲活动旨在发掘和提升精神世界中人的创造力和鉴赏力，通过休闲活动促使人对生活或生命进行思索，有助于人的全面发展和个性的成熟。诸葛亮在《诫子书》中说过“夫君子之行，静以修身，俭以养德。非淡泊无以明志，非宁静无以致远”。闲暇时间，让人们有机会思考“人生的意义和价值是什么…应该成为什么样的人?”等问题，对这些问题的思索，有利于人类构建意义世界和守护精神家园，使人类的心灵有所安顿、有所皈依，从而可以形成一种对社会发展进程具有矫正、平衡、弥补等功能的人文精神力量。下面对休闲活动在大学生心理健康中的作用作具体分析。

(一) 调节身心，提高有机体活动能力

休闲活动不同于休息。休息是一种被动的身心调节，目的是为了消除疲劳、放松身心，以利于继续紧张而繁重的工作；休闲活动是一种主动的身心调节，是一种主动的、自由的选择，身心完全放松，目的是获得心理的愉悦。

经常参加丰富多彩的、富有挑战性的活动能改善人体中枢神经系统，提高大脑皮层的兴奋和抑制的协调作用，使神经系统的兴奋和抑制的交替转换过程得到加强，从而改善大脑皮质神经系统的均衡性和准确性，促进人体感知能力的发展，使得大脑思维想象的灵活性、协调性、反应速度、耐受性等得以改善和提高。此外，日常休闲活动还能缓解肌肉紧张和日常生活的紧

张，降低焦虑水平，缓解紧张的内在机制，改善神经系统的工作能力。

如前所述，工作或学习带有强迫性，容易使人产生疲劳。疲劳是一个综合性的病症，与人的生理和心理因素有关。一个人从事活动时情绪消极或任务要求超出了个人能力，生理和心理都会很快产生疲劳。有研究表明，休闲活动（尤其是休闲体育等）能提高诸如最大输氧量和最大化肌肉力量等生理功能，因而能够减少疲劳。休闲活动也能减轻应激反应，因为休闲活动可以降低肾上腺素能受体的数目或敏感性，而且经常参加休闲活动可以降低特定的应激源对生理的影响。

（二）调节情绪，宣泄烦闷

俗话说：人生不如意，十有八九。心理疾病与人长期的情绪低落、烦躁、压抑有关。当遇到令人不满、使人生气或伤心的情境时，会产生反应压力感，出现压力反应。在应付压力源的反应中，首先是负性情绪反应，然后才是消除压力源。有的人在不良情绪产生后，总是积郁于心、耿耿于怀，放不开丢不下，结果只能使不良情绪的刺激在大脑中不断强化和蔓延。所以，当某种事件引起不愉快时，应尽快把它忘掉，最好的办法就是及时转移注意力，用良性情绪体验去替代它，即改变环境去做或想一些使自己高兴的事，这样就可以建立愉快的优势兴奋中心，有效抑制不良情绪优势中心的形成。休闲活动刚好能达到这一目的。心理咨询中，运动疗法、音乐疗法、旅游等都是治疗焦虑症的有效方法。麦克伦曼等对锻炼后的被试立即进行测量，发现他们的焦虑、抑郁、紧张的心理紊乱等水平显著降低，精力和愉快程度显著提高。

（三）有助于发掘人的潜力，培养健全人格

休闲活动涉及闲暇时间的利用。一个人的时间是固定的，如何使用有限的闲暇时间，既反映一个人的价值观、信念、自制力，也需要智慧。这种智慧表现在三个方面。

第一，要处理好学习时间与休闲时间、生理时间的关系，突出学习的中心地位，同时养成良好的生活习惯和生活规律。

第二，在休闲时间里处理好不同层级休闲活动之间的关系。这样，在闲暇时间里，既精力旺盛，充满活力，又能让生活丰富多彩，社会交往适度，为自己提供宽广的发展平台。

第三，可以发展潜能。在闲暇时间里从事自己喜欢的活动，可以增长人们的知识，丰富人生经验，陶冶人的情操，培养良好的行为，发展人的各种技能，提高人的自尊等，所以，休闲活动可以全面提升人的素质，培养健全的人格。

休闲活动完全是一种自我回归，是人真正意义上一种按照自我的方式进行的自由活动。

首先，在休闲状态下脱去了各种角色面具，能够在一定程度回归真实自我。

其次，休闲活动可以弥补因劳动而带来的片面发展。现代技术的发展使分工越来越细致，每个人在社会机制中只负责一个小小的环节。这对我们的意义是双重的：一方面使我们得到解放，将自己有限的生命集中在少数的事情上；另一方面又使我们的生命碎片化，透支生命的某种功能，而使生命的其他部分闲置或退化。休闲活动是从外在压力下解脱出来的一种相对自由的活动。正是在这个人们可以进行自由选择的领域内，人的主体性能得到充分体现，更有利于培养人的自主、自省、自控、自强的意识，使人的主体性得到进一步的发展。而人的主体性是人的发展水平的重要尺度。

（四）对心理疾病有一定治疗功能

休闲活动除了本身能给人带来从容、惬意、愉快和幸福的感受外，还可以有效调节学习和生活带给我们的焦虑、压抑等负性情绪和其他问题行为。因此，休闲活动可以帮助人们保持和提高身心的健康。许多人在休闲活动后感受到放松、平静，更加愉悦、快乐，有许多实验结果支持这一假设。巴斯奇（Bosscher）曾调杳两种活动方式对于治疗严重抑郁症住院患者的效果，一种活动方式是散步或慢跑，另一种方式是踢足球、打乒乓球及练体操等活动结合放松练习。结果显示，慢跑组患者报告在抑郁感觉和身体症状方面明显地减轻，并报告自尊感增强，身体状态明显好转。拉方丹（Lafontaine）对1985年至1990年涉及练习与焦虑、抑郁之间关系的实验控制十分严格的研究进行了分析，结果表明：有氧练习可以降低焦虑、抑郁，对轻微到中度的长期性的焦虑症和抑郁症有治疗作用，参加活动前的焦虑、抑郁程度越高，受益于健身活动的程度也越大；健身活动后，即使心血管的功能没有增强，焦虑、抑郁程度也可能下降。实验证明，这是因为运动可以降低肾上腺素能受体的数目或敏感性。此外，经常从事休闲活动降低了心率和血压，从而减轻了特定的应激源对生理的影响，同时也锻炼了人的意志，增强了心理坚韧性和挫折承受力。郑健雄等研究发现：不同的休闲生活形态对人们的影响不同。正面休闲活动对生理及心理甚至心灵皆会产生正向的影响；负性的休闲活动则相反。当前大学生由于学习和其他因素引起焦虑症和抑郁症的人数较多，通过经常参加积极的休闲活动可以有效缓解或消除这些心理疾病。

（五）可以提高生活质量，增强幸福感

休闲是一种存在状态、一种生命状态、一种精神状态。从社会行为心理的层面上看，休闲的发展，意味着居民生活质量已不再朝向客体，而是将注意转向主观精神消费的方面。建立在休闲基础之上的行为情趣，如休息、娱乐或学习交往，都有一个共同的特点，即获得一种愉悦的心理体验，产生美好感：做自己喜欢做的事，能体验到生活的意义和生命的价值；结交自己喜欢的人，能体验到人性的真诚、友善、美好，体验到他人的尊重、关怀，体验到人际关系的和谐、融洽以及由此带来的安全感、价值感。休闲，还为补偿生活方式中的许多要求创造了条件。

关于生活质量的指标体系，目前的研究主要将其概括为客观的和主观的两个方面。生活质量的客观方面是指生活条件，如衣食住行、收入分配、劳动保障、医疗保健、教育学习等。这主要依赖于人们勤劳而有创造性的劳动。而主观方面则主要是基于个体的认知，即对生活体验的评价和满意度，在生活情趣、人际关系、人生目的、人生理想、道德情操、权益保障等方面的价值评估。有关的心理学研究建议，休闲活动主要激发于内在的动力，强化享受和满足的体验，促进心理健康的评估，因此能提高生活的质量。

二、大学生休闲活动中的心理问题

休闲时间的增多，既给我们生活的多姿多彩提供了条件，同时也会使大学生在休闲活动中出现各种心理问题。归结起来，大学生休闲生活中有如下问题值得注意。

（一）缺少方向，在休闲时间里迷失

相对于中学生来说，大学生有更宽松的学习环境，更多的休闲时间。闲暇时间越多，越需要智慧、节制和责任感。部分大学生不知道如何有效利用闲暇时间，也产生了与日俱增的“休闲综合征”：无所事事、头脑昏昏，沉溺舞厅、通宵达旦，暴饮暴食、一醉方休，闲逛商场、挥金如土等，浪费了人的生命，亵渎了人类的精神家园。

（二）缺少自制力，在休闲时间里沉沦

在学生自由支配的时间里，参加休闲活动的自主性、多样性、不可控制性导致部分自律能力较差的学生长时间陷入睡懒觉、打扑克、看录像、玩电子游戏、谈恋爱，出入卡拉 OK 厅、酒店等，沉溺在各种光怪陆离的休闲活动中，心中唯独没有学习。为休闲而休闲，是一种不负责任、精神空虚的表现，极容易造成少数学生无聊、空虚、无所事事、生活涣散，甚至出现行为偏差，脱离正常的发展轨道。网络成瘾就是典型的例证之一。

（三）休闲活动层次等级较低

从相关的调查可以看出，大学生休闲活动层次等级较低，如上网、睡觉、聊天等就很常见，显得无所事事，大多数属于消磨时间，精神性参与、积极参与和创造性参与的休闲活动不多。

（四）休闲消费增多，由经济“危机”导致心理问题

随着学生家庭经济情况的改善，大学生中女同学攀比衣着打扮，男同学吸烟饮酒、出入饭店和娱乐场所、过奢华的生日及旅游等消费逐渐上涨，校际间同学老乡的相互串门增多，使原本就不宽裕的大学生“经济”出现了“危机”。部分经济能力有限而又爱面子、讲虚荣的学生会因此造成严重的自卑、忧虑、紧张等精神压力，甚至会引发违法行为。为了明天的饭钱，或者借，或者极少数干脆偷；为了还钱，或者从有限的生活费中节衣缩食，或者将负担转嫁给家庭。长时间的营养不良，不仅搞垮了身体，也影响了学业的完成。

另一些同学则去做生意，帮助卖电影票、卖牙膏、卖计算器等，利用双休日跑生意、搞营销。一方面当然是积累了社会经验、增加了收入，但同时也影响了学业的完成。

第三节　大学生休闲活动的心理健康教育对策

闲暇时间越多，自由度越大，就越需要智慧、责任感和节制，以便利用好时间。大学生在学习时，行为受教育者或学习情境约束。在闲暇时间里，个人所从事的休闲活动是个人自由选择的：可能是利他的，也有可能是反社会的；可以是对自己有利的，也可以是对自己无用的，甚至是害己害人的。因此，让大学生利用好闲暇时间，使它成为恢复体力和精力、娱乐身心和发展自我的平台，对大学生顺利完成学业，培养健康的生活方式，体会生活的意义，感受生活的愉悦等，都具有十分重要的意义。

一、大学生休闲活动中的自我调适

日本社会学家加腾俊秀说过一段精彩的话：“我们常把放假休闲看成是肤浅的娱乐。其实，休闲是有关人类如何生存下去的极为严肃的人生课题。通过休闲，我们甚至可以开发自己，了解自己和发展自己。”前面我们已经讨论了大学生休闲活动的积极功能，也介绍了其中存在的种种问题，为了发挥休闲活动的积极作用、避免消极影响，大学生在休闲活动中进行自我调适十分必要。

（一）安排好学习、生活和休闲时间

正确处理好学习时间、生活时间与休闲时间的关系，保证休闲时间。当然，休闲不仅在休闲时间里能体验到，而且大学生的学习与休闲活动也没有明显的界线。要明确一点：大学生要以学为主，保证学习时间，在完成学习任务的前提下，才能去休闲。同样，只有养成良好的有规律的生活习惯，生理生活时间才能降到最低限度，才不会影响学习和休闲活动。这样，既保证了学习时间，也有足够的休闲时间。千万不要本末倒置，荒废了学业，为休闲而休闲。这样不仅生命没有意义，休闲也会失去物质基础。所以，学习、生活和休闲活动，三者时间安排得当，它们之间会相辅相成、相得益彰。反之，则会相互干扰。

在休闲时间里，还要处理好休息、锻炼、娱乐和发展的关系。对大学生来说，学期中，单位时间里的休闲时间相对较短暂、零散，更需要一个好的时间安排计划。这样，才能使休闲的功能得到最充分的发挥。

（二）树立正确的休闲观

休闲是一种积极的心理状态或生活方式，是通过休闲活动表现出来的。但不是所有的休闲活动，都能让人感受到休闲。要让人们在休闲活动中体验到休闲，就必须有一个正确的休闲观。休闲活动是有原则的，它包括无害原则、适度原则、安全原则等。

休闲活动的无害原则就是要发挥休闲活动的积极作用，提升休闲活动的品位，防止休闲活动的消极影响。对于“黄、赌、毒、假”等危害活动，一不近身，二要抵制，千万不可同流合污。

休闲活动的适度原则是要注意节制。休闲活动必不可少，但又不能把休闲当成主业，过分迷恋，更不能心存鄙琐。觅歪寻邪，以致“休”出了格，“闲”出了病。

安全原则是指从事休闲活动要保证身心的健康。在自己休闲能力允许的范围内，安排适当的休闲活动。休闲活动的宗旨是在活动中体验到从容、自主、快乐，而不以花钱的多少、时间的长短或结识人地位的高低、冒险程度为指标。

（三）提高休闲能力

有趣的是，埃利斯和威特（Ellis&Witt）认为休闲活动是种能力，而非兴趣。我们常常以我“没空”“没钱”“没有伴”作为不参与休闲的借口，认为只要我有时间、有钱，就可以随心所欲地参与我们所喜欢的活动，其实不然。任何一项活动，例如爬山，要脸不红、气不喘、直攻顶峰，需要长时间的锻炼和投入；即使看书，也是一种能力，有些人觉得读书是一个苦差事，有些人却能从中品味出“书中自有颜如玉，书中自有黄金屋”。每项活动几乎都需要一段时间的参与、学习，才会熟练掌握其规则，达到游刃有余的程度，之后才会体验到从容、自主和驾驭感，才会有行云流水、流畅、爽快的感觉。在这种层面上的休闲活动才是真正的休闲。

二、加强大学生休闲活动的心理健康教育

（一）改变观念，树立正确的休闲观

现在的教育对待休闲有三种错误观念。

一是教育排挤休闲。要改变人们头脑中固有的错误观念，即认为休闲活动是好逸恶劳、玩

物丧志等，否认休闲的独立价值，认为休闲是工作或学习的补充。这样的学校生活，与社会环境中的生活差距太大，学生进入这样的学校和教育场所，就好像进入了一个完全陌生的环境。如果适应不了，就会被当作差生对待；如果改变本性来适应学校环境，结果就可能成为只会读书而不会休闲的书呆子。

二是休闲不需要教育。认为每个人天生自然就会“玩”，不需要教育。在休闲活动中要“玩”出水平，“玩”出档次，“玩”出新意，教育的提升作用不可或缺。

三是把休闲与学习对立起来。认为只有在休闲活动中才能体验休闲，在学习活动中就没有休闲体验。实际上，学习休闲化和休闲学习化已经成为教育改革的方向和理念。正确的休闲观是教育工作者和学生应该认识到：休闲是人生活中的重要组成部分，要明确休闲的意义以及正确理解学习、生活、休闲活动之间的辩证关系，创造条件，努力提高大学生的休闲能力。

（二）加强休闲教育，丰富休闲知识和提高休闲技能

休闲能力是保证休闲质量的重要条件，很多人想玩，却不会玩，玩不出水平，玩不出档次。前已述及，影响休闲活动的主观方面包括个体的休闲知识、休闲技能、休闲经验、休闲价值观、休闲体验和休闲效益等休闲元素。

从主观方面来讲，休闲知识和休闲价值观在某种意义上取决于社会的休闲教育状况；其他元素则取决于主体从事休闲活动的数量、种类和质量（熟练程度等）。美国休闲教育家芒迪（J·Mundy）认为，休闲教育是提升个人生活质量的整体运动，促进个人在休闲过程中自觉、自促的能力，帮助个人决定休闲在个体生活中的地位，增进个人对休闲的认识；是建立个人需求、价值、技能与休闲的关系并体会休闲经验，协助个人评价休闲行为与个人生活及生活目标关系的过程；休闲教育还是激发个人潜能以提高生活质量的最佳途径。

休闲教育的目标是：

①培养休闲行为价值判断的能力；

②选择和评价休闲活动的能力；

③决定个体目标和休闲行为标准的能力；

④合理运用休闲时间重要性的理解能力。

（三）创造条件，为大学生休闲活动提供平台

影响休闲能力的客观方面因素包括个体闲暇时间的多少、经济收入的支出及支出结构、身心机能状态、休闲资源等方面。改善大学生休闲的客观条件，也是提高大学生休闲能力的有效途径。

首先，深化教学改革。继续深化高校教学改革包括：学习休闲化和休闲学习化；在保证实现培养目标的前提下，为休闲活动提供更多的时间；加强休闲环境硬件建设，为学生提供更多的休闲活动选择，同时减轻学生休闲活动的经济负担；延长图书馆开放时间，增加开放内容；开放实验室；组织社会调查或科研小组等；开展学术研究、开设学术讲座，鼓励各种发明创造，积极营造学术氛围，培养大学精神，营造良好的人文环境等。

其次，加强休闲资源建设。第一，创建良好的校园学习、生活和休闲环境。第二，组织社团，开展丰富多彩的社团活动。第三，增加休闲活动的投入。学校要提供必要的场所、物质条件和经费等，为学生开展健康的休闲活动提供保障。第四，加强休闲活动管理和引导。经常组

织健康、文明的休闲活动比赛、演出、展示等，引导学生参加健康的休闲活动，提高大学生休闲活动的品位。

（四）开展心理咨询，及时纠正休闲活动的偏差

针对个别大学生中出现的休闲过度和休闲剥夺，以及在休闲活动中的迷失和沉沦，及时开展心理咨询是非常必要的。心理咨询主要包括两个方面的内容：第一，职业或人生规划咨询。帮助学生明确自己的奋斗目标、努力方向和当下应该做些什么？积极、充分、有效地利用好休闲时间。第二，休闲咨询。帮助学生明确休闲的意义，分析自己的休闲能力的主客观条件，帮助学生选择与自己的休闲能力对应的休闲活动等。

第九章 当代大学生认识自我与心理健康

第一节 大学生认识自我的心理问题

早在古希腊时期，“认识你自己”这句刻在神庙上的名言就激励着人们不断探索自我、实践自我、超越自我。德国著名作家约翰·保罗说：“一个人真正伟大之处，就在于他能够认识自己。”但“人贵有自知之明”又说明一个人认识自己并非易事，认识自己的过程艰难而曲折，并且贯穿人的一生。我是谁？我是否有价值？我为什么要生活？我努力奋斗为的是什么？我的人生目的是什么？大学生成长中各类困惑的背后往往都是关于自我认识的问题。

如果说，人最好的朋友是自己，最大的敌人也是自己，你同意吗？我们时刻都在与自己相处，如果一个人能够认识自己并能接纳自己，对自己有合理的期望，而且知道自己为什么活着，善于利用每个成长机会，改进自己、完善自己，他的一生就会快乐、充实和有意义。而如果不能建立良好的自我形象，就会产生一种角色混淆的感觉。他会不清楚自己是谁，也不知道自己去向何方，与人相处也会觉得困难。大学阶段正是一个人从青春期向成年期转变的重要时期，也是人的自我意识发展、完善的重要时期。

一、自我意识及其内涵

（一）什么是自我意识

自我意识就是一个人在社会化过程中逐步形成和发展起来的，对自我以及自己与周围环境关系的多方面多层次的认知、体验和评价，是个体关于自我全部的思想、情感和态度的总和。自我意识具有目的性、社会性、能动性等特点，对个性的形成、发展起着调节、监督的作用。自我意识的表现形式是丰富多样的。正因为如此，我们可以通过多种途径来认识自己和认识他人。比如，你喜欢自己的外表、能力、性格、家庭背景吗？你满意你自己的成绩和努力吗？你认为别人对你评价如何？他们是喜欢你还是讨厌你？这些问题都属于自我意识的范畴。

（二）自我意识的内涵

自我意识一般包括三方面的内容：

1. 对自身生理状态的认识和评价

指对自己身高、体重、容貌、身材、性别等的认识以及生理病痛、温饱饥饿、劳累疲乏的感受等。如果一个人对生理自我不能接纳，嫌自己个子矮、不漂亮、身材差，就会讨厌自己，表现出自卑和缺乏自信。

2. 对自身心理状态的认识和评价

指对自己知识、能力、情绪、兴趣、爱好、性格、气质等的认识和体验。如果一个人对自己的心理自我评价低，嫌自己能力差、智商不高、情绪起伏太大、自制力差、性格不成熟，就

会否定自己。

3. 对自己与周围关系的认识和评价

是指对自己在群体中的地位、作用以及自己和他人相互关系的认识、评价和体验。如果一个人认为自己不善于交流和沟通，周围的人不喜欢自己，不接纳自己，没有知心朋友，就会感到很孤独、很寂寞。

影响自我意识的因素除了与我们的自我态度、成长经历、生活环境有关以外，他人对我们的评价，特别是生命中的重要人物，例如父母、家人、恋人、老师、朋友、同学等对待我们的态度，也会对我们的自我意识起着重要的影响作用。

二、自我意识的结构

自我意识的结构是指自我意识包含哪些成分。由于自我意识既是心理活动的主体，又是心理活动的客体，它是涉及认知、情感、意志过程的多层次、多维度的心理现象，所以自我意识的结构表现在自我认知、自我体验和自我调控三个方面。

（一）自我认知

自我认知主要涉及“我是一个什么样的人”“我为什么是这样的人”等，它包括自我感觉、自我观念、自我分析、自我观察、自我分析、自我评价、自我批评等。

（二）自我体验

自我体验属于情绪范畴，它以情绪体验的形式表现出人对自己的态度，主要涉及“我是否接受自己”“我是否满意自己”“我是否悦纳自己”等。它主要是一种自我的感受，以自尊、自爱、自信、自卑、自怜、自弃、自恃、自傲、责任感、义务感、优越感、成就感、自我效能感等表现出来。

（三）自我调节

自我调节主要表现为人的意志行为，它监督、调节人的行为活动，调节、控制自己对自己的态度和对他人的态度，它涉及“我怎样节制自己”“我如何改变自己”“我如何成为理想的那种人”，表现为自主、自立、自强、自制、自律、自我监督、自我调节、自我控制等。

以上三方面互相联系、有机组合、完整统一，成为一个人个性中的核心内容。

三、自我意识的发生、发展

人的自我意识是随着人生每一阶段的成长而逐渐发展的。个体的自我意识从发生、发展到相对稳定，大约经过20多年的时间。它是在社会交往过程中，随着语言和思维的发展而发展，起始于婴幼儿时期，萌芽于童年少年期，形成于青春期，发展于青年期，完善于成年期。而青少年阶段是自我意识发展最重要的时期。自我形象得到良好建立，人就会生活得有信心、有动力，了解和接纳自己的优点和缺点，能进一步迈向成熟的阶段。

（一）自我发展渐成说

心理学家艾里克森经过深入系统的研究，提出人的自我意识发展持续一生，但会经历不同的发展阶段，每个阶段都有一个核心课题，每个阶段都不可逾越，但时间早晚因人不同而异。

自我在人生经历中不断获得或失去力量，保证个人适应环境，健康成长（见表 9-1）。

虽然自我的发展是随着人的发展而发展的，但青少年时期的主要发展课题是“自我同一性”，即自我的建立和整合是青年期心理发展的主要任务。自我同一性发展不良者表现出对自己缺乏清晰而完整的认识，“自我”各部分是混乱的、矛盾的、冲突的，迷失自我和生活的方向，难以应付复杂的社会生活。

相反，自我同一性发展良好者具有自我认同感，自我概念清晰，接纳自我，有生活的目标和前进的方向，这就为下一个阶段的发展打下了良好的基础。

表 9-1　艾里克森的人生发展阶段

发展期	发展目标与危机	需完成的主要任务	导致的适应力
婴儿期	信任与怀疑	信任性格	有希望
幼儿期	自主与羞愧	自助能力	意志
游戏期	自动与内疚	自动性格	有目标
学龄期	勤奋与自卑	勤奋性格	胜任感
青春期	自我认同与认同混淆	自我认同	忠贞
成年初期	亲密关系与孤立	能与他人建立亲密关系	爱与被爱
成年期	生产建设与自我中心	生产、建设性工作	关怀心
老年期	身心统整与失望	身心统整	智慧

（二）自我发展三阶段说

我国心理学家提出了自我意识发展的三阶段模式，即生理自我、社会自我和心理自我发展时期。

1. 生理自我时期

人初生时，并不能区分自己和非自己的东西，生活在主客体未分化的状态；七八个月的婴儿开始出现自我意识的萌芽，即能意识到自己的身体，听到自己的名字会明确做出反应；两岁左右的儿童，掌握第一人称“我”的使用，在自我意识的形成中是一大飞跃；3 岁左右的儿童，开始出现羞耻感、占有心，要求“我自己来”（要求自主性），其自我意识有新的发展。但是这一时期的幼儿，其行为是一种以自我为中心的行为，以自己的身体为中心，以自己的想法和情感来认识和投射外部世界。因此这一时期的自我意识被认为是生理自我时期，也有人称之为自我中心期，它是自我意识最原始的形态。

2. 社会自我时期

从 3 岁到青春期（3～14 岁）这段时期，是个体接受社会教化影响最深的时期，也是角色学习的重要时期。儿童在幼儿园、小学、中学接受正规教育，通过在游戏、学习、劳动等活动中不断的练习、模仿和认同，逐渐习得社会规范，形成各种角色观念，如性别角色、家庭角色、同伴角色、学校中的角色等，并能有意识地调节控制自己的行动，道德心在发展。虽然青春期少年开始积极关注自己的内心世界，但他们主要是以别人的观点去评价事物、认识他人，对自己的认识也服从于权威或同伴的评价。因此，这一时期个体自我意识的发展被称为“社会自我”发展阶段，也称为“客观化”时期。

3. 心理自我时期

从青春发动期到青年后期，是自我意识发展的关键期。其间自我意识经过分化、矛盾、统

一，逐渐趋于成熟。此时个体开始清晰地意识到自己的内心世界，关注自己的内在体验，喜欢用自己的眼光和观点去认识和评价外部世界，开始有明确的价值探索和追求，强烈要求独立，产生了自我塑造、自我教育的紧迫感和实现自我目标的驱动力。这一时期被称之为心理自我发展时期，也被称之为自我意识“主观化”时期。青年的世界观、人生观、价值观的形成是心理自我成熟的标志。大学生正处在心理自我阶段，渴望认识自我、肯定自我、发展自我、完善自我。

第二节　大学生认识自我与心理健康的关系

个体具备良好心理素质的最重要的标志是对自我的接受和认可，即有成熟的自我意识和健康的自我形象。大学生自我认识、自我评价、自我控制如何，直接影响着大学生的社会适应、身心健康和成才发展。

一、自我意识是心理健康的重要标志

许多西方和东方的心理学家在界定心理健康标准时，不约而同地将自我认识作为主要的指标。可见，心理健康的人必然是对自己有客观认知，能够接纳自我，有很强的自尊的人，但那又不是自以为是或自我陶醉。人必须首先去爱和尊重自己，才能真正地爱其他人。心理健康的人能清楚地认识自己，尤其是在自己的感觉和意图方面，自我觉察力特别强。可见，大学生自我意识的发展状况既是以往心理发展和健康状况的集中反映，也是现阶段大学生心理健康、人格发展的新起点。

二、良好的自我形象是成功的基础

自我形象不仅影响人的心理健康，而且影响人的成就水平。正如马斯洛（Maslow）所指出的那样，一个有稳固基础的自我形象是迈向自我实现的先决条件。一般而言，人有自尊心，才能尊重别人；有自信，才能相信别人。而偏低的自我形象往往隐含在许多精神病症里，例如情绪抑郁、人际关系问题和滥用药物等。不同自我形象的表现见表 9-2。

表 9-2　不同自我形象的表现

高自我形象的表现	低自我形象的表现
接纳自我	否定自我
喜欢和尊重自己	不尊重和讨厌自己
有安全感和自我肯定，清楚个人的能力	没有安全感，怀疑自己，不清楚个人的能力
独立自主、自律	依赖他人
对自己的行为负责	情绪化，逃避责任
对自己有恰当的期望	没有恰当的期望
有勇气开放表达自己	羞怯，不敢表达自己
对自己的成就感到自豪	害怕成功

三、自我概念影响心理健康

清华大学的樊富珉、付吉元采用“田纳西自我概念量表”及“临床症状自评量表”，对1006名大学生的自我概念和心理健康进行了测量、统计与分析。研究结果发现，大学生的自我概念与心理健康呈较高的正相关（r=0.601）。自我总分与忧郁、人际关系敏感、精神病性、强迫有直接关系，其中消极的自我认同、自我满意、自我行动和心理自我与忧郁、人际关系敏感有较高的正相关。

这项研究得出以下结论：

第一，大学生自我概念与心理健康呈较高正相关，因此，培养大学生积极的自我概念是增进大学生心理健康的有效途径。

第二，大学生消极的自我概念容易诱发忧郁、强迫、人际关系敏感、精神病性等不健康的心理，因此，积极的自我概念的培养有助于预防、减少心理疾病的发生。

第三，大学生心理疾病（尤其是忧郁）的发生与其自我认同程度、自我接纳程度和自我调节能力均存在较高负相关。正确引导大学生客观评价自己，积极悦纳自己，不断提高自我调节能力，是促进大学生心理健康的具体途径与方法。

第三节　大学生认识自我的心理健康教育对策

自我意识的确立是青年心理发展的重要标志之一，对于青年人格的形成，心理的发展起着重要作用。正如俄国心理学家科恩在他的《青年心理学》中指出的：“青年初期最重要的心理过程是自我意识和稳固的‘自我’形象的形成。”“青年初期最有价值的心理成果就是发现了自己的内部世界，对于青年来说，这种发现与哥白尼当时的革命同等重要。”大学阶段的自我意识是大学前的自我意识的继续与深化，同时又有其质的变化。这一时期，大学生的自我意识从分化、矛盾走向统一，对人的一生都有特别重要的意义。

一、大学生自我意识发展的规律

大学生的自我意识在大学阶段得到了迅速的发展，其自我认识、自我体验、自我控制逐步协调一致。但在自我意识逐步成熟、确立的这一过程中，大学生也品尝了酸甜苦辣，付出了艰难代价，并为解决内心的矛盾冲突进行了不懈努力。

（一）自我意识的分化

青年期自我意识的发展是从明显的自我分化开始的。原来完整、笼统的“我”被打破了，出现了两个“我”：主观的我（I）和客观的我（me），即大学生既是观察者又是被观察者。伴随着主我和客我的分化，“理想我”和“现实我”开始分化。自我意识分化是自我意识开始走向成熟的标志。自我意识明显的分化，使大学生主动、迅速地关注自己的内心世界和行为，产生了新的认识、体验，同时，由此而来的种种激动、不安、焦虑、喜悦增加，自我沉思增多起来，要求有属于自己的一片空间，渴望被理解、被关怀。

（二）自我意识的矛盾

自我意识的分化，一方面使青年开始意识到自己不曾注意的许多“我”的细节；另一方面

也带来了主体我与客体我的矛盾斗争，呈现出理想我和现实我的矛盾并且加剧。随着自我冲突加剧，自我不能统一，自我形象不能确立，自我概念不能形成，表现出明显的内心冲突，甚至有很大的内心痛苦和激烈的不安感。他们对自我的评价常常是矛盾的，对自我的态度常常是波动的，对自我的控制常常是不果断的。

归纳起来，当代大学生自我意识的矛盾主要表现在以下几个方面：

1. 主观我与客观我的矛盾

由于大学生活的范围比较窄，交往多限于老师、同学、父母，相对简单、直接，因此大学生对自我的认识参照点少，局限性较大。又加之社会对大学生期望甚高，使大学生自我认识也沾染上了光环色彩，而现实生活的自己却很平凡，和想象中的自己存在较大差距，这种差距给大学生带来苦恼和不满。

2. 理想我和现实我的矛盾

这是大学生自我意识最突出、最集中的表现，主要源于理想我与现实我的差距。大学生富于理想、抱负高、成就欲望强，对自己未来充满了信心。然而，他们较少接触社会，还不能很好地把理想和现实有机地结合起来，而且自己的现实条件与自己的理想相差甚远，这给他们带来很大的苦恼和冲突，也正是因为这种冲突和差距，激发了大学生奋发进取的积极性。但是，如果理想我和现实我迟迟不能趋近、统一，则会引起自我的分裂，导致一系列心理卫生问题。

3. 独立意向与依附心理的冲突

进入大学后，大学生的独立意向迅速发展，他们希望能在经济、生活、学习、思想各方面独立，希望摆脱成人的管束。但他们在心理上又依赖成人，无法真正做到人格上的独立。这种独立和依赖的矛盾也一直是大学生苦恼的问题。

4. 交往需要和自我闭锁的冲突

大学生迫切需要友谊、渴望理解、寻求归属和爱。他们有强烈的交往需要，希望和朋友探讨人生，分享苦与乐。然而，大学生同时又存在着自我闭锁的趋向，他们把自己的心灵深藏起来，与人交往常存戒备心理，总是有意无意地保持一定距离。正是这种矛盾冲突，使不少大学生常处于孤独的煎熬中。

此外，还有一些自我意识的矛盾冲突，如个人我与社会我、个人我与理想我、自我上进和自我消沉等矛盾冲突都是大学生心理发展过程中的正常现象，是大学生自我意识迅速走向成熟而又未完全真正成熟的集中表现。自我意识的矛盾使大学生在心理和行为上出现某些不适应，或适应困难，感到苦恼焦虑、痛苦不安，也可能影响其心理发展和心理健康，但这都是迈向成熟的必需的一步，是个体逐步获得自我内在力量的必要丧失。

（三）自我意识的统一

自我意识分化、矛盾所带来的痛苦不断促使大学生寻求方法以求得自我意识的统一，即自我同一性。自我同一，主要指主体我和客观我的统一、自我与客观环境的统一、理想我与现实我的统一，也表现为自我认识、自我体验、自我监督的和谐统一。

消除矛盾，获得自我统一的途径有三条：

①努力改善现实自我，使之逐渐接近理想自我；

②修正理想自我中某些不切实际的过高标准，使之与现实自我趋近；

③放弃理想自我而迁就现实自我。

按照心理健康的标准，不管哪种途径达到自我意识统一，只要统一后的自我是完整的、协调的、充实的、有力的，就是积极和健康的统一。

二、大学生自我意识的特点

大学生自我意识的特点和同年龄段的青年有相同之处，但是由于其特殊的教育环境和知识背景，自我意识又与一般青年存在一些不同。

（一）强烈关心自己的发展

大学生不像普通青年那样直接进入社会，而是有四年左右的知识技能准备时间。在这段缓冲期里，围绕个人发展、个人和社会的关系，大学生能够主动、积极地探索自我。比如，他们会经常独思、反省这样一些问题："我聪明吗?""我风度如何?""别人会怎么看我?""我性格怎样?""我将成为什么样的人?""我如何实现自我的价值?"……能自觉地把自我的命运和集体、国家的命运结合起来，经常考虑如何为社会服务。

（二）自我评价能力趋于客观

由于各类知识增多，生活经验扩大，感性与理性趋于成熟，大多数大学生对自己的分析、评价逐渐变得客观、全面。据研究（王登峰等，1992 年）发现，大学生的"理想自我"与"现实自我"之间的相关比较高，在 0.50～0.60 之间（但其中个体差异大，有的人这两者之间相关低，有的人则高达 0.90）。大多数学生对自我的认识和评价基本与外界一致，并且自觉地按照社会的要求来评价和设计自己。

（三）自我体验丰富而复杂

一般说来，大学生自我体验的情绪情感基调是积极的、健康的。大多数大学生喜欢自己、满意自己、自尊、自信、好胜。但是大学生的自我体验也比较复杂，他们敏感、闭锁，且有一定程度的波动性。凡是涉及"我"以及与"我"相联系的许多事物，常常会引起大学生的情绪、情感反应。对别人的言行和态度极为敏感，愿把自己的情感体验闭锁于内心，且内心体验起伏较大。

取得成绩时容易产生积极、肯定的自我体验，甚至骄傲自满、忘乎所以；遇到挫折时又容易产生消极、否定的情感体验，甚至自暴自弃、悲观失望，有明显的两极情绪。

（四）自我控制的能力提高

大学生自我控制的能力有很大提高，自觉性、坚持性、独立性和稳定性显著发展，有强烈的自我设计和自我规划的愿望，绝大部分同学都奋发向上力争成才，并且根据自我设计目标自觉调节行为。同时，强烈要求独立和自治，希望摆脱依赖和管束。

（五）自我意识水平存在年级差异

大学生的自我意识水平总体而言比较高，但不同年级的大学生在自我的发展方面存在明显差异，而且大学生自我意识发展的趋势与其心理障碍的表现趋势似乎存在某种对应关系。大学一、三、四年级的学生自我意识随着年级的升高而发展，而二年级是大学生自我意识最低、内心矛盾冲突最尖锐、思想斗争最激烈、回顾与展望时间最多的时期，是大学生自我意识相对稳

定阶段中的不稳定时期，但也是一次新的上升时期，因此也有人称之为大学生自我意识发展的转折时期。

三、大学生良好自我意识的标准

大学生的自我意识主要表现在个人自我、社会自我、理想自我方面。个人自我是指个体对自己各种特征的认识，它包括自己的躯体特点、行为特点、人格特点以及性别、种族、角色特点等自己所感知到的个人特征等。个人自我纯属个体对自己的看法，主观性强，是自我概念中最重要的内容。社会自我是指个体所认为的，他人对自己各种行为的看法，以及个人在社会中承担角色的认知。理想自我是个人根据两个我的经验，建构自己所希望达到的理想标准，它引导个体达成理想中的个人自我。

衡量大学生的自我意识是否健全很难，但可以从以下几个方面来参照：能够自我肯定、自我统合；自我认识、自我体验、自我调节协调一致；独立的，同时又与外界保持协调；主动发展自我，且自我具有灵活性；不仅自己能健康发展，而且能促进社会文明和进步。

自我意识在大学生人格形成和人格结构中占有极重要的地位。人的认知、情感、意志都受到自我意识的影响，因此健全的自我意识是人全面发展的重要途径，也是心理健康的具体反映。加深自我认识，克服自我认识中的偏差，积极悦纳自己，有效控制自己，不断超越自己，大学生就可以提高心理健康的水平。

四、正确认识自我的方法

（一）关于自我的乔韩窗口理论

现代人有很多文化经验、科学知识，可以说无所不知，但却很少自知。而自知乃是一个人自我意识发展的基础。美国心理学家约翰（Jone）和哈里（Hary）提出了关于人自我认知的窗口理论，被称为乔韩窗口理论。他们认为人对自己的认识是一个不断探索的过程，因为每个人的自我都有四部分：公开的自我、盲目的自我、秘密的自我和未知的自我。通过与他人分享秘密的自我，通过他人的反馈减少盲目的自我，人对自己的了解就会更多更客观。

（二）认识自我的三条渠道

1. 比较法——从我与他人的关系中认识自我

他人是反映自我的镜子，与他人交往，是个人获得自我认识的重要来源。我们先从家庭中的亲情关系扩展到外面的友爱关系，进入社会又体验到人与人之间的利害关系。有自知之明的人能从这些关系中用心向别人学习，获得足够的经验，然后按照自己的需要去规划自己的前途。但是通过和人比较认识自己，应该注意比较的参照系：

第一，跟别人比较的是行动前的条件，还是行为后的结果？大学生来大学学习，如果认为自己来自农村，条件不如别人，一开始就置自己于次等地位，自然影响心态和情结。要看大学毕业后的工作成绩才有意义。

第二，跟人比较是看相对标准还是绝对标准？是可变的标准还是不可变的标准？经常有大学生认为自己不如他人，其实他们关注的可能是身材、家世等不能改变的条件，没有实际的比较意义。

第三，比较的对象是什么人？是与自己条件相类似的人，还是个人心目中的偶像或极不如己的人？所以，确立合理的参照体系和立足点对自我的认识尤为重要。

2. 经验法——从我与事的关系中认识自我

从我与事的关系中认识自我，即我从做事的经验中了解自己。一般人通过自己所取得的成果、成就及社会效应来分析自己，却又常受成败经验的限制。

其实任何一种活动都是一种学习，不经一事，不长一智。成败得失，其经验的价值也因人而异。对聪明又善用智慧的人来说，成功、失败的经验都可以促使他再成功，因为他们了解自己，有坚强的人格特征，善于学习，因而可以避免重蹈失败的覆辙；而对于某些自我比较脆弱的大学生，失败的经验更使其失败，这也是最常见的现象。因为他们不能从失败中吸取教训，改变策略追求成功，而是受挫后形成害怕失败的心理，不敢面对现实去应付困境或挑战，甚至失去许多良机；而对于那些自我夸大的人来说，成功反可能成为其失败之源。

他们可能侥幸成功便骄傲自大，以后做事便自不量力，往往失败的多；或成长过于顺利，又有家世、关系，而一旦失去这些“保护源”，便一蹶不振，不能支撑起独立的自我。因此一个大学生对在成败经验中获得的自我意识也要细加分析和甄别。

3. 反省法——从我与己的关系中认识自我

古人曰：“吾日三省吾身。”从我与己关系中认识自我，看似容易实则困难。我们大概可以从以下几个“我”中去认识自己：

（1）自己眼中的“我”

个人实际观察到的客观的“我”，包括身体、容貌、性别、年龄、职业、性格、气质、能力等。

（2）别人眼中的“我”

与别人交往时，由别人对你的态度、情感反应而觉察自我。不同关系的人对自己的反应和评价不同，它是个人从多数人对自己反应归纳的结果。

（3）自己心中的“我”

也指自己对自己的期许，即理想我。我们还可以从实际的“我”、自觉别人眼中的“我”、自觉别人心中的“我”等多个“我”来全面认识自己。但是，对于现代大学生而言，虽然有多个“我”可供认识，但形成统合的自我观念比较困难。因为现代社会急剧变迁，改革开放后多元价值的影响，使现在的大学生自我认识难以客观、全面。

二、悦纳自我和超越自我

（一）积极悦纳自我

每个人都知道“自我”是最重要的，可总有些人不真正地尊重自己、爱惜自己。他们可以喜欢朋友、喜欢知识、喜欢自然，却不愿意喜欢自己，结果他们不快乐。实际上悦纳自我是发展健全自我的核心和关键。悦纳自我，首先要无条件地接受自己的一切，好的和坏的，成功的和失败的，接纳自己的缺点和限制，欣赏自己的优点；其次要喜欢自己、肯定自己的价值，对自己有价值感、自豪感、愉快感和满足感；再次要接纳自己的不完善和失败，接纳自己的不完善也是自信的表现，也是完善自我的起点，因为每个人在外表、身材、能力、个性方面都有一

定的限制，对过去的错失不要耿耿于怀，勇于大胆尝试；最后要珍惜自己的独特性，建立实际的目标，不对自己提过高的要求，扩大社交圈子，不为讨好他人喜欢而去做事，积极思想，善用时间，不断学习，定期反省个人的自我成长，多对自己的成就做出鼓励和奖赏。

（二）有效地自我控制

自我控制是人主动地改变自己的心理品质、特征及行为的心理过程，是大学生健全自我意识、完善自我的根本途径。很多大学生对自我抱有很高的期望，但因为没有足够的自制能力和意志，经受不住挫折和打击，无法实现自我理想。而那些自卑自怨、自暴自弃的大学生更是因为自己无法控制自我的不良情绪使自己偏离了健全自我意识的轨道。大学生应根据自己的实际情况和社会需要，确立合适的抱负水平，通过自我奋斗，达到最终利国利民利己的自我实现和自我成功。

（三）不断超越自我

每个大学生都有很高的抱负和远大的理想。经验告诉我们，自我认识已是不易，自我控制亦是很难，若再期望自我开拓、提升、超越，更是难上加难。

但做人一生，唯求成为自己。对于大学生而言，塑造自我、实现自己更是终生努力的目的。但古人说得好，要“齐家治国平天下”须从“修身、养性”开始，即从点滴小事开始，从积极行动开始，行知并重。要想运动健身，就天天 进行自己喜欢的体育活动；要想开阔思路，就多读书，多听讲座。在行动时，无论对人对事，均全力以赴，使自己的能力得到最大限度的锻炼和提高。行动之后再反省得失原因，再度投入行动吸取教训经验，一旦有所成果，便再反省总结。如此往复进行，自我便一步一步得到扩展和深化，自我的境界也就自然而然地得到开拓与提升。

三、改善自我意识的不良反应与调适方法

从总体来说，大学生的自我意识发展水平较高，但尚未完全成熟，因而容易出现各种发展偏差，引起自我意识的发展问题，致使大学生的自我意识过强或过弱，影响他们的健康成长。因此，探讨自我意识的不良心理因素及表现，有助于促进大学生自我意识的健全发展。

（一）过分追求完美

不能客观地认识和评价自我的情况有许多种，最明显的是对自我的苛求和追求完美。尽管“人皆有爱美之心”，也有“追求完美之心”，这乃是人类健康向上的本能，但过分追求完美则易引起自我适应障碍。

1. 过分追求完美的表现

追求完美的大学生对自己持过高的要求，期望自己完美无缺，却不顾自己的实际状况。此外，他们不能容忍自己“不完美”的表现，对自己“不完美”的地方过分看重，甚至把人人都会出现的、人人都会遇到的问题看成是自己“不完美”的表现，总对自己不满意，从而严重地影响了自己的情绪和自信心。他们对自我十分苛刻，只接受自己理想中的“完美”的自我，不肯接纳现实中平凡的，或有缺点的自我，其后果往往适得其反，使其对自我的认识和适应更加困难。产生的原因有不真正了解自己、过分受他人期望的影响等。

2. 改善的途径与方法

(1) 树立正确的认知观念

人不能十全十美，每个人都有优缺点。人既不会事事行，也不会事事不行；一事行不说明事事行，一事不行也不说明事事不行；优点和缺点不能随意增加或丢掉，成功或失败也不是自说自定。一个人应该接纳自己，并肯定自己的价值，不自以为是，也不妄自菲薄。

(2) 确立合理的评价参照体系和立足点

人只有在比较中方能定出高低优劣。自我评价以其不同的方式（相符的、过高的、过低的）可以激发或者压抑人的积极性。以弱者为参照会自大；以强者为标准则自卑，因而应该选择合适的标准，更重要的是以自己为标准，按照自己的条件评定自己的价值。有的大学生无形中重视了别人，贬抑了自己。人应该立足于自己的长处，明白、接受并尽力改进自己的短处。成功时应多反省缺点以再接再厉，失败时多看到优点和成绩，以提高自信和勇气。

(3) 目标合理恰当

在充分了解自己的基础上对自己有恰当的目标和要求，目标应该符合自己的实际能力，不苛求自己，不被他人的要求所左右。虽然，每个人都不可能完全不顾他人对自我的期望和评价，但也不能被他人的期望所束缚，只为父母、老师或他人学习、生活。事实上，个体越能独立于周围人的期望，其自我意识的独立性就越强，所遭遇的冲突也就越少。对大学生来说必须明确自己的期望是什么，以及这种期望是来自于自我的本身能力和需要，还是来自于他人的期望。只有明确了这一点，才可能真正地认清自己，规划自己的发展方向，最终建立独立的自我。

(4) 接纳自己的不完美

人各有所长所短，每个人都是独特的、与众不同的。欣赏自己的独特性，不断自我激励。

(二) 过度自卑

1. 过度自卑的表现

自卑感是对自己不满、否定的情感，往往是自尊心屡屡受挫的结果。这类人自我认识不客观，往往只看到自我的缺点而忽略了自我的长处，不喜欢自己，不能容忍自己的缺点和弱点，否定、抱怨、指责自己，看不到自己的价值，或夸大了自己的不足，感到自己什么都不如他人，处处低人一等，丧失信心，严重的还可能由自我否定发展为自我厌恶甚至走向自我毁灭。

在大学里，各门课业的成绩评定，校内外各类活动的展开，人与人之间经过比赛竞争而定胜负、争荣誉的情况是无法避免的。而且，如果从能力、成绩、特长以及身体、容貌、家世、地位等所有条件相比，没有一个人是永远胜利的。每个人在不同层面上都有他自己的成败经验，己不如人的失败感受人皆有之，只是程度不同而已。大学校园是人才济济之地，有些人在某些方面曾有自卑的倾向和感受，亦很正常。但有的同学过度自卑，斤斤计较于自己的缺点、不足和失误，结果因自卑而心虚胆怯，凡有挑战性场合即逃避退缩，或对自己所作所为过分夸张、过分补偿，唯恐天下不知，其结果捍卫的是虚假的、脆弱的、不健康的自我。

事实上，过强的自尊心和过强的自卑感是密切联系、互为一体的。那些自尊心表现得越外显、越强烈的人，往往是极度自卑的人。自尊心、自卑感过强都会影响大学生的心理发展和人格成熟。如何调整过度的自我接受和过度的自我拒绝呢？

2. 调适的方法

为了改变过度自卑，应该做到以下几点：

第一，应对过度自卑的危害性有清醒的认识，有勇气和决心改变自己。

第二，应客观、正确、自觉地认识自己，无条件地接受自己，欣赏自己所长，接纳自己所短，做到扬长避短。

第三，正确地表现自己，对自己的经验持开放态度，同化自我但有限度。

第四，根据经验，调整对自己的期望，确立合适的抱负水平，区分长期目标和近期目标，区分潜能和现在表现。

第五，对外界影响相对独立，正确对待得失，勇于坚持正确的，改正错误的。同时保持一定程度的容忍。

当一个人觉得没有自信，总觉得自己不如别人时，可以这样做，从而达到克服自卑，增强自信的目的：

①停止批评和责备自己。

②停止和别人比较。

③接纳自己的不完善。

④学习使用积极而正面的自我对话方式。

⑤将自己的优点列出来每周浏览一次。

⑥学会珍惜自己所拥有的。

⑦欣赏自己的独特性。

(三) 过度的自我接受

1. 过度自我接受的表现

自我接受是指自己认可自己、肯定自己的价值，对自己的才能和局限、长处和短处都能客观评价、坦然接受，不会过多地抱怨和谴责自己。对自我的接受是心理健康的表现。过度的自我接受是指有自我扩张的人，他们高估自我，对自己的肯定评价往往有过之而无不及。他们拿放大镜看自己的长处，甚至把缺点也视为长处，拿显微镜看他人的短处，把别人细微的短处都找出来，他们的人际交往模式是“我好，你不好”“我行，你不行”。过度自我接受的人容易产生盲目乐观情绪，自以为是，不易处理好人际关系；而且过高的评价滋生骄傲，对自己常常提出过高要求，承担无法完成的任务、义务而导致失败。

2. 产生的原因及调适方法

自尊心和自信心、好胜心、独立感等都是大学生自我意识发展的主要表现，是要求尊重自己的言行和人格，维护一定荣誉和社会地位的一种自我意识倾向。每个大学生都有强烈的自尊心，好强，好胜，不甘落后。自尊心强的大学生对自己有信心，相信自己能克服缺点，取得进步，这不是自大。但过强的自尊心却和骄傲、自大等联系在一起。有此缺陷的大学生缺乏自我批评，而且不允许别人批评，以自我为中心，唯我独尊。这样的人回避或否认自己的缺点，缺乏自知能力，不能和他人和谐相处，容易失败，也容易受伤害。要克服过度的自我接受，首先要看到自己的不足，承认自己也需要不断完善；其次要看到他人的长处，欣赏他人的独特性；再次要多与他人交往，以开放的心态尊重和认真对待来自他人的反馈意见。

(四) 自我中心

1. 自我中心产生的原因及表现

大学阶段是自我意识发展最强烈的阶段。大学生们强烈关注自我，往往愿从自我的角度、

标准去认识、评价和行动，容易出现自我中心倾向。当这种倾向与某些不健康的思想、意识（如个人主义、自私自利思想）和心理特征（过度的自我接受和自尊心）结合时，就会表现出过分的、扭曲的自我中心。

自我中心的人凡事从自我出发，不能设身处地进行客观思考。只关心自己，遇事先替自己打算，不顾忌他人的感受和需要。他们往往以同学的导师或领袖身份出现，颐指气使，盛气凌人，为人处事中总认为自己对、别人错，好把自己的意志强加于人，因而他们不易赢得他人的好感和信任，人际关系多不和谐，行为做事很难得到他人的帮助，易遭受挫折。

2. 克服自我中心的方法

要克服自我中心，首先得摆正自己的位置，既重视自己也不贬抑他人，自觉地把自己和他人、集体结合起来，走出自我的小天地；其次要实事求是、恰如其分地评估自己，既不高抬自大，也不低踩菲薄；最后要学会移情，多设身处地地从他人的角度思考问题，尊重他人的感受、关心他人。

从以上分析我们可以看到，大学生自我意识发展过程中出现的失误、偏差是心理还不成熟的表现，这是由其身心发展状况和成长背景决定的，并不是某个人的缺点，而是所有的大学生或多或少都要亲自经历的，是整个年龄阶段的特征，因而是普遍的、正常的。但是这些必须得到调整。只有认识到这一点，才有可能去面对它、正视它，并争取解决它，以达到自我真正的统一、强大和健康。

完善自我、超越自我并不是一帆风顺的过程，它需要付出艰辛的努力和沉重的代价，也是一个“新我”形成的过程，是从“小我”走向“大我”，从“昨天之我”向“今日之我”“明日之我”迈进。珍惜已有的自我，追求更好更高的自我，做一个“自如的、独特的、最好的自我”。

第十章　当代大学生学习与心理健康

第一节　大学生学习的心理问题

在大学阶段，学习仍是大学生的主要任务。与中学阶段不同，大学学习有着很强的目的性、自主性与选择性，大学生不单纯是为了学习而学习，而是为了兴趣而学习，是为了未来而学习，为了成长而学习。由于一些特殊的学习压力，大学生可能出现一些心理健康问题，包括厌学、对所学专业不感兴趣、考试焦虑、学习竞争带来的心理压力、学习动机问题、学习定位迷惑、学习无能感、自卑、书呆子现象、失眠症、学习强迫症等，个别的甚至因为不能承受学习压力而选择自杀这种极端的方式。

本章将围绕大学生学习心理的特点、学习对大学生心理健康的影响、大学生常见的学习心理问题进行介绍和讨论，并进一步对大学生学习心理问题的教育对策提出建议。

一、学习与大学生的学习

(一) 学习的概念

学习一词，我国古代文献中早就有之。孔子说："学而时习之，不亦说乎?"又说："学而不思则罔，思而不学则殆。"孔子的这一观点，在一定程度上揭示了学习与练习、学习与情感、学习与思维的关系。但长期以来，人们对学习仍无一个统一的概念。

许多心理学家、教育学家和哲学家从不同的观点角度提出了学习的定义。桑代克（Thorndike，1931）认为，人类的学习就是人类本性和行为的改变，本性的改变只有在行为的变化上表现出来；加涅（Gagnfi，1977）认为，学习是人类倾向或才能的一种变化，这种变化要持续一段时间，而且不能把这种变化简单地归为成长过程；希尔加德（Hilgard，1987）认为，学习是指一个主体在某个现实情境中的重复经验引起的，对那个情境的行为或行为潜能变化，不过，这种行为的变化不能根据主体的先天反应倾向、成熟或暂时状态（如疲劳、醉酒、内趋力）来解释。联合国教科文组织在1987年所作的《学习，财富蕴藏其中》报告中指出：学习是指个体终身发展、终身教育的理念。

学习的概念有广义与狭义之分。从广义上讲，学习是人和动物在生活过程中通过实践训练而获得的由经验引起的相对持久的适应性的心理变化，即有机体以经验方式引起的对环境相对持久的适应性的心理变化。在这个定义中，体现了四个论点：第一，学习是动物和人共有的心理现象，虽然人的学习是相当复杂的，与动物的学习有本质区别，但不能否认动物也是有学习的；第二，学习不是本能活动，而是后天习得的；第三，任何水平的学习都将引起适应性的行为变化，不仅是外显行为的变化（有时并不显著），也有内隐行为或内部过程的变化，即个体内部经验的改组和重建，这种变化不是短暂的而是长久的；第四，不能把个体的一切变化都归为学习，只有通过学习活动产生的变化才是学习（如由于疲劳、生长、机体损伤以及其他生理变

化所产生的变化都不是学习）。

人需要学习，只有通过学习才能达到自我完善与自我发展的目标。《三字经》上说："玉不琢，不成器，人不学，不知义"，就从一个侧面说明了学习对人的重要性。

（二）大学生学习的特殊性

大学生学习是学习的一种特殊形式。学习是大学生的主要任务，大学生正处于智力发展的高峰期，记忆力、观察力、思考力、逻辑思维能力与创造性都有很大的发展。大学生学习既不同于儿童的学习，也不同于成人的学习。大学生学习既有一定的专业性、目的性和探索性，又有深刻的社会意义，表现出广泛的兴趣和各种各样的学习方法。大学生学习有其特殊性：

其一，大学生的学习是一种特殊的认识活动，是掌握前人积累的文化、科学知识，即间接的知识，在学习中会有发现与创造，但其主要内容还是学习前人积累的知识与经验；

其二，学生的学习是在教师的指导下，有目的、有计划、有组织地进行的，是以掌握系统的科学知识为前提的；

其三，学生的学习是在较短时间内接受前人的知识与经验，重要的是间接经验的学习与掌握，学生的实践活动是服从于学习目的的；

其四，学生的学习不但要掌握知识经验与技能，还要发展智能，培养品德及促进健康个性的发展，形成科学的世界观。

二、大学生学习心理的特点

大学生的学习心理状态和学习水平大致可以分为几个不同的层次：

①最低层次：即学习心态和学习状态都较差，经常处于考试焦虑和缺乏明确的学习动机甚至厌学的学习心态之中，没有良好的学习策略，机械被动式地完成学习任务，勉强能应付学习和考试；

②中间层次：即学习心态和学习状态中等，有较明确和强烈的学习动机及较大的学习兴趣，学习认真积极，能较好地完成学习任务，考试成绩较好；

③最高层次：即学习心态和学习状态健康良好，学习目标非常明确、学习动机强烈、有旺盛的学习热情和浓厚的学习兴趣，积极进取、不怕困难，学习不仅是一种任务而且是一种乐趣，他们不仅能较好地完成学习任务而且能够发现式地学习、探究式地学习、创造性地学习。

（一）学习动机的特点

大学生的学习动机既是内部动机，也是外部动机。一方面，发展成才是大学生的内在需要；另一方面，教育受社会经济发展的制约并最终由经济决定，在市场经济的冲击下，大学生必然受到商品经济文化的影响，在思想上更趋现实，随着市场的变化，大学生学习的目的性越来越强，明确的学习目的提高了学生的学习效率。他们不再满足于简单的书本知识和专业课程的学习，而是更加注重能力培养与学习，更多的愿望是得到能力培养与训练。

多元化的社会环境已经渗透到大学生的学习、生活，尤其对其学习兴趣产生了比较深远的影响。社会上新鲜事物不断涌现，也给大学生带来了无限的机遇，同时激发了他们广泛的学习兴趣。例如，电子信息的普及，让大学生对电脑的基本操作知识有了很大的兴趣；紧接着就是办公室机器的基本操作，打印、复印成为大家学习的对象；等等。当代大学生的学习兴趣不仅

表现出广泛性这一特点，而且在深度方面，有的对自己感兴趣的东西研究得很透彻，有的可能对什么事情都感兴趣，但都只是知道皮毛，没有一样精通。

多数学生希望在学习中获得好成绩，借以赢得相应的地位、荣誉、自尊和长辈的赞许。但是小部分学生在学习成绩上没有很高的追求，而是希望自己的实战能力不断增强。例如，自己对某些具体的专业操作技术的熟练度有多高，或者自己使某些商品的销售量提高了多少。

（二）学习态度的特点

在认识上，主要体现在学习主体由老师转变成学生、学生的自主性提高。高中的学习总是让学生产生一种感觉：我们是为老师、家长学的。大学里几乎没有学生这样抱怨，因为专业和课程的很大一部分都是自己选择的。大学生逐渐认识到，学习是自己的事情，不会再有老师催着你学这学那，家长也更加尊重你的意愿。因此，大学生有了明显的“我的学习我做主”的感觉。也正是因为没有人规定大学生要学什么、怎样学，他们学习的自主性才更好地体现出来。

认识的转变影响着大学生学习的行为。有些学生很好地适应了大学里的学习模式，把自己的学习任务、学习要点、学习目标计划得有理有据，并且严格按照计划进行，过着充实的大学生活。还有一些学生，虽然认识到了学习的自主性，但是不能运用在实践中，总是让自己的计划一拖再拖，甚至没有一个可以推广实践的计划。更有一些学生没有认识的转变，认为只要跟着老师讲的走就足够应对一切，或者认为自己的父母会为自己计划好一切，没有什么可操心的。于是，还像高中一样，上课、放学，等着按老师或家长的吩咐来做。

（三）学习策略的特点

单纯的知识的学习已经不能满足大学生，能力、素质的培养也逐渐成为他们注重的部分。学习，在中学里主要被理解为知识的掌握，但是如果大学生还这样理解就会被同学笑话了。随着大学生心智的成熟，他们认为掌握学习方法、工作技巧能帮助自己学得更快更好；随着知识水平的提高，大学生对自己整体素质要求更严格，例如，建立和谐的人际关系、增强自己的领导组织能力。

大学生的头脑灵活，总能想出新奇高效的学习方法。例如，将要背诵的知识编写成顺口溜或者小故事，这样既快捷又有趣味性；在实践操作中学习巩固理论知识，不仅能学到知识，而且丰富了自己的经验。

（四）学习适应性的特点

前面学习态度中已经提到学习主体的变化，这里讲的主要是大学生对这一变化的适应性。一般大学的学习、生活环境需要一段时间适应，而适应的速度和结果会与大学生个体的性格、气质有很大的关联。例如，活泼、外向的人比较容易接受新鲜的事物；内向、怀旧的学生就需要较长的时间来适应新的环境。因此，大部分大学的第一个学期安排的课程比较少，并且安排新生适应的讲座或者活动。

大学生的适应学习过程中的探索性与创新性是其另一个重要的特点。以往，大学一年级学生适应的大学学习的方法不外乎向前辈请教、自己摸索。现在的学生有更多更好的方法：形成讨论小组（联谊小组）分享大学里的学习、生活；提前入学观察、了解不同于高中的学习氛围。这些方法都体现了现代大学生无穷的智慧。

（五）学习心理的差异性

前面讲到的是当代大学生学习心理一般的特点，但是，在性别、年级、学科等方面存在一些差异。例如，学习态度会随年级的增长而变化，学习动机会因性别的不同而不同。不同学科和不同性别的大学生的学习心理特点也是有差异性的。

一般而言，有创造性、学习心理健康且成功的大学生有以下心理特点：

①对一切都持包容的态度，但总是感到有一种强烈的超越陈规的要求；

②总是喜欢发明自己的游戏，对学习或日常生活中出现的问题总是能找到新的解决办法；

③学习带有更强的自我探究性，喜欢发现式的学习；

④更注重个性化的学习经验的总结和自我认知结构的建构；

⑤兴趣广泛、有强烈的好奇心和求知欲；

⑥感情丰富、精力旺盛、对学习对生活充满热情；

⑦敢于冒险、接受挑战，敢于标新立异、张扬个性；

⑧想象丰富、有自己远大的生活理想；

⑨自信自立、有责任感和使命感；

⑩性格独立、有自己的生活原则；

⑪自觉自律、有良好的意志品质；

⑫有自己的抱负，能把大学阶段的学习和未来的职业理想紧密联系起来。

三、大学生学习心理的发展变化

由于大学生处于一个特定的年龄区和人生阶段，他们的人生观、价值观和个性心理特点随着时代的变化发生着强烈的变化，因此大学生的学习心理特点也在发生着相应的变化。

（一）大学生学习动机和学习兴趣的变化

有研究认为，当前大学生的学习心理特点表现在四个方面。

①个人事业心强，社会责任感弱。随着改革开放的步伐不断迈进，西方的个人主义也走进了国人的内心，一时间追求自我价值的观念得到推崇。大学生本来就是接受和传播新鲜事物最快的群体，因此，表现出来的就是追求个人的成功，而忽略了很重要的社会责任。

②学习兴趣广泛，专业兴趣淡化。社会上层出不穷的事物以及这些事物所带来的潜在的商机与职位吸引着大学生的眼球，大学生拥有灵活的头脑，表现在学习上就是虽然兴趣广泛却淡化了对本专业的兴趣。

③求知欲望强烈，厌学情绪普遍。

④重视考试分数，不满考试现状。大学的教学模式与考核制度让学生不得不重视考试的结果，但是大部分学生认为考试的形式、内容有待改进。

还有研究认为，社会转型期大学生的学习心理特点大致可分为三种类型。

①愿望型。是这个时期最普遍的学习心理，学生都知道学习的重要性，都抱有多学知识、学好知识的愿望，可是大多数学生缺乏动力，所以他们的学习心理停留在愿望层面上。

②应试型。不少学生仍是应试教育的产物，全部学习实际上仍是考试、及格、分数几个字，应试教育的核心是死记硬背，应试型的学习心理就是死记硬背型的学习心理。

③经验型。也叫习惯型或传统型，根据过去的经验来判断和处理后来的学习活动。

（二）学习态度和自主性的发展

有人分析了跨世纪大学生的学习特点，发现当今大学生的学习态度和自主性总体上有了更好的发展，具体表现在四个方面。

①大学生有自己安排时间的习惯。一是因为大学里的课程安排表现出课程少、同科目连上等特点，学生有比较多的课余时间；二是随着年龄的增长，大学生开始计划自己的人生。所以，学生对自己的时间进行整理安排也是一个比较突出的特点。

②在选课方面，希望自己有更多的自主权。大学生越来越希望高等教育能实现“民主”，即学生参与公共课和专业课的选择确定的过程。

③论坛讲座吸引学子。论坛讲座一般是精华的浓缩，学生总是会紧紧跟随主讲人绘声绘色的演讲，论坛里学生也可以自由发表意见，这正好满足了学生的那种“平等”的愿望。因此，这个时期的论坛讲座总是会吸引学生参加。

（三）学习心理特点随年龄和年级变化而变化

大学生的学习心理特点存在着一定的年龄差异。赵毅和曹克广研究发现：

1. 一年级大学生的学习心理特点

①学习愿望强烈但学习动机不足。刚进入大学的学生一般都怀揣着“鸿鹄之志”，但是面对陌生的环境和几乎全新的教学模式，再加上还没有清晰的“未来计划”，学习动力不足是大学新生另一个比较突出的学习心理特点。

②学习的生理条件具备但心理条件不足。也就是说他们的智力没有问题，但是心理准备不足。

③学习的自觉性较好但情绪波动大。大学新生保留了高中时养成的学习习惯，有较好的自觉性；在新的环境中，学习、生活、恋爱、娱乐等各种问题围绕在新生的身边，随之而来的便是复杂的情绪体验。

2. 二年级大学生的学习心理特点

①目标和学习态度出现了差异。

②学习兴趣与学习热情处于全盛时期。他们已经适应了大学里学习、生活等各方面的环境，并且摸索出自己的一套学习方法，大学二年级是学生学习兴趣最浓厚、学习热情高涨的一个时期。

③独立学习能力日益增强，学以致用的意识不断发展。

3. 三年级大学生的学习心理特点

①学习目标、学习态度、学习兴趣定型化。因此有些学校或院系都是从大学三年级才开始分专业。

②普遍存在失落感、缺憾感和紧迫感。有些学生后悔自己没有把握大学前面两年的时间，现在什么技术也没有学到；有些学生已经开始计算毕业的日子，总希望能有更多的时间来准备就业。

③专业是否符合个性特征的认识明朗化。

经过两年多的磨合，有些同学意识到自己并不适合自己的专业，也有些学生对自己的专业产生了更加浓厚的兴趣，明确了考研的方向。

第二节　大学生学习与心理健康的关系

一、学习对大学生心理健康的影响

学习不仅是学生的天职，更是人之所以为人的重要标志之一，曾有人将学习的需要和生存的需要相提并论。所以，关于学习心理学的研究非常广泛，几乎每个心理学派都会对学习提出自己的见解，对“学习”的定义自然也就非常丰富了。既有广义的定义，认为学习是生活中非常普遍的现象，是个体与外界环境的互动过程中产生的行为表现或心理的持久变化，从咿呀学语到掌握各种深奥的科学知识，从蹒跚学步到掌握各种复杂的运动技能，涉及生活的各个领域；也有相对狭义的定义，认为学习过程是指学生在教学情境中通过与教师、同学以及教学信息的交互作用，获得知识、技能、态度的过程。本节中我们将学习放在学校这个背景下，采用的是相对狭义的定义，以方便深入探讨大学学习对大学生心理健康的影响。

(一) 学习对大学生人格的影响

人格是指一个人才智、情绪、愿望、价值观和习惯的行为方式的有机整合，它赋予个人适应环境的独特模式，包含着一个受到过去影响并对现在和将来产生影响的建构。它是各种稳定特征的综合体，这种独特的模式既是个体社会化的产物，又影响着个体和环境的交互作用。学习对于大学生人格的影响可以从下列几方面加以阐述。

1. 对气质性格的影响

人的气质主要受先天的影响，但是性格却是在后天与社会的互动中慢慢建立形成起来的。性格是指个人对现实的稳定的态度和习惯化了的行为方式。对一件事情的态度很大程度上受到认知广度与深度的影响，大学阶段恰恰是对很多专业和领域的学习过程，这种认知上的改变自然会对大学生对待事物的态度产生影响。例如，以前不喜欢数学的同学通过对高等数学的学习发现了其中的魅力，进而对数学的态度产生了一百八十度的转弯；曾经很讨厌历史的同学，因为深刻地了解了历史学的系统知识，发现自己突然爱上了这一门给人智慧的学问……这与鲁迅先生弃医从文、班固投笔从戎是一个道理。由此可见，学习不仅影响了大学生的态度进而还影响其行为方式。

2. 对自我过程的影响

自我过程包括自我认知、自我体验和自我控制。大学学习的选择性给了学生自由决定是否选择某些科目的权力，很大程度上，学什么、怎么学都是由大学生自己做主的，这对自我认知产生了深远的影响。通过选择科目不断尝试新的领域，通过对专业的学习更加系统地认识某个领域，通过实践亲身体会某个领域是否适合自己……这都会影响到学生对自己的认识：我是一个什么样的人？我喜欢什么，不喜欢什么，适合什么，不适合什么，慢慢都有了一个答案。

对自我的认知随着认知结构的丰富，也愈加完整了。同时这种自由还对自我控制提出了更高的要求。如何做到主动学习、经受住各种娱乐休闲的诱惑将是大学学习过程中的一个难题，也正是通过不断拒绝诱惑、合理安排时间，自我控制感才不断得到加强，自我控制能力才会相

应提升。

3. 对认知风格的影响

认知风格（也称认知方式）是指个体在认知过程中所表现出来的习惯化的形式。认知风格多种多样，如场独立和场依存、思索型和冲动型、整体型和分析型。不同的专业甚至一个专业的不同领域都会对学习主体的认知风格产生影响。如学习建筑或者工程力学的同学会倾向于分析型认知风格，学习文学的同学可能更倾向于整体型认知风格；对急诊感兴趣的同学可能是冲动型认知风格，而擅长内科的同学可能更倾向于思索型认知风格……专业的影响是深远的，这在很多“职业病”的笑话中也可见一斑，但是需要强调的是，认知风格并没有好坏之分，不同的专业、领域、职业可能需要的认知风格完全不同。

（二）学习对大学生情绪意志的影响

学习是大学生生活中最重要的任务之一，因此它的过程和结果都会影响到学生的情绪。同时，大学学习要求更强的自主性、选择性，这对学习主体的意志力也会产生影响。具体来看，情绪的产生是与需要和动机紧密相连的。大学生在学习过程中所接触到的更加专业、兼顾广度和深度的系统知识会对其认知内容产生较大的改变，正是这种对周围事物更为深刻和广泛的认识引起学习主体需求的改变：通过专业课和通选课可以较为深刻同时也广泛地了解一些专业的内容，从而对自己喜欢哪个专业或者专业的方向有了更为理智的判断，也就自然地对不同的领域有了不同的需要。所以说，大学学习的广度和深度会影响主体的需求结构。可能正是通过学习园艺知识，某生发现了自己的爱好，从而决定献身园艺事业，这时对园艺知识的学习就成为该生重要的社会需求或高级需求。

大学学习的自主性和选择性既给学习主体提供了检验自己意志力、自我控制水平的机会，也对主体提出了提高自控力和意志水平的要求。正是由于时间和自由度的增加，外界监督的减少，大学生必须通过自己的努力和自控力来完成大部分的学习任务，此时学习成绩和结果的好坏与主体自控能力和努力的相关程度增加，成绩可以较大程度地反映自控能力的高低。一个每天按时上课、保质保量完成作业、主动涉猎相关知识的同学所获得的成绩和一个经常逃课、作业抄袭、从不将课余时间花在学习上的同学可能取得的学习结果肯定是完全相反的！正是这种高度相关，使得大学学习对意志力提出了高要求，为大学生培养更高的意志水平提供了可能。以意志力当中的自信举例，能够在学习活动中获得好成绩可以带来自信心的提高，自信心的提高反过来又可以促进学习的进步。这说明学习和意志情绪其实是一种相互影响的关系。

（三）学习对大学生社会适应性的影响

从社会的角度来看待学习对大学生心理健康的影响，不难发现其中也存在着密切的联系。首先，大学是学生跨入社会的最后一道关口，其教学的主要目的就是为社会培养高素质的专业性人才。其学习的内容主要是为大学生进入社会担任一定的社会分工工作而设计的，特别是如果学生在专业学习和综合实践部分可以顺利地完成学习任务并主动积极地“化知识为生产力”，将对其尽快地融入社会起到非常重要的作用。其次，大学教学的一大特色是“团队合作”。这种强调团队集体作战的教学方式使得学生不仅仅在课题进行中实践了所学知识、锻炼了创新能力，更重要的是在一个以专业学习为主要任务的团队中与成员互动很大程度上影响着一个人的人际交往能力。在课题过程中可能会碰到以后进入社会工作后可能遇到的一系列问题，可以说是以后工作的一次预演，如何分工协作、如何处理摩擦、如何妥协与坚持对大学生人际交往能力都将是一大考验或者说锻炼的机会。可以说，无论从大学的学习目的还是大学学习的方式，都强调社会适应性的培养。这可以说是大学学习不同于其他阶段学习的最大特色之一。

二、大学生学习心理问题及原因分析

学生从中学升入大学，由于环境、生活方式以及人际关系的变化所引起的不适应，都会不同程度地反映到学习上，使大学新生产生较强烈的不适应感，导致学习心理问题甚至学习心理障碍，普遍表现为学习积极性下降，呈疲劳状态，这种疲劳状态不是因身体能量消耗引起的，而是失去学习兴趣或学习单调等诸多因素所致。还有一些学生进入大学后，学习目的不够明确，学习态度不够端正。他们认为，在中学阶段辛苦了许多年，进入大学可谓“苦尽甘来”，应该“歇一歇”“喘口气”了，特别是把上大学看成个人奋斗目标的学生，感到“目标”实现了，就该享乐一下了，于是整天泡网吧聊天、打游戏、谈恋爱，而学习上敷衍塞责、浅尝辄止，满足于一知半解；甚至还有部分学生对学习成绩只求60分万岁，得过且过，平时学习不努力，要考试了才临时抱佛脚，有时虽然勉强考试过关，但是学的知识很不牢固；更有甚者，企图采取作弊的手段来蒙混过关，混张文凭。因而，大学生如果不能处理好大学学习过程中的心理问题，将会严重影响其学习及心理健康。

（一）学习动力缺乏问题

大学生的学习动力缺乏，是指学习没有内在的驱动力量，没有明确的学习方向，无知识需求，更无学习兴趣，厌倦学习，尽力逃避学习。这也是某些学生常说的“学习没劲头”。这种学习动力缺乏主要表现在：

1. 无明确的学习目标

学习只为应付考试或尽快完成学业，因此在学习上不求甚解，只是死记硬背，不会把所学知识融会贯通，更不会对学科做深入研究。既无长远目标，也无近期目标，极少调整学习方法，对自己在大学期间及每个学期究竟要达到什么要求，心中无数。

2. 学习无计划

每天的时间怎么安排、学习什么、学习多少内容、如何在多门课程中合理分配时间和精力，对这些问题不作打算。过一天是一天，做一天和尚撞一天钟。没有适合自身的职业生涯规划方案，也没有系统的学习体系。

3. 学习动机弱

无成就感，无抱负和理想，无求知欲和上进心，没有压力和紧迫感。既不羡慕那些学习成绩好的同学，也不为自己虚度年华而惭愧。不积极摸索和改进学习方法，难以适应紧张、繁忙的学习情境，对学习成绩不佳不以为然。

4. 学习无兴趣

不明确专业学习的意义，未能将自己的学习与国家、民族的振兴相联系，对专业学习缺乏兴趣。对学习活动提不起劲，上课纪律松散，不愿意听讲，对教师布置的作业和相关任务拖拉，漠然置之。甚至产生厌学、弃学的消极情绪，使学习不能坚持下去。

（二）学习动机强度问题

学习动机对学习活动起着发动、维护和推进作用，但并不意味着学习动机强度越大学习效

果就越好。心理学研究认为，学习动机过强，不论是内部的抱负和期望过高，还是外部的奖惩诱因过强，都会使学生专注于自己的抱负和外部奖惩，而不是专注于学习，因而在实际上阻碍了学习。学习动机过强的主要表现有三个方面。

1. 成就动机过强

有的大学生成就动机过强，急于取得成就并超过他人，所树立的抱负和期望远远超过自己的实际能力和潜力。只盼成功，担心失败，给心理上造成很大压力，以致欲速则不达。

2. 奖惩动机过强

对奖惩考虑过多，一心只想获得奖励，避免受到惩罚。奖惩动机过强的大学生大多是被动学习，以考试为中心，紧紧围着老师转，上课小心翼翼记笔记，下课认认真真对笔记，考前辛辛苦苦背笔记。这类大学生考试得分往往较高，但学得呆板，不能举一反三，灵活应变能力不强，知识面不够宽广。

3. 学习强度过大

有些大学生不会合理安排学习时间，每天用于学习的时间过长，不善于休息，常常处于过度疲劳状态。同样地，缺乏动机或动机强度过弱，大学生不能专注于学习，注意力不能集中，学习行为不易发生和维持。

（三）学习策略问题

大学生学习心理的另一突出问题是学习方式不当。36.9％的学生反映学习的最大困惑是不能适应教与学。大学的教学着重培养学生的自学能力，要求学生具有独立思考的自觉性和研究学习的自觉性。加之大学里课程门类多、课时多，教师讲课又不拘泥于一本教材。这样一来，依旧沿着中学的思维模式和学习方法进行学习的学生便产生了学习适应困难，如听课困难、做作业困难等等。有人调查分析了新形势下大学生学习心理问题，发现 9.2％的学生学习“有计划，有时执行”，20.3％的学生“有计划，难以执行”，16.3％的学生“没有计划”；52％的学生课余投入最多精力的是与学习无关事情；55.1％的学生“有时预习”，17.9％的学生“极少预习”，5.6％的学生“从不预习”；51.0％的学生“有时做课堂笔记”，5.8％的学生“等复习一齐抄”，4.1％的学生“从不做”；在创新学习水平自我评价上，认为“一般”者占 52.2％，认为“差”者占 10.2％。

英国一位哲人说过：“在中学阶段，学生伏案学习，在大学里，他应该站起来……”大学的学习特点与中学有很大的不同，大学学习具有自主性、专业性、广泛性和探索性等特点，课程的数量和难度都加大了，记忆性的知识减少，理解性的知识增多，这需要大学生具有较强的独立思考问题、解决问题的能力。而部分大学生还使用中学期间养成的学习方法，难以适应需要自觉的学习意识和创新精神的大学学习生活。

学习策略失当的学生尚未探索出科学的学习策略体系，有明显的不适应学习的倾向。主要表现为：

1. 学习时间安排不科学

学习没有计划，或有计划但不能执行。视兴致而学习，兴致一来连续多时，兴致消减荒废多日。

2. 各学习环节学习方式不当

不重视预习，不带着问题听讲，不做课堂笔记或被动接受式做笔记。不积极参与讨论，不及时解决疑问。平时不温习，考试前搞大突击。一味死记硬背，不注意融会贯通、理解记忆。课外阅读不注意精读和泛读结合，或广泛涉猎但囫囵吞枣，或学得精细但视野褊狭。

（四）学习焦虑问题

学习焦虑是指大学生由于不能达到预期目标或不能克服障碍的威胁，致使自尊心、自信心受挫，或失败感、内疚感增强而形成的一种紧张不安、带有恐惧的情绪状态。心理学研究表明，学生在学习过程中，保持适当的焦虑是必要的，它可以激发斗志，增强学习效果。但过度的学习焦虑却是有害的，会对学习产生非常不利的影响。

刚刚进入校园的大学生，以往都是“佼佼者”，现在还想保持“尖子生”的地位，使他们长期处于冲突与痛苦中，精神过于紧张，学习上焦虑不安。还有一些学生因为背负着家长的较高期望或一定的经济压力，面对着巨大的学习压力而整天“一筹莫展”。大学生严重的学习焦虑表现为学习压力大、精神长期高度紧张、思维迟钝、记忆力减退、注意力涣散、情绪烦躁、郁郁寡欢、精神恍惚、学习效率下降。

（五）学习疲劳问题

学习疲劳也叫学习倦怠，是指连续学习之后，在生理、心理方面产生劳累，致使学习效率下降，甚至出现健康方面问题使之不能继续学习的一种异常状态。面对日趋严峻的就业形势，近年来大学生“考级”“考证”“考研”成为热潮，学习心理疲劳问题也随之日益突出。调查中，37.5％的学生对学习消极体验强烈，其中18.6％的学生感觉“沉重”，13.1％的学生觉得“枯燥乏味”，5.8％的学生感到“痛苦”。有的学生过多自我加压，长期超负荷学习，过度用脑，不注意劳逸结合，导致身心异常疲乏，注意力下降，记忆力变差，对学习感到厌烦郁闷；有的学生不讲究学习方法，长时间对着单调乏味的学习内容死记硬背，对学习逐渐失去兴趣；有的学生平时学习不抓紧，临考前通宵达旦，废寝忘食，造成生物周期紊乱，学习效率下降。

学习疲劳分为生理和心理两种。心理疲劳的症状是精神涣散、感知迟钝、注意力不集中、情绪不安、忧郁、厌烦、学习效率下降。生理疲劳表现为肌肉痉挛、功能失调、动作不和谐、眼球发疼发胀、腰酸背痛、麻木、打瞌睡等。其中，心理疲劳是学习疲劳的主要表现形式。学习疲劳是一种保护性抑制，通常情况下，经过适当的休息即可恢复，但是经常过度的学习疲劳，大学生会对学习产生厌恶和烦躁情绪，学习效率大大降低。造成学习疲劳的原因主要是：对学习活动缺乏兴趣；学习时间过长，不注意劳逸结合；学习内容难度较大；睡眠时间长期不足等。很多大学生在学习压力下没有找到更有效的学习方法，只有通过学习时间的无限延长来达到预期目的，久而久之，“事倍功半”，反而更加重了学习心理压力。

（六）考试焦虑问题

考试焦虑是指由于担心考试失败或渴望获得更好的分数而产生的一种忧虑、紧张的心理状态。多数大学生在面临重要考试时都会产生一定程度的考试焦虑，这是正常的，但过度的考试焦虑对大学生的学习和身心健康危害很大。

考试焦虑是一种负面的情绪状态，给人带来痛苦的反应，它既可能是一种暂时性情绪状态，又可以持续发展成为焦虑性神经症，因此，考试焦虑对学生的心理健康影响是很大的，尤其对大一的新生而言更是如此。究其原因：

一是心理负担过重，很多大一新生在中学时学习成绩优异，一直处在领先的地位，在大学

里总期望保持这个优势，害怕失败和落后，结果造成焦虑；

二是考试准备不足，平时没有认真掌握知识。另外，家长对子女的期望值过高等等也是学生产生焦虑的诱因。

过度考试焦虑者，表现为在考试前后精神紧张，心烦意乱，无精打采，肠胃不适，可能出现原因不明的腹泻、多汗、尿频、头痛、失眠、记忆力减退、注意力不集中、学习效率下降等。学生在考试过程中表现为心跳加快、呼吸急促、满脸通红、出汗、头昏、烦躁、恶心、软弱无力、记忆受阻、思维迟钝等，有时全身发抖、两眼发黑甚至晕倒。

（七）学习自卑问题

进入大学后，学生的自我意识增强，自尊感特别突出，如不能正确地进行自我评价则会导致自我意识失调。著名哲学家斯宾诺莎认为“由于痛苦而把自己看得太低就是自卑”。有的大学生虽经一再努力，但成绩总是提不高，丧失了进取心；有的由于学习成绩太差，主观上又不努力，在学习上一再受挫，像泄了气的皮球，再也鼓不起学习的勇气；有的觉得考本、考研无望，竞争无资本，因而自甘落后，自我轻视，自我消沉。自卑心理产生的原因有的与家庭教育方法不当、社会影响不良有关；有的是由于学校教育失误造成的；有的因个人智力和非智力因素影响所致。

自我轻视的心理在学习中的表现就是学习自卑，其对学习的不利影响是显而易见的。不成功的态度体验、不良的学习环境、不准确的自我认知均可能是学习自卑的原因。自卑是一种自我轻视的心理，是自尊心受挫的结果，是羞于落伍的自尊心与学习成绩低下的客观事实长期矛盾又得不到解决而造成的心理创伤所致。表现为：总认为自己智力和能力不如别人，处处低人一等；上课时，总喜欢坐在后排或角落里，眼睛不敢正视前方，尤其是不敢和教师对视；教师提问时，自己明明知道答案，却没有勇气举手回答；课堂讨论不敢发言，不愿参加各种学习竞赛活动；平时总喜欢低着头，不愿与人交往，喜欢独处，在公共场所，沉默寡言，表情不自然；遇到困难，容易丧失信心；每当考试时，总在心里暗示自己不行、通不过；十分在意别人对自己的评价，往往别人的一句玩笑话也会长时间影响情绪；自尊心强，感情脆弱。

第三节 大学生学习心理健康教育对策

大学生在学习中表现出来的各种心理问题，不仅会严重地影响学习效果，而且也不利于大学生身心的健康发展，因而必须有针对大学生地进行调节和疏导，培养大学生健康的学习心理。

一、大学生学习心理的自我调适

（一）确立适当的学习抱负水平

大学生在进入大学后，就应该根据学习任务的难度和自身的学习基础、学习能力等因素为自己确立适当的学习目标和抱负水平。既要有远大理想，又不要好高骛远。心理学研究表明，学习目标和抱负水平太高，容易因经常达不到理想的目标而焦虑和丧失自信；学习目标和抱负水平太低，则很难对学习活动的动机起到激励作用，不利于学习水平的提高；只有适合自己的同时又稍高一点的学习目标和抱负水平，才既能对学习活动起到真正的推动作用，同时又不会给学习能力和学习基础有局限性的大学生造成不必要的学习心理压力和心理障碍。

比如：英语基础好且学习能力强的学生能一次顺利考过英语四、六级，而英语基础差且学习能力较差的大学生从心理上就不要盲目去攀比，没有必要给自己也确立“必须一次过级达标”的目标，其实只要自己努力学习、善于总结学习规律和有效的学习方法，第二次甚至第三次能通过也应看作是一种成功和超越，应该肯定并让自己感到满意。要知道每个人的起点和奔跑的速度是不一样的，跑到终点的时间肯定是有区别的。

（二）激发学习兴趣和学习热情

“兴趣是最好的老师”。学习兴趣是人们在认知过程中的某种情绪情感的倾向性。学习过程既是理性的又是感性的。在学习过程中不仅要调动理性的心理元素（思维和记忆等）参与，而且要充分调动感性心理元素（兴趣、热情、感知觉、想象等）的参与。其实认识过程本身的特点就是从感性认识到理性认识。而大学生的学习主要是通过听老师讲课和自己阅读的方式来学习前人总结的各种间接的知识经验。因此学习内容大部分是抽象的、概括的。感性资料和感性认识的不足，常常会使大学生感到学习是枯燥和空洞的。因此，大学生应丰富感性认识、多观察自然和社会现象，理论联系实际、多参加科学实验和社会实践活动，使学习不再仅仅是抽象的、理性的、富于逻辑性的，而且是形象的、生动的、富有乐趣的。

（三）注重有效的学习策略和方法

科学有效的学习策略和学习方法是有效帮助大学生积极健康地学习、提高学习效率和成绩、减轻学习压力的重要措施和有力保障。大学生在整个学习过程中，应高度自觉地意识到自身思维认识和整个学习活动的心理状态，对认知流程学会实时监控，学会不断地总结自己的学习经验和策略，学会学习，让自己进入健康高效的学习状态。

从某种意义上说，学会学习就是学会学习的方法。人们常把方法比作路、比作桥、比作工具，这是十分生动而恰当的。法国杰出的哲学家、数学家笛卡儿有句名言：“最有价值的知识是方法的知识。”在爱因斯坦著名的“成功方程式”里。“正确的方法”也是三分天下有其一，可见其重要性。掌握科学而适合自己的学习方法，是大学生学会学习的关键。

（四）培养良好的学习心境

注意合理科学地安排自己的学习节奏，让学习过程本身像一曲歌、一首诗，学会挖掘学习本身蕴涵的乐趣和美，是学习者培养的一种较高的学习境界。一个取得成功的软件工程师曾经这样说过：我在写程序的时候就感觉自己在写一首诗。在进入学习活动之前和学习的过程中积极调整自己的学习心理准备状态，带着和保持一种愉快的心境进入学习和完成学习活动，是保证积极健康的学习心态和良好的学习状态的重要条件。比如我们可以给自己一些积极美好的心理暗示，可以让适合自己的一段美妙的音乐来放松自己的大脑和神经甚至伴随部分学习过程等。

二、促进大学生学习心理健康

（一）重视培养大学生良好的学习动机

学习动机是引起、维持和改变大学生学习活动的内在动力。研究表明，我国大学生的学习动机由求知进取、集体取向、物质追求、害怕失败、个人成就、他人取向等六个因素构成；在

性别差异上表现为男生更重视权力地位，女生更关心人际关系。学习动机一方面是由学习的外部压力成功内化而来，另一方面来自大学生自身的学习需要。正确而良好的学习动机的培养是保证大学生健康学习心态和良好学习状态的重要方面。大学生不仅应该培养外在学习动机（比如考试成绩良好、得到奖学金等），更重要的是要增强内在学习动机（比如实现自己未来的职业理想、良好的自我发展、贡献社会和人类、报效祖国等）。只有明确了学习目的、确立了正确的学习目标和适当的抱负水平，有效地把外部的学习压力成功地内化为大学生自身内在的学习动力，才能真正把学习变为一种“是我自己需要学习”“是我自己愿意学习”。大学生自身对学习价值的认同和自身对学习的需要的肯定是大学生把学习转变成“自觉自愿”、有“主观能动性”的学习心理和学习行为活动的重要前提。当学习不再是一种外部的压力而是一种自己的需要的时候，学习将会是一种自觉的满足而不是被迫的要求。这种心态就是一种最健康积极的学习心态，自然也就会带来一种最积极健康的学习状态。教师应把“学习动机的培养和激发”当作一项重要内容贯穿整个教育教学活动的始终。

（二）大力加强教学改革

现行高等教育的弊端是：专业设置太细、专业面狭窄，造成人才的后劲不足，创造力平平；教学内容整齐划一，忽视了学生中客观存在的素质差异，不利于拔尖人才的脱颖而出，也不利于学生的个性发展；学生对学习内容、学习难度和学习进度没有选择，容易诱发学生厌学、无学习热情和兴趣等问题；格式化的教学内容造成了课程的陈旧老化和教师素质降低。这些弊病不除，就无法适应社会发展对高等教育的要求，也很不利于学生健康学习心态的形成。

（三）注重教学质量和教学艺术

要提高大学生的学习健康心理素质和水平，提高大学教师自身的师范素质是关键。作为一个大学老师，不仅应该通晓本学科的知识、技能，还应熟练地掌握心理学、教育学等师范类的知识规律和科学而艺术的教育策略和教学方法，了解大学生的学习心理特点和心理规律，加强“启发式教学”，善于适当采用多媒体教学手段，提升教学语言表达的艺术性和生动性、感染力；正确认识考试的目的，考试不是最终的教育目的，而是一种评价和检验学生的学习效果和老师的教学效果的工具和手段；对学生的评价应以表扬和鼓励为主、惩罚批评为辅；积极贯彻“因材施教”的原则，尽量采取个性化教育和教学；鼓励大学生发现问题、探究问题、尝试错误等。

良好的教学艺术还表现在教师应采用丰富多彩的教学组织形式，尽量为学生创造和创设良好的学习情境和学习环境，想办法调动学生的学习兴趣和学习热情。比如加强实践教学环节，多让学生参与到教师的科学研究项目和社会服务项目中去，发挥大学生的灵感和实战能力，体会知识的重要性和运用知识可以解决很多实际问题的乐趣，感受知识的力量和大学学习给自己带来的成长和能力的提升，从而反过来刺激和增强大学生的学习兴趣和热情。

（四）切实帮助大学生提高学习策略和掌握科学的学习方法

大学生的学习过程虽然受多种因素的影响，但主要取决于学什么和怎样学，也就是说影响学习过程的主要因素有二：一是学习内容，二是学习方式。无论是对学习内容的摄取、储存，还是对学习方式的选择、运用，都涉及一个学习方法问题。学习方法就是学生认识世界的方法，也就是学生学习时所采用的方式、手段、途径和技巧。科学的学习方法是学习活动经验的总结，是学习过程客观规律的反映。它不仅有助于大学生在学习过程中不走弯路，避免或减少心理问

题，而且有利于大学生提高各种能力和学习效率，是大学生攀登学习高峰、学有成就所必不可少的重要因素。

针对某些大学生的学习独立性、自主性、计划性较低的现象，教师应加强对大学生学习策略、方法和技巧的辅导。首先，教师应确保学生已了解大学学习过程的自主性、学习内容的丰富性和专业性、学习方式的多样性和学习目的的探索性等特点，教师应“增强学生学习主体意识”，督导学生制定合理可行的学习目标与计划，科学有效地利用时间，逐渐摸索出一套适合于自己的学习方法。其次，应为学生提供制定学习计划、提高记忆效果、笔记记录与整理、资料查找与利用等具体的学习方法指导。

（五）注重学生的学习创造性和个性化优势的培养

教育本身的内容就包含一种发展的意义，一种达到一定目的的发展。

教育的重要目的之一就是要教会学生在掌握各种社会生活模式和普通生活准则的基础上达到自我实现的目标。最终应使学生能自觉探索和利用新的生存模式达到生活的艺术，也就是具有把握自己生活的能力，成为富有创造力的人。

事实上创造性是一种所有人都可能拥有的能力和个性，是个人健康、成熟的表现，也是个性强大和成长的表现。富有创造性的个体是这样一种人：他总能从复杂的问题中找到最自然的、最好的解决办法，并在现实生活中不断拓展自己的生活视野，不断学习和总结新的知识经验。

每个人身上都蕴涵着潜在的创造力和创造性，有的人出生时便先天具有一种不平凡的敏锐和才干。而在今天的教育过程中有很多大学生受尽了传统的、刻板的、整齐划一的教育模式的苦，他们经常无所适从，甚至走投无路。这种教育往往使他们被束缚，不能很好地发挥他们的与众不同的才干。一个真正懂得教育心理原理和教育艺术的教师应在明处或暗处帮助这样的学生，使他们的生命力、潜力和创造力具体化并有机会得以发挥和得到肯定；允许他们拥有甚至为他们开创新的天地，帮助他们发展自己的爱好，给他们展示更为广阔的发展前景；除了传统的文化和专业知识的学习外，还应善于促使他们学习另一种生动的文化，这种文化是非传统性的、带有个人色彩的、有关内心的知识。应该强调的是一个真正好的老师应向学生介绍多种经验，让学生根据现实和具体情况自己去做出选择，特别是不要向学生一味强制性地灌输刻板定型的知识经验和所谓的模式。一般情况下我们都认为每个心理健康、人格健全的人都会根据自然的本身的协调作用去充实自己的内心，去充分发挥其价值和创新精神。

（六）增强大学生学习心理素质和加强心理健康教育

在大学开设心理学必修课和开设学习心理方面的专题讲座。直接从正面向大学生灌输学习心理学和健康心理学方面的科学知识，增强大学生健康心理素质和学习心理的自我调节控制能力。加大学校心理咨询和辅导的科学性和力度，教会大学生正确对待学习压力和挫折的心理应对策略和心理调适技巧，比如增加对大学生考试前的心理放松和减压技巧的培训和辅导等。

第十一章　当代大学生人际交往与心理健康

第一节　大学生人际交往的心理问题

大学生离开了父母和家庭，开始独自面对人生。他们需要与同学、异性、老师等进行各种交往，经常要面对和处理多种多样的人际关系。人类心理的适应最主要的就是对人际关系的适应，人们的心理健康水平则有赖于正常的人际交往和社会生活的和谐。友爱、和谐的人际关系可以使人感到温暖、安全、愉快，从而激发人的积极性和创造性；相爱，冷漠、排斥、充满敬意的人际关系则使人时时不快、事事不乐，甚至产生焦虑、强迫等神经症状。极大地限制了人的发展。相关调查及心理咨询的实践表明，目前大学生人际关系的状况并不理想。这不仅直接影响到大学生们的心理健康，还会广泛地影响到他们在学习期间及将来走入社会后很长一段时间的生活。本章将要介绍大学生人际关系的一般问题，人际关系与心理健康的关系，人际关系心理缺陷的自我调适，以及如何养成健康的人际关系。

一、人际关系及其形成

在心理学上。人际关系是指人与人交往互动时的心理距离。从心理联结的不同性质看，两人或多人间的人际关系不外乎三大类。

1. 感情为基础的人际关系

这类人际关系的特征是，存在于人与人之间的心理性联结靠感情。根据感情性质的不同又区分为两种：一种为亲情关系，指亲子间与手足间的人际关系；另一种是友爱关系，指朋友间的友谊和爱人间的爱情关系。

2. 以利、喜为基础的人际关系

这类人际关系的特征是，存在于人与人之间的心理性联结靠当事人经济、社会、权力、政治诸多方面的利害得失。社会上一切“交易”式的活动，都是以利害关系为基础的。

3. 缺乏任何基础的陌路关系

这种人际关系存在于路人之间，彼此间不存在心理性联结。社会心理学家的研究，主要集中在人与人之间友谊与爱情建立的心理历程上。

本章对大学生人际关系的讨论，主要是在友谊的意义方面。

整个人际关系发展过程大致可以分为五个阶段：

第一阶段：彼此陌生，互不相识，甚至彼此均未注意到对方的存在。

第二阶段：单方（或双方）注意到对方的存在，单方（或双方）也可能知道对方是谁（如同校同学），但从未有过接触。

第三阶段：单方（或双方）受到对方的吸引，与对方（或彼此）接近，构成表面接触。在表面接触时，往往是源于学业或工作上的往来，即使当时单方（或双方）心存情意，但也只是很表面化的人际关系。不过这一阶段所获得的第一印象对于人际关系的发展很重要。如单方（或双方）对对方的第一印象不深，可能他们之间的人际关系，即到此为止。很多人同学同事多年，彼此交往泛泛，就是因为他们间的关系只停留在第三阶段的缘故。一个人在日常生活中，与很多人维持着这种关系。

第四阶段：双方交感互动，开始了友谊关系。在此阶段，双方在心理上有一个重要的改变，开始将对方视为知己，愿意与对方分享信息、意见和感情。这种对人开放自我的心理历程，称为自我表露。人际关系发展到彼此都能自我表露的程度时，那就到了友谊的阶段。个人在日常生活中，能使他自我表露的对象并不太多。因此，同学同事虽然很多，难得其中有几个知己的朋友，原因就在于此。

第五阶段：朋友之间的感觉，也有程度深浅之分。就朋友间自我表露的程度而言，有的朋友间重在信息与意见的交换，而在感情上则表露得较少。这是以事业或学问为基础的友谊关系。另有的在信息与意见之外，更重视感情的表露，在感情上达到相互依赖的地步。特别是当自己处在或痛苦或快乐等激动的情绪状态时，立即就会渴望他的朋友在他身边。人际间的友谊发展至此，也就达到了“你中有我，我中有你”的地步。人际关系发展到第五阶段时，通常同性之间会成为莫逆之交；而异性之间，如果在感情上又有性的需求、奉献与满足的心理成分，那就成为爱情。

二、影响大学生人际关系的因素

在大学生之间有些因素影响大学生的人际关系，这些因素一般是个体自身难以选择和避免的，称为客观因素；还有些因素特异地影响大学生的人际关系，即大学生个体之间的心理感受起了决定性作用，称为主观因素。

（一）客观因素

1. 接近且相纳

俗话说“近水楼台先得月”“远亲不如近邻”。这说明时空距离是形成密切的人际关系的一个重要条件。因接近机会多而相识，因相识而彼此吸引，最终建立友谊，甚至彼此相爱，是很常见的情况。这种由空间上的接近而影响人际吸引的现象称为接近性。费斯汀格等曾以麻省理工学院已婚学生眷属宿舍的居民为对象，研究他们之间的邻居友谊与空间远近的关系。结果发现，从互不相识到入住一段时间后所结交的新朋友，几乎离不开四个接近性特征：

①是他们的邻居；

②是他们同楼层的人；

③是他们信箱靠近的人；

④是走同一个楼道的人。

由此看来，经常见面是友谊形成的一个重要因素。在大学里常见的情况是，由于是同学，或同住一个寝室，或同在一个学习小组，或同属某个活动团体，或是同乡，经常接触，交往频繁，容易具有共同的经验、共同的话题，从而建立起较为密切的人际关系。

2. 相似或互补

正所谓“物以类聚，人以群分”，对某种事物或事件具有相同或相似的态度，具有共同的理

想、信念和价值观，感情上就容易产生共鸣，容易形成密切的人际关系。有人曾用实验法研究过这个问题。他向自愿参加研究的大学新生提供免费住宿16周。在住进宿舍前，研究者先给这些彼此不认识的被试者实施态度、价值观和个性特征等的测验，将态度、价值观和个性特征相似或不相似的大学生安排在一间房子里住。然后，定期测验他们对一些事情的态度、看法，以及他们对同房室友的喜欢程度。住宿初期，空间距离是决定彼此交往较多的重要因素；但到了后期，彼此间态度、价值观和个性特征的相似性，超过了空间距离的重要性而成为密切的人际关系的基础。在研究的最后阶段，让这些大学生自由选择住同一个房间时，结果表明，相同意见和态度者均喜欢选择住同一个房间。态度相似性之所以能密切人际关系，可能是由于彼此观点一致，争辩机会较少，人与人之间互相支持，从而使友谊得到发展。

但是，在个人兴趣、专业、特殊才能等方面，多数人又都会有期望他人弥补自身缺陷的心理倾向。因为人在追寻成长的过程中，不可能发展得面面俱到，总难免有顾此失彼的遗憾。因此，当自身所缺而恰为对方所擅长时，就会情不自禁地对其表示好感。例如，学理工的人，可能爱好文艺但失去学习文艺的机会，如交到长于文艺的朋友，分享其在文艺上的心得与快乐，就可使他对失去的缺憾得到某种补偿，自然也密切了彼此的关系。

相似与互补看似矛盾，其实是针对不同的方面；前者多含有价值取向的意味，后者则多表现为现实的需求。总之，大学生们长期地在一起生活、学习和工作，不可避免地会产生这样或那样的矛盾。但是，如果一方所表现出来的行为正好能满足另一方的心理需求，则彼此间将产生强烈的吸引力，从而能密切他们之间的人际关系。相反，如果其中一方对另一方表示不友好或不利于另一方，就会引起另一方的不安，双方的友好关系可能中断，甚至会使矛盾加剧。

3. 外表与个性

在一项实验中，给大学生们看三个大学生的照片：分别是外貌有吸引力、相貌一般和无吸引力，让被试者在27种个性特征上做出评价，并要求他们估计这三个人未来是否幸福。结果表明，最合人心意的、最幸福的预言都安在外貌有吸引力的人身上。无论男性评价男性，男性评价女性，女性评价男性，或女性评价女性，结果都是如此。这说明，人们喜爱漂亮、英俊的人胜过喜爱相貌不好看的人，而且往往把一切好的特性都安在外貌有吸引力的人身上。而性格本身更是引人注意与令人欣赏的重要条件。性格是个人对现实的稳定的态度和习惯化了的行为方式。本书很多章节都涉及与此相关的内容。在人际交往中，一般说来，一个人如果具有诚恳、坦率、幽默等性格，是比较能够吸引别人注意、获得别人赞赏的。

（二）主观因素

1. 人际安全

大学生对日常生活中的人际关系能否适应，关键在于个体感受到的人际安全的程度。所谓人际安全是指个体在人际相处和交往中对自身状况保持有利地位的肯定性体验。诉说人际关系不好的大学生往往是人际安全得不到保证的，感到自己被别人欺负、愚弄或嘲笑，也可能是担心自己的弱点或劣势会暴露出来，因此在特定的环境及人际关系中条件性地局促不安，担心别人询问自己，也不敢主动与别人交往。也就是说，大学生在感觉不到人际安全的情境中，将会自我防御性地退缩或回避。

2. 人际期望

简单地说，人际期望就是个体对人际双方在一定条件下心理、行为的预期和愿望。这些预期纯粹是个体的主观意愿，实际上是一种投射心理。人际情境制约人际期望的内容，个体对老师的期望和对同学的期望是不一样的；人际距离决定人际期望的价值，人际距离越近。个体的人际期望价值越高。所以，大学生在不同的人际关系中有不同内容、不同价值的期望。虽然实际期望常常是自发的、内在的和无意识的。人际期望与个体的人际关系密切，甚至可以这样说，几乎所有人际关系不良都是由个体人际期望造成的。

3. 人际张力

人际张力，或称人际应激，是指个体在特定人际关系中所体验到的一种心理紧张状态。强要处于这种人际情境之中，个体就强迫性地感觉到紧张、压抑、无奈、无能为力，或表现为冲动、偏激、难以克制。人际张力越大，个体越难适应人际关系。一旦脱离某种人际情境，相应的人际张力就自行解除了。然而，大学生的同学关系、师生关系不是随便就能摆脱的，所以有些个体深受人际张力之苦。

从某种意义上说，人际安全、人际期望、人际张力都是个体对特定人际情境的主观体验，三者是互相关联的。人际张力和人际安全是相对的，人际安全是个体人际适应的条件，人际张力是个体人际障碍的诱因，而人际期望是人际安全、人际张力的基础，或者说是内在规则。

4. 人际报复

在大学生的人际关系中，还普遍存在一种微妙的人际报复现象。如果某一个体有意或无意地贬损了另一个体，不管被贬损的个体当时反应如何，那么该个体往往会在以后的某一时候遭到被贬损个体的报复。虽然这种报复可能是无意识的，并且不一定是激烈的暴力行为，这就是人际报复。人际报复直接增大人际张力，影响人际关系。

三、当代大学生人际关系的基本特点

大学生的人际关系是指大学生在校期间和周围与之有关的个人或群体的交往中产生的心理关系。大学生的人际关系中，最主要的是同学关系、师生关系及家庭关系等，同室关系是大学生的一种特殊的人际关系，对大学生直接和间接的影响都相当大。国内对大学生人际关系的心理学研究主要涉及两个大的方面。

（一）对交际对象的要求

在选择朋友上，一般要求志同道合、互相帮助、互相尊重、真诚相待、富有同情心、有才智等；至于教师，大学生们喜欢具有民主博爱、才智、责任心、自我修养、可信赖和亲切等特质的。

（二）对交往方式的选择

研究发现，大学生认为最佳的交友方式是通过认识，在深入了解，甚至经过考验的基础上相互信任，以诚相待。大学生的人际关系是大学生日常生活、学习和工作的一种基本条件和背景，而不同年级、性别大学生的人际关系又呈现出不同的特点。

第二节　大学生人际交往与心理健康的关系

一、人际认知与心理健康

人际认知反映的是个人对自己及自己的人际关系状况的了解程度，它是人际知觉的结果。是人际关系得以形成的理性条件。个体通过知觉了解他人与他人的关系，他人与自己的关系以及能人对自己的反应。个人只有形成了对自己人际关系客观、正确的了解，才能更好地认识自己。调节自己与他人的人际关系。在人际认知方面，大学生常见的影响心理健康的问题主要有以下几个方面的表现。

（一）过于理想化

大学生生活经历一般不足，缺乏对事物本质的把握能力，故他们对人际的认知过于理想化。易把理想和可能性当作现实，即对人际交往的期望值较高，用理想化的尺度来衡量现实。大学生在进入大学之前，对自己心中理想的大学充满了憧憬，其中就包括对大学里温馨、和谐的人际关系的憧憬。他们赋予大学人际关系以理想、完美的色彩。这使得他们对校园里人际关系的复杂性和多样性缺乏足够的心理准备，易产生诸多困扰。许多大学生认为朋友之间应无话不谈，一旦发现对方有什么事没告诉自己，就觉得不够朋友，甚至有被欺骗、受伤害之感。大学生人际关系中又确实存在着某些不足，故与同龄人相比，大学生对人际关系的满意度似乎更低。

（二）归因偏差

大学生在认识自己的人际关系，处理自己人际关系中相关的一些事情时，容易呈现出一定的归因偏差甚至错误。一项对大学生人际关系敏感与归因风格的关系研究发现，人际关系敏感性与对照组的失败归因评分有显著性差异，人际关系敏感的大学生在交往失败归因时，倾向于外在归因，并存在“自我服务偏差”现象，在个性特征方面具有情绪不稳定、内向及孤独等特点。另有调查发现，大学生对自己人际关系总体归因偏向于内控性，但对人际关系失败的归因表现出外控倾向；文科学生较理科学生对人际关系的归因更为外控；大四学生在人际交往失败方面的归因与大一、大二的学生存在显著差异，更为外控。正是由于对自己的认知偏见和对他人的消极认识、评价，使许多大学生在自己的人际交往中产生嫉妒、自卑、猜疑、报复等不良心理，极大程度地局限了他们的人际交往，阻碍了他们人际关系的发展，也严重影响着他们的心理健康。

（三）自我中心

现在的大学生大多数是独生子女，他们在中小学时期往往是表现出色的好学生，已习惯接受别人的表扬和肯定。许多人进入大学后仍主观固执，自我意识强，自理能力差，想问题、处理事情往往以自我为中心。他们常常认为自己就是“恒星”，别人是“行星”，都应该围着他转，关心他们，为他们着想。他们往往会过分关注自我，过分注重自我需要的满足，却忽略或否认他人的需要，并以自我需要展开人际活动，进而以此作为判断和评价人际关系的标准。他们不大注意了解他人的性格、爱好、生活习惯、思维方式等的差异，缺乏宽容精神；认为好朋友就是和自己观点一致的人，就是处处维护自己利益的人，只要别人的思想和自己产生分歧，就把这些人视为“异己”，排斥在交际圈之外。调查结果显示，有26.21%的同学要求自己的朋友要100%地对自己好，如果朋友达不到这一要求，往往会由最初的亲密走到后来的各奔东西。

（四）过分苛求

由于大学生的生理、心理还不够成熟，情绪化色彩重，生活经验也不丰富，他们在认知方面，往往还存在着绝对化、概括化的误区，即过分苛求自己和他人，追求完美，经常以一时一事评判自己或他人整个人乃至整个人生，缺乏辩证的弹性思维。在交往过程中，这种不全面的认知能力首先表现为从自己的心理出发认识和理解问题，缺乏对对方性格和心理的客观了解，从而很容易产生误解和矛盾。

二、人际情感与心理健康

人际情感反映的是关系的双方在情感上的满足程度，人际关系的变化和发展取决于彼此在情感等需要上从对方那里获得满足的程度。它往往被当作判断人际关系状态的主要指标。情感也是人际关系的基础，没有情感的人际关系是无法维持的。处于青春期的大学生都强烈渴望友谊，迫切需要交友，建立自己和谐、融洽的人际关系。但一部分大学生因缺乏人际交往的相关知识及交流技巧、方法，在自己的人际关系中常易产生受挫感。不少调查都发现大学生对自己的人际关系的满意度偏低，究其原因主要是由于他们在情感上对人际关系的期望值过高，而现实情况又常不尽如人意而造成的。与其他人一样，大学生交友的动机也主要有三种：寻求帮助，主要是精神上的；社会支持；寻求共同的兴趣爱好。大学生交友的动机一般较单纯，但若仅为自己的某种欲望或某个目的，采取急功近利的态度，运用一些手段，矫揉造作而不是自然地去结交朋友，就不能形成真正意义上的朋友关系。一些大学生认为交朋友的目的就是为了“互相利用”，见到对自己有用、能给自己带来好处的朋友才与之进行交往，而且常是“过河拆桥”。这种贪图财利、沾别人光的不良心理，会使自己的人格受到损害，也不会使自己交到真正的朋友，长此以往也势必会影响到他们的心理健康。还有一些大学生把交朋友当作逢场作戏，朝秦暮楚，见异思迁，处处应付，爱吹牛，爱说漂亮话，与某人见过一面，就会说与某人交往有多深。这种人与人交往只是做表面文章，因而没有感情深厚的朋友，也很容易产生孤独感。

三、人际交往与心理健康

人际交往可以说是人际关系最明显的外在表现。一般情况下，人际关系好，行为上则多有亲近表示；若人际关系不佳，则多表现为视而不见。人际交往是建立良好人际关系的基础，通过交往，我们可以得到更多的社会支持，建立充分的安全感和信任感。大量事实表明，大学生人际交往的时间、空间越大，精神生活会越丰富、愉悦；而人际关系不良，不合群的大学生常有更多的烦恼或难以排除的苦闷。

在大学生的人际关系中，有些人际关系是无法避免的，如同学关系和师生关系。这类人际关系都是自动产生的，也成为个体常规的人际背景。而有些人际关系是能够选择的，如朋友关系、恋人关系，需要个体主动追求才能形成。在自由选择的人际关系中，大学生对朋友的选择将直接影响到他们人际关系的建立与发展。有些大学生受人际认知偏差的影响，在选择朋友时过分注重对方的外貌，只喜欢与长得漂亮或英俊的人交往，认为这样可以增加自身的良好形象；

或者特别注重对方的经济状况，只与经济条件与自己相当或比自己更好的人来往，认为这样才不至于降低自己的社会地位，也可以避免自己在交往中吃亏。这种对交往对象的过分挑剔常常使他们失去许多必要的人际关系，也很难长久维持那些不可避免的人际关系。与此相反的是选择朋友不慎重、太随便的现象。有些同学在交友时几乎不看对方的人品、道德、举止言行、素质修养及行为习惯的好坏，胡乱交友，什么朋友都有，这就使一些涉世不深、价值观尚未定型的低年级大学生染上许多不良的道德观念和行为习惯，做出许多越轨行为。

大学生人际交往受行为准则的影响，即在特定的人际关系中应该做什么，不应该做什么。由于交往对象在文化、职业、年龄、性别、个性等方面存在着差异，若不掌握不同情境、不同关系下的行为准则，就会使人际关系遭受到不可避免的伤害。人际关系的行为准则为人际间互帮互助提供了机会，也可能成为避免关系破裂的积极因素。大学生的人际关系行为准则视关系的亲密程度不同可分为两类。一类是感情交换和增加亲密程度的报答性行为准则，主要表现为在对方需要时乐于主动帮助，在对方患病时给予帮助照看，提供感情上和精神上的帮助，提供建议、鼓励和指导，对对方的活动表现出关心和兴趣，为对方的成功感到高兴，与对方共享成功的喜悦，注意节日和特殊日子的问候等。另一类是防止矛盾、缓和矛盾、解决矛盾的避免性的行为准则，主要有尊重对方的个人私事，不要背叛对方对你的信任，不要当众评价对方，忠诚、守约，不要有过分的占有欲以及显示出过分的防御性行为等。在大学生的学校生活中，他们总是希望在精神上得到朋友的支持和鼓励，且把这种希望寄托在自己的同学关系和朋友关系上。若大学生不注意合理恰当地运用报答性行为准则，其亲密关系就会受到影响。大学生在人际交往中遇到矛盾、冲突时，应更多运用避免性的行为准则。

从交往手段看，大学生在建立和发展自己的人际关系时，除了面对面交流以外，电话、短信、网络等方式也越来越流行。特别是随着网络的普及，如今的大学生已越来越习惯用网络的方式来建立和维护自己的人际关系了。几乎每个在校大学生都有自己的邮箱地址、QQ 号，他们还常常去自己的网上班级与同学交流，到相应的 BBS 论坛发表自己的观点和看法。此外，许多大学生还有自己的固定而亲密的网友。这些网上交流的方式补充了传统交往手段的缺陷与不足，对促进大学生的人际关系的建立和发展，促进其心理健康，都起到了不可替代的作用。但若运用不当，也会给大学生的人际关系和心理健康带来一些不可忽视的负面影响。

四、人际相处与心理健康

人际相处是指关系双方在一起的时间相对较长、空间相对较近且固定、双方的交往互动频繁且交往活动的种类繁多，其侧重于人际心理过程。就大学生而言，人际相处主要是指在校期间长时间地与周围其他人的共同生活，有关系融洽与关系紧张之分，其中最重要的是寝室人际相处。提到大学生的人际关系，人们更倾向于强调人际交往，而忽略人际相处，其实人际相处方面出现的心理问题比人际交往方面的更复杂、更微妙，对大学生的不良影响也更严重、更持久。寝室作为大学生在生活以及学习、思想、情感等方面相互交流的重要场所，一方面创造了彼此相处的条件，是大学生友谊形成的发源地，信息交流的重要场所，各种价值观形成的重要条件；另一方面，寝室成员来自四面八方，个性、脾气、习惯、爱好可能千差万别，磕磕碰碰的事就难免发生，对新生而言更是如此，故寝室也构成了大学生人际相处中矛盾纠纷的源泉。

与室友相处难常有两种情况：一是在寝室里没有“归属感”，体验不到人际安全，寝室甚至成了不敢回、不愿回、不想回的令人痛苦、敏感的地方；二是与寝室中的某个人合不来，产生“疑人偷斧”的心理，看他每个动作，听他每句话都觉得不舒服，但又同处一屋，长久相处十分难受。

宿舍是大学生活的重要而有特色的组成部分，宿舍同学朝夕相处。可说是大学生人际关系最基本的构成。从宿舍交往、沟通、冲突、主观感受等角度对大学宿舍人际关系等因素研究，可得出以下结论：

1. 大学生宿舍人际关系质量总体上较高

研究发现，大学生宿舍人际关系质量总体上较高，真正独来独往、处于孤立状态、经常发生宿舍人际关系冲突的只是极少数，绝大多数大学生认为宿舍成员之间都能相互理解、相互尊重、相互信任、相互帮助、相互关心。这说明大学生虽然远离了能给予他们情感满足的父母、兄弟、姐妹，但宿舍在一定程度上代替了以前的家。

2. 年级的影响

大学宿舍人际关系质量随着年级的变化呈现出U型变化趋势，这可能是因为刚入校的一年级学生因远离家乡、亲人和昔日的朋友，易产生孤独感、焦虑感，自己在大学生里的交往面尚窄，这样在宿舍成员彼此间就会产生相互认同、情感沟通的强烈需求，再加上在一起生活的时间不长，对彼此的缺点和不足不十分了解，没有太多的利益竞争和冲突，因此这个时期人际关系质量最高。随着时间的推移，宿舍成员的缺点开始慢慢地暴露出来，彼此间的利益竞争和冲突可能会越来越多，并且宿舍之外的人际关系越来越广泛，这样导致宿舍人际关系质量的下降。大二的时候宿舍人际关系质量降到最低点，而到了大四的时候，宿舍成员会感觉到“分手即在眼前”，自然会涌起阵阵惆怅和忧伤，因此会倍加珍惜同在一个屋檐下生活的最后一段时光，导致宿舍人际关系质量的回升。

3. 经济状况的影响

宿舍人际关系质量最高的是自评经济状况处于中等水平的大学生，其次是自评经济状处于上等水平的大学生，而自评经济状况处于下等的大学生宿舍人际关系质量最低。这是当前整个社会人际关系经济化倾向在大学生群体中的反应。人际关系经济化的现象，集中表现为经济交往在人际交往中所占的比重越来越大，金钱在交往中起着重要作用：人际交往常常需要和经济“挂钩”，在一定意义上其支撑点就是一个“钱”字，人际交往渗透等价交换原则。这样一来，大学生人际交往的对象、内容、范围都在某种程度上受到自身经济状况的制约。由于大多数人都认为自身的经济状况处于中等水平，这样就扩大了经济状况处于中等水平的大学生的交往范围，增加了可供交往的对象，因此他们的宿舍人际关系质量要相对高一些。而那些自认为经济状况处于下等的大学生，由于经济条件的制约，再加上自卑心理的困扰，使得自己的人际交往受阻，宿舍人际关系质量下降。

4. 是否独生子女没有影响

是否独生子女对大学生宿舍人际交往、人际沟通、人际冲突，对宿舍成员的评价以及总体人际关系满意度都没有产生显著影响。

第三节　大学生人际交往的心理健康教育对策

人际关系是大学生必然碰到，必须面对的需要问题。是影响大学生心理健康的关键因素之一。健康的人际关系应该有客观、准确的人际认知。适度、恰当的人际情感，和谐的人际交往，以及融洽的人际相处。大学生迫切需要友谊、渴望理解。他们有强烈的交往需要。但是，大学生自尊心强，情绪易冲动加上社会经验不足，人际交往能力有欠缺，一些学生还存在人际交往的心理缺陷，这使得不少大学生不能处理好人际关系。一项对大学生人际交往能力现状的调查研究显示，约有四成的学生人际交往能力一般或较差。在人际交往中存在着这样或那样的问题，个别学生甚至存在严重的交往障碍。从我国大学生心理辅导多年的实践经验看，人际关系问题也是很常见的。因此，增进大学生人际交往能力，进行大学生人际关系心理健康教育是必要的。

一、大学生人际关系心理缺陷及其自我调适

大学生中常见的人际关系心理缺陷主要有自卑、嫉妒、害羞、猜疑、孤独等。下面分别加以说明，同时谈一谈如何进行自我调适。

（一）自卑

自卑，是指由于一些条件的限制和认识上的偏差，认为自己在某个方面或某些方面都不如别人，产生的轻视自己、失去自信、畏缩的一种情绪体验。据调查，有52.43%的同学认为自己与人交往中曾经因为自卑而不愿与人交往。在平时大学生的咨询过程中也有一半以上的同学因为自卑而使人际关系失谐。自卑有多种表现方式，退缩或过分地争强好胜是其中最明显的两种。这两种表现都妨碍一个人积极而恰如其分地与他人交往，尤其是过分畏怯、退缩。大量调查表明自卑心理一般多见于新入学的大学生宿舍人际关系中。

进入大学后，学生们面对的学习、生活环境都发生了变化。在学习上，大学生们在这人才荟萃的新“家庭”中，出现一种重新分化的格局，中学时期学习上名列前茅的现在可能排在了后面；在生活上，也由中学时代的父母“包办”变成了“自理”。这些变化都可能使大学生产生自卑心理。除此之外，家庭经济状况、社会地位及自身的某些生理缺陷等主、客观原因，也会使大学生感到自卑和脆弱。自卑感一经形成便具有很强的感染性和扩散力，会给大学生之间的相互交往带来不良的影响。在大学生中还存在另一种自卑心理，掩盖于“自傲”“清高”的表面现象之下的一种自卑心理。有这种自卑心理的大学生十分渴望与别人交往，渴望得到别人的关心和帮助，但是由于其在某一方面的优势，而不肯放下所谓的“架子”主动地与别人交往，最后给别人造成一种拒人于千里之外的错觉。

一般来说，自卑的人容易消极地、过低地评价自己，总觉得自己在容貌、身材、知识、能力、口才，甚至衣着等各方面不如别人，低人一等，害怕与人交往。克服自卑应从认识、情绪、行为三个方面同时入手。

1. 从思想上树立“天生我材必有用”的信念

心理学研究表明，成功者与失意者在智力上并没有显著差别，并不是智商高的人一定能成功。他们之间最主要的差异在自我评价上。

2. 调节自己交往时的情绪

学会积极的自我心理暗示、自我激励，可以暗地里对自己说“我能行”“我对未来充满信心”“再试试”。

3. 树立自信，马上行动

正确认识自己，善于根据自己各方面的条件、特长，发挥自己的优势，在发展中增强自己的自信心；积极参加群体活动，在活动中发现和发展自己的能力，唤起自己的自信心，在积极的心理状态下不断克服自己的自卑心理。真正的自信还需要用行为来表现，故我们可以从容易处入手，如说话训练，先在朋友、熟人面前演练，有把握后再扩大听众群。

（二）嫉妒

嫉妒是一个人由于嫉贤妒能，对才能、名誉、地位等比自己强的人所产生的不愉快和怨恨的情绪体验。当身边的同学在学习成绩、活动能力、生活条件、外貌形象等方面优于自己时，就可能引起个体产生嫉妒心理。调查表明，约有一半以上的同学承认自己在与人交往中产生过嫉妒心理。从心理学角度来看，嫉妒是对超过自己的人感到恐惧和愤恨的混合心理，是自私自利、唯我独尊的一种异常心理表现。嫉妒者其实比其他人更为痛苦，别人的幸福和他自己的不幸都将使他痛苦万分。他们因心灵巨大的创伤或某种无法补偿的缺陷，无力或不敢与强者竞争，或者因为怕吃苦而不想与别人竞争，但又容不下别人的优点与长处，害怕别人超过自己，心理上发生矛盾，失去平衡，便自觉或不自觉地贬损别人以求得心理上的平衡。嫉妒者时刻寻找对他人实施“报复”行为的时机，经常处于精神紧张的“高度戒备”状态。嫉妒心理同自傲、自卑心理一样，是建立良好人际关系的大敌。

嫉妒者由于把别人的优势视作对自己的威胁，怕别人的优势显出自己的低下，从而感到恐惧和愤怒。但他们并不是通过自己的努力去弥补已经存在的差距，而是借助贬低、诽谤、中伤等手段攻击对方，拉对方后腿，以求心理上的满足，认为似乎这样就可以缩短自己与对方的差距。培根说“每一个埋头沉入自己事业的人是没有工夫去嫉妒别人的，能拥有它的只能是闲人”。

消除大学生中的嫉妒心理常用的调适方法有四种：

1. 加强思想意识修养，树立正确的人生观

因为嫉妒心理受人的理想、信念等个性倾向性的制约，只有逐步树立起高尚的道德情操和献身于社会的崇高理想，自私自利、唯我独尊的个性缺陷才能克服。

2. 解放狭隘的“自我”

嫉妒的病根在于自私，如果我们克服私心杂念，严于律己、宽以待人，“心底无私”地为别人的进步和优越而高兴，并且见贤思齐，凭自己的奋斗迎头赶上，那么嫉妒心理就无从滋生。

3. 积极克服自己性格上的弱点

一般而言，虚荣心强、心胸狭窄、敏感多疑的人容易产生嫉妒心理。加强自己的性格塑造，逐渐形成不图虚名、心胸开阔、坚毅自信的性格特征，对消除嫉妒心理至关重要。

4. 正确评价自己，增强竞争意识

承认自己某方面与别人的差距，欢迎竞争，积极参与竞争，努力实现自己潜在的价值，同时注意与他人的竞争应该有所选择和侧重，避免分散精力，作无谓的竞争。

（三）害羞

害羞又称社交焦虑，是指羞于同别人交往的一种心理反应。表现为腼腆、胆怯、拘谨、动作忸怩、不好意思、脸色绯红，说话的音量又低又小，有时动作还颤颤抖抖，很不自然。害羞是人际交往中普遍存在的心理现象，尤其发生在与异性的交往中，其产生主要是由于个体对安全感的过分追求。李晓萍和孟祥昕的调查显示，承认自己因为害羞而不敢与人交往的大学生占了一半。很多时候，羞怯就是大学生人际交往中首要的阻碍因素。

害羞按产生原因可分为三类。一是气质性的害羞。即生来就有的性格沉静内向，遇到人或事就胆小退缩、思前想后、举棋不定。二是认知性害羞。过分注意自我，注意自己的举手投足，患得患失，所以易受他人的支配，羞于与人交往，缺乏交往的主动性。三是创伤性害羞。由于生活、学业上的挫折和失败经历，而变得小心谨慎，消极被动地接受周围的一切。随着年龄增长，交往的频繁，害羞心理会逐步减弱与消失。但如果过度害羞，就会使人在交往活动中过分约束自己的言行，无法充分表达自己的愿望和情感，也无法与人沟通，妨碍良好的人际关系的形成。

害羞心理往往是在家庭、学校等环境下，在接触朋友、同学等时逐步形成的。害羞者真正缺少的是自信，是不相信自己能给别人留下好印象，担心自己说错话，干脆不说话。

此外，缺少交往活动也是害羞心理产生的重要因素，故大学生可以通过四大途径调适自己的害羞心理。

1. 树立自信

相信自己有能力以恰当的方式讲述任何事，并能给别人留下良好的印象，相信自己能在交朋友方面比现在做得更好。

2. 加强交往实践活动

性格懦弱、十分害羞的人，若从事服务业、教育、商业、行政等常需与别人打交道的职业，其害羞心理能在实践中逐步消失。故有害羞心理的大学生也应该在自己的生活中勇于去交朋友，多与他人交谈，多参加自己感兴趣的集体活动，让自己的害羞心理在实践中不知不觉地消失。

3. 加强自律性训练

心理的自我暗示可以使自己沉住气，落落大方，不卑不亢地走向交往场合。交往伊始，要多运用自我暗示的方法，多告诫自己："没什么可怕的"，"勇敢些，没什么大不了的"。

4. 善于模仿

善于学习有关的学问，注意观察与模仿那些泰然自若、善于交际、活泼开朗的人的言行举止风度。了解更多交往的具体方法，张嘴就不会"丢丑"，不会助长害羞心理，进而一步步走出害羞。

（四）猜疑

猜疑是指没有事实依据而抓住"皮毛"，凭主观想象进行判断推测，只相信自己，却总怀疑他人、挑剔他人的一种不良心理。猜疑心理过重的大学生在人际关系中常表现为生性孤僻、敏感多疑、小心谨慎、戒备心强、对人冷淡，完全处在一个自我封闭的心理防御小圈子中，无端地怀疑别人在威胁自己的名誉、声望、形象，把别人的一举一动与自己联系起来并看成是自己的阻碍。还有不少学生疑心太重，信奉"逢人只说三分话，不可全抛一片心"，一旦遇到一些意外或不顺心的事，不是首先从自身找原因。而是怀疑别人在背后做了手脚。猜疑产生的心理原因主要是受到不恰当的他人暗示或自我暗示。疑心者给人的感觉是心胸狭窄、气度狭小、过分注意自己的得失，他们希望别人相信自己，又怀疑别人看不起自己、不相信自己。猜疑者自身也常常体验到巨大的心理压力，在这种心理状态下，很难与别人进行正常的人际交往，既影响个人潜能的发挥，又影响朋友关系的建立和发展。

一个人猜疑心重，并形成了稳定的心理状态，是令人厌恶的，会导致人际关系紧张，甚至使同学间的亲密关系产生裂痕。猜疑是大学生正常人际交往的拦路虎。从根本上说，要消除猜疑就要努力做到两点。

1. 培养良好的性格

猜疑者的一般表现是与朋友相处时不坦率，不暴露思想，唯恐真实动机被别人察觉到。故需培养正直、诚实、实事求是的性格，养成根据客观事实来进行推理、判断的思维习惯，克服主观武断地下结论、轻易怀疑别人的习惯。

2. 提高抱负水平

猜疑往往和一个人抱负水平低、过分拘泥于生活琐事有关。提高自己的抱负水平，在远大目标的追求中开阔个人的胸怀，倾心于自己所追求的事业，就不会因为人际关系中的琐事而分心了。

（五）孤独

孤独是因缺乏人际支持而产生的寂寞感与失落感是宁可独处也不与别人交往所产生的一种心理。孤独是一种主观的心理感受，而不一定与外在行为表现相一致。孤独也是大学新生中普遍存在的心理问题。满怀愁绪无可倾诉时，会感到寂寞；生活困难求助无门时，会感到寂寞；失学、失业，失恋后缺少社会支持时，也会感到寂寞。寂寞心态是难免的，也可以说是正常的。若在多人参与的生活环境下，或在众皆欢乐的热闹场合里，仍然深深感到寂寞，那就是孤独了。大学生感情上的满足，一般不外乎恋爱、家庭、朋友和社会等几方面的来源，如果在这些方面的关系出现裂痕，难免会感到孤独和苦闷。没有人永远不寂寞，但却有人长期寂寞。孤独与独处不同，孤独是心理上的寂寞感与痛苦感，孤独的人是不快乐的，也是不情愿的；独处只是身体上离开别人，而在心理上却未必不快乐，甚至有人甘愿独处，享受宁静中的喜悦。具有高傲、冷僻性格的大学生容易产生孤独感，他们自命不凡，看不上旁人，感觉别人“庸俗”“不懂人情”，于是索性不愿与人交往幻想依靠别人，也不想别人求助于他。孤独会使人减少社会交往，丧失青春活力，丧失才智以及健全的人格。孤独过甚者，有的试图到神那里去寻求精神寄托，有的酗酒、纵欲、轻生甚至与社会作对。

据社会心理学家分析，孤独产生的原因大致包括：缺乏社交技巧，与人接触时不能体察别人并适度表现自己；过度自我爱好的立即满足，忽略别人的权益与需求；对人缺乏同情心与同理心，无法获得别人的感情反应；自责过重，与人交往时过分患得患失，因恐惧失败心理的影响而导致对社会活动的退缩与逃避；个性悲观，对人无信心，与人交往不能坦诚相对，不能表露自己的特点，因而无从获得对方的欣赏与尊重。孤独的人一般缺少人际关系，或者说不能建立亲密的人际关系，故大学生要战胜人际关系中的孤独心理，可以从以下四个方面努力。

1. 融入集体之中

心中包容整个世界，把个人永远融于集体之中，这样才能正确处理好个人与社会的关系，

发挥个人的才智，这也是战胜孤独的根本。

2. 多参与社会活动

端正参与的动机，不要求立即获得回报，多学习社会能力，并借此机会让别人认识、了解你。

3. 改正不良性格

高傲、冷僻、尖酸、刻薄等性格往往会使人与你疏远，应该加以克服和矫正。

4. 培养慎独的功夫

失意与独处是人生所无可避免的，应培养自己具有慎独的功夫，以期在个人独处时也不会有太大的孤独、寂寞之苦。

二、大学生健康人际关系的养成

（一）充分有效的沟通

人际沟通指人与人之间在共同活动中，彼此交流思想、感情、知识等信息的过程。人们通过沟通来表达感情，解除内心紧张，获得对方同情和理解。人际沟通不仅是维护和发展人与人之间关系的纽带，而且是个体心理正常发展的基础和必要条件。大学生人际关系中许多问题都是关系双方缺乏充分、有效的沟通而引起的。生活中很多矛盾冲突刚出现时其实是很轻微的，但矛盾双方却因“面子”及其他一些不必要的顾虑而在彼此间展开“冷战”，互不沟通，不必要的误会导致了矛盾的一步步升级，甚至是关系的最终破裂。如个体在自己的合理利益遭到侵害时，往往担心人际关系变坏而容忍下来，不能主动表明自己的态度。个体不表态常常并不意味着他能够接受这种情形，其内心是不平衡的。大学生在遇到矛盾冲突时，一定要利用各种条件，灵活运用各种交流手段促进相互间的意见、情感沟通。只有双方间的误会消除了，才能使彼此之间的人际关系向健康、和谐的方向发展。

（二）把握好交往中的“度”

大学生在人际交往中还需注意交往的“度”，包括对交往的广度、深度、频率的把握以及语言、行为分寸的讲究等。交往的广度要适当，既不能过广也不能太窄。过广则容易滥交，既影响交往质量，又会浪费太多精力，影响学习；太窄又有可能错过了许多可交的朋友，使自己眼界狭小、气量狭小，陷于狭小的人际圈子不能自拔。交往的深度也要适当，有的人际关系要深交，有的则只能浅交，甚至拒交，不能一味泛泛而交，也不能跟任何人都成为知心朋友。决定交往深度的主要因素是志同道合，包括共同的理想、追求、志趣和共同的道德水准、人格修养等。交往的频率要适度。即使是好朋友，也不能过从甚密，天天黏在一起，这样既影响彼此的正常生活，也会减弱彼此的新鲜感，反而增加出现摩擦、发生矛盾的机会，妨碍友谊的进一步发展。当然也不能长时间不来往，这样会使原本亲密的关系慢慢变淡甚至消失。

（三）学会解决冲突

尽管人人都期望朋友之间能够和睦相处，但有时往往事与愿违，朋友之间会发生一些不愉快的冲突。大学生学会自己解决冲突也是促进成长的必备环节。解决冲突的第一步在于使冲突各方保持情绪冷静。对冲突本身进行一次全面客观的分析：引起冲突的事件是什么。冲突的起因在哪里，必要时向别人请教自己的观念是否客观；可能的解决办法有哪些，又有什么利弊，

选出对双方都有益的最佳办法等等。互惠是有效解决冲突的首要原则，寻找将对双方的伤害降到最低、对双方利益最有保障的方法。解决冲突的关键往往在于沟通，学会与冲突的对方恰当、有效地积极沟通，共同协商，以达成相互谅解。学会宽容、学会理解也是有效解决冲突的重要原则。许多冲突都因误解而生，沟通有助于澄清事实，而冲突的最终解决有赖于双方的宽容和理解。

(四) 培养良好的人际相处品质

良好的人际相处品质包括真诚、互助、热情、自信、谦虚、谨慎、不卑不亢、理解宽容等等。

从大学生的实际情况看，做到以下几点特别重要。

1. 宽容待人

宽容是不计较而不是软弱，是理解而不是迁就。宽容体现的是情操、修养，学会宽容可以赢得好心情、好人缘和健康的身心与生活。学会宽容应从身边的小事做起。朋友相处难免有一些矛盾和意见，再要好的朋友也不可能在各方面都完全一致。对于矛盾、意见和性格差异，如果不会宽容，就可能阻碍朋友关系的发展。面对非恶意的冒犯，不计较后果，学会宽容地笑一笑，化干戈为玉帛，从而赢得一位朋友、排除一位敌人。倾听别人的辩解是宽容的开始，心理换位是宽容的根本，理解是宽容的核心。

2. 诚信对人

朋友相处要诚实守信。朋友相处的实质是通过朋友双方的交互作用达到精神上的满足。只有在诚实、坦率、守信的关系中，人们才能进行顺利的心理沟通，朋友间才能分享彼此的真实感情，友谊也只有在这种气氛中才能得到充实、健康发展。相反，如果朋友关系是一种互不公开、互不诚实的关系，朋友双方的心理沟通受阻，甚至互相欺骗、不守信用，这样的朋友关系只能短期内维持，不可能发展。因此，诚信对人的交友态度，在巩固和发展朋友关系中起着非常重要的作用。

3. 学会幽默

幽默使世界充满微笑，是男人的风度、女人的魅力，是美德与智慧的捷径、知识和能力的展现。幽默风趣的话常使人产生喜悦满足之感，令人久久难忘。大学生要学会幽默，需先注意培养自己敏锐的观察力、丰富的想象力、灵活的应变能力和获得广博知识的能力。平时生活中与人交谈时，若对方保持沉默，巧用幽默，便可打破僵局，使交谈气氛缓和，消除紧张；人与人的相处中出现矛盾时，幽默能起到润滑剂的作用，可使人们的相处变得更顺利、更自然。

4. 心理换位

心理换位是指在与人交往的过程中，把自己置于对方的位置上去认识、体验和思考问题，设身处地为别人着想以求得心理上的沟通。在人际交往中，心理换位不仅是一种思考方式，也是一种心理品质。大学生之间的矛盾，往往是由于彼此没有注意到对方对自己行为的感受和反应而引起的。虽然这种现象的发生一般都是无意的，但对朋友关系会有不小的影响，应该引起注意。

第十二章　当代大学生情绪管理与心理健康

第一节　大学生情绪管理的心理问题

情绪和情感就像空气一样时刻围绕着我们。正因为有了喜怒哀乐等不同的情绪和情感，我们的生活才变得五彩斑斓。情绪和情感与我们的生活、学习、人际交往等密切相关。积极的情绪和情感有助于工作和学习，有助于发挥人的主观能动性，提高人的活动效率，并且有益于人的健康。消极的情绪情感则使人意志消沉，降低活动效率，妨碍工作和学习，并且有害于人的健康。处在青年期的大学生，心理上正经历着急剧的变化，尤其反映在情绪和情感方面，表现为情绪的冲动性与爆发性，情感体验深刻、丰富等，容易陷入情绪困扰。那么作为新时代的大学生如何认识情绪？如何应对不良的情绪反应？如何成为情绪的主人？本章的学习将会给你一定的帮助。

一、心理状态的表现形式

（一）什么是情绪和情感

“人非草木，孰能无情”。人在认识客观事物的过程中，不仅了解事物的表面特征，揭示事物的本质及内在联系，同时还会对所反映的事物产生喜好或厌恶之情或者是肯定或否定的态度。如学习中取得进步，会感到高兴；美好的事物使人喜爱；丑恶的言行令人憎恶；面临危机情况使人惊恐。这种高兴、喜爱、憎恶、惊恐都是情绪和情感的不同表现形式。因此，情绪和情感是人对客观事物是否符合自己的需要而产生的态度体验。

人对客观事物采取什么态度，决定于该事物是否能够满足需要。人的需要是产生情绪和情感的主观原因。如果某一事物能够直接或间接满足人的需要，就会引起肯定的情绪和情感，如饥饿者得到食物会感到高兴；找到自己的意中人会感到幸福等。如果某一事物不符合需要或妨碍需要的满足，就会引起否定的情绪和情感。如无端遭到攻击产生愤怒，失去亲人感到悲痛等。而那些与人的需要没有直接关系的客观事物，对人既无益也无害，是中性刺激，一般不引起情绪和情感。

（二）情绪和情感的关系

1. 情绪和情感的区别

①情绪通常是指与生理需要相联系，而情感是指与人的社会需要相联系。例如婴儿饥渴或身体不舒适时就会有哭的情绪表现，吃完奶会做出笑的情绪表现。以后随着年龄的增长和社会化的进展，会产生对父母、对祖国爱的情感，并形成理智感、道德感和美感等高级情感体验。

②情绪具有情境性、激动性和暂时性，情感具有稳定性、深刻性和持久性。情绪总是带有情境性，一般由当时的情境所引起，随情境改变而改变；情感则既具有深刻性，又具有稳定性

和持久性。例如，孩子的过错可能引起母亲的愤怒，这种情绪具有情境性。但每一位母亲都不会因为孩子的一次过错，就失去对孩子的母爱，母爱是情感，具有稳定性和持久性。

③在种系发展中情绪发生早，是人和动物所共有的；情感发生较晚，具有社会性，只有人类具有。

④情绪具有明显的外部表现，情感则比较内隐。情绪具有冲动性和外显性，如高兴时手舞足蹈，愤怒时暴跳如雷等。情感则比较内隐、含蓄，常以内心体验的形式存在，如深厚的爱，殷切的期望等。

2. 情绪和情感的联系

情绪和情感虽有区别，但在具体人身上它们是很难严格区分开的。事实上，情绪和情感总是彼此依存、交融一体的。

①情绪是情感的外部表现，情感离不开情绪，离开了具体的情绪过程，人的情感及其特点就不可能现实地存在。

②情感是情绪的本质内容。一般来说，情感的产生会伴随情绪反应，情绪的变化又受情感的支配。如上甘岭战役中，虽然极度缺水，但一杯水从战士手中传来传去，竟没有人喝一口水。这是人的生理需要服从社会需要的表现，因为人的情绪和情感是统一在人的社会本质之中的。

因此，有些心理学家把情绪和情感统称为感情。也有些心理学家对情绪和情感两个概念不做严格区分，交换使用。

（三）情绪的基本类型

人们的情绪是复杂多样的，对它的分类人们也众说不一。从情绪形成与发展的角度，可将情绪分为基础情绪和社会情绪。基础情绪是指与人的生理需要相联系的内心体验，如人的恐惧、焦虑、满足、悲哀等。社会情绪也称情感，是指与人的社会性需要相联系的情绪反应，表现为一种较为复杂而又稳定的态度体验。例如，一个人的善恶感、责任感、羞耻感、内疚感、荣誉感、美感、幸福感等，是后天随着人的成长而逐步发展和形成的。社会情绪是在基础情绪上形成和发展起来的，同时又通过基础情绪表现出来。在大学阶段，更多的是建立和形成一个人的社会情绪。按照情绪发生的强度和持续时间，可将情绪状态分为心境、激情、应激、焦虑等。

我国传统的情绪分类 ：关于基本情绪的种类问题，我国古代思想家有不同说法。《荀子·天论》称“好、恶、喜、怒、哀、乐”；《白虎道·情性》称“喜、怒、哀、乐、爱、恶”主张“六情”分类法；《礼记·礼运》日：“何谓人情？喜、怒、哀、惧、爱、恶、欲，七者弗学而能”，提出七情；《荀子·正名》还有“说、故、喜、怒、哀、乐、爱、恶、欲以心异”所谓“九情”的说法。

1. 心境

心境是一种比较持久的、微弱的、影响人的整个精神活动的情绪状态，也就是平常所说的心情，如心情舒畅、烦闷等。

心境持续时间较长，少则几天、几月，长则几年。影响心境持续时间的因素主要是事件的重要性和个性特征。事件对个体越重大，引起的心境就越持久。性格外向的人，不良心境持续时间短，性格内向的人，对同一事件所引起的心境持续时间长，他们耿耿于怀，郁郁寡欢。同时，心境具有非定向的弥散性。当一个人处于某种心境中，他往往以同样的情绪状态看待一切

事物，使自己的整个生活都渲染上某种情绪色彩，影响着人的全部行为表现。古语说："忧者见之则忧，喜者见之则喜。"指的就是人在不同的心境状态时，对同一事物会体验不同的情绪。

2. 激情

激情是一种强烈的、短暂的、爆发式的情绪状态，如激愤、暴怒、狂喜、剧烈的悲痛、绝望等都是激情的表现。

引起激情的原因很多。一个人生活中具有重大意义的事件、对立意向的冲突或过度的抑制很容易引起激情。

激情状态下，人往往出现"意识狭窄"现象，即认识活动的范围缩小，理智分析能力受到抑制，自我控制能力减弱，进而使人的行为失去控制，甚至做出一些鲁莽的行为或动作。于是，有人认为"激情时完全失去理智，自己无法控制，"是正常的。其实，这种想法是非常有害的。人能够意识到自己的激情状态也能够有意识地调节和控制它。屠格涅夫曾劝那些刚愎自用，好争吵的人，在将要争吵时，先把"舌头在嘴里转十圈"；林则徐在自己的房间里用"制怒"的条幅作为座右铭。这些都可以起到缓和爆发激情的效果。

3. 应激

应激是在出乎意料的紧迫情况下所引起的急速而高度紧张的情绪状态。例如汽车司机在驾驶过程中突然出现危险情境；意外的火警、水灾、地震；亲人的猝然死亡等，在这些情况下人们所产生的情绪状态就是应激状态。

在应激状态中，人有两种反应。一是积极的反应，称为"狮子式应激"。虽身心紧张，但精力旺盛，思维敏捷，能更好地利用过去的知识经验，急中生智，摆脱困境，化险为夷。二是消极的反应，称为"兔子式应激"。思维混乱，分析判断能力减弱，感知和记忆发生错误，注意的分配与转移困难，导致个体行为紊乱，不能做出符合目的的行为。

4. 焦虑

焦虑是一种伴随着某种不祥预感而产生的令人不愉快的情绪，是一种复杂的情绪状态。它包含有紧张、不安、惧怕、愤怒、烦躁、压抑等情绪体验。

焦虑一般分为特质焦虑和状态焦虑。特质焦虑是相当稳定的个性心理倾向或个性特质。特质焦虑高的人在许多情况下都表现出焦虑状态，他们对未来的各种事情都感到担忧，心神不定。状态焦虑是指一个人在特定的情境中所表现出来的焦虑。它是个体对环境变化暂时性的、随时间而波动的反应。研究表明，事情的不确定性是产生焦虑的根源。

二、情绪情感对大学生的影响

（一）情绪对大学生健康的影响

情绪就像是我们心理上的"保安系统"，当我们的身心受到威胁，这个"保安系统"就会发出相应的"警报"信号。《黄帝内经》中早有记载："喜伤心、怒伤肝、思伤脾、忧伤肺、恐伤肾。"

现代生理学、心理学和医学的研究成果也表明，情绪对人的身心健康具有直接影响。若能保持愉快的心境，为人开朗乐观、积极向上，则人体免疫功能活跃旺盛，可以减少患病的机会，有益健康。相反，消极的情绪对人的身心健康危害极大，在压抑、紧张、焦虑、恐惧等消极情绪的长期作用下，人的免疫能力下降，容易患各种传染性疾病，内脏功能也会受到伤害。调查发现，大学生中常见的消化性溃疡、紧张性头痛和偏头痛、心律失常，月经失调，神经性皮炎等，都与消极情绪有关。因此，良好的情绪不仅能使大学生对生活充满希望，对自己满怀自信，而且能够使他们的求知欲增强、思维敏捷、富于创造力，有利于建立良好的人际关系，促进他们的全方位发展。

负性情绪有碍营养素的吸收利用。美国著名家庭经济学家海伦·科特雷克，在《通向健康之路》中，较为详尽地剖析了负性情绪影响体内营养素吸收利用的机理。他认为，人的负性情绪是防不胜防的。现代生活节奏增快，人际关系复杂，工作压力沉重，使很多人在社会生活和家庭生活的各种纠纷中，较长时期忍受煎熬，从而产生紧张、抑郁和愤懑情绪。这些负性情绪可使体内营养素吸收利用发生三种恶性循环：

1. 紧张造成的恶性循环

在紧张状态下生活的人，心跳加快，血流加速。这种加大负荷的运行本身就必须消耗大量的氧和营养素。何况处于紧张状态下的人体各脏腑器官，特别是全身肌肉，在消耗比平时多出1～2倍营养素和氧的同时，又会产生比平时多得多的废物。要排除这些废物，内脏器官加紧工作，又必须消耗氧和营养素。概而言之，就是紧张使人体各功能部位的工作量增大，而超常工作量又必须消耗更多的氧和营养素，废物的增加又加大功能部位工作量，从而造成恶性循环。

2. 抑郁造成的恶性循环

较长时间处在抑郁中的人，因中枢神经系统指令传出受阻，胃中消化液分泌大量减少，缺乏消化液对胃壁的刺激，人的饥饿感难以形成，空腹与进食这种生理反应已不再是必然，故一般进食量可比平时减少1/3～1/2，造成体内营养素的缺乏。即使在此种情况下勉强地较多进食，特别是进食较为丰富的营养食物，一是会出现胃中胀满，二是会出现腹泻，这便使那些营养素“穿肠而过”而所获甚少。由于体内营养素缺乏，会发生种种生理不适，而这些生理不适，又会加重其心理不适，使抑郁更为严重，从而造成恶性循环。

3. 愤懑造成的恶性循环

愤懑会使人体内分泌系统功能失调。中医所谓“怒则伤肝”就是这个道理。现代医学认为，愤懑恼怒缠身而久不能发泄时，胃中消化液分泌过多，超过生理所需。多余的胃液较长时期侵蚀胃黏膜，会引起左上腹灼热难熬，影响进食，还为胃及十二指肠的健康埋下祸根。当胃中因消化液过多引起炎症或溃疡后，消化液对胃黏膜的刺激症状加重，进食就更少，体内营养素缺乏就更为严重，从而发生恶性循环。

经常有负面情绪的人，身体常受到这三种恶性循环的侵害。尽管有的人能进食一些高营养素的食物，但终因消化吸收和利用受限，难以获得健康的体质。所以，海伦·科特雷克告诫人们，必须学会调节自己的情绪，防止和减轻负面情绪对自己健康的危害。要做到这一点，首先要学会承认，承认生活中那些不顺心的事，并有选择性地，以特殊的方式去接受它们；当过度紧张时，应做到劳逸结合，任何的拼命获取和贪求，并非明智之举。要知道，人的精力有如漫漫沙漠途中有限的水，用一滴就少一滴，并非取之不竭的。当忧郁和愤懑发生时，可以向自己信赖的朋友和医生倾诉，从与之交谈中得到慰藉和解脱、支持和帮助；找一些自己感兴趣的事来做，转换生活环境，适度参与社交活动和体育运动，让自己活得轻松些。这样，就可能避免和消除负面情绪，使体内的各种功能，特别是胃肠吸收功能恢复正常。如果长时期被紧张、抑

郁和愤懑缠身，其后果则不仅是有碍营养素的吸收利用了，严重者还会发生诸如神经、精神疾患和癌肿之类的疾病。总之，保持良好的情绪有利于体内对营养素的吸收利用，这也是科学生活的见解。

（二）情绪对大学生学习的影响

忧愁、焦虑、消沉会影响学习的积极性，导致学习成绩下降；轻松、愉快、热情能促进学习进步，取得良好成绩。例如甲、乙、丙三名跳水运动员，甲取得了好成绩，乙上场后，既不嫉妒，也不背思想包袱，而是吸取甲的经验，发挥自己的长处，取得了更好的成绩；丙则因为极度焦虑，总担心自己跳不好，或担心裁判打分不公等，成绩很不理想。研究发现，精神愉快、心情舒畅、紧张而轻松是思考和创造的最佳状态，能有效地进行智力活动。

（三）情绪对大学生人际关系的影响

情绪在人际关系中起着信号、表达和感染的作用，是人际交往的重要手段。乐观、热情、自尊、自信是人际间产生相互吸引的重要条件，能使彼此间心理距离缩短、情感融洽。而自卑、情绪压抑、爱发怒的人，往往不能与他人正常相处，使人与人之间疏远。一位大学生这样形容宿舍另一位同学：他的情绪如六月的天，喜怒无常，无法把握，与他相处，如履薄冰，我们时刻要受他情绪的支配与感染。我们认为，他没有用坏情绪影响我们好心情的权力，因而我们选择逃避，尽量少与他交往。

因此，对自我情绪的认知、表达和调控，对他人情绪的觉察和把握，有助于大学生处理好人际关系问题，增强自身的人际交往和社会适应能力。可以说，谁能把握好自己的心理状态，谁就能把握自己的命运。

情绪引发身心疾病的情况如表 12-1 所示。

表 12-1　情绪因素与身心疾病

被认为与疾病发生有关的情绪	病例百分比%
愤怒与气氛	17
挫折与遗弃	13
忧虑无望感	13
焦虑	13
无能为力感	12
与亲人分离	9
紧张恐惧和生活环境拥挤	9
与治疗关系欠佳	4
其他原因	10

第二节　大学生情绪管理与心理健康的关系

大学生正处在青年期，具有青年人共有的情绪和情感特征。对人、事、社会现象敏感、关注，对友谊、爱情、正义等的追求十分执着，爱思考，好辩论。情感体验深刻、强烈；情绪丰

富多变。一名大学生这样形容自己的情绪："当我情绪高涨时，我就像一座喷发的火山，心花怒放，充满着豪情壮志，好像有使不完的力量和精力；而当我情绪低落时，我又好像是一座冰山，对什么都失去兴趣，感到命运乃至周围所有的人都在和我作对，我是那样的沮丧与无奈……"一般认为，适度的、情境性的负性情绪反应是正常的。但是，如果大学生不能很好地处理生活和学习中的各种问题，极易产生不同程度的情绪问题，从而影响身心的健康和发展。

一、自卑

自卑是自我情绪体验的一种形式，是个体由于某种生理或心理上的缺陷或其他原因所产生的对自我认识的态度体验，表现为对自己能力或品质评价过低，轻视自己，担心失去他人尊重的心理状态。

（一）大学生自卑心理的主要表现

1. 自我评价过低

遇事退缩、害羞、不自信、感到焦虑，害怕失败。

2. 概括化或泛化

由于某一方面原因造成的自卑情绪泛化到其他方面。如有位大学生因为英语成绩不好，没过四级，以后就觉得其他方面如言谈举止等都不如别人。

3. 敏感性和掩饰性

有自卑心理的大学生对自己的不足和别人的评价非常敏感，常把别人与自己无关的言行看成是对自己的轻视。由于担心自己的缺陷被人知道，因而常加以掩饰或否定，有时表现出较强的虚荣心。

（二）大学生自卑心理产生的原因

大学生自卑感产生的原因有很多。从内在心理过程看，自卑是大学生自我意识发展和自我评价不当的结果。由于自我意识的发展，大学生对自己的外貌、能力、自我价值等各方面，以及别人对自己的评价有更多的关注。寻求别人的认同，关心自己是个什么样的人，应该是什么样的人，以及将来是什么样的人。自我意识的发展促使大学生的自我概念分化成理想自我和现实自我两部分，他们面临着自我同一性的建立，即通过修正理想自我或改变现实自我使两者协调统一。然而现实中，理想自我和现实自我的一致性程度较低，当二者发生矛盾时，容易产生消极的自我意识和与丧失达到理想自我的信心相联系的自卑情绪。

从外部环境看，学习的失败、优越感的丧失、恋爱失败以及对自己外部条件不满也是促使大学生产生自卑情绪的常见原因。

（三）自卑情绪的调适

1. 正确认识自己，提高自我评价

要善于发现自己的长处，肯定自己的成绩，不把别人看得十全十美，不把自己看得一无是处。

2. 正确认识自卑感的利与弊

心理学家认为：自卑的人不仅要正确认识自己各方面的特长，而且要正确看待自己的自卑心理。自卑的人往往都很谦虚，善于体谅别人，不常与人争名夺利，安分随和，做事小心谨慎，

稳妥细致，重感情，重友谊，一般人都较相信他们，并乐于与他们相处。在这里，指出自卑者的优点，是要使他们明白，不要因为有自卑感而绝望，认识这些优点可以增强生活的信心，为消除自卑感奠定心理基础。

3. 积极与他人交往

自卑者多数孤僻，不愿交往，自己把自己孤立起来。心理学家研究指出，当人独处时，心理活动就会转入内部，朝向自我。自卑的人长期独处，心理活动的范围、内容会变得窄小，只在几个问题上绕弯子，加上个人认识的局限，就会使心理活动走向片面。常使自己陷入自卑之中不能自拔。当与人交往时，注意力就会被他人所吸引，感到他人的喜怒哀乐，心理活动就不会局限与个人的小圈子，心情自然会变得开朗。研究表明，在集体活动中，人们会产生从众、模仿行为。自卑者应有意识地同性格开朗、乐观、豁达、尊重人的人交往。

4. 注意自我激励

自卑的人一般都比较敏感脆弱，经不起挫折的打击。因此，无论学习还是工作，目标不要定得太高太大。如果目标本身较高，可将它分解为一个个小目标，这样就易成功，而每次的成功对自己都是一种激励，这样有利于提高自信心。

积极的自我暗示，须遵循以下四条原则：

（1）简单

不能用复杂语言进行描述，因为潜意识不懂逻辑。

（2）正面

负面的暗示同样会有效，但没有意义。因此永远不要对自己说：我很笨，我不行，我很穷，麻烦了，完蛋了，不可能，失败，我会遭拒绝等消极、负面字眼。

（3）肯定

不要用否定、模糊的字眼，如我不会生病，我不会失败，我大概做得到。应该改为：我会成功、我很健康，我一定做得到！

（4）重复

积极的自我谈话：

自我激励：我是最棒的，我一定行！

自我期望：我是一个大企业家。

自我要求：我一定要努力，加油干。

自我表扬：我真是好样的。

自我欣赏：我真行。

自我关心：我要注意身体。

自我奖励：祝贺你，这份礼物送给你啦！

自我批评：不该这样。

自我惩罚：这件事是我不对，去做好事，补偿一下。

自我提醒：成功者是不会轻言放弃的。

自我开导：想开点！何必计较这些小节。

自我安慰：没有失败，只是暂时还没有成功而已。

自我总结：做得对，继续干。

自我命令：立即行动！

二、焦虑

焦虑是一种伴随着某种不祥预感而产生的令人不愉快的情绪，是一种复杂的情绪状态。它包含有紧张、不安、惧怕、愤怒、烦躁、压抑等情绪体验。实验证明，中等焦虑能使学生维持适度的紧张状态，注意力高度集中，促进学习，过度焦虑则会对学生带来不良的影响。焦虑者常表现出精神运动性不安，来回走动，不由自主地震颤或发抖，还伴有出汗、口干、呼吸困难、心悸、尿急、尿频、全身无力等不适感。焦虑是大学生中常见的异常情绪和心理障碍，主要涉及以下几方面：

1. 适应困难焦虑

由于对大学的环境、学习方式和人际关系等不能很快适应而产生的焦虑。这种情况在大学新生中比较常见。如一些大学生入学前生活上事事由父母包办，进入大学，一切由自己料理，一些学生常常因不知如何去做而产生焦虑情绪。学习上的不适应也促使他们产生焦虑。如有些学生习惯了高中时那种被动式学习，在大学，老师讲的不多，大量的时间要自己主动地去自学。而到了图书馆，看到茫茫书海，却不知如何学习，显得无所适从。因此对以后的学习生活感到不安，担心无法完成学业，进而陷入焦虑状态。

面对这些困难，首先要正确评价自己。要意识到自己已经是一个成人，不论在生理上和心理上完全具备了和成人一样独立生活和学习的能力。坚定自己战胜困难的勇气和信心，勇敢地面对那些引起焦虑的各种适应问题。其次，主动向老师和同学请教，掌握适应自己的有效的学习方法，通过提高学习效率稳定心理。

2. 考试焦虑

考试焦虑是指担心自己考试失败有损自尊或渴望得到更好的分数的高度忧虑的一种负面情绪反应。主要表现为紧张恐惧、心烦意乱、无精打采；生理上的不适，如胃肠反应，出现原因不明的腹泻、多汗、尿频、头痛、失眠；记忆力减退、注意力不集中、思维迟钝、学习效率下降等。

3. 关注身体健康的焦虑

由于学习紧张和脑力劳动较多，会使一些大学生出现失眠、疲劳及各种躯体疾病，当对这些情况过分关注时，便可能导致焦虑的产生。还有些大学生对遗精和手淫行为产生焦虑，认为它们不仅有害健康，而且也是“不正常”或“不道德行为”。但他们对这种生理现象和行为又觉得无法控制，难以克服。这便造成了自身行为和认识观念上的冲突，产生很大心理压力，从而陷入一种焦虑状态。

要想克服这种焦虑，首先要加强身体锻炼，调节身心健康。大学生应坚持锻炼身体，合理安排作息时间，注意劳逸结合，提高身体素质，为顺利发展奠定物质基础。同时，加强修养，保持良好健康的心态，提高心理素质。其次，学习生理卫生知识，正确认识生理现象。

治疗焦虑的方法可能很多。但是，这样的方法再多也不为过。下面就是一些小诀窍：

（1）锻炼

锻炼可能是我们拥有的最自然的抗焦虑的良剂。

(2) 深呼吸

控制呼吸可以减少焦虑。比如说，深吸一口气，再慢慢呼出，可以获得瞬间的放松。

(3) 融入集体之中

多与家庭成员、朋友、邻居联系；多参加社区和工作单位组织的各种活动。

(4) 和家人一起用餐

在所有抵御焦虑的方法中，我们首推这个。

(5) 让生活有条不紊

许多日常的焦虑都与生活的杂乱无章有关。因为杂乱，所以常常问自己“我忘记了什么，丢失了什么，忽略了什么”等。为了解决这个问题，可以列一个日常作息表。在门旁放一个篮子，用于装车钥匙，这样你就不至于每天一大早就开始疯狂地寻找钥匙。这些具体的小措施能大幅度地减少一天中不必要的或者破坏性的焦虑。

(6) 做一些喜欢的事

如果一个人正致力于感兴趣的工作，那么几乎不可能再有任何破坏性的焦虑。

(7) 拒绝新闻

过量的信息也会让我们沮丧。如果你不限制你所接受的信息量，你会过度忧虑。

(8) 不要过度饮酒

酒和其他药物可能会使你处理焦虑的能力变得更差，因为它们会让你沮丧。而且，它们也可能导致你做一些让你今后更担心、更忧虑的事。

(9) 多一些身体上的接触

人们如果常常被抚摸和拥抱，那他的心情就会更好。我们是群居的种类，不宜孤独地生活。找一些你非常喜爱的人，然后经常拥抱他们。

(10) 立刻行动

一旦感觉到有毒的焦虑缠绕着你时，就立刻摆脱它。不要沉溺于忧郁中。让忧虑停留的时间越长，要摆脱它也就越困难。

(11) 让音乐进入你的生活

音乐能以一些我们尚不清楚的方式，缓解张力和焦虑让家成为充满音乐的地方。试着唱一下这首老歌。

忧虑有什么作用？它一点价值也没有。所以把你的麻烦、问题装进你的手提包里，然后微笑、微笑、再微笑。

(12) 痛快地哭一场

有时候，焦虑是被抑制的悲伤的一种表现形式。那样，你真正需要的和想要做的是让悲伤随着眼泪流去。一次痛快的哭泣，可以把那些伤人的焦虑冲走。

(13) 笑

尽可能地多笑。幽默感是处理焦虑或生活中的压力的最好办法之一。有毒的焦虑总是让人失去洞察力，而幽默感却总能让人恢复这种能力。

(14) 不要为小事伤神

所有的事情其实都是小事。

三、抑郁

抑郁是大学生常见的情绪问题。这是不少大学生在遇到学习成绩落后、失恋、生活受挫、家庭出现意外事件等刺激后，心理上无力承受由此带来的压力而出现的情绪反应。

抑郁症是危害人类健康的常见疾病。据世界卫生组织在其最新报告《疾病的全球负担》中指出，抑郁是造成全球残疾类疾病的主要原因。世界范围内 20 年抑郁症患病率为 3%～5%；在年满 20 岁的成年人口中患者正以每年 11.3%的速度在增加。目前全世界已有 2～2.5 亿抑郁症患者。抑郁症已经成为 21 世纪的流行病，专家预测：到 2020 年，抑郁症将成为仅次于癌症的人类第二杀手。据报道，我国近十年间精神病发病率由 12.69%上升到 13.47%，抑郁症的患病率为 10%～15%，其中精神分裂症患病率最高。

抑郁症状不单指各种感觉，还指情绪、认知与行为特征。抑郁最明显的症状是压抑的心情，表现为仿佛掉入了一个无底洞或黑洞之中，正被淹没或窒息。其他感觉包括容易发火，感到愤怒或负罪感。抑郁常常伴随着焦虑，对所有活动失去兴趣，渴望一个人独居。抑郁也伴随着个体思维方式的转变，这些认知改变可以是一般性的，比如注意力不集中、记忆力衰退或者很难做出决定。在思考中可能有更多的心境转变，消极地看待世界、自我和未来。因此，抑郁的人很难回忆起美好的记忆，不适当地责备自己，认为他人更消极地看待自己，对未来感到悲观。与此同时，还伴随身体症状，如常常乏力，起床变得困难，更严重时睡眠方式都将改变，睡得太多或者早晨醒得太早，并且不能再次入睡。也可能出现饮食紊乱，吃得过多或过少，随之而来的体重激增或剧减。抑郁是一种持续时间较长的低落、消沉的情绪体验，它常常与苦闷、不满、烦恼、困惑等情绪交织在一起。如何克服抑郁呢？可以从以下几方面调节：

1. 认知疗法

美国心理学家贝克认为，抑郁患者的消极认知过程是使之产生抑郁情绪的根源。就是说，当事人有种自动思想，一件事发生了，这种思想就冒出来，进行消极的评价，结果导致消极情绪的产生。因此，要克服抑郁心理，就得从根本上改变消极的认知过程。有个故事讲的是两个秀才结伴赴京赶考，路遇出殡队伍。看到棺材，一名秀才想：赶考遇棺材不吉利。他的心情一落千丈，硬着头皮走进考场，结果文思枯竭，名落孙山。另一名秀才则想：棺材不是有“官”又有“财”吗？看来我今年红运当头。他心里十分高兴，情绪高涨地走进考场，文思泉涌，一举高中。所以埃皮克迪特斯说，人不是被事情本身所困扰，而是被其对事情的看法所困扰。

2. 锻炼自己坚强的意志

古人云：“天将降大任于斯人也，必先苦其心志，劳其筋骨，饿其体肤，空乏其身，行拂乱其所为，所以动心忍性，曾益其所不能。”人生不会一帆风顺，会有这样那样的困难和挫折，所以压抑、痛苦、彷徨是不可避免的。“苦难是人生最好的老师。”当遇到困难、挫折时，首先要提醒自己，这是生活给自己的锻炼机会，自己要珍惜。通过自我鼓励，也可以要求好友给予鼓励和督促，以增强战胜困难的勇气。

3. 求助心理医生

如前两种方法自我调适效果不明显，应及时求助于心理医生。通过专门的心理治疗，并对症服用一些抗抑郁的药物，则会控制和消除抑郁情绪状态。

4. 自我调节

抑郁的情绪并非想象中那么难以控制，但是如果长期下来都没有妥善处理，却可能会发展成令人担心的“抑郁症”。接下来介绍五个有效克服抑郁的步骤，根据这些步骤，按部就班地调整自己的情绪，便能够成功地克服抑郁情绪，不让自己的生活笼罩一片蓝色的抑郁。

（1）先处理抑郁情绪，再处理问题

情绪很差的状况下一味地想着所面临的问题和困境，可能只会钻牛角尖，反而更难找到好的解决之道。比较好的做法是：先试着做一些与解决问题无关却可以提升自己情绪的活动，如看看电视或找人谈谈，宣泄一下心中的不舒服，让自己的情绪变得好一些。

（2）及时与家人沟通交流

出现抑郁情绪时，要记得向重要的亲人“发出心情不佳的讯息”。如果觉得不知道怎么做或是觉得做起来很困难，那说明平时缺乏练习，并不是没有必要那样做。

建议：事先让亲人知道，当情绪低落的时候有什么表征，以及希望他们发现了以后怎么反应。比如当家人发现并试图关心询问自己的时候，清楚地告诉他们自己心情不好，希望他们可以回避一下或者能够哄哄自己。

（3）让“身体活动起来”以提升情绪

当出现抑郁情绪时，通常最想做的就是蜷缩在角落不动，但是这时候让身体活动却是提升情绪的不二法门！有两个要点可以让自己慢慢动起来。

第一，分成几个步骤动起来（譬如，由躺在床上改变成出去走走）。先鼓励自己由简单的第一步做起（如，先要求自己坐在床沿），然后再进行下一步，依此类推，出去走走便不难达成。

第二，对进步过程的期望要正确。其实进步是有进有退，如走 5 步退 1 步，棒一点的表现是走 10 步退 1 步，期望自己只有进步是不符合真实状况的。如果你躺在床上懒得动，情绪只会愈来愈糟。

（4）多样化思考问题

一旦情绪有所提升以后，才是面对问题的最恰当时机，处理问题时除了要思索可能的解决方法外，也要让自己对问题的观点尽量多样化、丰富化。至于如何让自己的思考变得富有弹性呢？不妨多询问其他人的观点，特别是那些有经验的人。

（5）重新审视自己的价值观

“从负面的事件看出正面的价值”是人类因挫折而变得成熟的重要步骤。抑郁情绪可以促使我们重新审视自己的价值观与内心追求，而逐渐调整到最适合自己的状态。借着不断地调整，个人与环境的“契合度”才会愈高。

四、冷漠

冷漠是一种对外界刺激漠不关心、冷淡、退让的消极情绪体验。它包括缺乏积极的认识动机、活动意向减退、情感冷漠、意志衰退、思维停滞等。

冷漠者初期主要认为生活没有意义，心情平淡，出现抑郁状态，随后发展到强烈的空虚感，内心体验日益贫乏，不愿进行抉择和竞争，缺乏责任感和成就感。比如有的大学生对学习应付了事、缺乏兴趣，对成绩高低也不在意，对集体和同学态度冷淡，独来独往，十分孤僻，整天昏昏欲睡，对一切都仿佛无动于衷。

冷漠状态对大学生的身心危害极大，它往往是个体压抑内心愤懑情绪的一种表现。他们表面冷漠，内心却痛苦、孤独、寂寞和不满，有强烈的压抑感，由于没有宣泄途径，巨大的心理能量无法释放，便会破坏心理平衡，导致各种疾病和心理障碍。

导致部分大学生情感冷漠的原因很多。当青年学生开始独立探讨生活意义的时候，学校却未能让学生获得周围的知识生活的热烈气氛，这或许是一个重要原因。美国《密执安日报》的学生专栏作家撰文指出："至少对大多数大学生来说，学校已不能给予任何接近他们知识口味的教诲。"他们认为目前的趋势"正滑向比平庸更坏的方向，这就是彻底的冷漠，一种甚至对生命本身的冷漠。"另一方面，近年来，学校只重视对学生进行知识和能力的培养，而忽视了对学生进行爱的教育、感恩的教育。正如马斯洛所指出的那样：我们必须懂得爱，面对冷漠不能听之任之，而应积极行动起来，分析自己产生冷漠的原因，找出症结，勇敢面对。现在和未来的生活都是属于自己的，要认真负责地对待；现在做的每一件事都要全神贯注地去做、去体验、去感受，克服原先被动、逃避的不良习惯，积极投身于各种活动中，打开闭锁的心灵，结交朋友，发展广泛的兴趣，从中体验生活的丰富多彩。

五、嫉妒

嫉妒是指他人在某些方面胜过自己引起的不快甚至是痛苦的情绪体验。它包含有焦虑、忧惧、悲哀、愤怒、敌意、憎恨、羡慕、羞耻等不愉快情绪，是一种错综复杂的情绪体验。

嫉妒是大学生中普遍存在的不良情绪，有研究发现，嫉妒在大学生中有 7 种表现形式：

①嫉妒别人在政治、思想上的进步；

②嫉妒别人学习上的冒尖；

③嫉妒别人某一方面的专长；

④嫉妒别人生活上的优裕；

⑤嫉妒别人社交上的活跃；

⑥嫉妒别人仪表上的出众；

⑦嫉妒别人恋爱上的成功。

不良的个性是产生嫉妒心理的重要原因。主要表现有：

1. 虚荣心过强

大学生大都争强好胜，有较强的自尊心，希望在学习、社会实践、文体活动等各个方面得到赞赏和尊重，这是正常的需要。但如果过分注重外在的荣誉、名望和赞美，不考虑自己的实际情况，甚至以不适当的手段去满足自尊心，就成为虚荣了。虚荣心过强的学生看到别人超过自己时，认为是对自己的威胁，是自己的失败，因而会产生强烈的嫉妒心理。

2. 自私狭隘

好嫉妒的大学生多心胸狭隘、自私自利、斤斤计较，把自己同别人对立起来，以自我为中心，容不得别人的成功和幸福，担心这会有损于自身的名利。

3. 认知偏差

认知上的偏差也是产生嫉妒的一个原因。如认为自己一定要在各方面都比别人强，否则就是失败者；认为别人的成功就是对自己的挑战和威胁，不能容忍等。

好嫉妒的大学生可以进行自我调适：首先，贵在自知。要明白"尺有所短，寸有所长"的

道理。其次，合理转化。大学生要正确对待竞争，将消极的嫉妒情绪转化为发奋进取的动力。最后，充实生活。培根曾经说："嫉妒是一种四处游荡的情欲，能享受它的只能是闲人，每一个埋头于自己事业的人，是没有工夫去嫉妒别人的。"因此，积极参与各种有益身心的活动，使大学生活真正充实起来，嫉妒的毒素就不会滋生、蔓延。

第三节　大学生情绪管理的心理健康教育对策

情绪对一个人的心理成长和发展有着极大的影响。对于在校大学生来说，管理情绪、调节情绪、驾驭情绪、做情绪的主人，不仅是维护身心健康的需要，也是自我发展和人格成熟的条件。

一、情绪智力与情商

情绪智力与情商不是同一个概念。

（一）情绪智力

情绪智力（Emotion Intelligence，缩写为 EI）是由美国耶鲁大学沙洛维教授和新罕布什尔大学梅耶教授提出来的。他们认为：情绪智力是检测自己或别人情感的一种能力，并对它进行辨别，用这种信息去指导我们的思维和行动。简言之，情绪智力就是情绪的自我认知、表达、理解、调节他人情绪和与他人相处、合作的能力。

情绪智力包括四个方面：觉察、评价和表达情绪的能力；促进思维过程的能力；理解情绪与情绪知识的能力；调节情绪以助情绪和智力的发展的能力。其中，对情绪情感的自我意识是情绪智力的基石，对他人情绪和情感的识别能力是情绪智力的重要指标，对自己情绪和情感进行控制的能力是情绪智力的核心，调节和运用情绪和情感的能力是情绪智力的高层次要求。

（二）情商

情商（Emotional Quotient，缩写为 EQ）是由美国心理学家丹尼尔提出的。情商的出现原引于智商，智商就是智力商数（Intelligence Quotient，缩写 IQ）。智商是有实际意义的，可以科学地测出来，在一定程度上反映一个人聪明的程度。但后来人们发现高智商者不一定就踏上了成功的坦途，而智商平平者也不乏卓越超群的成功者。于是，越来越多的心理学家对智商的权威性提出了质疑与挑战。于是，人们引出了情商这个概念，并且风靡一时，几乎家喻户晓。然而，有的心理学家却冷静地指出，不要对情商进行商业炒作，而应该注重情绪智力或情感智力的研究。

二、大学生的情绪管理

罗兰曾说，"情绪的波动对有些人可以发挥积极作用。那是由于他们会在适当的时候发泄，在适当的时候控制，不使它泛滥而淹没了别人，也不任它淤塞而使自己崩溃。情绪管理是健康的"护航者"，是智力活动的"激发器"，是人际关系的"润滑油"，是良好性格的"塑造者"，因此，做好个人情绪管理是我们人生的必修课。"

（一）良好情绪的培养

1. 养成快乐的习惯

快乐是一种心理习惯，一种心理态度。快乐不是在解决某种外在问题后产生的，因为一个问题解决了，另一个问题又会出现，生活本身就是由一系列的问题组成的；快乐也不只是在到达某种目的、获得某种满足后才会到来的，因为快乐更存在于生活实践的本身。如果你不快乐，并不是你没有快乐的理由，而是你没有养成快乐的习惯。只要我们有一双发现快乐的眼睛，一颗感受快乐的心灵，养成快乐的习惯，快乐就会伴随我们一生。

2. 学会宽容和悦纳

宽容既包括宽容别人，也包括宽容自己。一个不肯宽容别人的人，在人际交往中，很容易被别人怨恨；一个不肯宽容自己的人，则常常会处于自责、悔恨之中。“金无足赤，人无完人”，宽容是以一种豁达的襟怀理解人生，承认并接受生活中的不完美，给自己和他人一个伸缩的空间。接纳自己、接纳他人是心理健康的重要原则。

3. 适当的自我定位

大学校园，人才济济，每个人都具有各自的优势。假如处处都要与他人竞争、攀比，就有可能因为自己在某些方面处于劣势，而产生自我挫败感，甚至会自我否定，陷入深深的自卑之中。同时，事事与人竞争、攀比会让自己过度紧张、心理压力过大，从而对身心健康产生不良影响。因此，大学生在与他人竞争时，应该有所选择和侧重，注意发挥自己的优势，避免精力分散，作无谓的竞争。此外，不少大学新生有一个不太好的习惯，就是同一时间想做很多事情，仿佛同一时刻有许多事情压到自己头上，等着去处理，去完成，这是造成心理紧张、焦虑的一个重要原因。其实，我们一次只能做一件事。踏踏实实地一件一件地去干，不贪多求快，就会感到轻松、充实。

4. 正确对待生活中的不幸和挫折

生活中不只有快乐，还会有痛苦；不单有成功，也会有失败；不尽是圆满，也会有缺陷。遇事要想得开，心胸开阔。只有这样，才会在顺境时，格外觉得幸运；逆境时，也承认这是理所当然，从而使自己拥有一种良好的心境，而这样良好的心境往往能创造出更多的收获。

（二）负性情绪的调适

1. 理性情绪疗法

这是由美国临床心理学家阿尔伯特·艾利斯在20世纪50年代创立的。艾利斯认为，在人们情绪产生的过程中有三个重要的因素，这就是诱发性事件（activating events），和人们对诱发事件所持的相应的信念、态度和解释（beliefs），以及由此引发的人们的情绪和行为的结果（consequences）。情绪并不是由某一诱发事件本身直接引起的，而是由经历这一事件的个体对这一事件的解释和评价所引起的，这一理论也被称为情绪困扰的ABC理论。

理性情绪理论认为，对事件正确的认识一般会导致适当的行为和情绪反应，而错误的认知是导致不良情绪产生的直接原因。导致人们对事件发生错误认识的背后，往往是某些不合理的信念所致，艾利斯称其为非理性观念，非理性观念会使人陷入情绪的逆境中而不能自拔。

艾利斯提出的11条不合理信念：

①一个人无论做什么事，都应该得到社会上其他成员的喜爱和赞许。

②一个人应该是全能的，完美无缺的。

③世界上有些人很坏，很可憎。坏人都应该受到责备和惩罚。

④若事情的发展未如己愿，那实在是太可怕了。

⑤不愉快的事情都是由自己不能支配的外界因素造成的。因此，人对自身的痛苦和苦难无法控制和改变。

⑥一个人应该时时警惕是否有危险或可怕的事情发生。

⑦直面现实中的困难和自我承担的责任是很困难的，逃避是最好的选择。

⑧人必须依赖他人，尤其是依赖强者。

⑨历史是现在的主宰，过去的影响是无法消除的。

⑩一个人应该关心他人的事情，并为他人的事情而悲伤和难过。

⑪任何问题都应该有一个正确而完整的答案。若找不到一个正确而完整的答案，则会使人痛苦一生。

理性情绪理论认为，排除情绪困扰，保持心理平衡，就要去掉头脑中的不合理信念，用合理的信念取而代之。步骤为五步，可称为 ABCDE 理论。

A（activating events）——诱发性事件

B（beliefs）——由 A 引起的信念（对 A 的评价、解释）

C（emotional and behavioral consequences）——情绪和行为反应

D（disputing irrational beliefs）——与不合理信念辩论、对抗

E（new emotive and behavioral effects）——辩论后产生的新的情绪或行为后果

五步中最关键的是找出不合理的信念 B。因为，发现问题是解决问题的开始，不合理的信念找到了，问题就迎刃而解了，如表 12-2。

表 12-2 ABCDE 理论举例

问题情境 A	当众发言
不合理观念 B	我一定要表现得很好，否则会被人笑话的。
情绪/行为反应 C	紧张、焦虑、浑身发抖，无法集中注意力。
反驳不合理观念 D	如果我没表现好，结果真的有那么糟糕吗？别人会整天无事可干，天天评论我吗？ 我想表现好，就一定能表现得好吗？有些结果怎样并不完全由我控制。 我为什么非要表现得那么好呢？难道瞥于尝试不是一种勇气吗？ 别人上来难道就一定比我强吗？
处理问题的态度 E	如果我继续坚定这个信念，我会更焦虑，而且会更糟。 你想紧张就紧张吧，你想脸红就使劲红吧，爱怎样就怎样吧！

2. 积极的自我暗示

从心理学角度讲，心理暗示就是个人通过语言、想象等方式，对自身施加影响的心理过程。这个概念最初由法国医师库埃于 1920 年提出，他的名言是“我每天在各方面都变得越来越好”。

自我暗示分消极自我暗示与积极自我暗示。积极的自我暗示令我们保持好的心情、乐观的情绪和自信心，从而调动人的活动的积极性。而消极的自我暗示会强化我们个性中的弱点，唤醒我们潜藏在心灵深处的自卑、怯懦、从而影响情绪。

实验表明，当个人静坐时，默默地说“勃然大怒”“暴跳如雷”“气死我了”等语句时心跳会加剧，呼吸也会加快，仿佛真的发起怒来。相反，如果默念“喜笑颜开”“兴高采烈”“把人乐坏了”之类的语句，那么他的心里面就会产生一种乐滋滋的体验。因此，当我们处于“怒”的情绪时，默想或用笔在纸上写出下列词语：“冷静”“三思而后行”“制怒”等等。当自卑时，可以用“我是最棒的，我今天又有了新的进步，天生我才必有用”来增强自信心。

自我暗示应注意：

①暗示的语言要简洁，不多于5个字；

②暗示的语言要积极、肯定，不要采用消极、否定的暗示语言；

③暗示时，意识的运用要温和，不要带强制性；

④暗示后就不要再去想暗示语了，过一段时间后，可重新自我暗示；

⑤每次自我暗示时，重复默念暗示语3～5次为最佳；

⑥在一段时间内，最好只用一种暗示语或某一特定暗示语。

3. 转移注意力

研究表明，强烈情绪产生时，大脑中存在一个较强的“兴奋灶”，此时如果另外建立一个或几个“兴奋灶”，便可以抵消或冲淡原来的优势“兴奋灶”。因此，当不良情绪出现时，我们有意识地把注意力从引起不良情绪反应的刺激情境转移到其他事物上去或从事其他活动，建立新的“兴奋灶”，以达到管理情绪的目的。如外出散步、看电影、打球、下棋找朋友聊天等活动，都有助于使情绪平静下来。一方面终止了不良刺激源的作用，防止不良情绪的泛化、蔓延；另一方面，通过参与新的活动特别是自己感兴趣的活动而达到增进积极的情绪体验的目的。

4. 疏导宣泄

遇有不良情绪时，最简单的办法就是“宣泄”。因为过分压抑只会使情绪困扰加重，而适度宣泄则可以把不良情绪释放出来，使心情趋于平静。

（1）眼泪宣泄

生理学家对眼泪的化学测定表明：情绪冲动流出的眼泪与眼睛受到刺激流出的眼泪成分不尽相同——蛋白质含量前者比后者多。情绪冲动时的眼泪能把体内和精神受到沉重压力产生的有关化合物排出体外，情绪不佳的人在流泪后会感到轻松一点。很多人欣赏“男儿有泪不轻弹”，把眼泪当作软弱的表现，这种观念是不可取的。

（2）运动缓解

运动有助于释放激动、强烈或持久的不良情绪带来的能量，为积压的情绪提供一个合理的发泄渠道。

（3）倾诉

在内心充满烦恼、忧虑时，可以向知心朋友或信任的师长、同事、倾诉心声，也可以用写日记、写信的方式倾诉不快。写信并不一定寄出，把它撕毁或付之一炬都行。必须指出，情绪的宣泄要做到适时适度，注意时间、场合和方式方法，既不能影响他人的工作、学习和生活，也不能有损自己的身心健康，更不能触犯法律法规、危害社会。

5. 音乐调节法

音乐作为一种艺术是人的情绪情感的表现方式，曲调与节奏不同的音乐，可以使人产生 不

同的情绪体验，因而具有良好的调节情绪的功能。在国外，音乐调节已应用到外科手术和精神病、抑郁症、焦虑症的治疗上。如忧郁烦恼时，可以听《蓝色多瑙河》《卡门》《渔舟唱晚》、钢琴曲《献给爱丽斯》等意境广阔、充满活力、轻松愉快的音乐；失眠时可以听莫扎特的优雅宁静的《摇篮曲》、门德尔松的《仲夏夜之梦》等乐曲；情绪浮躁时可以听《小夜曲》等宁静清爽的乐曲。每个人都可以根据自己的情绪状况，选择曲调适合的乐曲来调节自己的情绪。

“音乐是最情真意切的艺术。”音乐可以调节人的情绪，也可以治病驱邪，这早已为人们所发现。但许多人“知其然”而不知其“所以然”。音乐疗法被看作是一门科学的心理治疗方法还是最近几十年的事情。

音乐疗法的倡导者是18世纪末的阿特休勒。他发现音乐对精神病患者的治疗有促进作用。后来又有人发现，高血压病人听了一首协奏曲，血压竟下降了13～20毫米汞柱。英国剑桥大学口腔治疗室，用音乐代替麻醉剂，成功地拔牙200多例。以后，又发现音乐可以调节动物的情绪，促进奶牛多产奶，母鸡多下蛋。有人研究了世界上35位著名的交响乐队的指挥，发现他们平均寿命为73.4岁，而且最小年龄为58岁。研究者还发现，精神愉快是这些人的共同特点。于是得出结论：“在正常情况下，一个人终生喜爱音乐可能是长寿的妙方！”音乐可以治病，其主要原因就是音乐对大脑皮层的刺激可以改变脑电波，可以调节情绪。那些典雅、庄重、平和的音乐可以让人全身放松，使身体本身的节奏（如心跳、呼吸、行走等）与音乐同步同调。

人们研究发现，贝多芬的《田园交响曲》能使人心情平静，柴可夫斯基的《悲怆交响曲》却使人悲哀，甚至产生绝望的情绪。大学生喜欢的现代流行的摇滚乐、迪斯科舞曲可以使人情绪激昂。因此，用音乐调节情绪应该根据自己的精神状态进行选择。当你感到烦躁不安、紧张过度时，可以听柔和的音乐；当你感到忧愁、提不起精神时，听一听雄壮的乐曲或节奏感强烈的现代音乐，可以促使你兴奋。

6. 自我放松训练

自我放松训练是克服紧张、焦虑的方法，目的是使身心放松，使生理与心理活动趋于平衡，使人从烦恼、愤恨、紧张、忧愁等不良情绪中解脱出来，达到内心的平静与安宁。放松的具体方法有多种，如深度呼吸训练、想象放松、肌肉放松等。

（1）深度呼吸训练

其目的是通过深度呼吸，使身体各组织器官与呼吸节律发生共振，从而达到身心放松的效果。下面让我们试做一次，看效果怎样。现在请你放下手中正在做的事情。如果你身边有椅子，请你全身放松坐在椅子上，调整你的坐姿，直到感觉最好、最舒服为止。准备好了，我们就开始做放松训练。现在请全身放松，深吸，好了，我们的放松训练要结束了，请慢慢闭上你的眼睛，静静地，不去想任何事情。过一两分钟就可以做你该做的事情了。

（2）想象放松

想象轻松、愉快的情境（如大海、山水、瀑布、蓝天、白云等），达到身心放松，情绪舒畅的目的。想象放松的效果取决于想象的生动性和逼真性，意象越清晰生动，放现在请你全身放松，闭上眼睛，想象秋天的天空，你站在高山云巅，仰望湛蓝的天空，它显得那么高远，那么幽深。天空中，行云如流水，又仿佛是一片片棉絮从天际涌出，悠悠然从天空飘过，又消逝在无尽的远处……你可以重复想象上面描述的情境，渐渐地，一闭上眼睛，你的头脑中便会显现出秋天的景色，一幅动态的、有序的画面。你也可以想象自己所喜欢的静态画面，或是蓝天白云，或是绿水青山等等。

(3) 肌肉放松训练

肌肉放松训练时通过从头到脚的一步一步放松，并结合自我暗示，来达到消除紧张、调节精神状态的目的。

在上述方法都失效的情况下，也不要灰心，在有条件的情况下，去找心理医生进行咨询、倾诉，在心理医生的指导、帮助下，可以克服不良情绪。

每一种情绪都有它存在的价值，只要情绪不是“过度控制”或“失去控制”，都会对我们有所帮助。譬如大卡车正迎面而来，如果你真的不动情（不害怕、焦虑），那人们很担心你的安危，不晓得明天还能不能见到你。要是有人欺负你，倘若你并没有适度地表现出生气的情绪，无疑是在鼓励对方继续欺负你；如果你考试得了100分，也要“不动情”，不能感到快乐，那么谁还愿意努力学习呢？

如果有机会站在婴儿房，静静地观察这些刚到世间报到的小生命，你会发现每个婴儿的行为或反应都不太一样：有些安静得像个小绅士，有些却活蹦乱跳像个运动家，手舞足蹈不停歇；有些会被你的举动所吸引，可是有些却对你的动作视若无睹……其实每个人生下来便有一些行为倾向上的差异，这些与生俱来的个别差异，心理学称为“气质”。就像有些人生下来神经就比较粗，环境刺激的影响比较小，可是有些人就恰好相反，神经纤细如发，稍有风吹草动便有反应，而且久久不能自已！然而这种与生俱来的差异不是后天可以全然逆转的，对于生性敏感的人，要求他们跟不敏感的人一样“不动情”，岂不是背离人性、强人所难吗？

此外，情绪的出现也与生活的际遇息息相关，生活中的事随时都会牵动我们的情绪。然而，每个人的处境与人生遭遇不尽相同，有些人一生平和、无忧无虑，达到“不动情”也许不是件困难的事，有些人却命运多舛、处境窘迫，一辈子遇到不顺遂的事越多，当然牵动的负面情绪也越多，这时候仍期待他继续坚持“不动情”，可不是不近人情吗？有一位神情哀戚的母亲，陪独生儿子来就医。她的孩子工作后发病，被诊断为精神分裂症。母亲因为身为贫困家庭的长女，牺牲了自己的青春与受教育的机会，帮忙双亲把年幼的弟妹拉扯长大。她把希望寄托在自己未来的家，所以刻意选了一个老实人嫁了。怎晓得婚后原先忠厚老实的丈夫学会了喝酒、赌博，最后变本加厉，甚至对妻儿动粗，她忍气吞声、含辛茹苦地把唯一的儿子抚养成人，本想寄望长大成人的儿子，如今儿子却罹患精神病，原先的希望大概又要落空，唉！真是一生坎坷啊！遇到这样的处境当然会有许多负面情绪，我们怎么好请这位遭受命运作弄的老人家“不动情”呢？更何况人生的许多际遇不是我们所能预料与掌握的！

其实我们大多数人都是平凡的芸芸众生，绝难达到那种“不动情”的修持，期待大家都朝着同样的“样板”努力，恐怕很多的人都会难以达到，如果一味坚持，想必许多人的情绪会因这种挫败而更加抑郁。

那么，如果动了情，怎样才能较好地调节情绪呢？

最好的方法是，让正面的愉悦的情绪维持得久一点，不让它过快消失；让负面的不愉悦的情绪转变得快一些，别让它困扰自己太久。用不着因为心情不好，或因为比别人更容易出现负面情绪而责备自己，气自己表现不好或努力不够，只要出现的负面情绪可以快一点转变，那就好了。

相同地，对于正向情绪，通常我们共同面临的问题是正向的情绪持续过短，而不是“过长”。我们的文化向来是比较抑制正向的情绪的，从一些常见的成语就可以略窥一二，譬如“乐极生悲”“生于忧患，死于安乐”“胜不骄”，这些观念在潜移默化中使得我们正向的情绪容易短命或夭折，可是认真努力做事却不能心安理得地享受快乐，不是挺奇怪吗？好像让自己的正向情绪持续得久一点是不应该的，对别人有亏欠似的。长期抑制正向情绪的结果不仅使快乐的感受变少了，最后还会连怎么快乐都有困难。

让愉悦的情绪维持久一点，让不愉悦的情绪转变快一点，这是一种快乐的生活方式，不必时刻盯着自己的情绪，该快乐的时候不要压抑快乐，该发脾气的时候不要克制怒火，别怕自己出现情绪变化。丰富的情绪变化也许是上帝给人类的一种赏赐，如此，我们才能充分享受到多姿多彩的人生。

第十三章　当代大学生恋爱与心理健康

第一节　大学生恋爱的心理问题

一、爱情内涵的心理学阐释

弗洛姆在其名著《爱的艺术》一书中指出，人类的爱分为五种，即兄弟之爱、父母之爱、异性之爱、自我之爱和神明之爱。本章所指爱情当属异性之爱。这就是说，爱情是建立在传宗接代的本能基础上的，男女双方产生的特别强烈的肉体和精神享受的相互仰慕，并渴望对方成为自己终身伴侣的高尚感情。尽管对于爱情定义的表述有差异，但基本内容是一致的，主要涉及生物因素、精神因素和社会因素三个方面。生物因素是指爱情产生于男女两性之间，异性相吸的生物本能使人产生性欲，从而具有与之相结合的强烈愿望；精神因素主要是指爱情是一种高尚的情操，健康的爱情会愉悦身心，使人产生美好的心理体验；社会因素指爱情是一种社会现象，一方面受社会道德、法律规范制约，另一方面爱情还将涉及养儿育女、传宗接代的社会功能。

一般而言，美好的爱情要经历一个萌芽、开花和结果的过程。男女双方培育爱情的过程，称为恋爱，按进程一般又可分为初恋期、热恋期、恋爱质变期（失恋或结合）。处于恋爱状态的男女双方会产生特别强烈的相互倾慕之情，通常呈现出一些明显的特征：

①恋人之间常有眉目之间的传情和语言的沟通；

②恋人之间有美化对方，只见对方优点而不顾及其他的倾向；

③恋人有力图完善自己而与对方协调起来的倾向；

④恋人会在日常的一举一动里表达对对方的关心，有“一日不见，如隔三秋”的思念；

⑤恋人常会戒备对方会被别人抢走，有独占对方的欲望。

心理学家李（Lee，1974）的研究发现，现代青年男女的爱情关系，不外乎以下六种形式。

①浪漫式爱情，将爱情理想化，强调形体美，追求肉体与心灵融合的境界。

②游戏式爱情，视爱情如游戏，只求个人需要的满足，对其所爱者不肯负道义责任。因而对恋爱对象的更换，视为轻易之事。

③占有式爱情，对所爱之对象赋予极其强烈的感情，并希望对方回应以同样的感情；对其所爱，极具占有欲，对方稍有怠慢或忽视，即心存猜疑妒忌。

④伴侣式爱情，在缓慢中由友情逐渐演变成的爱情，温存多于热情，信任多于嫉妒，是一种平淡而深厚的爱情。

⑤奉献式爱情，信奉爱情是付出不是收取的原则，甘愿为其所爱牺牲一切，不求回报。

⑥现实式爱情，将爱情视为彼此现实需求的满足，不求理想的追求。“男子娶妻，煮饭洗衣；女子嫁汉，穿衣吃饭”正是这种爱情的典型。

与上述将两性之爱作硬性分类不同，另一种很受重视的爱情理论是由斯腾伯格（Sternberg，1988）提出的爱情三元论。该理论认为，人类的爱情虽复杂多变，但基本上由三种成分组成。

①动机成分。爱情行为背后的动机，对人类而言虽未必全是由于生理上的需求，但绝不能否认，性动机或性驱力以及相应的诱因，如异性之间身体容貌等特征是原因之一。

②情绪成分。属于爱情的情绪，除了爱与欲之外，可能夹杂着其他成分，所谓酸甜苦辣的爱情滋味。

③认知成分。爱情中的认知作用，对情绪与动机两种成分而言是一种控制因素。如果将动机与情绪分别视为电流与火花，认知就是开关或调节器，它可斟酌爱情之火的热度予以适度调节。按斯腾伯格爱情三元论的见解，虽然两性间的爱情形式因人而异，其实都是由这三种成分的不同混合方式所演绎的。他还进一步将动机、情绪和认知各自在两性间发生的爱情关系，称为热情、亲密与承诺，就是说以动机为主的两性关系是热情的，以情绪为主的两性关系是亲密的，以认知为主的两性关系是承诺的、守约的。

可见，单凭热情关系的爱情是维持不久的，理想的爱情应三者俱备且合而为一。斯腾伯格将这种境界称为“完美之爱”。

在课堂教学与咨询中，大学生经常问：大学生可以恋爱吗？恋爱利大于弊还是弊大于利？这既有个体差异，也有社会环境的影响，后者的影响更大。比如说：在农业社会，年轻人的结婚年龄普遍偏小。而在现代社会，快速的生活节奏与自我发展的双重压力使更多的人先立业后成家。而大学生尽管生理成熟，但承担着繁重的学业任务与未来发展的任务，他们需要更多的时间发展自我。当爱情的脚步走近时，你可能无法逃避，你拥有选择的权利。但是，大学生恋爱也是一把双刃剑，因为大学的时间是一个常量，你精力的分配将决定你未来的发展。因而是否可以恋爱并非一个绝对的规定，它与个体的身心成熟与社会性成熟有关。最简单的一点是，有恋爱就有失恋，你对恋爱的心理预期与失恋的心理承受力是需要提前考虑的。

大学生爱情有其独特性，主要表现在以下六个方面。一是大学生恋爱的高纯度，纯净、美丽有时甚至显得单纯。多数学生恋爱如同琼瑶笔下的男女主人公，没有现实生活的压力，男女的第一要务就是认认真真地恋爱。而爱情永远离不开坚实的大地，脱离现实生活的爱情必然是“见光死”。二是大学生恋爱的精神特质。大学生在恋人的选择上，更重视精神层面的相互认同，世俗生活的物质交换、门当户对等不会对大学生构成影响，大学生甚至追求纯洁地爱一次。三是大学生恋爱的冲突性。大学生面临自身发展的压力，如考研、就业、经济、学业、人际关系，恋爱需要大量心理能量，学业压力、成长压力特别是性压力，对恋爱的双方都是巨大的心理与意志考验。四是大学生恋爱表达的自然与随缘。今天的大学生更多地相信缘分，当面对无法解释的情感纠葛时，学生会以“缘来缘去”解释情感的变化。五是大学生恋爱中理性与感性并存。大学生在选择自己的恋人时，既有感性的冲动，将两人待在一起非常快乐的感觉列在重要位置，更有理性的思考，更加考虑双方是否合适。他们对未来生活的规划显得心理准备不足，当面临职业选择等人生重大课题时，恋人常因不能长相守而劳燕分飞。六是大学生爱情的多元化。传统的爱情理念在今天的大学校园受到空前的挑战。与前20年的大学生相比，今天的大学生更重视爱情的即刻性，将恋爱作为一项独立的人生任务而非与婚姻等长久的人生目标相连。爱情的多元化伴随着网络的发展，使大学生恋爱不再如此严肃而神圣。

二、影响大学生恋爱的因素

爱情一直是哲学、宗教、心理学、美学、文学与社会学中引起激烈争论的话题。爱是什么？爱的动力源是什么？正如马克思与恩格斯所说的：“任何一个人类历史的第一个前提无疑是有生命的个体的存在，因此第一个需要确定的具体的事实就是这些个人的肉体组织，以及受肉体组织制约的他们与自然界的关系……生命的生产，无论是自己生命的生产（通过劳动）或他人生命的生产（通过生育），立即表现为双重关系：一方面是自然关系，另一方面是社会关系。”影响大学生恋爱的因素主要表现在生理和环境、心理等方面。大学期间，性生理的发育成熟是大学生恋爱的最根本的生理动因；生理发展所引发的心理剧变是大学生恋爱的心理动因；而宽松的校园环境、大学浪漫的人文氛围，以及社会开放的文化渗透和道德伦理规范的约束是大学生恋爱的环境动因。

（一）生理因素

一个身心健康的人迟早都会对异性产生倾慕爱恋之情，生理动因是大学生恋爱心理产生发展的自然因素。我国当代大学生年龄一般在18～22岁之间，正值青春发育成熟期，即性萌发到成熟的时期，不仅是生殖系统即性器官和内分泌在发育成熟，而且大脑中的性控制中枢与情绪中枢也正逐步成熟。这个时期大学生性本能欲求具有很强大的推动力，男女同学之间相容相悦，对异性产生好奇、好感、亲近的心理需要，出现了想与异性交往的欲望，引发其强烈的恋爱冲动，他们通过恋爱来满足这种欲求。

在这一过程中，生理上的变化以及发育不适，例如第二性征发育不良导致的外形缺憾，引发对身体形象、性器官功能发育的不满、不适，觉得不如己意，希望改变，但又很难改变时，就会产生心理挫折感，引起诸如自卑、焦虑、忧郁等情绪障碍。同时由于保守的传统性教育，以及缺乏完备的性知识，大学生将一些正常的性意识表现，例如常想一些性问题、常出现性幻想、常做性梦、自慰等看作是一种犯罪，出现性意识困扰，引发不同程度的心理冲突，表现为焦虑、烦躁、忧郁、厌恶、内心痛苦不安、恐惧以及道德自责等，部分在此方面困扰严重的学生，出现失眠、注意力分散、害怕与异性交往，并常陷入一种苦闷困扰之中，从而影响其学习、生活等，甚至阻碍其自我的正常发展。

这些情绪障碍、心理反应都对大学生适切恋爱心理的确定造成了影响，可见生理基础是大学生恋爱心理发生发展的根本原因，也协调着大学生恋爱心理的变化以及表现程度，进而影响着大学生恋爱心理的健康发展。

（二）环境因素

大学校园里，少了父母、长辈的“束缚”和“监控”，大学生觉得有了更大的自由与自主，对自己的恋爱问题持有相对较大的主见；同时同学中的恋爱相互影响，使得恋爱心理相互感染，活跃了大学生的恋爱心理；而大学浓厚的文化氛围，使学生可以从各种渠道，如报纸、杂志、影视、网络中获得有关爱情的各种信息，这些又诱导、刺激着大学生恋爱心理活动的发生、发展，并时时刻刻影响、调适、转化着大学生的恋爱心理。

一些不良的文化风气使大学生情感多于理智，为欠缺理性的恋爱找到了理论根据，并将这些谬论付之于实践，使得他们在恋爱心理上显得既茫然、迷乱又开放，所有这些都加剧了恋爱

期大学生心理的不安、烦恼和焦虑。特别是近些年来地位、财富、权力等社会功利意识在大学生恋爱心理中的分量渐增，使他们陷入婚恋的认识误区，流入“性与道德、法律无关”和“性、爱与婚姻分离”的思想误区，这些也或多或少给大学生心理造成了不良影响。与此同时，一些传统的伦理道德规则也时时牵制影响着大学生的恋爱心理。因此，可以说环境，特别是校园环境，是引导与制约着大学生恋爱心理健康发展的一个因素。

（三）心理因素

作为整个心理系统的一部分，大学生的恋爱心理和整个心理系统以及其他部分有着必然的联系。认知活动是大学生恋爱的感性基础，它对大学生恋爱心理起着感应、唤起和导向作用。而情绪则对大学生恋爱心理体验起着活跃和扩展的作用。情感是造成大学生恋爱心理不稳定的主要因素。青年中期的大学生可塑性强、情绪波动大，面对情感问题的两难抉择，在理想与现实的天平上，他们不知如何做才能使二者保持平衡，从而顾虑重重、思虑万千，诱发情感冲突。大学生恋爱心理形成的过程中，担心害怕产生激情行为，即悲哀带来的失望与伤心，愤怒引发的嫉妒与冷酷等，这常使大学生在建立健康恋爱心理过程中失去心理平衡，诱发了空虚、无助、寂寞的心绪，引发了一些诸如抑郁、消沉、自卑、不安等情绪障碍，可以说情绪调节着大学生恋爱心理的起伏。至于意志方面，则把恋爱的建立与社会义务、责任、权利联系起来，制约着大学生恋爱心理的发展，众多有关越轨性行为的分析，以及恋爱受挫后的过激行为的调查显示，在缺乏主观意志力作用，自制力薄弱的情况下，大学生很难调整自己的恋爱认知与情绪，破坏了恋爱本身的美，严重的还引发恋爱心理障碍。

此外，人格特质、自我概念等也都是大学生恋爱心理的重要因素。不同气质类型影响着大学生恋爱的表达方式与程度，以及恋爱心理的发展。性格倾向不同的大学生在恋爱情感体验中所表现的也大相径庭。性格外倾者在恋爱过程中往往冲动、狂热、乐观、主动，而性格内倾者则往往是谨慎、被动、冷静、悲观。而大学生自我概念在这时也正处于发展成熟阶段，自我评价不当易使之形成自傲、自负等心理。恋爱中的大学生出现的负性情绪诸如自卑主要是自我评价不当引起的。调查显示，许多大学生因自己的外形特征、经济状况、家庭地位等不尽如人意，或者将恋爱挫折错误归因，怀疑自己的能力，从而造成情爱品质评价过低，形成消极的恋爱心理，诱发心理障碍，严重影响恋爱心理健康的发展。

三、当代大学生恋爱现状的特点

大学生生理、心理正趋向成熟。此时和异性交往的心理渴望达到了顶峰，大学校园宽松的生活环境也为男女交往相恋提供了便利的客观条件，催生了校园“柔情”。随着高校“恋爱风”高涨，当代大学生在恋爱方面出现了不少新情况和新特点。

（一）大学生恋爱普遍

20世纪90年代以前，大学生恋爱现象还是“犹抱琵琶半遮面”。如今，大学生恋爱越来越普遍和公开化。对于大学生恋爱的普遍性，许多高校都进行过调查。在大学期间可否谈恋爱的态度上，一项对千余名大学生的调查显示，反对的仅占12.3％。目前，许多研究表明，大学期间有过恋爱经历的占到70％以上，一些高校的调查甚至达到80％以上。爱情似乎乘着时代的东风，在各高校里生根发芽，不断发展，大学校园成了学子们恋爱的热土，爱情之花在这里四季常开。

（二）大学生恋爱低龄化

如今大学生恋爱的一个比较明显的特点是恋爱越来越低龄化。过去是到了高年级才谈恋爱，现在是新生刚入校就谈恋爱，且比例逐渐上升。雷骥等人（2005）的调查表明，31.2%的人认为恋爱的最佳年龄在21～22岁之间，有30.3%的人认为在23～25岁之间，18.3 %的人认为在18～20岁之间，只有14.6%的人认为在25岁以后。恋爱意识明显提前，呈现出显著的低龄化趋势。

（三）大学生恋爱动机多种多样

恋爱动机是产生恋爱行动的内部动力，它由恋爱需要引起，并直接指向恋爱目标。我国长期宣传教育的恋爱动机是要“选择人生伴侣”。如今，一些高校对大学生恋爱动机进行调查发现，大学生的恋爱动机明显具有多元化特点。李志和彭建国对大学生恋爱动机的调查显示：选择人生伴侣的占18.2%；调剂紧张的学习生活的占19.1%；打发无聊岁月的占22.2%；满足生理、心理需要的占31.2%；随大流的占6.7%；证明自己价值的占2.7%。恋爱动机五花八门。

（四）大学生恋爱讲求短平快

以前学者调查发现大学生恋爱心理不是一成不变的，而是有一个发展的过程。其过程大致可分为萌芽期、发展期、稳定期三个阶段：萌芽期一般为大学一年级；发展时期一般为大学二、三年级；稳定期一般为大学四年级。但当代大学生在校园中演绎着许多鲜为人知的“短平快”的恋爱浪漫故事。在竞争、开拓、进取的时代里，人们往往追求“时间就是金钱，效率就是生命”，这种观念深入人们生活的方方面面，甚至在恋爱上人们也追求快节奏。以往人们把“时间”当成考验爱情的试金石，而今人们似乎没有那么多的时间、耐心和精力去关注、了解对方，默默等待心灵的碰撞，让恋爱在矜持和叙谈中逐步走向明朗化，而是如同吃快餐食品一样，相识没几天爱情的火花就已“四溅”：出双入对、勾肩搭背、形影不离、亲密无间。恋爱的激情来得快，去得也快，当代大学生有情则爱，无情则散，毫不掩饰。

（五）大学生恋爱考虑较单一

大学里的恋爱是很美好的，但也是很脆弱的。真正从大学里的恋爱最后步入婚姻殿堂的人并不多，这里很大一部分的原因是大学生在社会责任感、承受力等方面相对不成熟。对于爱情的热情向往和追求使得大学生往往只考虑双方的情感体验，而忽视了一些诸如未来就业发展、家庭背景等现实的因素。因此在对待恋爱的态度上，明显表现出更看重恋爱的过程，偏重情感的体验，重视双方朝夕相处的甜蜜与温馨，出双入对犹如恩爱的小两口，但却极少考虑爱情的结果。华中农业大学女生恋爱调查显示只追求爱情过程的占到61.3%，甚至大学校园里竟出现“契约式”的恋爱：在校时卿卿我我，心理精神上互相弥补空虚，甚至为生理需求发生性行为，但到毕业时又无牵无挂地说声“再见”，各奔东西，各不负责。

（六）大学生恋爱中性行为增加

当前大学生恋爱的一个新变化和新特点，无疑是性观念上的变化。恋爱不再停留于20世纪80年代的牵牵手，90年代的搂搂抱抱，而是直接进入性体验或同居生活。避孕药具进入大学校园不再稀奇，因为有广泛的需求。许多大学的公告栏里贴满了日租房的广告、电话和价格。据

一些日租房的老板介绍，一到周末，他们的房间都被订光，来的客人几乎都是成双成对的大学生。有些大学生恋人并不满足于周末的相会，而是公然在校外租房，过起了锅碗瓢盆的同居生活。在一些高校林立的地方，周边地区形成了大学生恋人聚居的所谓“大学生夫妻部落”，这在广州有、长沙有、成都有、太原有、北京的四合院里也有，国内许多高等院校密集的地方都有，这已不是什么秘密。

第二节　大学生恋爱与心理健康的关系

一、恋爱动机与心理健康

各种各样的恋爱动机，在给大学生带来轰轰烈烈爱情的同时，某些简单化、盲目性的特点势必影响爱情的健康发展。调查显示大部分谈恋爱的大学生认为谈恋爱是为了“摆脱寂寞”“丰富生活”“消愁解闷”或是说“让精神有个寄托”，因为寂寞而爱。大学生正处于自我概念发展成熟时期，自尊心强，对于他人对自己的评价与态度异常敏感，因而在人际交往中，常常为了避免伤害自己、维护自尊，而封锁自己的内心世界，形成闭锁心理。另外，考入大学后，在暂时缺乏明确的学习目标、远大的理想与事业追求的情形下，学习动机不足，与高中紧张的学习生活相比，更感到学习枯燥无味、精神空虚。这些都可能更增添了大学生远离家乡的孤寂感，使之寻求异性知己，试图用“爱情”来慰藉自己，找到充实精神的东西，形成“寂寞期的恋爱”，而在这种动机下产生的恋爱有很大的片面性、盲目性以及冲动的感情色彩——“谁同情我，谁理解我，谁就是爱我的人”，寂寞消失的时候，“爱情”也就随之结束了。而这带来的势必是心理的创伤，有的因为“不想爱了，但不知如何结束”焦虑不安；有的因为“不想结束而结束了”而自卑、抑郁，甚至做出过激行为；也有在交往一段时间后发现对方并非是自己所爱的人，但却不知道如何做，这也给当事人带来无尽的精神压力与痛苦。可以说，这种情感寄托型动机所衍生的恋爱缺乏独立意识和自立能力，使大学生恋爱更易受挫，受挫后的心理创伤更大。

近年来，大学生恋爱趋向低龄化、发展高速化、普遍化，而究其原因，主要是出于从众的恋爱动机。由于宽松的校园环境和校园舆论导向的变化：20世纪70年代末至80年代中期，学校对大学生恋爱的态度是“禁止恋爱”；90年代初，则演变为“不反对，也不提倡，出了问题要严加处理”；现在，已是“承认现实，正面教育，合理引导”，并允许已婚者参加高考，甚至在校大学生可以结婚。而当代大学生本身大多数对谈恋爱持一种认同态度，因而越来越多的大学生加入恋爱行列，并且是新生一入校就开始谈恋爱。在这种情形下，尚未涉足爱河的学生难免感到莫名的心理压力，低年级学生更多地感到心理不平衡，认为“自己不比别人差，别人行我也行”“你有我也应有”；高年级学生更多的是产生一种自卑与焦虑，随着年级增加恋爱比例也在增加，未谈恋爱的学生内心难免产生惆怅、羡慕之情，于是匆匆效仿，盲目地踏入爱河，认为自己低年级没有谈恋爱是由于缺乏吸引力、没有魅力，如果现在再不谈恋爱，真的表明没有人看得上，“这是一件很失面子的事”，因而为了证明自己，表明自己有能力，他们都可能匆匆忙忙地搭上校园恋爱的末班车，想借此平衡心态，减缓焦虑，但常常事与愿违，冲动、轻率使他们陷入两难的境地，更加重了其焦虑感。

另外，在恋爱动机上还有些学生受社会功利思想的影响，出于追求荣耀、名誉、地位、经济等表面的光彩，满足“自尊需要”，或为了寻求刺激、追求浪漫生活而谈恋爱。明知自己并不爱对方，但为了满足自己的虚荣心理而欺骗自己与对方的感情，有的希望能从对方那里获得经济、社会地位等方面利益而与之恋爱；有的只是为了四年的大学生活多一点刺激，满足自己膨胀的虚荣；有的甚至只为了获得经验，这些都无疑给爱情埋下危机和隐患。有的学生常常为此事整日惴惴不安，害怕对方洞悉自己的本意，有的为此痛苦不堪，因为对方并非为自己真正所爱，长期这样或多或少都给自己带来无尽的压力，每天都可能陷入焦虑、不安、忧郁之中。这种功利型动机所引发的恋爱，其感情基础不稳定，身处其中的大学生心理负荷天天增加，阻碍其健康爱情的发展。

二、恋爱观与心理健康

适当的恋爱观不仅对恋爱行为、以后的婚姻、家庭生活具有导向作用，并且也是良好个性品质形成的基础，反之不仅阻碍爱情的健康发展，也危及大学生健康心理的形成发展。应该说，大多数大学生对于恋爱是严肃认真的，但不能否认部分大学生的恋爱价值观中存在种种不良的倾向。现在有不少学生抱着一种“过程体验”的态度谈恋爱，把恋爱看成是积累经验的过程，并不考虑恋爱与将来婚姻、家庭的相互关联与递进，恋爱对于他们来说并不是寻觅终身伴侣，而仅仅是寻找一种两性情感生活中的满足与人生体验，在选择爱情的时候漠视自己所应承担的未来责任，真正以婚姻为目标的恋爱在大学生中大约七个人中才有一个。这种只图一时的激情感觉，认为婚姻并不一定是“恋爱的结果”“恋爱是为积累经验”的恋爱价值观在大学里许多学生中颇为流行，无论恋爱成功与否就当是积累经验；而且认为这种恋爱可以带给人快乐与和谐。然而以这种观念投入恋爱，迟早会体验到这个过程的空虚与茫然，更何况这种恋爱并非那么容易地“挥一挥衣袖，而不带走一片云彩”，可以说这种观念不仅易伤害他人，也贻害自己，对心理健康的危害不容小觑。此外部分大学生在择偶时，相互攀比炫耀，注重对方的容貌、身材等外表条件，以及家庭、社会关系、经济状况等利益条件，将之作为选择恋人的筹码，认为这些条件是不可改变的，是可以衡量的，而内在美则是看不见摸不着的，是不管用的。还有的甚至将爱情作为交换条件来达到自己的某种目的，因而择偶时可以“老少皆可”“美丑皆宜”，只要他（她）能帮助自己获得所想得到的。这种扭曲的恋爱价值观不仅使恋爱进入一种误区，也让自身心理蒙上一层灰尘，危及其身心健康。

此外，在恋爱观上，部分当代大学生认为“爱情至上”，将爱情放在人生第一位，将爱人与被爱视为人生的一切，认为“没有爱情，生命也就没有色彩”。于是成天沉溺在情爱中，对周围一切都漠然视之，往往在二人相处时纵情享乐，一旦失去爱就精神萎靡。由于恋爱耽误时间过多，学习不扎实，面临考试不及格，甚至留级、退学的危险时，有的会做出过激行为，有的严厉自责，给自己莫大的压力，带来无尽的不安、焦虑，同时这类恋爱价值观也易使其恋爱中的独占欲膨胀，而与同学产生人际冲突或淡化正常的人际关系，诱发人际交往障碍，产生情绪困扰、性格孤僻，在心灵深处萌发不良反应，严重影响大学生的心理健康。

无论是利用恋爱来体验情感生活，还是满足虚荣心，抑或用来打发时光享乐，都是恋爱观日趋实用化的表现，带给大学生的常常是无尽的爱情困扰。调查显示，约有 3/5 谈过恋爱的学生因为这一系列问题而失眠、神经衰弱以至自我折磨，不仅伤身，更严重损伤其心理健康发展。

三、恋爱道德与心理健康

爱情理应是高尚的，这也要求大学生恋爱必须具有恰当的恋爱道德观。不良的恋爱道德观，不仅其恋爱行为会玷污爱情的纯洁，而且会危及学生自身的身心健康。大学生恋爱中本应遵循的道德是：以爱为基础，以高尚情趣为恋爱发展的动力，在恋爱中相互尊重各自选择的自由与权利以及人格，同时信守责任，恋爱时双方忠贞专一、真诚相待，注重恋爱的健康交往。然而在当代大学生的恋爱中，不乏缺乏恋爱道德的表现。部分大学生将恋爱视为手段，骗取他人感情，在爱情以外附加许多因素。近年来，大学生中相当一部分人对待恋爱的随意态度在增加，严谨一点一滴地从中流失，漠视忠贞专一，有的朝秦暮楚，见异思迁；有的不断变换恋爱对象，大搞人生游戏；有的热衷于“三角恋”、“多角恋”，视爱情为儿戏，对爱情极不严肃；有的甚至夸大爱情的排他性，借口“爱情是自私的”，破坏他人的婚姻、家庭幸福。同时，现在大学校园对待恋爱比过去宽松，但有的大学生不分时间、地点，在众目睽睽之下行为随意、轻浮放纵，有违社会公德，在恋爱过程中甚至因一时的感情冲动或受自私心理驱使放纵自我，不断发生越轨性行为，激情过后，他们又会后悔、痛苦、相互埋怨（特别是女生对男生），抑或恋爱发生改变，让自己追悔莫及。更有甚者是有些大学生只考虑自己而不尊重别人的意愿，强迫或诱骗对方接受自己的爱情；而有的又因失恋不能自拔而陷入对对方无休止的纠缠或报复中；有的自我封闭、意志消沉，甚至“看破红尘”而轻生。这些不良的恋爱道德观势必破坏恋爱在这些大学生心目中的纯洁性、严谨性、持久性和高尚性，进而形成一种只重个人体验、缺乏贞操观念、忽视恋爱道德责任、崇尚及时行乐的“杯水主义”，诱发扭曲与放纵的恋爱，不仅破坏校园风气，而且严重损害大学生未来追求美好爱情和美满婚姻、幸福家庭生活的生理基础和心理基础。

四、恋爱挫折与心理健康

恋爱经常不是一帆风顺的。对于大学生而言，如果在恋爱问题上处理不当，引发恋爱挫折，如失恋、单恋、恋爱纠葛等，将会使当事人精神上受到不同程度的刺激，进而产生不良的，心理甚至诱发心理疾病，危及身心健康。

（一）失恋

大学生在校期间，除了师生关系、同伴关系之外，更重要的是两性之间的恋爱关系，它对大学生的意义已不仅是恋爱本身，而且是大学生自我价值感和自我评价的重要来源和基础。可想而知，失恋会给当事人带来剧烈的心理创伤，使人处于抑郁、焦虑、自卑、悲愤甚至绝望的消极情绪中，失恋对于大学生心理健康的影响肯定是其人生中最为严重的心理挫折之一。不少学生在失恋时出现失控和反常的心理，会产生极度的孤独感、绝望感和虚无感，往往有以下四种较为常见的不良心理。

1. 自卑心理

当代大学生虽然在他人面前显得自信心十足，但同时表现出对他人关于自己的评价及自我评价的敏感。失恋使大学生对自己的人际吸引力产生极大的怀疑，怀疑自己不会再被人爱，怀疑自己没有能力再去爱人，表现出对自己建立亲密关系能力的评价急剧降低。有的学生因为失恋觉得自己没有面子，在同学、亲友面前无地自容，特别是在异性面前没了自信，抬不起头来；

有的学生觉得自己是一无是处，认为自己各方面都很差，这表现出失恋大学生对自己各方面的评价出现偏差，引发过度自责行为，产生强烈的自卑心理，感到羞愧难当、心灰意冷，如果当事人性格内向，更易产生这种心理，长期这样下去可能因此走上绝路。

2. 绝望心理

这是失恋所带来的一种极端心理反应。尤其是处于热恋时，其中一方被另一方拒绝而分手，这种心理表现得格外强烈。当事人很难心理平静，觉得自尊和情感受到严重的伤害，这时他们可能将自己与外界隔离开，以保护自己免受更多的伤害和自尊心的毁损，甚至可能发誓“以后不可能再恋爱”，对恋爱绝望，从一次失恋中否定对方所属的性别、职业、出生地，乃至爱情本身。这种绝望心理，甚至会影响当事人对学习、生活或其他方面的信心、兴趣，很可能对学习、生活、人生感到无望，甚至出现自暴自弃行为。

3. 报复心理

这是大学生激情犯罪的一个常见起因。失恋后，有的学生失去理智，把自己的痛苦全部归因于对方的抛弃，认为对方对不起自己，因此产生报复心理，认为自己不好过也不让对方好过。特别是由于一方不道德而导致的失恋或恋爱进程明显受他人阻挠，使得当事人觉得自己更有理，也就更容易出现报复心理。在这种心理基础上引发的行为常常带有破坏性，发生校园冲突事件，伤害他人、自己的身心，这也是大学生恋爱中极度的占有欲受到挫折后而唤起的心理行为反应。

4. 悲愤、渺茫、消沉心理

有人将爱情视为生命中最重要的，一旦失恋了，就学业、前途也不顾了，终日沉浸在极度痛苦中，反复咀嚼失恋后的痛苦，使自己变得性格古怪、形单影只，使人难以接近；有的选择对自己的行为不加约束，放纵自己或借酒消沉，对他人的关心不予理睬，很不近情理，冷漠、痛苦，严重的甚至导致精神分裂症；有的什么都不考虑了，只感到一片渺茫，今后也不知该怎么办。

（二）单恋

单恋也是大学生恋爱中常见的一种恋爱挫折。恋爱应是两人之间的感情心灵交流，但如果只是一方投入感情，而另一方毫无感情，或是根本不想与之进行这种交流，这就形成了单恋。

单恋通常包括两种形式：一种是由内心爱慕对方并无法表示出来或已被对方拒绝仍痴情不改的单恋，另一种是把与对方交往、友谊认为是“有意”或“暗示”而产生的“爱情错觉”。无论是哪种单恋形式都是一种畸形的恋爱，一种臆想型恋爱情结。这部分大学生常常沉湎于自我幻想或想象的虚幻情境中难以自拔。在心理上表现出由于痴情而对单恋对象产生强烈关注、幻想、焦躁和冲动。然而这一切都是在对方毫无觉察或者得不到对方认可和接受的情况下产生的，由此引起单恋大学生内心的痛苦和强烈的冲突；部分大学生碍于周围环境和心理压力，对自己内心深处的情感和暗恋感到难以启齿，不敢向对方诉说，这种闭锁心理更加深了他们的苦恼，很容易产生心理障碍和心态失衡，产生情感失控、精神萎靡、注意力分散、思维迟钝、消沉等现象，给学习、生活、身心健康造成很大的影响，严重的还会失去理智、精神异常。特别是低年级学生长期将这种情感压抑而不解决，那么当事人容易出现一系列心理障碍如，沉默、抑郁、消极厌世、兴趣消失、喜怒无常、激动不安，有的甚至走向极端，失去自我控制，做出伤害他人的蠢事；少数学生在共同的学习生活中爱上某位同学，就不顾一切地付诸行动，不管对方是

否接受就苦苦追求，完全不顾及对方的感受，甚至做出干扰对方正常学习、生活的行为，丧失人格、自尊地去表达自己所谓的爱；还有学生当现实（如已证实对方已婚或已有恋人）无情地击碎了爱的梦幻之后，就会陷入空虚、烦躁，甚至失落、绝望的巨大痛苦之中，承受感情的煎熬。这样的爱情是一种有害甚至危险的感情波澜，既会因为不思茶饭、夜不成眠而影响身体健康，更会因情绪的一落千丈、反复无常而损害心理健康。

（三）恋爱纠葛

恋爱纠葛是大学生恋爱的又一种恋爱挫折，主要是指恋爱时因某些主观因素或客观因素引发的、欲罢不忍、欲爱不能的感情冲突与内心强烈的矛盾，它给恋爱中的大学生带来一系列的情感危机，引发极度紧张、不安、忧郁、焦躁、恐惧等不良情绪。如有的学生因恋爱遭到家庭反对或周围人的非议，显得心烦意乱、坐立不安、焦虑、抑郁；有的因恋人之间出现矛盾、误解或猜疑而忧心忡忡；有的因陷入“三角恋”或“多角恋”的漩涡中，不知如何摆脱这种局面而焦躁不安、恐惧；有的在热恋时由于“第三者”闯入导致双方出现感情危机，而为此感到不安、痛苦等。

这些恋爱纠葛、情感危机使大学生心理上遭受严重挫折，有的会无法控制自己的思想、行为以及情感，不能正常地学习生活，甚至会精神崩溃，并导致自杀等恶性事件和诱发性精神疾病。

第三节　大学生恋爱的心理健康教育对策

有心理学家曾根据恋爱中对爱情的追求，把爱情分为健康和不健康两大类。不健康的爱情表现在：①过高地评价对方，将对方的人格理想化；②过于痴情，一味地要求对方表露爱的情怀，这种爱情常有病态的夸张；③缺乏体贴怜爱之心，只表现自己强烈的占有欲；④偏重于外表的追求。而健康的爱情表现在：①不过分痴情，不咄咄逼人，不显示自己的爱情占有欲，能够充分尊重对方；②将爱情给予对方比起向对方索取爱情更使自己感到欢欣，并以对方的幸福为自己的满足；③是双方彼此独立的个性的结合。下面，分别从大学生自身和教育者两个方面阐述如何促进大学生的恋爱心理健康。

一、大学生恋爱心理的自我调适

（一）恋爱心理困境的自我调适

作为人生永恒主题之一的恋爱是大学生成长的必经之途，但他们在恋爱中常碰到很多说不明白的心理困惑即恋爱心理困境，使他们在恋爱路上走得跌跌撞撞，健康成长亦受到阻碍，因而拥有健康的恋爱心理，学会自我调适恋爱过程中出现的各种心理困境，不仅是恋爱成功的保证，同时更是大学生心理健康的重要前提。总起来看，大学生应主要学会调适以下三种恋爱心理困境。

1. 缺乏爱与被爱的能力

有的大学生没有谈恋爱或恋爱时常失败，就总认为自己被别人瞧不起，认为自己对异性没有吸引力，因此害怕在异性面前出错，不敢与异性坦然交往，以为这样的回避就能减少与异性

接触从而保护自己的自尊心免遭损害，同时在众人面前极力掩饰自己内心的失落与痛楚。使大学生出现这种恋爱心理困境的原因主要在两方面。其一是大学生的自我评价偏差。大学生的自我意识正处在发展成熟阶段，尽管他们一向被认为是很自信的，但他们同时也表现出对他人的评价很敏感，并把这些看法作为自我评价的一部分；而有的学生往往过于关注别人对自己怎么看，却从未认真考虑过自己如何给自己一个客观的评价。其二是由于大学生的认知偏差，对恋爱吸引力缺乏科学的认识，产生了误解。有的学生认为人们在择偶时更倾向于外貌等生理特征，殊不知当代大学生无论是男生还是女生，在择偶时的确要考虑外在魅力这类特征，但才能、人品、性格、兴趣爱好、相互感情、心理相容更具吸引力。因此，具有这种心理困境的大学生首先应挖掘一下自己的长处，排列出自己能吸引人的特征，适当地转换一下自己的思维方式，用自己的优点比较别人的缺点，以此来增强自信，学会悦纳自己；其次学会对问题进行辩证思考，看到事物的两面性，问问自己，一个人是否对异性有吸引力，是否一定以大学期间拥有恋人为准，是否意味着你今后的生活、学习需要变化，或许早来的爱会提前消失，迟来的反而才是真爱。最后，在实际生活中，多参加有异性同学参加的集体活动，大胆地、真诚地与异性同学交往，去了解与观察所喜欢的异性的心理，同时认识到自己的恋爱期待心理，缩短理想我与现实我的差距，调节好恋爱心理的外部期待与内部期待之间的矛盾，给自己的恋爱动机与恋爱价值观找好位置。

2. 异性朋友中难寻真正的恋人

有的大学生错把异性之间的正常交往视为谈情说爱，致使男女生之间不敢往来；有的大学生在恋爱关系确定之后，便干涉甚而限制对方与他人的正常往来和友谊，否则心里就会不悦，无端猜疑，让爱情与友情成为水火不容的东西，这样不仅引起两种不同需要之间的矛盾，更引起同学之间的人际冲突、关系紧张；也有一些大学生在与异性交往时，只要对方表示一点好感，便想入非非，自作多情地认为自己是对方的恋人了，害起了“单相思”，甚至刻意给彼此关系一般的同学贴上“恋人”的标签；更有一些大学生一直在爱情与友情之间徘徊，将二者混为一谈，以致在异性面前茫然不知所措。这其中有社会变革时期所形成的复杂人际关系对当代大学生的影响以及心理冲击。但引发这种心理困境大多是源于自身，因而更需要大学生自己来调适。当代大学生在爱情与友情的认识上还存在一定的偏差，对于友情和恋情的认识还很肤浅，再加上当代大学生青春期提前，性心理发展滞后于性生理成熟，引发大学生对社会中人际关系的科学认知不足，分不清友情与恋情的区别，这也影响了大学生的行为取向、思维方式。

所以，在理论上，大学生应明了两点：一是恋爱具有社会性、自然性和复杂性，因此在恋爱过程中既要主动，也要顺其自然；二是择偶时的从众心理、恋爱错觉心理、逆反心理等因素常常会导致事与愿违的情况，并且极易伤害自己与同学。而在实践上，大学生在与异性交往中要勇于说“不”，学会控制感情，不自作多情，更不要把迷恋当作恋情。

3. 面对婚前性行为

当代大学生对婚前性行为越来越宽容，贞操观也越来越淡漠。一方面，他们希望自己未来的婚姻纯真，在传统文化的氛围中意识到这些现象的不妥之处；另一方面，他们恋爱时，情感容易战胜理智使恋爱误入歧途，给双方身心带来创伤，给未来留下阴影。引起这种心理困境的主要原因有：大学生性生理发育成熟，但性心理发展延后；同时其特殊的身份使之社会角色与一般青年不同，性本能行为的驱使作用相对较弱，但受西方“性思潮”的影响，其思维、行为

发生剧变；而这也与我们学校的性教育的薄弱、大众媒体宣传不当有关。面对这种心理困境，大学生应学会处理好恋爱与学业、恋爱与成材、恋爱与人格塑造、恋爱与人生等方面的关系；主动地了解性生理、性心理、性社会等方面的健康知识，在困惑时主动寻求咨询帮助；积极利用所学专业参与各种社会实践，从中感受为社会服务实现自身价值的成功心理体验。

（二）恋爱挫折的自我调适

1. 失恋的自我调适

人的情感波动同外界刺激成正比。失恋是爱情的悲剧，它所引起的情感波动因原因不同其程度也不一样。一对时时争吵的恋人彼此分手留下的心理痛苦，显然远不如一对卿卿我我的恋人严重，因而越是缺乏思想准备的失恋，消除感情波动所需做的努力也就越大，但总有办法帮助失恋者从情感的羁绊中解脱出来。

（1）敢于面对失恋的现实

所有的失恋者都有一种难以摆脱的情结，即我的终生幸福没有了。怀有这种情结的失恋者不敢面对失恋的现实与未来，结果陷入越痛苦越思念、越思念越痛苦的怪圈中，不能自拔，从而导致心理疾病的产生。对此，作为一个理智的大学生应勇敢地面对失恋的事实，坚强地承受失恋所带来的伤害，认识到爱情既然有成功、甜蜜的，那么就有失败、苦涩的，那么为什么一定要渴求成功而不能正视失败呢？在这一点上，特别要指出的是对于那些持“爱情至上”观点的大学生，更要认识到爱情并非生命的全部，人生还有事业、亲情和友情；对于那些认为失恋就是失面子，认为失恋是自我价值贬损的大学生，不敢面对这个严酷的现实是不可取的。只有勇敢地面对事实与未来，才是顺利走出心理阴影的第一步。

（2）多为对方着想

要设身处地为对方着想，这样将有助于理解对方提出结束恋爱的原因，有助于平静地接受失恋这一事实。大学生情绪波动较强，感情上易冲动，还不够稳定，这种换位思考对之有较大的益处。既然对方觉得这样更幸福，就让他（她）离开你吧。不然，有一个人觉得不幸福，两个人的生活也是不幸福、不安定的。

（3）加强自我调控，减轻心理压力

失恋后产生痛苦、失落等心理问题，是因为恋爱的大学生所追求的目标与结果产生了冲突而诱发的。对此大学生应加强心理品质的修养，积极减轻心理压力。如有意识地控制自己波动不安的情绪；积极参加体育锻炼，增加生理上的受挫力；克制因对方提出分手而产生的愤怒，反思对方结束恋情的原因，分析自身的优劣势，将眼光放远些；尤其要消除“我得不到别人也别想得到”的危险想法，以免酿成悲剧；努力保持心理的平衡，以自信、坚强的精神面貌积极投入到学业中去，这有助于大学生及时走出心理的低谷期。

（4）合理化树立自信心

失恋后，认为昔日恋人一切都好，自己一切都很糟，所以他（她）才抛弃自己，失去恋人都是自己的错．或者把失恋看作是一件可怕至极、糟糕透顶的事，认为自己今生再也不能找到如此美好的爱情了，这都源于非理性的信念。因此，针对失恋，个人应在头脑中有意识地强化理性信念，认真分析一下自己失恋的原因，多想想旧日恋人的缺点，多罗列自己的优点，这样也有利于正确地评价自己，避免产生因被恋人抛弃就以为自己一无是处的错误想法，分析自身的优劣势，为自己下一步生活树立自信心。有道是“塞翁失马，焉知非福”，不妨想一想居里夫人的恋爱故事，试想年轻的玛丽如果真的和她任教家庭的长子初恋成功，她还可能成为后来世人敬仰的居里夫人吗？

（5）积极转移情感与情境

对于失恋所带来的痛苦与伤害，失恋者应积极面对，转移情境与情感，及时减轻或消除其影响。这里面一般包括两种转移：其一是进行环境的转移，失恋后即刻换个环境，暂时与能触动恋爱痛苦回忆的景、物、人隔离，主动置身于欢乐、开阔的环境，或者有意识地潜心于自己感兴趣的事情中，用新的乐趣来冲淡、抵消旧的郁闷。这不失为聪明之举。其二是进行情感转移，失恋了就尽快转移自己的感情，寻找新的爱，以此来淡化失恋的痛苦，弥合心灵的创伤，走向新的生活。情感转移的方法有三种：一是重新寻找一位新的恋人；二是投身大自然的怀抱；三是积极参加集体活动、社会实践，付出自己的情和爱，使自己能尽快摆脱失恋后的空虚和痛苦。

（6）适当地进行情感宣泄

失恋后不要独自把痛苦长期地埋在心底，更不要时常独自品味，而可以找亲人或知心好友倾诉你心中的烦恼、怨恨与不欢，将痛苦与忧愁宣泄出来，以减轻心灵的负荷；如无合适的倾诉对象，也可奋笔疾书，让多余的情感在你的笔端发泄；甚至可以关门痛哭一场。这样有助于消除失恋带来的心理压力，及时恢复心理平衡。当然，宣泄要有“度”，无休止地唠叨，反而容易使自己沉溺于消极的情绪中。

（7）努力使情感得以升华

失恋后，大学生可以把自己的精力投入到新的工作中去，把一些负面情绪引至比较高尚的方向，使之有利于社会，也有助于个人的发展。

总之，失恋并不意味着失去一切，大学生应及时地从中挣脱出来，重新去爱人与被爱，重新去规划自己的未来生活、实现自己的人生目标。

2. 单恋的自我调适

单恋是许多大学生面临的一种感情痛苦，是一种不可能得到回报的情感体验，它常使人自作多情、想入非非，做出一些荒唐可笑的事情来，严重影响了大学生身心健康发展，那么对于这种“剪不断，理还乱”的单恋，如何来解决呢？

（1）客观、理智地对待恋爱问题

恋爱是男女之间相互爱慕的行为表现，互爱是爱情产生和发展的必要前提，相爱的双方都能给予对方爱的机会和回报。那么当你对某人产生炽热感情时，可先冷静想想：这是你生理发育成熟的一种需求，还是你的一种暂时的迷恋？是仅仅爱上一个虚幻的爱情偶像，还是他（她）正符合你心目中恋人的形象？有些大学生一旦陷入这种情形后，就容易把爱情视为“得不到的是最好的”，因而越是得不到的爱越想得到，独自在爱中煎熬。其实这种情况并不存在爱情，一切都是一幕自编自导的独角戏。

（2）学会用理智战胜情感

通过加强修养、陶冶性格，培养健康的人格和良好的心理素质；学会用意志的力量驾驭自己的思维和情感，从认识的误区中解脱出来，克服爱情错觉心理。因为单恋往往是单恋者对对方的一往情深，一味地只看到对方的优点，并且常常把对方的言行举止用自己的观点来解释，

容易造成一种认知偏差。对此应客观评价、认识对方的言行，成功地转移自己的感情；同时借助理性，努力从感情上加以调整，时常提醒自己：“对方不爱我，我不应这样做”“我们彼此毫无瓜葛”等，让理智战胜情感，消除爱情固着心理，摆脱这种无意义的情感羁绊。

(3) 及时移情移境

这是摆脱单恋苦恼的有效途径。移情就是恰当地转移自己的感情，如多参加集体活动或喜爱的文体娱乐活动以转移注意力，或者将自己已积累的相思之情转化为更广泛的爱，比如说对父母更亲些，与朋友加强联系等；移境则是转换一个新的环境，如从距离或环境上远离痴心所爱的人，以免触景生情，随着时间的推移和新的爱情实现，有可能使自己对往事逐渐淡忘。通过移情和移境，逐步把自己的情感和注意力转移到学习、他人身上，经过一段时间的磨砺，个人会逐渐克服单恋的迷惘。

(4) 勇于自我表露

单恋困扰的另一方面是当事人不敢表露自己的爱，如一个人过于内向，或者一贯做事都是犹豫不决的，在面临爱情时也这样，顾虑重重、躲躲闪闪的，结果同样给当事人带来很大的困扰。这时应挑选一个合适的场合与时间，用直截了当的方式向对方表达自己心中的爱意，大胆地说：“我爱你。”

总之，面临恋爱这样重大的问题时，就要果断决策，并见诸行动。否则，就有可能陷入单恋之渊，不仅丝毫无助于自己爱情的成功，还可能危及心理健康。

3. 恋爱纠葛的自我调适

在恋爱纠葛中，三角恋、多角恋是其中最为突出的问题，因为陷入这样的恋情中，不仅他（她）们自己痛苦，而且别人也痛苦，伤及双方甚至多方的身心健康。那么如何解决这种恋爱纠葛呢？

(1) 认识爱情的选择性与排他性之间的区别

大学生健康的恋爱心理要求彼此尊重各自的选择自由与权利，但爱情的本质又告诉大学生恋爱是专一、排他的，不能进行选择。如果同时与几个对象有了恋爱关系后再进行选择，那就混淆了选择与排他之间的界限。大学生在这种情形下发生多角恋，应当分清二者，重新权衡自己的感情，决定放弃谁、不放弃谁，然后慢慢地、有条有理地淡化自己与他（她）的感情联系和行为接触。

(2) 重新评价自己与恋爱对象的关系

在这样的恋情中，自己的恋人对他人产生了恋情，作为失利的一方，心情是极其痛苦的，这时最需要的是冷静的思考，面对这样的情形，清晰地分析一下出现这种情况的原因，重审自己与恋人的关系，看看是否因为对方认为第三者比自己强，或者自己某些方面做错了什么比如自己的言行不得体，对他（她）关照不够、不够热情，或者是说这段感情经不起考验等原因。进行一番思考后，再与对方坦诚相谈，看能否改变这种局面。假如事情已经到了不可挽回的地步，内心也能较为平静地接受。

(3) 明智理性地退避

感情既然已经陷入这种说不清、道不明的境地中，究竟还有多大持续的价值呢？如果再在上面耗费精力和时间，不仅不会给自己带来幸福和进步，还可能对自己的感情造成更大的伤害。此时一个看似消极实则积极的策略就是退避，而且是理智勇敢地回避这种关系。因为这种决定的最大心理障碍是“退让即是失败”的错觉，其实这种想法的实质才是不敢正视现实和自己真正的立场，才真正是消极的、失败的。

二、加强大学生恋爱心理健康教育

如今恋爱已成为大学校园里的普遍现象，但目前高等院校对此问题大多持“只要不出大问题就不闻不问”的态度，而学生在恋爱问题上是求学无门，摸着石头过河，处于一种开放、无序的状态，从而引发了各种问题，甚至酿成悲剧，给学生造成严重的心理冲击，带来无尽的悔恨，影响其身心健康发展。因此，培养大学生健康的恋爱心理，指导他们处理恋爱过程中的各种问题，应该成为大学生心理健康教育的重要内容。

（一）确立正确的恋爱价值观

这是培养大学生健康恋爱心理的首要问题。爱情作为男女之间一种相互爱慕的专一持久的情感，深刻影响着人的精神生活及其他方面。一对大学生从正常的交往、友谊的建立、爱情的萌芽到恋爱关系的确立，这段时常伴随风雨的心理历程中总有一种相对稳定的意识活动左右和支配着个体的恋爱与性爱行为，这就是恋爱价值观，不同的恋爱价值观会产生各异的恋爱行为选择与行为方式。对于大学生而言，应树立正确的恋爱价值观，摆正恋爱的位置，理解什么是真正的爱情，把握爱的真谛。首先，帮助学生认识到高尚的恋爱价值观既是社会与时代的要求，也是大学生自身健康成长并获得真正爱情幸福的需要；反之，不良的恋爱价值观将使恋爱中的大学生因恋爱而影响学业，产生浪费奢侈行为乃至报复行为，给恋爱双方造成不可避免的身心伤害。正确的恋爱价值观是妥善处理好恋爱与婚姻、恋爱与同学、爱情与友情、爱情与道德、感情与理智、爱情与金钱及地位等关系的根本保证。其次，大学期间是学习的黄金时代，圆满完成学业是大学生的第一任务，因此帮助大学生处理好恋爱与学业、人生的关系成为至关重要的问题，对于大学生来说，学业应为第一，掌握过硬本领，培养各方面的能力，以优异成绩完成学业，既是个人未来事业的基石，也是个人未来生活、家庭幸福的基础，大学生的恋爱应是以事业为基础的爱情。

（二）提高道德修养，增强恋爱的责任感

高尚的道德情操和精神境界，是构成良好个性心理品质的基本要素，修身养性、陶冶情操，不仅可以使人善良、宽容和豁达，而且会使爱情的内涵不断得到深化和升华。帮助青年大学生不断提高自我道德修养水平，是培养大学生健康恋爱心理的有效途径。对大学生的恋爱问题，不能把它看成只是个别人的私事，它自始至终都是一种有意识的社会行为，无可避免地具有道德性，应受到恋爱道德的约束。然而，大学生在恋爱现实中，却常忽略这个问题，做出了很多违反社会公德和恋爱道德的事来，造成不少坏影响。爱情不仅是性欲，还意味着责任，同时它不光要求相互信任、忠诚，还要求互相帮助、负责，否则两性关系、家庭生活就没有安全感。不负责的游戏爱情，不但会导致当事人情感的堕落，还可能会毁灭其一生。因此对大学生进行的恋爱道德教育，应着重让他们明白在对待恋人的关系上，要互尊互爱、纯洁专一和含蓄文明，若彼此恋爱关系确定，就要恪守信义；要培养大学生对爱情、家庭的忠诚品质，增强大学生对未来家庭的道德责任感。此外，帮助大学生正确对待失恋也是进行恋爱道德教育，培养大学生健康恋爱心理的主要方面。不少后果严重的恋爱问题的产生，往往都与失恋有关。

对此，教育者要通过教育，引导学生失恋不失志、失恋不失德，要培养乐观豁达的健康心理，帮助他们自觉充当自己感情的主人，努力使自己在恋爱中成为一个高尚的、有道德的、有责任心的人。

（三）适当的性教育

掌握科学的性知识是培养健康恋爱心理的必要条件。性的禁锢和封闭造成大学生的性无知和性神秘，加上他们从大众媒体中所获得的是既不科学又零碎的性知识，往往造成他们用错误理论去指导错误实践，严重阻碍了其性心理的健康发展。针对此现象，对大学生进行性教育自然很有必要，这样既可以避免大学生耗费时间盲目地进行探索，又可增加他们的性科学、性道德和性法制知识，从而使大学生树立正确、健康、科学的性观念，避免性问题上的好奇、恐惧、焦虑等不良心理的出现，有利于增强大学生对婚恋问题上旧的传统观念的分辨和批判能力，有利于健康恋爱心理的形成。此外还应该突出对西方“性解放”“杯水主义”思潮的批判，因为青年特别是大学生极易受其影响。

（四）积极参加社会实践，形成良好的人际交往能力

创造各种机会让学生积极参加各种社会实践，有助于锻炼大学生的社会适应能力，使大学生了解社会、不断丰富自己的社会阅历，提高大学生的自我认识水平和自我控制能力，使大学生具备健康心理素质，以利于健康恋爱心理的形成。爱情体现着人与人之间的一种特殊的社会人际关系，因而帮助大学生形成良好的人际交往能力是健康恋爱心理形成的必要条件。

首先，使大学生懂得怎样与人相处，包括与异性之间的正常友好交往、学会尊重他人和自我尊重。

其次，创造条件拓宽大学生异性之间正常交往的渠道，开展一些诸如文娱体育及郊游等健康有益的集体活动，增进学生间的相互了解、融洽关系、建立友情，形成健康人格，以利于健康恋爱心理的形成。

此外，建立美好的校园生活环境，创造良好的社会风尚，对大学生健康恋爱心理的养成也有重要作用。

第十四章　当代大学生理解家庭与心理健康

第一节　大学生理解家庭的心理问题

一、家庭对人的影响

家是每个人成长的摇篮，家中既有爱，又有爱的困惑。大部分人在家中接受父母对自己的关怀与照顾，即使离家在外，你也能感受到父母的关心与挂念。然后，有时你也会很困惑：你是否总是觉得自己做得不够好，还不够努力，令你的父母或其他家人感到失望？你是否觉得自己有责任让父母感到高兴？你是否因为自己做了或者没做什么事情而厌恶自己，是否在自己独自快乐时感到羞耻或者内疚？你是否在有的时候感觉自己像个受人操纵的木偶？我们的许多优秀品质源于我们的父母，而我们的一些心理困扰也可能根源于家庭。无论如何，每个人都与自己的家庭有着密切的联系。

家庭是人类社会生活中最基本、最主要的初级组织，是人社会化的摇篮，良好的家庭关系与生活环境是每个家庭成员人格形成与完善的重要条件。

（一）家庭定义与功能

家庭是指婚姻关系、血缘关系或收养关系基础上产生的，亲属之间所构成的社会生活单位。家庭是社会的细胞，是个人过群体生活一种最普遍、最固定和最持久的社会生活的基本单位。家庭和婚姻关系有着密切的关系，婚姻双方构成了最初的家庭关系，在此基础上又产生出父母子女等其他家庭成员之间的关系。家庭有广义和狭义之分，狭义是指一夫一妻制构成的社会单元；广义的则泛指人类进化的不同阶段上的各种家庭利益集团，即家族。

从社会设置来说，家庭是最基本的社会设置之一，是人类最基本最重要的一种制度和群体形式。从功能来说，家庭是儿童社会化、供养老人、性满足、经济合作的人类亲密关系的基本单位。从关系来说，家庭是由具有婚姻、血缘和收养关系的人们长期居住的共同群。家庭在社会中起着极为重要的作用，担负着多种社会功能。现代家庭的功能主要包括以下几个方面：

①家庭要能够满足其成员的物质生活需要，提供对外界危害事物的保护力量；

②家庭要具有人与人之间的亲情和塑造亲近和谐的人际关系能力；

③家庭要能通过与家庭的认同作用而培养子女综合性的人格和社会生活的适应能力；

④家庭要能提供性知识和性教育，以培养子女的性身份和性角色的实现能力；

⑤家庭要能塑造其成员的社会统合行为、社会角色扮演和培养其社会责任感；

⑥家庭要培养其成员的学习动机、求进步的欲望和创造的能力；

⑦家庭要能传承文化，并培养下一代有创新文化的能力。

总的来说，现代家庭不仅为每一个家庭成员提供主要的生活场所，同时也具有影响、培养和教育所有家庭成员成为合格社会成员的功能，显然家庭对家庭成员人格的形成、幸福成长与

发展也必然有着不可替代的重要作用。

（二）家庭塑造了你的精神世界

1. 家庭与人格形成

家庭是孩子最早接触的环境。家庭担负着传授生活生产知识技能、指导生活目标、行为规范和道德作风的社会化任务。家庭对人的影响首先表现在指引社会化方向、选择社会化内容上；其次，家庭教养方式会影响成员人格的完善程度和心理健康程度。此外，家长的价值观、为人处世的态度都会对子女人格产生潜移默化的影响，还有父母的文化素养、家风家德、家庭职业、经济收入、宗教信仰等都会对子女的人格发展产生积极或消极的影响。

家庭对家庭成员人格发展的影响，从发生的时间看，开始最早、持续最长；从作用空间看，范围最大、内容最广。所以家庭是影响人格的环境因素中最基础、最重要的组成部分。作为家庭的成员，无论是婴幼儿、儿童和青少年，还是成年和老年，他们的心理发展和特点都必然受到家庭中各种相关因素的影响。研究证明，民主和谐的家庭气氛、父母对幼儿的赏识、良好的家庭心理情绪气氛、稳定的家庭结构等对幼儿良好人格的形成有重要影响。家庭成员之间的关系应当是和睦的、平等的、互相关心和互相爱护的。孩子在良好的情感环境中生活、成长，他们会感到自由、舒畅、温暖、幸福，从而形成健全的人格。

美国前总统罗斯福十分注重培养孩子的独立人格。他有句名言：“在儿子面前，我不是总统，只是父亲。”他反对孩子依靠父母过寄生生活，他让孩子们凭自己的本事自食其力。大儿子詹姆斯 20 岁去欧洲旅行，临回家前买了一匹好马，然后打电报向父亲求援。父亲回答：“你和你的马游泳回来吧!”儿子只好卖掉了马，作为回家路费。如果父母给孩子过多的关注和过度的保护就是溺爱，溺爱剥夺了孩子的独立性，会引起其强烈的自卑感，导致成年后产生人格问题。有些家长对孩子十分不放心，事先为他考虑得面面俱到。

总担心自己微小的疏忽会让孩子受委屈或造成损伤。虽然这类父母一切都为孩子着想，但是孩子却不见得领情，因为他们会感到压抑、受拘束、没有自由的空间。

2. 父母评价影响自我价值感

自我价值又叫自我概念，是一个人对自己的感觉和想法，它是人生命能量的源泉，是内在精神世界的能量中心。高自我价值的人相信自己，喜欢自己，欣赏自己，善待自己。他们主动与别人沟通，在沟通时尊重自己，也尊重别人。低自我价值的人不容易相信自己，不喜欢自己，自卑，总觉得自己被伤害，容易惩罚自己和别人，认为别人应该对自己的行为负责，他们常用“爱别人”的方式来取代“爱自己”。其实，一个不爱自己而去爱别人，他的“爱”中会带有控制的意味。

一个人自我价值感的形成，与其父母在成长过程中对他的态度直接相关。如果父母经常接纳、欣赏、喜欢、尊重孩子，孩子就会将父母的评价内化为对自我的认识，认为我是值得被爱、被尊重的，就有较高自我价值感；相反，经常被父母批评、指责、嘲笑、漠视的孩子，他们也会将父母的评价内化为对自我的认识，认为我是不好的，是不值得爱的，则会有较低的自我价值感。

3. 父母传递爱的语言

我们因为父母的相爱而来到这个世界，我们还将把爱传承给后代。爱是情感的表达。作为孩子，我们从父母的什么行为上能感受到来自他们的爱呢？我们又是怎样把我们心中的爱传递给所爱的人呢？

心理学研究表明，爱有以下五种语言：

(1) 肌肤的亲近

爱一个人就希望亲近他的肌肤，这是与他人肌肤相亲的渴望，比如拥抱、抚摸、牵手、相依。父母爱孩子，就会愿意亲近孩子的肌肤、拥抱和抚摸孩子。当孩子得到足够的来自父母肌肤的亲近时，在未来的岁月里，孩子也会愿意亲近那个自己爱的人。

(2) 赞美

爱一个人就愿意欣赏他、称赞他，表达喜爱的情感。孩子可以从父母的语言和非语言的信息中获得欣赏的线索。比如，他们夸赞孩子任何一个优秀品质，或者他们看孩子的眼神充满柔情和欢喜。如果孩子被这样爱着，孩子以后也会对所爱的人不由自主地表达赞美和喜欢。

(3) 陪伴

爱一个人就愿意跟他一起共度时光，愿意跟他一起共同经历一些人或事，有共同感受，共同情怀。在曾经的岁月，父母肯放下他们手上重要的事情而愿意陪伴孩子度过生命中重要的时光吗？比如，陪你去期待已久的郊游，去渴望的动物园过“六一”儿童节，病了及时就医，陪伴你度过你生命中其他重要的时刻？这样的陪伴让你觉得你是重要的，你是值得他们关注的。如果你曾经被父母陪伴，你就学会了将来这样去陪伴你所爱的人。

(4) 礼物

爱一个人就愿意为他买礼物表达爱意。当父母常常用这种方式表达对别人的爱时，你也会学会这种爱的语言。

(5) 服务

爱一个人就愿意为他做事而不求回报。当父母之间的爱，父母对你的爱是这样做的，就会让你学习到更多爱的语言。

通过这五种爱的语言，父母将他们的爱传递给我们；父母怎样爱你，将来你便学会怎样爱别人。

二、家庭的分类

家庭和文化环境深深影响成年个体以后的身体健康和人际关系。不同的家庭对青少年的影响各不相同，根据国际家庭伦理研究中心的戴维·艾克曼博士（David Ekman）的理论，家庭可以分为三种类型：健康的家庭（a healthy family）、注重表现的家庭（a performance only or confused Family）以及运作不良的家庭（a dysfunctional family）。

(一) 健康的家庭环境

健康的家庭有个清晰和积极的人生自我看法，彼此有深厚情感，具备快乐人际关系的技巧。父母双方对他们的家庭背景带来的问题已经获得一个健康的解决之道。从这样家庭走出来的人容易信任别人，并常常假定每个人的家庭背景都大致如此。

来自健康家庭的人特点很鲜明。

第一，有积极的自我认识。在健康家庭长大的人比其他人更容易信任人，因为他们自己的

家庭生活安全可靠、彼此表达出情谊，他们的生活可以预期，所以他们进入成年人世界时能够信赖别人。

第二，能够积极主动地调节与管理情绪。因为从家庭中他们发现并学会与别人谈话来消除情绪上的苦恼，让负面的情绪随着时间消散而去，学会在难过的时候不是耐心忍受，而是要想办法消解。他们常常会通过与关系密切的朋友谈话来疏解情绪。

第三，懂得如何关心别人以及接受别人的关心。当身边有人情绪低落时，他们会拉起对方的手来或拍拍对方的肩膀，或把手臂搭在人的肩上。别人安慰他们时，他们不会感到不自在或不知如何回应。

出自健康家庭的人有什么优势呢？

首先，家人间关于自己家庭的看法、印象与情感彼此一致。例如，说到“父亲”一词时，他们会感到一种良好的体验。父亲不仅是挣钱养家的人，更是与自己的孩子关系亲密的人。他爱自己的孩子，保护自己的孩子，并且对他们能感受非常重视。他会安慰他们，鼓励他们。他为孩子们提供建议。即使需要和孩子说出他的不同意见时，他也带着爱与温暖。

其次，健康家庭里的人对“爱”这个字充满了积极的体验。在健康的家庭中，爱并不是对陌生人盲目的忠诚，而是喜欢自己的家人。爱给人自由，因为被爱的人会知道，“我是谁”比“我做了什么”更重要。因此，对于健康家庭里的人来说，爱、父亲、母亲、信任、温暖，这些都带给他们积极的人生体验。这在心理上是极大的优势。因此，他们会很容易信任别人，他们的情绪也会比较稳定。他们会乐于接受别人的称赞，但他们的好心情并不依赖别人的称赞。

当然，这样的家庭走出的人也有其缺点。例如，第一，他们有足够的安全感与信任感，有时候他们会太过信任别人，甚至吃亏上当。第二，他们有时面对生活时不够有深度，因为他们很难理解很多人经历的磨难。他们有很积极的心理，但是他们常常难以真正去同情那些受到伤害和苦难的人，因为那些对他们来说过于陌生。他们不太容易发展出由衷的同情心。他们有时候对那些不接受安慰的人会感到不耐烦，他们看别人情绪迟迟不能得到疏解时就会放弃，因为不理解他们为何会与自己的经验感觉不同。

（二）注重表现的（困惑的）家庭环境

困惑的或只注重表现的家庭，简而言之，就是一个家庭的情感中心不是爱与温暖，而是其他外在的表现。注重表现的家庭显然有爱的表达，也有一定的快乐人际关系技巧，但是自我认识并不清晰。父母双方还没有对家庭背景带来的问题获得健康的解决之道。在此种家庭长大的人习惯于报喜不报忧，对建立亲密关系会有所迟疑。

注重表现的家庭有以下一些特点：

一是容易偏爱个别孩子。如果家中有几个孩子，那么表现最好的孩子会让父母（至少是父亲）特别喜欢，这就产生了偏爱。不被偏爱的孩子有可能会对学习自暴自弃，或者满心愤怒和怨恨。被偏爱的孩子也会出现各种问题，比如这个孩子会对家庭有不真实的认识。而健康的家庭中，每个孩子都被当作珍贵的个体看待，父母也会避免兄弟姐妹之间的竞争，会尽可能平等地喜爱每一个孩子。目前中国大部分家庭都是独生子女，那么就可能会产生家长拿自己孩子与其他孩子作比较，这种不断地比较会让孩子感受到父母更看重外在的表现而非他本人。

二是不诚实。当“表现”比孩子本人还重要时，孩子就无可避免地得到一个信息：为了得到父母的关爱和肯定，表现比诚实还重要。在某种意义上说，过分注重表现的父母等于是鼓励孩子如此对待他们，甚至干脆等于让孩子撒谎。孩子会认为：我本人和实际状况并不重要，重要的是遵守一切规条，好好表现。孩子如果发现，父母的爱与温暖完全取决于自己的表现好坏，就会本能地报喜不报忧。

三是容易产生三角关系。如果孩子觉得与父母的一方（如父亲）直接沟通很不舒服，他们会让另外一方传话，这就是三角关系。孩子和父母的一方无法直接交流，必须绕一个弯子，这是不健康的，造成亲子关系疏离与沟通不良。三角关系是一种操控行为，利用一方父母和另一方父母进行接触。在一个只注重表现的家庭里，操控行为非常普遍。由于孩子表现怎么样是最重要的，因此操控也就很重要。孩子必须尽一切可能不让父母失望。为此他们必须借助操控行为。许多大学生表示，他们都有偷偷改过成绩单的经历，目的是为了让他们的爸妈看着高兴。表现好，取悦父母成为最重要的事情。

四是情感不被表达。表现不好的、不被喜欢的孩子也不能表达自己的不满。父母和孩子很疏远，并且无法沟通，到成年之后亦是如此，甚至形同路人。假如家庭的中心不是爱与友谊，那么人生最重要的东西，即“爱与温暖”就被忽视了，家庭成员充满怨恨，缺乏感情，又不能表达，因为表现好比爱与亲情更为重要。

成长在注重表现的家庭的人主要有以下两个特点：

第一，对自我没有清晰地认识与准确地评价。成长在注重表现的家庭的人面临好几种人生的难题。他们通常不清楚自己到底是怎样的人。父母希望子女成功，为的是自己脸上有光，因此孩子的价值和地位要取决于他们的表现。而他们表现的好坏要看父母的期望，而不是看孩子的固有能力是否发挥。在这种环境里，孩子变得只知道别人对自己的期望，而很可能对自己的愿望和自己的真实自我从未考虑。成长在注重表现的家庭或注重表现的文化里的人，常常感到自己好像只是为别人而存在，没有一个属于自我的意识。

第二，学习与工作十分勤奋，却难以获得成就感。从注重表现家庭出来的人会不自觉地相信，知识学得越多越好，工作越卖力越好，知识和努力比发现自己能够轻易做好某类工作的快乐更重要。教人找到自己本能的优点长处对这些人来说是极不自然的，因为有知识和努力工作，比发现自己可以轻而易举做成某事的快乐更被人看重。常常有学生问，那么我应该怎么做、应该学会什么呢？可是一般来说，重要的不是什么事情应该发生，而是要了解关于生活实际的一些原则，了解正面的人生价值是什么。

（三）运作不良的家庭环境

运作不良的家庭不幸福，长期受到酗酒或其他瘾癖所困扰，在家里常常有身体虐待、情感虐待或忽视。家庭长期处于压力之下，因为家里的痛苦状况，家庭成员常常会伴随嗜瘾的行为。有的人成长在压力很大并且很不幸福的家庭，他们的人生经历与成长在健康家庭和注重表现家庭的人不同。这些家庭的父母不停地吵架，沉溺瘾癖，常常陷入愤怒或抑郁之中。这样的家庭经历会给孩子带来非常负面的影响。

第一，负面的自我认识。成长在心理运作不良家庭的人自我认识很负面或是根本不知道该怎样看待自己。负面的自我看法会在成年生活里造成很多问题，因为这样的看法所产生的期望都是按照自己环境里最坏的可能性制定的。每当压力到来时，总是叫人回到童年时代的思想意

识里，变得高度警觉。不幸的是，如果没有及时认识并解决这些问题，可能会将负面的自我评价与看法传递给下一代。

第二，消极的防卫机制。家庭处于痛苦和压力中时，人就会使用防卫心理来保护自己不受伤害。如果家里的压力是持续不断的，孩子就会不自觉地把这些防卫方法带入成年生活，每当遇到压力时，这些防卫就再度出现。防卫机制是为了提供乐趣和逃避痛苦。最常见的一种防卫机制是人际关系的疏离。成长在不健康家庭的人常常会有内在外在的各种长期压力感与痛苦感。首先，他们经常会感到孤独与孤僻。如果父母喜欢批评孩子，辱骂孩子，甚至虐待孩子，那么孩子会自然地躲着父母。家庭成员很自然的用躲着彼此的方式来缓解压力。孩子会在家中成为"隐形人"。成长在不健康家庭的人会本能地躲避关系的痛苦。疏离的人际关系可以帮助减缓或忘记痛苦，但也难以与人建立稳定、亲密的关系，感受最基本的爱与温暖。例如，一个来自健康家庭的人若是与一个有着不良家庭的人结婚，他会感到困惑，因为故作友善的人初看上去很有魅力，可是结婚后健康的一方寻求亲密关系时却惊讶地发现，他越试图亲密，对方的反应就越紧张，试图退缩。

第三，不会沟通。对运作不良家庭的成员而言，语言不是用来沟通的，而是用来控制别人的。正常的沟通是为了帮助人与人一起合作面对生活的。在不健康的家庭，语言是用来伤害、逃避、遮掩、欺骗的。因此，他们会本能地相信沟通是没有任何用处的。沟通只有伴随信任以及感情才是健康的，否则就只有伤害。

第四，成瘾的行为。在充满伤害的家庭中，家庭成员会沉迷于某件事情中，以逃避家庭的痛苦。逃避有两种方式：一种是面对精神上的压力和痛苦时，孩子会将注意力转移到学习或者课外活动上。这会给孩子带来很好的成绩，但并不会给他带来健康的心理。事实上，这是让孩子对伤害视而不见，对成长其实是有害的。另一种是做出自毁性行为，例如，吸毒、沉迷游戏，或是其他不良上瘾行为。讽刺的是，那种学习狂人和这种问题少年其实都是面对家庭的痛苦所产生的结果。

除了这些外在的问题之外，成长在不健康家庭的人也容易有内在的种种症状。

第一种症状是创造出一个假自我。假自我来源于一个人接受了错误的关于"我是谁"的看法、感觉和意见。不健康家庭会同时发生两种情况：孩子被指责，孩子指责自己。渐渐的，孩子会觉得，自己是没有价值的，自己就应该被很不好地对待。如果一个人常常说"我觉得我有问题，但我说不清是什么问题"，那么就可以判断出他是来自不健康家庭。来自不健康家庭的很多人都会立即说，他们自己就是这么想的。他们不清楚自己是什么问题，但他们就是觉得自己有问题。甚至很多非常聪明的学生都觉得自己很笨、很无能。

第二个症状是容易自责。成长在不健康家庭的孩子下意识地认为自己是有问题的。所以他们才会被不好地对待。孩子是需要温暖的，但是孩子也需要得到对周围发生的事情的一个解释。如果他们总是被身体上或是语言上虐待，之后爸妈又说："我这样做都是因为爱你"或者"这是为你好"，那么孩子没法做出别的判断，只能相信父母的这种说法。等到这个孩子长大之后，遇到各种压力时，就会回到儿童的状态中，重新用那种方式看待自己：假如这些下意识的看法没有改变，这个人会相信家庭带给他们的自我认识。他会自责，童年的体验也会再现。自责是对家庭的精神压力的自然反应。

第三个症状是自责伴随而来的羞耻感。羞耻感并不是因为我们做了什么，羞耻感是因为自己感到痛苦。羞耻感不同于内疚感。内疚感是觉得一件事做错了（比如撒谎或偷东西）；羞耻感是说，我们觉得自己本身就是一个错误。一个受到虐待的孩子不知道自己做了什么让自己的生活如此悲惨，也不知道为什么自己会被虐待，所以就会认为，一定是因为自己的问题。羞耻感的意思就是，我觉得我是有问题的；如果别人了解了真实的我是怎么样的，别人一定不会接纳我的。这种心理力量非常强大，让人无法敞开内心，也难以成长。

成长在非常不健康的家庭中的人必须学会两件事：一是让肾上腺素快速分泌以应对突发危险；二是关上情感开关，让自己的感受不表现出来，以保护自己。这就好比一边跃油门一边踩刹车，很快发动机就会烧掉。如果一个人如此对待自己，会让情感过度压抑，精神濒临崩溃。如果不想让自己一直感到痛苦和创伤，那就只能把整个情感世界关闭。

成长在不健康家庭中的孩子难以理解为什么他们的世界会发生这些事情。当他们长大之后，他们会努力表现得友好，但是内心深处却很难和人有联结，甚至很难有任何感受。此外，他们会觉得这都是正常的，没有发觉自己有什么不一般的地方。更为悲剧的是，没有人告诉他们，这背后的真实原因是什么。孩子如果在成长中一次次地被父母和亲人背叛，他们长大之后不会相信人是好的。不健康家庭的人学到的是，信任亲近的人会让自己失望，让自己痛苦。这样背景的人结婚之后也会不信任自己的伴侣，也不信任其他人。成长在不同家庭的人非常不同，如果邀请前面所述的三种不同家庭背景的人进入一个有许多陌生人的房间时，他们的期待是不同的。健康家庭的人认为大家会喜欢他；而注重表现家庭的人相信自己若是努力的话，大家就会喜欢他。从运作不良家庭出来的人，不关心别人会不会喜欢自己的问题。比如，他们走进一个房间时就会不自觉地警惕起来，觉得他们随时会有威胁及不寻常的东西要面对。每一种家庭背景都会在人身上产生一些可预期的特征，并在成人生活里反映出来。

第二节　大学生理解家庭与心理健康的关系

家庭作为个体的主要社会网络，是个体心理健康的重要影响因素。家庭是儿童心理健康形成的初始环境，是儿童获得早期生活体验、形成最初的道德认识和行为习惯的主要场所，家庭结构、家庭环境、家庭成员之间的相互作用，家长的教育观念、教育态度、教育方式，以及家长的人格特征等都可能影响个体心理的健康发展。

一、家庭结构对子女心理健康的影响

随着社会的不断发展，家庭结构也在不断发生变化，尤其是20世纪以来，这使得连续几代儿童都是在与他们父母的儿童时期极不相同的环境中成长的。家庭背景、家庭组成的规模和家庭类型的变化等方面都会对儿童心理健康产生深远的影响。

（一）家庭背景

家庭背景首先表现在地理位置上，在我国最重要的是城市和农村的差别。城市和农村的家庭在结构特点、文化观念、经济状况等方面都有很大不同。儿童出生在什么家庭里，不仅受到来自家庭的直接影响，同时也受到与家庭相关的一些社会资源的影响。这使得农村和城市家庭的孩子由于拥有不同的社会资源而有不同的发展道路，甚至经历不同的命运。家庭背景的影响

还通过家庭的流动表现出来。随着社会流动性的加剧，父母因为工作的调动或者其他原因而搬家是常有的事情。伴随这样的迁移，产生了对社会适应技能的需要。对儿童来说，经常迁移的困难包括结交新朋友的问题、对新学校的适应等。这些都将影响他们的心理健康水平。对年龄较大的青少年来说，迁移可能意味着破坏已建立的友谊，其中有些可能包括很强的情感联系。经常迁移也影响家庭与他们居住的社区形成稳定的联系。这些就可能使儿童，特别是青少年觉得被疏远，并可能增加犯罪和其他青少年期的心理与行为问题。

（二）家庭组成

家庭组成的变化主要表现在家庭成员的多少或家庭规模的大小上，还表现在家庭类型上，如完整家庭和单亲家庭的区分。目前，家庭的大小已经变得越来越小了，这是两种主要影响的结果。第一，中国变成了核心家庭（包括父母及其子女）的国家，而不是大家庭（与其他亲戚一起居住的家庭）的国家。第二，核心家庭的大小在缩小，因为父母生育的孩子越来越少。传统的“养儿防老，多子多福”的观念正在淡化，致使家庭的规模不断变小。今天的大学生已经不能再像过去那样，与大家庭的成员，比如（外）祖父母、叔伯、舅母、舅舅以及（表）兄弟姐妹有较强的联系，一般只与父母保持有意义的家庭联系。因此，大多数大学生失去了拥有各种成年期角色的隔代榜样的好处。米德（Mead）认为这种情况产生了各代之间理解的缺乏，因为各代之间的联系减少了。在大家庭中，大学生从小有可以学习的成人社会行为、日常礼貌和角色的榜样，有成人各代之间交往（比如父母和祖父母的交往）的榜样。这些榜样可能会促进社会技能的学习，促进隔代的理解。在今天的多数家庭中，这些好处都已失去。

（三）家庭类型

目前，核心家庭依然占据主流地位，但是新的非主流家庭在不断增加，这将对儿童社会化带来越来越大的影响。传统的一夫一妻制的婚姻家庭模式，是人类长期发展中“自然选择”的结果，是人类文明的基础，它顺应了自然的法则。传统家庭为男女的性生活提供了最健康的、安全和自由的空间，为儿童的社会化提供了环境，至今仍是最主流的家庭状态。但是，新型的非主流家庭模式不断增加。

1. 单身家庭

这是社会保障制度发展的结果，因为福利和保障使人们不再担心生活的经济来源问题和养老等问题，家庭的经济功能，“扶老携幼”的传承功能减弱。

2. 单亲家庭

由于离异和单身成年人收养孩子而产生了大量单亲家庭。

3. 丁克家庭

指那些“双收入且无子女”的家庭。很多夫妻双方文化程度都很高，并且不愿意生养孩子，愿意过两人世界。这样的家庭在京、津、沪等大城市有60余万户。

由于有一些大学生生活在单亲家庭中，还有一些大学生同一个继父或继母一起生活，这必然与完整家庭对大学生社会化的影响有所不同。例如，父母对子女关心的减少或不正常，父母离异带来的阴影，继父母的嫌弃与责罚等，都会导致社会性发展不良问题，从而给子女带来各种各样的心理健康问题。

下面是父母离异对青少年心理健康的影响。

离异家庭是指父母离异后的单亲家庭，或者父母离异后再婚的重组家庭。这类家庭的特殊性体现在家庭结构的不完整或者非血源性上。一项综合了129项研究、涉及大约9.5万名受访者的元分析比较了父母离异的年轻人和父母继续维持婚姻的年轻人。无一例外，经历过父母离异的成年人与父母继续维持婚姻的成年人相比，幸福感水平较低。父母离异的孩子更可能进入单亲家庭，出现心理适应不良，如更沮丧和焦虑，对生活的满意度较低，表现出更多的问题行为，如酗酒、吸毒、犯罪、自杀、少女怀孕或少年婚姻，而且离异家庭儿童的受教育水平较低。

在父母离异的大学生中，有将近一半（48%）的人觉得他们的童年比一般人更艰难，而来自完整家庭的大学生中有同样感受的只占14%。另一方面，追踪研究表明，在父母离婚后孩子的状况会随着时间的推移而有所改善。

从婚姻冲突到准备离婚，到孩子跟随单亲生活，孩子的心灵都会受到严重的伤害，对其人格、情绪的影响是灾难性的。大量研究结果都表明，离异家庭子女在学习成绩、行为、心理调节、自我概念、社会适应、亲子关系等方面都比完整家庭儿童表现差。有研究者对家庭结构与子女受教育水平、职业地位和心理幸福感之间的关系进行了追踪考察，结果发现，离异家庭子女完成高中课程、读大学的可能性显著低于完整家庭儿童，他们的职业地位很低而且心理健康水平比较低，或者说很少有主观幸福感。

一般来说，离婚可能导致孩子的各种心理和行为问题。此外，离异家庭对孩子还有一种特殊的影响值得注意。青少年在成长的过程中，要学习特定性别角色应该具有的行为方式和人格特点，也就是说，男孩应该有男孩的气质，女孩应该有女孩的气质。而这种学习的主要对象之一就是自己的同性别父母，男孩以自己的爸爸为学习榜样，而女孩努力模仿妈妈的行为。离异家庭子女可能会缺少这种模仿的对象，从而表现出与性别不一致的行为方式与人格特点，容易遭到同伴的嘲笑，从而自尊心受到伤害。

二、家庭环境对子女心理健康的影响

（一）家庭物质环境

家庭物质环境主要是由父母的经济社会地位决定的。家庭物质环境对大学生社会性和心理健康的影响，就是通过父母在这种物质环境和社会地位中，对大学生的期望和教养方式的不同而形成的。几乎在每一种文化中，不同社会地位的父母都会形成对大学生不同的期望和反应。社会地位是由父母的社会经济状况、受教育程度、财富的积累和职业决定的。一般来说，物质条件优越、社会地位更高的父母会伴随有以下几种情况：

①父母会鼓励子女，并且花更多时间帮助子女的学业活动，对其抱有更高的学业期望；

②子女的阅读和数学成绩更好，成就动机更强，自尊更高。

（二）家庭心理环境

大学生在家庭获得的最初的经验将决定其是否有安全感、关爱感等。研究表明，家庭心理环境对大学生的心理健康至关重要。在气氛紧张、父母关系不和谐的家庭里，父亲、母亲都处于极大程度的情绪紧张状态，他们常常烦恼不安、性情暴躁、言语粗鲁，对长辈很少孝敬甚至虐待。在这样的环境中，没有独立生活能力、完全依赖父母的儿童容易情绪乖张，为父母关系失调而慌乱、憎恨，为忠实父亲还是母亲而烦恼和疑惑。紧张的家庭人际关系破坏了应有的温

馨的家庭气氛，使孩子长期处于负性情绪中，又缺少温暖和关爱，容易使孩子形成孤僻、自私、玩世不恭等不良品质，对儿童的心理健康产生负面影响。

欢乐、和谐、健康的家庭生活有利于形成最佳的亲子关系，促进大学生的心理健康。在健康的家庭里，父母双方彼此相爱，爱孩子，关心孩子的兴趣、能力和志趣，愿意设法帮助孩子。家庭成员之间能互相尊重爱护，家庭气氛安定和睦、融洽温暖、民主平等、愉快欢乐。为了促进儿童的心理健康，父母还要形成最佳的亲子关系：父母要和孩子一起游戏，一起学习，发展共同的兴趣，和孩子共享经验和成果，增进父母和孩子之问的感情和相互间的了解。父母要把孩子作为平等的人，尊重孩子的爱好，给他一定的自主权。

（三）父母的教养方式

良好的家庭心理环境应该为大学生从小营造爱的氛围，其核心是对大学生人格的尊重。然而，对孩子的尊重不等于放纵，关爱更不等于溺爱，这取决于父母的教养方式。研究表明。学习不好或行为不良的儿童和父母教养方式有着千丝万缕的联系。

1. 溺爱型

现在很多家庭是“四二一”结构，即祖父母、外祖父母四个人，父母两个人，再加一个孩子。孩子是全家的中心和焦点，大人对孩子无微不至地呵护、无节制地满足、无原则地让步。溺爱型家庭的主要特点是：对孩子的爱缺乏理智和分寸，过度包容孩子的行为和要求。这种教育方式最终致使孩子易形成任性、幼稚、反抗、神经质等心理特征，缺乏坚强意志，凡事以自我为中心，社会适应能力很差。在学习上，总认为自己应该比别人强，如果竞争不过别人，就嫉妒别人。

2. 专制型

在溺爱型家庭里，孩子是中心，一切都围着孩子转，家长对孩子百依百顺。而在专制型家庭里却相反，家长要求孩子必须一切听从家长，用权利和强制性的训练使孩子听命。长期在父母的高压政策下的孩子易形成幼稚、依赖、神经质的心理，他们的独立性和自主性较差，有些孩子可能变得更加依赖或毫无主见，有些孩子则可能变得更爱反抗或性格暴烈，更有些孩子在家里很听话，一到学校就欺负其他同学，违反学校纪律。

3. 放任型

无论是溺爱型家庭还是专制型家庭，都还是“爱”孩子的，但是爱的方式和教育的方式走向了极端。还有一种畸形的家庭教育方式是对孩子漠不关心，放任自流，称为放任型家庭。放任型家庭中父母往往认为“树大自然直”，孩子还小，就不用教育他。还有些家长只顾自己忙工作或贪图个人享乐，而放弃了对孩子的教育。对孩子放任自流的结果是复杂的。对于有良好自我管理能力的孩子，“放任”就意味着自由宽松的环境，孩子反而能健康成长。但大多数情况下，放任的孩子表现出冷酷、攻击性强、情绪不稳定等心理与行为问题。

4. 民主型

上述三种家庭不利于孩子的发展。民主型家庭是积极向上的，家长尊重孩子，与孩子能相互交流各自的看法，对孩子不成熟的行为进行限制，并坚持正确的观点，使平等尊重与适当限制相结合，有利于儿童独立性、自信心与能动性的养成，孩子大多具有直爽、亲切、爱社交、能与人合作、讲友谊、爱探索等特点。心理学专家王极盛教授曾对北京大学和清华大学的 60 名高考状元进行调查，结果发现，几乎所有高考状元的家庭都属于充满温暖与理解的民主型家庭。民主宽松的家庭环境给孩子心理和人格发展提供了广阔的空间，孩子可以按照自己的爱好和兴趣发展。当然，民主的家长也对孩子的发展提出建议，理性地指导孩子健康成长。从总体上看，我国民主型家庭所占比例较高，但是各种类型的家庭有较大的交叉。例如，在民主型家庭中，也可能存在着溺爱、过分保护、粗暴专制等成分，各种不良教育方式仍在很大程度上影响着家庭教育效果。

(四) 父母期望

家长的期望有强烈的暗示和感染作用。从心理学来说，期望是一种心理定式，家长对子女的态度激励着儿童不断向前发展。美国著名心理学家罗森塔尔（R Rosenthal）的研究表明，教育者的期望对受教育者有重要影响。因此，父母对子女的美好期望是家庭教育中必不可少的，家长的期望越高，对孩子的激励越大，就越能强化他们接受教育的主动性和自觉性，有利于孩子意志品质的锻炼，形成远大的抱负。需要说明的是，这种期望是有一定限度的，必须符合子女身心发展的特点，适合他们个人的兴趣和爱好。如果家长盲目攀比，过分拔高对子女的期望，不但起不到积极促进作用，反而会使孩子屡遭挫折，丧失信心，形成消极心理。

科学合理的期望应该是长远目标与阶段目标相结合，还要联系孩子的兴趣爱好，注重孩子的全面发展。父母所要求孩子做到的应该是孩子经过一定努力可以达到的，并在孩子遭遇挫折时不断给予鼓励，增强孩子的勇气和自信，这样再逐渐提高要求，并且将父母的关心和爱护渗透其中，就会使孩子从父母长期的美好愿望中吸取力量，不断进取，从而促进和维护子女的心理健康。

三、家庭功能对子女心理健康的影响

家庭的基本功能是为家庭成员生理、心理、社会能力等方面的健康发展提供一定的环境条件。比如，要满足家庭成员在衣、食、住、行等方面的物质需要，适应并促进家庭成员的发育和发展，应付和处理各种家庭突发事件等。麦克麦斯特（McMaster）提出了家庭功能模式理论，认为健康的家庭要实现其基本功能，须具备下面五个方面的能力：

(一) 良好的问题解决能力

每个家庭都需要有解决所面临的各种物质和情感问题的能力。能否意识到家庭面临的主要问题，是否按照合适的方式努力解决这些问题，都体现了家庭的问题解决能力。心理健康水平高的大学生家庭能较准确地意识到问题的实质，全家一起讨论，设想各种解决问题的方案，在尝试解决的过程中调整努力的方向；心理健康水平低的大学生家庭却很少遵循上述步骤去努力，缺乏问题解决的能力。

(二) 良好的互动沟通能力

家庭要解决面临的问题，必须以家庭成员良好的沟通为基础。比如，在解决孩子迟到的问题时，有的家庭缺乏必要的沟通，家长一上来就痛斥孩子，孩子不敢和家长说明问题的真相，就不可能解决问题。可见，在家庭沟通中，孩子能否和父母平等对话，孩子的发言和想法是否得到尊重是非常关键的。研究也表明，家庭成员之间能清晰地表达自己的观点，切入话题有较好的技巧性，能够促进孩子的人际沟通能力。父母不愿听取孩子发表意见，对孩子缺少了解，

甚至不知道孩子的爱好和交友情况，父母也很少将自己的想法和感受告诉孩子，致使亲子之间缺少交流，也缺乏沟通的技巧，妨碍了大学生社交技能和社会经验的获得，导致其产生较低的心理健康水平。

（三）合理的家庭角色分工

这是指家庭是否建立了完成一系列家庭功能的行为角色模式，如提供生活来源、支持个人发展、管理家庭等。衡量角色分工的质量，要看任务分工是否明确和公平，家庭成员是否认真地完成了任务。传统家庭的角色分工方式是：父亲主外，挣钱；母亲主内，做家务，教子；孩子只管学习。现在的双职工家庭，大多数是父母都在外挣钱养家，家务"谁赶上谁做"。无论如何，合理的家庭角色分工，应该能保证家庭的基本物质生活，保证夫妻间和谐的精神生活，保证孩子健康自由的成长环境。但是，有些家庭父母工作均很忙或在外地工作，孩子由老人代管，"隔代抚养"造成了一些问题，如溺爱孩子、无法辅导孩子功课等。另外，单亲家庭在实现家庭功能上有更大的压力。在许多家庭里孩子从来不做家务或参加劳动，这不利于其健康成长。

（四）温馨的情感依恋关系

这主要是指能否对特定刺激做出合适的情感反应，体现了家庭成员的情感反应能力。情感反应既体现在对他人的反应敏感性上，也体现在反应方式的恰当性上。比如当家庭成员发现别人不高兴时，或"不理睬"，或"大惊小怪"，而很少同情和安慰。许多孩子在学校里受到挫折，如考试不好、上课听不懂，回到家里不仅得不到理解、鼓励和支持，反而遭受痛斥，使其自尊心和自信心受到严重打击。此外，家庭成员相互之间对对方的活动、爱好和其他事情的关心和重视程度也反映了家庭成员的投入程度，反映了家庭成员之间的情感亲密程度。家庭成员要有亲密的情感关系，但是又要保持一定的距离，每个人必须有自己的活动空间，这样才有利于个性、兴趣、爱好的发展。

（五）适当的行为控制程度

家庭对孩子的行为方式过分地控制，或者放任自流，都不利于孩子的健康成长。例如，有个母亲因为孩子把买雪糕的钱挪用买了彩笔而对孩子大加斥责，并体罚孩子，要求孩子绝对服从父母。就因为这么一件小事，孩子就遭到如此粗暴的精神和肉体上的惩罚，后来这个孩子每遭受惩罚就尿裤子。这一悲剧的原因就在于家长对孩子过分的控制欲望和粗暴的教育方式。当然，对孩子放任白流，不给予必要的指导，孩子也容易走上歧途。

总之，较好的家庭物质环境、有利于大学生发展的家庭生活内容、欢乐和谐的家庭氛围、良好的亲子关系、民主权威型的教养方式、合理的期望以及良好的家庭功能都有利于大学生心理的健康成长。

四、家庭问题上的心理困扰

大学生一般已经年满 18 岁，他们开始离开父母在外独自求学、独立生活。但家庭对其的影响依然存在，既有父母的关爱与鼓励，也有种种的心理困扰。

（一）家人期待带来的心理压力

例如：印度励志电影《三傻大闹宝莱坞》，讲述了三个大学生成长的故事。法兰、拉杜和兰彻是同寝室的大学同学，他们都在印度的著名学府皇家工程学院就读。法兰的父亲一直期待他成为一个优秀的工程师，而法兰其实并不想学工业设计，他想成为一名野外摄影师，所以他常常无心向学，为此事与父亲发生了数次争执。拉杜的家庭十分贫困，他的家人希望拉杜毕业后能找个好工作以改善家庭的经济状况；拉杜在刚入大学时戴了很多戒指，每一个戒指都代表了家人对他的一个期望：妈妈的期望、爸爸的期望、姐姐的期望……他被许多人期待着，常常感到压抑，每天畏首畏尾，早晚都通过祷告神灵以期自己考试通过。结果这两人的学习成绩常常是学院的倒数两名。最后，在兰彻的帮助下，两人找准了自己的人生方向，并找到了自己真正感兴趣的、满意的工作。

中国家庭与印度家庭有相似之处，孩子从小都承载了家长的许多期待，如好好学习考个好大学、找份好工作等。事实上，现在的大学生仍然被很多人期望着。他们想成为父母的好孩子，在期望中长大，常常忘记了自己原本想要什么，想做什么；在期望中生活，慢慢就不会自己做决定，一切听从于他人尤其是父母的意愿。当这种情况持续到大学这一自我意识凸显的阶段时，他们就会倍感压力，经常在心灵深处问自己：我是谁，我对未来的期待是什么？是按照父母的安排走下去还是根据自己的意愿进行选择？

1. 父母对孩子学业的期待

中国的父母对孩子的学业历来非常重视。对于很多中国父母来说，孩子的学业处于第一要位，他们不惜一切代价，为孩子的学业创造最好的学习条件。殊不知，这过分地关注有时候却起到了适得其反的效果。有研究认为：中国父母对孩子的近期期待涉及面较窄，主要集中在孩子的学业方面，而且这个近期期待，紧紧围绕着学历水平和职业选择的远期期待。中国父母对孩子的期待并非结合孩子的实际情况，多数超过孩子客观能力的限制，成为孩子无法达到的目标，表现为一种过高的期待。这种过高期待会带给孩子很大的压力，产生的负面影响会涉及孩子的情绪、自我评价、学习、人际交往、亲子关系、行为偏差等各方面。从小学到中学、大学，孩子背负着父母的期待长大。当孩子上了大学，读到硕士、博士研究生阶段，父母好像放下了期待，但长久以来，来自父母的这种外在的期待变成了学生自己的内在期待。当达不到父母及自己对学业的期待时，则压力重重，自我挫败，内疚自责、自卑，抑郁，甚至放弃自己的生命。

国外有研究发现，父母影响青少年学业表现的一种方式是通过他们对成绩的期待。那些父母期待他们能够做好的青少年倾向于达到那些期待，就如他们中学成绩反映的那样；那些父母对其学校表现持较低期待的青少年就会表现得没有那么好。持有较高期待的父母也会更多参与到青少年的教育当中，帮助选择课程，参加学校计划，记录他们孩子的表现。这种参与有助于青少年学业的成功。

2. 父母对孩子专业的渴望

专业选择对于大学生的学习是非常重要的。爱因斯坦曾说过：“兴趣是最好的老师。”学自己喜欢的专业，学适合自己的专业，能够激发学习动力，开发自身的潜能，取得好的学习效果。但是，一些父母却非常武断地压制孩子所喜欢的专业，而取而代之以所谓的热门专业、能赚钱的专业，全然漠视孩子自己的兴趣爱好。这使得一些学生学习失去动力和创造力，甚至产生种种学习心理问题。如一个大学生本来对文学感兴趣，但父母却认为学法律有前途，高考时替他报了法律专业。入学后，他根本就学不进法律课程，每天心情抑郁，到期末三门课程考试不及格，最后患上了抑郁症。

3. 父母未曾完成的心愿

每个人都有未完成的心愿，在心理学上称之为“未完成情结”，泛指自己因没有完成某件事情，而总是在有意识与无意识中追求起补偿的意向。更重要的是，当事人由于对此有一种难舍难分的感觉，所以总是在寻求其加倍的满足。最后这个“未完成情结”可能像个陷阱一样让人陷进去，难以自拔。

一些父母由于某些原因，自己失去了上大学，读硕士、博士研究生的机会，或者是职业生涯发展未实现自己的“成功”梦想。于是，他们望子成龙、望女成凤，有意识无意识地把自己未曾完成的心愿强加在孩子的身上。我们都有一种“未完成情结”，当初因为各种原因半途而废的事，我们会对它充满遗憾和内疚，总想制造机会把它完成。当父母以“我都是为你好”为出发点，不了解孩子自己的想法时，他们常常不顾及孩子的真实感受，一味地让自己服从他们的要求，按他们的意愿去做。很多家长不顾孩子的兴趣与能力，从小给孩子报各种特长班，孩子苦不堪言。原本的兴趣在考级过程中消耗殆尽，学习的兴趣也随之减弱。这种寻求加倍补偿的心理，超过了一定的度，可能会阻碍孩子的成长。

（二）父母关系造成的心理困扰

家庭，是我们一生的起点和最安全的港湾。父母婚姻关系对孩子成长有重要影响当家庭中有良好的婚姻关系作为核心与基础时，孩子才能获得健康成长的保障。从北京市一项关于父母关系与大学生心理健康关系的调查中可以看到，认为父母关系很好或较好的学生，总体上对自己心理素质的评价较高；而认为父母关系不太好或很不好的学生认为自己的心理素质差的比率分别为19.5％和17.1％，对自己在人际关系和环境适应上抱有负性评价的比例也要高于那些父母关系良好的学生。由此可见，父母关系较好的学生自身认同感更强，对自己的心理状态也更易表现出自信，而那些父母关系较差的学生容易对自身缺乏认同感。父母关系不良是导致学生心理健康状况不佳的原因之一。

1. 离异的父母给孩子带来的心理困扰

孩子是父母离婚事件的最大受害者，父母离异的孩子常常会有内疚、自责甚至自卑的倾向。美国心理学家索克说过：“父母离婚带来的创伤仅次于死亡。”研究一致发现，父母离婚的大学生比父母没有离婚的大学生在陷入各种消极后果方面面临更高的风险，这些消极后果包括行为问题、心理不适、学业困难及对自己婚姻的期待，他们更容易表现出抑郁和孤僻。父母离婚对大学生的最大影响是使他们处于父母的冲突之中，经常感受到父母之间的敌意和指责。这种体验对他们来说十分痛苦、有压力并且具有破坏性。离异的父母还会给大学生带来人际交往困惑。因为在一个父母之间缺乏理解和信任，经常吵闹、打架的冲突家庭氛围中长大的孩子，往往胆小忧郁、缺乏信任、敏感多疑，潜意识中不敢与他人建立亲密关系，更害怕建立亲密关系后的分离。

2. 纠结的父母关系给孩子带来的心理困扰

离异的父母也好，冷战中的父母也罢，他们都是建立亲密关系这一功课没有通过的人。尽管他们的关系给孩子成长带来更多的困难和更多的挑战，但是作为年轻的大学生仍然可以从他们的过往经历中有所学习，有所成长，从而修复个人创伤，并把这份经验用在自己的亲密关系里，建立起超越父辈的亲密关系，领悟到爱的真谛，践行爱的艺术。

（三）亲子关系引发的心理冲突

家庭关系是个体心理得以顺利成长的基石。家庭关系中无论是父母间的关系，还是亲子间的关系，都极大地影响着学生的心理发展。由于亲子之间人生经验的不同、认知上的差距、看待事物的视角有所差别，加上亲子之间彼此期望上的距离，常常会在思想、观念、态度、价值和行为等方面出现冲突。这些冲突会成为亲子关系维系和发展的障碍，致使亲子之间的冲突和矛盾出现的概率不断增加，还可能引发一系列的社会问题。

1. 依恋与分离

依恋形成于儿童早期，是儿童健康成长的保障。当孩子年幼时，他需要父母的关爱照顾，才能获得健康成长。到了青春期和青年期，这种依恋行为会因为独立性的增强而逐渐减弱。孩子的内心既有依赖父母的一面，又有希望与父母分离追求独立的一面。孩子会渴望独立的空间，同时也渴望去伸展自己的手脚，证明自己的能力。这是一个生命成长的必然规律。进入青年期的大学生，心理发展的核心任务就是要增加自己的责任感和独立性，超越依恋，获得成长。大学是大学生从家庭步入社会、从依恋走向独立的重要中转站和训练基地。在大学校园里，我们会看到，有些学生，特别是一些独生子女，由于父母对他们娇惯、纵容，满足他们的一切愿望和要求，导致他们离开父母在外求学时，生活无法自理，需要父母在学校附近伴读。他们对挫折的容忍能力很弱，稍有磨难便痛苦不堪，甚至想退学，或心理失衡走向极端。产生这一现象的原因，是孩子对父母的过度依恋，无法与父母分离。

其实，人在成长的每个阶段都会面临分离，分离使我们独立成长。无论分离有多痛，我们都得这样做。因为拒绝分离，就等于拒绝成长。当孩子过于沉溺于父母的溺爱或过度保护时，要提醒自己需要注意，作为大学生已经是成人了。成人就需要自己的发展空间，就需要自我负责。父母多年养育孩子，他们已经习惯了把孩子当成孩子，却看不到他们的孩子已经成人，成了能为自己负责、敢于为自己负责、有担当的年轻人。当孩子进入大学，开始独立生活开始时，这就为他们与原生家庭分离提供了极好的机会。

当孩子在与母亲建立了依恋关系后，就能够尝试去探索周围世界，学习与同龄人建立信任关系，有小伙伴，有好朋友，并逐渐走出父母的视野，成为一个成年人。但是，有的学生对母亲的过度依恋使其不能融入同龄人的生活中。

2. 认同与独立

进入青少年时期，每个人都将迎来认同危机，即个人在面对内在冲突的觉醒和外在压力之下，对“我是谁”的回答和体验。这个时期，我们不再只凭别人的评价来定位自己，开始积极思考“我是谁”这个问题。如果顺利渡过，我们就能够开始倾听自己内心深处最真实的声音，兼顾他人的评价，全面客观地了解最真实的自己，学会单独地赋予自己生命的意义，自行决定所要过的生活，获得独立。“我的青春我做主”应该是最令这个时期年轻人热血沸腾的口号之一。反之，不能顺利渡过认同危机的大学生，会依然认同权威的力量，忽略自我。面对挑战时，他们往往采取妥协的态度，总喜欢等待别人来主宰自己的未来，或总是盲目地跟从别人的意见。这样的大学生无论如何也难以把握人生的机会，自我实现的可能性也微乎其微。

第三节　大学生理解家庭的心理健康教育对策

一、在家庭中成长

在我们成长的过程中，有时会感觉到自己的某些问题与父母的影响和教育有关。于是一些大学生便产生了对父母的抱怨和不满，甚至与父母的关系疏离或对立。我们现在的性格确实与家庭有着密切的关系，但也不是完全的因果关系。作为具有主观能动性的人，作为一名大学生，应该厘清家庭对我们的影响，理解父母，接纳父母的不完美，并能有所担当，迅速成长，成为独立自主的人，将父母的爱继续传承下去。

（一）理解父母，接纳家庭

1. 家是生命之源

家是一个人生命诞生的摇篮，父母的爱孕育并养育了你。从嗷嗷待哺，到蹒跚学步；从供你衣食到送你上学；从你生病时为你焦灼与担心，到你离家时送别的依依不舍；从电话中那一句轻声的问候，到看到你一步步成长的喜悦……家不仅是你身体成长的环境，也是你精神成长的家园。家是由血缘关系把成员按照角色强有力地联系在一起的持久而互惠的情感群体。无论这中间，成员之间的情感发生了多么大的变化，它依然维系着成员的生命全程。家永远是你孤独时依偎的怀抱，永远是你苦闷时诉说衷肠的安全岛……无论你的家庭是贫穷还是富有，是平静还是有波澜，家的使命永远不会改变。家是生命之源，是灵魂之巢。

2. 母爱如水，父爱如山

父亲和母亲在陪伴孩子的成长中扮演着不同的社会角色。他们的社会角色由各自拥有的生理的、心理的性别角色而决定，也由他们的文化程度、职业和社会地位所决定：在促进孩子成长和发展的过程中，父亲和母亲对孩子个性的形成、智力的发展、社会化的成熟都发生着不同相互替代的独立作用。对孩子来说，在家庭社会化中，母亲是社会的第一个代表，她首先促进了儿童语言能力的发展。母亲为婴幼儿提供最多的语音刺激，交流表达的机会最多也最丰富，她的指导促进了婴幼儿的语音发展。没有母亲，即使父亲健在，也常常使孩子语言发展受损。由于女性具有温柔、细腻、感性、慈爱的特点，因此母爱如水，点点滴滴，滋润心田。母亲的爱促进了孩子感性思维的发展，也促进了孩子情感世界的发展。

由于父亲理性、刚毅、果敢的性格特点，特别是父亲与少年儿童交往的开放性，父爱成为孩子理性思维发展的催化剂。父亲较多与孩子交往，能提高孩子的认知技能、成就动机和对自己能力、操作的自信心。常与父亲相处的孩子可以从父亲那里获得更多的知识、自信心、想象力和创造意识。由于父亲常常引导孩子在社会活动中更广泛地接触客观世界，这对培养和激发青少年的求知欲、好奇心、自信心及兴趣爱好具有积极的作用。父爱如山，浑厚深沉，铿锵有力，父亲多是用严厉的方式来传递他们的爱。

3. 接纳父母的不完美

人无完人，父母也是平常人。

第一，他们也来自自己有着各种问题的原生家庭，他们可能在成长过程中也经历过许多负性事件，体验过不少消极情绪。这些经历与情绪对于他们自身的人格有着重要的影响。父母不可避免地携带着其家族代际传递下来的性格特征。你可以回顾你的爷爷奶奶、姥爷姥姥的为人处世如何？性格脾气怎样？然后想一下：父母小时候会是什么样的？他们是在怎么样的家庭成长起来的？

第二，现在的家庭基本上都只有一个孩子，大部分父母都是初为人父或是初为人母。当你来到这个世界上的时候，父母比现在的你大不了几岁，甚至是和你同龄的年轻人。谁教过他们如何做父母？谁教过他们如何成为完美的父母？他们没有做父母的经验，他们做父母的经验从何而来？萨提亚说："家长也是普通人，并不是说从孩子出生的那天起，他们就自动成为领导者。他们应该明白，一位优秀的领导者是很会把握时机的：他们寻找机会，等到确定孩子会认真倾听时，再对他们进行教育。当孩子犯错误时，父母会走到近前做他们的支柱。他们的帮助能使受惊的孩子战胜恐惧感和罪恶感，同时又达到了最佳的教育效果。"在国外，夫妻心理辅导与亲职教育都是进入婚姻的必修功课。所谓亲职教育是指通过培训、支持和教育的方法来改变或增强父母教育的能力的干预手段，其主要目的是让这些父母的孩子幸福。但在中国以及许多发展中国家，亲职教育并不完善，也不普及。所以，每个人的成长过程都是和父母一起探索的过程。世界上不可能有完美的妈妈，也不可能有完美的爸爸。人要学会接纳每个人的不完美，包括自己的还有父母的不完美。

（二）自主独立，自我负责

1. 青春期的意义——自我确认

青春期不是简单的生理现象，而是一种文化建构。人在青春发育期会发生一系列的生理改变。然而，青春期的意义远不止于发育的过程和结果。青春期是人生旅程的一个阶段，从青春发育开始，一直到接近成年，人们要做好准备去承担所处的社会文化赋予成人的角色和责任。

大学生要经历的三个成长阶段，分别是青春期早期（10～14 岁）、青春期后期（15～18 岁）、青年期（19～25 岁）。随着全球工业化时代的到来，受教育的年限一再增长，人们承担成人的责任延迟到至少 25 岁甚至到 30 岁。大学生一般处在青年期。

青春期的意义是独立的开始，开始思考"我是谁""我来自哪里""我要做什么""我要去哪里"等人生议题。大学阶段处于青春期后期，是自我选择、自我做决定的阶段，是人生承上启下的转折点，蕴含着打破原生家庭影响的力量和机会。

每个家庭都是有系统排列的。家庭有原生家庭和新生家庭之分。原生家庭和新生家庭是一组相对的概念。父母的家庭，儿子或女儿并没有组成新的家庭，这样的家庭泛指原生家庭。新生家庭就是夫妻自己组建的家庭，这样的家庭不包括夫妻双方父母。

原生家庭的气氛、传统习惯、子女在家庭角色上的仿效对象、家人互动的关系等，都影响子女日后在自己新家庭中的表现。人一生一般有两个家庭：一个是自己出生、成长的家庭，也就是原生家庭，一般由父母、兄弟姐妹等家庭成员组成；另一个是进入婚姻生活后所建立的家庭，也就是自己"当家"的家。

原生家庭对我们的影响如同遗传密码一般，刻进我们的人格模式、行为模式中。在充满温情和爱的家庭中长大的孩子，人格比较健全。在缺少爱与温情的家庭中长大的孩子人格会有缺陷。

我们无法选择我们的遗传基因，我们无法选择我们的原生家庭。我们不可能改变我们的过去，但是，我们可以改变自己的心态，使自己的成长变得快乐。那么我们就要学会用成人的眼光给童年记忆一个新的诠释。

那么，我们应该如何对待原生家庭呢？第一步即是觉察，觉察原生家庭是如何影响自己的；第二步是改变，改变我们惯有的思维与行为模式，打破代际传承；第三步是当自己或他人有所改进时，要记得给予表扬和强化，改变习惯是非常困难的事情，需要不断地强化；第四步是要为自己的行为负责。

2. 成年的责任——自我照顾

承担责任是成长的开始，是为自己负责，是自我分化到一定程度的结果。承担责任就是不依赖、不埋怨、敢担当。

现在很多大学生，生理上早已成熟，但心理依然稚嫩。他们的口头语是："我妈说……""我爸告诉我要……"或者"就因为你们（父母），我才是这个样子"，等等，他们心理上像个孩子。有的人上了大学后，非常不适应大学生活，这是因为他不会洗衣服，不会搭配衣服，甚至懒得出去吃饭，一日三顿都叫外卖。为什么会这样呢？因为以前父母替他们选择得太多，承担得太多，父母爱得太多羁绊住了他们成长的脚步。他们不会选择，或是没有了能力去选择。要去哪所学校上学，要读什么专业，要选择什么样的恋爱对象……这些问题都需要自己认真而慎重地思考，否则就承担起你应负的责任。其实，没有责任是无法成长的，就像没有压力就没有动力一样。

当你不满父母有这样那样的问题时，当你抱怨父母没有满足自己的期望时，当你指责父母教育的失误时，当你怨恨父母对自己做得太少时，那意味着你还没有长大。你还要父母为你的成长负责。其实，如果你真的成长了，即使父母做得不够好，你也能积极正向地看待，也能从另一个方面看到家庭带给你的成长。父母关系不和谐，让你更加敏感，学会了独立思考、独立做事；父母对你的期望过高、压力过大，激发你不断奋斗，才有了今天的结果；父母与你沟通不好，促使你更好地学习如何与别人沟通与交往……成长，从为自己负责开始；成长，从学会照顾自己开始。美国的孩子，18 岁时父母就让其自立，大学生假期大多都实习打工不回家，他们要靠自己的能力供自己读书和生活，即使父母经济上很富裕。照顾自己的生活，承担自己做选择的风险，你才能体会成长的艰难，也才能真正挣脱父母的羽翼，做一个为自己负责的成年人。

二、关爱父母，承担责任

（一）感恩父母

感恩父母，是认可父母对你的养育之恩，准备承担自我负责和照顾父母的责任。

感恩你的父母给了你生命，把你带到这个世界上来，感恩父母给你衣食，把你养大；感恩父母守护你的生命，为你的成长时时操心；感恩父母为你付出的全部情感，给予你他们全部的爱。感恩，会让你更加尊敬父母；感恩，让你更珍爱自己的生命；感恩，让你学会了爱；感恩，让你成熟长大；感恩，让你学会将来怎样做父母。不知感恩父母的人是心理不健康的人，不知感恩父母的人是不成熟的人。让我们在感恩父母中成长吧。

（二）爱心不需等待

某校的精品活动“心理健康快车”最受大一新生欢迎的主题之一是“亲情·友情·爱情”。当高年级的朋辈辅导者带领新生回顾成长历程，感受父母的不容易时，一位男生在课堂上的分享感动了全班同学。他说：“当我看到我父母结婚的照片时，我感慨万分！他们当时那么年轻。妈妈是那么漂亮，爸爸是那么英俊！可如今，他们的额头上布满了皱纹，一头乌发开始变得花白，挺直的腰背已经开始弯曲，手上也长满了老茧……我意识到，他们开始变老了！那皱纹、白发、弯背、老茧中，包含着多少为我长大曾经流下的汗水和泪水！我意识到我已经长大了，我应当从现在起开始承担关爱他们的责任。”

正如这位同学所说，匆匆岁月，在无声无息中流逝。不知不觉中，我们逐渐长大，父母正在老去。趁父母还在，趁着我们还年轻，应该多关爱、多照顾他们一些。曾经的世界首富比尔·盖茨接受记者采访时说：“世界上最不能等待的就是孝敬父母。”在网上曾有一篇转载率很高的“亲情计算贴”：一位与父母分隔两地的网友说，假如父母再活 30 年，自己平均每年回家 1 次，那么只剩 30 来次了。每次 5 天，抛去和朋友聚会、应酬、吃饭睡觉等时间，一年中真正能陪父母的时间大概只有 24 小时左右，30 年总共也就 720 小时，差不多一个月。这个结果如此残酷，令人唏嘘、沮丧和心酸。这道“亲情计算题”或许有些夸张，但却说明了我们做儿女的看望父母、陪伴父母的重要。

树欲静而风不止，子欲养而亲不待。让我们从现在开始孝敬父母，从身边的小事做起，从你我做起。就像《常回家看看》那首歌里唱的那样，也许，他们不需要我们给他们多少钱，多少回报，他们要的也许是我们多些时光陪伴他们，或者跟他们聊聊天，发个短信，打个电话。或者回家时带个小礼物，或者见面时的拥抱及相依相偎。毕业后，无论离开家乡多远，无论走多长时间，请大家别忘了家中的父母，常回家看看，多关爱父母。

第十五章　当代大学生压力应对与心理健康

第一节　大学生压力应对的心理问题

一、什么是压力

压力，也称精神压力，是一种内部的精神紧张状态，个体在面对难以适应的环境要求或威胁时会产生压力。压力的最主要特征是不可控性，当个人不知道接下来会发生什么或个人控制感很小时，心理上会有压力。如大学新生最常遇到的问题是不知如何应对大学的第一次考试，担心得不到好成绩而惴惴不安，这些表明新生会承受考试压力。

压力的产生与个体的需要密切相关。生活中，每个人都会有各种各样的需要。人本主义心理学家马斯洛提出了著名的需要层次理论，认为人有五个层次的需要：生理需要、安全需要、爱和归属需要、尊重需要、自我实现需要……需要的这五个层次，是由低到高逐级形成并逐级得以满足的。人在需要的推动下产生一定的行为。当需要得不到满足或目标实现可能会有困难时，就会产生压力。人们每天都会有许多各种各样的需要，所以压力的产生是必然的，也是普遍存在的。

压力反应带有明显的主观性。一个事件能否引发个体产生压力，主要受个人主观上对事件的认识或看法的影响。如果客观上有障碍存在，但个人主观上并无知觉（认知），就不会构成压力情境；如果个体将别人认为严重的压力情境认知评价为不严重，那么他的压力反应会很微弱。反之，如果将别人认为不严重或根本不存在的压力情境评价为严重的，则会引起强烈的情绪反应。因而在多数情况下即使面对同一压力情境，不同的人也会产生不同的反应。比如，一位同学失恋，如果他理解为对方的个性与自己不合，失恋就不会给他造成压力；如果他将失恋理解为自己不够好，是对自我的否定，心理上可能会承受比较大的压力。

二、压力的两面性

人们都讨厌、逃避压力，但是否没有压力生活就完美了呢？研究发现，压力对身心健康的影响具有两面性。压力对人的积极影响在于压力引起适度的紧张，有利于人们更清醒地认识自己及所处的环境，能不断调整自己、磨炼意志，使人更加成熟、坚强，从而有更好的发展。但是，研究结果同样也发现持续时间过长、强度过大的压力对身心会具有破坏性作用。心理学家用一般适应症候群来解释这一作用。一般适应症候群包括三个阶段：警觉反应阶段、抵抗阶段和衰竭阶段。

警觉反应阶段是比较短暂的生理唤醒期，让躯体调动能量做好应对准备。如果压力持续下去，躯体就会进入抗拒阶段，在这一时期，机体可以抵抗并忍耐长时间的压力带来的影响。但如果压力持续的时间很长或强度过大，躯体的资源就会耗尽，机体会进入衰竭阶段。在衰竭阶段人体会面临许多危险，因为长时间的压力会造成应激激素分泌过多，导致个体产生焦虑、恐惧、愤怒等不良情绪反应或粗暴的消极对抗行为，这些负面情绪或行为如果持续时间过长或强

度过大，会使人储备的能量消耗殆尽而产生衰竭，从而引起各种疾病甚至使人死亡。

一般适应症候群对我们理解压力、应对压力具有很好的指导作用，它指出在衰竭阶段如果采取有效的调节策略，就能够缓解压力，度过危险期；如果在衰竭阶段的应对策略无效，则易引发心身疾病。心身疾病实际上是由心理、情绪和生理障碍的交互作用产生的医学问题，广义的心身疾病包括如高血压、胃溃疡、精神紊乱等严重问题，同时也包括头疼、背疼、皮疹、消化不良、便秘、失眠等轻微问题，这就是压力的消极作用。大学生常见的神经衰弱、不明原因的头痛、抑郁等都与长期的压力影响有关。

三、大学生的压力源

压力源也就是压力的来源，指能够引发压力产生的刺激或环境需求。大学生在日常生活中可能遭遇到各式各样的压力，调查显示：大学生压力源主要有学习、就业、人际关系、生活、恋爱关系、经济、社会、考试、家庭、生活及学习环境、未来、能力、个人（成长、外表、自信）、健康和竞争等。具体到某个学生压力源可能有所不同。有的学生学习上没有压力，但可能经济贫困，有可能会长期承受经济压力；有的学生性格内向、人际交往困难，也会产生一定的压力。但是，压力源并非都是消极事件，某些人期望发生的积极事件也会让个体产生压力，比如竞选上班干部本身是一件好事，但如何胜任工作角色需要我们去花时间和精力适应它，仍然会导致个体产生压力。

（一）外部环境压力源

外部环境压力源指外部环境中突然发生或变化的事情，通常指消极事件或灾难性事件，既包括重大突发事件如汶川大地震、印度洋海啸等巨大的自然灾害，也包括来自校园环境中的突发事件，如亲眼看见同学坠楼身亡等，还包括环境中长期存在的慢性问题，比如学校因校园建设导致的噪音。不管环境中有何种压力源存在，都需要个体对其做出一定的适应性反应。外部环境压力源一般不会给个体造成强烈而持久的压力，因为人们清楚自然灾害及其他环境中的消极事件所带来的问题都是可以解决的，灾难过后，不会再有更大的压力。

（二）个人压力源

个人压力源指个体所遇到的特殊压力事件。大学生在日常生活中可能遭遇到各式各样的压力，如家庭变故、失恋、考试不及格、面试失败等。大学生的压力源主要分为三类：重大生活事件、日常生活压力源和慢性压力源。

1. 重大生活事件

重大生活事件指的是大学生在与自己关系密切或影响个人前途发展的问题上遭受的挫折，如亲人亡故、家庭悲剧、失恋、重要考试失败等。面对重大生活事件，个体需要有一个逐步接受的过程。个体一般在当时会产生强烈的反应，然后逐渐消退。例如，因考试作弊受处分的学生产生的压力在当时最为强烈，出现高强度的焦虑、抑郁情绪，但是随着时间流逝，当事人所体会的压力会逐渐减少并能慢慢适应，直至思想上觉悟并认识到对自己的教育意义。

个体在遭遇重大灾难或严重个人压力源之后，如果缺乏有效的心理干预，可能会产生创伤后应激障碍（简称 PTSD）。创伤后应激障碍是指突发性、威胁性或灾难性生活事件导致个体延迟出现和长期持续存在的精神障碍，主要有四种表现：经常被一些创伤性的噩梦般的回忆纠缠，

可能会有种身临其境的害怕和恐惧；一个画面、一个声音或者一个气味都可能勾起你不愉快的回忆，尽量回避去接触这样的人或物；可能不愿意去做曾经很喜欢做的事情；可能时刻都精神高度紧张，小心翼翼地提防潜在的危险，也可能易怒、经常失眠、无法精力集中或者很容易受惊吓。现在研究者对创伤后应激障碍的了解大部分来源于重大灾难的幸存者和灾难现场的救援人员。创伤后应激障碍症状一般在创伤事件发生后的几周内出现，有些人也可能在创伤事件发生几个月甚至几年后出现。如“5·12”汶川地震后，一位参与现场救援的工作人员返乡后发现自己经常出现记忆闪回（即闯入性表象）——只要一看见女士抹口红，就仿佛面对的是尸体，因为当时许多死者是化了妆跳舞的女士。如果你认为自己或者你认识的人可能患有创伤后应激障碍，那么需要寻求专业医疗人员的帮助以进一步评估诊断，因为只有专业医疗人员才能做出有关创伤后应激障碍的诊断。

2. 日常生活压力源

日常生活压力源指的是在对自己而言不太重要的事情上遭受的挫折，也就是日常生活中的“小事”或“不愉快”，比如对所学专业不满意、老师讲课乏味、因小事与同学关系紧张、去图书馆学习总是占不到位子、上课迟到、作业拖沓、害怕不被朋友接受等。这些事件的共同特点是：它们发生时会对自己产生一些消极的影响，如心里不痛快、情绪冲动等，持续时间一般较短。如果采取有效的应对策略，它们的影响会明显降低，而且还能增强对其他事件的应对能力。一般而言，大学生重大生活事件发生的概率较小，更多情况下是遭受一些日常烦恼的困扰。我们不能因为它小就忽略它的存在，因为如果一个人对生活中的小事应变能力极差，就会导致另外的麻烦同时出现或接踵而来，这样实际上累计形成了强度比较大的压力，长此以往对身心健康极其不利。对青少年和成人的研究发现重大生活事件（包括严重性挫折）并没有直接和人们的不适应行为及心理调整相关，反而是日常问题与人们的不适应行为密切相关。

国外有研究者专门研究了大学生拖沓行为和健康的关系。泰斯和鲍迈斯特设计了一套一般拖沓量表，用以区分那些习惯上将事情拖到最后的拖沓者和那些不这样做的人（不拖沓者）。研究者在健康心理学课程上将这一量表给学生使用，鉴别了学生中那些一贯的拖沓者和不拖沓者，并在课上布置了一篇期末论文。学生们被要求在学期初和学期末报告他们体验到多少躯体疾病的症状。在学期末，所有学生症状都有所上升，其中拖沓者论文上交的平均时间晚于不拖沓者，而且得分也普遍偏低。

3. 慢性压力源

慢性压力源是长期存在的、与自身相关的、短期内难以实现或解决的某一类问题。这些压力源（如经济问题、自信心问题、个人发展问题等）并不是具体发生的事件，而是可能在很长一段时期内一直存在于个体身上的问题。比如，有的大学生自卑心理严重，这种自卑心理就会泛化影响到生活的其他方面，使其在生活中不能自如应对，导致产生很大的心理压力；也有相当一部分大学生对未来发展问题感到迷茫和焦虑，如果他们对未来职业生涯没有明确的规划，那么其学习生活就会处于无目标状态，表面上看起来很轻松、无所事事，实际上，这类学生却承受着不确定感和模糊状态带来的巨大压力。经济问题也是慢性压力源中比较典型的一种，部分经济困难的学生在日常生活相差悬殊的对比中产生自卑心理。他们总担心别人瞧不起自己，同学间不经意的一个玩笑或行为都会深深刺伤他们的心灵，甚至影响了正常的人际交往。

下面是美国学者编制的学生压力量表（表 15-1），它是霍姆斯和拉希的社会再适应量表的修订版。针对每个事件都给出了一个分值，用以表征一个人面对生活上的改变时所需的再适应的总量。分数在150的人有三分之一的概率会健康恶化。在本学期内分三次计算一下你的生活变化单位（LCUs）的总值，然后将这些分数同你健康状况的任何变化求一下相关。当然，考虑到文化差异，该表仅供参考：

表15-1　学生压力量表

事件	生活变化单位
亲密家庭成员的死亡	100
亲密朋友的死亡	73
父母离异	65
服刑	63
个人严重的受伤或伤病	63
结婚	58
被解雇	50
重要课程不及格	47
家庭成员健康上的变故	45
怀孕	45
性问题	44
和亲密朋友严重的争吵	40
改换专业	39
和父母的冲突	39
你有女友或男友	38
学校工作负担的加重	37
出众的个人成就	36
在大学的第一学期	35
生活条件的改变	31
和教师的激烈争论	30
低于期望的分数	29
睡眠习惯的改变	29
社会活动的改变	29
饮食习惯的改变	28
长期的汽车麻烦	26
家庭聚会次数的改变	26
缺课过多	25
更换学校	24
一门或更多的课程跟不上	23
轻微的交通违章	20
我第1次的总分______	（日期：______年____月____日）
我第2次的总分______	（日期：______年____月____日）
我第3次的总分______	（日期：______年____月____日）

第二节　大学生压力应对与心理健康的关系

一、压力应对与应对方式分类

应对，是指个体在面临压力时为减轻其负面影响而做出的认知和行为的努力过程。从本质上看，应对是个人在压力状态下进行自我调节的努力，作为压力和健康的中介机制，对身心健康的保护起重要作用。应对方式是个体在压力情境中为减轻压力所采取的特定行为模式。日常生活中，人们常常不自觉地运用某种特定的应对方式来对付压力，既有意识层面的，也有无意识层面的。目前，一般倾向于把应对的方式归为问题取向、情绪取向、逃避三类。

（一）问题取向应对

问题取向应对即当事人的应对策略是着眼于问题解决的，通过直接的行为或问题解决行为来改变压力源或任何其他关系。常见的表现有寻求解决问题的办法、向他人求助、逃跑（使自己脱离危险）、预先应对（避免未来的压力）等。问题取向应对所关注的是所要解决的问题和产生压力的事件，应付可控压力源产生的影响通常有效。比如，学生由于学习不够努力导致英语六级不及格，在这种情境下，如果先理性地分析问题产生的原因，清楚地认识到自己的缺点，然后制定改善的计划并坚决执行，那么这就是问题取向的应对策略。

（二）情绪取向应对

情绪取向应对即当事人采取的应对策略主要是尝试缓解抑郁、焦虑等消极情绪，而非处理引起压力的问题情境。情绪取向应对包括放松、寻求他人情绪支持、抒写有关自己内心深处情感的东西、合理化认知、抱怨等。在应付那些由不可控的压力源产生的影响时比较有效。比如，亲人因病去世是不可改变的事实，在这种情况下，需要改变对这一事件的情绪体验，可以做一些放松的活动，如外出旅游、向亲密的朋友倾诉、进行合理化思考等，采取情绪取向的应对策略，可以暂时转移注意力，帮助自己脱离压力情境。

（三）逃避应对

逃避应对即个体在面对压力时，放弃对问题的任何努力。个体可能通过幻想、否认、自我分心等方式减少压力或采取酗酒、暴食等直接的逃避方法。例如，有的学生多门功课不及格，他放弃了解决问题的努力，而是采取上网、酗酒等方式麻醉自己、逃避问题。逃避应对虽然会暂时延缓压力情境的解决，但经常会使问题更糟糕。

在大部分压力事件应对中，人们会同时采用情绪取向应对和问题取向应对模式，但在面对不可控压力时，个体倾向于采用情绪取向应对且效果较好；面对相对可控的事件时，个体倾向于采用问题取向应对。不管个体倾向于采用哪种应对方式，都与个体的人格特征密切相关，尤其与人格的核心——自我的特点密切相关。一个自立、自信、自尊、自强的个体更有可能采用积极的应对方式。所以，要有效地应对压力，除了加强压力管理技能的学习之外，更重要的是加强自我修养，特别是加强自立、自信、自尊、自强方面的修养。只有这样，才能在人生的道路上有效地应对各种困难。

二、当代大学生压力应对方式的特点

（一）既有传统性，又具现代性

大学生应对方式的特点与我国的传统文化密切相关。研究发现，大学生各项应对方式的使用顺序依次为问题解决、忍耐、转移、求助、压抑、逃避、幻想、抱怨、退缩。其中，忍耐居第二位，仅次于问题解决，表明忍耐是大学生在面临困境时较常采用的一种应对方式。在中国传统文化的为人处世之道中，“忍”占据重要地位。元朝的吴亮、许名奎曾收集经史语句编著《忍经》（亦名《劝忍百箴》），流传后世。告诫人们生活中不如意常在，务必要顾全大局从长远利益出发，学会忍耐。所以忍耐在某些情况下是一种比较成熟的应对方式，这正说明大学生随着年龄的增长，对生活认识的逐步加深，其应对方式逐渐走向成熟。另外，压抑、逃避是大学生消极应对中较常采用的应对方式。这也能在中国的传统文化中找到根源。就压抑而言，可能与中国人的面子观念有关。中国人的“面子”观念一向很重，“不愿让人知道自己的遭遇”背后可能就是怕别人知道了有损自己的脸面。就逃避而言，无论是“顺其自然”，还是“听天由命”，实际上都是与外界妥协的一种态度，对中国人维持心理和谐起着很大作用，但过度的压抑和逃避不仅不会解决问题，还会带来更多的麻烦。

（二）整体上以积极应对为主

我国大学生在选择压力应对方式时，更倾向于采用积极、健康、具有适应性的应对方式，而较少使用消极、非适应性的方式，对个别非适应性应对方式的使用接近中等水平，这已获得多项研究支持。如黄希庭的研究指出，大学生在应对压力时以问题解决、忍耐、转移和求助等积极的应对方式为主，而较少采用压抑、逃避、幻想等消极的应对方式。张林等的调查发现大学生的压力应对方式总体上以心理调节机制为主，自我防御和外部疏导机制使用较少。但值得注意的是大学生的应对方式仍不尽乐观，有的受多种因素影响（如缺乏有效社会支持、人格缺陷等），应对方式消极，甚至导致中途退学、自杀等悲剧。

（三）应对方式存在年级差异

研究发现，总体上高年级大学生比低年级大学生更多采用逃避、抱怨等防御应对。“逃避”“抱怨”都属于不成熟的防御机制。之所以出现这种特点，可能有两方面原因。

一方面随着年龄增长，个体的防御机制在慢慢增强，无论“听天由命”或“运气不好”都是在找各种各样的借口推卸责任，以维护受到威胁的自尊；另一方面可能与大学生目前所面临的压力有关。个人防御机制的应用，除与其成熟程度有关外，还与其所遭受的刺激、人际关系、社会支持等因素有关。目前大学生与以前相比面临着更多的社会问题，如学业紧张、就业困难、经济压力、情感困扰等，都不同程度地影响着大学生防御机制的应用。

三、大学生常见的消极应对压力的方式

由于日常生活中的压力情境具有很大的差异，所以难以遵循一些基本的原则去对抗或减轻压力所产生的影响。事实上，不管消极应对还是积极应对，各项应对策略在用于日常的挫折时都能缓解当时的消极情绪，但从长远来看，某些应对方式的效果确实会好一些，其中积极主动的应对策略如问题解决、求助、转移等对个体的身心健康是最有利的。由于受生活经验限制，

大学生在面对压力或挫折时不可避免地会产生一些消极的应对反应。这些消极反应具有明显的冲动性，可能会引发一些不良后果，一方面对大学生个体的身心发展不利，另一方面也可能危害社会和他人。

（一）攻击

攻击是大学生面临压力或受挫后通常产生的最直接最简单的行为反应，可分为直接攻击和转向攻击。直接攻击指攻击行为直接指向引起挫折的对象，多以动作、表情、语言、文字等表达出来，如对使自己受挫的人采取嘲笑、谩骂、殴打等行为，由于缺乏理智，往往容易造成严重的后果。直接攻击行为，多发生在那些缺乏生活经验、比较简单、鲁莽、易冲动的学生身上。转向攻击指受挫者由于种种原因使之不能攻击受挫的对象，于是把愤怒的情绪指向自己（如轻生、自我折磨、自我虐待等）或与其挫折情境无关的对象（一般以“替罪羊”的形式出现，如背后抱怨、发牢骚、摔物、向别人发泄怨气等）。转向攻击行为造成的后果同样严重。转向攻击行为多发生在自制力较弱、自信心比较差的大学生身上。受挫的大学生通过攻击行为可以暂时发泄心中的愤懑和不快，但并不能消除原有的挫折感，甚至会引发新的挫折，并危害他人和社会。这一点应引起足够的关注，尽量避免攻击行为的发生，以免造成难以弥补的恶果。

（二）冷漠

有些大学生由于压力过大或屡次遭受挫折，无法排遣消极情绪，就将不良情绪压抑在心中，做出无动于衷、对什么都漠不关心的行为反应，其内心却相当痛苦。例如，部分学习困难的大学生，虽然尽了相当大的努力，但学习上依然无进展，达不到自己或家长期望的目标，从而内心承受着越来越大的压力，对大学生活、同学关系、社会活动反应淡漠，表现为情绪低落，缺乏活力和责任感。

（三）退化

指个人在遭受挫折后出现与自身年龄、身份很不相称的幼稚行为，如像孩子那样哭泣、耍赖、任性，做事没有主见，蒙头大睡等。这实际上是一种防御应对。因为当人们遇到挫折后，如果以成人的应对方式面对挫折，就会产生心理上的紧张、焦虑和不安，受挫者为了避免出现这种情况，往往会放弃已经习得的成人的正常行为方式，而恢复早期幼儿的方式加以应对，从而减轻内心的心理压力。

（四）压抑

在日常的学习生活中，大学生常常把不愉快的经历不知不觉地压抑到潜意识中，不再想起、不再回忆，由于压抑，痛苦的经历似乎被遗忘，使人在现实意识中感受不到焦虑和恐惧。压抑不同于自然遗忘，它是行为主体的一种“主动遗忘”。但是这些被压抑的痛苦经历并没有消失，它在日常生活中会不自觉地影响人们的心理和行为，并且一旦出现相近的情境，被压抑的东西就会冒出来，对个体造成更大的威胁和危害。严重者会引发心理疾病。例如某大学生因一念之差偷了寝室同学的钱，事后他羞愧难当，内疚不已，可他又没勇气向同学认错。过了一段时间，他似乎把这不光彩的事忘了，内心恢复了平静。实际上这并非真正的遗忘，而是压抑起了作用。以后每遇到同学丢东西，他就怕被怀疑，甚至在同学面前词不达意、举止失常，以致发展为怕见同学，怕见任何人，把自己封闭起来过不正常的生活。

（五）固执

有些大学生在受挫后不能适应已经变化了的情况，不分析失败原因，反而盲目重复导致其挫折的无效行为，不接受他人的建议，一意孤行。这就是固执的行为反应。在高校中，固执行为一般发生在一些性格内向、倔强、看问题片面的大学生身上。固执行为的最大特点是非理智性，企图通过重复无效动作对抗挫折。它不等于习惯，因为如果习惯性的行为不能满足需要，人们就会改变它；也不等于意志坚强，因为意志坚强的人如果知道某种行为不能达到预定的目标，就会改变策略，再作努力。所以，固执是一种不明智的消极对抗行为，是一种不健康的、非理性的反应。

（六）轻生

轻生是人遭受挫折后的极端情绪反应，也是针对自身的转向攻击行为。想到轻生的人往往处于万念俱灰、生不如死的情绪状态。通常，轻生是在挫折的打击大大超出受挫者对挫折的承受力的情况下发生的。特别是当受挫者将受挫的原因归结为自己，并对自己丧失信心，将自己作为迁怒的对象时更易导致自杀行为。一方面，大学生是同龄人中的佼佼者，成长过程都比较顺利，很少遇到大的挫折，他们对挫折的承受力普遍较低；另一方面，大学生又自视很高，自尊心强，所以当受到挫折打击时，容易产生自杀行为。

四、大学生积极应对压力的建议

压力虽然对人们造成了消极的影响，同时也带来挑战和机会。美国著名心理学家马斯洛曾讲：“一个人面临危机的时候，如果你把握住这个机会，你就成长。如果你放过了这个机会，你就退化。”实际上，“危机”一词有“危险”加“机会”的意思。因此，积极应对压力，把握机会，才有可能变压力为机遇。

（一）遇逆境往好处想

遇逆境往好处想是个体改变对问题认知的一种应对方式，这也是中国传统的儒家式应对思想之一。儒家式应对的基本思想集中体现于孟子的一段话：“故天将降大任于斯人也，必先苦其心志，劳其筋骨，饿其体肤，空乏其身，行拂乱其所为，所以动心忍性，曾益其所不能。人恒过，然后能改；困于心，衡于虑，而后作；征于色，发于声，而后喻。入则无法家拂士，出则无敌国外患者，国恒亡。然后知生于忧患而死于安乐也。”儒家思想认为逆境有着积极的作用，能够促进人的成长。当代心理学的实证研究也证明，遇逆境往好处想有助于缓解消极情绪，增进心理健康。当压力情境似乎不可控时，就学习从认识上来重新理解情境，改变对情境的评价。世界上的一切事物都具有两重性。“塞翁失马，焉知非福”，逆境可以向顺境转化，顺境同样可以转化为逆境。关键在于面临压力时能否从压力情境中发现好的一面。

（二）调节抱负水平

研究发现，恰当的奋斗目标，一定是符合自己的智力程度、知识积累厚度、所从事领域的人才密度和兴趣浓度的。恰当的抱负水平能使人长久地保持旺盛的进取的热情。过高的抱负水平则会给当事人带来压力。所以，确定适当的抱负水平，是避免挫折、获得成功与自信的重要问题。国外有人做过一个投环实验：投掷距离由被试者自己决定；距离越远，投中的得分越高。

实验结果表明，凡是抱负水平高的人，多选择在中等距离投掷；而抱负水平较低的人，则多选择很近或很远的距离投掷。可见，真正具有较高抱负水平的人，他自己定的目标总是适度的，既有足够的把握，又要经过一定努力才能达到。

（三）预先应对

在压力产生之前就提前预料并做好准备。比如，对英语六级考试有压力，需要提前几周拿出时间来准备，并制定详细的学习计划。通过提前应对，为即将到来的压力事件做充分的准备，可减少不良后果。

（四）建立好的社会支持

好的社会支持能够给我们提供情感支持、分担压力。大学生遇到困难时，父母、朋友或心理咨询师都是可以求助的对象，都能协助自己学习从不同的角度理解问题，从而得到解决问题的方案。

（五）变压力为挑战

如果压力情境是可控的，最好的应对方式就是把它视为锻炼自己的一个机会，并且调动生活中的资源，找到解决问题的方法。如果学生因为要参加英语口语考试而紧张，不如加强英语口语练习或寻求专业咨询师帮助，学习放松的技术。

（六）积极参加放松活动

改变压力的生理反应有助于应对，去学校的心理咨询室参加放松训练或去操场参加体育活动都有助于缓解压力。

第三节　大学生压力应对的心理健康教育对策

个体的应对方式与幸福感密切相关。人的终极目标是求生存和求幸福。但是什么是幸福？几个世纪以来无论凡夫俗子还是哲学家都在考虑这个问题。事实上，幸福是一种主观的心灵体验，幸福没有普遍、唯一的衡量标准。整日忙碌的人能有闲暇听着美妙的音乐、无所顾忌地思考是一种幸福，饿着的人吃一顿饱饭会很幸福，而富有的人在奢华的生活中不见得能体会到幸福，幸福与物质、金钱无关。一位哲人讲过：这个世界可以满足人的需求，但不能满足人的贪欲。在物质生活日益富足的今天，人们的幸福感并没有相应提高。为什么？对幸福感的研究因此成为心理学研究的一项重要内容和任务。什么是幸福感？大学生的应对方式与幸福感有怎样的关系？如何在生活中提升幸福感？

一、幸福感及其影响因素

幸福感，心理学上也称主观幸福感，是个人根据自定的标准对生活质量所做的整体性评估，反映着特定群体对生活状况的满意程度，是某一社会中个体生活质量的重要心理学参数。主观幸福感的评定主要依赖于个体本人内定的标准而不是他人或外界的准则。所以，幸福感具有三个重要的特点：主观性，以评价者内定的标准而非他人标准来评估。稳定性，主观幸福感是一个相对稳定的值。对某个人而言，不管他身上发生什么事情，可能不会使他比以前更幸福或更不幸福。虽然某些生活事件可以暂时改变一个人的情绪，但是最后都会恢复到原来的幸福水平，这与影响主观幸福感的因素密切相关。整体性，这是综合评价，包括对情感反应的评估和认知判断。

什么有利于幸福生活的产生呢？这是目前心理学家关注的焦点问题。分析可能对幸福感具有决定性影响的因素，可以帮助大学生寻求更加关爱自身和提升幸福感的途径。许多人经常想："如果我很有钱，或者得到我所需要的东西，是否一定会很幸福?"答案是否定的。有调查显示，美国福布斯榜的富人中有37%的人主观幸福感还不及美国老百姓的平均水平，而过去50年来美国综合国力增加了两倍多，但是整体上老百姓的主观幸福感却没增加。因此，主观幸福感的大小与我们所拥有的财富或权势的多少并不一一对应。幸福感的产生是遗传、环境、人格等多种因素交互作用的结果。

（一）遗传因素

有学者认为，人具有快乐或不快乐的基因素质，气质的差异导致个人主观幸福感的水平不同。有证据表明，主观幸福感的一部分是由遗传因素决定的，也就是说，在完全不同环境中成长的同卵双生子的幸福感水平非常相似。

（二）环境因素

在个人发展过程中，外界环境中的各个因素通过人格因素影响主观幸福感。社会文化、工作学习和家庭环境都会对主观幸福感形成一定的影响。已有研究发现，个人取向和集体取向的文化对主观幸福感的影响不同。工作学习是影响主观幸福感的重要变量。有研究表明，工作学习对主观幸福感有显著的影响，在学校中的学习挫折是引起大学生不幸福感觉的重要因素之一。从对青少年的研究中发现，家庭环境对主观幸福感的影响与他们所体会到的家庭气氛相关。家庭的稳定、成员间的相互关怀、没有明显的家庭矛盾是青少年总体满意度的预期因素；家庭结构松散、父母关系欠佳和严重的家庭矛盾是青少年产生不幸福感觉的预期因素。

（三）人格因素

心理学家认为，人格因素是预测主观幸福感最可靠、最有力的指标之一，因为人格影响着人们处世的行为和态度（包括应对压力的方式、人际关系模式），因此增加经历某种情境的可能性，而不同的情境又引起主观幸福感的增加或减少。

既然主观幸福感是多种因素交互作用的结果，遗传因素和环境因素多数是我们无法控制的，而人格因素是预测主观幸福感最可靠、最有力的指标，那么加强健全人格的养成和积极应对方式的学习当属大学生主要的任务。我们的先哲早在几千年前就提出"修身养性"，主张以强大、稳固的自我应对不断变化的世事。大学生也只有修身养性，不断完善人格，才能增强对幸福生活的感受能力，体会到生活的意义和价值，从而有更大的热情和勇气去创造新的生活。

二、大学生主观幸福感现状

"没有好成绩，争不到第一，就业压力大，大学生们还能有幸福感吗?"这是在某高校心理健康节上大学生对心理专家提出的问题。大学生作为社会中的一个优秀群体，近年来呈现心理健康问题逐年增多趋势，尤其以抑郁症患者学生居多。抑郁症患者最典型的特点是丧失对快乐和幸福的感受能力，找不到生活的意义。这些心理健康问题的产生归根结底与大学生幸福感的

缺失有关，幸福感是心理健康标准的一个重要指标。因此，研究者对大学生的主观幸福感给予了更多的关注。

大学生对幸福的理解。大学生对幸福的理解是考察他们幸福观的一个重要的基本问题。一个人幸福观不正确，受享乐主义、拜金主义的影响，势必导致心理不健康，产生这样那样的不良情绪与行为。在“你认为什么样的生活是幸福生活?”的问卷调查中，一致性最高的前五个标准是：美满幸福的家庭、事业成功、自己和家人身体健康、能和自己爱的人生活在一起、有知心朋友。可见，大多数大学生对幸福的认识是积极向上的。当然，也有少数大学生对幸福的理解存在一定的偏差。有关调查发现，部分大学生将幸福和成功、物质联系在一起。西南财经大学的一项调查显示，被调查的一至三年级的267名本校大学生中，51.1%的大学生认为有很多钱是幸福的。

大学生的总体幸福感状况处于中等水平。一项对主观幸福感的跨文化研究发现，大学生的主观幸福感体验处于中等偏上的水平，同时他们有比较积极的情感体验和比较高的生活满意感。这可能和他们的年龄特点和知识经验有关：一方面，大学生正处于激情澎湃的阶段，他们充满热情，对未来满怀希望；另一方面，他们的生活环境与社会相比更为和谐也更文明，因此他们对自我以及他人的看法也更加乐观和开朗。同时也发现，中国大学生对幸福的评价比美国大学生低，而且中国人比美国人更少考虑他们的生活是否幸福、满意或快乐。国内有调查显示大学生总体幸福感水平不容乐观，某高校调查显示：只有12%的学生感到“非常幸福”，37%的人“很幸福”，42%的人认为“比较幸福”，9%的人认为“不幸福”。

大学生的主观幸福感在不同层次和程度上的差异是客观因素和主观因素相互作用的结果。从客观上来讲，大学生的性别、专业、经济状况、就业情况等影响和制约其主观幸福感。多项研究显示：性别、经济状况是影响大学生幸福感的两个重要因素。一项对西南地区大学生的研究发现大学生主观幸福感存在显著的性别差异和经济水平差异，女大学生比男大学生拥有更高的主观幸福感和生活满意度，非贫困大学生比贫困大学生具有更高的主观幸福感。这一点与东、中部地区大学生情况相同。从主观因素来看，人的幸福感的高低与人格特点有明显的关系，不同的人格特点会导致不同的正面情感、负面情感和生活满意度，因为不同性格类型的人对事件的感受性是不一致的，从而导致了主观幸福感的差异。

三、压力应对、健康与幸福感

压力应对与幸福感、健康密切相关。已有研究发现积极的应对方式有利于青少年主观幸福感和良好心理健康的发展，而消极的应对方式，尤其是消极情绪关注的应对方式不利于青少年的主观幸福感和心理健康的发展。达尔文有一句名言：“能够生存下来的，不是最健壮的，也不是最聪明的，而是最能够适应变化的物种。”这实际上是一种很朴素的压力应对方式，人们可以尝试改变自己对待压力的方式，尝试一些适合的压力应对方式，以削弱压力对健康的影响。

但是否只要掌握应对技巧，选择合适的压力应对方式，就能顺利地控制情绪、完美地解决问题，从此过上幸福的生活呢? 显然不是，有能力处理逆境与压力，并不意味着绝对会增强幸福感。幸福感是一个内涵更为丰富、更复杂的概念。从哲学的层面看，幸福感与人生观、价值观关系密切；从心理学的层面看，幸福感与高自尊、乐观、内控、积极应对方式有着很高的正相关。对主观幸福感的心理学研究表明，幸福感强的人有四项共同点。

（一）高自尊

幸福的人都很懂得欣赏、悦纳自己，他们认为自己有不同于其他人的地方，并肯定其优点。

（二）强烈的控制感

幸福感强的人能很好地掌控生活事件，与那些自己是他人走卒或有习得性无助的人明显不同。

（三）乐观

幸福感强的人更乐观，能从积极的角度理解问题；乐观则使他们更能持之以恒并最终获得更多成就。

（四）社会支持好

幸福的人性格外向，有属于自己的朋友圈子，有较强的社会支持。幸福感强的人，一般都具有积极的人生观、正确的价值观，能够正确看待生活中的压力和磨难，能够正确认识、评价自我，对自我比较接纳，对生活充满感恩，能够坦然面对压力，采取积极的方式应对，而不会消极逃避。研究发现高幸福感者在面临疾病时也会积极应对，能够遵从医嘱，与医生进行良好的医患沟通，拥有良好的健康信念，对医生的建议有较高的认同感，从而促进康复的进程。

综上所述，积极的应对方式能够在一定程度上促进健康、增强幸福感，高幸福感的人能采取积极的应对方式并愉快地享受生活，从而有助于促进健康、防治疾病。

四、构建个人的支持体系

现代社会，人与人之间情感日益疏远。内无自主的人格支持，外无良好的沟通方式，这是很多现代人的生存困境。事实上，社会支持是我们应对压力必不可少的资源。但是，许多时候我们并不了解我们的支持系统，也不清楚怎样的支持系统才能在危机时给予我们支持与帮助。那么该如何构建好我们的支持系统？

当你遇到困难或是难以名状的烦恼、忧伤时，你将向谁倾诉？你能得到谁的帮助？请写下这些人的名字。具体写多少由你自己来定，可以只写下三五个，也可以一口气写下十几个，甚至更多。

现在，请仔细看看你的支持系统的名单，看看性别比例是否平衡，有没有年龄上的跨度？谁是患难之交，谁是普通朋友？看看你的朋友之间的关系。

如果你的支持系统都是男性或都是女性，就有些问题。两性看问题的角度不同，这是特点也是缺点。再看看你的支持体系有没有年龄上的跨度。好的支持系统，年龄均匀地覆盖在青年、成年、老年各个年龄阶段。人生阅历不同，不同年龄段的人，有着不同的经验和感悟。再检查一下系统成分。系统里是否都是你的亲人？如果是，先要恭喜你，你的亲人和你站在一起，与你保持着高度的信任和友谊，可喜可贺。但是同时也提醒你，如果这个系统里的绝大多数成员都是你的至爱亲朋，那么也潜伏着非同小可的危险，因为日常所遭遇的危机有很大一部分是和我们的亲人有关。总之，成分要多种多样，不要搞近亲繁殖，不要搞一言堂。系统中要容纳能给我们提出不同意见的人，那些话虽然可能“逆耳”，却对我们的心理建设大有裨益。

面对你的支持系统的名单，想想看，你有多长时间没有和他们促膝谈心了？你已经有多长

时间没有向他们细细通报你的想法和变化？你有多长时间没有关心他们的变化？

支持是双向的。他人成为你的支持系统，你也是他人的支持系统，这不是谋求公平的买卖，而是人与人之间纯朴友谊的法则。要知道无条件地求助于别人的心理支撑，就如同乞丐的讨要，并不总能如愿。

最后，为你的支持系统画一张新的蓝图。如果支持系统的人员太少，就要酌情增加。支持系统的人员太多，就要删繁就简。心是有限的舞台，那里摆放不下太多的座位。

第十六章　当代大学生珍爱生命与心理健康

第一节　大学生珍爱生命的心理问题

一、认识生命

生命教育，顾名思义，是帮助受教育者认识生命、理解生命、完善生命观、提升生存技能和生命质量的一种教育活动。生命教育的目标是使受教育者树立正确的生命价值观，懂得尊重生命、珍惜生命、热爱生命和善待生命。

生命教育有广义与狭义两种类型的内涵。狭义的生命教育指的是对生命本身的关注，包括个人与他人的生命，进而扩展到一切自然生命；广义的生命教育是一种全人类的教育，它不仅包括对生命的关注，而且包括对生存能力的培养和对生命价值的提升。

开展生命教育，我们应该学会表达对生命状态的关怀，提升对生命情调的追求，使自己能够更好地体验和感悟生命的意义，这不仅能促进肉体生命的更加强健，还能推动精神生命的进一步发展，让我们的生命更健康长寿，焕发出绚丽的光彩。

人的存在是一种生命的形式。人最宝贵的是生命。生命是智慧、力量以及一切美好情感的必要载体。

（一）生命的历程

许多人在小时候都问过这样一个问题——“我从哪里来”，实际上，这就是人最早的对生命的好奇。

生命是什么？生命从何而来？生命存在的目的是什么？

对生命本质的探索构成了哲学对人存在的三大终极命题——我是谁？从哪里来？到哪里去？

诗人会认为，生命是一棵开花的树，是一片清新幽静的芳草，是小溪中欢快畅游的小鱼，是一张张微笑的脸庞。

旅行家会认为，多彩的生命构成了缤纷的世界，生命是宇宙间最神奇的自然现象，而人类又是所有生命中最独特的物种。

生物学家会认为，个体的生命从精子与卵子相遇融合的那一刻开始，生命需要经历出生、成长、成熟、衰老和死亡的连续过程。

心理学家会认为，在生命发展的连续过程中，我们的生活经验逐渐丰富，内心也发生了很大变化，我们有了独立的思想，自我意识逐渐增强。经过生活中一连串的挑战和磨炼，我们的生命在不断发展，在克服挫折和困难的过程中，生命变得更加有力量。

教育家会认为，生命是情谊的牵连，从牙牙学语，到蹒跚学步，乃至青春年华，都源源不断地传递着父母对我们殷切的期待和深沉的爱，在感受爱的过程中，生命因感恩而充满美。

1. 生命的开始

按照中国的传说，在远古时代，有个神仙，叫盘古，他开天辟地，将一片混沌分开两半，一个是天，一个是地。又有一个女神，叫女娲，她捏土为人，于是这个世界有了人。她又给人灌以灵魂与思想，这些人就会说话，会走路，会想事情了。

按照西方的传说，耶和华神用地上的尘土造人，将气吹到他的鼻子里，于是泥人就成了有灵魂的人，名叫亚当。后来，耶和华神使亚当沉睡，从他的体内取出一根肋骨，造成一个女人，名叫夏娃。于是，世界上就有了人。

这是两则不同的“造人”传说，一则来源于中国的古代神话，一则来源于西方的《圣经》。这表明，从人类学会反思自己开始，就面临着共同的命题：“我从哪里来”。虽然对于人类的起源困惑，存在着科学、神话、宗教等的不同解释，但是每一个个体的出生却可以从生理学中找到科学的解释。

我们每一个人，都是由父亲的精子和母亲的卵子相结合，在母亲的子宫中大约经历过280天的孕育，分娩出生成为一个独立的生命个体。

在这一过程中，大约有4亿左右的精子相互竞争，因为母亲体内的酸性环境不利于精子的生存，在4亿个精子中，大约只有100个能够穿越重重障碍，到达母亲的卵子附近，而这100个最强壮的精子中，最终只能有一个幸运地刺破卵子，捷足先登。之后，精子与卵子的遗传物质相互结合，塑造出一个全新的生命。可以说，我们每个人的诞生都是一个极小概率的事件，都说明我们曾在“人生第一场战役”中全面胜出——这是生命的奇迹。

在母亲的子宫中，个体在九个月内从一个句号般大小的受精卵成长为一个三四千克重的胎儿，这一过程的迅速变化令人惊叹。

2. 生命的成长

人的生命成长指的是人从出生到成长成熟，直到衰老和生命的最后阶段的发展历程。人的一生将会经历婴幼儿、儿童、少年、青年、中年、老年六个不同的生命发展阶段，有着不同的成长状况和不同的生理心理情况。所以我们要了解自己的生命，了解我们自己的身体与心理，以便在学习、生活、工作中善待自己。

（1）婴幼儿期（0～6岁）

人在出生后的头几年中，进入了生命的第一个成长高峰。在这短短的几年中，个体无论是身体还是能力，都获得了极大的进步和提高。个体学会了走路、说话，并且开始具有独立的思想和自我意识，只要得到良好的养育和照料，这些成长都自然而然地发生。

婴幼儿在0～1岁所能经历到的困扰，主要取决于生理上的需要是否得到满足；幼儿在2岁时所发生的行为变化非常大，这一时期的幼儿有许多行为和父母的要求不符合，而且和任何人都不容易相处；3岁是快速发展的时期，已经很有主见了，时刻想要讨人喜欢并承诺一切；4岁幼儿对喜怒哀乐毫不掩饰，完全是至性真情的流露；5岁幼儿在情绪上仍具有恐惧、愤怒、好奇等特征，只是因其恐惧、愤怒、好奇的对象有所不同。

（2）儿童期（6～12岁）

儿童期在心理学上也称之为学龄初期，相当于小学阶段。在这一时期，学习在人的生活中占据主导，在生理、心理方面均发生了很大变化，从以具体形象思维为主要形式向抽象思维过渡，心理活动和思维的随意性和目的性也得到了充分的发展，集体意识和个性逐渐形成。

(3) 少年期（12～15 岁）

少年期大致相当于初中阶段，是人从儿童的幼稚期向成熟期过渡的阶段。我们一般将少年期称为过渡期一过渡期的发展十分复杂且充满矛盾，因此又被称为困难期或矛盾期，少年期的主要特点是半成熟和半幼稚、独立性和依赖性共存。

(4) 青年期（15～35 岁）

青年期是个体从不成熟的儿童期、少年期走向成熟的成年期的过渡阶段。处在这个时期的青年，不论就生理成熟来说，还是就智力发展、情感和意志表现、个性特征及言语行为表现来说，都有其特点。

青年期是个体生理发育成熟的时期。青年期人的思维能力继续发展到高峰，并达到成熟。皮亚杰认为，形式运算思维是思维发展的最高水平。有些学者则认为，少年期之后的思维仍在继续发展，并向“后形式运算思维”或辩证逻辑思维阶段发展。

(5) 中年期（35～60 岁）

中年期是人生中相当长的一段岁月，人生的许多重要任务都是在这一时期完成的。中年期无论在生理上还是心理上都发生了一系列的变化。

中年期是充满挑战的人生阶段。中年期面临家庭、工作和社会的压力。人一方面要不断地完善自己，以求个体人生目标的实现；另一方面要承担着教育子女、赡养父母、照顾伴侣、完成工作等多方面的责任。不少研究者认为，在多种角色和责任的压力之下，中年人存在着中年危机现象，即这个时期个体将经历身心疲惫、主观感受痛苦的阶段。

(6) 老年期（60 岁以后）

老年期是指 60 岁至衰亡的这段时期，按照联合国的规定，60 岁或 65 岁为老年期的起点，老年期总要涉及“老化”和“衰老”两个概念。老化指个体在成熟期后的生命过程中所表现出来的一系列形态以及生理、心理功能方面的退行性变化。衰老指老化过程的最后阶段或结果，在这一阶段，个体会出现体能失调、记忆衰退、心智钝化等。自古以来，人类不断地探索老化的原因，提出数种心理老化学说。

3. 生命的结束

生命虽然美好，但却不是无限的。死亡，是每个生命的必然结局。

死亡是相对于生命体存在（存活）的生命现象，意指维持一个生物存活的所有生物学功能的永久性终止。

生命的生物学本质是机体内同化、异化过程这一对矛盾的不断运动；而死亡则是这一对矛盾的终止。人体内各组织器官同化、异化过程的正常进行，首先需要呼吸、循环系统供给足够的氧气和原料，尤其是中枢神经系统耐受缺血缺氧的能力极差，所以一旦呼吸、心跳停止，即引起死亡。

死亡是生命的必然规律。据比较生物学的研究，人类自然寿命大约是 140～160 岁左右。但由于生命自然终止而“老死”的只是极少数。人类绝大部分都死于疾病，也有部分死于意外，如战争、地震等。因病死亡的原因大致可分为以下三类：

①由于重要生命器官（如脑、心、肝、双侧肾、肺及肾上腺等）发生了严重的、不可恢复的损害；

②由于长期疾病导致机体衰竭、恶病质等以致代谢物质基础极度不足、各系统正常机能不

能维持；

③重要器官没有明显器质性损伤的急死，如失血、窒息、休克、冻死等。

过去人们习惯把呼吸、心脏功能的永久性停止作为死亡标志。但由于医疗技术的进步，心肺复苏技术的普及，一些新问题产生了，它冲击着人们对死亡的认识。全脑功能停止，自发呼吸停止后，仍能靠人工呼吸等措施在一定时间内维持全身的血液循环和除脑以外的各器官的机能活动。这就出现了“活的躯体，死的脑”这种反常现象。众所周知，脑是机体的统帅，是人类生存不可缺少的器官。一旦脑的功能永久性停止，个体的一生也就结束。这就产生了关于“死亡”概念更新的问题。“脑死亡”的概念逐渐被人们所接受，医学界把脑干死亡12小时判断为死亡。

了解死亡，让死亡成为我们生命的导师，不仅能使我们坦然面对、接纳死亡，也将使我们更加用心去呵护生命的尊严，感受生命的神圣和美好，激发生命的潜能，让我们真正享受生命的价值。

（二）发现生命的可贵

假如生命从头再来，你会选择怎样的生活？你也许会选择过想过的生活，做自己最想做的事情，可见我们的生命是可贵的。可是，我们每个人的生命都只有一次，我们没有弥补的机会。

1. 生命的可贵在于拥有生命才能拥有一切

我们每个人都是“赤条条”来到这个世界上，当我们离开这个世界的时候，并不能带走任何事物，唯有生命。在这中间有生命的历程，我们才会拥有自己的亲情、自己的玩具、自己的衣服、自己的友情、自己的爱情、自己的房子、自己的事业、自己的财富、自己的喜怒哀乐……只有拥有生命，我们才可以选择，才可以追逐梦想，才可以让“假如”成为现实。当我们不再拥有生命，我们所有的一切活动就停止了，即使我们充分考虑自己的身后事，已经安排好离开后的诸多事务，但也不能再亲身体验。所以说，人存在于世就是一个体验生命的过程。世界上最宝贵的是生命，是生命体现了世间万物的生存意义，是生命给了我们唯一充满快乐的过程，拥有生命才能拥有其他一切。

正如一位纪念四川汶川地震的人士所写下的：“地震毁灭了家园，但是只要人活着，我们可以重建。地震损失了财物，但是只要人活着，我们可以再靠自己的努力去获取。所有的灾难都会有物质上的损失，物质损失可以通过努力让它失而复得。而唯有生命，逝去了将永远无法挽回。一场灾难的降临，让人们猝不及防，但是人们要从灾难中获得警示，警示人们要敬仰生命。当人们还被利益蒙蔽心灵时，是否想过，当生命不存在时，你拥有的一切，有哪一样能随你而去？”

2. 生命的可贵在于生命是有限的

根据中华人民共和国国家卫生和计划生育委员会网站上的信息，统计显示，到2011年，中国男性和女性的预期寿命分别是74岁和77岁。即使我们用100岁来计算，每年365天，每天24小时，人的一生也只有36525天，也只有876600小时。生命是有限的，况且就目前来看，世界人口的平均寿命也要低于100岁。而我们每一个人，又都面临着疾病、交通事故、自然灾害等天灾人祸的威胁，它们随时可能会夺取我们的生命。我们的生命太有限了！但也正因为生命有限，生命才变得如此可贵，我们才更要珍惜生命。

在神话传说里有长生不老的故事。古代也曾有许多帝王追求过长生不死，秦始皇就是其中的一位。秦始皇统一天下之后，对不能避免死亡感到遗憾，多次求仙问药，但最终仍然未能如愿，还是躺进了骊山陵墓。

我们没有能力让生命无限，在有限的生命中，我们能够完成的事情也是有限的。《明日歌》里唱到："明日复明日，明日何其多，我生待明日，万事成蹉跎。"罗马诗人贺拉斯也说："每天都想象这是你的最后一天，你不盼望的明天将越发显得可贵。"能够活着其实是一件挺不容易的事，我们应该懂得珍惜生命，感激生命中的每一天。

3. 生命的可贵在于生命是一去不复返的

我们总是会听到有人在说："要是有卖后悔药的就好了！"而也许我们每个人都梦想时光倒流，去抓住本来放弃的，去经历另外一种选择。可是事实却是，生命中的每一天都不会重复，都是独一无二的。我们的生命每过一天就少一天，每过一小时就少一小时，我们无法回到过去，我们的生命是一去不复返的。

然而，正是因为生命的一去不复返，生命才更显得弥足珍贵！不要怀疑，生命是最可贵的，只有活着，你才可以为自己的家庭和事业而奋斗，你才可以为自己所爱的人遮风避雨，才可以孝敬父母。因为生命的一去不复返，所以不要把遗憾留给明天。

生命从一开始就注定要慢慢走向不可复返的死亡，所以生命才那样的可贵。保护自己的生命是每个人的天职，所以，请从现在开始热爱生命，让一切梦想从现在开始，让生命不留下遗憾。

4. 生命的可贵在于生命的历程是不可预测的

生命是脆弱的。在成为胚胎之前，精子就已经开始了竞争，就要在对自己不利的环境（母体的环境）里生存下来。当婴儿降生之后，疾病、意外、天灾等又时时刻刻威胁着生命的成长。

一个人生命的历程并不是一早就知道的。谁都不能预测自己生命的下一刻会发生什么。云南昆明火车站暴力恐怖案件、马来西亚航班失踪事件，2014 年上半年连续两场突发事件，给人们带来了巨大的冲击，让人们看到了生命的无常。也许你已经规划好你的人生，可是生命中发生的事情却不是你可以预测的。所以我们需要做好准备，迎接生命中可能发生的事情，而不能仅仅是等待。

第二节　大学生珍爱生命与心理健康的关系

每个人都会询问这个问题："人生的意义是什么？"在生活中遭受不幸的人会觉得人生没有意义，而即便那些成功者也时常会迷茫于人生的意义是什么。

一、目标的迷失

（一）没有目标就会迷失人生

西方有句谚语："对于盲目的船来说，所有的风向都是逆风。"道出了目标对于航程的重要性，试问：如果你自己都不知道自己要去哪里，又怎么知道该上哪一班车呢？在人生低潮的时候：很多人都会失去自信，寄希望于求神问卜，无论在哪一个神庙前，总能看见不少年轻人在

磕头许愿，听到他们喃喃祷告：菩萨保佑我有钱，有权、幸福……那么，也许我们应该思考：多少钱才算有钱？什么样才算有权？什么状态才算幸福？如果你的目标不清晰，就算神仙恐怕也不知道该给你什么。

没有人生目标的人，就仿佛随波逐流的扁舟，不成功是必然的，成功是偶然的，除非奇迹出现，否则无法顺利到达对岸。很多人都说过，“做好眼前工作，一步步来”。人们的态度是诚恳的，但如果没有一个远期的目标为导向，注定会走更多的弯路，浪费更多的时间。“做正确的事，就会有正确的结果”这句话激励了无数人，但首先一定要强调，认清对你来说什么是“正确的结果”，再根据结果去设计过程，在这个过程中坚持“做正确的事”，才会得到“正确的结果”。目标既是我们成功的终点，也是我们成功的起点，还是衡量是否成功的尺度。

（二）没有目标的奋斗是浪费青春

成功，在事业起步的时候仅仅是一种选择，你选择什么样的目标，就会有什么样的人生。没有明确目标的人，在职场之路上容易分散注意力、精力和时间；而一个具有明确目标的人，会对有助于实现目标的蛛丝马迹都特别敏感。成功不会光顾那些分散注意力、精力和时间的人，与其诸事平平，不如拥有一技之长。

刚上大学的大学生．都有尽情展现才能的冲动，也特别有学习的热情，因此往往什么事都愿意尝试，什么活动都抢着参加。当然，这是探索自己的兴趣，确定自己目标的必要手段。但是，有的同学只是单纯地享受自己“多面手”的角色，为此觉得沾沾自喜，长期这样下去，结果可能就是他在任何一个方面都不够突出，缺乏足够的竞争力。所以，无论学业有多忙，社团活动有多么丰富，一定要花时间和精力，好好考虑一下自己的目标，了解自己想要发展的专长，设计一下自己的职业发展规划。

（三）没有目标就会为他人作嫁衣

如果你不为自己设定目标，并不代表你没有目标，不知不觉中别人就会把他的目标给你。没有明确个人目标的人，注定是当别人进步的铺路石，为他人作嫁衣。没有人生目标的人，往往会随着天性自然发挥，会被别人利用。那些有明确目标的人，无时无刻不在关注着机会，这样，他们就能更快地成功。

当然，这并不说你应该成为一个自私自利、只盯着自己的目标而不顾及旁人需要的人。这里想要提倡的是确立自己合理的目标，并把它与旁人的目标、集体的目标相挂钩，达到一种“双赢”的效果。

（四）不同的目标成就不一样的人生

“不想做将军的士兵不是好士兵”，对于这句话，历来有不同的解释甚至争议。有一派意见是：不是每个士兵都能成为将军，既然做士兵，就要先想着做好士兵的本分，至于能不能做将军，那得看能力和机遇。这种说法确有其道理，的确不是每个士兵都能成为将军，但一个没想过做将军的士兵，除非机缘巧合，否则一定做不了将军。

哈佛大学有一个非常著名的关于目标对人生影响的跟踪调查。调查的对象是一群智力、学历、环境等条件都差不多的大学毕业生。结果是这样的：

27％的人，没有目标；

60％的人，目标模糊；

10%的人，有清晰但比较短期的目标；

3%的人，有清晰而长远的目标。

毕业以后的25年，他们开始了自己的职业生涯。25年后，哈佛大学再次对这群学生进行了跟踪调查。结果是这样的：

3%的人，25年间他们朝着一个方向不懈努力，几乎都成为社会各界的成功人士，其中不乏行业领袖、社会精英；

10%的人，他们的短期目标不断实现，成为各个领域中的专业人士，大都生活在社会的中上层；

60%的人，他们拥有安稳的生活与工作，但都没有什么特别的成绩，几乎都生活在社会的中下层；

剩下27%的人，他们的生活没有目标，过得很不如意，并且常常抱怨他人，抱怨社会、抱怨这个“不肯给他们机会”的世界。

其实，他们之间的差别仅仅在于：25年前，他们中的一些人知道自己到底要什么，而另一些人则不清楚或不很清楚。

从上面的故事中我们可以看到，目标对人生有巨大的导向性作用。有了目标以后，你会把精力集中到对实现目标最有价值的事情上，很多的决策就变得简单。没有明确的目标，你每一次的决策就等于没有原则，都是根据当时的某种感觉作决定，这种决定没有方向，难以产生积累的效果。

美国前总统克林顿在自传《我的生活》中写道：“法学院刚毕业的时候，我还是个小伙子，十分期待着马上开始自己的生活。这时，我突发奇想，把本来想要看的小说和历史书暂时束之高阁，出去买了本‘如何做’一类的书：《如何掌控自己的时间和生活》，该书的主要观点是，我们必须列出自己短期、中期和长期的生活目标，按其重要程度进行分类，例如，A组最为重要，B组次之，C组第三等。然后，在每一个目标下列出实现这些目标的具体行动。这本简装书我依然保留着，距今已近30个年头。我敢肯定，这个单子没准还埋藏在某个纸堆中，尽管一时无从查找。然而，那个A组的单子我还真没忘记。我要当个好人，娶个好老婆，养几个好孩子，交几个好朋友，做个成功的政治家，写一本了不起的书。”30年后功成名就的克林顿显然认为自己已经实现了当年定下的目标，唯有一点不好意思自夸，他调侃道：“当然，我是不是个好人，得由上帝来判断。”

（五）目标让你更有成就感

以前，有些同学谈到大学四年的感受，会不假思索地回答：没意思。实际上，“没意思”的原因并不是大学生活本身造成的，而是在考入大学之后，部分同学没有什么目标和追求。那些有目标的人正围绕着自己的目标一点点地添砖加瓦，每向自己的目标靠近一步就有一种内在的喜悦，怎么会觉得没有意思呢？一个有目标的人，比没有目标的人对自己更满意，在人生道路上更有耐力，面对人生的挑战更加平静，更加自信。

人在自我评价的时候，不外乎三种方式：与别人横向对比，与自己的过去做纵向对比，将现状与自己的目标对比。三种方式一定要结合起来，横向对比的不足，往往使人对自己产生不自信等各种负面情绪，与自己的过去对比，使人眼界狭窄容易满足，而与目标对比，则能弥补

前两者的不足，并保持前进的动力。

同学们，你们应该思考，在想得到的未来，你想成为什么样的人？你想过什么样的生活？把这些想清楚，再倒推到眼前，你每天该做多少事情？你不用再跟别人比了。只要你每天的工作做好，到时间你的目标就会实现，所以，做到了你就可以安心休息。

约翰·洛克菲勒（John Davison Rockefeller）曾说："目标是我领导的依据，目标就是一切。我习惯于在做任何事情之前先确立目标，而且每天我都要设定目标，无数的目标，譬如与合伙人谈话的目标、召集会议的目标、制订计划的目标。我在做事之前也会先检视自己设定的目标。通常在我到达公司时，我已经成功做好了万全的准备。所以，在我心里从未出现过诸如'我没有办法''我不管了''没有希望了'等具有吞噬性的声音。每一天确立的目标，已经抵消了这些失败的力量。"

二、价值感的失落

什么是价值感？价值感和成就感不同，前者是被人需要的感觉，侧重在与世界的互动上；后者是自我证明的感觉，侧重在对自我的肯定上。价值感，既包括对自身价值的认可，同时也受到被他人、被世界需要的感觉的影响。还有人认为，人生的意义就在于此。

不管从事的工作贵贱与否，只要被人真正地需要，就会有价值感；所有的行业，做到最高境界，都不再是为了金钱，而是为了满足他人的需要。厨师如此，清洁工如此，老师如此，科学家如此，心理咨询师也是如此。

回到价值感上来，多去帮助一些需要帮助的人，是能够体现自身价值感的；一旦拥有了价值感，我们便不再孤独和无助，也不会对那些鸡毛蒜皮的事一味关注、耿耿于怀；因为我们的人生因价值感而有了意义。

价值感是我们做事情的动力源泉。不管是做什么工作，如果没有人欣赏、认可，也就了然无趣；一旦别人把你的劳动当成必不可少的需要，你的付出就有了重要的意义。

价值感被激活，感到生活有价值的人，快乐程度也会较高；觉得生活不再有意义，生活已不再有价值的人，生活的激情和活力也会缺乏。了解价值感之于人生的重要，我们便能从提升自我的价值感上来探究幸福。当我们越来越能体谅他人、关心他人，当我们越来越有能力为他人解除烦恼、驱除无助时，我们便将真正地赢得他人的认可与肯定。

在现代社会生活中，人们看待各人的价值高下，常常以其所获得的成就而定。当一个人把成就作为唯一的衡量尺度，并以此等同于个人的价值时，一旦在与他人的比较中落后，往往就会陷入内在的空虚与失望。

《精神心理学》的作者丹尼斯（Dennis）指出，价值感能"将我们与他人、自然和生活的源泉联系起来，帮助我们超越和拥抱生活"。而丧失价值感，则会使人迷恋于过去，困惑于现在，害怕将临之未来。保持和获得心理的健康，在人的生命中起着重要的作用。当所有其他东西都失效时，它仍能支撑起我们的生命。

三、动力的缺乏

当人们开始不愿意执行目标，停止去学习或者放弃保持某些好的习惯时，他们总会说出同一个理由："缺少动力。"不少人嘴里常常挂着"缺少动力"，却并不明白什么是动力。他们认为动力是一块馅饼，从天而降，幸运地砸在自己头上，于是马上就改变了自己的无效率状态。既然我们都知道这是错误的，为什么当我们意识到自己缺少动力的时候，却还在守株待兔，期望动力哪天无缘由地突然降临到自己身上来呢？

（一）理解什么是动力

动力是使我们做事情的驱动力。在物理上，动力是使机械做功的各种作用力，要使机械做功，要外界对机械施加力。但是人不一样，我们做事情的力不仅仅来自于外界，更多的是来自于自己。

（二）来自自身的动力

外界对我们的动力，包括物质奖励，精神回馈等。但什么是来自自身的动力呢？为什么我们发现虽然有那么多外界的动力作用于我的身上，我们却仍然觉得自己找不到动力呢？

来自自身的动力有三种：兴趣的引导力，抵制事物的反作用力和立刻开始的推动力。掌握这三种力，能够帮助同学们解决自身缺少动力的问题。

1. 兴趣的引导力

在生活中，我们做的事情最好是符合自身兴趣的。兴趣的引导力带给我们在执行上的使命感和目标感。乔布斯曾说："成就一番伟业的唯一途径就是热爱自己的事业。"当你早上醒来，想着自己正做着自己热爱的事情，你就会充满动力！

2. 抵制事物的反作用力

来自自身的力也可以是反向的作用力，这就是抵制事物的反作用力。有时候，我们不难发现，即便做着自己喜欢的事情，也会突然兴趣全无。事实上，兴趣和热情就像潮水一般，会有起潮落潮。起潮时，你做事情便顺心顺手，此时兴趣的引导力起着绝大部分作用。而落潮时，你便觉得灰心丧气，不想做事情，此时便是抵抗事物的反作用力起着主要作用。反作用力什么时候都会存在，只是有时被压制了，而有时显露出来而已。

当反作用力主导时，就会引起我们自身的一个心理特征——情绪的双向影响。正是这种情绪使我们难以再压制反作用力，恢复动力十足的状态。情绪的双向影响，简单来说，就是当你开心的时候，你会笑；相应的，你常常笑，情绪也会开朗起来。同样，当你觉得自己不想去工作或学习，你就更加不会去工作或学习。

既然反作用力超越了兴趣的引导力，那我们如何从这种缺少动力的状态中转变过来呢？一是加强你的兴趣引导力，二是使用外界的助推力，三就是立即开始的推动力。

3. 立刻开始的推动力

一个钟摆静止在那里，推动一下，它就会持续地摆动，直到空气阻力等消耗完它的能量。那么缺少动力的状态就如钟摆停止转动的状态，你所要做的就是给它一股力——立即开始的推动力。如果你在做那些符合目标，又符合你兴趣的事情，你只需偶尔推动一下，你的钟摆便可持续地摆动。如果你在做一些不太喜欢或不太愿意的事情，你需要经常推，才不会在这些事情上落下来。

立即开始，也可以说是积极主动，是对自己负责的一种态度：个人行为取决于自身，而非外在环境。

4. 消极的人生观

我们生活在这个世界上，都有自己的处世态度。因为人生观念不同，生活经历不同，处世

态度也往往大相径庭，生活中充满着悲欢离合，并由此引发我们的喜怒哀乐。当我们处于顺境时，会因事事如意而情绪高涨；当我们处于逆境时，又往往因困难重重而情绪低落。我们的心总是随着外境的转变而起起落落，时而悲观，时而乐观，这样就产生了消极和积极的心态。

何谓消极？何谓积极？消极和积极是我们对某件事情表现出的态度。当我们对其发生兴趣或认识到它的重要性时，就乐于主动参与，表现出积极的态度；反之，则会有意识地回避、抵抗，表现出消极的态度。

能够积极思考的人，就能以完全不同的姿态面对问题，会以信念、希望与乐观主义的坚强思想处理事务。如果一个人的精神是积极进取的，那么他所看到的世界也会积极地回应他的行动。积极的结果必然会来到积极思维者的身边。同时这也是一种心理的规律，人对于世界的认识就是这样运作的。已经拥有了积极思维，天生就能够活用积极思维的人是幸运的。不过，不论年龄大小，谁都可以学习和运用积极思维，从而获得良好的结果。

五、心灵四重奏

乐观而积极的人，除了内心独白是阳光的，他还会把心里的阳光说出来，感染他人；乐观而消极的人，内心独白也是阳光的，但不会把心里的阳光说出来，而是一人独享；悲观而积极的人，内心独白是阴郁的，但不会把心里的阴郁说出来，而是选择独自承受；悲观而消极的人，除了内心独白是阴郁的，他还要把心里的阴郁说出来，散布四周。

第一种人乐观而积极，是比较受欢迎的员工；是勇往直前、富有煽动性的领袖；是教父般予取予求、对你倾囊相助的朋友；是一个不太真实的幻影。

第二种人乐观而消极，是知足常乐的主妇；是偷闲外出喝咖啡的白领；是小富则安的商人；是辛苦了一年而要不回工钱，第二年又为同一雇主打工的农民工。

第三种人悲观而积极，是一部分艺术家；是平民百姓中的真性情者；是妙手仁心的医生；是自我希望成为的人。

第四种人悲观而消极，是另一部分艺术家；是一部分老年人、病弱者；是吸毒者、自杀的人；是全部的弱者。

我的爱人，我希望他是个积极的人。如果他乐观而积极，那就再好不过，可以像一台永动机，一直发光发热，永不气馁。如果他悲观而积极，这样也很好啊，会比较像我。我们会有很多共同的心境和情怀，会有聊不完的话题，心有灵犀地默默相守。

我的孩子，我希望他乐观的时候，可以有一点点消极；积极的时候，可以有一点点悲观。十全十美的人物不是我的孩子，这种人不是太假，就是太累。

我的朋友，我希望她是个乐观的人。一个乐观的朋友，无论积极、消极我都接受。如果她乐观而积极，首先我很放心，其次还可以感染我。如果她乐观而消极，即便穿着睡衣向我痛声哭诉又何妨？反正破涕为笑是她屡试不爽的制胜法宝。

我的老板，我当然希望他乐观而积极，这样才像个办大事的，拿得起放得下，不会因为悲观而自怨自艾，殃及他人，也不会因为消极而举棋不定，坐失良机。

还有一条没说，悲观而消极。我特别不希望自己的亲友沾染上哪怕半点这样的习气，不，我连自己的敌人和对手，都不希望他们是这样的人——想想看，一个与悲观和消极的人角力的人，是不是自己也是个极其无聊的可怜虫？

但是坦率地说，这第四种人其实最需要救助。谁能保证自己一生没有什么闪失，不遭遇丝毫困厄？谁又能永远乐观、积极，不会因为突如其来的变故而跌入无底的深渊？每个人在人生各阶段，会有不同的生活态度，乐观、悲观、积极、消极也宛如四种旋律，忽强忽弱，交叠弹奏。如果有人不幸悲观又消极，最好的自救方法，不是一步登天，变得乐观又积极，而是接受悲观的现实，哪怕积极一点；或者，姑且先留着消极，不妨乐观一点。就像一个遭受打击的拳击手，痛得站不起来的时候，先抬头。

第三节　大学生珍爱生命的心理健康教育对策

每个人的生命只有一次，生命的意义在于历程而非结果，所以我们要热爱生活、珍惜生命。而要做到这一点，首先要学会尊重生命。

一、尊重生命，热爱生活

尊重生命，包括尊重自己的生命和尊重别人的生命。一个人首先要尊重自己的生命，如果不懂得尊重自己的生命，实际上就不可能懂得尊重别人的生命。一个人要懂得尊重生命，首先应该学会尊重生命的价值。

（一）认识生命的价值

每一个生命都是不同的。对于一个人来说，他的价值不仅是独特的，而且对于不同的人来说，他的价值也是不同的。

园子里有一颗古树，木匠、画家和农民都跑去看。木匠看了感叹不已：“真是一根上好的梁啊!”画家看了说：“古松很美，是园中最有诗意的一景。”而种地的农民看后满心欢喜：“树下乘凉真不错!”

不同的人从各自的角度看到了古松的价值所在。同样，对我们周遭事物的是非、善恶以及生命的重要性，每个人心中都有一台天平，那就是我们的价值观。美国学者丹尼斯·魏特利曾说：“你的价值观决定了你的人生道路，决定了你做出什么样的选择，同时，它能影响你发挥潜能的程度。”你的价值观决定了你怎样看待生命的价值。

生命的价值取决于我们怎样看待自己。在人生旅途中，当我们遇到困难和挫折的时候，难免会怀疑生命的意义和自身的价值。其实，挫折和苦难是人生的重要组成部分，生命的真正价值在挑战苦难、战胜厄运的过程中得以体现。无论我们处于何种艰难困苦的境地，只要我们珍惜关爱自己、看重自己，我们的生命就有价值。

一道雨后的彩虹看到弧形的石桥，对她说：“我大地上的姐妹，你的生命可比我长久多了。”石桥回答：“怎么会呢？你那么美，在人们的记忆中必然是永恒的。”

这段拟人的对话中，反映的正是价值观对自我价值的影响。我们以旁观者的角度更容易看清事实：石桥并没有彩虹相提并论的美，但它长久地稳固地架于两岸之上，默默地把彼此沟通，默默地为人们工作，这是石桥的价值；彩虹的存在虽然只是雨过天晴的瞬间，但它那瞬间的美丽却给人们留下永久的记忆，这同样也是彩虹的价值。

奥斯特洛夫斯基在《钢铁是怎样炼成的》一书中曾写道：“人最宝贵的是生命。它给予我们每个人都只有一次。人的一生应当这样度过：当回首往事的时候，他不会因虚度年华而悔恨，也不会因庸庸碌碌而羞愧。”

做以下这几道题目，从回答问题的过程中了解自己的生命价值观。

大学生生命价值观调查

1. 你对自己目前的生活满意吗？

A. 满意　　B. 比较满意　　C. 不满意　　D. 非常不满意

2. 现实生活中，最困扰你的生活的是？

A. 学习压力大　　B. 人际关系紧张

C. 未来就业形势严峻，前途渺茫　　D. 心理素质差

E. 生活困难　　F. 家庭关系不和　　G. 特殊成长经历

3. 在你人生中若遇到极不如意的事情，你会如何处理？

A. 找父母或亲戚中的长辈交流　　B. 找同学朋友交流

C. 找老师交流　　D. 找心理辅导老师交流

E. 放在心里，自己化解　　F. 在网络上寻找交流

4. 当你遇到重大压力或严重挫折，如失去亲人、失恋、残疾、被疾病折磨等，你是否会选择自杀？

A. 是　　B. 否　　C. 说不准

5. 您曾经有过自杀的经历吗？

A. 有　　B. 没有

6. 您曾经有过自杀的念头吗？

A. 有，就一次　　B. 不止一次　　C. 没有

7. 如果你曾经有过自杀的念头，那么自杀念头是否强烈？

A. 自杀念头不强烈，一会就没事了　　B. 极强烈，过一段时间才缓解

C. 有过，很强烈，但最终未实行　　D. 很强烈，并且实施过

8. 你身边有青年朋友发生过自杀的事件吗？

A. 有，但很少　　B. 很多　　C. 没有

9. 对于不时见诸传媒的学生自杀事件，您怎么看？

A. 他们失去生命，太可惜

B. 感到害怕，自己在烦恼的时候也想到过死

C. 死亡是一种解脱，死了就可以抛除烦恼

D. 不关我的事，我不关心

E. 自杀行为是一时冲动，好死不如赖活

F. 自杀是对家人极端不负责任的行为

G. 自杀是逃避现实的一种行为，无济于事

H. 其他

10. 你认为自杀会对周围的人造成影响吗？

A. 会，严重影响　　B. 会，影响不深　　C. 不会

11. 你认为人有自由选择结束自己生命的权利吗？

A. 有权利　　B. 没有权利　　C. 说不清

12. 你是否曾经与死亡擦肩而过？

A. 否　　B. 是

13. 你对死亡怎么看？

A. 忌讳谈死

B. 死亡是生命的归宿，是生命的重要部分

C. 死亡是和生命相对立的，是生命的终结

14. 你是否对人的生命及生命价值进行过思考？

A. 经常思考　　B. 偶尔思考　　C. 从不思考

15. 你是否觉得活着有意义？

A. 很有意义　　B. 没有太大意义　　C. 没有意义

16. 你认为生命的意义和价值是什么？

A. 人生的价值在于奉献　　B. 挑战自我、超越自我

C. 吃喝玩乐，享受人生　　D. 平坦从容地生活

E. 有较高地位和一定经济实力　　F. 受到社会的认可和他人的尊重

G. 追求自己的信仰　　H. 其他

17. 生命的宝贵在于？

A. 身体发肤，受之父母　　B. 生命的唯一性

18. 你能做到热爱生命、珍惜生命吗？

A. 能　　B. 不能　　C. 不知道

（二）学会感恩

美国前总统罗斯福家中曾被小偷偷去了许多东西。一位朋友得知消息后，写信安慰他，劝他不必太在意。罗斯福给朋友写了一封回信，他说道："亲爱的朋友，谢谢你来信安慰我，我现在很平安。感谢上帝：因为第一，贼偷去的是我的东西，而没有伤害我的生命；第二，贼只偷去我部分东西，而不是全部；第三，最值得庆幸的是，做贼的是他，而不是我。"当然，对任何人来说，失盗都绝对不是幸运的事，而罗斯福却找出了感恩的三条理由。

在现实生活中，我们经常可以见到一些不停埋怨的人，"真不幸，今天的天气怎么这样不好""今天真倒霉，被老师骂了一顿""真惨啊，丢了钱包，自行车又坏了""唉，宿舍的阿姨真啰唆"……这个世界对他们来说，永远没有快乐的事情，高兴的事被抛在了脑后，不顺心的事却总挂在嘴边。每时每刻，他们都有许多不开心的事，把自己搞得很烦躁，把别人搞得很不安。他们所抱怨的事其实是日常生活中经常发生的一些小事情。

明智的人会一笑置之，因为有些事情不可避免。能补救的则尽力去挽回，无法转变的便坦然受之。明智的人也会换一个角度看待问题，因为他知道，换一个视角，就能够换一种心情。下雨天，他会说雨后的彩虹会很漂亮；父母唠叨自己，他会理解背后的关心；自行车坏了，他会正好借机步行，锻炼身体。最重要的是，学会感恩，时刻怀有一颗感恩的心，便能够做好目前最应该做的事情。

字典里对“感恩”如此解释——“乐于把得到好处的感激呈现出来且回馈他人”。人的一生中，有许多值得感恩的地方。从小时候，我们就已经得到了父母的养育之恩；等到上学，有老师的教育之恩；工作以后，又有领导、同事的关怀、帮助之恩；年纪大了之后，又免不了要接受晚辈的赡养、照顾之恩。

而作为单个的社会成员，我们都生活在一个多层次的社会大环境之中，都首先从这个大环境里获得了一定的生存条件和发展机会，也就是说，社会这个大环境是有恩于我们每个人的。感恩，说明一个人对自己与他人、自己与社会的关系有着正确的认识。懂得感恩，我们对许多事情都可以平心静气；懂得感恩，我们可以认真、务实地从最细小的一件事做起；懂得感恩，我们才能自发地真正做到严于律己、宽以待人；懂得感恩，我们才能与他人和谐相处、互相帮助；懂得感恩，我们将不会感到自己的孤独。

人生道路，曲折坎坷，不知有多少艰难险阻，甚至遭遇挫折和失败。在危急时刻，有人向你伸出温暖的双手，解除生活的困顿；有人为你指点迷津，让你明确前进的方向；甚至有人用肩膀、身躯把你擎起来，让你攀上人生的高峰……你最终战胜了苦难，扬帆远航，驶向光明幸福的彼岸。

“感恩”是一种认同。这种认同应该是我们的心灵里的一种认同。我们生活在大自然里，大自然给予我们的恩赐太多。没有大自然谁也活不下去，这是最简单的道理。对太阳的“感恩”，那是对温暖的领悟；对蓝天的“感恩”，那是我们对蓝得一无所有的纯净的一种认可；对草原的“感恩”，那是我们对“野火烧不尽，春风吹又生”的叹服；对大海的“感恩”，那是我们对兼收并蓄的一种倾听。

“感恩”是一种回报。我们从母亲的子宫里走出，而后母亲用乳汁将我们哺育。而更伟大的是母亲从不希望她得到什么，就像太阳每天都会把她的温暖给予我们，从不要求回报，但是我们必须明白“感恩”。无论你是何等的尊贵，或是怎样的卑微；无论你生活在何时何处，或是你有着怎样特别的生活经历，只要你胸中常常怀着一颗感恩的心，随之而来的必然是不断涌动着的诸如温暖、自信、坚定、善良等美好的处世品格，自然而然地，你的生活中便有了一处处动人的风景。

“感恩”是一种处世哲学，是生活中的大智慧。人生在世，不可能一帆风顺，种种失败、无奈都需要我们勇敢地面对、豁达地处理。这时，是一味地埋怨生活，从此变得消沉、萎靡不振？还是对生活满怀感恩，跌倒了再爬起来？英国作家萨克雷说：“生活就是一面镜子，你笑，它也笑；你哭，它也哭。”感恩不纯粹是一种心理安慰，也不是对现实的逃避，更不是阿Q的精神胜利法。感恩，是一种歌唱生活的方式，它来自对生活的爱与希望。在水中放进一块小小的明矾，就能沉淀所有的渣滓；如果在我们的心中培植一种感恩的思想，则可以沉淀许多的浮躁、不安，消融许多的不满与不幸。

（三）创造生命的价值

臧克家在著名的诗歌《有的人》里面写道：有的人活着，他已经死了；有的人死了，他还活着。有的人，骑在人民头上：“呵，我有多伟大！”有的人，俯下身子给人民当牛马。有的人，把名字刻入石头想“不朽”；有的人，情愿作野草，等着地下的火烧。有的人，他活着别人就不能活；有的人，他活着是为了多数人更好地活。

对于每个人来讲，生命的意义并不仅仅是为了活着，而是为了更好地活着。我们要充实生活的每一个瞬间，创造生命的价值。

人的生命是有限的，但有限的生命却可以创造出无限的价值。假如一个人活在这个世界上，没有为这个世界创造出一份属于自己的价值，就是在白白地浪费生命，在慢慢地扼杀自己，像废人般地活在这个世上；一个人如果为这个世界创造了属于自己的价值，就是对自己灵魂的一种解脱，也是对自己生命的一种热爱。

如何实现自己的价值？医生靠治病救人实现自己的价值；演员靠塑造不朽的角色实现自己的价值；律师靠赢得官司实现自己的价值。正如中国的历代伟人，他们正是利用自己那有限的生命，为人民、为这个世界创造出了不可估量的价值。虽然岁月流逝，这些伟人也长眠地下，但是祖国人民仍旧记住了这些曾经为自己的生命、为这个世界创造价值的人。著名科学家宋健，由一个贫穷的小男孩，成为如今在我国的导弹控制系统设备和反弹道导弹方案设计以及通信卫星的发射和定点过程中作出了重要贡献的科学家。党员孔繁森，他把一生的心血都投入到了服务人民的行动之中，他全心全意地为人民服务，真诚地付出，用他的心血和汗水为人民开路，是一根照亮他人的红蜡烛。2003年春，“非典”疫情席卷大半个中国，人们闻“非”色变。可是广东省中医院护士长叶欣，在抗击“非典”的主战场中像一台永不疲倦的机器，连续工作了三天三夜，以身殉职，她生前所留下的一句刻骨铭心的话“这里危险，让我来”等一系列名言，不都是利用自己那有限的生命，创造出了可贵的价值吗？他们都为自己的生命画上了一个圆满的句号。

生命的价值展现是不易的，许多价值不能一下子就看到成果。我们需要耐心和坚韧，只有愿意付出坚持的代价，你才可以享受到成功的甘甜。我们应好好学习，用我们的知识和行动，去展现我们的生命价值，像伟人般付出汗水和辛劳，像钢铁般奋斗，为自己的生命增添价值。

(四) 伟人谈生命的意义

一个人的价值，应该看他贡献什么，而不应当看他取得什么。——爱因斯坦

人活着的目的和意义就在于全心全意为人民服务。——毛泽东

为大多数人带来幸福的人是最幸福的人。——马克思

如果一个人把自己的事业融入为大多数人谋幸福的行业，那他享受到的快乐就超过了普通意义的快乐，这种快乐的强度是普通快乐无法比拟的，它可以给人带来强大的意志力和克服困难的能力，带来特殊的高境界的精神享受。——马克思

人生最终的价值在于觉醒和思考的能力，而不只在于生存。——亚里士多德

如果我曾经或多或少地激励了一些人，我们的工作曾经或多或少地扩展了人类的理解范围，因而给这个世界增添了一分欢乐，那我也就感到满足了。——爱迪生

宿命论是那些缺乏意志力的弱者的借口。——罗曼·罗兰

二、珍惜生命，预防自杀

自杀是现代社会人类的十大死亡原因之一，并已位列15～35岁间的青年人死因的前3位。据统计全世界每年约有100万人死于自杀，平均每40秒左右就有1人死于自杀，每3秒就有1人自杀未遂。据资料统计，自杀已成为我国人群第五大死因，而我国每年约有25万人死于自

杀，还有约200万人自杀未遂。也就是说平均每两分钟就有1人死于自杀，有8人自杀未遂。为了唤起人们对生命的珍惜，2003年起世界卫生组织将每年的9月10日定为世界预防自杀日。

（一）自杀危机的预防

世卫组织的权威意见认为，虽然不是所有的自杀都可以预防，但由于大多数自杀者有表明其意图的明确征兆，因此是可以预防的。许多自杀行为发生在一个人将绝望思想转变为毁灭性行动的改善期，只要在这段时间让他们放弃绝望的念头，就可能让其重新具备继续活下去的勇气。因此，自杀预防至关重要。有精神障碍者、有夫妻矛盾者或经济困难者是最容易自杀的三大人群。所以，预防自杀的有效手段是精神疾病的早期诊断和及时治疗。

目前，世界上还没有找到预防自杀的“良药”，但科学研究已证明，通过有针对性的危机干预，可以减少自杀行为的发生。

1. 注意自杀行为前的警讯

自杀并非突然，自杀者在自杀前基本都处于想死和同时渴望被救助的矛盾心态中，从其行为和态度变化中可以看出蛛丝马迹。大约有2/3的自杀者在自杀前都有征兆，主要集中表现在情绪和行动方面的反常。比如向与自己关系亲近的人表达想死的念头、性格与情绪明显反常、陷入抑郁状态、回避与他人接触等行为都可能是自杀前的警讯。

2. 保持冷静和耐心倾听

聆听和交流是释放自杀者情绪的有效手段。认可他表露出的情感，不要进行评判，也不试图说服他改变自己的感受。不要轻视，当他说要自杀时应认真对待，让他感受到自己被需要。认可他的成绩，帮助他恢复自信。如他要你对其想自杀的事情给予保密时，不要答应。让他相信可以获得所需要的帮助，并鼓励他寻求这些帮助。

3. 应陪伴在他身边

限制他存取大量药物，或其他自杀的工具。跟他讲述人生的快乐或者陪伴其享受人生趣味；帮助他进行人生规划，对自我重新适当定位。对于意志不坚定的人，可讲述各种常见自杀方式之痛苦。如果你认为他当时自杀的危险性很高，不要让其独处，要立即陪他去心理卫生服务机构或医院接受评估和治疗。

（二）自杀危机的识别

一般自杀前自杀者都会有一些先期表现，如流露出消极、悲观的情绪；表达过自杀意愿；遭受了难以弥补的严重丧失性事件；近期内有过自伤或自杀未遂行动，其再发自杀的可能性非常大；发生人格改变者，如易怒、悲观主义、抑郁和冷漠，内向、孤僻的行为，不与家人和朋友交往；出现自我憎恨、负疚感、无价值感和羞愧感，感到孤独、无助和无望；突然整理个人事务或写个人意愿；慢性难治性躯体疾病及抑郁症患者突然不愿接受医疗干预，或突然出现“反常性”，情绪好转，与亲友交代家庭今后的安排和打算；精神疾病患者，特别是抑郁症、精神分裂症、酒精、药物依赖患者是公认的自杀高危人群。

因此，遇上心情不快时，要向亲戚朋友倾诉心里的痛苦，获取有效帮助。当你发现身边同学或家人有以上表现时，应耐心与其沟通交流，适当给予心理关怀、支持，并及时到医院接受专业的心理疏导和治疗，帮助其度过心理危机期。

在自杀危机的识别中，应该特别关注抑郁症。抑郁症是造成自杀的首要原因，大约有60％

～70％的自杀者是由情绪抑郁或焦虑造成的，目前我国大约有2000万的抑郁症患者。

从时间上讲，正常情况下抑郁状态不应该超过三个月，如若超过六个月，则应向专业人士求助。从某种程度上讲，抑郁情绪不应该影响正常工作和生活。早期预防这样的心理疾病非常重要，对于抑郁症的治疗，我们可以使发病率降低80％，也就是说大多数患抑郁症的人都可以摆脱这种困扰，进而也会减少自杀的发生率。

以下是抑郁症DSM—IV的诊断标准：

（1）在连续两周内有下述症状中的5项（或更多），并且是原有功能的改变，其中至少有一项症状是心境抑郁或对活动失去兴趣或者愉快感（注：不包括由躯体情况所致的症状，或与心境不协调的妄想或者幻觉）。

①几乎每天大部分的时间心境抑郁，主观体验（例如，感到悲伤或空虚），或他人观察到（例如，流泪）。注意：儿童和青少年可以是易激惹。

②几乎每天大部分时间对所有的或几乎所有活动的兴趣或者愉快感显著降低（主观体验或他人观察到）。

③没有节食时体重明显下降，或体重明显增加（例如，一个月内体重变化超过5％），或几乎每天都有食欲减退或者增加。注：儿童要考虑体重没有得到预期增加。

④几乎每天都有失眠或者睡眠过多。

⑤几乎每天都有精神运动性激越或者迟滞（不仅主观感到坐立不安或者迟滞，而且别人也能观察到）。

⑥几乎每天都感到疲倦或者缺乏精力。

⑦几乎每天都感到自己无用，或者有不恰当的过分的内疚（可以达到罪恶妄想的程度，不仅是为患病而自责或者内疚）。

⑧几乎每天都有思维能力或注意集中能力减退，或者犹豫不决（主观体验或者他人观察到）。

⑨反复出现死的想法（不只是怕死），反复出现自杀的意念但无特定的计划，或有自杀未遂，或有特定的自杀计划。

（2）症状不符合混合发作标准。

（3）症状引起具有临床意义的苦恼或者社交、职业或其他重要功能的损害。

（4）症状不是由于物质（如成瘾药物、处方药物）或者躯体情况（例如，甲状腺功能减退）的直接生理效应所致。

（5）症状不能用丧撼反应（即失去亲人的反应）来解释，症状持续两个月以上，或者症状的特征为显著的功能损害、病态地沉浸于自己的无用感、自杀意念、精神病性症状或精神运动性迟滞。

以上抑郁症的诊断标准阅读起来有一定困难，除了专业人士，很难根据这个标准来进行诊断。而同学们如果想了解自己或者身边的人是否抑郁，可以主要观察以下几个特点：

①对日常生活的兴趣下降或缺乏。

②精力明显减退，无明显原因的持续的疲乏感。

③精神运动型迟滞或激越。

④自我评价过低，自责或有内疚感，甚至出现罪恶妄想。

⑤思维困难，或自觉思考能力显著下降。

⑥反复出现死亡的念头，或有自杀行为。

⑦失眠，或早醒，或睡眠过多。

⑧食欲不振或体重明显减轻。

⑨性欲明显减退。

如果上述症状符合 4 项及以上，则需要考虑抑郁症的可能性。

（三）自杀危机的干预

一般来说，自杀的危机干预包括问题或诱因评估、制订治疗性干预计划、治疗技术的应用以及危机的解决。

1. 问题评估

鉴于自杀行为大多有一定的心理及社会诱因，因此全面了解和评估自杀的诱因及寻求帮助的动机（因为有些人的自杀是一种求助的信号）相当重要。

中国人的八大自杀危险因素分别是抑郁程度重、有自杀未遂史、死亡当时急性应激强度大、生命质量低、慢性心理压力大、有严重的人际关系冲突、有血缘关系的人有过自杀行为、朋友或熟人有自杀行为。

如果一个人总看到阴暗面、对将来没有任何打算，或没有家庭、朋友或工作之类的支持性动力源，他就会有较高的自杀风险。

2. 制订治疗性干预计划

任何事情预则立，对自杀的干预也一样，必须有一定的治疗计划和方案。因为自杀是一种紧急情况，因此十分强调时间的紧迫性和“立竿见影”的效果，尽可能在短时间内打消当事人的自杀念头，恢复他的心理平衡状态，干预的计划必须围绕以下几个方面：

①肯定当事人的优点（长处），因为大多数抑郁的人往往将自己看得一无是处；

②尽可能地寻找社会支持，即让家人和同事、亲友来帮助和支持当事人，因为绝大多数想死的人感到自己是孤独的，没有人理解和帮助自己；

③学会心理应对和防御，俗话说，“退一步海阔天空”“船到桥头自然直”“塞翁失马，焉知祸福”。

抑郁、自杀的人往往将前途看成漆黑一片或悲观绝望，因此让他们学会多维或多角度地看问题，以及恰当的心理应对技能可以减轻当事人的失望程度。归纳起来一句话，抑郁自杀的人往往是对自我、周围环境和前途产生消极评价，干预就是围绕这三方面进行。

3. 治疗技术的应用

这是自杀危机干预的重要阶段。首先是让企图自杀的人认识到自杀不过是一种解决问题的消极方法而已。因为绝大多数企图自杀者是因为面临生活挫折（如离婚、车祸等）而不能处理或解决时才选择自杀的，是希望“一了百了”，但如果有解决目前挫折或处理目前危机的其他方法，大多数人会放弃“只有死路一条”的观点（如提示当事人其他解决问题的方法）。因此，围绕改变这一认知的前提，可以采取以下方法：

①交谈、疏泄被压抑的情感（如悲伤、抑郁、愤怒等）；

②认识和理解目前的危机或境遇是暂时的，不可能是持续终身的；

③学习问题解决技巧和心理应对方式；

④建立新的社交天地，尤其是人际关系的维持和稳定。

还应注意几个关键点：重视“此时此地”；将消极情绪作为治疗的重点；问题解决和技巧训练必不可少；促使当事人参与到一种共情的、积极的、协作的治疗关系中，提高当事人改变现有状况的能力。

4. 危机的解决

当当事人打消自杀的念头后，重点是要强化他们的独立性，减少依赖性，注意巩固和发展新学到的应对技巧和解决问题的方法，学会“举一反三”，积极面对现实和重视社会支持的作用。总之，通过危机干预，可以使得绝大多数有自杀企图的当事人避免自杀的发生，更好地去适应生活。

(四)《尊重生命》节选

1. 生命是最基本的价值

讲人文精神，讲尊重人的价值，第一条就应该是尊重生命的价值。为什么呢？因为生命是最基本的价值。是人生其他一切价值的前提和基础。对于每一个人来说，生命是最珍贵的，没有了生命什么都谈不上，这个道理应该说是不言而喻的。一个最简单的道理是，每个人只有一条命，在无限的时空中，在宇宙的永恒运动中，每个人只有一次机会活到这个世界上。

泰戈尔有一句诗：“我的主，你的世纪，一个接着一个，来完成一朵小小的野花。”他表达的就是生命神秘的感觉，无论多么微小的生命，它的来源都是神秘的。人的生命当然更是如此，我是我爸爸妈妈生的，但是单凭他们两人的能力能生出我来吗？肯定不能，实际上大自然不知道运作了多少个世纪才产生了我这么一个人。当然不仅仅是我，每一个人，地球上的每一个生命，都是这样，都是我们不知道的某种神秘力量作用的结果。所以，我们对生命不但要珍惜，要关爱，而且要敬畏。这倒不一定是说，生命是上帝创造的，就算是大自然经过了无比漫长的时间，无比复杂的程序，终于把生命创造出来了，这也足以使我们对生命怀有敬畏之心了。

2. 尊重自己的生命

尊重生命的价值，包括尊重自己的生命和尊重别人的生命。我认为一个人首先要尊重自己的生命，如果你不懂得尊重自己的生命，实际上你就不可能懂得尊重别人的生命。从尊重自己的生命来说，一个是要珍惜生命，另一个是要享受生命。

3. 尊重他人的生命

尊重生命的价值，当然不但要尊重自己的生命，更要尊重他人的生命。在这方面，我要特别强调，人一定要有同情心，要有基本的善良品质。爱惜自己的生命，这可以说是本能，但人不只有这一个本能，人还应该有另一个本能，就是同情别人的生命，同情一切生命。如果只有前一个本能，没有后一个本能，那就和动物差不多。中国和西方的哲学家都非常重视同情这个本能，认为它是人性中固有的因素，是人区别于动物的起点，而且把同情看作是道德的基础。在中国的哲学家里，最强调同情心的是孟子，用他的话说叫恻隐之心、不忍人之心，他说同情心是人皆有之的，如果没有，就不是人。他明确地说，同情心是“仁之端”，就是道德的开端，道德的萌芽，道德是从这里发展出来的。

这样看来，人有两类本能。一个是生命本能，爱自己的生命，对自己生命有利的东西，他就喜欢，就想得到，对自己生命有害的东西，他就厌恶，就想避开，这就是所谓的趋利避害。在这个意义上，可以说利己是人的本性。另一个是同情本能，就是看见别人的生命有了危险，

遭到了威胁或损害，他会设身处地去感受，他也会不好受。

我认为教育也很重要，应该把生命教育作为公民教育的重要内容，从孩子开始，培育生命尊严的意识，一方面善待自己的生命，另一方面推己及人，善待一切生命。最近有一所学校开展生命教育，请我题词，我写了三句话，就是：热爱生命是幸福之本，同情生命是道德之本，敬畏生命是信仰之本。我确实觉得，人生中所有最重要的价值，包括幸福、道德、信仰，都是建立在尊重生命价值的基础之上的。我希望所有从事教育工作的人都能认识到这一点，都来重视生命教育。

第十七章　当代大学生审美鉴赏与心理健康

第一节　大学生审美鉴赏的心理问题

审美心理是一种特殊心理活动，具体是指人们在审美实践中面对审美对象，在审美体验中获得情感愉悦和精神快适的自由心理。作为培养全面发展的建设者和接班人的高校，更应重视美育。从某种意义上讲，美育的实质就是审美心理教育。

因此，对大学生审美心理进行深入的分析和探索，把握大学生审美心理特征和发展特点，掌握大学生审美心理活动的规律，以便采用正确的教育策略，使对大学生美育工作收到预期的效果，是一项有意义的工作，更是一项贯彻党的教育方针，使当代大学生各方面得到全面发展的重要任务。

审美以其对生活的直观感悟默默地温暖着大学生的心灵，于不知不觉中影响着他们对生活的判断，使大学生在纷乱嘈杂的多元化声浪中渐渐找到一条清晰的精神生长脉络，从而为自己的生活找一个合适的方向或目标。

一、审美信息沟通与美感生成

从信息论的角度，我们认为，美就是被主体所体验到（内化）而又看作客体固有属性（外化）的理想人类活动图式的信息。而审美活动，已然成了人对理想的人类活动图式信息的审辨、接受、享受及创造的过程。而美感，这个审美活动过程中产生的特殊感受物，便成了审美信息沟通交流的结果。我们知道，美感是一种生理活动，同时也是一种心理活动，具有特殊性。正是由于美感的特殊性，使审美活动过程当中审美信息的沟通成了我们所极力关注的问题。

信息有物质信息、精神信息、物质—精神信息之分，正是这三种基本形式的信息，构成了我们认识和改造世界的基础，成了我们进行物质和精神活动的前提。审美活动中的审美信息是一种特殊的信息，是一种物质—精神信息，但它又不是一般的物质—精神信息，也就是说并非一般的物质—精神信息都是审美信息，因为审美信息的生成是一个较为复杂的化合变化过程，它是信息的解码、信息的组织、信息的重构、信息的创造等一系列协作统一活动的结果，它有着其内在固有的特殊性。因而，只能也只有经过信息的解码、组织、重构、创造的物质—精神信息才能成为审美信息。它始终是也只能是与理想的人类活动图式紧密关涉的特殊信息。而理想的人类活动图式必须是在其中实现着人的本质力量、确证着人的全部存在、肯定着人的丰富个性的完善的活动结构。也只有当人类理想活动图式的审美信息被主体所体验到，而内化进头脑中，同时又外化入客体中，被主体认为是客体所具有的属性，主体在对审美信息的审辨、接受、享受和创造的瞬间审美感受和体验中才能生成并获得美感，也才能感受到美。

然而，美感的生成并不是美或美感的生成的简单反映。审美活动是能动性很强的主客体双向互联互动活动，是主客体双向沟通协调、统一的动态交互过程。主体作用于客体，并非只是

精神的外化，也不单是物质的内化，而是人作用于物或作用于其他人，其他人和物又反作用于主体人的双向互动的，主体能动性始终占主导地位的动态发展活动过程，是具有精神能力和物质力量的人对于其他物质力量的交互作用。因而，精神创造和物质精神创造的审美活动势必渗透着主体人的思维、意识和创造力，渗透着主体人固有特征的内在潜质。也正因为如此，其在活动实质上便成了主体人的能动活动的一种具体显现。在主体之外的客体，作用于主体的感觉器官，给人以客体的信息，感觉器官获得信息后又把信息传送到大脑，在大脑皮层下，新信息唤醒旧信息，新旧信息发生析离、整合。经过新旧信息的解码、组织、重构，创造成为新的主体信息，然后又经过大脑外转输神经系统传到耳、眼、手等主要感觉器官，将其反投身并传输到客体对象上，与客体对象所传输的信息进行再次重构、整合而形成新一轮的主客体信息，这些新的主客体信息又经信息中介再次传向主体。

主体感觉器官通过视觉、听觉等分析器再次摄取并获得信息，然后把信息传送到大脑，在大脑皮层里进行着新一轮的主客体信息的析离、整合，再次经过大脑的解码、分析、重组、创造，经过上述这样的多次循环往复的双向信息沟通交流，从而生成审美信息。而那些不能被析离、整合、解码、创造成为审美信息的主客体信息，将被排斥或沉积，或者部分的信息又被反传输回到审美客体对象，与其他新的客体信息进行新的组织、重构、整合而成为又一轮新的客体信息，并加入到下一次新的审美信息沟通中。在审美活动过程中，信息的循环往复的生成、流动是一个不断运动、不断变化的动态过程，即使审美活动结束，它也在进行着无审美客体（对象）的潜意识的内在信息沟通与交流，从而为积淀、生成新的审美信息做了一个前审美准备，从而也孕育了美和美感的再次生成。主体通过对审美信息的审辨、接受、享受和创造，从而获得精神的愉悦，获得肯定性的精神价值的审美体验亦即生成了美感，获得了美。在此之中，审美反馈不断地传送到客体与社会，又从客体和社会反馈到主体，形成了一个循环变化的审美反馈的统一交互流动过程。虽然美的对象的客观存在是美感产生的一个条件，但不是唯一的，在美感的形成过程中，作为美感的载体的主体更具有重要的作用和特殊的地位。只有当主体具备了审美的感官和审美能力，客体才有可能成为他们的审美对象，美感才有可能在主体和客体的交互作用中产生出来。正如马克思所指出的“我的对象只能是我的本质力量之一的确证，从而，它只能像我的本质力量作为一种主体能力而自为地存在着，因为对我说来，任何一个对象的意义（它只是对那个与它相适应的感觉说来才有意义）都以我的感觉所能感知的程度为限。”美感的产生始终是交互作用、相互影响的动态结构，也正是在这种交互作用、互相影响的动态过程当中，人类才不断丰富了自己的审美感受能力。因此，美感意识的产生既不同于一般的唯物主义的反映论，又不像一般认识规律那样简单，美感是建立于审美关系中的主客体之间的，是经过审美信息的析离、整合、重构、创造的化合反应，是一种复杂的生成转换的互联、互动关系。我们知道，美感是人与审美对象在一定条件下的某种特定关系的双向互联互动活动的产物，它具有直觉性、随机性、情感性和创造性的特点。

因而，审美活动中主体捕捉到并整合过的审美信息必定具有直觉性、随机性、情感性和创造性的潜质。实践证明，在审美中主体不可能主观地自生审美信息，对象发出审美信息也不是自发的；只有当审美主体能动地选择、接受、组织、重构审美信息，并对审美信息进行解码、整合、分析、创造，才可能获得与审美主体的审美感受力相适应的审美体验，从而获得美感，获得肯定性的精神价值，获得身心的愉悦和境界的超越。因而势必在审美对象向审美活动中的

人传达、输出信息和审美活动中的人审辨、接受、整合、享受创造审美信息时形成了这样一种统一的流程系统：输出、传递审美信息作为审美对象的审美信息源系统；分析、接受、整合、创造审美信息的审美主体——人的审美信息分析接受系统；作为美感生成、反馈的美感信息反馈系统。正是这样一个相互联系、相互制约、相互作用的统一系统的动态过程，孕育了美感的生成，从而审美主体才能获得美的创造和美的享受。

当然，只有客体对象还不能构成审美信息输出即审美信息源系统，它要求审美对象必须而且能够提供一定质量和数量的审美信息，从而成为审美信息的真正源系统，它是这一动态整个过程的前提条件和基础环节。因而客体对象要成为审美信息源必须具备一定的必不可少的条件。首先，客体必须具备审美的潜能，具有潜在的审美价值；具有可供人直接观照的具体可感的形象。其次，美的客体并不就是审美对象。只有当美的客体的审美属性和特点跟主体的审美感官和审美感受力相适应，能以特定的方式引起并规定主体的审美注意和审美感受，促使主体对美的客体采取一种审美态度，对它产生一种急于认识和把握的审美能动性时，美的客体才能成为审美对象，构成审美信息源系统。

审美信息分析接受系统（人）是审美信息源系统的承接，是这一动态统一活动得以存在的必要条件，是这个动态统一过程的关键所在。同样，要实现审美信息在信息源系统与分析接受系统间双向交流与沟通的互联互动过程，从而生成美感，审美信息分析接受系统（审美活动中的人）也必须具备一定的条件。首先，审美主体即审美信息分析接受系统必须具备比较完善的审美心理结构。审美心理结构是由主体心理诸要素（包括审美理想、审美趣味、审美情感、审美标准等）构成的审美机制及其发挥综合机能的特定方式。人类审美心理结构是漫长的社会历史积淀的产物，对具体的个人来说，则是长期接受审美教育和从事审美实践活动的结果。每个人特有的审美心理结构就好比一个小型“雷达”，不停地转向各个方面，随时以独有的方式和标准“搜索”并摄入审美对象即审美信息源系统发来的各种美的信息或美的潜在信息，即具有美的潜质的信息。其次，审美信息分析接受系统。审美主体还应该具备一定的审美感受力和审美表现力，这样主体才能及时准确地接受并加工、整合来自信息源系统的各项信息。另外，审美主体还必须具备良好的审美心境，以一种舒畅、愉悦的情绪状态面对审美客体，才能更好地接受审美活动中的各项信息。

而美感反馈系统是这一动态过程的结果，是审美信息的判断生成。美感生成信息，除了使审美主体获得肯定性的精神价值，得到身心、情感的愉悦，有限境界的无限超越外，它将反作用于审美对象即审美信息源系统，再反馈于审美主体，从而使审美活动形成一个双向的互联互动的动态统一的过程。

这三个系统始终循环地贯穿着信息的沟通，它们相互联系、相互制约、相互作用，缺一不可。它们把审美活动凝定为审美主体——人对审美对象与主体交互沟通作用所传达、输出的审美信息进行审辨、接受、享受和创造，从而产生美感的动态过程，是从审美信息源系统到审美信息分析接受系统、美感反馈系统，再回到审美信息源系统的不断反复而又不断变化发展的前进性的协调统一运动。在这一过程的初始，它就已具备了美感特殊性的潜质，从而让主体在审美活动中获得美感，获得美的享受。

二、大学生审美教育的心理调适意义

审美教育作为一种情感教育，很多特性都显示出了对人类精神生活的调适意义。随着我国社会经济的发展，当前大学生在日趋复杂的社会形势面前产生了许多心理问题，从不同角度对大学生进行心理调适已显得极为迫切。而从目前的相关实践来看，针对大学生开展心理调适的手法较为单一，特别是没有给审美教育这一行之有效的调适方式予以足够的重视。实践与研究证明，审美教育对大学生心理调适具有重要的意义。

（一）净化情感，平衡心态

审美教育可通过对大学生的情感净化，调整其社会化进程中出现的失衡心态，使大学生的情绪和理智处于和谐的运行状态，从而推动心理健康的发展。大学生正处于青年社会化过程，随着他们对社会了解的不断深入，对社会的某些不公平现象有了更直接的感悟。由于其耳闻目睹的社会现实与少年时代逐渐形成的社会理想有一定的差距，难免使他们产生心理愤激情绪，从而造成心态的不稳定甚至失衡。而审美教育正好可以通过其特殊的手段，使愤激情绪得到宣泄，获得情与理的调和，最终起到心理净化作用。审美教育的这种功能，早在古希腊哲学家亚里士多德的有关著作和我国古代儒家的教育思想中就得到了充分的论述。如亚里士多德在《修辞学》中曾谈到人的“痛苦感”，事实上就是当今我国大学生中极为常见的“焦虑”心理。它与纷繁复杂的社会现实、过重的学习和生活压力有着密切关系。而艺术教育对人的“痛苦感”具有释放作用，通过“陶冶”或“净化”对人的心理进行医疗，并经常出现在医学和心理健康的研究与实践中。在我国古代的教育文献中，也经常强调音乐和诗歌等艺术能使人“耳目聪明”“血气和平”。王国维曾在《孔子之美育主义》一文中把儒家的教育之路归结为“始于美育，终于美育”。正因为如此，在当今大学生心理失衡的调适中，审美教育有着不可忽视的意义。

（二）交流情意，慰藉精神

审美教育特有的抒情畅志和情意交流功能，能使大学生在悦情悦意之中获得精神慰藉，从而克服其社会化过程中产生的孤独感和失落感，以及由此而带来的心理焦虑与心理恐慌。通过对某省大学生心理状态的某些调查，我们发现其心理问题的形成往往与适应环境的能力密切相关。而大学生对环境的适应能力又取决于自身的生理、心理素质和应激源本身的状况等诸多因素。从目前的实际状况看，许多大学生的生理和心理素质都不容乐观，而环境的压力又相对过重，如学习任务过重、生活紧张、就业压力等，所以心理问题偏高的现象就难以避免。在各种条件一时得不到改善的情况下，开展有针对性的审美教育，便不失为一种行之有效的途径。因为审美教育能使大学生在特定的情景设置中驰骋自己的情感，获得关于意志品质和性格塑造的双重提高，加之审美活动的心理医疗效果较为明显，从而能全方位改善大学生的身心素质，增强其承受外界压力的能力。

（三）丰富情志，启迪人生

审美教育具有较强的亲验性，有助于克服单调情绪，丰富学习生活，并从中获得某种人生的启迪。譬如悲剧艺术、喜剧艺术的矛盾性质对大学生来说就不失为一种深刻认识生活的有效途径。从教学经验来看，通过多媒体技术为大学生开展一些名剧欣赏课程，并适当加以引导，能使他们产生极大的兴趣。而事后的多项调查显示，绝大多数学生认为，他们从这些名剧的情景中获得了某些有益的启示，也承认对其心理素质的培养起到了较大作用。如通过古希腊的一些“命运悲剧”的欣赏，使学生们深刻体会到了人生道路的曲折性和复杂性，并增强其与人生困境搏斗的信心。这一做法也能使大学生因对人生困境的不解而产生的恐慌和失落心态得到缓解。再如通过对一些具有讽刺意味的喜剧艺术的欣赏，能使大学生通过逼真的情景体验发现潜藏于自己身上的心理弊端，并“由羞愧而知悔改”。这足以说明，戏剧艺术的审美净化功能对大学生的心理问题具有明显的调适作用。

(四) 舒展情志，升华境界

审美活动在人的全面发展中功不可没，通过审美教育来舒展心志，会大大有助于人格境界的提高，使大学生远离狭隘任性、俗不可耐的心理樊笼，获得精神放达的无限敞开性。就像苏联著名教育家苏霍姆林斯基所说：“美是一种心灵的体操——它使我们的精神正直、心地纯洁、情感和信念端正。”“美是道德纯洁、精神丰富和体魄健全的强大源泉。”

如《九三年》中朗特纳克、戈万、西穆尔丹这些人性祭坛上神圣的庙祝，人生疆场上伟岸的英雄，道德圣殿里善良的祭司，复杂世事中品格的超人，他们本来就有着非同寻常的道德情感、超乎一般的善良意志、震撼人心的献身精神，读者从中不仅能体察到道德的完美和人性的升华，更能体味出一种道德梦幻中的生命的张扬，人生河床中人格之花最灿烂地绽放，这一切的美好和生动绝非理念的力度所能抵达，这一切艺术的描绘远非抽象的说教所能完成。确实，这些理想的人物表现出作家的一种瑰丽而迷离的道德梦幻，可以被理解成普通人生彼岸的道德之光，但那耀眼的光芒烛照着人生的幽暗，为悲惨而迷茫的人生导航，使美好情操的笙箫在孤独的人生旅程中不断吹响，使充满罪恶和灾难的人生产生道德狂欢的回响。一个个完美的生命在道德的热焰中毁灭，一曲曲人性的赞歌在这毁灭中涅槃而起，它以动人的旋律铺展开道德的盛宴，让一切能够感动和应该得到感动的灵魂酌起一杯杯人生的苦酒含泪饮下，忧伤的心田从此永无宁日。

可见审美教育可以从心理倾向上改变大学生过于狭隘的心理态度，并进而克服其由此而造成的弊端。与单纯的道德教育不同，审美教育更偏重于个体教育和自发教育，主要通过艺术品等审美对象在直观的情景体验中去感染受教者，所以受教者的心理基本上处于自由的状态，从而摆脱了道德教育的严肃性和强制性，使教育对象的心理处于积极主动、轻松愉快的境地。诚如德国哲学家黑格尔所说“审美带有令人解放的性质”。而与中学生相比，大学生的自我意识已基本确立，所以大学生的心理调适也主要依赖自我教育，这使得审美教育与大学生的心理调适有了更大的联姻空间。

第二节　大学生审美心理问题的主要表现

大学生处在一生中情感最丰富、精力最旺盛的时期。他们用自己的心灵体验美，凭自己的双手创造美，以旺盛的精力不懈地追求美，而“美”的问题也就更为强烈地困扰着他们。因此，当代大学生有着其特定的审美心理和发展模式。

一、大学生审美心理特征分析

（一）崇拜心理

青年人比任何年龄的人都容易为他们崇拜的人物所领导。崇拜心理影响着大学生，为追随所崇拜的偶像，大学生竭力在各方面模仿崇拜对象的言行举止、思想品德甚至衣着打扮，行他们之所行，爱他们之所爱。

（二）从众心理

从众心理在大学生中较为常见，比较多地反映在穿着打扮方面。

（三）好奇心理

大学生对没有接触过的客观事物不但有兴趣，而且想方设法去体验，甚至不考虑所仿效的东西是否合乎周围环境，是否适合自己的特点。

（四）创新心理

人类的审美活动，总是处在不断发展、不断创新的过程之中。大学生思想最活跃，改变现实的愿望最迫切，对新事物的接受也十分迅速。

（五）求异心理

从根本上讲，求异也是一种求新。与求新一样，求异者大都独立意识较强，他们不愿意随波逐流，而常常是别出心裁、与众不同，有时甚至会使人感到怪诞。

（六）逆反心理

这是与从众心理相反，在一些大学生中常见的一种心理现象。在逆反心理的驱使下，一些大学生对来自领导、家长、老师或权威的意见、导向，不仅熟视无睹、不闻不问，甚至还会反其道而行之。

二、常见的大学生审美心理问题

根据对福州市 6 所高校 800 名大学生的问卷调查（自编问卷，实发 800 份，收回 755 份），大学生的审美心理问题主要表现在以下几个方面：

（一）审美态度消极

部分大学生在审美活动中，往往不能超脱现实，带着很大的功利性和目的性，把有用与否作为判断美与不美的标准，缺乏正确的审美态度。调查结果显示，在欣赏艺术作品时，有 87% 的同学考虑的是其价格问题，而不是从作品本身的审美内涵、意蕴去感受美、体验美，可见我们大多数的同学对艺术的欣赏都带有很强的功利性。调查结果还显示，有 47% 的同学明确肯定自己到自然界中游玩时，曾有过攀折树枝或采摘花草的行为，而明确否定的只有 26%。可见，许多同学在欣赏自然美时，不是去静静地感受、体验，而是有一种极强的占有欲，既破坏了自然美，也显示出自己审美的肤浅。

享乐心理，以“享乐为美”。有的大学生认为花钱大手大脚、好吃好喝就是有风度。他们丝毫不去理会父母劳作赚钱之艰辛，把父母花钱供自己吃喝玩乐看作是天经地义、理所当然的事情。他们在生活上相互攀比，追求高消费，追求超前消费，非高档名牌服装不上身，非高档名牌皮鞋不上脚，非高档名牌烟酒不入口，流连于游戏厅，沉湎于网上聊天，陶醉于“不求天长地久，但求今日拥有”的谈情说爱，寻求情感上的慰藉，甚至享受性消费，等等。丝毫不感觉铺张浪费、骄奢安逸，反而认为是潇洒有派、风度翩翩。

颓废心理，以“不求上进为美”。有的大学生毫无青年人的朝气，缺乏积极进取精神，处世消极，故意做出一副看破红尘的样子。他们思想上消极落后，情绪上萎靡不振，言论上冷言冷语，行动上懒懒散散，学业上甘于落后。不但自己不上进，还对表现进步的同学冷嘲热讽，横加阻挠，设置障碍。他们不愿接受老师的教导，不愿接受学校规章制度的约束，不愿参加集体的活动，上课不听讲，课后抄作业，考试满足于“60分万岁”、凭运气，等等。他们以庸俗为不凡，似乎别人都是凡夫俗子，只有自己的人生态度才是超凡脱俗的，只有自己的生活境界才是美的。

这些都表明当前我国部分大学生的审美态度是消极的，无论是对自然美、艺术美还是社会美的欣赏，都渗透着很强的功利性和目的性，忽视对美本身的关注与品评，只是考虑对象具有什么功利实用的价值，对自己或别人有什么利害关系，这样的审美态度是极其不正确的。

（二）审美趣味庸俗

当前我国大学生中相当一部分审美趣味偏于通俗，有些甚至是低级趣味。调查结果显示，在上网的学生中，有很大一部分同学访问过色情网站，有的甚至下载一些淫秽文字及图片来满足心理上的好奇。这种不健康的审美兴趣必然会影响和毒害大学生的身心健康。在阅读对象的选择上，有79%的同学更喜欢美女作家、网络小说、“身体写作”的作品而不是世界名著。有些大学生的文化生活仅限于跳舞、唱流行歌曲和看“拳头＋枕头式的作品”，痴迷粗俗、消遣性的娱乐，滞留在浅层次的欣赏上，而不是主动地去体验经典艺术，让自己的心灵和道德情操在人类艺术的殿堂中得到升华。

媚俗心理。有一些大学生“作别西天云霞”，走进无诗年代，把审美视角投向了以下几个方面：

（1）风靡的宫廷戏

所谓新历史小说和影视中的清官戏、唐宫戏、民国戏风靡，也许数量多不算什么，真正的问题是，有些作品把皇权思想、人治思想、专制思想抬得很高，奴才味儿很浓，把一些皇帝描绘得可亲可敬，十分“高大全”，这就与21世纪人类文明的大趋势和现代化进程不太协调。但就是改变不了，据说因为老百姓欢迎。其实，很多大学生也乐于接受。

（2）媚俗的综艺

那些五光十色的“综艺性栏目”里，那些庸俗、低级的“搞笑游戏”，简直难以令人卒睹，而主持人带领着在场的观众却笑得前仰后合，面对此等景观，真为这些被无端领进此等“娱乐场”，听人摆布、任人愚弄、供人笑乐的男孩、女孩今后的成长而感到忧虑。在某省电视台的综艺节目中，居然让两男两女去抢睡一张床，结果出现了一对男女抢睡到同一张床上，主持人还故作斥责“你们怎么在光天化日之下干出这种事”的闹剧。在某一综艺节目中，有位女孩子公开宣称：“宁可坐在宝马上哭泣，也不坐在自行车上微笑!”

(3) 调情的“美女作家”

文学是看作品好坏的，与写作者本人的相貌能有多大关系呢？但有些人总是乐此不疲，偏在这上面大做文章。当然他们兜售的并非仅仅是容貌，主要还是某些炫耀式的性经历、对性事的渲染，或标榜“用身体写作”等等。

(4) 泛滥的“都市文学”

都市文学的兴盛，使文学的商品化、时尚化比较严重，正如有人形容的“写口红，写手袋，写时装，时尚散文风行；演秘书，演老板，演大腕，白领电视走俏”，格调自然不高。加之出版业的恶性炒作，直接影响了文艺产品的格调。

(5) 类型化的电视剧

一是“搞笑剧”，这类“戏说搞笑”的作品，一部两部倒也无关痛痒；怕的是陈陈相因成了“时尚”、成了“风气”。那么，所有的历史俱遭解构，这些看“格格剧”长大的孩子，将来还能严肃地面对我们的历史或现实吗？二是“武侠剧”，有识者不禁为此忧心忡忡，这类剧中崇尚、礼赞的所谓“江湖义气”，所谓效忠“山头”、效忠霸主的盲目的“英雄主义”，恰恰散发着封建主义的陈腐气息；三是时尚化的“青春偶像剧”，它们独独缺少对生活“慧根独具”的发现，缺少历史感和现实感，缺少真切的生命体验和人生况味，那些如痴如醉的青少年“偶像剧迷”们，何处去寻觅自己的社会身份和脚踏实地的人生之路？

(三) 审美能力低下

当前我国大学生的审美能力亦不尽如人意。从调查结果来看，只有极少的同学认为自己能欣赏和领略艺术作品的魅力，而绝大部分同学则感到自己欣赏交响乐或绘画作品时有难度，这说明很多大学生缺乏基本的审美感知能力。调查亦显示，有85%的同学没有好好地阅读过美学著作，俗话说外行看热闹，内行看门道，缺少基本的美学知识、对美的特征和规律一无所知的人，只能看热闹，对艺术作品只能从形式上作粗浅的、感性的认识，可见当前我国大学生艺术理解力的不足。大学生的审美创造能力也很低，从调查结果来看，具有文学、音乐、美术等方面特长的学生还不到1/5，大多数同学只能算作美的旁观者，而不能体验创造美的巨大乐趣。在大学生对审美能力的自我认定中，认为自己审美能力好或较好的学生只有20 %，而大部分学生都认定自己的审美能力一般或较差，从审美评判标准看，大学生往往把能否满足感官愉悦、缓释紧张的心理以及是否具有猎奇性、明星化作为审美评判的依据，而能从艺术作品的审美本质(艺术性、创新性、思想性、表现力等)去欣赏、评判的寥寥无几。具体表现为：

(1) 审丑心理

以丑陋为美。有些大学生缺乏对美的准确理解与把握，常常会混淆美与丑的界限，甚至美丑颠倒，对于一些丑陋的东西，不以为丑，反以为美。

(2) 调侃一切，嘲讽一切

无所不嘲：崇高、理性、社会、人生、道德、伦理、历史、政治、性……这都是以丑为美的具体表现。过去在许多人眼里，大学是圣洁的殿堂，大学生是天之骄子。而今大学校园存在一些令人忧虑的现象，无论你踏进哪一所高校，都可能会产生感叹和失落。

(3) 猎奇心理，以怪异为美

当今社会是一个色彩缤纷的社会，在这“花花世界”中，面对各种让人应接不暇的审美客

体，有些大学生不能细加分析，有甄别地加以认真对待，而是盲目接受，一味追随。在调查中，当问及“你是否了解美的真正内涵”，竟有86.8 %的学生回答“说不准”，有65.65%的学生承认自己听音乐只是“挺热闹”而不是“听门道”。有的大学生过分追求新、奇、怪，过于喜欢标新立异，一味追逐所谓新潮、另类，结果造成形象怪异、行为乖张，明显与社会格格不入。如有的大学生发型怪异，像美国的嬉皮士；有的大学生服饰怪异，谋求科幻影片中外星人的风格；有的大学生行为怪异，效仿老顽童的举止做派。而不修边幅、龌龊肮脏者更是大有人在。这些都严重地破坏了人的仪表美、风度美，不但不能给人以美的感受，反而只能带给人以轻薄、失礼和缺乏教养的感觉，与美的标准、美的观念是背道而驰的。

（4）功利心理

在现实生活中，一些大学生在观察周围的事物时，往往把对自己是否有用或有利作为判断美与不美的标准，功利心理十分严重。调查中有52.75%的大学生认为“美就是由着自己的性子干自己想干的事”，有58.36%的学生赞同“有用就是美”，在回答“实用和审美追求的关系”时，有39.4%的学生赞同“实用第一，审美第二”。这种“实用第一，功利至上”的审美价值取向，导致一些大学生产生自私自利、本位主义、个人主义、享乐主义的思想。有的大学生为了满足自己的感官刺激和心理空虚，长期沉湎于黄色录像、言情小说中不能自拔。据调查，在上网的大学生中，相当一部分人访问过色情网站，有的甚至下载一些淫秽文字及图片，审美情趣低级、庸俗。

（5）时尚心理

在当今的大学校园内，“流行”、“时尚”成了许多大学生审美的标准之一，过分推崇“山寨”“草根儿”；调查中，有69.89%的学生把是否流行作选择服饰的标准，有72.3%的学生把流行音乐作为自己最喜欢的音乐类型；在“判断事物美的标准”这一问题上，有45.3%的学生选择“流行”，只有11.5 %的学生选择“内涵丰富”。平时学校组织的文娱晚会，高雅音乐凤毛麟角，“三俗”节目充斥舞台。有的大学生一味追求审美时尚，理想、信念、信仰之类的词在他们看来早已过时，真善美、理念、绝对精神、理性、道德、法律等以往被奉若神明的终极价值，已经被他们赶下神圣的祭坛，取而代之的是享乐主义、游戏人生、休闲风气和唯美时尚，这一切成为所谓道德进步的标志。“娱乐道德”取代了传统道德，“躲避崇高”“直面世俗”成了这些人的生存哲学，追求感官享受，拒绝价值判断，宁要物质不要理想，宁要欲望不要情怀，宁要宣泄不要升华，精神价值的跌落表明这些大学生的审美理想已经严重缺失，取而代之的是一种变幻无常的审美欲求。

第三节　大学生审美心理问题的校正

审美心理问题影响了大学生高雅审美品位的养成，更制约了大学生自由全面的发展和顺利地成长成才。如何有针对性地予以及时疏导是需要广大师生共同面对的问题。

一、培养健康审美趣味

（一）品味艺术经典

大学生要广泛地接触古今中外优秀的文艺作品，对作品的内容和形象进行感受、体验、分

析和理解，从而使自己的感情与作品发生共鸣，受到潜移默化的陶冶。在这个过程中，要注意做好美学理论的积累，结合作品的推荐、评介，大胆地对文艺作品进行美学思考，学会欣赏艺术，从艺术作品中获得审美体验。这样做的目的，是让自己从对艺术的实际体验出发，逐步提高艺术美的感受能力和理解能力。

（二）投入火热生活

社会美育的内容非常丰富，可以利用各种传播媒介和文化设施，采用生动活泼的形式，广泛探求社会美的典型事例和人类精神文明、物质文明建设的丰硕成果，使自己在品味中受到教育和感化。此外，近几年在高校中开展的社会实践活动，如参加义务劳动、进行社会调查、科技文化医疗“三下乡”活动等，既是大学生接触工农群众，了解国情的有效途径，也是大学生体验社会美的极好机会，大学生应积极参与。

（三）欣赏美妙自然

自然美能陶冶性情，培养高尚的品格情操，提高大学生的审美能力；自然美能触动灵感，启迪智慧，使大学生增长知识，激发创造力；自然美能陶冶情操，加深大学生对祖国大好河山和优秀文化传统的了解和热爱，激发大学生的爱国主义感情，从而更加坚定振兴中华的信念。使大学生领略、感受大自然的美，有两个基本的方法：一是投入大自然的怀抱，游览风景名胜，亲身体验；二是通过文字、图片、影视等形式，间接感受大自然的美。

二、提升高雅审美能力

席勒说过：“若要把感性的人变成理性的人，唯一的路径是先使他成为审美的人。”审美，作为人的一种精神境界，已成为文明的重要范畴之一。要提高自己的文明水准，就必须培养和提高自己的审美能力，增强自己的审美感受能力、审美鉴赏能力和审美创造能力。

（一）强化审美感受能力

审美感受能力是指审美感觉器官（主要是人的视觉器官和听觉器官）对审美对象的感知能力，主要指审美主体在观赏审美对象时所产生的积极的综合心理反应，它以对于对象的直接感受为特点，经由包含想象、理解在内的主动领悟，使审美主体获得全身心的感动，由审美感知、审美想象、审美情感和审美理解四个方面组成。培养和提高审美感受能力就要从“积极”“主动”上下工夫，强化在观赏审美对象时产生的积极的心理反应，主动去领悟事物美的一面。

（二）培养审美鉴赏能力

所谓审美鉴赏能力，是指审美主体凭自己的审美感受、审美情趣、审美经验和文化素质，有意识、有目的地对审美对象进行观察、体验、品味、判断和评价的一种能力。它主要包括审美标准价值判断、审美理想和审美评价三个方面。在现实生活中，必须学会审美鉴赏，提高自己的审美鉴赏能力，分清真善美与假丑恶，保证自己的行为不出现偏向。

（三）锻炼审美创造能力

审美创造能力是指审美主体在感受美、鉴赏美的基础上，通过自己的实践活动直接创造出美的事物的能力。大学生要增强审美创造意识，热爱劳动，投身审美创造实践，学习与掌握有关的美学知识、艺术理论和创造技法，着力培养和提高审美创造能力。

三、拓宽审美修养的途径

（一）依靠第一课堂培养审美认知

高校是学生系统接受教育的地方，也是系统接受美的熏陶的地方。因此，在大学生审美修养过程中，课堂教育处于十分重要的位置：

一从内容上讲。音乐、美术、文学自然是审美心理教育不可或缺的内容，承担这些课程的教师，会把作品中所蕴含的美，像雨露一样一点一滴地渗透到学生的心田中去。

二从挖掘上讲。美是无所不在的，各门学科都蕴含着美的因素，教师会把其中的美挖掘出来，让它们在大学生的心中生根、开花。

三从教学上讲。学生应结合教学内容选择恰当的角度，用自己的经验去补充形象，丰富形象，再创造出新的审美意象来。这样，学生就不会觉得美是抽象的，而能实实在在地感受到美，从而热爱美、追求美。

（二）依靠第二课堂强化审美实践

高校美育不仅涵盖于课堂教学，更应充实在各种课外活动之中。但是，利用第二课堂的形式进行审美实践，不能自流和自发，必须进行组织和引导，做到目标明确和持之以恒。这样，才能发挥第二课堂的美育功能，使第二课堂的各项审美心理教育活动收到预期效果。

积极健康、奋发向上的校园文化对大学生审美心理疏导有着重要的影响。坚持社会主义先进文化的前进方向，提升校园文化审美品位，必须解决三个关系：

一是雅与俗。过分高雅，脱离生活实际会失去生命力，也不可以为俗而俗，迎合低级趣味的庸俗是堕落的土壤，毕竟高校是创造文明的殿堂。

二是东与西。全球化过程中，正确应对本土文化与外来文化，东方文化与西方文化相互激荡与挑战。

三是传统与现代。对优秀传统与时代精神进行有效整合，以取舍、平衡，使之协调发展。

第十八章　当代大学生的网络接触与心理健康

第一节　大学生网络接触的心理问题

一、互联网的基本特征

互联网（Internet）又称因特网，它是将两台或两台以上的计算机终端、客户端、服务端通过计算机信息技术的手段互相联系起来的结果。通过互联网，人们可以与远在千里之外的朋友相互发送邮件、共同完成工作、共同娱乐。自从1969年互联网的雏形ARPA网诞生以来，距今不过40年的时间，互联网已发展成为一个全球几乎家喻户晓的交流工具。世界各地数以亿计的人们可以利用互联网进行信息交流和资源共享。

（一）网络本身的开放性

互联网的开放性，是互联网强大生命力和活力的源泉。网络的本质是计算机之间的互联互通，以便能够做到信息共享。而且，计算机之间互通的程度越充分，共享信息越多，开放性越高，网络所起的作用就越大。在这里，不分国家、种族、贫富、性别、职位高低、年龄大小，只要具备上网的条件，就可以上网；而网上的信息来自不同的提供者，没有哪一个国家或组织能够独揽互联网的信息服务。网络正是通过对服务者开放，为用户提供一个开放的接入环境，从而使互联网上的每一个节点，都可以自愿地、轻而易举地为互联网提供信息服务。

（二）网络环境的虚拟性

网络世界是人类通过数字化方式，链接各计算机节点，综合计算机三维技术、模拟技术、传感技术、人机界面技术等一系列技术生成的一个逼真世界，其基本的环境是一种不同于现实的电子网络空间。进入网络世界的人，通过网络交往的主体隔着“面纱”，以某种虚拟的形象和身份沟通、交流着，交往活动也不再像一般社会行动那样依附予特定的时间和空间。这些都使得发生在人与人之间的网络交往易变、混沌，网络世界中的人际关系也因此充满了不确定性。

在网络技术的帮助下，每个人都可以成为“隐形怪杰”，其身份、行为方式、行为目标等都可能得到充分隐匿或篡改。但需要指出的是，网际关系的虚拟性与虚假性不同，尽管由于人的恶意操作它会堕落变质为虚假。

（三）网络信息的迅捷性和多元性

互联网每时每刻都在更新和传递着海量的信息，由此互联网也被称为“第四媒体”。如今，第四媒体的发展正在逐渐占领主流媒体的地位。相比报刊、广播和电视三种传统媒体，网络以其传播迅速、观点多角度等优势，深得人们喜爱。不仅如此，相对于传统的单向媒体来说，网络面向公众，信息是互动传播的，每个人都有可能在网上发表自己的言论，如此更丰富了网上的信息量。

（四）网络关系的互动性

互动性可以说是网络上信息发布的低门槛和信息传播方式灵活性而带来的直接结果。事实上，互动性不仅仅体现在传受双方交流的增强，还体现在整个信息形成过程的改变。在一个真正的互动环境中，信息不再是依赖于某一方发出，而是在双方的交流过程中形成的。可以这样说，网络上不再有信息传播控制者，而只存在信息传播参与者。另一个需要指出的是，把网络的互动性简单理解为网站与网民的关系是不够的。事实上，网民之间的互动关系是互动中的一个重要部分，甚至可以说，没有网民之间的互动关系，网站与网民的互动，无论从强度、频度还是效果上看都会是有限的。

二、互联网心理学解读

互联网的使用对人的心理行为的发展与变化作用日益明显。众多心理学家采取量的研究方法（如心理测量法、现场实验）和质的研究方法（如访谈法、个案研究、文献综述），从不同的角度对互联网进行了深入而广泛的研究，而相关研究被统称为网络心理学。网络心理的相关研究是计算机和网络技术的发展与心理学领域相互结合而诞生的新课题，体现了当前各学科相互融合、相互借鉴的发展趋势。一方面网络技术和传统心理学研究方法的结合促进了心理学研究的网络化趋势，另一方面心理学已经将网络中的心理行为和现象作为自身的研究内容。一些心理学家试图从更为系统化的角度来向人们展示网络心理学的研究成果。美国马里兰大学的帕特里夏·华莱J5（Patricia Wallace）教授的《互联网心理学》，旁征博引了心理学家对网络所做的研究，对网络中的印象管理、团体动力、攻击行为、人际吸引、色情心理、性别问题以及上网时间等内容一一作了论述。在国内一些著名的心理学网站，如“心理学进取之路”“中国人民大学社会心理学研究所”等都设立了网络心理学专题。《网络心理行为公开报告》《网络受众心理行为研究》等专著也从心理学的角度对网络中心理行为的表现、模式及研究方法进行了探讨。但从研究现状看，目前网络心理学研究尚处于初步发展阶段。

（一）网络与认知

网络文化不仅给人们带来一种全新的生活和学习方式，同时也在深刻地影响并潜移默化地改变着人们对自身和对社会的认知。网络空间是一个典型的人机结合的复杂系统，它能形成逼真的、三维的、具有一定视听等感知能力的超现实社会。对于很多沉迷于网络的人来说，它更像一个有特殊意义的家。网络摆脱了传统社会的控制，让人用新的视角去接触社会。人们可以不受年龄、性别、相貌、身份差异的限制，克服各种不同文化的障碍，更直接坦诚地表达自己的主张和感受。正是这种网络的隐蔽性让人们塑造和认识着不同的自我。而且在网络中，通过信息的“克隆”，许多信息可以快速高效地呈现在人们眼前，使人很容易在大量的信息中迷失自己，因而不得不对这些信息进行筛选，也不得不在速度和空间面前重新审视和认识自己。另外，网络时代人们的价值观念也发生了深刻的变革，传统的伦理道德不断受到挑战。网络可以掩饰人的真实身份，现实世界的伦理法则不再能有效地实施监控。由此带来的异化，使不同人产生不同认知，导致现实和虚拟的混淆。有的人沉溺其中，被网上眼花缭乱的信息所吸引，很难回到现实生活中，很难看清真正的自我，渐至丧失理性。

近年来，网络与认知的相关研究主要有：网络中对自我形象的认知，对社会的认知，以及

对互联网事件的认知等。如在一项大学生对互联网事件看法的调查中得出，大学生对诸多网络事物尤其是较复杂的对象的看法都有多样化特征，对争议事物的主流态度更日益宽容。

（二）网络与情感

与传统表达方式相比，由于网络的即时性、便利性、匿名性等特点，使得网络成为人们自由阐述观点、抒发情绪、传递情感的一个平台。博客、BBS论坛、网上调查、聊天室的热门无不体现着网络反映人们心声的优势。比如，一个人通过上网，可以把原来想说但受社会称许效应影响而不能说出来的情感表达出来，他可以找到很多和自己在行为和想法上相似的同伴，从而产生一种对群体的归属感。由此可见，网络会为广大用户带来积极的情绪体验。

同样，网络也会给人带来消极的情绪体验。如特克尔发现一些被试因为上网交友而导致社会孤立和社会焦虑；克劳特等人发现过多使用网络会导致孤独和抑郁的增加。具体地说，他们的研究发现，网络的过多使用，即使使用的目的是交流，也会导致社会卷入的减少与心理幸福感的降低。

（三）网络与行为

互联网的出现和发展同样影响着人们的行为方式。由于网络的即时性和跨地域性等特征，为人们的生活带来很多便利。如网上学习、网上购物、网上问诊、网上聊天、网上游戏等，让人即使足不出户也能满足一些基本的生活需求。对大多数人来说，他们会受益于互联网的使用，但对一部分人来说，当使用变成滥用的时候，他们就可能会出现病理性的行为问题，如网络成瘾。大量研究指出，网络成瘾者的实际社交行为会比正常人少。

（四）网络与人际关系

网络人际互动有很多与现实不同的特点，比如网络语言、用户身份的虚拟性等。网络语言中的各种汉字拼音或英文缩写、数字谐音，网络特定的词汇，以及网络表情等，都构成了网络文化的一道独特的风景线。网络的人际与现实的人际相比有很多不同的地方，比如交往的超时空性、交往对象的广泛性和偶然性、交往主体的平等性、交往角色的虚拟化、交往过程的电子文本化，以及交往的弱规范性等。网络人际的优点是可以“天涯若比邻”，但是也容易造成现实生活中的“比邻若天涯”，带来负面影响。

与之相关的研究层出不穷：如乔因森（Jonson）认为高自我暴露水平是网络空间人际互动的主要特征；又如，莱维特（Leavitteta1）所做的一项跟踪研究考查了人们上网1～2年前后对社会交往与心理健康的影响，结果表明大量地使用网络造成了社会参与活动、与家人交流的减少以及当地社交圈的缩小，也增加了个体的孤独感，而且社会支持也与网络的大量使用呈负相关。

三、大学生网络心理的特点

上网已成为大学生生活的重要组成部分。有研究表明，大学生使用网络的需要及满足方式与网络使用的健康方式有密切关系。那么大学生使用网络时的心态有什么样的特点呢？

（一）认知方面

1. 尝试心理

网络的互动和开放激励了大学生的尝试心理。与被动接受的传统媒介相比，网络有着明显

的区别。不管大学生身处何处，只要进入互联网，就可以在统一的平台上以相互平等的方式从事对信息的制造、交流和利用，各种情绪都可得到尽情地表达和宣泄。对于崇尚自由、民主和平等的大学生来说，网络无疑是一个能崭露头角的好地方。大学生能充分体会到助人的自豪感，不受时空的约束和规矩的限制。

2. 猎奇心理

大学生对新鲜事物充满了好奇，而网络丰富的资源更促发了这种猎奇的心理。互联网把无数局域网连接起来，成为全球最大的信息库，内容涉及社会生活的各方面。这大大拓展了大学生的视野，为大学生带来全新的生活体验，满足了他们的好奇心理。

3. 信息搜集

互联网把人们的生活带入了一个信息爆炸的时代。形形色色的资讯在这里汇集，要查找什么信息都触手可及。数字图书馆、在线课程等的出现大大拓宽了大学生搜集资料和接受知识的途径，满足了大学生不断增长的认知需求。

（二）情感方面

1. 减压心理

如今社会对人才质量的要求越加严格。许多大学生在就业、升学或自身状况上体会到的压力也较以往大学生有所增加。而网络的隐匿性、开放性等特征给大学生适时转移、倾诉和宣泄自己的负面情绪提供了机会和场所。

2. 娱乐心理

在网上参加游戏、聊天、听音乐、看电影、阅读等已是大学生娱乐的重要方式。大学生具有好奇、追求浪漫、喜欢惊险刺激，对新事物、新信息反应迅速等，6N 行为特征，而网络的功能正好能与这些特征相匹配，因此在网上冲浪成为大学生休闲和娱乐的主要途径之一。

3. 价值体现心理

人需要在社会关系中获得自我价值。而处于青年初期的大学生思想比较活跃，渴望友谊、理解与尊重。随着年龄的增长，生活空间的扩展和阅历的不断增加，大学生对自我价值感的追求表现得尤为明显，而网络为大学生的价值体现提供了便利条件。不论天涯海角，互联网都可以使人们彼此认识交往，并在这种人际互动中获得自信、自尊和自我认同等价值。另外，通过网络这一平台来成就自己的学业、事业也是大学生实现自我价值的重要手段。

4. 情感表达心理

通过上网寻求人与人之间的相互关心、理解和尊重是潜藏在大学生内心中的上网动机之一。他们在网络中结识朋友，获得在现实生活中无法得到的情感交流和满足。在网络里，他们表达情感的主要方式有聊天、建立个人网页、写博客、网恋和在 BBS 上发表自己的观点和见解等。

（三）人际方面

1. 沟通心理

人际交往是大学生身心发展的需要。网上沟通这种新的人际交往渠道为大学生展现自我和接触社会等提供了一个新的平台。通过聊天软件、论坛留言或博客交流等方式，大学生可以海阔天空地畅谈自己的看法，获取别人的观点。

2. 交友心理

随着自我意识的增强，大学生逐步摆脱了对父母、老师的依赖，但同时对同龄人的依赖有

所增长，需要在新的环境中获得同伴的友谊。如今，网络作为一种交友工具在高校学生中已经相当普及。

3. 恋爱心理

随着身心发育的日渐成熟，大学生对爱情的渴望和追求自然萌发。而网络为大学生恋爱的自我表露、情感需求带来了新的体验模式。开放的网络为大学生寻找恋爱对象增加了机会，隐匿性则让人能更直接地表达出内心的情感。

第二节　网络与大学生心理健康的关系

一、网络对大学生心理健康的影响

（一）对大学生自我同一性的影响

美国心理学家埃里克森（Erickson）的理论提出，青年期人格发展的核心问题是获得自我同一性，避免同一性的危机与混乱。所谓自我同一性是一种有关“我是谁”“将要成为什么样”“在社会中处于何处”等问题整合和统一的自我感觉和认识；而同一性危机指的是一种无法正确认识自己，包括自己的职责、自己承担的角色等人格发展的现象。同一性的确立标志着个体的内部状态与外部环境的协调一致。大学阶段正是确立自我同一性的重要阶段。互联网在帮助大学生获得信息、娱乐和知识资源的同时，也让他们开始重新审视其赖以成长的这个世界，重新进行自我定位。毋庸置疑，网络为大学生展现自我提供了一个广阔的平台。透过它，大学生能够以自主的方式创立自己的价值体系，开拓自己的生存空间，也能以平等的方式与成人世界展开对话，改变自身的处境，这给大学生带来了极大的满足感。而且与传统媒介相比，那种普通民众缺少话语权的情况得到了极大的改变。具有“边缘性”“抵抗性”“风格化”的青少年亚文化更是在现代网络传媒中找到了充分展示自我的舞台。随着大量亚文化涌入市场，亚文化风格正成为时尚的主题，网络媒体的话语权正发生着革命性的变化，这样的剧变对青少年自我同一性形成的深刻影响是不言而喻的。但网络环境的虚拟性、网络信息的多变性等，也可能给当代大学生自我同一性的探索带来混乱。主要表现在三个方面：

1. 易产生角色混乱

进入网络人际；传播过程中的青少年，自我隐匿的心态会促使他把自己分成若干个角色，尝试各个角色带来的新体验，致使他人对自己产生多种认识，这些认识经反馈会使个体对自己的认识更加模糊，而自我暴露的心态又使得青少年在各种角色扮演中自觉或不自觉地流露出真实的部分自我。这种分裂的心态常常使青少年迷失在自我的扮相与真实之间。另外，这些角色与其在现实生活中的角色之间的冲突可能更加严重。这样，关于自我的认识也就很难正常建立起来，个体在形成一个完整、统一、具有连续性自我的过程中遇到了困难，从而导致角色混乱。

2. 易导致现实与网络难以达成一致

我与理想自我距离过大。网络社会中的理想的“我”是不能够与现实社会直接接轨的，这就使它无法或很难在现实社会中实现并与现实中的“我”达成一致。结果使青少年的自我同一性长期处于一种扩散状态，理想和目标过于远大，而个体无法企及的失望和沮丧又使他们一再产生挫折感和失败感，从而放弃对理想的追求，更加沉迷于虚幻世界中。这使得青少年对本来就很困惑的“我是谁”的问题更加困惑，从而给青少年自我同一性的确立带来了更大困难。

3. 主观“我”和客观“我”之间矛盾加大

在网络社会，所有信息都是以数字形式存在，在这种交往中，人们不断地以这种电子书写的方式建构自己的身份，创造了多个“自我”。网络社会中青少年的“现实自我”与他的“镜中自我”是有距离的，理想的“我”与现实的“我”这二者始终处于一种不一致的矛盾状态中，这种不一致加剧了主观“我”与客观“我”之间的矛盾，即青少年对自己的认识和评价与客观、真实的自我之间的矛盾，致使网络社会中青少年的自我意识难以达到统一。

（二）对大学生情绪健康的影响

网络交往的虚拟性、安全性和广泛性恰恰迎合了大学生渴望交往而内心闭锁、渴望获得真情而又怀疑真情的矛盾心理。在社会转型期的大学生渴望安宁又普遍缺乏安全感，而中学教育更注重文化知识的传播、积累，往往忽略了学生社交技能的培养，使其社会发展能力滞后，这与他们渴望交往、害怕孤独的心理特征相冲突。虚拟的网上交往给大学生提供了全新的渠道，使他们敞开心扉。由于网上交往仅是文字的流动，个人能保留自我想象的空间，可以不在乎对方的反应，大学生通过聊天倾诉，尽情宣泄内心压抑的不良情绪，缓解心理压力。所以，网络给大学生创造了发泄心中不满情绪的场所和空间。

大学生的情感体验极为丰富、强烈、敏感，也极为动荡、复杂。他们关注社会的发展，也关注自己的切身利益。但由于生活阅历的贫乏，他们对人生充满理想，又脱离现实。情绪起伏较大，很不稳定，容易产生不满足感和焦虑、紧张、抑郁等不良的情绪体验。大学生情感的成熟必须通过社会生活的实践体验得以实现，而长时间的上网阻断了大学生亲身的社会情绪体验。他们沉迷于虚拟世界中，受到网上传播的价值思想的感染。他们往往会花大量的时间和精力去浏览虚假重复信息，难免会产生心理焦虑和不满，出现精神疲惫，更有甚者会产生心理问题，造成其情绪冷漠，严重影响其身心健康成长。

（三）对大学生社会适应性的影响

大学生正处在社会性发展的关键期，同时他们又具有使用网络的便利条件。一方面，网络技术的飞速发展和信息传递的快捷，以及人机对话的平等的新型人际关系，有助于启发和引导大学生培养和形成学习、效率、平等、开放等现代观念；网络缩短了人与人之间的空间距离，有助于他们扩大交往的范围；网上新型人际交往方式和社会关系的建立为大学生在现实社会中进行社会交往提供了一种缓冲的空间；网络还为大学生的社会化提供了角色的练兵场。另一方面，网络又是一个虚拟的世界，在网络环境下，人的交往的对象、身份都不确定，这就减弱了青少年的社会角色的获得能力。人们网上交际主要依靠文字或抽象的数字、符号。如果大学生终日沉迷于这种人机对话的模式，会对社会适应行为和能力产生影响，更有甚者，还会患上“网络社交障碍”。正如时下在网络中悄然盛行的术语“宅人族”所表现的那样，他们极少出门，终日穿行于网络世界里，个人生活一团糟，逃避与外界社会的接触。由此可见，网络交往的虚拟性、自由性，很容易导致青少年行为的普遍失范，不利于他们的社会化。

（四）对大学生时间管理能力的影响

互联网的便捷性的确给我们的生活带来了很多方便。举个简单的例子，在网上查询航班信

息和购买机票，会比传统的方法要节省很多时间。但不容忽视的是，互联网也在吞噬着很多人的时间。

作为推动社会进步与发展的重要后备力量，大学生群体的综合素质一直得到社会各阶层的广泛关注，具备“时间管理”的观念与能力也成为大学生综合素质培养的一项重要内容。黄希庭等人对青少年的时间管理倾向进行了研究，认为它主要包括三个方面的内容。一是时间价值感，即个体对时间的功能和价值的稳定的态度和观念。二是时间监控观，即个体利用和运筹时间的能力和观念。三是时间效能感，即个体对自己驾驭时间的信念和预期，反映了个体对时间管理的信心，以及对时间管理行为能力的估计。

像小华一样，缺乏时间管理的能力是沉迷于网络中的人的通病。研究显示，时间管理倾向与网络成瘾呈显著的负相关。即是说，个体对时间的重视程度越高，对时间管理行为能力的信心越强，一系列的时间监控活动做得越好，就越不容易沉溺于网络。克劳特（Kraut）和他的同事对一些实验对象在开始使用网络及之后一两年的情况进行了评估，用专门的软件跟踪他们上网的次数。结果发现：人们花在网上的时间越来越多，与家人的沟通就越来越少，现实中的朋友也逐渐减少。

二、由网络引发的大学生常见心理问题

大学生由于阅历浅，社会经验不足，意志薄弱，承受挫折、辨别、适应以及自我控制的能力都不强，对自己又缺乏正确而全面的认识，所以容易受到社会上各种思潮的冲击。大学生正处于青春发育后期，心理发育还未完全成熟，在遇到心理冲突和困惑时，网络便成为他们的主要交流工具之一。但在这种环境中的关系多是虚幻的，在网络中得到的安慰也只是暂时的，当离开这种环境后，被安慰、被关心的感觉瞬间消失，导致大学生心理冲突和困惑加重，长期发展必然产生心理问题甚至疾病。

（一）网络成瘾综合征

网络成瘾（internet addictive disorder，简称 IAD），临床上是指由于患者对互联网过度依赖而导致的一种心理异常症状以及伴随的一种生理性不适。患者表现为过度上网，每天耗在网上的时间为六个小时以上。如果没有上网，则表现得萎靡不振或精神颓废。格里菲思（Griffiths）认为网络成瘾与物质成瘾一样，具有突显性、心境调节、耐受性、戒断症状、冲突性和反复性等核心特点。扬（Yong）发现网络成瘾和非成瘾人群之间一个显著的区别是；成瘾者通过网络进行新的社会交往，非成瘾者则是通过网络维持已有的人际关系。我国首部《网络成瘾临床诊断标准》通过专家论证。这一标准的通过结束了我国医学界长期以来无科学规范网络成瘾诊断标准的历史，为今后临床医学在网络成瘾的预防、诊断、治疗及进一步研究上提供了依据。

网络成瘾的诊断标准：

第一，对网络的使用有强烈的渴求或冲动感。

第二，减少或停止上网时会出现周身不适、烦躁、易激惹、注意力不集中、睡眠障碍等戒断反应；上述戒断反应可通过使用其他类似的电子媒介，如电视、掌上游戏机等来缓解。

第三，下述五条内容至少符合一条：为达到满足感而不断增加使用网络的时间和投入的程度；使用网络的开始、结束及持续时间难以控制，经多次努力后均未成功；固执使用网络而不

顾其明显的危害性后果，即使知道网络使用的危害仍难以停止；因使用网络而减少或放弃了其他的兴趣、娱乐或社交活动；将使用网络作为一种逃避问题或缓解不良情绪的途径。

网络成瘾的病程标准为平均每日连续上网达到或超过六个小时，且符合症状标准已达到或超过三个月。

1. 网络成瘾的表现特征

网络成瘾者对互联网的依赖程度严重。最主要表现为无法自我控制上网时间，多沉溺于网聊或网游，几乎不理会现实生活的存在。刚开始时，成瘾者会出现精神依赖现象，到后来发展成躯体上的依赖，出现一系列生理症状，如头昏眼花、疲乏无力、食欲不振等，更为严重的还会产生其他并发症，如心血管疾病、胃肠神经症、紧张性头痛、性情变异等。

2. 网络成瘾的类型

根据《网络成瘾临床诊断标准》，网络成瘾分为五类。

（1）网络游戏成瘾

学生是网吧的主要顾客，而在大学周围的网吧里，部分学生无节制地花费大量时间和精力沉迷于网络游戏，严重影响了正常的学业和生活。

（2）网络色情成瘾

指沉迷于网络上的色情内容，包括图片、文字、动画、电影和色情聊天等。从大学生的年龄特征来看，他们正处于性生理成熟后的性满足延迟期，易受到网络色情内容的诱惑而导致成瘾。

（3）网络关系成瘾

指过分沉迷于网络上的人际交往所建立起来的关系，并用这种关系取代现实生活中的人际关系。在网络的“虚拟社会”中，人际关系必然有虚拟化的特性，而大学生是一个特别渴望与人交流的群体。由于网络的独特魅力，在大学生中也就形成了网络关系成瘾的电子隐士族，迷恋网络关系，甚至逃避现实关系，产生“人机热、人际冷”的现象

（4）网络信息成瘾

指不能自制地在网上搜索过多的对现实生活无太多意义的信息。大学生有强烈的求知欲，对网络提供的信息趋之若鹜，然而过度迷恋网络提供的信息也会影响正常的生活。

（5）网络交易成瘾

指过分沉迷于网上购物、拍卖等活动。网络作为一个交易平台，操作便捷，内容丰富，刺激了很多人的购物欲望。但同时也造成了不少人迷恋其中，占去了大量的时间和精力。

3. 网络成瘾的成因

总的来说，网络成瘾形成的原因是很复杂且多方面的。有行为、生理生物学、情绪、认知、社会和发展、年龄特征等原因。有关大学生网络成瘾的成因，我们主要归纳出四个方面。

（1）网络本身的诱惑

网络有其吸引人的许多特点，如新鲜感、可操作性、虚拟性等。其中最吸引人的特点是它的虚拟性。在网络的虚拟环境中，人的内心准则和社会规范的制约性大大削弱或不复存在，人们的网上行为表现出一种解除抑制的特点，可以随心所欲地发表自己的言论，做出许多平常想做而不敢做的事情。可操作性主要表现在网络游戏上，在网络游戏中可充分发挥人们的主观能动性，使心理得到满足等。

（2）大学生自身原因

第一，如今的大学生多为独生子女，长期生活在一个相对封闭的温室，很多大学生生活能力、学习能力、自我控制能力、沟通和社交能力较低，心理脆弱，容易被网络俘获。第二，大学生正处在人生过渡期，还没有形成比较稳定的世界观、人生观和价值观，对新鲜事物的好奇与探究的欲望十分强烈，很容易受到外界的影响而深陷其中。第三，由于大学生活单调，当进入大学后的新鲜感逐渐消失时，会在以学习为主的生活中感到单调乏味，进而通过网络来追求刺激，满足自己的好奇心。第四，大学生渴望友谊和交流，但有的学生性格内向、不善交际、孤独感强，因人际适应不良，对现实生活感到无助，因而到网上寻求支持和帮助。国内外调查表明，性格内向敏感、交际困难的人容易上网成瘾。第五，有的学生因学习成绩下降，学习上无满足感而沉迷网络。进入大学后，由于学习方法、学习内容与高中时大相径庭，从而使部分大学生产生不适应感而导致学习成绩急剧下降，价值感和成就感逐渐消失，进而转入网络，在网络中寻找理想自我，用虚拟的理想自我代替现实自我。

（3）家庭环境的影响

家庭的经济状况和家庭的教养方式也是大学生网络成瘾的重要影响因素。第一，经济基础。不少大学生由于家庭经济困难、学习压力和就业压力大等原因，心理负担重，于是他们便开始寻求解脱方式，逃避现实的压力。而网络成为他们逃避现实压力的最好选择。因为网络游戏所营造的是一个虚拟的世界，可以使大学生逃避现实中的许多不愉快。他们在这个自己能控制的虚拟世界中能得到愉快的体验。一旦迷上网络游戏，成瘾心理的形成就很难避免。第二，家庭教养方式。有些父母因忙于工作和生计，仅关注读书和考试，而忽略了与子女的情感沟通，导致父母与子女间出现沟通障碍。许多家长对孩子缺乏教育和关心，对子女的一些不良行为视而不见，一味在物质上满足孩子的要求，而忽视了他们的心理问题，使不少青少年将网络当作发泄情绪的场所。而有的大学生在脱离父母的监管后上网时间更是无所顾忌。

（4）压力和社会支持

惠昂（whang）在网上对 13588 名调查对象的研究中发现，当被调查对象因为人际关系或工作感到压抑时，诊断为网络成瘾的对象选择上网排解压力的，是非网络成瘾者的 2—4 倍；非网络成瘾者倾向于选择其他方式（如找人倾诉）来排解压力。由此可见，人际交往、社会支持等各种需要是导致使用者网络成瘾的一种原因。例如网络游戏中的“高手”可能会受到万人景仰，而这点可能在实际生活中是体验不到的。网络成瘾者在下网后有可能体会到一种失落，对社会支持的要求会促使其重新投入到网络社会中去。而且，由于上网时间过长，占用了很多社会活动的时间，引起社会退缩行为，如此造成恶性循环，使患者更沉迷于网络而排斥现实的社会活动。大学生作为一个承载社会与家庭高期望值的群体，尤其又身处社会转型时期，自然有来自各方面不少的压力，因此也是网络成瘾问题的高发群体。

（二）其他网络心理问题

除了网络成瘾外，网络带来的其他心理问题还有网络孤独症、网络人格障碍、网络犯罪倾向等。

网络孤独症指过分关注人机对话，迷恋在网上建立的友谊、爱情，淡化了个人与社会及他人的交往，远离周围伙伴，变得越来越孤僻。美国的一项调查表明，每周上网一小时，会有

40%的人孤独程度增加20%。我国的相关调查也显示，在上网的青少年学生中，有20%的人有情绪低落和孤独感，12%的人与家人、朋友疏远（温栈洪，2004）。长时间沉迷网上交往，忽略外面丰富多彩的现实生活，会导致人的合作能力和交往能力下降，回到现实生活中就会感到无所适从，出现人际关系冷漠、人际情感萎缩、人际距离疏远，从而感受到强烈的孤独，出现网络孤独症。患有网络孤独症的学生一般表现为独来独往，缺少团队协作精神，情感过度个人化，社会适应性下降，神情恍惚，远离同学、朋友和亲人，依赖网络来宣泄情绪和表达情感。

网络人格障碍是以人格结构失衡为特征的网络心理问题。长时间处于网上的虚拟人格与真实人格之间的冲突中，可能使大学生对自己的角色认同发生混乱，弄不清到底什么时候是真实的自我，什么时候是虚拟的自我，造成双重或多重人格。另外，网络世界是一个崇尚主体性和个性张扬的社会，网络为人们提供了畅所欲言的空间，同时也为谎言、欺诈提供了便利。网络的匿名性使谎言充斥于网络的每个角落，面对虚拟世界的信息污染、信息过剩、谎言欺骗、色情引诱等，大学生若不能自制，就会沉迷其中。在人机交流中，有些大学生在被谎言欺骗的同时也成为谎言的制造者，长期沉浸在谎言和欺骗中，会导致学生心口不一、言行不一，进而出现人格异化。而且，网上过度的兴奋、紧张和疲劳，还会造成学生对现实生活的反应异常，如缄默、孤僻、冷漠、紧张、暴力、缺乏责任感等，进而导致机械化人格障碍。

另外还有网络犯罪倾向。虚拟状态既为网上行为提供了安全的屏障，也给不正当、不道德的行为披上了外衣，从而造成网络社会虚假信息的泛滥及非道德行为的发生。由于某些大学生自我约束能力差，道德自律行为和意识淡薄，在网上容易出现为所欲为的冲动，进而做出一些不道德的行为，诸如恶意侮辱、人身攻击、网上“多角恋爱”“黑客”攻击等行为。同时，上网需要一定的花费，如果沉湎于网络生活，又没有足够的钱，也可能诱发学生通过一些不正当的渠道获取金钱，导致犯罪。

第三节　大学生网络心理调适

一、大学生网络心理的自我调适

网络世界新奇刺激，扑朔迷离。作为大学生如何增强自控能力，提高免疫力，既能很好地利用网络为自己服务，又避免网络可能带来的消极影响呢？

（一）理性看待网络

互联网的出现宣告人类信息时代的到来。它消除了人类跨地域沟通在时间上的滞后性，拓展了人类的交往空间，深刻地改变着人与人、人与社会的关系。然而，网络在充满自由、平等和开放的同时，又充满着诱惑与陷阱。我们既不能将其视作洪水猛兽，又要清楚地看到沉迷于它会“玩物丧志”。

对大学生而言，应该看到网络只是一种工具，而使用它的人是灵活的。对不良网络行为负责的应该是人，而非网络本身；网络资源是我们不可缺少的财富，对网络的破坏和滥用是对社会秩序的极大干扰，会危及我们每一个人；网络社会并非真实社会，虚拟世界的情感宣泄和满足并不见得使人真正快乐，还应学会现实生活中的处事方法。无论是夸大网络的积极的还是消

极的效果，都不是解决一切问题的灵丹妙药，都只能是走极端。大学生只有树立正确的认知，才能全面地看待网络，合理利用网络资源为自己服务，处理好现实与网络世界的关系，避免产生各种网络心理问题。

（二）讲究网络礼仪

上网作为一种新型人际交往行为，需要我们遵守一种特殊的礼仪。只有当使用互联网的人们懂得并遵守这些规则，互联网的效率才能得到更充分、更有效的发挥。良好的网络礼仪（virginia，1994）包括：第一，尊重他人观点、身份和尊严。网上用语文明规范，真诚交流。未经他人许可不得将对方隐私在网上公布。第二，网上网下行为一致。在现实生活中大多数人都是遵纪守法的，在网上也应如此。网上的道德和法律与现实生活中是相同的，不要以为与网络打交道就可以降低道德标准。第三，资源共享。数字化教学和生活在校园信息化建设中已逐渐普及。将资料相互传阅、彼此共享，才能让大家都能获得知识，实现共同发展。第四，平心静气地讨论。网上交流应心平气和、以理服人，不要人身攻击。

（三）遵守网络道德

第一，传播文明，不发布虚假、污秽信息。网络平等开放，任何人都可以涉猎自己所需。若肆意散布虚假、污秽信息，对大众的身心健康都有危害。即使是在网络世界，也要为自己的言行负责，而虚假污秽信息不仅对网友无益，对自己也是一种污染和侵蚀。第二，不盗用别人的网上资源。网络财产虽然虚拟，也是网民投入大量时间、精力和金钱后换得的，属于特殊的私有财产，我国也将其列入了法律保护行列。盗用他人网上资源不仅为道德所不容，也易使自己产生网络依赖，久而久之，不劳而获的思想就会自由泛滥。第三，不用网络赌博。没有道德约束的网络像一株罂粟，让人深陷其中以致丧失自我。赌博于人于己都有害无益，而在虚拟世界通过赌博来谋取利益同样会遭受法律的制裁。第四，不破坏网络系统。随着黑客技术的不断发展，对网络安全的威胁也在加剧。而当今社会对网络的依赖性也在升高。我们更需从自身做起，不能蓄意破坏网络，而是更好地维护它为大家服务。

（四）选择网络环境

在网络世界，信息含量巨大，各种文化与价值观交织，各种论断莫衷一是，各种诱惑比比皆是。大学生应学会自我主宰、自我约束和自我控制，自觉避免黄、赌、暴力等不良信息，为自己选择健康的网络环境。

（五）设定上网目标

每次上网前，明确自己的上网目标，并将内容按重要性和紧迫性给予排序。最好列出任务清单，粗略估计出自己上网所需时间，有效控制任务进度。尤其是针对有网瘾的同学，更需要用这种方法约束自己。比如此次上网大概需要一小时，那半小时后就用不同的方法提醒自己。

1. 置时间警示框

上网 30 分钟后，电脑上自动弹出“您已上网半个小时，距离结束时间还有半个小时，请及时调整您的网上任务进度”等样式的对话框来提醒自己。

2. 设置手机闹铃

时间一半时用闹铃警示自己，看任务进展到哪了，如果完成进度不到一半，就得加快步伐，相应调整网上操作进度。

3. 电脑设置上网限时

自己预先限定的时间一到，电脑就自动关机。避免养成在网上随意浏览的行为习惯，提高网上的操作效率。

（六）培养多样兴趣与爱好

沉迷于网络的人常常喜欢将自己游离于现实社会之外，久而久之，形成了对现实社会的疏离感。而人是社会性的动物，我们最终还是在和社会打交道，所以将自己从隐居网络的状态重新投入到现实社会中来才是理智的选择。而参与社会活动，不仅能体现自己的真实能力，还能锻炼自己，又能帮助戒除网瘾，一举三得，何乐而不为？

兴趣是最好的老师，它带有明显的倾向性。大学生应积极寻找有意义、有兴趣的现实体验来取代网络虚拟刺激，挖掘自我优势，找准自身亮点，用现实的成功感驱除网络的诱惑感。比如参加户外运动，闲暇时光和亲朋好友一起外出郊游、爬山等，离开网络，开阔视野，磨炼意志，同时也能联络感情；又如找自己感兴趣的读物或专业书籍等阅读，增加自己的知识，也能转移对网络的依赖；还可以进行体育锻炼，既强身健体，又能改善心情、淡化网瘾。

（七）寻求社会支持

1. 寻求亲友帮助

患上网瘾的人一般自控力都不是很强。这个时候更需要外界的帮助和支持来配合自己戒除网瘾。大学生可主动和家人、老师或同学沟通，告知网瘾带来的苦恼，并请求他们的帮助，让亲友对自己的上网行为进行监督，必要时严厉制止自己在网上的耗时行为。另外，向已经成功摆脱网瘾的人寻求经验也是一种有效的帮助。

2. 寻求专业支持

如果靠自身和亲朋好友的力量还是无法摆脱网瘾，这时就需要专业人员的帮助。专业支持通常有个体心理咨询和团体心理辅导两种方式。

个体心理咨询是指通过一对一的心理咨询方式，让心理咨询师或心理医生针对患者的实际情况提供应对方案。在个体心理咨询方式中，主要是通过对学生进行行为介入、干预的方式加以帮助和引导。专业人员通过与学生进行访谈等方式，发现生活中有对网络过分依赖倾向的学生，然后针对每个有网瘾学生的具体情况分析帮助，加强心理辅导，帮助其改正不良的网络习惯。

针对网络性心理问题，目前更常见的专业辅导是团体性心理辅导。即把求助者放入辅导与治疗团体中，建构一个群体环境。通过团体中的互动，患者发现自己的心理问题并不是独一无二的，从而降低心理上的焦虑程度。由于“同病相怜”，他们的心理认同感很强，群体归属感也增强，能感受到来自社会的心理上的支持，服从群体的从众行为增加。在团体中，网络心理障碍者在讨论、交流等相互辅导活动中意识到，不论是在交流解决问题、探索个人价值、人格形成，还是在发现共同的情绪体验上，同一团体中的人都可以提供更多的观点，分享共同的资源。

3. 网络成瘾团体心理辅导

团体辅导方式有师生辅导、成员相互辅导、讲座、小组讨论、行为示范等。针对网络性心理问题的常见团体心理调适内容主要包括以下几个步骤：缓解求助者的心里紧张和焦虑情绪，

利用成员的相互介绍和成员共同参与度高的游戏活动转移他们对心理障碍的过度关注。放松心情，初步拉起一道心理安全网。

①在上述基础上，让成员讲述各自的成长经历，并做自我评价。其他成员获得“和别人一样的体验”，产生情感与心灵的共鸣。

②开展网上信息认识的讨论交流，引导他们争取评价网上信息，共同为提高自身的信息素养出谋划策。

③展开网络与网络技术的研讨，使他们明了网络的两面性、技术中立性和网络技术的工具性。

④运用“头脑风暴法”，让求助者把网上人际交往与现实中人际交往的异同、困顿一一列举出来，并进行归因。之后，让全体成员倾诉各自在人际关系上的困惑，成员间进行相互辅导，帮助对方寻根究源，寻找改善人际关系的途径。

⑤设定基本的人际交往情境，辅导者做交往行为示范，求助者模仿学习。

⑥小组讨论网上行为的自我管理，彼此订立相互监督上网的契约。

二、加强大学生网络心理健康教育

除了学生的自我调适之外，高校对维护学生的网络心理健康有着义不容辞的责任。教育不能仅停留在思辨和理论阶段，而应建立科学的网络心理健康教育理论，并采取有效的教育模式和具体方法。

（一）提高学生对网络的客观认识

教育者不要把学生上网看成洪水猛兽，这样当学生遇到冲突时，网络反而会成为一种消极暗示。学校应视其轻重加以正确引导，比如加强学生对网络工具性和资料性的认识，培养学生树立正确的网络观，从而既不依赖网络，也不谈“网”色变，培养大学生健康、良好的网络使用习惯。

（二）加强时间管理教育

学校要培养学生养成良好的时间管理习惯，也就是自我管理习惯。心理健康教育从根本上说是个体自我教育、自我管理、自我完善的过程。事实上，任何教育只有转变为受教育者自身的能动活动，教育目的才可能得以实现。指导学生制定计划，利用时间表规划上网学习和娱乐的时间，并按轻重缓急将上网所需完成的任务列出，在完成学习任务后方可进行一定时间的娱乐活动，从而更加有效地使用网络。

（三）对学生加强选择性教育

大学生接触网络的基本状况与其他群体明显不同，反映在：地点以校内为主。上网时间因学习的需要而显得没有规律，掌握网络知识的媒介以自学为主，上网内容和动机上表现出较强的主动性和好奇心。针对这些情况，学校应该对学生开展“选择性教育”，即价值选择和网络选择。通过价值引导，教会学生对网络所负载内容的价值性进行合理的判断和选择。一方面，学校应教会学生做网络的主人，充分利用网络提供的信息；另一方面，要让学生认识到网络并不是我们生活的全部，不要在网络中迷失自我。

（四）根据性别差异有针对性地进行教育

众所周知，男性在操作电脑的熟练性、实用性和自发性上都远远高于女性。男大学生对网络游戏的参与程度远远高于女生，也更加关注新闻。而女大学生则较之男生更加痴迷于网络聊天。针对大学生网络使用的性别差异，学校应有针对性地采取不同的教育措施加以引导。

例如组织和开展各种有意义的活动来丰富校园文化生活，让学生参与其中，从而转移他们对网络的注意力并减轻其对网络的迷恋程度；鼓励学生参加各项社会实践活动，建立良好的人际关系，学会正确运用网络促进个人发展。

（五）加强网络心理咨询体系的建设

要解决大学生的网络心理问题，还必须大力加强现有心理咨询体系的建设，尽快进行大学生网络心理的研究。进一步做好大学生心理档案的建档工作，普及心理卫生知识，做好学生心理咨询的面谈、信件咨询、电话咨询等各项服务。与此同时，开展网上心理咨询，可以从两方面入手：

一是利用网络快捷、保密性好、传播面广的优势，开设网上心理咨询，如设立心理咨询网站，传播心理知识，进行网上行为训练的指导，开设在线心理咨询（采用网上心理恳谈等方式）。

二是抓好大学生上网的心理、网络人际交往的心理特征、网络心理问题、虚拟与现实的人际关系的比较等大学生网络心理问题的研究，确立可操作的、有效性强的网络心理障碍咨询体系。

第十九章　当代大学生心理问题的识别与预防

第一节　常见心理问题辨识

心理问题是指所有各种心理及行为异常的情形。心理的“正常”和“异常”之间并没有明确的和绝对的界限，一般认为，人的心理及行为是一个由“正常”逐渐向“异常”、由量变到质变，并且相互依存和转化的连续谱。因此，现实社会中的每一个人在一定程度上都存在心理问题，即人的心理问题是普遍存在的，只是程度不同而已。通常把心理问题根据其严重程度，分为心理困扰、心理障碍和精神病。

一、什么是心理问题

（一）心理问题的类型

1. 心理困扰

心理困扰是人们经常遇到的因各种适应问题、应激问题、人际关系问题等引起的轻度心理失调，其强度较弱，持续时间较短，对人的生活效能和情绪状态有一定的负面影响，但不属于疾病范畴，通过自我调整和适当的心理疏导容易得到恢复和矫正。

2. 心理障碍

心理障碍是指心理功能紊乱，并达到影响个体的社会功能或使自我感到痛苦程度的心理问题。主要是指神经症、情感性障碍、人格障碍和性心理障碍等轻度的心理创伤或心理异常现象。

3. 精神病

精神病是指人脑机能活动失调，丧失自知力，不能应付正常生活，不能与现实保持恰当接触的严重的心理疾病。精神病的种类很多，大学生常见的主要有精神分裂症、情感性精神病、偏执性精神病和反应性精神病等。情感性精神病以情感障碍为特征，是一组以显著而持久的情感高涨或低落为主要特征的心理疾病，主要包括躁狂症、抑郁症、双相情感性障碍等。躁狂症的主要症状为心境高涨，自我感觉极好，与所处情境不相称，可能兴高采烈，容易激怒，甚至发生意识障碍，严重者可能出现与心境协调或不协调的妄想、幻觉等精神病症状。抑郁症主要症状为心境低落，与其处境不相称，可以从闷闷不乐到悲痛欲绝，甚至发生木僵，严重者可能会出现幻觉、妄想等精神病症状。双相情感性障碍的主要症状为反复出现心境和活动水平明显紊乱的发作，紊乱有时表现为心境高涨，精力充沛，活动量增加，有时表现为心境低落、精力降低和活动减少。

（二）大学生常见的神经症

神经症是一组由精神因素造成的非器质性的、大脑神经机能轻度失调的心理疾病，其主要临床表现为焦虑、抑郁、恐惧、强迫、疑病症状或神经衰弱症状。大学生中最常见的神经症有焦虑症、神经衰弱、强迫症、恐惧症和疑病症等。

1. 焦虑症

焦虑症是一种以焦虑情绪为主的神经症，主要特征是发作性或持续性的情绪焦虑、紧张，包括惊恐性障碍和广泛性焦虑障碍。惊恐性障碍的基本症状是反复的惊恐发作，表现为突发性的紧张性忧虑、害怕或恐惧，常伴有即将大祸临头的感觉。广泛性焦虑障碍则表现为持续的紧张不安，并趋向慢性过程。

2. 神经衰弱

神经衰弱是指在某些长期存在的精神因素的作用下，引起脑机能活动过度紧张，从而使神经精神活动能力减弱。如由于学业负担过重，有些学生长期用脑过度，就容易导致神经衰弱。神经衰弱的症状主要有情感控制能力差、情绪反应强烈、注意力涣散、记忆力下降、工作效率低、睡眠困难、心悸、多汗、易疲劳等。

3. 强迫症

强迫症是以强迫症状为特征的神经症。强迫症状是指患者主观上感到有某种不可抗拒的和被迫无奈的观念、情绪、意向或行为的存在，虽然患者能够清醒地认识到这些观念、情绪、意向或行为都是毫无意义的和没有必要的。强迫症主要表现为强迫观念、强迫意向和强迫行为。

4. 恐惧症

恐惧症是指对某些事物或特殊情境产生十分强烈的恐惧感，这种恐惧感与引起恐惧的情境通常极不相称，患者自己也明知自己的恐惧不切实际，但仍不能自我控制。常见的恐惧症有社交恐怖、旷野恐怖和动物恐怖等。

5. 疑病症

疑病症是指患者在没有任何证据的情况下确信自己有病，并使自己处于对自己所想象出来的疾病的强烈恐惧之中。

（三）其他心理障碍

1. 人格障碍

人格障碍是指明显偏离正常人格并与他人和社会相悖的一种持久和牢固的适应不良的情绪和行为反应方式。大学生中常见的人格障碍有偏执型人格、强迫型人格、冲动型人格等。

2. 性心理障碍

性心理障碍，也称性行为变态，是指与生殖活动没有直接关系，在寻求性满足的对象和方式上与常人不同，且违反社会习俗的行为反应方式。常见的性行为变态有恋物癖、裸露癖、窥阴癖、异装癖和施虐癖等。

二、心理问题的案例分析

判断是否有心理问题，特别是判断是否有某种心理障碍或精神病，实质上是一个心理评估与诊断问题，需要专业人员如临床心理学家、心理咨询师等，运用心理学和精神病学的理论、技术、方法和手段，根据严格的诊断标准，按照严格的程序去实施的一项专业性很强的工作。通常所使用的评估和诊断方法主要包括观察法、会谈法和测验法。因此，是否有心理障碍或精神疾病，不能仅根据一些情绪或躯体现象就轻易做出判断，更不能简单地“对号入座”。人们在

遇到挫折时，出现一些情绪反应和躯体症状，本来属于正常现象，可有些学生却盲目给自己“诊断”为某种心理障碍，如焦虑症、抑郁症、强迫症等，这对降低紧张情绪和缓解心理痛苦是很不利的，这种消极的暗示作用有时还会使情绪和躯体反应进一步加重，反而给身心调整带来障碍。

（一）焦虑症

焦虑性神经症，简称焦虑症，是指以广泛和持续性焦虑或反复发作的惊恐不安为主要特征的神经症性障碍，常伴有头晕、胸闷、心悸、呼吸急促、口干、尿频、尿急、出汗、震颤等自主神经症状和运动性紧张。患者的焦虑情绪并非由实际威胁或危险引起，其紧张不安和恐慌程度与现实处境很不相称。女性患病率明显高于男性。焦虑，是由紧张、焦虑、忧虑、恐惧等的感受交织而成的一种情绪状态。这种病症在大学生中比较多见。有的学生因考试临近，变得焦虑不安，茶不思、饭不想，甚至失眠，导致神经衰弱；有的学生因毕业在即，对未来过于担心，因而产生紧张、忧虑和不适感。焦虑症患者心理承受能力较弱，遇事总是放心不下，过低地估计自己的能力，过高地估计了客观困难，因而对前途丧失信心，对现实采取回避态度。

在临床上，把由于很轻的原因所引发的，以比较严重焦虑为中心的一组症状称为“焦虑症”。按照现代心理学的划分，焦虑症属于中度心理不健康的范畴。随着社会发展和竞争的日益激烈，患焦虑症的人数不断上升，目前西方国家的发病率为3%～5%。近年来，我国焦虑症患者比例也逐渐上升到2%～3%，尤其是在以脑力劳动为主的群体里，如科研、教学、机关、管理等职业中的患者人数要高于体力劳动者，因此对这部分人群的关注是十分必要的。

1. 病例

某大学一位男生，自幼学习上进，深受老师的器重。进入大学后，由于迷恋上网，成绩直线下降，第一学期考试，有三门课程不及格。为此，他感到无比内疚，整日惶惶不安，晚上严重失眠，有时直到凌晨5点才能睡着。这种状况持续了较长时间，到了第二学期考试临近，他心理焦虑达到了难以承受的地步，不得不申请缓考。为此，他前往咨询心理医生，心理医生告诉他，他的焦虑已经达到了相当严重的程度。要摆脱焦虑，关键是要树立学习的信心。只要努力，应该是能够赶上的，不要害怕失败，要从失败中吸取教训。在心理医生的启发和指导下，这位学生明确了学习的重要性，恢复了自信，在第三学期的考试中，取得了较好的成绩，焦虑症状也随之消除了。

2. 病因

大多数人认为焦虑症的发病原因主要与心理—社会因素有关。按照弗洛伊德的观点，儿童时期的一些特殊的精神创伤性体验被压抑到潜意识中去，到了成年以后则可能由于新的精神刺激而引起焦虑症。新弗洛伊德主义者艾里克森则提出，焦虑症是由于儿童期心理发展受到挫折和失败的结果。

社会—文化的观点认为，在现代社会，由于竞争加剧、人口集中、居住和交通拥挤、生活节奏紧张给人们带来了许多心理压力，这是现代社会中出现大量神经症包括焦虑症的原因。尤其是市场经济的发展、高校体制的改革，对学生提出了更高的要求。市场经济优胜劣汰的法则不能不对大学生产生强烈的心理压力。如何看待改革，如何处理学业与就业的关系，如何解决知识与能力的矛盾，就成为大学生关注的热点问题。面对高校改革的严峻现实，心理适应能力强的学生能从突变和惊愕中走出来，可一些心理适应承受能力差的学生，则烦躁不安，这种情绪打破了他们的心理平衡，最终导致了“焦虑”的产生。

焦虑症患者有明显的个性特点，一般来说，易于紧张、焦虑，对躯体微小不适应容易引起很大注意，遇到挫折易于过分自责。谨小慎微、优柔寡断、多愁善感、依赖性强的人，易于患焦虑病。

3. 治疗

对于焦虑症，要立足于预防为主。其关键在于提高大学生自身的心理承受力。现介绍几种自我疗法。

(1) 暗示疗法

自信是治疗焦虑症的必要前提。焦虑症患者应暗示自己树立自信，正确认识自己有处理突发事件和完成各种工作的能力，坚信经过治疗可以完全消除焦虑疾患。通过暗示，患者每多一点自信，焦虑程度就会降低一些，同时反过来使自己变得更自信，这个良性循环将有助于摆脱焦虑症的纠缠。

(2) 松弛疗法

自我松弛对焦虑症有显著疗效。它是一种通过训练有意识地控制自身的心理生理活动，以降低唤醒水平，改善机体紊乱功能的心理治疗方法。我国的气功、印度的瑜伽、日本的坐禅等，都是以放松为主要目的的自我松弛训练。患者在自我松弛训练时，要注意消除自己的“私心杂念”，使自己处于一种“超然”的状态，这样通过一段时间的治疗会大大减轻心理焦虑。

(3) 分析疗法

有些焦虑是由于患者将过去的情绪体验和欲望压抑到潜意识中去的结果。因为这些被压抑的情绪体验并未在头脑中消失，而是仍然潜伏在自己的无意识中，患者成天忧心忡忡，惶惶不可终日，不知其所以然。此时，心理咨询医生可以和患者一道，回忆过去的有关经历，把深藏于患者潜意识中的“病根”挖掘出来，这样患者的焦虑便不治自愈。如一位女大学生，各方面表现都很好，但她常常感到内心存在焦虑，苦于找不到原因。经过心理咨询教师的耐心开导，终于发现其家庭父母不睦，常常发生争吵。心理医生告诉她，家庭夫妻争吵是常有的事，不吵不算夫妻，但只要不是为原则性的问题，没有必要大惊小怪的。在心理医生帮助下，这位女生很快摆脱了焦虑。

(4) 刺激疗法

焦虑症患者发病时大多胡思乱想、痛苦不堪，此时患者可采用自我刺激转移注意力。如在胡思乱想时，不妨找一本有趣的书读，或从事自己喜爱的某项体育活动，或在户外散散步，这样可以缓解焦虑，忘却痛苦。

(5) 催眠疗法

焦虑患者大多有睡眠障碍，难以入睡或梦中惊醒。此时病人可进行自我催眠，如闭上双眼进入催眠：“我现在开始睡觉了……我的呼吸均匀、心情平静……我的杂念消失了……我的四肢及全身肌肉放松了……我快睡着了……我已入睡。”

(6) 药物治疗

目前治疗焦虑症的主要手段是药物治疗，如果与上述方法结合使用，常可以控制症状、缩短疗程。在临床上常用的药物属抗焦虑药，它们主要作用于中枢神经系统的边缘系统、丘脑、

杏仁核等部位，能明显改善情绪、对抗焦虑，如苯二氮卓类（地西泮、氯硝西泮、阿普唑仑、罗拉等）、多塞平、安宁、溴剂等。但是此类药物大多有较强的毒副作用和成瘾性，需要在医师的指导下使用，不得滥服。此外还可以针对不同系统突出症状加用一些其他药物，如心慌可加用普萘洛尔、美托洛尔等；消化不良可用多酶片、多潘立酮等。

（二）社交恐惧症

社交恐惧也是一种强迫观念，患病率较高。该类患者对与人接触感到苦恼。

当然，谁都有可能具有某种程度的社交恐惧，但发展成神经质症的症状时，其恐惧、痛苦程度非常之深，以至于回避与人接触，对日常生活造成严重障碍。社交恐惧症通常起病于青少年期，男女均有可能出现。青少年渴望友谊，希望广交朋友，但有些大学生一到具体交往时，如找人交谈或在公开场合就神情紧张、心神不安，或是面红耳赤、语无伦次、举止失态、失去控制，这就是社交恐惧症，也就是我们常说的怯场。严重者拒绝与任何人发生交往关系，把自己孤立起来，对日常工作学习造成极大影响。

恐惧症患者一般都知道，也承认他们的害怕和焦虑是过分和不合理的，尽管如此，但他们却克服不了特定情境中的恐惧。这是由于他们总是高估所害怕的情境和事物的危险性，以及回避性的反应所致。这样的结果，使他们丧失了体验所害怕的情境的机会，也妨碍了学习和发展应付害怕情境的技巧，而各种应付技巧可以提高面对恐惧时的信心。童年时期的特殊恐惧体验被压抑到潜意识中，也许会导致个体成年后患有与该体验有关的恐惧症。

1. 病例

某大学有一女生，性格内向，不善于表现自己。因其眼皮上有一点不明显疤痕而自卑，导致无法正常社交，最后上课都感到困难。为此，她感到很苦恼。她向心理咨询老师哭诉：“我现在无法面对同学们，不敢正视他们，更不敢正视男生。我很害怕别人看我，看我就感到紧张。每天晚上睡觉心跳得很厉害，我害怕自己是否得了心脏病。”心理咨询老师指出：“你的社交恐惧与你的自卑有关，要想克服社交恐惧，关键是要消除自卑。一个人不可能完美无缺，眼皮上有一点疤痕也没什么，要用正确的心态去对待，不要总是放心不下。要学会与人相处，在集体生活中去感受生活的乐趣。”在心理咨询老师的指导下，这位女生逐渐走出了社交恐惧的阴影。

2. 病因

社交恐惧症的原因有四：其一，本人长期生活在一种压抑、沉闷、紧张的生活环境中或是在以前生活中发生过不良的经历，使其形成一种胆小、孤僻、敏感、退缩和依赖性强的性格特点，从而在遇到新环境和重要场合时就会产生一种不适应行为。其二，心理负担过重。自己认为在众人面前讲话非同小可，第一印象如何，讲话的内容、语言、风趣如何，直接影响到自己的形象和众人对自己的评价。由于过分看重第一印象以及自己在别人心目中的位置，导致心理压力增大，难免在讲话时心情紧张、心慌意乱。其三，缺乏社交的经验。人是社会的人，人在社会中生活，必然要与他人发生交往联系。但社交是一门学问，没有足够的知识，没有现场应变的能力，没有经验的积累，与人交往往往发生困难。大学生要注意这方面的知识积累、能力培养，以适应社会交往的需要。其四，自我控制能力差。在社交过程中，出现某些失误是正常的，只要及时调节控制情绪，使心情平衡，准备充分，神态自然，就不会导致怯场。事实上，在社交过程中，许多大学生的自我控制能力差，一激动或紧张就难以平静。

3. 治疗

社交恐惧症是一种因心理紧张造成的心因性疾病，只要积极治疗，是可以治愈的。其治疗有以下几个途径：

（1）消除自卑、树立自信

很多社交紧张者就是因为不悦纳自己、对自己不自信造成的。所以，要改变首先就得在心里接受和悦纳自己，树立起对自我的信心。对自己应有正确的认识，过于自尊和盲目自卑都没有必要，事事处处得体、求全责备也是没有必要的。可以暗示自己，我只不过是集体中的一分子，谁也不会专门盯住我、注意我一个人的，摆脱那种过分考虑别人评价的思维方式。要记住：我并不比别人差，别人也不过如此，以此来增强自信。

（2）改善自己的性格

害怕社交的人多半比较内向，应积极参加社会实践活动，丰富自己的社会阅历，塑造自己的性格，多参加体育、文艺等集体活动，尝试主动与同学和陌生人交往。在交往的实际过程中，逐渐去掉羞怯、恐惧感，使自己成为开朗、乐观、豁达的人。

（3）掌握社交知识

尽管大家都知道社交的重要意义，但是有关社交的知识、技巧和艺术，以及相关的社会学、心理学和传播学知识却掌握得不够。所以要广泛涉猎有关知识，获取知识营养，明白社交的道理，这对消除社交恐惧症是大有裨益的。

（4）做好准备

俗话说：有备无患。如临场前拟好发言提纲，写好发言稿，做到“胸有成竹”，到时心里就不会发慌，语言表述就不会停顿。这种良好的心理状态，不仅能使你把已经准备好的材料表述清楚，而且可以借题发挥，达到意外的效果。

（5）系统脱敏疗法

即有计划、有目的、一步一步地鼓励和指导患者亲自去接触那些使他发生恐惧情绪的事物或情境来达到治愈。如引导患者先与家人接触，再与亲朋好友接触，然后再与一般熟人接触，最后与陌生人接触，一步步地引导脱敏，并通过奖励、表扬使其巩固。

（三）抑郁症

喜怒哀乐乃人之常情。精神病学家克莱曼称，人在其一生中总会有一段时间处于抑郁心情之中。抑郁心境是一种忧伤、悲哀或沮丧体验。可以说，抑郁心境是大学生一种非常常见的情绪状态。当抑郁心境发展到一定程度，出现一组有特征性的症状，持续一定时间，且严重损害患者的社会功能时，就要考虑为抑郁症。抑郁症是危害人们心身健康的常见病。据有关调查资料显示，学龄前儿童抑郁症患病率为0.3%，青春期儿童抑郁症患病率为1.8%，而14～16岁的少年抑郁症患病率则为4.7%，大学生抑郁症患病率为6.8%，其中女生患病率较男生高。抑郁症又可危及生命，严重的抑郁症患者中有15%因自杀而结束自己的生命。

抑郁症是一组综合征。它包括多种症状和体征，涉及躯体和心理方面。躯体症状包括睡眠障碍、食欲减退、疲劳感、精神运动性迟缓或激越；心理症状包括丧失自尊，有自罪感，注意力不能集中或犹豫不决，有自杀意念或想法等。这些症状之间相互关联，具有一定的生物学基础。

抑郁症的临床表现为情绪低落、患者心情苦闷、愁眉不展、愉快感缺乏，生活中没有什么事情能让他们高兴。疲劳感：患者常常感到精力不足，或有“力不从心”的感觉。思维迟钝：患者语言表达缓慢，反应能力减弱。睡眠障碍：约70%～80%的患者有不同形式的睡眠障碍，表现为早睡、入睡困难等。自责及自罪感：很多患者产生强烈的自我责备，他们总是放心不下，老是担心会有什么事情发生。自杀观念：很多抑郁症患者伴有自杀观念，或曾经考虑到自杀。

导致抑郁症的原因有：

（1）遗传因素

如果家庭中有抑郁症患者，那么家庭成员患此病的危险性较高。当然，遗传并不是具有唯一决定性的患病因素。证据表明，脑内生化物质的紊乱是抑郁症发病的重要因素。现在已知抑郁症患者脑内有多种神经递质出现了紊乱，抑郁症患者的睡眠模式与正常人截然不同，另外，特定的药物能导致或加重抑郁症，有些激素具有改变情绪的作用。

（2）环境因素和应激

人际关系紧张、经济困难或生活方式的巨大变化，都会诱发抑郁症。有时，抑郁症的发生还与躯体疾病有关。一些严重的躯体疾病，如脑中风、心脏病发作、激素紊乱等常常引发抑郁症，并使原来的疾病加重。另外，抑郁症患者中有1/3的人有药物滥用的问题。

（3）性格因素

有下列性格特征的人很容易患上抑郁症：遇事悲观、自信心差、对生活事件把握性差、过分担心。这些性格特点会使心理应激事件的刺激加重，并干扰个人对事件的处理。这些性格特征多是在儿童少年时期养成的，这个时期的精神创伤影响很大。

总之，抑郁症是遗传、心理和社会环境这些因素综合作用导致的，应结合患者的情况具体分析。

1. 病例

王某，男，某重点大学毕业生。曾是众人眼中的天之骄子，如今却患上了抑郁症，沦为一个无法自食其力的社会遗弃者。生活中的细小挫折，使这名堂堂男儿一蹶不振。他毕业后进入一家科研机构工作，可半年之后，因种种原因被辞退。此后数年，他试图做过多种工作，但每份工作总在一个月左右就结束了。后来，他对生活彻底失去了信心，终日无所事事。是什么导致英才的沦落？记者进行了跟踪采访，了解到王某出身于一个革命家庭，在中学时期学习成绩很优秀，同学们也很喜欢他。但他社会经验却十分缺乏。后来，他以高分考取了某重点大学，但却在父母的指导下，选择了一个非常冷门的专业。但他怎么也没有想到，他会因就业而痛苦不堪。

大学生有抑郁现象的比较多，究其原因，主要是由于自我价值没有得到很好的体现，对自己进行了一些否定。一般这样的学生情绪都比较低落、不稳定，不爱搭理人，做事情没有兴致；时间长了，容易造成心理情绪积聚，对学习、生活肯定会造成影响，严重的则会患上抑郁症。如果没有找到正常渠道发泄，可能会沉迷于一些自己觉得是正确的事物上面，比如网络。这就需要周围的人群关注他们，给他们温暖，生活中有这种情绪的大学生也要多和身边的朋友谈心、交流，释放出自己的压力，以缓解这些症状，从而恢复到正常状态。

2. 病因

抑郁症主要是因心理遭受刺激后而诱发的。

（1）感情上受到重大打击

如失恋、亲人去世、父母关系紧张、考试不理想等，这些打击，对于一个心理承受能力强的人来说，可以经过自我调整，予以克服；可对于一个心理承受能力弱的人来说，就会感到无所适从，从而产生抑郁。

（2）自尊心、自信心受挫

有的学生认为自己的长相不好，天生缺陷，因而自卑。也有的学生在中学是学习尖子，可进入大学后，因为大家都是尖子，自己觉得成绩平平，总认为自己不如人，不受老师重视，不引人注目等，从而产生一种失落感。

（3）不良性格的影响

有的学生性格内向、不善交际，往往把自己封闭起来，不与任何人接触，久而久之，就会产生孤独、寂寞、忧伤的情绪。

（4）家长的影响

家长是孩子的第一老师。如果父母患有抑郁症，那么，孩子患抑郁症的可能性会很大。如有抑郁症的父母在家少言寡语，不参加社会活动，不与人结交往来，或对自己的身体健康状态过分关心，稍有不适就十分焦虑，这些都会直接影响到孩子的情绪。

（5）攻击性

大多抑郁症患者都有攻击性的倾向，这种攻击性是在患者自尊、自信受到严重挫折时表现出来。患者常常把攻击冲动转化为抑郁倾向，越是想攻击，越是压抑自己的攻击，压抑自己的攻击情绪，因而抑郁也会越来越深。

3. 治疗

大学生抑郁症主要是由心理因素引起的，因此治疗也主要运用心理治疗。

（1）支持疗法

当老师发现学生有抑郁症症状后，应主动与之谈心，给予更多的理解和关心。通过谈心，一方面可以找到产生抑郁症的病因，然后对症下“药”；另一方面，也可以给学生以情感上的支持，使其感到温暖，进而产生上进心和克服挫折的勇气。

（2）行为疗法

行为疗法是治疗抑郁症不可缺少的方法。如上面谈到的抑郁症病例，心理医生与他本人交换意见：“根据你的自述，可能是患了意志行动障碍，也就是因失恋丢了面子，心理压力过大，精神受到严重创伤的抑郁病。其原因是你在一帆风顺的环境中长大，再加上父母的期望值过高，使你意志脆弱，经不起一点挫折。”王某连连说：“医生，你说得太对了。我怎么才能克服这种病态心理呢？”心理医生沉思了一会，遂对王某说：“治疗此病的唯一办法就是培养坚强的意志力，提高对挫折的心理承受能力。其途径是在生活、学习实践中进行锻炼。例如，每天除正常上课外，坚持看书 2 小时，每天早起跑步 20 分钟，同时积极参加学校的各项集体活动，在活动中培养自己的意志力和自信心。这些行为疗法的目的旨在使你认识到：人生活在社会上，不论生活、工作和学习，挫折和困难是必然的、经常的，一帆风顺是偶然的、少见的。这样坚持下去，你的心理承受能力就会大大提高，心理抑郁也会随之烟消云散。”王某说：“医生，你讲得很有道理，我回去一定按您说的办法试试。”

经过一个学期的心理调整和细致教育，王某摆脱了抑郁症，逐步培养起了坚强的意志，恢

复了开朗的性格。

(3) 增强自信心

自信心是人成功的心理基础。为数不少的抑郁症患者都是因自尊心受到损伤引起的。因此，帮助大学生树立起自尊心、自信心，是克服抑郁心理的重要手段。首先，要调整期望值。青年学生往往对问题的考虑过于理想化、简单化，一旦理想不能实现，就从一个极端走到另一个极端，产生抑郁心理。如“我这次必须考上××重点大学”“我这次期终考试必须门门达到优秀”“我这次必须评上三好学生”等，这些标准都是从自己的主观出发，没有考虑到自己的能力、条件等客观情况，因而往往出现主客观相背离的情境，使自尊心、自信心受挫。因此，要根据自己的实际情况去制定自己的目标，使之具有实现的可能性和现实性。其次，要运用奖励手段。一旦学生在某些方面取得成绩，都要给予及时的肯定、鼓励，使之产生成就感、幸福感。成就感、幸福感的情绪体验反过来促使他向更高的目标攀登。

(4) 药物治疗

最常用的是抗抑郁药治疗。如三环类抗抑郁剂（常用的有阿米替林、多塞平、丙米嗪等)、四环类抗抑郁剂（代表药物是马普替林）和选择性5—羟色胺再摄取抑制剂。对于病情严重尤其是具有强烈自杀观念的患者，及时使用电痉挛治疗，不仅可很快控制病情，而且有可能挽救生命。

(四) 疑病症

疑病症又称疑病性神经症，是指对自身感觉或征象做出患有不切实际的病态解释，致使整个身心被由此产生的疑虑、烦恼和恐惧所占据的一种神经症。疑病症以对自身健康的过分关心和维持难以消除的成见为特点。

“疑病”是神经病的一种，患者对自身健康特别关注，带有强迫性质（强迫观念和动作)，使某些观念、意向和行为冲动反复出现，明知这观念和行为是不合理的，却不能摒弃，由此导致焦虑和恐惧。疑病症患者略知一些医学知识，但又非常有限，因而常常小题大做地抱来医学专著，对号入座地去生搬硬套，专门研究自身疾病，认为自己患了“不治之症”，或某种严重疾病。如：表皮有点小外伤，便怀疑要得破伤风；出血点，就认为得了白血症；头痛，误认为是脑瘤所致；有点咳嗽，认为是患了肺癌；进食吞咽不顺，怕是食道癌作祟。总之，身体某一部位稍有不适，就怀疑自己患了某种严重疾病。对医生的检查持不信任态度，难以消除固有的成见，唯恐医生对自己的“病”漏诊或误诊，为得到“合理”治疗而四处求医，深信自己患有严重疾病。

1. 病例

李某，大一新生，在学校组织的新生体检中，医生为他听心脏时，低声自语说：“心尖区有点风吹样杂音。”李某顿时紧张起来，怀疑自己是不是患了心脏病，并且他一再追问医生，自己的病严重不严重。医生告诉他：这是生理性杂音，不要紧的。但李某却怀疑是医生在骗他。体检结束后，他找到有关医学书籍，查看自己是否有心脏病。他越看越觉得自己患了心脏病。从此，他四处求医，虽然许多医院都诊断没有心脏病，但他仍然坚信自己患有心脏病。李某情绪一落千丈，学习没有心思，成绩逐渐下滑。李某在极度苦闷的情况下，走进了心理咨询室。心理咨询老师告诉他：首先，要相信医生的各种检查，不要过多猜疑；其次，要积极主动配合医生的诊断，不要把自己的感觉强加于医生；最后，要把主要精力放在学习上，培养自己的多方面的兴趣和爱好，积极参加一些有益的活动，增强身体素质和心理素质，转移自己对“疾病”的过分关注。在心理咨询老师的开导下，这位学生逐渐好了起来。

2. 病因

疑病患者安闲时无事生非，假戏真做，导致这种“畸形心理”的病因有以下几个：

（1）人格因素

患疑病症病人，男性多具强迫性人格，女性则与疑病个性有关。个性敏感、多疑、主观、固执、自我中心、自怜和孤独者多见。该病在有过度执拗、要求过度精确、过分坚持以及无力性的人格中较常见。半数病人发病前有诱因，如重大生活刺激事件、躯体疾病之后，自我暗示和条件联想，尤其是不当的过多检查和解释而导致的医源性暗示的影响，在疾病的发展中起了重要作用。

（2）社会心理因素

如婚姻的改变、子女的离别、朋友交往减少、孤独、生活的稳定性受到影响、缺乏安全感，均可成为疑病症的诱因。有一部分病人作些检查，则易造成病人产生怀疑患有某种疾病的信念。有一部分病人在躯体疾病之后，通过自我暗示或联想疑病。

（3）消极心理因素

疑病患者一般具有强烈的逃避责任和自我保护欲望。社会对病人有免除某些责任或义务的倾向，当个人处在某种挫折、失败又要承担责任时，病人为了逃避责任，总是寻求良好的避风港，自然会在不知不觉中把自己加入病人之中，以求得社会公众的谅解，达到逃避责任和义务的目的。疑病患者的自我保护欲望较强，当自己面临着重大压力或别的欺侮、凌辱，自己又无法去对抗时，最好的处理方式是把自己扮演成病人，从而获得别人的同情而放弃攻击，这样既维护了自己的尊严，又不至于受到别人的伤害，当这种自我保护达到需求时，自我将无意识地强化疾病观念。

3. 治疗

疑病症的治疗，可以从以下几个方面入手：

（1）消除心理压力

要对疑病症患者进行全面、细致的身体健康检查和必要的化验，根据检查结果表明他（她）并无躯体性疾病，以打消其思想疑虑。

（2）完善个性

疑病症患者往往具有固执、多疑、敏感、谨慎等性格特点。遇事总是过多地考虑悲观或不幸的一面，缺乏自信，这是疑病症发病的主要原因之一。为此，疑病症患者要做到心胸宽广，努力培养乐观情绪，提高生活信心；要走向社会，丰富自己的生活；还应坚持体育锻炼，要多与朋友谈心，培养幽默感，从而战胜消极悲观情绪和不良心理状态，最终治愈疑病症。

（3）认知领悟疗法

疑病症是一种神经官能症，由于求治者过分害怕自己会得某种病，因而焦虑不已。焦虑本身可引起一系列自主神经症状。这些“症状”的出现反过来又加重求治者对疾病的恐惧焦虑，形成恶性循环。可以说，疑病症是心理问题，不是躯体问题，心理医生要对病人讲清这个道理。疑病症往往与个人的不幸经历有关，如前面我们讲到的大一新生李某怀疑自己患了心脏病，是

由于李某在体检时医生的一句话，引起了他的警觉，再加上他对医学知识的一知半解，才造成了他的心理怀疑。如果他真的对医学知识比较了解，就不会发生类似的事情。

（五）性心理异常

从性成熟到以合法的婚姻形式开始夫妻生活，一般至少要在10年以上，这一时期被称之为“性饥饿期”。大学生正处于这一时期，这往往给他们带来困扰。心理学研究表明：大学生性心理卫生问题具有广泛性、轻微性、冲突性和隐蔽性的特点，即涉及的人数众多，但多数是属于细节问题而非障碍，且以对性的内心矛盾不安为主。由于社会的忽视和个体的掩饰而不易被发现，这样有可能以其他曲折的形式表现出来。

大学生常见的性心理异常有以下几种。

1. 性认知偏差

不少大学生对“性”持有不正确的认识，视性是下流的、肮脏的、见不得人的、难以启齿的等。这种性认知往往会导致性情感、性态度的过敏、禁忌、矛盾。据调查结果显示，大学生中对性问题感到困惑的占55%，感到敏感的占53%，神秘的36%，无所适从的28%，害怕的17%，厌恶的10%。这种对性的无知必然会引发一系列的性心理障碍。一些人（尤其是女大学生）表现出纯粹追求“柏拉图式”的爱情，他们把性与爱情完全割裂开来，认为只有精神上的享受而非生活中的爱情才是崇高的。这种观点是对爱情的误解，爱情是建立在性爱的基础上的，没有性爱的纯粹精神上的爱情是不存在的。

也有极少数的大学生受西方资产阶级腐朽思想的影响，过分强调人的生物性，信奉“性自由”“性解放”，从而放纵自己的行为，以不恰当的手段去获得性的满足。这种性意识、性观念是相当有危害性的。

为此，大学生必须树立正确的性观念。性既有自然属性，也有社会属性。性的自然属性是指性乃是人性的表现，学习、掌握性知识是大学生心身发展的需要。性的社会属性是人的社会性的具体体现，因而人的性观念、性行为应符合社会规范和社会道德。性禁忌和性放纵都是有害于心理卫生，有悖于人性的。

2. 性冲动困扰

性冲动是大学生性生理的成熟、性意识的觉醒的正常表现，它是在性激素作用下和外界刺激下产生的，并不是不纯洁、不道德或可耻的。据有关资料显示，大学生平时有性冲动的占87%（其中男生中占96.3%，女生中占68.7%）；但对自己的性冲动感到羞愧的占36%，自责的占33%，恐惧的占12%。调查中发现，一方面他们对异性抱有美好的情感，追求纯洁的爱情，另一方面，他们又对自己的某些性欲望、性冲动感到无比的厌恶，试图加以否定批判，这就必然形成内心的矛盾和冲突。

如何解除性冲动的困扰呢？这里介绍三种方法。

（1）压抑

这是一种常用的方法。一个人一旦产生性冲动，又无释放的条件时，最好的办法是压抑。适度的性压抑是社会化的需要，也是一个人性心理健康的反映。然而，严重的性压抑则有可能导致疾病的发生。

压抑有健康的压抑与病态的压抑之分。健康的压抑表现为：压抑是一种轻松自如的活动，

压抑并不使情欲发生畸变，压抑不妨碍心理活动的效率，不妨碍人的社会功能，甚至还能起促进作用；反之，则是病态的压抑。

心理学研究表明，大多数压抑是健康的，少数压抑是病态的。性压抑对两类人的身心健康影响较大：一类是性冲动明显强烈而心理素质又比较脆弱，难以找到合理宣泄途径的人。他们由于过分压抑，显得焦虑不安、苦闷烦恼，久而久之，易产生心理疾病。另一类是对性抱有反感、厌恶、冷漠的人，他们的性心理发展往往显得迟缓。这种性心理和性态度会导致生理上感应失灵，从而引起一系列心理问题。

（2）升华

即用一种积极的、富有建设性的、能为社会所接受的欲望或方式来取代原始的性欲，转移性欲。比如用绘画、音乐、文学、体育、娱乐等方式使性能量得到合理的释放，并在释放的过程中，为社会创造杰出的贡献。弗洛伊德认为对性冲动的升华创造了文学、艺术和社会文明，这是泛性论的表现。但我们说，适时适度的升华性欲，是有益于社会，也有益于个人的。

（3）宣泄

即指以某种方式获得性冲动的满足。这里需要指出的是，性宣泄不是一个生理过程，其方式应该符合社会规范，有益心身健康。也就是说，性宣泄方式有健康的、正当的、合理的，也有不健康的、不正当的、不合理的。凡是符合社会规范的性宣泄方式（如男女适度交往、文艺娱乐等）是健康的、正当的，凡是不符合社会规范的性宣泄方式是有害的、不正当的，如过度手淫是有害的，婚前性行为更是不应该的，随便在厕所、课桌乱画乱写是不文明的，性放纵就更是错误的。

3. 性心理焦虑

性心理焦虑是大学生常见的性心理异常现象，这是由性心理的矛盾、冲突所引起的。性焦虑包括对自己形体的焦虑，对自己性角色的焦虑和对自己性功能的焦虑。

随着青春期的到来，生理发育的逐渐成熟，一些大学生出现了对自己形体的不安，这集中地表现在与自己的性别相关的形体特征。比如，男生希望自己魁梧高大、英俊潇洒，如果自己身材矮小、瘦弱就会感到自卑；女生若发现自己过胖、长相平平，就会感到忧虑。有的男生担心自己生殖器发育不正常，怀疑自己没有性能力；有的女生担心乳房发育不良，怕影响自己的身材和性感……有一位女大学生智力正常、成绩优良，但她对自己的汗毛过多深感不安，为此十分苦恼。夏天，其他女生穿上裙子，而她却穿长裤长褂，把自己捂得严严实实，甚至洗澡都不到公共浴室。一天，她从杂志上看到汗毛过多是一种返祖现象，这更使她忐忑不安。为了去掉体毛，她尝试过用剪刀剪，用手拔，甚至到药店买来脱毛剂，真可谓费尽心思。在万般无奈的情况下，她求助于心理医生。心理医生告诉她，汗毛多这是一种人体差异，对身体无关紧要，不必过于担心。这才驱散了她心头一片愁云。

除了对形体的不安外，大学生还存在对自己性角色的焦虑。不少男生感到自己缺乏男子汉的阳刚之气，不能吸引异性；一些女生则觉得自己温柔不够、细心不足。为了改变自己在异性面前的形象，一些人产生了“过度补偿”。比如，有些男生为了显示自己的男子汉气概，故作深沉，或表现出大胆、粗鲁的行为，甚至以打架、冒险来显示自己、证明自己。有些女生为了表现自己的温柔，矫揉造作，说话嗲声嗲气。男性的阳刚之气，女性的温柔之美，都是一个人本质的外在表现，不是靠刻意模仿或矫揉造作所能达到的。

性焦虑的严重者担心自己的性功能是否正常，尤其是当看到某些书刊上谈到性功能障碍时，便对号入座，认为自己患了阳痿或性冷淡。一位男生几个月没有遗精，就断定自己了患了性功能障碍。他找到校医，校医给他作了外科检查，告诉他一切正常。可他对校医的话半信半疑，又偷偷跑到省立医院检查，结果仍然得出同样的结论。这时，他一颗悬着的心才放下。一般来说，未婚的男女缺乏经验，很难下有性功能障碍的结论。成年男女中，90%以上的性功能障碍患者是由于心理因素所引起的，其中大多数经过心理治疗都是可以治愈的，大学生大可不必为此事烦恼。

上述的性焦虑对大学生的性心理发展的影响很大，并且常常影响其日常生活和精神状态。我们说，大学生随着性生理的发育，对自己躯体征象和性角色给予适当关注并不为怪，但缺乏生理卫生知识的过分担忧则是不必要的。例如：有的女大学生嫌自己“胖”，就强制自己少进食，以减轻体重，这对发育期的青少年来说，可能会造成永久性的损害；有的女生嫌自己的乳房发育过小盲目接受隆胸术，这是相当危险的。对于大学生来说，最重要的是要树立健康的审美观，同时接受自身的现实，不怨天尤人，注意扬长避短。如果对自身的性生理、性心理有疑惑，不妨先请教医学专家咨询，弄清躯体征象变化的原因，切不可暗自忧虑、无事生非。目前，电视中大多隆胸广告是虚假的，大学生要注意，不要上当。

4. 性行为失误

性行为失误表现为以下两种：

（1）婚前性行为

据有关资料显示，近年来高校大学生婚前性行为的发生人数呈上升趋势。女生的性体验发生率随年龄、年级的增高而依次递升；男生在低年级时的发生率大大低于女生，但进入高年级后却有突增趋势。大学生的婚前性行为常不为社会和道德所接受，因而容易引起心理上的冲突，一旦被他人知道，就会羞愧难当。性行为的发起者多是男性，但直接受害者则往往是女性。广州某大学一年级的一对情侣，在感情冲动下初尝了禁果。几个月后，女方在寝室呕吐不止，同学以为她生病了，把她送到校医院检查，结果乃妊娠反应所致。学校对他们进行了严肃批评，并给予留校察看一年的行政处分。一般来说，怀孕的女生在人工流产前后，担心被人发现，心理特别恐惧、紧张、后悔，又缺乏应有的营养和休息，很容易给身心造成严重损害。

（2）性心理偏差行为

主要表现为窥阴、恋物行为。对大学生中的这类行为，不能简单地冠之“窥阴癖”“恋物癖”等性变态的名称。大学生中的这类行为多属“窥阴倾向”和“恋物倾向”，是由于正常的性对象、性方式的需求不能满足而导致的一种补偿性行为，是性压抑的一种宣泄方式，但这种宣泄方式是有悖于社会规范的。

大学生如何提高自己的性控制能力，使性心理和性生理得到健康的发展？关键是要做到以下几点：

第一，要有正确的性观念。人类的性不仅是个人生活问题，也是严肃的社会问题。首先，性意味着责任和义务，一旦发生性行为，就意味着人必须对社会负起做夫（妻）和父（母）的义务和责任，那种对性抱着好奇、好玩以及放纵、享乐的心理，是对性的亵渎。其次，应认识到人类之性与动物之性是有本质区别的。动物之性受其本能驱使，是本能的一种正常反映；而人类之性要受人的社会性的约束，是人的社会性反映。人对性的要求，不仅仅追求一种性欲的满足，更重要的是追求一种更高的精神生活。再次，还要认识到性是人生的重要内容，但它不是人生的全部。不能把人生幸福简单等同于生儿育女，满足自己的性欲，更重要的是人要实现自我价值和社会价值。

第二，通过性生理、性心理、性道德的学习，认识性欲和性冲动是可以控制的。人与动物的最大不同，人是有理智、有思想的，人对自己的行为有认识能力和判断能力。一旦发现一些行为不符合社会道德要求和社会规则，人能主动地修正、约束和控制自己的行为，使行为与社会要求吻合。这实际上是一种认同过程。人们对性知识和性道德的学习，知道哪些行为是可为的，哪些行为是不能为的，从而更好地指导自己的实践。

第三，培养两性正常交往的习惯。两性正常交往是必要的，它有助于男女学生的健康发展。越是人为地加以隔阂、阻止，越是容易产生异性间的神秘感、渴望感。有一则故事：一位老和尚为防止弟子产生思凡之心，一直对他们说山下的女人是老虎。一天，老和尚叫几个弟子下山办事，弟子一看到女人，个个都激动不已，回来后个个变得茶饭不思。老和尚觉得奇怪，一问才知道他们爱上“老虎”了。这则故事告诉我们，被动地阻止异性交往是无济于事的，男女之间有一种天然的吸引力，有一种正常交往的需要。日常生活中，有些人一见到某对男女在一起，就在背后议论他们谈恋爱了，这对男女正常交往是不利的。这样说的后果，要么起到推波助澜的作用，本来他们没有谈恋爱，但经人家这么一说，真的给他们点破了，进而假戏真做起来；要么起到遏制作用，有些男女交往，一听到有人在背后议论，害怕起来，双方只好忍痛分手，视如路人。我们要相信学生，相信他们之间能够正确地处理友谊与爱情的关系。当然，异性间建立友谊，除要遵守交友的一般原则之外，还要注意交往的方式方法和讲究分寸。友谊与爱情虽然仅是一步之差，但毕竟是很不相同的两码事。男女交往应当自然、大方、得体，开诚布公，言行之中要注意不要引起对方的错觉和性意向的浪漫幻想等，这些都是异性之间友谊长存的“秘诀”。

第四，避免性的诱惑。平时多看健康的书报、影视和图片，尽量回避低级的、庸俗的、性描写过多的作品。男女同学之间交谈，应以高雅话题为主。大学阶段是人生学习的最佳时期，要多把精力和心思用在学习上，要用知识来给自己“充电”，这样，走入社会才有竞争力，才能感到生活的充实。与此同时，大学生要积极参加丰富多彩的文化体育活动，以锻炼体质、陶冶情操。

（六）精神分裂症

精神分裂症是以基本个性改变，思维、情感、行为的分裂，精神活动与环境不协调为主要特征的最常见的一类精神病。

精神分裂症的主要表现有以下几种：

（1）思维障碍

思维联想过程缺乏连贯性和逻辑性，表现为思维联想散漫或分裂，缺乏完整性和现实性。病人常出现妄想。妄想是一种错误的信念、推理和判断，其特征为：不符合客观现实，说服教育和生活经验均无法纠正，病人对之坚信不疑。

（2）情感障碍

情感反应迟钝、冷漠，表现为对亲友缺乏热情，对家人态度冷淡，对是非善恶漠不关心，

对别人的情感不发生共鸣。严重时，可对欢迎、愤怒、恐惧等情境均无明显反应。

（3）感知障碍

患者常出现幻觉，幻觉是在没有相应刺激作用于感官时所出的虚幻知觉体验。如无人在场时，病人听到有责骂他的声音并确信如此。常见的幻觉有幻听、幻视、幻嗅、幻触等。

（4）意志行为障碍

活动减少、缺乏主动性，行为被动、退缩。对社交、工作、学习缺乏应有的要求，行为懒散。有的患者发生矛盾意向，不能果断选择应该做什么，遇事总是犹豫不决。有的病人在妄想的支配下，可反复提出控诉或坚持某种行为。

精神分裂症有四种基本类型：单纯型、青春型、偏执型、紧张型。

1. 病例

患者，男性，20 岁，某大学三年级学生。患者在其父陪同下来到心理门诊，患者在医生面前不说一句话，呆呆地若有所思，医生问之不作回答，时时窃窃发笑。据其父介绍，病人入学第一学期成绩尚可，第二学期起成绩明显下降。同学反映他的宿舍床铺很脏，被子不叠、衣服不洗；上课迟到或打瞌睡，后来干脆不去上课；在寝室用打火机把别人的衣服点着取乐，老师找到他，他又否认；他不与别人交往，不同别人打招呼，有时喃喃细语，别人听了不知说什么。每日对着镜子自我欣赏，边照边笑个不止。3 个月前，其母因车祸死亡，他闻知不说一句话、不落一滴泪。

2. 病因

（1）遗传因素

关于精神分裂症患者的家谱调查发现，遗传因素对该病有一定的影响作用。当然，也不是每一位精神分裂症患者的家庭中都能发现精神分裂症患病史。许多病人并无阳性家族史，说明遗传起一定的作用，但不是唯一因素，而环境中的有害因素可能起着更重要的作用。

（2）精神因素

精神分裂症的发病与精神刺激的影响有密切关系。据国内资料分析，有 54％～77.6％的精神分裂症患者在发病前受到精神因素的刺激。

（3）社会环境因素

精神分裂症多发生在经济水平低或社会阶层低的人群。推测这可能与他们社会生活环境恶劣、生活动荡、职业无保障等心理、社会应激因素有关。

3. 治疗

对于精神分裂症，一般采用以药物治疗为主、适时辅以心理治疗的综合疗法。

（1）住院治疗

接受系统而充分的治疗，在医师和护士的严密观察下，给病人以充分药物剂量的同时，视病情的需要，给予心理治疗以及娱乐、音乐治疗等综合治疗。仔细观察出现的副反应，及时给予对症处理，必要时调整药物剂量，这些在医院外是难以做到的。当症状缓解，病情进入恢复期，逐渐将药量缓慢递减，进行维持治疗。

（2）家庭治疗

精神分裂症者出院后，还要进行家庭治疗。治疗的内容着重监护患者按医嘱服药及坚持门诊复查，因为不少患者出院后不久就不服从治疗。同时，给患者讲明坚持服药的重要性，使患者意识到不坚持服药，就可能有旧病复发的严重后果。

(3) 康复治疗

当患者症状缓解，自知力开始恢复后，应采取开放式的管理。医生、护士与患者谈心了解其思想动态及时对疾病的认识，使其正确对待疾病。为了使患者能尽快恢复社会劳动技能，可组织患者看书、读报、讨论，并要求患者自己的事情自己做，锻炼患者自我管理的能力，这样可促进其社会功能的恢复。此时要进行各种功能训练，以使其早日回归社会。

三、大学生常见的心理问题

事实上，大学生中有心理障碍或精神病的极少，多数学生遇到的都是一般性心理困扰。但是，即使一般性心理困扰也会在很大程度上影响大学生的发展，而且对一般性心理困扰若不及时调节和疏导，持续发展下去就可能导致心理障碍或精神疾病。

(一) 大学生存在心理问题的比例

大学生中究竟有多少存在心理问题一直是社会关心的热点之一，而关于这一问题的回答并不一致。有报道说，某地区大学生中有心理障碍的比例高达约 40%，也有报道说 25%或者 20%。此外，关于大学生因心理问题导致自杀、出走以及伤害自己和他人的报道也不断见诸媒体，从而更加引起社会，尤其是政府教育机构、高等学校以及家长和学生的关注。

(二) 大学生心理问题的性别、年级和地域差异

近年来的实践与研究表明，大学生心理问题存在性别、年级和地域的差异。北京市的调查显示，大学生在心理问题发生率方面，不存在明显的性别和年级差异，但存在地域差异，如来自农村的学生，心理问题发生率比来自城市的学生高；在心理问题症状体验的严重程度方面，存在明显的性别、年级和地域差异，其特点是，女生的严重程度较男生高，一、二年级学生的严重程度较三、四年级学生高，来自县镇和农村学生的严重程度较来自城市的学生高。

(三) 大学生中常见的心理问题的表现

1. 生活适应问题

这一问题在刚入大学的新生中较为常见。新生来自全国各地，以往的家庭环境、受教育环境、成长经历和学习基础等相差很大，来到大学后，在自我认知、同学交往、自然环境等方面都面临着全面的调整适应。由于目前大学生的自理能力、适应能力和调整能力普遍较弱，所以，在大学生中，生活适应问题广泛存在。例如，一名女同学刚入校不到一个星期就申请退学，原因是不能适应集体生活，晚上睡不着，白天在学生食堂吃饭也没有胃口，时常感到精神紧张，心情烦躁，不能再坚持下去。

2. 学习问题

大学生的主要任务是学习，学习上的困难与挫折对大学生的影响是最为显著的。大量的事实表明，学习成绩差是引起大学生焦虑的主要原因之一。虽然大学生在学业方面是同龄人中的优秀者，但由于大学学习与中学存在很大的不同，所以，很多学生存在学习问题，包括学习方法、学习态度、学习兴趣、考试焦虑等。例如，有一位同学因对专业不满意而提不起学习兴趣，经常想着转系或退学回家重考，就这样在矛盾中度过了大学生活的第一个学期，期末考试出现了两门课不及格。

3. 人际关系问题

受应试教育的影响，多数学生在人际关系方面较为封闭，交往能力普遍较弱。进入大学后，如何与周围的同学友好相处，建立和谐的人际关系，是大学生面临的一个重要课题。由于每个人待人接物的态度不同、个性特征不同，再加上青春期心理固有的闭锁、羞怯、敏感和冲动，都使大学生在人际交往过程中不可避免地遇到各种困难，从而产生困惑、焦虑等心理问题，这些问题甚至会严重影响他们的健康成长。例如，有一名大学三年级的女同学，由于与同宿舍的另一名同学发生口角，心理很不平衡，总想找机会报复，于是便故意将那个同学的东西偷走然后扔掉，被发现后受到了校纪处分。

4. 恋爱与性心理问题

大学生处于青年中后期，性发育成熟是重要特征，恋爱与性问题是不可回避的。总的来说，大学生接受青春期教育不够，对性发育成熟缺乏心理准备，对异性的神秘感、恐惧感和渴望交织在一起，由此产生了各种心理问题，严重的还导致心理障碍，如失恋、单相思、恋物癖、窥阴癖等。

5. 性格与情绪问题

性格障碍是较为严重的心理障碍，其形成与成长经历有关，原因也较复杂，主要表现为自卑、怯懦、依赖、猜疑、神经质、偏激、敌对、孤僻、抑郁等。例如，有的同学或者认为自己相貌不佳，或者认为自己能力比别人低，或者认为自己知识面窄，用有色的眼镜看自己及周围环境，影响了正确的“自我认识”，使得事事处处都认为自己赶不上别人，总觉得“低人”一等。

第二节　大学生心理问题产生的原因

心理问题产生的原因是复杂的和多方面的，既有遗传和生理因素，又有心理、社会和环境因素。大学生是同龄人中的佼佼者，在智力和躯体健康方面通常没有问题，因此，大学生的心理问题主要源自各种心理冲突，有个人的原因，也有家庭、社会和学校教育的原因，也可能是遗传因素和突发性事件所引起的。

一、大学生心理问题产生的个体原因

（一）人生发展的连续性

人的身心发展，自婴幼儿期起，经儿童期、青年期，到成年期，最终以老年期结束，这一过程具有连续性和阶段性的特征。人生就是连续完成各个阶段应完成的发展课题，包括生理和心理两个方面：生理上的发展以体重的增加、身高的增长、性发育的成熟等来体现；心理上的发展以社会与事物概念的形成、知识技能的习得、态度与情绪的成熟与独立、社会责任感和道德感的形成等来体现。在不同的年龄阶段，有与之相应的生理与心理发展课题，一般来讲，前一阶段课题的完成是后一阶段课题开始的条件。

（二）大学生发展的阶段特点

从人的发展阶段上来看，大学生处于青年期。青年期是由儿童向成人的过渡期，或者说是

由儿童期走向成人期的转变期。青年期不单纯是儿童期的延长，而是脱离儿童期的稳定世界以后，进入成人期固定的心理结构之前的不稳定时期。因此，心理学家将青年期称为人生发展过程中“狂风暴雨”的时期，也称为人生的“第二次断乳”期。在心理发展历程中，学生在大学期间面临着艰巨的心理发展课题，他们要在自我接纳、社会适应、人际关系、异性交往、社会责任等方面不断取得经验和发展的基础上，在思想和行为方面真正摆脱对外界的依赖而全面成熟起来，并最终树立起独立完整的人格体系。可见，大学期间大学生正经历着人生发展过程中的多事之秋，而刚进入大学校门的大学生们，由于心理发展不成熟，情绪不稳定，心理冲突时有发生，很容易产生适应不良，从而出现各种心理问题。

（三）大学生心理问题的普遍性

大学生处于人生发展的特殊时期，所以，大学生出现一些心理问题是正常的和在所难免的，从某种意义上讲大学生心理问题的产生具有必然性和和普遍性。多数大学生的心理问题都是在完成自身成长过程中面临的发展课题方面遇到了困难而产生的，如新环境适应问题、情绪管理问题、自我接纳问题、学习策略问题、人际关系问题、异性交往问题、性心理问题，等等，所以，大学生的心理问题多数是发展性问题。

大学生正处于人生发展过程中人格重组的重要时期，这为大学生进一步完善自我、优化个性品质和形成健全的人格提供了良好机遇，所以，大学生的心理还具有可塑性。

二、大学生心理问题产生的家庭原因

现代心理学的研究证明，家庭环境对人的一生都会产生重大的影响，特别是早年形成的人格结构对以后的心理发展影响深远。家庭环境包括家庭人际关系、父母教育方式、父母人格特征等。国外学者对恐惧症、强迫症、焦虑症和抑郁症四种神经症患者的早期经历与家庭关系调查表明，这四种神经症患者的父母与正常个体的父母相比，表现出较少的情感温暖，较多的拒绝态度或者较多的过分保护。儿童早期的信任感和安全感的缺乏，随着心理发展会逐渐产生一种无助的性格，难以与他人相处，因而容易产生心理异常。

大学生成长的家庭较少是放任型的，而以过度保护和过度严厉者居多。前者导致依赖、被动、胆怯、任性等心理倾向；后者导致冷漠、盲从、不灵活和缺乏自尊自信的心理倾向。如果父母的养育方式是溺爱型，则子女会利己、骄横和情绪不稳；如果父母的养育方式是专制型，则子女会消极、懦弱和不知所措；如果父母的意见经常出现分歧或互相拆台，则子女会表现出圆滑、讨好、投机、说谎的不良行为。因此，在大学生的各种典型心理问题和心理疾病中常常可以看到家庭影响的痕迹。

此外，遗传因素和突发性事件也是导致大学生心理问题，特别是一些严重心理问题的原因。

三、大学生心理问题产生的学校原因

北京市的一项调查显示，刚进入大学校园的一年级学生有心理问题的占15.75%，而大学生中有心理问题的学生比例是16.51%，这说明大学生中的心理问题多数是从中学就开始的。长期以来，中学的应试教育使学生在身心发展方面受到严重制约和影响，致使学生的许多青年期发展课题延缓到了大学，心理素质不能达到应有的水平，无形中又增大了学生在大学的成长负担，

这主要表现为自我管理能力差、人际沟通能力差、过于单纯和幼稚、情绪不稳定、性格懦弱、意志比较薄弱、挫折承受力低，等等。

进入大学后，由于学习负担过重、专业选择不当、大学生活不适应、业余生活单调等因素，加上大学是一个竞争激烈的环境，使得大学生面临着很大的心理压力。

四、大学生心理问题产生的社会原因

许多心理问题是由于对环境适应不良而引起的。改革开放以来，中国社会发生了巨大改变。随着市场经济体制的确立，竞争机制的引入，人们的生活方式和价值观念都发生了重大变化。人们的心理活动较之以前更复杂，大量的社会刺激对人们的心理健康威胁越来越大，从而导致心理障碍发生率逐年增多。

当代大学生处在东西文化交叉、多种价值观冲突的时代。随着改革开放的深入，西方文化大量涌入，东西方文化发生着从未有过的碰撞与冲突。面对不同于以往的文化背景和多种价值选择，大学生常常感到茫然、疑虑、混乱，诸如在个人利益与个人主义、个性发展与个性放纵、自我意识与自我中心、享受与享乐等认识上的模糊。求新求异的心理使青年盲目追求西方的文化，而这些东西与中国现实社会在许多方面格格不入，使青年学生陷入空虚、混乱、压抑、紧张的状态，在人生道路的选择上处于两难或多难的境地。长时间的心理失调必然带来心理上的冲突，出现适应不良的种种反应。

随着科学技术的发展，大众传播手段越来越丰富。电视机的普及、广播电视节目播放时间的延长、报纸杂志增多以及互联网的出现，大众传播媒介对人们的心理健康影响越来越大。大学生求知欲强但辨别力弱，崇尚科学但辩证思维欠缺。当前一些格调低下的杂志、观念错误的书籍泛滥，只顾谋利，不顾社会效益，对大学生的思想及行为带来了消极的影响，妨碍了他们身心的健康成长。

第三节　预防心理问题的途径与方法

多数大学生具有良好的心理品质，他们有能力调节和处理成长过程中所遇到的各种压力和问题，但也确实存在一部分学生单单依靠自己的力量已不能有效地解决所遇到的压力和问题，他们需要外界的帮助和引导。否则，这些学生的问题有可能进一步发展，甚至导致心理障碍。因此，大学生的要树立科学的健康观，充分认识心理健康在全面提高自身素质和发挥自身潜能过程中的重要作用，自觉维护和增进自身的心理健康。

一、大学生增进心理健康和预防心理问题的途径与方法

（一）通过学习了解心理问题产生的原因与调适方法

积极参加心理健康讲座等宣传教育活动，选修有关心理健康教育方面的课程，学习心理健康和心理问题方面的知识，正确认识心理健康和心理问题，树立科学的健康观，掌握一些鉴别心理问题的方法和常用的心理调适方法。

（二）通过实践活动提高心理调适能力

积极参加心理健康方面的社团等实践活动，丰富生活体验，增加社会阅历，从而不断增进

人际关系，提高挫折承受力和社会适应力。

（三）了解处理心理问题的相关资源

以科学、理智的态度对待心理问题，积极参加心理普查，发现有心理困扰时，主动、积极、及时地到学校心理健康教育或心理咨询机构进行心理咨询或心理治疗。

（四）身心健康“十个一”

①一个宽阔的胸怀。心态决定健康。豁达、宽容、大度的生活态度会使你更容易满足和懂得享受生活的美好。

②一种活泼、热情、开朗的合群性格。性格决定命运。活泼、热情、开朗的人天真、善良、自信，愿意帮助别人，拥有和谐的人际关系。

③一种不向任何压力低头的意志。能接受挑战的人，说明他的精力十分充沛。

④一张永远微笑的面孔。笑会使你全身肌肉牵动，促进血液循环，并能呼出二氧化碳，吸入更多的新鲜空气。

⑤一种对年龄的忘却。不要老是想着我又长了一岁，更老了。每天都要抱着乐观的态度去生活，你就会觉得永远年轻，有活力。

⑥一种有规律的生活。这将有助于形成良好的条件反射，以保证各种生理机能发挥最好的效应。

⑦一种合理的饮食习惯。合理饮食是长寿之本，每餐吃八成饱最好。注意营养平衡，不能偏食，主、副食适当搭配，不吸烟，不饮酒。

⑧一种最适合自己的锻炼方法。选择原则有两条：一是个人的兴趣和爱好；二是根据自己的身体状况，特别是心血管和呼吸系统的状况。

⑨一种能调节身心的业余爱好。一个人起码要有一种以上的业余爱好，它能增添你的生活情趣，同时也是消除工作疲劳的良方。

⑩一种正确对待疾病的态度。即得之，接受之。生病时，不要恐慌，要积极找医生治疗，且乐观自信，相信自己一定能战胜它。

二、心理咨询及其形式与方法

（一）什么是心理咨询

心理咨询是指由专业人员运用心理学知识和相关理论、技术，针对求询者的各种适应与发展问题，与其协商、交谈，并给予启发和指导，帮助求询者达到自立自强、增进心理健康水平和提高社会适应能力的过程。

心理咨询是解决大学生心理问题的重要途径，是高等学校心理咨询机构的基础性工作。心理咨询不同于一般的开导、劝慰和帮助，它是一项专业性很强的工作，是一种职业性的帮助行为，其中涉及很多技术性问题。心理咨询之所以对求询者能够产生积极、有效的作用，关键在于心理咨询为求询者提供了一种与日常生活中其他关系不同的特殊的关系。在这种关系中咨询手段及其所创造的氛围使求询者逐步认清自己所面临的问题和学会以更加积极的方法和态度对待自己、他人和环境。对于心理行为正常的人，心理咨询所提供的新经验可以帮助他们排除成长过程中所遇到的障碍，从而更好地发挥个人潜能。对于有心理问题的人，心理咨询可以帮助

他们改变不适应的思维与行为方式，学会新的适应方式。

心理咨询一般具有四个方面的功能：教育功能、发展功能、保健功能和治疗功能。针对大学生的特点，大学生心理咨询强调发展性咨询模式，主要帮助大学生得到充分的发展，扫除他们正常成长过程中的障碍。

（二）什么是心理治疗

心理治疗是指在良好的治疗关系基础上，由经过专业训练的治疗者运用心理治疗的有关理论和技术，对在精神和情感等方面有障碍或疾患的人进行治疗的过程。

心理咨询与心理治疗具有一定的区别。心理治疗的工作对象主要是心理障碍者，如神经症、人格障碍、性变态等，帮助求询者消除精神症状，改变病态行为并重整人格。大学心理咨询机构的服务对象主要是人格健全的学生，着重处理大学生在人际关系、学习成才、恋爱交友、成长择业等方面的适应与发展问题。

（三）心理咨询的方式

1. 个体咨询

个体咨询是心理咨询最主要的形式，它在咨询者与求询者之间建立了一对一的关系。个体咨询具有保密性和针对性强的特点，咨询者与求询者之间容易建立信任关系，求询者能够体会到一种安全感，从而能有效地降低求询者的防御反应。在个体咨询过程中，咨询者可以对求询者的个性、精神状况、心理问题的类型和严重程度进行直接全面的观察和诊断。求询者能够充分详尽地向咨询者倾诉自己内心的烦恼，并可以与咨询者进行充分的讨论、磋商和分析。

2. 团体咨询

团体咨询，也称小组辅导，是咨询者对数个有类似心理问题的求询者就共同关心的问题进行咨询的方式。人数一般没有固定的要求，以 10 人左右为宜。

团体咨询的特点是能在较短时间里由专业人员直接面对较多的求询者，便于观察、了解和指导，求询者之间可以相互交流和讨论，从而使他们之间互相产生影响和互相提供支持。由于团体心理咨询比较符合大学教育的特点，又为大学生所乐于接受，对解决大学生的心理问题效果较好，所以近年来，团体心理咨询在高等学校发展迅速，团体咨询的理论和技术在心理健康与指导课程以及心理训练课程中被广为应用。团体咨询的局限性在于保密性不强，求询者在初期有防御反应，不易建立信任关系，咨询深度也受到较大限制，因此团体咨询在大学生心理咨询中多用于解决一般性的心理问题，如恋爱问题、时间管理问题、人际交往问题等，深层次的心理问题还需要通过个体心理咨询或心理治疗（包括团体心理治疗）加以解决。

3. 电话咨询

电话咨询是指求询者通过电话与咨询者进行交谈的咨询方式。电话咨询具有方便、迅速、及时和保密的特点。求询者通过电话可以不见面的方式向咨询者倾诉内心的烦恼，从而缓解精神压力，并得到咨询者的心理支持，这样可以有效降低求询者的顾虑，尤其是对那些不愿到咨询室进行面询、不愿暴露真实姓名和身份的求询者更为适用。电话咨询的局限性在于咨询者不能直接观察和了解求询者的状态，受通话时间限制，咨询不能深入进行，所以，在大学生心理咨询中电话咨询主要用于回答一些知识性问题和临时缓解一下求询者的精神压力，真正要解决心理问题还是需要到心理咨询机构与咨询者进行面谈。

由于电话咨询具有方便、迅速、及时的特点，所以，电话咨询也是危机干预的重要手段，很多学校都设立了心理咨询热线，有些社会福利机构和研究机构还设立了24小时求助电话，对防止由于心理危机而酿成的自杀与犯罪行为产生了良好作用。

4. 书信咨询

书信咨询是指求询者与咨询者之间通过书信进行交谈的一种咨询方式。这种咨询方式对那些不愿意或不方便与咨询者面谈的求询者较为适用。但是，书信咨询具有很大的局限性，由于求询者与咨询者不能面对面交谈以及受书信所含信息量低、交流次数少的限制和求询者文字表达能力的限制，使得咨询者不能准确把握求询者的问题，只能提出一些原则性的指导意见。受求询者阅读理解能力的限制，使得求询者可能误解咨询者的指导。因此，在大学生心理咨询中，书信咨询主要用来回答一些知识性问题或在面询前建立初步的咨询关系，从而打消求询者来面询的顾虑。多数心理咨询机构都设有心理咨询信箱。

5. 网络咨询

随着计算机网络的飞速发展，越来越多的人通过互联网进行沟通和交流。互联网所虚拟的网络世界使人们的空间距离感消失，整个地球变成了一个村落。通过互联网人们可以随时随地进行迅速、及时的通信，因此，近年来，心理咨询又多了一种咨询方式——网络咨询。网络咨询是指求询者通过互联网与咨询者交谈的咨询方式。这种咨询方式与书信咨询方式类似，但比书信方式更迅速、及时。目前，网络咨询仍受文字表达和理解能力的限制，但随着网络多媒体技术的发展，语音与图像很容易在网上实时传输，网络咨询将可能有重大发展。

（四）心理咨询的过程与原则

一般来说，一个完整、有效的咨询过程，无论咨询时间长短，也无论咨询者运用何种理论，都包含这样一些阶段：建立咨访关系、收集资料、澄清问题、确定目标、制订方案、实施行动、检查反馈、结束巩固等。

在心理咨询的众多原则中，保密性是最重要的原则。保密性原则是指咨询者应当尊重和保护求询者的个人权利与隐私。心理咨询之所以能有效，就是因为它建立在相互信任的基础上。正是出于信任，求询者才会坦诚地向咨询者诉说自己的困惑与烦恼，其中包括个人的许多生活情况、家庭背景以及个人的隐私，所以，咨询者不能对外公开求询者的姓名及谈话内容。还有，除极特殊情况外，咨询者将拒绝任何关于对求询者的情况调查，即使这种调查来自学生家长和上级领导。为求询者保密，是心理咨询者最基本的职业道德。

（五）心理咨询的方法

依据不同的心理学理论和针对不同的心理问题，有很多心理咨询的方法，经常被运用的方法有精神分析疗法、行为疗法、求询者中心疗法、交互分析疗法、理性情绪疗法、完形疗法、现实疗法、森田疗法、催眠疗法、生物反馈疗法等。这些方法的共同点是：使求询者的认知得到改变，情绪情感得到调整，行为得到矫正。例如求询者中心疗法非常强调求询者的情感体验，在不断萌发出积极的情感体验过程中，使求询者重新考察和评价自己，并学会接受真实的自我；理性情绪疗法主要是矫正求询者的不合理认知，从而使求询者的情绪和行为得到相应的改变。

三、高等学校心理咨询机构的工作

心理咨询被认为是消除或缓解心理问题的重要途径。为帮助大学生提高心理健康水平，许

多高等学校都设立了心理咨询机构，并有专业咨询员提供咨询服务。大学生对心理咨询的需求也非常迫切。北京市的调查结果显示，大学生中“认为目前采取措施加强大学生心理咨询工作必要性很大或较大的”占87.3%，那些认为自己心理素质较差的学生“认为目前采取措施加强大学生心理咨询工作必要性很大或较大的”占92.87%。

高等学校心理咨询机构的任务就是：根据大学生的心理特点，有针对性地宣传普及心理健康知识，开展辅导或咨询活动，帮助大学生树立心理健康意识，优化心理品质，增强心理调适能力和社会生活的适应能力，预防和缓解心理问题；帮助他们处理好环境适应、自我管理、学习成才、人际交往、交友恋爱、求职择业、人格发展和情绪调节等方面的困惑，提高健康水平，促进德智体美等全面发展。

高等学校心理咨询机构的工作主要遵循教育与发展模式，其内容涉及大学生成长过程中面临的各方面的问题，主要包括以下几个方面：

（一）心理健康与发展咨询

心理健康与发展咨询主要是帮助有心理问题的学生消除不良症状，调适不良情绪，调整不合理认知，摆脱心理困扰，学习新的经验和思维模式，帮助学生开发自身的潜能。

（二）学业与发展咨询

学业与发展咨询主要是帮助学生加深对大学教育的认识和开发对专业学习的兴趣，提高学生对时间管理的能力和改进学习方法，帮助学生提高学习技巧和解决学习过程中遇到的具体困难，帮助学生规划未来学业发展的可能性。

（三）择业与发展咨询

择业与发展咨询主要是帮助学生客观地评价自我，发现自身特点和优势，开发职业兴趣，学习求职方法，提高择业能力，规划未来职业发展道路等。

（四）心理危机干预

心理危机干预是指对处在心理危机状态下的个人或群体采取明确、有效的措施，使之最终战胜危机，重新适应生活。引发心理危机的原因可以是灾难性事件，如自然灾害、疾病暴发、恐怖袭击、校园暴力等；也可以是个人内在冲突，如失学、失恋、失业等。预防大学生自杀是高等学校心理咨询机构进行心理危机干预工作的重要内容。大学生自杀的原因很复杂，考试不及格、失恋、经济困难、身体疾病、人际关系紧张等都可能导致自杀行为。此外，精神分裂症患者、抑郁症患者自杀的可能性也较大。自杀可分为两类：一类是冲动型自杀，一类是理智型自杀。冲动型自杀一般由偶然事件引起，具有突发性，很难防范。理智型自杀一般不是由偶然事件引起，而是有目的和有计划的自杀行为。由于理智型自杀一般有一个发展过程，并常常有各种心理与行为表现，所以，可以通过观察及时发现有自杀倾向的学生，并采取干预措施。为了有效防止自杀行为，需要广大师生以及心理咨询专业人员共同参与，并通过心理普查、建立热线电话等手段进行干预。

四、别忽视抑郁症苗头

不知不觉中，抑郁症已经成了我们生活中的一种常见病。预计到2020年将成为仅次于心脏病的人类第二大疾患。现有2600万中国人患抑郁症，其中15%可能死于自杀，但只有不到10%接受药物治疗。15岁以上北京市民，抑郁症的终生患病率为6.87%，也就是说有60万北京人曾经或正在患抑郁症，而这其中69.1%的患者没有就诊。

为什么这么多的抑郁症患者不去寻求帮助呢？原因之一是公众对什么是抑郁症，抑郁症有哪些表现不清楚。大多数抑郁症以情绪低落为主要特征，表现为闷闷不乐或悲痛欲绝。患者感觉自己变“脆弱”了，动不动就想哭。精力明显减退，没有原因的持续疲乏感，懒得动；对日常生活丧失兴趣，没有愉快感，常归结为自己精力不足所致；思维减慢，注意力不集中，联想困难，记忆力下降；心情烦躁，容易发脾气；自我评价过低，总觉得自己什么都不好，常常自责，有内疚感。多数患者有睡眠障碍，难以入睡或早醒，醒后心里乱糟糟的，胡思乱想，并不能够再入睡。多梦，且梦的内容以不愉快或噩梦为主。少数患者表现为睡眠过多，整天想睡，但醒来后精力不能得到恢复。有些典型的患者表现为一天当中早晨的心情最不好，下午逐渐好转。

有些有消化系统的表现，如食欲不振，体重减轻；或食欲亢进，难以控制地贪食，以致短期内体重明显增加。便秘与腹泻交替，大便检查无异常。性欲明显减退，可出现月经紊乱甚至闭经、阳痿等性功能障碍。感觉自己的生活一团糟，看不到希望，对未来缺乏信心。严重的患者有生不如死的感觉，甚至有自杀念头或自杀行为。少数患有“隐匿性抑郁”的患者缺乏情绪方面的异常，没有情绪低落的体验或程度很轻，而突出表现为全身的非典型疼痛，如头痛、胸痛、颈肩痛、背痛等。为此，患者常奔波于各大医院进行各种昂贵的医学检查，虽然结果常常是全部正常，但患者仍坚持反复检查。

如果大学生有上述症状的4～5项或以上，时间超过两周，就应该劝他（她）到医院去找医生了，最好是去精神专科医院或综合医院的神经内科、心理科。与其他疾病一样，早期诊断有利于抑郁症的治疗。经过正确的治疗，患者完全可以重新找回自信，回归社会，扬起生活的风帆。

第二十章　大学生常见心理疾病及高校心理咨询工作

第一节　心理咨询的概念

一、心理咨询的概念

心理咨询是指在心理方面给咨询对象以帮助、劝告、教导的过程。目前，学术界对此认识不一，莉奥妮·E·泰勒认为："咨询是一种从心理上进行帮助的活动，它集中于自我同一感的成长以及按照个人意愿进行选择和做出行动的问题。"塞西尔·H·帕特森认为："咨询是一种人际关系，在这种关系中咨询人员提供一定心理气氛或条件，使咨询对象发生变化，做出选择，解决自己的问题，并且形成一个有责任感的独立个性，从而成为更好的人和更好的社会成员。"

心理咨询有障碍性咨询和发展性咨询之分。前者偏重于心理门诊，是对患者有一定程度的心理障碍、心理疾病以及心身疾病者的咨询；后者偏重于心理保健、情绪调节、潜能开发。即对来访者在学习、工作、生活等方面遇到的心理问题提供帮助，指导来访者更好地认识自己、发展自己，提高社会适应能力和生活质量。大学生心理咨询所面对的对象、问题和性质以及技术力量和咨询功能等因素决定了高校心理咨询应以发展性咨询为主要内容。

美国出版的《心理学百科全书》肯定了心理咨询的两种意义模式，即教育模式和发展模式。该书认为："咨询心理学始终遵循着教育的模式而不是临床的、治疗的或医学的模式。咨询对象是指在应付日常生活中的压力和任务方面需要帮助的正常人。咨询者的任务就是教会他们模仿某些策略和新的行为，从而能够最大限度地发挥其已经存在的能力，或者形成更为适应的应变能力。""咨询心理学强调发展的模式，它试图帮助咨询对象得到充分的发展，扫除其成长过程中的障碍。"

二、心理咨询的功能

心理咨询的主要功能有以下几个：

（一）使人们认识到自身问题主要来自于内部冲突

心理咨询可以帮助人们认识到自身的问题很大一部分是由于尚未解决的内部冲突，而不是由于外界的影响造成的。这时咨询员采取的重要步骤就是让求询者认识到，要解决问题最重要的是改变自己某些方面以使问题有所缓解。并且，在咨询的过程中，求询者将逐渐认识到，只要改变了自己的内部冲突，不仅问题得到了解决，同时也使自己变得更加坚强。

（二）为人们更加有效地面对现实问题提供机会

前来咨询的人在应付现实问题时，往往采用一些无效的防御反应，如逃避、理想化及过分责备他人等，但他们同时还往往认为自己对现实的认识是清楚的、解决问题的方法也是正确的。通过咨询可以帮助求询者更加全面、客观地认识自己和外部世界，并采取积极有效的方式去解决所面对的问题。

（三）深化求询者对自身的认识，引导他们去发现真实的自我并相应地生活

求询者中关于自我的问题不外以下三种：有人能明确认识自己，但却要制造假象给别人看；有些人认为已经认清了自己，但实际上并非如此；还有些人则对自己感到迷惑不解，不知自己到底是什么样的人。通过咨询，求询者可以真正地认识自己的需要、价值观、态度、动机、个性特征等，而且可以根据自己的心理状况设计自己的行为，从而可以尽可能快地成长并获得最大程度的进步。这也就意味着，咨询不仅可以帮助求询者认清自己，并且还促使他们根据这个真实的自我同别人交往。

（四）为求询者提供一种建立新型人际关系的机会

因为要成为真正的心理咨询者必须是心理健康的，并且全心全意地关心和帮助求询者的人，同时具备丰富的有关心理咨询的知识和帮助别人的技巧。求询者在现实生活中能与这样的人交往的机会是很少的。他们生活中的某些人可能是关心他们的，但却不一定持久，或者并不一定在心理上比他们健康，而且往往缺乏必要的心理咨询方面的知识和技巧。换句话说，尽管咨询人员不一定十全十美，但他们应该比求询者所接触的所有其他人更有能力提供一种健康的和有益的相互关系，而且，在这种相互关系中的许多特征是人们在其他关系中不常遇到的。

（五）增加求询者心理的自由度，给予他们更多的心理自由的机会

大多数求询者至少在一个相当重要的方面缺乏心理自由。例如，很多人从来不敢承认自己有过失或缺点，或者是不愿意让别人失望，以及不能容忍自己存在互相矛盾的情感等。通过咨询，人们可以发现他们到底在哪些方面缺乏自由，进而增加这种自由。

（六）纠正求询者的某些错误观念

许多前来咨询的人都存在一些关于自我的错误观念，而纠正这些观念对于解决他们存在的问题是至关重要的。由于这些观念是社会上一大部分人所共有的，所以它们在求询者头脑中不断得到强化。心理咨询也许是第一次为这些人提供了这样一次机会，使他们对错误观念进行思考，并代之以更准确的观念，这时求询者就获得了自己做出有利的决定的自由。

第二节　大学生心理咨询的理论

一、心理咨询的特点

心理咨询是一个过程。这一过程具有如下特点：双向性、多端性、社会性、渐进性和反复性。只有把握这些特点，才能驾驭心理咨询活动的基本规律，更好地开展心理咨询工作。

（一）双向性

咨询过程是咨询人员与咨询对象互相作用、互相配合的过程。在这一过程中，咨询人员起着主导作用，咨询对象则是不可忽视的主体。

为什么说咨询人员在心理咨询过程中起主导作用呢？这是因为咨询人员受过专门的训练，有丰富的心理学知识，能够帮助咨询对象解决各种心理问题。这并不是说咨询对象就不重要了，相反，咨询对象是心理活动的主体。咨询对象不是消极的、被动的接收器，对于咨询人员的劝导、帮助和教育，需要经过自己的认识和折射、情感的容纳和理智的判断、内化为自己的思想观念并外化为自己的行为方式。

因此，在心理咨询过程中，一方面，咨询对象必须主动向咨询人员倾诉自己的内心秘密，积极配合咨询人员做好咨询工作，不能羞羞答答、欲言又止；另一方面，咨询人员要善于洞察咨询对象的内心变化，调动咨询对象的积极性，营造相互信任、彼此坦诚的良好气氛。

（二）多端性

即人的心理结构是由知、情、意、行几个方面构成的，人的心理问题大多与这四个方面有关。认知的偏差、情感的困惑、意志的脆弱和行为的失控都是导致心理疾病的重要因素。

一般来说，认识是起点，行为是归宿，情感是中介，意志是保证。认识是行动的先导，只有认识了行动的价值和行动的方式，才能产生自觉的行动。因此，心理咨询应在转变咨询对象的认知方面下功夫。情感是中介，积极的情感体验能够促使认知顺利转化为行为，这对于心理咨询同样有意义。意志是保证，意志愈坚定，行为就愈自觉。在心理咨询过程中，我们要着力培养咨询对象的意志品质，使其形成坚强的意志力。行为是归宿，也是心理结构的核心，只有知而去行的“知”才是“真知”；知而不行，等于不知。因此，要从根本上解决咨询对象的心理问题，就要“导之以行”，对其行为方式或行为习惯提出相应的要求，使其行为更合理性、道德和社会规范。

（三）社会性

人的心理行为受到家庭、学校、社会诸方面的影响，为此，咨询人员应充分考虑到这一特征，并争取多方面的配合，协同帮助咨询对象。一方面，必须注意分析咨询对象存在心理问题和社会背景，弄清其产生心理问题的社会原因；另一方面，在解决咨询对象的心理问题时，必须取得各方面的支持，形成合力，共同做好大学生的心理咨询工作。

（四）渐进性

咨询过程是循序渐进、由浅入深的过程，因此，咨询人员和咨询对象不可操之过急，欲速则不达。作为咨询人员来说，不能一下子提出过高的要求，要耐心地诱导、细致地分析，通过平等的交流和长期的观察，促使咨询对象改变不良心理和不良习惯；作为咨询对象来说，不要指望自己的心理问题马上就会消除，要做好长期“作战”的思想准备，积极与咨询老师配合，相信经过一段时间的治疗，是能够克服和摆脱心理困扰的。

（五）反复性

由于新的观念、行为是在与旧的观念、行为的反复较量中逐渐形成的，这其中必有反复、曲折、迂回，这是正常的。对此，咨询对象要有足够的认识，坚定信心。咨询人员应重视巩固咨询的效果，不能存有一劳永逸的思想，与咨询对象的关系也不要仅局限在门诊室内。对咨询对象出现的反复，切不可表现出厌恶、冷漠，更不可横加批评与指责。对于重要的、复杂的咨询问题，必须追踪观察，以利于咨询效果的巩固、评价和个案资料的积累。

二、心理咨询的原则

心理咨询的原则即心理咨询人员在工作中必须遵守的基本要求，是心理咨询能否取得成功的关键所在。

（一）信赖性原则

这一原则是指在心理咨询过程中，咨询人员应从尊重、信任的立场出发，努力与咨询对象建立起朋友式的信任合作关系，以确保心理咨询工作的顺利进行。首先，对咨询对象要热情，使咨询对象感到温暖、亲切。这样，咨询对象就会打消心理顾虑，说出内心的秘密。其次，要尊重咨询对象的人格。咨询人员与咨询对象人格是平等的，咨询人员不能自视清高，更不能对咨询对象的某些问题予以讽刺、挖苦。最后，咨询人员要耐心倾听咨询对象的诉说，显示对咨询对象的关心。这些都是建立良好的咨询关系需要加以注意的。

（二）整体性原则

这一原则是指在咨询过程中，心理咨询人员要有整体观念，对咨询对象的心理问题进行全面考察和系统分析，既要重视心理活动诸要素的内在联系，又要考虑心理、生理及社会因素的相互制约和影响，以及各种咨询方法的综合运用。

人的心理是一个有机整体。知、情、意、行是密切联系在一起的。心理因素、生理因素和社会因素是相互作用的。因此，我们在心理咨询过程中，不能只看到心理因素的一面，而看不到社会因素的一面，应该把三者有机结合起来加以考虑，绝不能“头痛医头，脚痛医脚”“只见树木，不见森林”。

（三）发展性原则

咨询就其本质来说是一种教育的、发展的咨询。咨询的目的在于促进个体更好的发展。这就要求咨询人员，一方面，要对咨询对象的内在潜能和发展条件有准确估计；另一方面，要对他们今后生活发展目标和发展道路有恰如其分的提示和把握。

（四）异同性原则

所谓异同性，是指在咨询过程中，咨询人员既要注意咨询对象的共同表现和一般规律，又不能忽视其年龄差异、性别差异和个体表现差异，要善于在同中求异、异中求同，努力做到二者的有机结合。

异同性是事物存在的一般法则。就心理咨询而言，咨询对象的期待心理、求快心理是一些共同的特质，对咨询问题所表现出来的羞怯、紧张、疑虑与防卫心理具有一定的普遍意义，这些是咨询中的共同性问题。咨询对象的年龄差异、性别差异、问题成因的不同各具特色，则构成了咨询中差异性的基础。咨询对象的共同特点与个别差异要求咨询人员必须因人制宜、区别对待。

（五）保密性原则

这一原则是指咨询人员要有高度的职业道德，对咨询对象的谈话内容要予以保密。保密既是咨询双方建立和维系依赖关系的基础，也是维护心理咨询工作的名声和信誉的大问题。试想，一位心理咨询人员对咨询对象的隐私或缺陷不予尊重，随意吐露以为笑谈，这样，还有哪位咨

询对象敢再前来咨询呢？当然，替咨询对象保密并不是说咨询过程中一切都不能公开。如果因为教学、科研和其他工作的需要，不得不引用某些案例予以说明时，这种情况也是允许的。不过在这样做的时候，最好能事先征得案例主人的同意或对案例的内容、案主姓名做技术性处理。

（六）预防为主的原则

这一原则是指心理咨询人员不仅应重视咨询对象心理问题或心理障碍的诊治工作，更重要的是应重视心理卫生知识的宣传和普及，使人人都重视心理健康问题，才能说心理咨询工作做好了。

贯彻预防为主的原则，除了应在咨询过程中向咨询对象大力宣传普及心理卫生知识之外，咨询人员还应注意对常见的心理障碍的分析和研究工作，努力掌握各种常见的心理障碍发生、发展的一般规律，这不仅对矫治咨询对象的心理疾病有积极意义，更重要的是可以依据这些规律性的认识，促进常见心理障碍的早期发现、早期防治。

第三节　大学生寻求心理咨询的方法

一、心理咨询的一般求助策略

在日常生活中，任何人都不可避免地会碰到各种应激事件，遇到心理和情绪上的困扰，如学业困难、人际冲突、家庭中遭遇重大的变故、身患严重心理疾病、遭遇重大的自然灾害等。

事实上，作为一个成熟的成年人，遇到问题首先应该学会自己解决，毕竟这是我们作为一个独立个体的立人之本。人只有具备解决问题的能力，才能勇敢而充满信心地面对生活中的各种风吹雨打。但是，我们也不能完全局限于这一点。因为个人的能力和资源毕竟有限，有些问题我们是需要其他人的协助的，有些问题在他人的帮助下可以更轻松地得到解决。因此，当我们解决不了时，也要善于运用我们身边的人际资源，学会向他人求助，如父母、朋友、老师等。他人的帮助有助于我们宣泄情绪，可以为我们提供看问题的新的视角，可以提供有用的信息和建议，可以提供精神上的支持与力量。

当通过上述方式都不能解决我们的心理问题时，我们还有一条途径：寻求专业的心理帮助，即心理咨询。

二、需要心理咨询的前提

有人的地方就会有心理问题。在我们的生活中，只要我们需要面对不同的人和事，只要我们需要应对各种任务和压力，只要我们对自己或他人抱有各种期望，就会遇到各种各样的问题。在这个世界上，人的问题比人多，对大学生而言也不例外。学习成绩的优秀并不代表我们心理素质的优秀。有时，学习成绩的优秀恰恰是以牺牲其他方面的发展为代价换来的。在大学以前，我们的主要精力都放在学习和考试上，到大学后，我们才发现不知道如何展示自我，不知道如何与他人相处，不知道该怎样谈恋爱，不知道自己到底适合做什么，该往哪个方向发展，等等。许多人进了大学之后才有时间去思考这些问题。从大的方面来说，大学生在下面两种情况下，都有必要寻求心理咨询的帮助。

（一）发展过程中的心理困扰

大学生处在向社会过渡的时期，主要的发展任务是为进入社会做好各方面的充分准备。在这个追求成熟与卓越的过程中，我们会碰到许多的挑战，经历许多的焦虑、挫折和冲突，并对我们的认知、情感和行为造成较大的影响，产生许多心理上的困扰。

具体来说，当我们处于下列一些发展性的问题情境时，都可以寻求专业心理咨询的帮助：

①情绪低落超过两周，心情压抑、痛苦且无法自我调整。

②希望完善自己的性格，让自己更自信，更受人欢迎等。

③在发展关口无法抉择时，如考研还是就业，工作的选择、恋人的选择等。

④人际关系出现问题时，如亲子关系的处理、亲密关系的建立等。

⑤生活中出现重大的变化或挫折时，如失恋、失去重要亲人、身体患严重疾病等。

⑥对所学专业不感兴趣，或学习某些课程感到困难等。

（二）罹患心理疾病

由于家庭成长环境、成长经历、个人的性格特征及处事方式、所面临的压力事件等因素的影响，也有一部分大学生会罹患心理疾病，如强迫症、焦虑症、贪食或厌食症、抑郁症，甚至精神分裂症等精神疾病。这些心理病症给当事人造成了巨大的痛苦，影响到他们的学习和工作效率，影响到其每一天的情绪，影响到当事人与其他人的关系甚至个人的发展等。对于罹患心理疾病的大学生，必须寻求心理咨询的帮助。

例如：小罗，男，大一新生，就读于某校工商管理专业。他从小的梦想是学音乐，当一名歌星。但在他爸爸看来，音乐只能作为个人的爱好，不能当饭吃。因此，在高考选择专业的时候，他与父母有了激烈的冲突，但最终胳膊扭不过大腿，他还是屈从于爸爸的意愿，上了现在的学校和专业。但入校后，他对所学的专业实在提不起兴趣，加上对父亲强制自己修读这个专业的愤怒，他很少去上课，而是把大量时间用在音乐学习方面。但大半年的时间很快就过去了，伴随而来的问题是：期末考试面临挂科的危险；由于很少上课，独来独往，他与班里的同学关系生疏；由于所在高校没有音乐专业，主要靠自学，心理上始终觉得自己跟音乐学院的学生相比有很大的差距，对自己今后在音乐领域里的发展没有信心；无法向父母交代自己在大学里的表现；等等。极大的压力和冲突让他来到了校心理咨询中心。中心的咨询老师温和、耐心地和他一起探索了他成长的经历、他的家庭环境、他和父母的互动方式、父母的成长经历和性格。在咨询师的引导下，他客观分析现状和今后发展道理，决定试着放下内心的抵触情绪，尝试着去了解现在所学的专业，同时把音乐作为个人的兴趣来发展。当发展的方向作了重新调整后，小罗内心的冲突逐步平复，慢慢地融入现在的环境，找寻到了自己新的目标。

三、如何寻求心理咨询

（一）大学心理咨询中心

遵照教育部的要求，现在我国基本上每所大学都设有大学生心理咨询中心。学校的心理咨询中心一般隶属于或挂靠在学工部，也有少部分设在有心理专业的院系，极少数心理咨询中心设在学校医院里。随着心理咨询行业的规范、专业人员的增多及专业素质的提高，大学心理咨询机构的心理咨询服务水平也越来越高。现在绝大部分高校心理咨询中心的咨询师都是心理咨

询专业硕士或博士毕业，受过专业的训练。咨询中心往往会采取各种措施不断提升心理咨询师的业务水平，如要求咨询师定期参加理论学习、案例讨论、心理督导以及继续进修深造等。咨询中心对心理咨询过程的管理越来越规范和细致，建立了严格的心理咨询管理制度，包括预约、保密、资料保存等都有严格的要求，以求为当事人提供一个温馨而安全的咨询体验。由于学生心理健康问题频发，现在高校对心理健康教育越来越重视，投入也增加了，心理咨询中心的硬件设施越来越好。因此，目前高校的心理咨询中心能解决绝大部分学生的心理问题和心理疾病。而且，相对于社会心理咨询和治疗机构昂贵的收费而言，在大学里接受心理咨询是免费的，是学校提供给在校学生的一种福利。因此，当你遇到心理困扰时，你可以首先向你所在学校的心理咨询机构寻求帮助。

心理咨询方式包括面谈、电话咨询、在线咨询、信件咨询等，具体形式要看你所在学校能提供什么类型的服务。在所有的心理咨询形式中，面对面咨询的效果最好。

（二）社会心理咨询机构

现在一般三甲医院都设有心理门诊，在一些大中城市及经济发达地区，也有一些私立心理咨询机构可以提供心理咨询服务。但是，这些机构也有一些明显的局限性。如三甲医院的心理门诊，由于医院的人流量大，人员水平参差不齐，心理咨询的设置也比较混乱，很难进行系统连续的咨询。许多心理门诊每人每次只能谈 15 分钟到半个小时，心理咨询通常沦为简单地了解情况及安慰、心理教育等初级层面。私人心理咨询机构的情况则更复杂一些。目前，成立私人心理咨询机构，只需要持劳动部颁发的心理咨询师证书就可以开业。但我国目前对于心理咨询师的选拔与考核存在很多的问题，管理时以经济利益为唯一的考量标准，只要交了钱，许多人经过短短两三个月的理论培训就可以拿到心理咨询师证书，导致心理咨询从业人员的素质良莠不齐。当然，在这些机构中，也有许多机构具有很高的水准，其中有许多受过良好训练、长期从事心理咨询与治疗临床工作的专业人士。因此，在去这些机构进行心理咨询之前，一定要通过多种途径了解该机构的资质和服务水平，了解咨询师的资质、背景、经验和人格、人品等，挑选出适合自身的咨询机构和咨询师。由于社会心理咨询机构一般收费较高，目前咨询价格为每小时 200～600 元不等，有的甚至每小时 1000 元以上，所以一定的经济准备也是必不可少的。

四、如何做好当事人并从中受益

心理咨询是一个人际互动过程，为了使这个过程更有效，受益更多，我们需要做如下准备：

（一）选择一个合适的心理咨询师

在正式咨询之前，先通过各种途径了解咨询师的职业背景、咨询经验等，看对方是否为专业的人员，是否擅长解决自己的这一类问题。在咨询过程中，也有一些细节可以帮助你判断咨询师的专业性。专业的咨询师通常都会在开始的时候向你告知与咨询相关的规则，比如咨询资料的保密原则及保密例外、来访者有随时退出咨询的权利和自由等；专业的咨询师通常不会给你打包票，而是说“我会尽力的”“我想我能够帮到你”。最重要的是你自己的感觉、直觉，专业的心理咨询师往往能让你产生温暖、亲切、信任的感觉。

（二）咨询前对自己的问题进行简单整理，以提高咨询效率

自己在哪些方面存在困扰？这些问题是独立的还是有内在联系？在解决这些问题的过程中

我卡在哪儿了？我作过哪些尝试？为什么没有成效？这些问题如何影响到我的情绪和行为？我自己对这些问题是怎么理解的？通过咨询，我想要达到的最终目标或效果是什么？等等。有了这些基本准备，咨询过程中咨询方更容易找到咨询的目标和重点。

（三）为心理咨询留下固定的时间

这对于成功的心理咨询非常重要，时间保证不了，效果就无从谈起。三天打鱼、两天晒网，状态不好的时候去咨询，状态好时就觉得不需要，在这种情况下，咨询师无法就当事人的问题、性格特征及应对方式、情感体验等进行深入的探讨，这样的咨询往往无法取得好的效果。通常心理咨询每周一次，一次 50 分钟左右。一般问题 8 次以内就可基本解决，但涉及人格改变、心理障碍的治疗等问题时，需要的时间则要长得多。所以，决定咨询前，必须做好时间安排。

（四）准备好承受咨询和改变过程中的痛苦

心理咨询的过程有时就是一个揭开过去的伤疤的过程。我们曾经花了很长时间去处理这些伤口，好不容易包扎好了，现在又要被揭开，但是揭开是为了彻底治愈。它像外科手术一样，不可避免会有疼痛和失血。这些痛苦在治疗的一定阶段，甚至会超过心理疾病本身给患者造成的痛苦。但是，“小痛小悟、大痛大悟、无痛不悟”，没有痛苦的心理咨询，只能算作止痛针和麻醉剂，真正的治疗并没有进行。没有勇气承受咨询痛苦的患者，是无法从真正的心理治疗中获益的。

（五）及时与咨询师就咨询过程进行沟通

一个好的咨询关系应该是平等自在的，你可以随时与咨询师讨论你在咨询过程中的感受，包括你对咨询过程、效果及咨询师的感受、看法和期待等。这样可以帮助咨询师更好地了解你的需要，及时调整咨询的内容和方向。

（六）勇于承担改变的责任，主动探索，积极尝试

有人认为，咨询有没有效果就看咨询师的水平高不高。其实不然，在咨询中，咨询师的作用固然不容忽视，但对咨询效果起决定作用的却是求助者本人，因为只有本人才是改变的主体，是咨询方案的最终执行者。尤其在咨询改变阶段，求助者应主动探索解决问题的方法，按照与咨询师商定的方案积极尝试。

如果我们做好了上述准备，就可以开始我们的心灵旅程了。无论怎样，热爱生活的我们，在遇到问题的时候都应该积极勇敢地面对，找到合适的方式让自己重归快乐与平和，收获经验和坚韧。

第四节　心理咨询与心理治疗九大误区

误区一：心理咨询或心理治疗就是聊天。

心理咨询或心理治疗不同于一般意义上的聊天，尽管心理咨询或心理治疗的方式主要是谈话，但心理咨询或心理治疗是利用心理学的专业理论知识，还有社会学、医学等方面的知识，有严格科学的理论体系和操作规程，从而达到解决心理问题的目的，帮人解除心理危机，促进人格的发展。这完全不同于朋友聊天、亲友的劝解安慰、老师的教育、领导的思想政治工作等。

误区二：谁都能当心理咨询或心理治疗师。

如同谁都不能随便开汽车一样，心理咨询或心理治疗师应经过严格的训练与考核，取得管理部门的许可证才能上岗。按照发达国家的要求，一名合格的全职心理咨询或心理治疗师应基本具备心理学、医学博士学位，经过严格的实习训练，具有一定的实践经验，通过认证资格考试，在上级督导老师的指导下才能独自开业。由于众所周知的原因，我国目前尚没有达到发达国家的要求，差距非常大，只能降低标准启用一些热爱心理咨询或心理治疗并基本具备心理咨询或心理治疗素质的人才，逐步培养心理咨询或心理治疗高级专业人才，争取早日与国际标准接轨。

误区三：我的心理素质好，不需心理咨询或心理治疗。

心理咨询或心理治疗不仅仅是解决你的心理危机和一大宗的心理问题。无论你是多么的坚强、聪明、正直、热情和博学多识，你都不可能十分了解自己，你需要从其他人那里了解自己。你不可能每时每刻反省自己，也不可能始终站在局外人的立场审视自己，从别人那里了解自己可能得到错误的暗示。心理咨询或心理治疗是一面比较标准的镜子，可以不变形地从各个角度正确了解自己，正确了解自己可以扬长避短，促进人生发展与成功。

误区四：心理咨询或心理治疗师能看透我的想法，知道我的过去和未来。

有人会犯把心理咨询或心理治疗简单化的错误，也有的人会犯把心理咨询或心理治疗过分复杂化和神秘化的错误。个别人把心理学等同于神秘学说，如同算命先生、占卜、特异功能等，现在市场上有利用电子计算机打着心理测验的幌子进行骗人，有的人故意让心理医生去猜测自己的心理活动，并以此来衡量心理医生的水平高低等。心理医生除了心理学方面的专业知识与一般人不同外，并无其他特别之处。心理医生有经过训练的良好观察力，知道心理活动科学规律并有非常客观的逻辑分析能力，可以判断某些潜意识的心理活动，但这一切都必须来自真实、客观、全面的资料。心理医生自己不能，也不能借助高科技的仪器了解到具体的想法。最先进的测谎仪也无法测出具体的思维细节，人们对大脑的认识远远落后于对复杂电子计算机的认识，心理世界的复杂程度不是现代人所想象的。对待心理咨询或心理治疗必须有科学的思想。

误区五：去做心理咨询或心理治疗丢人。

由于历史的原因和许多客观因素的限制，人们对自己的心理世界还不太了解，许多人还分不清“神经”与“精神”、“精神”与“心理”以及“思想”区别。对心理咨询或心理治疗的惧怕与怀疑可能源于对“精神病”的无知，去心理咨询或心理治疗怕被当成“精神不正常”看待，心理问题当成“心理病态”“思想问题”。有时轻微的心理问题不加以科学解决，造成最后发展成重型精神病。“捂”着、“瞒”着让心理问题任其发展，实在悲哀。心理咨询或心理治疗是促进人的成长与发展的最佳途径之一，是预防心理障碍的有效方法，是提高生活质量实现人生成功的必由之路。心理咨询或心理治疗的最基本原则里面包括“绝对保密”，你可以把内心世界坦诚给心理医生，心理医生会给予精心的维护保养，认为“看心理医生丢人”的人是软弱的人，是不敢接受自我与现实的人，其心理也不太健康。现代有进步思想的人已经毫无顾虑地走进心理咨询或心理治疗室，充满信心地走向成功的未来。

误区六：心理咨询或心理治疗不应该收费或少收费。

心理咨询或心理治疗是助人的事情，是为了帮助人们解除心灵的痛苦，是做善事，而且没有多大外在的成本，所以不少人认为应该是不收费的。现代人尽管理论上知道时间和知识是有价值的，但由于这些是无形的东西，加上内心深处传统思想影响，许多人需要心理咨询或心理治疗，但是却不愿付费。国外心理咨询或心理治疗是非常昂贵的消费，我国的收费却很低廉，以至于许多心理医生不能以此为生，成为影响我国的心理卫生事业发展的原因之一。

误区七：心理咨询或心理治疗应该一次解决问题。

许多初次心理咨询或心理治疗的人都幻想心理医生能够一次把自己长期的压抑与痛苦一扫而光．拨开心灵迷雾，远离烦恼与困惑，重见真我的蓝天，还我轻松心情与振奋的斗志。“解铃还须系铃人”，心理咨询或心理治疗是帮助人自己解决自己的问题，心理医生不可能包办解决问题，只是提供一些正确地认识自己、分析问题、解决问题的具体方法，必须有求助者本人多次具体实践才能解决。除非是非常简单的心理问题，可以通过一次心理咨询或心理治疗能达到理想的效果。但是许多问题是“冰冻三尺非一日之寒”，有性格方面的问题，有些现实问题还可能涉及方方面面，心理咨询或心理治疗也不可能一次解决。心理咨询或心理治疗是帮助求助者认识自己、接受现实从而超越自我。所以心理咨询或心理治疗需要一个了解的过程，一个经历讨论、分析、操作、反馈、修正、再实践的程序，一般不可能一次解决问题。并且心理咨询或心理治疗每次有时间的限制。过去心理咨询或心理治疗需要很长时间（几个月至几年）才能解决问题，现在由于理论和技术的改进大大缩短了疗程，但绝不可能都一次解决问题。

误区八：名头越多，心理医生越高明？年龄越大，心理医生越有经验？

在这里，引用中日友好医院心理专家李子勋（中央电视台《心理访谈》特约心理专家）的话，作为说明。以下几方面是最不可靠的：

1. 职称

比如教授或主任医师，甚至博士的头衔也不能代表什么，这是说明他们在某些学识上有造就，但不能代表他作为心理专家就在行（心理治疗是实践性很强的工作，光有理论永远不够）。

2. 心理学会的领头人

如协会主席、理事、全国委员等，忙于事务工作的人，不可能静得下心来做个案。

3. 收费昂贵的人

收费贵的人不代表他水平高，自以为是的人总觉得别人欠他的，过高地估价自己。

4. 海外镀金的人

有海外求学的背景固然很好，但要搞清楚求的什么学，镀的什么金。

5. 出书的人

千万不要以为能写书的人咨询水平就高。

6. 年老的人

心理咨询或心理治疗是一个极具挑战性的工作，要求咨询师必须精神饱满，精力充沛，思想开放，灵活，超前，并有多元文化的价值取向。而一些老年人的思想比较僵化，自以为自己人生阅历丰富，很难克制住不去教育人。

误区九：心理咨询与心理治疗以吃药为主，心理疏导为辅。

目前，很多医院的心理科都是精神科医生兼任或转任，不知不觉之中，总以精神科的观点去看心理障碍，容易就给患者开药吃，每周费用达到二三百元，而极少进行心理疏导。有部分经过医院诊断后需要吃药的精神障碍患者确实可以通过药物治疗有效地控制症状，但有些心理障碍可以通过心理咨询或心理治疗也能得到治愈。

七、心理咨询的对象、分类与形式

心理咨询最主要的对象，是健康人群或存在心理问题的人群，它有别于完全健康人群，也和心理治疗的主要对象有所不同。

根据咨询的内容，心理咨询可以分为发展咨询和健康咨询；根据咨询的规模，可分为个体咨询与团体咨询；根据咨询采用的形式，可分为门诊咨询、电话咨询和互联网咨询。为了适应现代化的工作和生活节奏，人们越来越重视自身的认识和关注，而发展性心理咨询，可以帮助人们挖掘心理潜力，提高自我认识的能力，当自我认识出现偏差或障碍时，可以通过心理咨询得以解决。

随着人类物质文明和精神文明水平的不断提高，人们渐渐关注如何全面提高生活质量，比如提高学习和工作能力、保持最佳工作状态、维护安宁的生活环境、协调家庭成员和社会成员的人际关系。心理咨询作为一种专业技能，可以帮助人们调整内心世界，提高生活质量。

发展性心理咨询常涉及以下内容：孕妇的心理状态、行为活动和生活环境对胎儿的影响；儿童早期智力开发；儿童发展中的心理问题；青春期身心发展的不平衡；社会适应问题；性心理知识咨询；男女社交与早恋等；青年独立性和依赖性的矛盾；友谊与恋爱；成就动机与自我实现性问题；择偶与新婚；人际关系；择业、失业与再就业；中年及更年期人际冲突、情绪失调、工作及家庭负荷的适应；家庭结构调整；更年期综合征等；老年社会角色再适应；夫妻、两代、祖孙等家庭关系；身体衰老与心理衰老等。

健康咨询的对象主要是因为心理受到社会刺激而引起心理状态紧张并明确体验到躯体或情绪上的困扰的人。因为心理社会刺激非常纷繁而复杂，在目前的社会广泛存在着。因此凡是生活、工作、学习、家庭、疾病、康复、婚姻、育儿等方面所出现的心理问题，一旦求助者体验到不适或痛苦体验，都可属于健康心理咨询的工作范围。健康咨询的工作范围主要包括以下内容：

①各种情绪障碍，如焦虑恐惧、抑郁悲观等；

②各种不可控制性的思维、意向、行为、动作的解释；

③各类心身疾病，如冠心病、高血压病、支气管哮喘、溃疡病等，以及性功能障碍；

④长期慢性躯体疾病。久治不愈，既对治疗不满意又丧失信心，因而需进行心理上的指导者；

⑤精神病康复期求助者的心理指导；

⑥对家庭中的求助者，应如何进行处理、护理问题等。

高校心理咨询的问题主要集中在学习困难、生涯规划、自我探索、情绪管理、恋爱交友等方面，大部分都属于发展性咨询。

八、心理咨询的过程与效果

（一）咨询过程

心理咨询作为一个完整的过程是由若干相互联系的步骤组成的，基本步骤一般分为开始阶段、指导与帮助阶段、巩固与结束阶段，具体可以分为以下 5 个步骤：

1. 进入与定向阶段

进入与定向阶段，即开始阶段，主要工作有：建立辅导关系；搜集相关资料，以利初步界定问题，明确辅导需要；初步了解当事人的个人、环境资源；做出接案决定；做出辅导安排。

2. 问题一个人探索阶段

此阶段的主要目标包括；建立良好的关系；搜集有关资料，以进一步界定和理解问题；协助当事人进行自我探索，达到对当事人的深入了解等。

3. 目标与方案探讨阶段

这一阶段的主要工作是激发当事人改变的动机和处理好当事人的期望与目标的关系。在这一阶段，咨询师要明了现有的干预手段和自己能力的局限，并注意咨询目标的确定要以当事人为主，咨询师只是起辅助作用。

4. 行动/转变阶段

这是咨询中的突破阶段。咨询不是为了缅怀过去、抱怨控诉，而是为了改变现有来访者的不适应状态，因此转变是至关重要的。在这一阶段要保持灵活性，要注意治疗收获在实际生活中的迁移应用情况，并避免让当事人变成一种被动、接受、依赖的角色。行动/转变阶段要经常进行评估，即根据已确定的目标，看咨询和治疗实际取得了多大进展。

5. 评估/结束阶段

这一阶段意味着咨询的结束，在结束阶段不仅要评估目标收获，处理关系结束的问题，例如，分离焦虑等，还要为学习的迁移和自我依赖做准备。

(二) 咨询效果

咨询效果是寻求心理咨询的大学生关心的要点之一。一般来说，咨询效果评定可以从以下几个维度来进行：

1. 求助者对咨询效果的自我评估

例如，求助者认为自己原来害怕的事物现在不再害怕了，原来无法接受的现实现在开始正视了，对自己的满意程度上升了等。

2. 求助者社会生活适应状况改变的客观现实

例如，开始能够正常上学，与人交往、相处状况得到改善，工作、学习效率提高等。

3. 求助者周围人士特别是家人、朋友和同事对求助者改善状况的评定

例如，不再乱发脾气、摔东西，与父母或孩子的沟通加强。

4. 求助者咨询前后心理测量结果的比较

例如，某些心理症状量表的分数得到改善。自我评价更积极，敢于面对困难等。

5. 咨询师的评定

根据咨询师的观察，求助者在情绪、认知和独立性等方面有进步、自我评价更积极，敢于面对困难等。

当然，咨询效果也有其影响因素。心理咨询的效果是由多面因素参与构成，主要有三个方面：来访者、咨询师及来访者的社会支持。来访者作为主动前来寻求帮助的人，其主动程度、积极参与程度、配合程度是影响咨询效果的主要主观因素。心理咨询师经验积累的数量、是否擅长解决来访者求助的问题、是否与来访者匹配（性格、价值观）等是影响咨询效果的主要技

术因素。而来访者的亲朋好友对其的支持程度、积极帮助和配合，为积极有效的改变创造了良好的社会环境。一般来说，这三个方面按顺序排列，第一个和第二个最为重要。

（三）何时需要主动寻求心理帮助

在我国，心理咨询属于一个新兴的医疗专科，许多在感情、人际关系、工作或学业方面有了困惑的人常常问“我需要心理治疗吗”“什么时候去看心理医生”等问题。

当你感到你的心理不适和精神困扰感受超过了个人可独立解决的程度时，便可寻求心理咨询。

①感到孤独和寂寞，希望得到别人的关怀，却难以和他人建立亲密关系。

②对生活中的事情无法决定，总是犹豫、怀疑和选择困难，如婚姻、家庭、情感困惑、职业选择，至爱亲朋的远离和过世，形成自我怨恨或罪恶感，难以解脱等。

③难以面对现实，自己无法应付人际关系矛盾，如离婚、工作压力大，与同事、朋友、亲人发生纠纷，有自杀倾向、暴力倾向等。

④亲子关系出现问题，如孩子不和父母说话，不肯上学或经常逃学，功课明显退步、性格孤僻或暴戾、学习困难、网瘾、早恋、口吃等。

⑤神经症症状：抑郁、焦虑、强迫、疑病、恐怖、偏执、癔症等。

（四）寻求心理咨询的十条小常识

1. 你不是要找一个心理学工作者，你要找的，是一个临床的心理咨询师

因为大多数心理学家在做的事情，其实和我们老百姓们的日常生活隔了千山万水。他们研究动物、研究数字，他们的成果应用在无数的行业（当然也有无数的成果，还没有人知道）：而尽管心理学的研究者在做非常有价值、有意义的事情，但他们大多数并不是“心理咨询师”，甚至也不一定了解心理咨询和“思想教育工作”有何差别。

你要找的是一个接受过系统训练的、专门从事心理治疗的心理咨询师或者精神科大夫。

2. 在开始接受治疗之前，主动挑选你的咨询师

心理咨询的本质是人和人之间的关系。单从人的角度来说，你若是遇见一个不喜欢的人，而还要付钱逼迫自己向他打开心扉，这个过程一般人们无法接受。

尽管治疗的本质殊途同归，但是不同流派的心理咨询师们，也确实用着相互之间听不懂的语言，用着非常不同的方法，来帮助来访者解决问题。因此，你有权利，更有必要在开始咨询之前，认真地了解你的咨询师。

3. 你要选择一个，让你觉得可以建立信任感的心理咨询师

咨询师是最终那个使治疗发生作用的工具。来访者需要和咨询师一起建立一种关系，在这个关系里足够安全地去呈现你的隐私。而咨询师会通过这个特别的关系，让治疗发生作用。

倘若你一开始，无论什么原因，就觉得你不可能信任这个咨询师，那么，请不要理会你理智里面所想的“大家都说这是个好咨询师，我应该试试”诸如此类的念头，而是去找下一个你喜欢的咨询师。

4. 开始咨询之前，尽可能多地尝试了解这个咨询师，尤其是其本人

了解咨询师的情况，包括年龄、性别、他的职业经历，对人和生活的态度，甚至长相。你可以去看他的微博、博客，尽可能地多了解他的相关信息。若能够见面，则更好。

还要看他在媒体上有怎样的影响力、拿过什么样的证书、有怎样的专业背景。若是一个行业内获得认可的咨询师，他这个人本身所带给你的感受，在咨询中对你的影响会更大一些。

当然，这绝不是要你去费尽心力去打探咨询师的个人隐私，和第3条表达的一样，目的仅在于，找一个你觉得易于建立信任关系的人。

5. 了解心理咨询有严格的设置

一般的咨询设置是，每周一次见面，固定的时间地点，每次50～60分钟。关于时间和频率，以下几种情况有特例：

①传统精神分析流派会每周四次，每次50～60分钟。如果感兴趣，推荐找接受长期训练（且被分析过的）精神分析师来做这样的见面。

②有一些来访者的症状严重，开始的时候会一周见两次面，稳定后每周一次，咨询结束之前降低见面频率。

③家庭治疗的时间一般为60～90分钟。

因为心理咨询是要在一个非常特别的环境下，咨询师和来访者建立特殊的关系。每周一次的频率，既能够在咨询的环境下得到即时的支持，又能够保持现实生活的状态；而固定的时间地点，能够帮助形成治疗容器（therapeutic container）。

在咨询的过程里面，咨询师有责任保持稳定的咨询设置，并根据来访者的情况与来访者商议后调整时间和频率。

6. 咨询“疗程”的长短以及咨询的目标，是在咨询中，咨询师和来访者共同商定的

咨询的前几次（甚至在更长一段时间里面），一般是做评估、收集资料的过程。咨询师会帮助来访者在前几次确定大体的咨询目标，而这个目标会跟随治疗的深入不断调整。

咨询的作用是帮助你去了解你自己。打个比方，你头痛去找医生。医生的任务是找出你头痛的原因，是心、肺还是脊髓，然后再对症下药。心理咨询也是一样的。所以咨询的目标，会随着咨询的深入，不断调整。

在没有足够了解你状况的时候（比如第一、二次见面），倘若一个咨询师告诉你说，你是因为×××，所以患上了×××，7次一个疗程，交钱包治（精神科大夫的药物使用除外，因为药物确实是用来解决症状的）。这时，你应该果断地将之前交的咨询费要回来，然后拎包甩门离开。

7. 若你心底有诉求，要清楚一点咨询不是靠一次两次就能“解决问题”的

这并不是给咨询师找借口。因为治疗不是给建议、讲道理、做理智的分析。

咨询真正开始发生作用的时候，是在你和咨询师之间，建立足够安全的咨访关系，你开始能够将自己（潜意识层面）打开，咨询师才有机会通过你们之间建立的关系，开始给你真正的陪伴、支持、疗愈。

因此，若你确实心底有求助的诉求，这个关系的建立总会需要一段时间。当然，咨询师也有责任，在咨询的过程中给来访者以治疗的信心。

8. 你可以主动提出结束治疗

好的咨询师会在适当的时候，开始和你谈论什么时候，如何结束治疗；他也会鼓励你，当你觉得想要停止治疗的时候，主动和他坦诚地谈论如何结束治疗。不必担心被咨询师“绑架”，你可以主动提出结束治疗。咨询师不是巫师，他没有能力操控你的思想和行为。当你觉得治疗

对你产生“伤害”的话，你可以主动提出终止治疗。

但是请和你的咨询师坦诚地讨论你希望终止治疗的原因。因为咨询的过程并不总是温暖怡人的，在适当的时候，咨询师会向你发出一定的挑战。咨询师可以帮助你觉察，你希望结束治疗的原因是如下之一：

①移情反应（例如，是因为在治疗中觉得被挑战，或者是你每次应对亲密关系的一个惯常模式），那么这就有可能是治疗深入的一个契机，或者提醒咨询师，他需要调整治疗的步伐；

②你确实不再需要更多的帮助，共同商量结束咨询；

③这个咨询师本身并不适合你，好的咨询师会给你进一步求助的建议。

总之，和你的咨询师坦诚地谈论你希望终止治疗的原因，咨询师会有机会给你进一步的、更适合你的求助建议。

9. 你可以放弃这个心理咨询师，但请不要放弃求助

与谈恋爱一样，无论咨询师多优秀，都会有不适合他的来访者。更何况国内咨询师的状况鱼龙混杂，找咨询师的过程更像是盲人摸象。你可能遇见不靠谱的咨询师，亦有可能遇见好的但却不适合你的咨询师。请不要因此失去信心，就像恋爱一样，你可以放弃不合适你的对象，但请不要放弃爱情；你可以放弃不适合你的咨询师，但请不要放弃求助。请相信，在众多的咨询师中，总有适合你的那一个。

10. 注意安全

两人单独共处一室，安全问题，其实是双向的。无论是咨询师还是来访者，都要注意人身安全。如果咨询室不是设置在医院、学校、公共写字楼等地方的话，留心安全。一般咨询师为了保护自己，在接待室会安排人留着，以防突发事件。但是对于来访者，你若觉得例如咨询室“锁门”不安全，你可以提出希望只关门不要锁门，咨询师一般都能够理解你，并满足你的要求。若确实觉得自己的人身不安全，当即离开，保护自己最重要。

九、班级心理辅导

班级是大学生生活与学习的基本组织之一。在大学里以班级为单位开展心理健康教育活动，常常能取到事半功倍的效果。

（一）班级心理辅导的内涵与特点

班级心理辅导是指以团体心理辅导及相关的理论与技术为指导，以解决学生成长中的问题为目标，以班级为单位的集体心理辅导活动。

班级心理辅导不同于一般的班级主题活动。这是因为，其一，班级主题活动的范围比较广泛，包括德育、智育、体育活动和社会实践活动等；而班级心理辅导的范围比较集中，主要围绕学生的心理健康。其二，设计班级心理辅导活动需要有系统的心理辅导理论框架和专门技术的支持，而设计班级主题活动不一定要有理论结构。如，班主任和同学设计一次迎国庆活动，事先不需要思考该依据什么理论。其三，班级心理辅导往往是以学生的成长需求为出发点，并以此作为活动主题，如学习困扰、人际交往问题、青春期问题等；班级主题活动则既可以围绕学生个人，也可以围绕社会。由于它是学校德育的一种形式，故往往更具有社会取向。

班级心理辅导不同于团体心理辅导。虽然班级心理辅导要以团体心理辅导理论为依据，但两者在形式上有很大的不同。团体心理辅导的规模比较小，一般在6～12个人之间，团体成员的构成可以是同质的，也可以是异质的；班级心理辅导是以班级为单位规模比较大，成员不可能是同质的。另外，从辅导目标来看，团体心理辅导可以是发展性的，也可以是矫治性的，一般需要专业人员来承担；班级心理辅导则主要是发展性的，可以由受过一定培训的教师来承担。

从内涵上讲，班级心理辅导同心理辅导课程更相近，所不同的是，心理辅导课程是以"课"的形式对全班进行心理辅导，而班级心理辅导可以在课堂上进行，也可以在课堂外进行，在时间和空间上更为灵活。

班级心理辅导不同于传统意义上的学校教育，它有如下几个鲜明的特点。

1. 班级心理辅导是学生进行自我探索的过程

一个比较完善的学校教育体系应该传授学生三个方面的知识：自然知识、社会知识和自我知识。在现行的学校课程中，前两项都得到了落实，唯独第三项知识——心理辅导就是让学生进行自我探索，认识自我、调节自我、完善自我，并解决自己成长中的各种问题，诸如学习、交往、情绪调适、理想抱负等很少体现。第三种知识的获得主要不是靠教育者的灌输和说教，而是帮助学生发现自己的问题，找到解决问题的办法。学生只有经过自我的探索才会获得经验，才能真正地成长起来。

2. 班级心理辅导强调体验和感悟

心理辅导活动是解决个体自身的成长与发展问题，它需要以个体的经验为载体。按照杜威（J Dewey）的观点，儿童的成长就是个体的经验不断改组与改造的过程。这种经验既然是个人的，那么个人的自我体验就显得尤为重要。我们认为，对学生有意义的自我体验应该包括情感体验、价值体验和行动体验。这些自我体验可以通过在心理辅导活动中创设一定的情境，营造一定的氛围来实现。学生从体验中获得有意义的东西，这就是感悟。可见，班级心理辅导是一种自我教育活动，它没有说教和灌输等显性教育的痕迹，但它可以通过学生自己体验和感悟，潜移默化地影响他们的成长。

3. 班级心理辅导以互助、自助为机制

心理辅导既然是自我教育活动，就必须积极调动学生自身的教育资源。保守的教育观念总是把学生看作教育的对象，心理辅导则倡导学生是教育的主体。辅导活动是一种积极的人际互动过程，同龄伙伴有共同的爱好、价值观和文化背景，彼此之间容易理解和沟通，他们可以不加掩饰，坦诚直言，进行心与心的交流。班级心理辅导活动一般都有主题和目标，它是依据学生一定的心理需求制定的，容易为学生接受，达成共识。作为集体的一员，学生在辅导活动中既是受助者，又是助人者。这种互助可以增进学生对自信、自尊的体验，从而达到自助的效果。教师作为辅导者，应该创设良好的集体舆论、和谐的人际关系、民主自由的气氛，充分开发集体的教育资源，以利于这种良性机制的形成。

（二）班级心理辅导的价值

班级心理辅导的首要价值是，它可以体现促进全体学生心理健康的发展性目标。对此前面已做讨论，这里不再赘述。

其次，班级心理辅导可以落实心理辅导全员性策略。中国台湾中小学积40多年的经验，提出了心理辅导全员性原则，就是说，从培养学生健全人格的角度来看，每一位教师都是心理辅

导工作者。当然，这不是要求教师承担专职心理辅导工作者的任务，诊断和矫治学生的心理障碍，而是要求教师关心学生心智的成熟。开展班级心理辅导活动可以帮助教师边实践、边学习，在不长的时间内，逐步理解、掌握心理辅导的理念、方法和技术，提高教师教育、教学的能力与效果。

最后，班级心理辅导可以体现“以人的发展为本”的教育理念，现行的学校教育存在许多压抑学生自主发展的弊端，例如，学科取向的课程体系，强调系统的学科知识体系，划一的教学目标，难以顾及个体发展的差异性和特殊需要；德育工作过分倚重灌输和说教，难以将道德规范内化为学生的信念和行为。班级心理辅导是以个体发展的取向为主，以个体的经验为载体，以活动为中介，通过学生的参与、体验和感悟，帮助学生认识自己，开发自己的潜能，获得自助能力。极大地调动学生的主动性。在课程改革的历史上，学科课程由于着眼于学科知识，较少顾及个体的情意因素，妨碍了个体完整人格的实现，早在20世纪70年代就受到批评，被称为“非人性教育”。于是，强调个体的情意发展与智力发展同等重要的人本主义教育课程因应运而生。在人本主义课程中，有一种课程被称为“自我觉醒和自我发展的课程”，它旨在唤起儿童对于人生意义的探索，教师在教学过程中不仅传授知识和技术，而且要为学生的人格发展提供经验，从而帮助学生成长。这种课程的基本情况同心理辅导活动是一致的。

（三）班级心理辅导的活动形式

班级心理辅导的活动形式是多种多样的，简述如下：

1. 游戏辅导

游戏辅导是从游戏治疗发展而来的，它是以“游戏活动”为中介，将被辅导者的内心世界投射出来，并对其进行辅导的一种方法，尤其适用于年龄小的学生。儿童生性活泼好动，游戏不仅能满足儿童的身心需要，而且在轻轻松松的嬉玩中，他们可以观察和学习良好的行为，增进各项技能。近年来，班级心理辅导活动常采用游戏辅导。

例如：打开千千结

游戏目的：

团体合作，靠集体的力量解决困难，体会团队支持对个人的意义和重要性。

游戏内容：

所有成员手拉手成为一个圈，看清楚自己的左手和右手是谁，确认后松开，在圈内自由走动，指导者叫停，成员定格，位置不动，伸手拉左右手，从而形成许多结或扣，不能松手，但可以钻、跨、绕，要求成员设法解决难题，回复到起始状况。

注意事项：

要求成员有耐心、互相配合，齐心协力。

活动意义提示：

①没有解不开的结，交流沟通是解开所有结的法宝。

②可能有的同学开始认为这是一个解不开的结，但是请更多地信任我们的能力和潜力。信任就是相信你不能相信的。

③每一个人，每一个结在团队中都是很重要的，要达成一个共同的目标就得相互配合、相互协调。

2. 角色扮演

角色扮演是指运用戏剧表演的方法，通过学生对角色的模仿、想象、创造、感受、体验与讨论，达到团体辅导的目标。在班级心理辅导活动中，角色扮演有很多不同的表述形式，如角色游戏、小品表演、心理剧、情景剧等。它是班级心理辅导活动中常用的一种方法。

例如：进化论

游戏目的：

成长的意义。

游戏过程：

从鸡蛋—小鸡—母鸡—凤凰—人的一个转化过程，以剪刀、石头、布的方式来竞争，大家在初始状态的时候是鸡蛋，鸡蛋和鸡蛋竞争成为小鸡，小鸡和小鸡竞争成为母鸡，以此下去以最终成为人而结束，成为人的同学，退出竞争，静静地坐在一边。需要注意的是，平等状态之间才能竞争，双方有输有赢，赢得一方晋一级，输的一方无论你已经在哪个状态直接降为最原始的状态——鸡蛋。

分享环节（可拓展性问题）：

①我想问一下这位最终还是鸡蛋的同学，你现在有什么样的感受？引导性地去自我觉察，尽量少地去理性分析。

②我还想问一下第一个成为人的同学，你有什么样的感受，有什么想跟大家分享的？引导性地去让他从自身出发，并与周围同学稍微做一下互动，比如，你愿不愿意去跟你旁边的同学相互做一下交流，成为第一个获胜者，你快乐吗？你觉得这个游戏给你最深的印象是什么？

③将第一个获胜的同学和最后一位同学联系起来，问：你们觉得从这个游戏中你们获得快乐的因素是一样的吗？

活动意义：

①进化等同于成长，成长不是一蹴而就的，需要循序渐进，可能还充满挫折。从小学到大学是一个鸡蛋变凤凰的过程，从大一到大四也是一个鸡蛋变凤凰的过程。

②信任是非常重要的。如果我们信任自己就等于自信，信任我能行。同时如果我们信任生活是美好的，我就会不断地努力，成为凤凰。

③顺利地成长可能会失去很多体会酸甜苦辣的机会，太容易得到的可能不觉得珍惜；过程的体验可能比结果更重要。

④每个人对于成功的标准并不相同，找到适合自己的就是最好的，鸡蛋也有鸡蛋的快乐，小鸡也有小鸡的快乐，不一定都以达到一个更高的位置或形态为标准；学会正确定位。自我认可。

⑤活动中是否有人不遵守规则？恪守诚信的良好品质，遵守进化的规则，诚信是美德。

⑥战胜困难，打开思维、运用策略，也许可以更好更快地成长。太固执己见也许会失败连连，要学会变通，思维变得更有弹性。

3. 行为训练

行为训练是根据行为主义学习理论，通过强化、惩罚等手段，增加学生积极行为的发生，减少并逐步克服不良的行为。班级心理辅导中的行为训练是以集体为单位实施的，一般适用于外显行为的训练。如人际交往技能、注意力、发散性思维等的训练。

4. 理性情绪法

理性情绪法是心理辅导中用以调节情绪的一种方法。这种方法认为，决定人的情绪反应的不是事件本身，而是人对事件的态度和想法。不同的人对同一件事会有不同的想法，产生不同的情绪。因此，我们可以通过改变人的非理性想法，进而改变其情绪反应。

5. 音乐心理调适

音乐心理调适是指以音乐来调节、改善人的心理状态，使之趋于和谐、平衡和宁静，从而促进心理健康的一种辅导方法。音乐心理调适的理论与方法来源于音乐治疗。实践表明，将它运用于中小学的发展性辅导是很有效的。

(四) 班级心理辅导的主要原理

1. 团体动力学原理

团体动力学是研究团体生活动力的学说，由心理学家勒温（K Lewin）建立。它是团体心理辅导的重要理论基石。勒温在1939年发表的《社会空间实验》一文中，首次提出“团体动力学”（group dynamics）这一术语。团体动力学的研究对象是以人与人的面对面直接接触关系为特征的小型团体；研究内容包括：团体气氛，团体成员之间的关系，领袖与领导方式，团体中成员问的凝聚力，团体决策过程等。团体动力学的主要思想包括以下几点：

（1）团体不是个体的简单相加

团体动力学的理论基础是勒温的场论。从场论的观点看，个体不是孤立的个别属性的机械相加，它是在一定的生活空间里的一个完整的系统。由此推论，团体绝不是各个互不相干的个体的集合，而是有着联系的个体间的一组关系；团体的特征不是由各个个体的特征决定的，而取决于团体成员相互依存的那种内在关系。每个成员的状况与行动都同其他成员的状况与行动密切相关。

（2）团体具有改变个体行为的力量

勒温认为，虽然团体的行动要由各个成员来执行，但是团体具有较强的整体性，对个体具有很大的支配力。要改变个体，应该先使其所属团体发生变化，这远比直接改变个体来得容易。勒温在1943年进行关于“饮食习惯”的研究完全证实了这种观点。当时，他发现通过组织家庭主妇集体讨论决定增加牛奶消耗，远比靠讲演、说服更为有效。类似的结果还见于动员母亲喂婴儿鱼肝油和橘子汁，也是通过小组讨论要比让母亲们听演讲、接收一般号召的效果更好。勒温指出，只要团体的价值观没有改变，就很难使个体放弃团体的标准来改变原有的主见；而一旦团体标准发生了变化，那么，由个体依附于该团体而产生的那种抵抗也会随之消失。

（3）团体决策的动力作用

勒温进一步思考，是什么力量促使团体的价值和行为发生变化？他认为这是团体决策的力量。一般来说，变化总是从“非变化”开始的，并以“非变化”告终，从稳态动力论的基本观点出发，勒温把这种称为“准稳定平衡”。有两种方式可以引起这种“准稳定平衡”的变化：一种是增加团体行为的促动力；另一种是减少团体行为的对抗力。除此以外，团体本身还具有一种“内在的对变化的抵制”，勒温称之为“社会习惯”。它隐藏于个体与团体标准的关系中，维系着团体生活的固有水平。因而，单有团体成员的变化动机还不能引起团体行为的变化，还必须要有足。以打破社会习惯和解冻团体原有标准的力。团体决策就可以起到这种力的作用。勒温把团体决策看作是联系动机与行为的中介，是团体促进个体变化的一种动力。

由上可知，团体具有吸引各个成员的内聚力，这种凝聚来源于成员们对团体内部建立起来的一定的规范和价值的遵从，它强有力地把个体的动机需求与团体目标结构联结在一起，使得团体行为深深地影响个体的行为，团体内有个体所没有的动机特征。这为调动同伴群体的教育资源，开展班级心理辅导活动提供了理论依据。

2. 团体心理辅导及功能

班级心理辅导的第二个理论支柱是团体心理辅导的原理。所谓团体心理辅导，是指在团体领导者的带领下，团体成员围绕某一个共同关心的问题，通过一定的活动形式与人际互动，相互启发、诱导，形成团体的共识与目标，进而改变成员的观念、态度和行为。并不是所有的团体活动都能对成员产生积极的作用，只有团体活动本身具有成长性，才能促进成员的成长。因此，团体心理辅导应该具有以下功能：

（1）在积极的互动中增进相互了解

在团体心理辅导中，由于成员间的人际互动，他人的存在就像自己的一面“镜子”，有时自己不能清醒地认识自己，只因“不识庐山真面目，只缘身在此山中”，而他人的意见可以使自己反省，帮助自己更好地了解自己。同时，成员之间互相倾诉、表露，也可以让别人更好地了解自己，自己对别人也有了进一步了解。这对培养自己的同情心，与他人建立良好的人际关系都是有益的。团体互动的效果是个别辅导情境所无法达到的。

（2）成员之间分享经验与感受

个人遭遇到困难或情绪不佳时，常常会感到恐惧、无助和失望，并且常常认为自己是天下最不幸的人，是“倒霉鬼”。在个别辅导的情境中，这种消极情绪虽经辅导者努力处理，但有时未必能消除。而在团体心理辅导情境中，局面会有所不同。这些成员在团体中会有发现，和自己处境相同的人居然也不少，孤独感从而会降低，不再认为自己是天下最可怜的人了。例如，离婚家庭的子女、高考复读学生、学习困难学生、有人际交往困难的学生、有网络成瘾行为的学生等，他们会发现彼此“同是天涯沦落人”，会产生“我们”的感觉。这种经验与感受的分担具有治疗性功能，可以消除个体自责、自卑、退缩等不良情绪，增强彼此的理解与支持。

（3）多元价值观和信息的冲击

团体中的成员有不同的背景和经验，对问题有不同的观点与理解。不同视角、不同立场的多元信息无疑为团体成员提供了丰富的背景资料，开启了他们的思路。个体的经验和信息毕竟是有限的，若得不到这些观念的冲击，自我封闭，缺少启示，当然就无法解决自己成长中的问题。不过，多元观念的冲击也有一个适度的问题，过于开放，则难以达成共识，也达不到辅导的目的。

（4）反馈的功效

团体心理辅导能提供成员丰富的接受反馈的机会。在团体心理辅导中，成员有很多机会了解别人对自己的看法、别人对自己的第一印象，团体中他人的建议、反应和观点往往是很有价值的。团体的反馈和个别情境的反馈完全不同，前者更具有冲击力。对个别一两个人提供反馈，接受者可能不理会或不在意，但当五六个人都对你有相同或相似的看法或反应时，你就很难予以否认或不理会了。团体的反馈能有效地改变个体的想法。

(5) 提高成员应对实际问题的能力

团体是社会的缩影，也是社会的真实反映。利富特（Litton，1972）说过，“团体咨询提供成员在一个与真实生活类似的情境中，接收多元的刺激，来学习面对、处理自己的困难和问题”。团体并不是遭遇困难时的避难所，而是学习面对、处理困难的场所。因此，团体辅导者不惜刻意创造理想或虚幻的情境，以免成员在其间只是得意暂时的逃避，或憧憬不现实的情景，这不利于团体成员提高现实生活中的适应能力。

3. 影响团体的基本因素

团体是由人组成的，它也是一个有机体，团体也有一个从不成熟到成熟的发展过程。在这一个过程中，有三个因素发挥了重要作用，即规范、沟通和凝聚力。

(1) 团体的规范

在社会群体中，规范主要是指风俗、文化、语言、时尚、舆论和规则，以及各种不同的价值标准。规范是群体成员必须做到或遵循的行为准则，成员如果违反了群体规范，就会受到群体的排斥和拒绝，得不到其他成员的认同。规范对群体及其成员的作用是非常广泛的，小到衣着饮食、言行举止，大到成千上万人的统一行动。它深深地影响着社会群体中的每个成员，使他们在社会生活中遵守共同的行为准则，以沟通思想，交流感情，共同生活、工作和学习。

学校中的辅导团体也是社会群体的一个缩影，团体规范集中反映了团体期待的动力和团体的价值观。团体心理辅导中，规范作为社会控制的主要手段，强有力地控制着成员的行为，促进团体目标的达成。团体规范有维持团体、认知标准化及行为定向的作用。

团体存在形式的特点是它的整体性，这种整体性表现在团体成员的认知、情感和行为的一致性上。一方面，团体规范是这种一致性的标准，它统一团体成员的意见和看法，调节他们的行为。没有团体规范，团体也就失去了其整体性而不称其为团体。另一个方面，团体是由多个个体组成的，要维持其整体性，就需要用一定的准则来约束其成员，而成员也正是依据这种对准则的认同形成一个整体。团体的规范能否建立，能否为绝大多数成员所接受，直接影响着团体的凝聚力，影响团体能否走向整合、稳定与成熟。

规范就像一把尺子，摆在每个成员面前，使他们对问题的认识和评价有一个统一的标准，从而形成共同的看法和意见。即使有个别人持有不同意见，但由于规范的压力和个人的从众性，也会使其与团体规范保持一致。这种统一成员的意见和看法的功能，就是认知的标准化作用。

规范不仅约束团体成员的认知和评价，而且还约束他们的行为。规范对行为的定向作用主要表现为成员制定活动范围，制定团体活动的行为方式。也就是告诉人们应该做什么，不应该做什么、如何去做等。规范可以是团体内部预先规定的，也可以是在团体形成过程中逐渐形成的：规范有积极的，也有消极的。作为团体心理辅导者，要运用他的影响力和辅导技能，建立具有治疗功能的规范。比如，根据人的模仿、暗示、遵从等社会心理特点，塑造适当的团体行为．以促成规范的建立。

(2) 沟通

团体中成员之间的互动是以沟通为纽带的。沟通是人与人之间的信息交流和传递。信息之所以能起到交流思想和感情的作用，主要在于它是具有意义的符号。因此，人与人的社会互动是在符号沟通的基础上实现的。团体中的沟通具有如下特点：

①沟通双方互为主体。

②沟通能调整双方的关系。沟通双方都是积极的主体，可以借助语言的、非语言的符号系统进行相互影响，制约或调整双方的认识、态度和行为。凯士莱认为，沟通的作用有：了解别人，并弄清自己与他人的关系；说服他人；获得或维护权利；自我防卫；激起别人的反应；给别人留下印象；获得或维护关系；在团体面前呈现一致的形象。

③沟通受到主观经验的制约。不论是发信者还是受信者，相互沟通信息时，都不可避免地受到个人主观经验的影响。发信者总是根据自己的主观理解与意图表达信息，而受信者也是根据自己的主观经验“翻译”这些信息。个人的主观经验包括生活经验、刻板印象、价值倾向、社会知觉等。尤其是个体的社会认知偏差，常常会歪曲他人发出的信息。对此，团体心理辅导者应予以重视，提高自己知觉的敏锐性和客观性，觉察、理解成员间信息沟通的真实含义，便于介入与协助。

(3) 凝聚力

团队凝聚力是以团队中的人际吸引为基础的，是指成员之间的相互吸引，以及团队对成员的吸引力。卡特瑞克（Cartmrigh，1968）认为，团队对成员的吸引力与下列因素有关：

①亲和、安全需要；

②团队的资源及诱因，如成员的名声、团体目标及活动内容；

③成员对团队有益及对重要成果的期待；

④比较此团体与其他团体的结果。

对成员有吸引力的团体通常能满足成员的需求。例如，有人想提高自己的外语交际能力，参加星期日英语角；一些丈夫在国外留学，工作的妻子为了排遣孤寂，参加留守妇女俱乐部；有人为了矫正口吃，参加口吃矫正训练班等。因此，团队目标是否与成员的期待和需求一致，是产生团队凝聚力的一个重要条件。另外，团队凝聚力还与领导者、成员的个人吸引力有关，诸如身份、地位、人格魅力、才能等。

凝聚力是团队发展的动力机制，没有凝聚力，团队是无法由初始的松散状态、冲突状态达到整合、和谐的。同时，凝聚力又是团体发展成熟的标志，凝聚力越强，成员遵循团队规范就越自觉，参与团体活动就越主动，成员之间的关系就越和谐、亲密，团体的效能也就越高。

（五）班级心理辅导的设计与实施

1. 建立活动目标

目标是对班级心理辅导活动过程的预期，是集体活动的导向，班级心理辅导活动的内容和形式都是围绕目标制定的。同时，目标又对班级成员起到凝聚作用。团体目标与成员的主观需求密切相关，两者的一致性越高，目标的凝聚力就越强。因此，建立活动目标应该注意以下几点：

(1) 目标应与学生成长密切相关

如前所述，班级心理辅导活动比较适合帮助学生解决成长中的问题，诸如，自我意识（包括缺乏自尊、自信，过分依从，或者盲目自大等）、情绪困扰（包括情绪不稳，情绪调控力差，不善表达自己的喜怒哀乐，过于焦虑忧郁等）、人际关系（包括对人缺乏信任，多疑，不善与人合作，社交退缩，难以与人亲近等）、学习行为（包括不良的学习习惯和学习方法等）等。上述

这些都是从具体问题出发，其解决属于矫治性目标。另一方面，班级心理辅导活动更多地应着眼于发展性目标，从积极的一面来提高大学生的心理品质。例如，“怎样增强记忆力”“欣赏我自己”“做个合格的听众”等。

（2）目标应明确具体

活动目标切忌笼统抽象。如，“调试不良情绪”，这一目标的表述太含糊，不如改为“认识不良情绪给自己的生活、学习带来的危害，寻找缓解和消除不良情绪的方法，增强对情绪的调控能力”。目标越具体就越容易实践。

（3）目标应得到学生的认同

设计活动方案时，首先要了解大学生的真实想法：大学生希望从集体活动中学到什么？想解决什么问题？在此基础上，与学生一起磋商可能形成和达到的目标。双方探讨出来的目标，更容易被学生看作是“自己的”目标。

2. 设计活动方案

设计活动方案时，要注意活动内容与目标保持一致性，了解学生实际，提高活动内容的适切性；在组合系列活动时，要注意设置活动情景．促进学生体验。心理辅导活动的宗旨是解决学生自己的问题，只要是以参与者自身的经验为载体，体验是改变。完善自身经验的重要环节。只有经过体验，参与者才会在内心产生碰撞，才会有更深切的感悟。可见，如何设置活动场景，促进学生体验，是提高活动设计的一个有效性要素。

例如：理解家庭，珍爱生命工作坊方案。

开场白：活动开始时，强调今天的活动主要是在体验中放松、学习。每个人的收获与自身的投入程度有很大的关系。强调保密，因为我们会涉及内心真实的感受和想法，每个人开放度不同，所以今天在这发生的都要保密。当走出教室，只可以与他人分享自己，不可以议论他人或主动询问。如果有的同学有所触动，希望对自己有更多了解，可以到咨询中心与咨询师探讨。

（1）热身活动圈里圈外（10分钟）

指导语：在活动的开始．我希望了解一下大家，我们来进行一个小游戏，你也可以在这个游戏中更了解你的同学：首先，我邀请大家站成一个圆圈。这是圈外，请向前一大步。这是圈内，当我说出一个指令，符合这个指令的站到圈内，不符合的站到圈外。如我说“男生”，那么男生向前一步进入圈内，女生则停留在圈外。

注意事项：速度可以逐渐加快，不要让现场大多数人总保持不动。

（2）寻找搭档与分组（5分钟）

活动规则：每个人要寻找一个自己喜欢的搭档，接下来有重要的工作要和他一起完成。活动带领者要强调寻找这位搭档的重要性，或者直接把班级分为3～4个小组。

如果多余一人，询问他为何没有找到搭档。邀请同学反观自己的心理活动。请主动找别人的举手；请找到了自己最开始想找的那个人的举手；请对结果百分百满意的举手；请留有遗憾的举手。与搭档分享自己的心理过程与感受（5分钟）。在大组内请一两位同学分享。

注意事项：

①带领者要观察学生寻找搭档过程中的不同的行为模式倾向。在分享时启发学生 思考他们寻找搭档的表现与平时的行事风格是否有相似之处。

②可以引申到面对机会的反应模式、对关系的主动被动的态度、面对结果的心理活动和态

度等。

(3) 生命曲线(40 分钟)

活动规则：画一幅人生故事的画。横坐标为年龄，纵坐标为心情指数。培训师详细示范(先画好纵横坐标，然后在横坐标上标出自己有深刻印象的事件的年龄，在对应的年龄的纵坐标上标出心情指数的点，最后将这些点连成一条曲线)。

画完后，与搭档分享这幅画中的故事和心情。互相反馈补充。两人搭档寻找另外的两人搭档，形成 4 人小组，在小组内分享。最后，在大团体内，自愿分享。

讨论参考提纲：故事发生时的感受及看法？现在如何看待这个事件？在这个事件中你失去了什么？得到了什么？学会了什么？你想对那时候的自己说什么？如果再次发生，你有什么不一样的应对？

注意事项：

①如果讨论过于肤浅，可以通过不断地合并小组深入讨论来引发反思。如果讨论过于深入，则减少讨论时间，以免个别学生无意识地开放太多。

②讨论的过程中不评价，不攻击，仅仅谈自己的感受。

(4) 情景剧创作：我爸爸/妈妈小时候(60 分钟)

活动规则：5～6 人一组，用 20 分钟时间创作一个题为《我爸爸(或妈妈)小时候》、5 分钟以内的情景剧。可以用抽签或别的方法，决定一半组的题目为我爸爸……另一半组的题目为我妈妈……团体内分享感受。

注意事项：

①一开始就要不断激发团体创作热情，让学生发挥自身的想象力。在创作过程中到每个小组观察、鼓励。强调在表演中不是表演，而是体验角色。

②在分享中，如果有些同学能够意识到父母也曾经是小孩子，父母也是一个有自身局限性的作为个体的人，带领者可对这一点积极地回应。

(5) 冥想(30 分钟)

指导语：请大家尽可能舒服地坐好；做三次深呼吸；在下一次呼吸时，感谢自己有能力呼吸，感谢你得自呼吸的能量，感谢你活着，感谢你自己选择来到这里；感谢你自己决定与他人分享自己的经历，并在分享中丰富自己；如果你感觉你的身体紧绷，请深呼吸，给自己一个爱的信息。现在我邀请你进入你的内心，你的资源，那属于你自己的神圣之地，请感谢这一部分的你。

现在请感谢你的父母，是他们带你来到这个世界，他们赋予你所有让你成长的资源；现在让我们开始一段时光之旅，让我们回到你出生的那一刻；你来到这个世界，你是一个如此美好的小宝贝，你带来了将陪伴你终身的生命价值；带着所有让你成为今日的你与未来的你的资源，你来到这个世界；此时，谁正在你的身边守护着你呢？是你的妈妈，那个生了你的人和那些帮助你降临人世的人；现在你开始一点点地长大，你知道自己对妈妈的期待和自己对自己的期待；你也知道他人对你的期待；你很快就知道可以向谁要什么？你很快就学会了应付问题，就知道别人对你的看法，你很快就开始学习，开始了解自己的期待与渴望；你渴望被爱，渴望成为名宝贝；你知道自己有多被看重吗？你努力尝试搞清自己究竟有多么重要；有多少时候你觉得自己被爱呢？你曾经有哪些挣扎呢？如果你经历了很艰难的过去，那你就有可能比别人有更多的

力量与智慧；无论如何，你要感谢你所做的各种应付，感谢你所有的艰难和美好；然后你上学，认识了第一个小朋友，第一个肯定你，把你当朋友和模范的人；然后你到了青春期，那个艰难的时候，你艰难地找寻你是谁；后来你就有了梦想；你对明天的梦想，后年的梦想，5年以后的梦想；你发现了还有哪些资源让自己更多地成长；现在，我要邀请你回到更远的时光；你有没有想过你父母降临的时刻也是一个小小的婴儿？你的妈妈降生了，她也是充满了潜能、希望与梦想，她的第一步，她的挣扎，她的发现，请你来欣赏妈妈这一生的电影；你知道她有什么梦想和希望吗？然后，像你一样，她长大了；你知道她是怎样遇见那个后来成了你爸爸的那个男孩吗？你妈妈已经做到了她能够知道的最好了，因为她也是在她的家庭中长大，学习的；不管她有什么让你失望，接触你的感受，也许你也可以接受你妈妈她就是她现在的样子；现在让我们掀到爸爸这一页；当年，他也是个小宝贝，你的祖父母祝福他的出生了吗，他们欢迎他的降临了吗？你能否想象你的爸爸曾经是个小男孩？后来他遇见了你的妈妈，他们有着共同的梦想；请深呼吸，感谢那些赋予你生命的人，感谢自己的生命力，也感谢宇宙；请再次感谢你把自己带到这儿，感谢你愿意与他人分享彼此；感谢彼此将要进行的分享与开放、好奇和关怀；感谢大家将共同成长、探索，参与观察另一个生命。

冥想指导语的要点：

①激发察觉：接纳自己，欣赏、感谢自己；

②进入内心，探索自己，进行时光之旅，跟内在自己接触，认识他，看他的能量、渴望、期待与梦想；

③想象中连接父母的过去，与父母建立联系。

(6) 结束活动 (20分钟)

活动目的：总结分享此次活动的感受与体会。

结束活动推荐：“重生。”

活动规则：所有成员排成两列纵队，中间留出可以让一个人通过的通道。每个人依次通过通道，在通过时，可以说话、做任何动作，表达自己期望……任何自己想做的事。通过后依次排在队列的这头。最后一位成员通过后，带领者总结并感谢全体成员。

参考文献

[1] 陈晶，黄艳苹．大学生学习管理与辅导［M］．北京：北京师范大学出版社，2010.
[2] 邓明珍，王瑞忠．大学生心理素质教育［M］．北京：化学工业出版社，2011.
[3] 樊富珉，王建中．当代大学生心理健康教程［M］．武汉：武汉大学出版社，2006.
[4] 胡剑锋，李金萍．大学生心理健康教程［M］．武汉：武汉大学出版社，2007.
[5] 何仁富．生命教育引论［M］．北京：中国广播电视出版社，2010.
[6] 蔺桂瑞，杨芷英．大学生心理健康与人生发展［M］．北京：高等教育出版社，2010.
[7] 江剑平．大学生性健康教育［M］．北京：科学出版社，2011.
[8] 贾晓明．大学生心理健康——走向和谐与适应［M］.2 版．北京：北京理工大学出版社，2010.
[9] 李素梅．心理健康与大学生活［M］．武汉：华中科技大学出版社，2011.
[10] 梁天坚，刘翠秀．大学生心理健康［M］．北京：科学出版社，2009.
[11] 桑志芹．爱情进行时：爱情心理发展［M］．北京：高等教育出版社，2008.
[12] 孙智凭，初凤林，柳建营．大学生心理健康概论［M］．北京：北京工业大学出版社，2005.
[13] 孙效智．打开生命的 16 封信［M］．北京：中国青年出版社，2011.
[14] 谭谦章，袁一平．新编大学生心理健康教程［M］．北京：化学工业出版社，2011.
[15] 王玉花，等．大学生健康心理学［M］．北京：上海二军医出版社，2011.
[16] 王晓刚．大学生心理健康［M］．北京：清华大学出版社，2008.
[17] 文书锋，胡邓，俞国良．大学生心理健康通识［M］．北京：中国人民大学出版社，2010.
[18] 吴才智，包卫．大学生心理健康［M］．上海：华东师范大学出版社，2009.
[19] 熊建圩，王巧云．大学生心理健康教育教程［M］．上海：上海交通大学出版社，2006.
[20] 张日冉，陈丽．大学生心理健康［M］．第 2 版．大连：大连理工大学出版社，2006.
[21] 赵北平，雷五明．大学生涯规划与职业发展［M］．武汉：武汉大学出版社，2006.
[22] 赵川林，吴兆方．大学生心理健康［M］．北京：经济科学出版社，2010.
[23] 郑雪．人格心理学［M］．广州：暨南大学出版社，2007.
[24] 郑日昌．大学生心理健康［M］．北京：高等教育出版社，2007.
[25] 李子勋．心灵飞舞［M］．北京：中国广播电视出版社，2006.
[26] 张渝鸿，郑娜，初月静．克服焦虑［M］．北京：中国社会出版社，2009.
[27] 黄希庭，郑涌．大学生心理健康与咨询［M］．北京：高等教育出版社，2007.
[28] 黄希庭．时间与人格心理学探索［M］．北京：北京师范大学出版社，2006.
[29] 叶斌．督导与反思：心理咨询案例集：大学生篇［M］．上海：华东师范大学出版社，2009.
[30] 姚本先．学校心理健康教育：理论研究与实践探索的整合［M］．合肥：安徽人民出版社，2008.

[31] 张大均，吴明霞．大学生心理健康［M］．北京：清华大学出版社，2007.
[32] 柏格．人格心理学［M］．陈会昌译．7版．北京：中国轻工业出版社，2010.
[33] 杨治臣简明心理学辞典［M］．上海：上海辞书出版社，2007.
[34] 樊富珉．团体心理咨询［M］．北京：高等教育出版社，2007.
[35] 张日昇．箱庭疗法［M］．北京：人民教育出版社，2006.
[36] 郑洪利．大学生心理素质训练教程［M］．上海：上海交通大学出版社，2006.
[37] 钱铭怡．变态心理学：心理学教材［M］．北京：北京大学出版社，2006.
[38] 黄明生．精神疾病诊疗手册［M］．2版．北京：人民卫生出版社，2010.
[39] 程玮．大学生心理教育与发展［M］．北京：科学出版社，2009.
[40] 王晓刚．大学生心理健康［M］．北京：清华大学出版社，2008.
[41] 素黑．在爱中修行［M］．海口：南方出版社，2008.
[42] 刘勇．团体心理辅导与训练［M］．广东：中山大学出版社，2007.
[43] 武志红．为何家会伤人：揭示家庭中的心理真相［M］．北京：世界图书出版公司，2007.
[44] 朱建军，曹昱．爱本来可以不这样痛苦：意象对话心理咨询札记［M］．太原：山西人民出版社，2010.
[45] 邱刚，刘洁纯．新媒体环境下“90后”大学生人际交往模式新特点［J］．北京教育（德育），2010（5）．
[46] 吴雅萍．网络社交下的“90后”大学生人际交往关系的效应分析［J］．绥化学院学报，2011（5）．